PREVENCIÓN DE RIESGOS LABORALES Y PERSPECTIVA DE GÉNERO

Directoras
ELISA SIERRA HERNAIZ
RUTH VALLEJO DA COSTA

Coordinadoras
NURIA J. AYERRA DUESCA
NATALIA HERRERO TOMÁS

PREVENCIÓN DE RIESGOS LABORALES Y PERSPECTIVA DE GÉNERO

Prólogo
EVA MARÍA BLÁZQUEZ AGUDO

Universidad Pública de Navarra
Nafarroako Unibertsitate Publikoa

Cátedra FCC de Prevención de Riesgos Laborales y Recursos Humanos
Universidad Zaragoza

Servicios Ciudadanos

ARANZADI

Editorial Aranzadi, S.A.U.
C/ Collado Mediano, 9
28231 Las Rozas (Madrid)
Tel: 91 602 01 82
e-mail: clienteslaley@aranzadilaley.es
https://www.aranzadilaley.es

Primera edición: 2024

Este Libro fue financiado con cargo al siguiente Contrato Otri:
Contrato Otri: 3030008586 de la Universidad Pública de Navarra

Depósito Legal: M-26690-2024
ISBN versión impresa con complemento electrónico: 978-84-1162-668-2
ISBN versión electrónica: 978-84-1162-670-5

Diseño, Preimpresión e Impresión: Editorial Aranzadi, S.A.U.
Printed in Spain

Índice General

Página

PRÓLOGO 21

PARTE I
ANÁLISIS DE LA PREVENCIÓN DE RIESGOS LABORALES DESDE LA PERSPECTIVA DE GÉNERO: CUESTIONES GENERALES

CAPÍTULO 1

CÓMO INTEGRAR LA PERSPECTIVA DE GÉNERO EN LA GESTIÓN Y EN LAS PRINCIPALES ACTIVIDADES PREVENTIVAS DE LA EMPRESA
LUIS AGIRRE MUXIKA, VICTORIA ÁLVAREZ CID, ALAZNE AZPIROZ UNSAIN, EDURNE ELORZA GARCÍA, LEIRE IBÁÑEZ VALLEJO, BEGOÑA LEKUE GOTXIKOA, ARRATE PADILLA MAGUNAZELAIA, RAQUEL RAPOSO ACEVEDO 33

1. Introducción 34

2. ¿Qué es el plan de PRL? 35

3. Etapas del Plan de Prevención 36

4. La Evaluación de Riesgos Laborales (ER) con perspectiva de género 38

4.1. Descripción de las condiciones de trabajo 39

4.2. Análisis del riesgo 41

4.2.1. Identificación del peligro 41

4.2.2. Estimación del riesgo 43

Página

4.2.2.1. Probabilidad de que ocurra el daño 43
4.2.2.2. Severidad del daño 45
4.2.3. Valoración del riesgo 45
4.2.4. ER de situación de embarazo o lactancia 46
4.3. *Instrumentos prácticos* 46
4.4. *¿Qué supone, en resumen, la integración de la perspectiva de género en el proceso de ER?* 50

5. La Planificación de la actividad preventiva con perspectiva de género 51
5.1. *Catálogo de medidas preventivas* 52
5.2. *Planificación de la actividad preventiva* 53
5.3. *Eficacia de la acción preventiva* 54
5.4. *Instrumentos prácticos* 55

6. Conclusiones 57

7. Bibliografía 58

CAPÍTULO 2

VIGILANCIA DE LA SALUD Y PERSPECTIVA DE GÉNERO
NATALIA HERRERO TOMÁS 61

1. Introducción 61

2. Las diferencias de género en las condiciones de trabajo y sus consecuencias en la salud laboral de la mujer 64
2.1. *Riesgos y patologías laborales en la mujer trabajadora* 66
2.2. *La importancia en la recogida y explotación de datos en las investigaciones con perspectiva de género* 70

3. La vigilancia de la salud y la salud de las mujeres 72

4. Evaluaciones de riesgos y promoción de una maternidad saludable 75

5. La incorporación de la perspectiva de género a la vigilancia de la salud 81

6. Conclusiones 82

Página

7. Referencias bibliográficas 84

CAPÍTULO 3

INCORPORACIÓN DE LA PREVENCIÓN DE RIESGOS LABORALES EN LOS PLANES DE IGUALDAD
NURIA J. AYERRA DUESCA 89

1. Evolución de la principal normativa sobre salud laboral desde una perspectiva de género 90
1.1. Introducción 90
1.2. Normativa internacional y europea 90
1.3. Normativa española 93
2. El plan de igualdad como garantía de salud laboral 96
2.1. La salud laboral como materia esencial en los planes de igualdad: necesaria coordinación entre el plan de igualdad y el plan de prevención de riesgos laborales 96
2.2. El enfoque preventivo de la tutela antidiscriminatoria en la Ley 15/2022, integral para la igualdad de trato y la no discriminación: la enfermedad o condición de salud como nueva causa de discriminación 105
3. El deber de negociar de buena fe medidas y planes de igualdad: la negociación colectiva como vía adecuada y la necesaria participación de la representación legal de las personas trabajadoras 108
3.1. Deber de negociar versus obligación empresarial de adoptar medidas de igualdad 108
3.2. La negociación colectiva como vía adecuada 110
3.3. Competencia negociadora de la representación legal de las personas trabajadoras: últimos pronunciamientos judiciales . 111
4. Reflexiones finales 118
5. Bibliografía 120

Página

CAPÍTULO 4

LA INSPECCIÓN DE TRABAJO Y EL ROL DE LA ADMINISTRACIÓN LABORAL EN LA INTEGRACIÓN DE LA PERSPECTIVA DE GÉNERO EN LA PREVENCIÓN DE RIESGOS LABORALES
SERGIO BESCÓS RUBIO, M.ª CINTA SANZ POLO 125

1. Introducción 125

2. Normativa relevante a efectos de la integración de la perspectiva de género en la prevención de riesgos laborales 126

2.1. Normas internacionales 126

2.1.1. Instrumentos legislativos de Derecho Internacional. Los Convenios de la OIT 127

2.1.2. La legislación comunitaria 129

2.1.3. La normativa nacional 131

3. El papel de la Inspección de Trabajo y Seguridad Social en la integración de la perspectiva de género en la prevención de riesgos laborales 135

4. A modo de reflexión final 142

PARTE II
ANÁLISIS DE RIESGOS LABORALES ERGONÓMICOS, QUÍMICOS Y PSICOSOCIALES DESDE LA PERSPECTIVA DE GÉNERO

CAPÍTULO 5

ANÁLISIS DE RIESGOS QUÍMICOS DESDE LA PERSPECTIVA DE GÉNERO
MIGUEL OLMOS LLORENTE 147

1. Introducción 147

2. Perspectiva de género y salud 152

Página

3. **Influencia de la antropometría y la toxicología diferenciadas por sexo/género en los efectos de la exposición a agentes químicos** 157
   - 3.1. *Volumen sanguíneo, volemia, según sexo y sus posibles repercusiones en la exposición a contaminantes químicos por vía inhalatoria* 159
   - 3.2. *Piel y sexo* 161
   - 3.3. *Toxicología y valores límite ambientales de contaminantes químicos en los lugares de trabajo* 163
     - 3.3.1. Toxicocinética. Absorción 167
     - 3.3.2. Toxicocinética. Distribución 168
     - 3.3.3. Toxicocinética. Metabolismo 168
     - 3.3.4. Toxicocinética. Eliminación 169
   - 3.4. *Toxicología y valores límite de contaminantes químicos* 170
4. **Conclusiones** 171
5. **Bibliografía** 175

CAPÍTULO 6

ANÁLISIS DE LOS RIESGOS ERGONÓMICOS DESDE LA PERSPECTIVA DE GÉNERO: ESPECIAL REFERENCIA A LOS TME
RICARDO ROS 181

1. **Introducción** 181
2. **Diferencias anatómicas y fisiológicas** 184
3. **Diferencias en enfermedades** 186
4. **Trastornos músculo-esqueléticos** 187
5. **Ergonomía** 195
6. **Análisis de riesgos ergonómicos** 198
7. **Medidas preventivas** 202
8. **Propuesta de mejora** 204
9. **Bibliografía** 205

Página

CAPÍTULO 7

LOS RIESGOS PSICOSOCIALES Y SU REPERCUSIÓN EN LA MUJER TRABAJADORA: «MÁS DE LO MISMO» ANTE LAS NUEVAS TECNOLOGÍAS EN LAS RELACIONES DE TRABAJO (ESPECIAL ATENCIÓN AL TELETRABAJO)
MARÍA DEL SOL HERRAIZ MARTÍN 211

1. Introducción: la carencia legislativa de cultura preventiva con mirada de mujer 211

2. Los riesgos emergentes derivados de la pérdida de control sobre el tiempo y lugar de trabajo y su proyección en la mujer trabajadora 217

3. Principales herramientas integradoras de la perspectiva de género en la salud laboral 225

3.1. *Actualización del listado de enfermedades profesionales: necesaria inclusión de patologías relacionadas con riesgos psicosociales* 225

3.2. *La desconexión como freno a los riesgos psicosociales emergentes* 227

3.3. *La negociación colectiva: herramienta imprescindible en el avance de la inclusión de la perspectiva de género en la salud laboral* 232

4. Bibliografía 238

CAPÍTULO 8

SALUD MENTAL Y MUJER
JORGE ARTEAGABEITIA GONZÁLEZ 241

1. Introducción 241

2. ¿Qué es la salud mental? 244

3. Etapas en la salud mental de la mujer – Ciclo vital 247

3.1. *Infancia y adolescencia* 247

3.2. *Juventud* 247

3.3. *Edad adulta* 248

Página

3.4. *Menopausia y envejecimiento* 248
3.5. *Jubilación y tercera edad* 248
4. La realidad 248
5. Síntomas de trastornos en la salud mental 250
6. Factores que afectan en la salud mental de las mujeres 252
7. Impacto de la salud mental en la vida laboral 253
8. Que puedo hacer como empresa 254
9. Conclusiones 261

CAPÍTULO 9

EL CONFLICTO TRABAJO-FAMILIA COMO RIESGO PSICOSOCIAL EN LA MUJER TRABAJADORA
NATALIA HERRERO TOMÁS 263

1. Introducción 263
2. La repercusión del conflicto trabajo-familia en la salud laboral de las mujeres 265
3. El conflicto trabajo-familia como riesgo psicosocial 268
3.1. *La incorporación de la perspectiva de género en la seguridad y salud en el trabajo* 272
3.2. *La evaluación de riesgos laborales y el conflicto trabajo-familia* 274
3.3. *La conciliación de la vida personal, familiar y laboral y la corresponsabilidad* 277
4. Las aportaciones de la OIT en materia de conciliación, trabajo decente y prevención de riesgos laborales: unas condiciones de trabajo justas y equitativas 280
5. Conclusiones 287
6. Referencias bibliográficas 288

Página

PARTE III
ANÁLISIS DE LA VIOLENCIA, EL ACOSO SEXUAL Y POR RAZÓN DE SEXO DESDE LA GESTIÓN DE LA PREVENCIÓN DE RIESGOS LABORALES

CAPÍTULO 10

PREVENCIÓN DE LA VIOLENCIA SEXUAL EN EL TRABAJO: EL ACOSO SEXUAL Y POR RAZÓN DE SEXO
MIREN EDURNE LÓPEZ RUBIA 295

1. Introducción 295

2. La violencia sexual, el acoso sexual y el acoso por razón de sexo en el trabajo 299

2.1. *El acoso sexual y acoso por razón de sexo en la LO 3/2007* 301

3. El acoso sexual y el acoso por razón de sexo: riesgos laborales de carácter psicosocial 306

4. La prevención del acoso sexual y el acoso por razón de sexo en el trabajo 310

4.1. *La evaluación de riesgos laborales* 311

4.2. *La adopción de medidas preventivas* 315

4.2.1. Promoción de condiciones de trabajo que eviten la violencia sexual 315

4.2.2. La formación, información y sensibilización 317

4.2.3. Los protocolos de acoso sexual y acoso por razón de sexo 320

5. Conclusiones 322

6. Bibliografía 323

CAPÍTULO 11

EL CIBERACOSO LABORAL: GESTIÓN PREVENTIVA CON ENFOQUE DE GÉNERO
MARÍA TERESA IGARTUA MIRÓ 329

Página

1. **Un incipiente marco regulador para un problema creciente..** 330
2. **Aproximación conceptual: violencia digital y ciberacoso en el trabajo** 334
    2.1. *Consideraciones previas* 334
    2.2. *Elementos clave para un concepto de ciberacoso laboral* 335
        2.2.1. Algunas matizaciones en los elementos comunes 336
        2.2.2. Particularidades del ciberacoso 337
3. **El ciberacoso y la cuestión del género** 343
    3.1. *El enfoque de género en el Convenio 190 OIT* 343
    3.2. *La salud laboral con mirada de género* 345
    3.3. *Breve referencia al ciberacoso sexual y por razón de sexo* 346
4. **Medidas preventivas específicas** 348
    4.1. *Obligación de incluir el enfoque preventivo y de género en la legislación nacional* 348
    4.2. *Evaluación del riesgo de ciberacoso y planificación de medidas preventivas* 353
    4.3. *Información, formación y sensibilización* 356
    4.4. *La vigilancia de la salud como estrategia preventiva* 358
5. **Participación y negociación colectiva** 359
    5.1. *Impulso a la participación* 359
    5.2. *Papel de la negociación colectiva* 360
6. **Bibliografía** 363

CAPÍTULO 12

PREVENCIÓN, DETECCIÓN E INTERVENCIÓN EN VIOLENCIA DOMÉSTICA (EXTRALABORAL) EN LOS LUGARES DE TRABAJO
RUTH VALLEJO DA COSTA 369

1. **Introducción: desde la igualdad a la seguridad y salud en el trabajo** 369

Página

2. En torno al concepto de violencia contra las mujeres y violencia doméstica: cuestiones terminológicas ... 376

3. Sobre el concepto de violencia doméstica en los lugares de trabajo: la incorporación específica del concepto violencia económica y del ciberacecho ... 383

4. Actuaciones desde las empresas ... 385

4.1. *Información y formación en violencia doméstica* ... 388

4.2. *Información sobre los derechos laborales y de Seguridad Social de las mujeres víctimas de violencia doméstica* ... 390

4.3. *Ampliación de derechos a través del convenio colectivo o planes de igualdad* ... 392

4.4. *Protocolos de prevención, detección y protección de la mujer víctima de violencia doméstica* ... 394

5. Conclusiones ... 397

PARTE IV
OTRAS CUESTIONES RELEVANTES

CAPÍTULO 13

INTELIGENCIA ARTIFICIAL Y SALUD LABORAL: PERSPECTIVA DE GÉNERO

PILAR RIVAS VALLEJO ... 403

1. Contexto y acotación del tema abordado ... 404

1.1. *Algoritmos e inteligencia artificial en la gestión del trabajo y de la prevención de los riesgos laborales* ... 404

1.2. *Regulación de la inteligencia artificial e impacto sobre la prevención de riesgos laborales* ... 405

2. Impacto de la tecnología en la salud ... 412

2.1. *Como fuente de riesgo* ... 412

2.2. *Como herramienta preventiva* ... 413

3. Enfoque analítico-crítico ... 418

3.1. *Panorama general* ... 418

Página

3.2. *Riesgos psicosociales en entornos específicos e intrusión de herramientas extralaborales* ... 420

3.2.1. Trabajo en entornos con cobots y chatbots ... 421

3.2.2. Herramientas extralaborales laboralizadas ... 424

3.2.3. Interacción con terceros y sistemas reputacionales ... 425

3.2.4. Gestión del trabajo y vigilancia de personas ... 427

4. Enfoque proactivo: la inteligencia artificial y la robótica como instrumento de mejora de la salud laboral ... 433

4.1. *Funcionalidades y ventajas de la inteligencia artificial en la anticipación de los riesgos laborales* ... 434

4.2. *Prevención de riesgos de acuerdo con el RIA: seguridad de la IA como seguridad del producto* ... 437

4.3. *Tutela frente a la discriminación derivada del uso de IA como herramienta preventiva* ... 438

4.3.1. Perspectiva de género ... 438

4.3.2. Diversidad funcional ... 441

4.4. *Seguridad vial y prevención de riesgos laborales* ... 443

5. Bibliografía ... 444

CAPÍTULO 14

LA NECESARIA ACTUALIZACIÓN DEL MARCO NORMATIVO PREVENTIVO DEL EMBARAZO Y LA LACTANCIA NATURAL DE LA TRABAJADORA DESDE LA PERSPECTIVA DE GÉNERO

ELISA SIERRA HERNAIZ ... 447

1. Introducción ... 448

2. Perspectiva de género y prevención de riesgos laborales: una aproximación a su significado ... 449

3. Las estrategias y directrices europeas y españolas para integrar la perspectiva de género en el ámbito de la salud y la prevención de riesgos laborales ... 451

3.1. *La regulación en el ámbito comunitario* ... 451

Página

3.2. *La regulación en el ámbito español* 453

4. La protección de la maternidad y lactancia en la normativa comunitaria y española. La regulación de los planes de igualdad 456

4.1. *La normativa comunitaria y española* 456

4.2. *La regulación de los planes de igualdad* 458

5. Propuestas de actuación para la protección de riesgos laborales de la maternidad y lactancia natural desde la perspectiva de género 462

5.1. *Propuestas desde el ámbito del derecho español* 462

5.1.1. Maternidad 464

5.1.2. Lactancia natural 467

5.2. *Propuestas desde el ámbito del Derecho comunitario. La Directiva 2024/869, de 13 de marzo de 2024* 469

6. Breve reflexión final 471

7. Bibliografía 472

CAPÍTULO 15

MENOPAUSIA Y ENTORNO LABORAL: SÍNTOMAS Y PREVENCIÓN

RAFAEL GARCÍA-FONCILLAS LÓPEZ 475

1. Introducción 475

2. Fisiología de la menopausia 477

3. Síntomas de la menopausia y su impacto en el trabajo 478

3.1. *Síntomas y signos de la menopausia* 478

3.2. *Causas* 480

4. Menopausia y entorno laboral 481

4.1. *La empresa y la menopausia* 482

4.2. *Adaptando el trabajo a la menopausia* 482

5. Resumiendo, cómo afrontar la menopausia en el trabajo 485

6. Referencias bibliográficas consultadas 486

Página

CAPÍTULO 16

PREVENCIÓN DE RIESGOS Y GÉNERO. LOS CASOS DE LAS KELLYS Y DE LAS TRABAJADORAS DEL HOGAR FAMILAR
J. DAVID MORAL-MARTÍN ... 497

1. Introducción ... 497
2. Economía *versus* Salud laboral ... 499
3. Prevención de Riesgos Laborales y Género ... 502
3.1. La estrategia Española de Seguridad y Salud en el Trabajo (2023-2027) ... 506
4. Casos de estudio ... 513
4.1. Las camareras de piso ... 513
4.2. Las Trabajadoras del Hogar Familiar ... 515
5. Conclusiones ... 518
6. Bibliografía ... 519

CAPÍTULO 17

LA INTEGRACIÓN DE LA EDAD Y LA PERSPECTIVA DE GÉNERO EN SEGURIDAD Y SALUD EN UN CONTEXTO DE PROLONGACIÓN DE LA VIDA ACTIVA LABORAL
MANUEL GONZÁLEZ LABRADA ... 523

1. Introducción ... 523
2. La insuficiencia de la Ley de prevención de riesgos laborales 528
3. Las buenas prácticas preventivas para la protección de las personas de edad contenidas en las notas técnicas preventivas ... 532
4. Los efectos combinados de la edad y el género y su integración en la política preventiva ... 535
5. Bibliografía citada ... 538

Prólogo

La OIT, en *Género, salud y seguridad en el trabajo Hoja informativa, La perspectiva de género en salud y seguridad en el trabajo* (2013), explica como la división sexual del trabajo y la segregación laboral de las trabajadoras impactan directamente en la salud de las mujeres, por lo que concluye que es preciso que la prevención de riesgos laborales se desarrolle desde la identificación de la distinta forma de exposición a los riesgos de las mujeres y los hombres en la empresa y reclama a los Estados la integración de la perspectiva de género en las políticas de prevención de riesgos. Partiendo de esta declaración, varios son los factores a tener en cuenta.

En primer lugar, en la prevención de riesgos laborales influye la segregación horizontal del mercado laboral, esto es, la división del trabajo por géneros en sectores y en actividades. En los sectores que trabajan las mujeres predominan los riesgos relacionados con dolores musculoesqueléticos (origen en trabajos repetitivos) y enfermedades infecciosas (origen en su trabajo en el sector sanitario y en el de educación); la exposición a productos químicos (en sectores de limpieza, peluquería y cosmética), que provocan cierto tipo de cánceres e influye en el sistema hormonal; y la violencia laboral (que se presentan especialmente en sectores como el educativo, el comercio minorista, la sanidad y el trabajo social, y servicio del hogar familiar). Además, hay que valorar la exigencia emocional de las actividades feminizadas, en concreto en trabajos en los sectores sanitarios y educativos.

Pero, si es preciso que se ponga especial énfasis en la prevención de riesgos en estos ámbitos feminizados, también lo será, aunque desde otra perspectiva, en los sectores donde las mujeres están infrarrepresentadas, dado que justamente en estas actividades la prevención se realiza utilizando parámetros masculinos. Así, por ejemplo, las herramientas de trabajo utilizadas son estándares, y no tienen en cuenta las personas que las utilizan, de forma que especialmente en las actividades más masculinizadas, las mujeres van a desarrollar sus trabajos con medios no adaptados a sus condiciones físicas. Por lo que, de nuevo, aunque por otros motivos, la prevención de riesgos es fundamental en estos ámbitos.

Asimismo, la prevención de riesgos con perspectiva de género debe defenderse desde la segregación vertical, esto es, desde la idea de que las mujeres tienen diferentes y peores condiciones de trabajo que los hombres; en concreto, sufren discriminación en todas sus facetas, incluida la brecha salarial, la limitación en la promoción, la parcialidad, las carreras profesionales discontinuas, entre otras, lo que tiene consecuencias en el padecimiento de riesgos psicosociales.

Por otra parte, como las mujeres en general desarrollen actividades más precarias, están más expuestas a riesgos laborales que no sufren los mandos intermedios. Es más fácil padecer ciertas patologías cuando se está en la base de las relaciones laborales, que cuando las personas trabajadoras tienen cierto poder de decisión. Y como las mujeres promocionan menos que los hombres, como consecuencia también amplían las posibilidades de verse expuestas a ciertos riesgos laborales con más asiduidad.

También, en general, las mujeres sufren más violencia en el trabajo, acoso psicológico, acoso sexual, burnout o desgaste profesional. Estas situaciones provocan estrés o ansiedad, que a su vez causan enfermedades coronarias, hipertensión, alteraciones del sueño, debilitamiento del sistema inmunológico, dependencia de drogas o sustancias farmacológicas.

Por último, el teletrabajo, mayoritariamente femenino como medida de adaptación por motivos de cuidados, lleva implícitos riesgos laborales como los trastornos músculo-esqueléticos; fatiga visual; riesgos psicosociales y carga mental asociados el trabajo en soledad, a lo que se une la dificultad de determinar el límite entre vida personal y familiar; y el acoso y violencia en el trabajo (en este caso, el ciberacoso). De modo que la prevención de riesgos en este contexto de trabajo será especialmente relevante a los efectos de conseguir acciones que protejan a las mujeres.

No obstante, la asunción simultanea por las mujeres de las tareas de cuidado familiar y la actividad laboral aumenta el riesgo de sufrir patologías tanto físicas como psíquicas, accidentes de trabajo y tener una mayor predisposición a los riesgos psicosociales. Es justamente la denominada como doble jornada la que provoca estas situaciones, a las que se añade la extensión del tiempo de curación debido a las mismas causas. Esto es, aun estando de baja por incapacidad temporal, las mujeres continúan desarrollando actividades de cuidado, lo que lleva a complicar su reincorporación al mercado de trabajo.

Fuera de los efectos de las características del trabajo femenino, las diferencias físicas entre hombres y mujeres tienen incidencia también en los riesgos laborales que sufren estas últimas, especialmente los efectos de la dismenorrea, pero también de la menopausia, y el embarazo. Pero, no solo afectan las cuestiones relacionadas con la función reproductora, sino que también hay canceres con origen laboral con diferente incidencia por sexos, en concreto, en las mujeres, el cáncer de mama, seguido del mesotelioma, cáncer de pulmón y de riñón.

De lo escrito se deduce que es preciso implantar una prevención de riesgos, donde se tenga en cuenta la perspectiva de género. Es preciso evaluar dichas situaciones y establecer actividades preventivas necesarias para eliminar o reducir y controlar tales riesgos, por supuesto, adaptando las actuaciones a las necesidades concretas de las personas trabajadoras que hayan sido detectadas en la evaluación.

En todo caso, como se deduce de lo indicado hasta ahora, en la evaluación de los riesgos desde la perspectiva de género hay que diferenciar entre los relacionados con el proceso reproductivo de la mujer y los que no lo son. En el primero grupo, se encuentra los procesos de menstruación, incluidos los menopaúsicos; y los relacionados con el embarazo y la lactancia, que son los que se contemplan en la normativa. En los segundos, aquellos referidos a los efectos de la segregación horizontal y vertical, que ya han sido referidos.

Respecto a los primeros, los relacionados con la función reproductora, donde sí se ha recogido la perspectiva de género ha sido en el embarazo. El artículo 26 de la Ley de Prevención de Riesgos Laborales y la Ley Orgánica 3/2007, de Igualdad entre Mujeres y Hombres, desarrollado a su vez por el RD 298/2009, en relación con la aplicación de medidas para promover la mejora de la seguridad y de la salud en el trabajo de la trabajadora embarazada, que haya dado a luz o en período de lactancia, y por el RD 295/2009, por el que se regulan las prestaciones económicas del sistema de la Seguridad Social por maternidad, paternidad, riesgo durante el embarazo y riesgo durante la lactancia natural, vienen a establecer un marco normativo regulador de los riesgos en el trabajo que pueden afectar a cualquier situación derivada de la maternidad.

El artículo 26 de la Ley de Prevención de Riesgos Laborales recoge la obligación de que en la evaluación específica de riesgos se tenga especialmente en cuenta a las mujeres embarazadas o a las que han tenido un parto reciente y su exposición a agentes, procedimientos o condiciones de trabajo que puedan influir negativamente en la salud de ellas o del feto, recayendo la evaluación sobre el estado personal de la trabajadora y del puesto de trabajo.

Cuando no sea posible adaptar las condiciones o del tiempo de trabajo o, a pesar de tal adaptación, las condiciones de un puesto de trabajo pudieran influir negativamente en la salud de la trabajadora embarazada o del feto, habrá que buscar un puesto de trabajo o función diferente y compatible con su estado. Cuando no exista dicho puesto de trabajo o función compatible, la trabajadora podrá ser destinada a un puesto no correspondiente a su grupo o categoría equivalente, si bien su salario se mantendrá en igual cuantía. En caso de que tampoco exista este puesto, se suspende la actividad laboral y se accede a una prestación de la Seguridad Social por riesgo durante el embarazo que sustituye al salario perdido.

Si esta evaluación es obligatoria en cuanto a la incompatibilidad del embarazo y el puesto de trabajo desempeñado, no sigue igual suerte cuando el riego lo originan las molestias propias del estado gestante, con independencia de dicho puesto. En este caso, el camino a seguir es distinto y pasa por la suspensión de la relación laboral y el reconocimiento simultaneo de una baja por incapacidad temporal por enfermedad común. Existen importantes diferencias entre las protecciones de ambas situaciones, en cuanto a la cuantía y los requisitos de acceso. Por lo que sería adecuado que se unificase el tratamiento de ambas situaciones, esto es, se accediese a idéntica protección en caso de existencia de situación de riesgo para la trabajadora embarazada, con independencia de que la causa se encuentre en el propio puesto o en sus circunstancias concretas y personales.

El mencionado artículo 26 recoge igualmente la protección a la lactancia. Si el desarrollo del puesto de trabajo puede causar riesgos para esta, entonces siguiendo el mismo camino que para el riesgo durante el embarazo. Se intentará la adaptación del puesto de trabajo, posteriormente se procederá a la búsqueda de un puesto de trabajo que sea compatible y, si tampoco es posible, se suspenderá la relación laboral, accediendo a una prestación similar de la Seguridad Social que por riesgo durante el embarazo.

En otro orden de cosas, se recoge en la legislación de la Seguridad Social la posibilidad de acceder a bajas especiales por incapacidad temporal en el caso de que se encuentre la mujer en un estado invalidante incompatible con el trabajo por razón de su menstruación, no obstante, se duda sobre si su propia utilización puede tener efectos perniciosos, estigmatizando a la mujer que se encuentre en esta situación. De hecho, sería más adecuado, desde mi punto de vista, otro tipo de medidas de adaptación, como podría ser el desarrollo de la actividad laboral mediante teletrabajo.

En la misma línea, se podría colaborar en la reducción de los síntomas asociados a los procesos menopaúsicos que se ven agravados por el desarrollo del trabajo mediante la regulación de la temperatura, incrementando la ventilación o diseñando uniformes adaptados (para evitar sofocos y sudores); el acceso a instalaciones de descanso y reconocimiento de pausas (para evitar estrés y cansancio); o la variedad de comida sana (para evitar problemas dietéticos).

Si bien es verdad que la prevención de riesgos desde la perspectiva de género se ha centrado en los aspectos biológicos relacionados con la función reproductiva, es importante ir más allá de acuerdo con el tenor del artículo 15.1 d) de la Ley de Prevención de Riesgos Laborales, que recoge el principio general de adaptación del trabajo a la persona, entre cuyas características habrá que tener en cuenta, sin lugar a dudas, su género y su incidencia en su puesto de trabajo.

En la misma línea, en el Marco Estratégico de la Unión Europea en materia de salud y seguridad en el trabajo 2021-2027 se incide en la perspectiva de género en el ámbito de la seguridad y la salud en el trabajo en un mundo laboral en constante transformación, poniendo especial atención en la adopción de medidas encaminadas a evitar el sesgo de género a la hora de evaluar los riesgos y establecer prioridades de actuación en determinados sectores.

Como ya se ha mencionado, el trabajo en los sectores feminizados, los riesgos psicosociales, las condiciones de trabajo, y, en especial, los relacionados con la doble jornada, influyen en los posibles riesgos a los que está sometido una persona trabajadora, y esto debe tenerse en cuenta en la evaluación y en la determinación de las medidas que eviten los efectos de dichos riesgos. Así, de acuerdo con lo señalado, la evaluación de las actividades preventivas ha pasado de focalizarse únicamente en la atención de los riesgos físicos o biológicos de las personas trabajadoras a la protección de factores y riesgos psicosociales, como el estrés, el desgaste profesional, o el acoso psicológico.

En definitiva, es precisa la evaluación de las necesidades de las trabajadoras de acuerdo con las patologías que sufren más habitualmente: desde las relacionadas con el proceso reproductivo hasta las vinculadas a los riesgos psicosociales, todo con una visión holística de las nuevas patologías tales como el tecnoestrés, riesgos asociados al teletrabajo, a la conexión digital continua, que afectan a todos los trabajadores en general. Igualmente habrá que poner especial énfasis en los ámbitos laborales más feminizados para que se adapten con mayor rigor a las necesidades concretas que presentan, pero también a los masculinizados para que no queden al margen de la protección.

Por otra parte, la Ley de igualdad impone a la empresa la obligación de prevenir el acoso sexual y el acoso por razón de sexo en el trabajo; y cuando esto ya no sea posible, de remediar a través de la determinación de medidas después de seguir procedimientos específicos para prevención y para dar cauce a denuncias o reclamaciones. Este será otro camino que la prevención de riesgos laborales deberá tener en cuenta.

Otra faceta importante, más allá de la propia prevención de riesgos, es la desarrollada a través de la vigilancia de la salud. El artículo 22 de la Ley de Prevención de Riesgos Laborales recoge la obligación empresarial respecto a su plantilla de vigilar periódicamente de su estado de salud en función de los riesgos inherentes al trabajo, siempre y cuando la persona trabajadora preste su consentimiento, excepto en aquellos supuestos que se califican como coercitivos por el tipo de actividad realizada y los efectos en terceros de la falta de capacidades para desarrollar la actividad laboral.

Es preciso que las empresas ofrezcan revisiones médicas adaptadas a las patologías femeninas, aunque también a las masculinas, y se establezcan consecuentemente las medidas preventivas adaptadas. No parece adecuado que no se tenga en cuentas las diferencias entre las trabajadoras y trabajadores no solo físicas, sino las relacionadas con sus puestos de trabajo que, en ocasiones, son distintas por el hecho de la propia segregación horizontal o vertical del mercado. Es preciso, en concreto, valorar las diferencias tales como las medidas antropométricas, funciones endocrinas, diferente distribución de la grasa corporal en el organismo, distinta forma de presentarse determinados síntomas en hombres y mujeres, entre otras muchas, con el objetivo de identificar los riesgos concretos y poder prevenirlos o, en su caso, reducirlos.

De acuerdo con todo lo mencionado, no puede más que calificarse de oportuna a una Monografía sobre la prevención de riesgos laborales desde la perspectiva de género, especialmente con el objetivo de ofrecer pautas a las empresas a la hora de decidir poner en marcha este tipo de acciones con tal visión. En este sentido, las profesoras Sierra Hernaiz y Vallejo Da Costa han tenido el acierto de dirigir esta Monografía que recoge diversos estudios en la materia, coordinada por las profesoras Ayerra Duesca y Herrero Tomás. Y antes de continuar quiero agradecer a todas ellas la deferencia de permitirme poner un pequeño granito de arena en dicha Monografía a través de este Prólogo.

Antes de entrar en el análisis del contenido de esta obra, es necesario poner de manifiesto que esta Monografía tiene una segunda intención: ser un homenaje merecido a la Profesora Vallejo Da Costa, que recientemente se ha jubilado. La Profesora Vallejo Da Costa, Profesora de Derecho del Trabajo y de la Seguridad Social de la Universidad de Zaragoza, es una especialista relevante en materia de igualdad, a la que todas las personas que nos hemos dedicado a este ámbito hemos leído y citado en innumerables ocasiones. Pero, la profesora Vallejo tiene otro importante ámbito de especialidad como es la prevención de riesgos. De modo que cuando se pone en conexión ambas facetas, indudablemente sus aportaciones son, sin lugar a dudas, especialmente brillantes.

La primera parte de este libro colectivo analiza las cuestiones más generales sobre la materia. La *evaluación de riesgos laborales y la planificación preventiva* (Equipo de Osalan), *la vigilancia de la salud* (profesora Herrero Tomás de la Universidad de Zaragoza), *la incorporación de la prevención de riesgos laborales en los planes de igualdad* (profesora Ayerra Duesca de la Universidad de Zaragoza) y *el papel de la Inspección de Trabajo* (Sergio Bescós Rubio y M.ª Cinta Sanz Polo, Inspectores de Trabajo). Sin lugar a dudas, pilares básicos del tema que se precisa estudiar para construir sobre ellos esta teoría de la prevención de riesgos desde la perspectiva de género.

Una vez establecidas las cuestiones generales de la prevención de riesgos desde la perspectiva de género, en los siguientes capítulos, se examinan cuestiones más concretas. En la parte segunda, se aborda el *Análisis de riesgos laborales ergonómicos, químicos y psicosociales desde la perspectiva de género*. Un bloque especialmente necesario donde se recoge el *estudio de los riesgos químicos* (Miguel Olmos Lorente. Director Quirón Prevención de Zaragoza y profesor de la Universidad de Zaragoza), *ergonómicos* (profesor Ros Mar de la Universidad de Zaragoza) y *psicosociales* (profesora Herraiz Martín de la Universidad Carlos III de Madrid); para luego seguir con el examen de las consecuencias en la *Salud mental de la mujer* (Jorge Artiagabeitia González de Grupo Avantasalud), completando el examen con los efectos del *conflicto trabajo-familia* (profesora Herrero Tomás de la Universidad de Zaragoza) y de *la Inteligencia artificial* (profesora Rivas Vallejo de la Universidad de Barcelona). Todas estas cuestiones ponen en evidencia las diferencias por sexo que hay que valorar en la prevención de riesgos laborales e indican el camino a seguir para que esta se adapte a estas necesidades.

Con el mismo objetivo, la tercera parte se centra en el análisis de la violencia, el acoso sexual y por razón de sexo desde la gestión de la prevención de riesgos laborales, destacando los trabajos sobre *Prevención de la violencia sexual, el acoso sexual y por razón de sexo* (profesora López Rubia de la Universidad del País Vasco) *y el ciberacoso laboral* (profesora Igartua Miró de la Universidad de Sevilla).

En este Bloque también se incluye el capítulo titulado *Prevención e intervención sobre violencia doméstica/género en los lugares de trabajo* de la Profesora

Vallejo Da Costa, donde se pone de manifiesto como, por fin, se ha acogido la integración de la perspectiva de género desde un enfoque trasversal e integral en el conjunto de las políticas preventivas, implicando para ello a todos los agentes involucrados en la mejora de la prevención de riesgos laborales, tanto en el ámbito institucional como en la empresa y se incluyen importantes críticas a la regulación recogida.

Por último, la parte IV de la monografía, titulada *Otras cuestiones relevantes*, ofrece la lectura de otros capítulos de temas variados que complementan a los ya tratados. Como no podría ser de otro modo, se actualiza el marco más clásico en esta materia, el referido a la *protección del embarazo y la lactancia* (profesora Sierra Hernaiz de la Universidad Pública de Navarra) y a *los riesgos biológicos* (profesor García Foncillas López, de la Universidad de Zaragoza). Posteriormente, se añade un estudio de la prevención en el trabajo femenino en uno de los sectores, donde las mujeres están más representadas, el *sanitario, sociosanitario y asistencia*l (profesor Moral Martín, de la Universidad de Zaragoza). Por último, de acuerdo con la línea anunciada de integración de la *edad* en la nueva Ley de Prevención que se está negociando, se analiza esta cuestión con el matiz de la perspectiva de género (profesor González Labrada de la Universidad de Zaragoza).

Como se puede observar, la monografía que aquí se presenta abarca todos los temas esenciales para comprender cómo debe dirigirse la prevención de riesgos laborales desde la necesaria perspectiva de género. Perspectiva de obligatorio cumplimiento, con independencia de su regulación actual en la norma, necesaria para adaptarse a la situación de la mujer en el mercado laboral y evitar accidentes de trabajo y enfermedades profesionales, pero también para reducir las bajas de incapacidad temporal por riesgos comunes (enfermedad común y accidente de trabajo), que tanto preocupa a las empresas.

Si se contabilizan los procesos de incapacidad temporal de las trabajadoras por enfermedad común son mucho más numerosos que los de los trabajadores. Y no es porque las mujeres sean más absentistas, sino porque muchas de las causas que motivan dichos procedimientos realmente son de origen profesional, pero, como no puede ser probada su relación con el trabajo, terminan calificándose como comunes. Así, por ejemplo, un cuadro de ansiedad provocado por una situación de acoso por razón de sexo en la empresa, donde existe una gran dificultad de probar la relación entre ambas situaciones, lleva a que finalmente se reconozca la baja por riesgos comunes. Y esta es una situación que claramente puede atajarse con una política de prevención de riesgos adecuada a las condiciones a las que son sometidas las mujeres en el mercado laboral.

De forma que ya solo me queda desear a la persona lectora que disfrute con esta monografía y a la persona investigadora que desde sus reflexiones puede seguir ampliando esta investigación tan precisa para colaborar en la mejora de la posición de la mujer en el mercado de trabajo. Por lo demás, feliz lectura.

Cullera, a 23 de julio de 2024

Eva María Blázquez Agudo
Catedrática de Derecho del Trabajo y de la Seguridad Social
Universidad Carlos III

Parte I

Análisis de la prevención de riesgos laborales desde la perspectiva de género: cuestiones generales

Capítulo 1

Cómo integrar la perspectiva de género en la gestión y en las principales actividades preventivas de la empresa

Luis Agirre Muxika
Responsable de prevención de riesgos laborales. Osalan

Victoria Álvarez Cid
Responsable de área. Osalan

Alazne Azpiroz Unsain
Técnica de prevención de riesgos laborales. Osalan

Edurne Elorza García
Técnica de prevención de riesgos laborales. Osalan

Leire Ibáñez Vallejo
Técnica de epidemiología. Osalan

Begoña Lekue Gotxikoa
Médica del trabajo. Osalan

Arrate Padilla Magunazelaia
Médica del trabajo

Raquel Raposo Acevedo
Técnica de igualdad. Osalan

SUMARIO: 1. INTRODUCCIÓN. 2. ¿QUÉ ES EL PLAN DE PRL? 3. ETAPAS DEL PLAN DE PREVENCIÓN. 4. LA EVALUACIÓN DE RIESGOS LABORALES (ER) CON PERSPECTIVA DE GÉNERO. *4.1. Descripción de las condiciones de trabajo. 4.2. Análisis del riesgo.* 4.2.1. Identificación del peligro. 4.2.2. Estimación del riesgo. 4.2.2.1. Probabilidad de que ocurra el daño. 4.2.2.2. Severidad del daño. 4.2.3. Valoración del riesgo. 4.2.4. ER de situación de embarazo o lactancia. *4.3. Instrumentos prácticos. 4.4. ¿Qué supone, en resumen, la integración de la perspectiva de género en el proceso de ER?* 5. LA PLANIFICACIÓN DE LA ACTIVIDAD PREVENTIVA CON PERSPECTIVA DE GÉNERO. *5.1. Catálogo de medidas preventivas. 5.2. Planificación de la actividad preventiva. 5.3. Eficacia de la acción preventiva. 5.4. Instrumentos prácticos.* 6. CONCLUSIONES. 7. BIBLIOGRAFÍA.

1. INTRODUCCIÓN

La perspectiva de género supone una visión integral de la seguridad y salud tanto de los hombres como de las mujeres. Igual que ha ocurrido en el ámbito de la medicina, la seguridad y salud laborales se ha centrado en estudiar principalmente los riesgos que afectan a los hombres (androcentrismo) y los daños a la salud sufridos por ellos frente a los riesgos y daños experimentados por las mujeres. Además, incluso en el caso de los hombres, el enfoque de la seguridad y salud laborales no ha tenido en cuenta que existen condicionantes sociales de género que afectan tanto a la exposición a los riesgos como a sus posibles efectos. Por tanto, incorporar la perspectiva de género en este ámbito supone considerar a todas las personas teniendo en cuenta su sexo y, además, teniendo en cuenta otros condicionantes derivados del género. Insiste en esta idea la Estrategia Vasca de Seguridad y Salud en el Trabajo 2021-2026, incorporando esta perspectiva en gran parte de sus objetivos, así como la Estrategia Española de Seguridad y Salud en el Trabajo 2023-2027, que dedica un objetivo específico a introducir la perspectiva de género en el ámbito de la seguridad y salud en el trabajo, impulsando la acción sobre los riesgos específicos de género y las actividades feminizadas, todo ello hasta ahora poco investigado.

Las estadísticas[1] nos muestran insistentemente que hombres y mujeres se sitúan en condiciones y posiciones sociales y económicas diferenciales en el mercado de trabajo, lo que implica que están expuestos a riesgos distintos

1. Situación de mujeres y hombres en materia de seguridad y salud laborales: condiciones de trabajo, percepción de riesgos y daños para la salud. Osalan. 2024.

y que desarrollarán problemas de salud diferentes. Es obligado, por tanto, a la hora de hacer prevención de riesgos laborales (PRL), reflexionar sobre cómo abordar todas estas diferencias que se producen entre los distintos colectivos de mujeres y hombres para dar respuesta a la diversidad de escenarios del mundo del trabajo.

Siendo conscientes de esta realidad y teniendo voluntad de abordar el problema, la pregunta que muchas organizaciones, servicios de prevención y personal técnico y sanitario dedicado a la seguridad y salud en el trabajo se hacen es cómo se integra la perspectiva de género en la prevención de riesgos laborales.

Para responder a esta cuestión Osalan publicó en 2017 unas pautas para la integración de la perspectiva de género en la prevención de riesgos laborales, un trabajo que actualizó en 2019 y en el que se basa el presente artículo.

Debemos hacer una reflexión previa y preguntarnos cómo integramos la prevención de riesgos laborales en la gestión de la organización. La respuesta la aporta la ley de PRL en su artículo 16:

> *1. La prevención de riesgos laborales deberá integrarse en el sistema general de gestión de la empresa, tanto en el conjunto de sus actividades como en todos los niveles jerárquicos de ésta, a través de la implantación y aplicación de un plan de prevención de riesgos laborales a que se refiere el párrafo siguiente.*
>
> *Este plan de prevención de riesgos laborales deberá incluir la estructura organizativa, las responsabilidades, las funciones, las prácticas, los procedimientos, los procesos y los recursos necesarios para realizar la acción de prevención de riesgos en la empresa, en los términos que reglamentariamente se establezcan.*

Parece claro que el camino a seguir para la inclusión del enfoque de género en la PRL es integrar esta perspectiva en todo el proceso de diseño, implantación y evaluación del plan de prevención de la empresa, proceso que desembocará en la implementación de un sistema de gestión preventiva plenamente integrado en la gestión empresarial.

2. ¿QUÉ ES EL PLAN DE PRL?

Tal como se ha comentado, el plan de PRL (no confundir con la planificación preventiva de la empresa) es el instrumento para desarrollar de forma ordenada el proceso de diseño e implantación del sistema de prevención, un proceso continuo que consiste en cumplir los requisitos que impone la normativa y realizar las actividades de prevención de acuerdo a procedimientos aprobados por la persona empresaria, previa consulta al colectivo trabajador, sometiéndose a revisiones, evaluación y mejora.

Cuando un plan se desarrolla satisfactoriamente, queda constituido y funcionando el sistema de gestión de la prevención: el sistema es, pues, el resultado del plan[2].

3. ETAPAS DEL PLAN DE PREVENCIÓN

La implantación de un plan de prevención en la empresa conlleva una serie de pasos, similares a los requeridos para el diseño e implantación de sistemas de calidad y de gestión medioambiental. La diferencia entre estos últimos y el plan de prevención es que la implementación de aquellos es opcional, mientras que contar con un plan de prevención es una obligación que tiene la empresa (art. 16 LPRL).

La forma de integrar el enfoque de género en la PRL es, pues, integrarla en cada una de las etapas de desarrollo del plan de prevención de la empresa, que son las siguientes:

1. Actividades Previas.
    - Recopilación de la normativa de aplicación.
    - Cultura preventiva.
2. Organización del sistema.
    - Elección —previa consulta a los trabajadores y trabajadoras— de una modalidad de organización preventiva.
    - Mecanismos de consulta y participación del colectivo trabajador.
    - Integración de la prevención en la estructura organizativa de la empresa.
3. Asunción por parte del empresario o empresaria de los objetivos y principios preventivos establecidos en la LPRL.
    - Definición de la política y objetivos en materia de prevención.
4. Análisis general de las características de la empresa.
    - Recogida de información y adquisición de datos (por centro de trabajo) sobre los procesos productivos y sus principales riesgos, la plantilla y sus condiciones de trabajo o contratación (con relevancia preventiva), el sistema general de gestión, etc.

2. Guía técnica para la integración de la prevención de riesgos laborales en el sistema general de gestión de la empresa. INSST. 2008.

5. Diseño del sistema de prevención.
   - Diseño de las actuaciones e interrelaciones en prevención de las distintas unidades del sistema de gestión (incluido el Servicio de prevención).
6. Implantación del sistema.
   - Fases de implantación: Condiciones mínimas para considerar el sistema básicamente implantado y pasos sucesivos.
7. Revisión y mejora del sistema.
   - La necesidad de revisar/mejorar el sistema es obligada al producirse un incidente o daño, así como al preverse un cambio sustancial en las condiciones de trabajo, pero también puede obedecer a una auditoría o a una dinámica de mejora continua.

En este artículo vamos a centrarnos en algunas actividades concretas del plan de PRL, aquellas que resultan clave para su implantación, como son la evaluación de riesgos y la planificación de la actividad preventiva, tal como se establece en el artículo 2 del Real Decreto 39/1997, de 17 de enero, por el que se aprueba el Reglamento de los Servicios de Prevención.

> *3. Los instrumentos esenciales para la gestión y aplicación del Plan de prevención de riesgos laborales son la evaluación de riesgos y la planificación de la actividad preventiva, que el empresario deberá realizar en la forma que se determina en el artículo 16 de la Ley 31/1995, de 8 de noviembre, de Prevención de Riesgos Laborales, y en los artículos siguientes de la presente disposición.*

No obstante, antes de entrar de lleno en estas actuaciones preventivas, cabe señalar que las mismas sólo pueden realizarse con perspectiva de género si dicha perspectiva se ha tenido en cuenta en las etapas previas a su abordaje. Así, sólo se podrá llevar a cabo una evaluación de riesgos con enfoque de género si el personal técnico que la realiza tiene la capacitación necesaria para ello, lo que supone elegir la modalidad de organización preventiva considerando como un criterio fundamental que el personal tenga conocimientos de igualdad y de salud laboral con enfoque de género, tanto si la PRL se realiza con medios propios como si se recurre a un servicio de prevención ajeno.

Igualmente, sólo un análisis normativo y un diagnóstico de la situación de la empresa en materia de PRL realizados con perspectiva de género posibilitarán abordar la evaluación de riesgos con este enfoque y disponer de la información suficiente para ello. En ese sentido, el plan de igualdad puede ser una buena herramienta para recoger información de cara a incorporar la perspectiva de género en el plan de prevención.

De la misma manera, únicamente considerando la integración de la perspectiva de género en la actividad de consulta y participación de las personas trabajadoras se podrá garantizar que la evaluación de riesgos cuenta con la intervención de los diversos colectivos que prestan servicio en la empresa y que aportarán puntos de vista diferentes y a menudo complementarios para reflejar con fidelidad la situación de la organización en cuanto a exposición a riesgos laborales.

Y, para que todo lo anterior pueda llevarse a cabo con perspectiva de género, es imprescindible el compromiso de la empresa con la igualdad entre mujeres y hombres, evidenciado en una política de prevención de riesgos laborales que explicite la decidida apuesta de la organización por la integración del enfoque de género en su gestión preventiva.

La publicación Pautas para la integración de la perspectiva de género en la prevención de riesgos laborales proporciona más detalles sobre el abordaje con enfoque de género de estas actividades previas imprescindibles para la implantación del sistema de gestión preventiva.

4. LA EVALUACIÓN DE RIESGOS LABORALES (ER) CON PERSPECTIVA DE GÉNERO

Incorporar la perspectiva de género en esta actividad preventiva significa hacer visibles las diferencias entre los hombres y las mujeres en cuanto a la exposición a los riesgos laborales y las consecuencias de los mismos. Permite hacer propuestas más adecuadas para mejorar las condiciones de trabajo y la calidad de vida, tanto de ellas como de ellos, contribuyendo además a eliminar las desigualdades de género en el empleo, que sitúan a las mujeres en una posición de mayor precariedad laboral.

En las evaluaciones de riesgos (ER) no es común encontrarnos un enfoque de género, lo habitual es encontrarnos tan solo la valoración, con mayor o menor profundidad, del riesgo durante el embarazo y/o la lactancia, así como de la exposición a riesgos donde ya la normativa establece distintos niveles de tolerancia al riesgo para hombres y mujeres, como puede ser la manipulación manual de cargas.

A la hora de enfocar este trabajo, nos encontramos con la dificultad de que existen distintos procedimientos para realizar una ER y es imposible entrar a valorar en profundidad la integración de la perspectiva de género en cada uno de ellos. Hay metodologías específicas, normas UNE o internacionales y guías en las que se basan ER higiénicas, ergonómicas o psicosociales, en cuyas particularidades no entraremos, si bien queremos llamar la atención sobre la necesidad de que el personal técnico que las aplique lo haga con espíritu crítico, teniendo presente que, en muchos casos, dichos instrumentos no están diseñados o no se utilizan considerando las diferencias entre mujeres y hombres. Es por ello que, de nuevo, insistimos en la necesidad de una formación sobre igualdad de este personal para que sea capaz de identificar esas carencias y buscar otros instrumentos que las complementen.

En este artículo nos centraremos en el proceso de evaluación general de los riesgos, que suele ser el habitual para realizar la evaluación de riesgos inicial de la empresa, y que comprende una serie de fases encaminadas a identificar los peligros, estimar los riesgos (en función de la probabilidad y las consecuencias de que se materialice el peligro) y valorar dichos riesgos, emitiendo un juicio sobre su tolerabilidad.

4.1. DESCRIPCIÓN DE LAS CONDICIONES DE TRABAJO

El primer paso para abordar la ER es la recogida de información y la descripción de las condiciones de trabajo, a fin de determinar los peligros asociados a ellas. Para hacerlo con perspectiva de género debe tenerse en cuenta lo siguiente:

- Aunque constituye una práctica habitual, no es aconsejable realizar el análisis a nivel de «puesto de trabajo» o de «categoría ocupacional», ya que esa simplificación impide descubrir segregaciones horizontales encubiertas que pueden sesgar la posterior comparación de efectos en la salud entre hombres y mujeres; bajo la misma denominación del puesto, los hombres y las mujeres puede que realicen distintas actividades o presentan diferencias sustanciales en la dedicación a las tareas, lo que condiciona su nivel de exposición a los riesgos. Así, a menudo existe una división informal de tareas en función del género: jardineros que cavan, jardineras que colocan plantas; ayudantes de supermercado que, siendo hombres, reponen mercancía en el almacén y siendo mujeres hacen de cajera; limpiadoras que limpian interiores y limpiadores que limpian cristales o usan maquinaria, etc.

Por ello, es especialmente importante analizar la actividad real de trabajo y hacer uso de técnicas cualitativas que complementen las metodologías cuantitativas de ER.

> *Al hacer la evaluación de riesgos, deberá comprobarse si hombres y mujeres que trabajan en un mismo puesto desarrollan las mismas tareas y de la misma manera.*

• Para cada tarea/operación/proceso identificado, hay que caracterizar una serie de aspectos, considerando la variable sexo:

- Lugares donde se realiza el trabajo, especificando quién accede y quién permanece en dichos lugares (M/H).
- Equipos, ropa, materiales y vehículos que deben emplearse, identificando las personas (M/H) que los utilizan, mantienen y limpian; y si están adecuados antropométricamente a las características diferenciales de esas personas.
- Condiciones que influirán en el riesgo higiénico de la tarea (condiciones ambientales, presencia de agentes físicos-químicos-biológicos…), identificando a las personas expuestas (M/H).
- Factores ergonómicos asociados a posturas, movimientos repetitivos, manipulación de cargas, bipedestación, etc., identificando las personas expuestas a cada uno de ellos (M/H).
- Factores Psicosociales:
    - Relacionados con la organización del trabajo, asociados al tipo de jornada, horarios, turnicidad, flexibilidad, carga mental, autonomía, responsabilidad, control..., caracterizando la situación de cada persona (M/H).
    - Derivados de la interacción con otras personas por las actividades de trabajo (por ejemplo: personal de la propia empresa, entidades proveedoras, clientela, visitantes, subcontratistas...). Posibilidad de estrés/discriminación, violencia, incluida la violencia sexual, … Personas expuestas (M/H).
- Condiciones específicas (aptitudes, conocimientos, experiencia…) necesarias y restricciones de la tarea/operación/proceso por:
    - Peligros incompatibles con determinadas condiciones personales (de «especial sensibilidad») (M/H).
    - Mujeres que trabajan en la organización y que sean víctimas de violencia machista y sus posibles circunstancias de salud.
    - Personal que retorna tras una baja prolongada (H/M).
- Procedimientos escritos de trabajo, y/o permisos de trabajo: grado de conocimiento de los mismos, disponibilidad y adaptabilidad a diferentes condiciones (M/H).

- Requisitos de la legislación vigente sobre la forma de hacer el trabajo, instalaciones, maquinaria y sustancias utilizadas.
- Medidas de control existentes, aplicables y aplicadas (M/H).
- Daños producidos y actuaciones reactivas: incidentes, accidentes, enfermedades laborales derivadas de la actividad que se desarrolla, de los equipos y de las sustancias utilizadas. Buscar información sobre diferencias de género en la siniestralidad laboral dentro y fuera de la organización[3] (M/H).
- Datos de evaluaciones de riesgos existentes, relativos a la actividad desarrollada, y revisión de las mismas con perspectiva de género.

4.2. ANÁLISIS DEL RIESGO

4.2.1. Identificación del peligro

Para llevar a cabo la identificación de peligros hay que preguntarse tres cosas[4]:

a) ¿Existe una fuente de daño?

b) ¿Quién (o qué) puede sufrir daño?

c) ¿Cómo puede ocurrir el daño?

La mejor fuente de información sobre las condiciones de realización de una tarea y los peligros que entraña son las personas que habitualmente la realizan, quienes además suelen aportar valiosas sugerencias para la eliminación o reducción de los riesgos. Es imprescindible, por tanto, contar con la participación de los trabajadores y trabajadoras en la descripción y recogida de información sobre sus tareas y las condiciones de ejecución de las mismas; incluyendo los aspectos organizativos y de clima laboral, así como de las dificultades y riesgos que perciben en su desempeño.

Otras cuestiones a tener en cuenta son las siguientes:

- Establecer medidas para garantizar la participación activa de las mujeres y la expresión de sus experiencias y percepciones en las fases de identificación y valoración de los riesgos, establecimiento

3. Situación de mujeres y hombres en materia de seguridad y salud laborales: condiciones de trabajo, percepción de riesgos y daños para la salud. Osalan. 2024.
4. Evaluación de Riesgos Laborales. Revista prevención trabajo y salud n.º 5. INSHT. 2000.

de prioridades, elección e implementación de las soluciones preventivas.

- ○ Facilitar medios, tiempo y espacio para que las mujeres tomen parte en la evaluación de riesgos, así como en la consulta, toma de decisiones y actividades del Comité de Seguridad y Salud. Utilizar métodos de evaluación de riesgos laborales que primen dicha participación e instrumentos que permitan hacer un análisis de género.
- ○ Instar a que las mujeres propongan medidas preventivas y tener en cuenta su opinión en la aplicación de las mismas.

- Tener en cuenta los riesgos laborales presentes en las situaciones reales: examinar las tareas que verdaderamente se realizan y el auténtico contexto de trabajo y no formarse juicios gratuitos acerca de la exposición, basados en la mera denominación del puesto.
- Identificar peligros menos obvios y problemas de salud más comunes entre mujeres trabajadoras, basándose en un enfoque integral y holístico para detectar las diferencias de género:
  - ○ Acoso sexual y por razón de sexo, que con frecuencia se vincula a las políticas de igualdad y no discriminación y no se aborda como riesgo laboral.
  - ○ Discriminación, en la que subyace una finalidad de dominio y de perpetuación de los roles atribuidos a los sexos.
  - ○ Participación en toma de decisiones por falta de representación de las mujeres en los ámbitos de responsabilidad.
  - ○ Conflictos de equilibrio entre la vida laboral y familiar derivados del rol de cuidados atribuido a las mujeres y que estas siguen desempeñando en mayor medida que los hombres.
- Evitar hacerse ideas preconcebidas sobre cuáles son los riesgos, quién se encuentra en situación de riesgo y qué puede ser trivial. Los trabajos típicamente realizados por mujeres pueden tener exposiciones específicas que escapen a la atención del personal técnico. Deben evitarse tópicos sobre lo ligero del trabajo de las mujeres (Messing, 1999) y evaluar a fondo su exposición laboral.
- Considerar el riesgo para el embarazo, la lactancia natural y la salud reproductiva, tanto de mujeres como de hombres, con enfoque preventivo, y disponer de un protocolo para actuar.

- No olvidar a personas contratadas a tiempo parcial, con contrato temporal o a través de ETT, en modalidad de teletrabajo, ni a quienes falten en el momento de la evaluación (baja médica, excedencia, cambio de turno, vacaciones...). A menudo estos colectivos son olvidados en la actividad preventiva: no se evalúan sus riesgos o no con el detalle que a otros colectivos laborales; no tienen voz, no están representados en los órganos donde se discuten y deciden los problemas; no se les da formación en prevención e igualdad; no se les ofrecen reconocimientos médicos...
- Considerar la influencia del género en los riesgos de las personas que realizan teletrabajo[5].
- Tener en cuenta el impacto diferencial del uso de nuevas tecnologías u otros riesgos emergentes, como pueden ser los derivados del cambio climático.
- Realizar las evaluaciones de riesgos por sexo y grupos de edad.
- Analizar si las trabajadoras y los trabajadores perciben de manera diferente el ambiente, y si lo consideran permisivo con el machismo (comentarios, chistes...), de manera que pueda suponer discriminación, violencia, desagrado, desasosiego, incomodidad...

La participación de las mujeres resulta esencial para que sus preocupaciones se tengan en cuenta a la hora de analizar sus condiciones de trabajo y para fomentar su implicación en la acción colectiva necesaria para transformar esas condiciones.

4.2.2. Estimación del riesgo

La estimación del nivel de riesgo dependerá de la probabilidad de que se materialice y sus consecuencias esperadas. Caracterizar la exposición individual es fundamental para valorar el riesgo.

4.2.2.1. Probabilidad de que ocurra el daño

La condición peligrosa se convierte en un riesgo en la medida en que hay una persona expuesta. La integración de la perspectiva de género en esta valoración de la exposición exige analizar los siguientes aspectos:

5. Exploring the gender dimension of telework: implications for occupational safety and health. Discussion paper. European Agency for Safety and Health at Work, 2024.

- Qué personas realizan la tarea, estableciendo la magnitud de la exposición.
  - Quién realiza el trabajo, tanto de forma permanente como ocasional (M/H).
  - Frecuencia de exposición al peligro (Número y duración de exposiciones).
  - Intensidad de la exposición (medidas cuantitativas, en lo posible).
- La protección suministrada por las medidas de control ya implantadas.
- La formación que han recibido los trabajadores y trabajadoras sobre la ejecución de la tarea (M/H).
- Los actos inseguros de las personas (errores no intencionados y violaciones intencionadas de los procedimientos).

Diversos estudios sobre la masculinidad muestran que el grado de identificación de los hombres con los modelos de masculinidad existentes se relacionan con factores de vulnerabilidad y con factores de riesgos laborales: «el desarrollo de una identidad masculina tradicional asociada al riesgo y a la fortaleza supone un alto riesgo para la salud en general, y la laboral en particular» (Cifre y Domínguez-Castillo, 2020).

Una mayor tendencia de los hombres a asumir riesgos y a ocultar emociones para responder a esos roles esperados pueden contribuir a explicar una mayor siniestralidad de los hombres, así como malestares psicosociales «que pueden ser expresados adoptando hábitos no saludables, como el consumo de alcohol y tabaco, y otras adicciones» (Cifre y Domínguez-Castillo, 2020).

Del mismo modo, la adscripción de muchas mujeres a un modelo hegemónico de feminidad asociada a la entrega total en el cuidado de otras personas podría poner a esas mujeres en una situación de vulnerabilidad psicosocial cuando atienden a personas, al resultarles más difícil poner límites al cuidado.

Es fundamental una información y formación adecuadas en contenidos teóricos y prácticos con perspectiva de género, teniendo en cuenta las posibles diferencias de comportamiento frente al riesgo de hombres y mujeres derivadas de los procesos de socialización.

Fomentar el comportamiento seguro y saludable en el trabajo, que se concreta en el respeto a las normas de prevención, resulta clave para prevenir los riesgos y debe hacerse un mayor hincapié en la concienciación de los hombres.

4.2.2.2. *Severidad del daño*

El otro parámetro a considerar en el análisis del riesgo es la consecuencia que su materialización provoca a la persona afectada, es decir, el daño que le puede causar.

- Un mismo riesgo puede acarrear diferentes consecuencias para distintas personas, en función de las características personales y situación biológica.

  Así, la severidad puede ser distinta para los hombres y las mujeres, e incluso para grupos concretos de hombres y mujeres en función de la edad, patologías previas, tratamientos médicos,... El caso más evidente es la consecuencia de ciertos riesgos en la situación de embarazo o lactancia, que puede incrementar el nivel del riesgo hasta hacerlo intolerable, y requerir medidas de prevención adicionales o la no realización de la tarea.

- La especificidad vinculada al sexo viene referida a los factores biológicos diferenciales, como son el diferente contenido graso (la mayoría de los alteradores endocrinos, por ejemplo, son liposolubles), las diferencias hormonales entre los sexos, las distintas etapas del ciclo vital, e incluso la diferencia en los procesos de detoxificación. Las diferencias biológicas apoyan fuertemente una distinta susceptibilidad a la acción tóxica de estos agentes, como han demostrado estudios en animales de experimentación e investigaciones epidemiológicas.

Hay que identificar las personas que ejecutan las tareas y conocer sus características personales y situación biológica: sexo, edad y especial sensibilidad a determinados riesgos.

4.2.3. Valoración del riesgo

En esta etapa se trata de decidir si los riesgos estimados se consideran tolerables y si se requiere mejorar los controles existentes o implantar unos nuevos, así como la temporización de las acciones. Para ello, conviene disponer de una ficha de «criterios de evaluación», en la que se detalle en qué casos las consecuencias se deben considerar leves, medias o graves, así como cuándo se calificará la probabilidad como baja, media o alta, en función de si el daño ocurrirá raras veces (probabilidad baja), algunas veces (probabilidad media) o siempre o casi siempre (probabilidad alta).

4.2.4. ER de situación de embarazo o lactancia

Respecto a los riesgos para las mujeres en situación de embarazo o lactancia, el INSHT elaboró el documento «Directrices para la evaluación de riesgos y protección de la maternidad en el trabajo» con recomendaciones para la identificación y evaluación de los riesgos y para la puesta en marcha de las correspondientes medidas preventivas.

En este documento se insiste, entre otras cosas, en la obligación de establecer el listado de puestos exentos de riesgo para la maternidad, que determina los puestos en los que no va a ser necesario realizar la evaluación adicional; y señala, además, que es deseable disponer de un protocolo por escrito que clarifique los pasos a seguir desde el momento en que la persona trabajadora comunica su estado y quiénes son la persona o personas responsables de poner en marcha las acciones planeadas.

En aquellos puestos o tareas no exentos de riesgo para mujeres embarazadas o en período de lactancia, así como las tareas o condiciones de trabajo que pueden suponer un riesgo en función del sexo y/o del estado de quienes ocupan los mismos, se deberá valorar también si existe riesgo para la salud reproductiva de mujeres y hombres, teniendo en cuenta si el hecho de proteger la salud laboral de mujeres embarazadas está generando una mayor exposición a sustancias nocivas o tóxicas en otras personas trabajadoras.

4.3. INSTRUMENTOS PRÁCTICOS

La actualización de la publicación Pautas para la integración de la perspectiva de género en la prevención de riesgos laborales que Osalan hizo en 2019 incluyó como herramientas prácticas baterías de preguntas que la empresa puede hacerse para valorar el nivel de integración de la perspectiva de género en sus diferentes actividades preventivas. Son cuestionarios referidos a cada etapa del plan de prevención y a cada actividad preventiva, que sirven para identificar deficiencias y puntos fuertes, definir acciones para reducir las primeras y potenciar los segundos y hacer un seguimiento del proceso de implantación de la perspectiva de género en la gestión preventiva.

Para la elaboración de las preguntas y la actualización de las pautas, se desarrolló un proyecto piloto en cuatro organizaciones de distintas características, cuya experiencia práctica sirvió para completar las pautas con estos instrumentos que facilitan su aplicación.

Se incluye a continuación, a modo de ejemplo, una parte del cuestionario diseñado para la valoración de la integración de la perspectiva de género en la actividad de Evaluación de Riesgos.

Etapa del plan de prevención	5. Diseño del sistema del plan de prevención: Actividades del plan de prevención		
Actividad: Evaluación de riesgos	Pauta a valorar	Resultado de la auto-evaluación	Acciones/Medidas propuestas
Análisis del riesgo	Para llevar a cabo la identificación de peligros ¿cómo intervienen las personas que habitualmente realizan las tareas (H/M)?		
	¿Se les consulta a M/H sobre: – sus tareas y las condiciones de ejecución de las mismas – aspectos organizativos – clima laboral – dificultades y riesgos que perciben en su desempeño – posibles medidas para eliminarlos o reducirlos?		
	Personas contratadas a tiempo parcial, con contrato temporal o a través de ETT, en modalidad de teletrabajo, quienes falten en el momento de la evaluación (baja médica, excedencia, cambio de turno, vacaciones...) y quienes desempeñan sus tareas habitualmente fuera del centro de trabajo, en empresa cliente o sectores con centros de trabajo móviles (transporte, actividad comercial):		

Etapa del plan de prevención	5. Diseño del sistema del plan de prevención: Actividades del plan de prevención		
Actividad: Evaluación de riesgos	Pauta a valorar	Resultado de la auto-evaluación	Acciones/Medidas propuestas
	– ¿Cómo se evalúan sus riesgos? – ¿Cómo intervienen en el proceso de identificación de peligro y análisis del riego?		
	¿Cómo se identifican peligros menos obvios? – acoso sexual y por razón de sexo – discriminación (salarial, toma de decisiones, etc.) – trabajos típicamente realizados por mujeres «aparentemente ligeros y seguros» – conflictos de equilibrio entre la vida laboral, personal y familiar		
	¿Cómo se tiene en cuenta la información obtenida en la vigilancia de la salud colectiva sobre: – problemas de salud más frecuentes entre mujeres trabajadoras – diferencias en los problemas de salud entre hombres y mujeres que desempeñan el mismo puesto?		

Etapa del plan de prevención	5. Diseño del sistema del plan de prevención: Actividades del plan de prevención		
Actividad: Evaluación de riesgos	Pauta a valorar	Resultado de la auto-evaluación	Acciones/Medidas propuestas
Estimación del riesgo	¿Se identifica qué personas realizan la tarea y se establece la magnitud de la exposición? – Quién realiza el trabajo, tanto de forma permanente como ocasional (M/H). – Frecuencia de exposición al peligro (N.º y duración de exposiciones). – Intensidad de la exposición (medidas cuantitativas, en lo posible)		
	¿Se tiene en cuenta la protección suministrada por las medidas de control ya implantadas?		
	¿Las medidas de control afectan por igual a hombres y mujeres?		
	¿Se considera la formación e información que han recibido los trabajadores y trabajadoras sobre la ejecución de la tarea (M/H)?		
	¿Se tienen presentes los actos inseguros de las personas (errores no intencionados y violaciones intencionadas de los procedimientos)?		
	¿Se han identificado comportamientos «de riesgo» en H/M? En caso afirmativo ¿se han analizado los factores que inciden en esos comportamientos?		

Etapa del plan de prevención	5. Diseño del sistema del plan de prevención: Actividades del plan de prevención		
Actividad: Evaluación de riesgos	Pauta a valorar	Resultado de la auto-evaluación	Acciones/Medidas propuestas
	¿Se estudia si las consecuencias de un mismo riesgo pueden ser diferentes para distintas personas, en función de las características personales y situación biológica? – ¿Hay algún caso en que el riesgo presenta una severidad distinta para los hombres y las mujeres? – ¿Se plantean análisis de grupos concretos de hombres y mujeres en función de la edad, patologías previas, tratamientos médicos, ...?		
	¿Se conocen las características personales y situación biológica de las personas que ejecutan las tareas? Sexo, edad, diversidad funcional (física, sensorial o mental), especial sensibilidad a determinados riesgos, lugar de procedencia que pueda influir en la salud o en los riesgos tanto por lo biológico como por lo cultural, ser víctima de violencia machista, etc.		

4.4. ¿QUÉ SUPONE, EN RESUMEN, LA INTEGRACIÓN DE LA PERSPECTIVA DE GÉNERO EN EL PROCESO DE ER?

La integración del enfoque de género en el proceso de ER consiste en visibilizar en todas sus fases (recogida de información, identificación de peligros y análisis de los riesgos) las posibles diferencias existentes entre los hombres y las mujeres en cuanto a las condiciones en las que desempeñan el trabajo, que tendrán como resultado una diferente exposición a los riesgos, así como las distintas consecuencias que el riesgo puede tener para ellos y para ellas en función de sus características y situación personales.

Aplicar esta pauta conduciría a tener tantas evaluaciones de riesgos en la empresa como personas trabajan en ella, lo que parece a todas luces desproporcionado en una empresa mediana o con alta rotación de personal e impracticable en una empresa grande.

En todo caso, entre el «café para todos» y la evaluación individual puede buscarse un término medio, consistente en evaluar por grupos homogéneos en cuanto a características personales (sexo, edad). También pueden identificarse las restricciones para las distintas tareas, y cotejar esta información con las características de las personas que las ejecutan, para disponer de los ajustes o medidas adicionales necesarias.

La evaluación de riesgos se complica cuando las personas empleadas de la empresa realizan sus tareas en centros de trabajo distintos al propio, bien en su propia casa (teletrabajo) o desplazándose a las instalaciones de la clientela, y tanto más cuanto mayor sea la variabilidad de las actividades de ésta y de los trabajos a llevar a cabo. En esos supuestos deben realizarse evaluaciones de riesgos específicas, que tengan en cuenta la coordinación de las actividades concurrentes en el lugar de trabajo, así como las características de éste (ver cómo incorporar la perspectiva de género en el procedimiento de coordinación de actividades empresariales en el documento Pautas para la integración de la perspectiva de género en la prevención de riesgos laborales [pág. 108-111]). Un caso particular es el trabajo en las obras de construcción, en las cuales existen instrumentos específicos para la prevención de los riesgos, como son el estudio (o estudio básico) y el plan de seguridad y salud, en los que también deberá integrarse la perspectiva de género.

Conviene sensibilizar a los principales colectivos implicados (personal técnico en prevención, inspección de trabajo, personal Delegado de Prevención, responsables de dirección y mandos intermedios, etc.), entrenarles en prácticas no sexistas y capacitarles para incorporar la perspectiva de género en su trabajo: en las herramientas y prácticas preventivas.

5. LA PLANIFICACIÓN DE LA ACTIVIDAD PREVENTIVA CON PERSPECTIVA DE GÉNERO

El objeto de esta actividad preventiva es planificar el desarrollo, hacer el seguimiento y controlar la efectividad de las actividades de prevención necesarias para el cumplimiento de los objetivos marcados por la política de la empresa y para la implantación de las medidas de control derivadas de la evaluación de riesgos.

5.1. CATÁLOGO DE MEDIDAS PREVENTIVAS

A la hora de seleccionar y priorizar las medidas más adecuadas frente a los riesgos, una vez más debemos acudir a la fuente, que es la Ley de PRL, y aplicar los principios de la acción preventiva (art. 15 LPRL) con perspectiva de género.

Las cuestiones fundamentales a tener en cuenta son las siguientes:

- Medidas para adaptar el trabajo a la persona, relativas al diseño de los lugares y puestos, la selección de equipos, los métodos de trabajo y la organización del mismo.
    - Diseñar puestos de trabajo y elegir equipos de trabajo y equipos de protección individual bajo criterios de uso por mujeres y hombres, y por personas situadas en percentiles extremos, fuera de la media.

      Por ejemplo, respecto a los espacios considerar las distancias, iluminación, configuración, aspectos higiénicos, accesibilidad, ...; en relación con los equipos, las dimensiones, fuerza requerida para el uso, ...; y en cuanto a la ropa, el patronaje adecuado a mujeres y hombres, tallajes, ropa adecuada al embarazo...
    - Cuando se planteen cambios en la organización del trabajo, tener en cuenta su impacto desde la perspectiva de género y las interacciones entre el trabajo y la vida personal y familiar: Posibles consecuencias para la conciliación de la vida laboral y personal, sobre las relaciones sociales, mujeres víctimas de violencia machista...
    - Constituir equipos y grupos de trabajo con presencia lo más equilibrada posible por sexo y por otras variables que aporten diversidad a los equipos (edad, procedencia, diversidad funcional, ...) favorecer relaciones sociales, fomentar cultura de igualdad,...
- Medidas de protección individual, cuando no sea posible la protección colectiva: selección de los EPI contando con la participación de las personas destinatarias, adaptados a las personas, a sus carac-

terísticas anatómicas y fisiológicas y teniendo en cuenta su estado de salud.

- Medidas de formación e información a los trabajadores y trabajadoras: realizar programas formativos relativos a riesgos específicos, que incidan en áreas de conocimiento, habilidades y aptitudes, teniendo en cuenta la situación de partida de la persona, evitando estereotipos de género y abordando la posible influencia de género en actitudes y comportamientos ante determinados riesgos y facilitando la asistencia en horario y condiciones que permitan la conciliación.

- Medidas de vigilancia y control para conseguir que los riesgos se mantengan dentro de unos niveles tolerables, mediante inspecciones, mediciones, etc. que se realicen contando con todas las personas expuestas, incluyendo a quienes están a tiempo parcial, en todos los turnos,...

- Abordar los riesgos a los que las mujeres están más expuestas, realizando programas específicos.

- Utilizar como referente las experiencias ya conocidas y exitosas de intervención preventiva desde el punto de vista de género.

- Proponer y aplicar medidas preventivas específicas, contando con la participación de las mujeres trabajadoras.

- Buscar medidas imaginativas, huyendo de soluciones cómodas y poco efectivas.

5.2. PLANIFICACIÓN DE LA ACTIVIDAD PREVENTIVA

La conversión del catálogo de medidas preventivas en la planificación de la actividad de prevención de la empresa pasa por asignar a cada medida los medios humanos y materiales necesarios para su implantación, así como los recursos económicos destinados a ella.

- Equilibrar la asignación de responsabilidades en la implantación de las medidas preventivas entre mujeres y hombres y, en especial, dar poder a las trabajadoras en la aplicación de las medidas que les afectan directamente.

- Valorar el impacto de género en las medidas planificadas: hombres y mujeres afectadas por la medida, involucradas en su aplicación, consultadas, grado de satisfacción con las medidas adoptadas...

- Al priorizar las medidas preventivas, evitar discriminar puestos o categorías ocupadas por mujeres por cuestiones de socialización de género.

5.3. EFICACIA DE LA ACCIÓN PREVENTIVA

La persona empresaria debe asegurarse de la efectiva ejecución de las actividades preventivas incluidas en la planificación, efectuando para ello un seguimiento continuo de la misma, y además debe constatar —llevando a cabo controles periódicos— la adecuación de las medidas a los fines de protección requeridos (art. 16 LPRL).

- Para valorar la eficacia de la acción preventiva y el cumplimiento por parte de la empresa de los objetivos de prevención es conveniente definir indicadores, a ser posible medibles y desagregados por sexo, que permitan controlar la evolución y los cambios aportados por las medidas preventivas.

- Las actuaciones de control deben contemplarse en la planificación de la actividad preventiva, de forma que cada año se confeccionará un calendario anual de inspecciones, en el que se indicarán los aspectos a controlar, los requisitos a cumplir, la metodología, el equipo inspector, la frecuencia y la fecha de las inspecciones.

    - Al elaborar este calendario deberá tenerse presente a las personas que pueden quedar fuera del circuito de inspecciones por horarios (turnos, reducciones de jornada, trabajo a tiempo parcial), por tipo de trabajo con escasa presencia en los centros (trabajo en clientela, teletrabajo, actividad comercial) o por alguna otra razón. No olvidar en las actividades de control los trabajos realizados de forma esporádica, por personal de contratas o ETTs, como pueden ser las tareas de mantenimiento, limpieza, etc.

    - Asimismo, el equipo inspector tiene que dar cabida a mujeres y hombres de forma equilibrada. Se deben asignar responsabilidades y posibilidad de decisión a las mujeres en las acciones de control y en el seguimiento de la actividad preventiva, especialmente en los aspectos que más les afectan (requisitos, metodología, fechas, horarios).

- Finalmente, es aconsejable recabar la opinión de las personas trabajadoras afectadas sobre la necesidad y la operatividad de las medidas de control, así como sobre la eficacia de las medidas preventivas aplicadas.

5.4. INSTRUMENTOS PRÁCTICOS

Algunos ejemplos de preguntas que una empresa puede hacerse para valorar el nivel de integración de la perspectiva de género en su proceso de planificación de la actividad preventiva se recogen en el siguiente extracto del cuestionario correspondiente incluido en la publicación Pautas para la integración de la perspectiva de género en la PRL:

Etapa del plan de prevención	5. Diseño del sistema del plan de prevención: Actividades del plan de prevención		
Actividad: Planificación de la actividad preventiva	Pauta a valorar	Resultado de la auto-evaluación	Acciones/Medidas propuestas
Catálogo de medidas preventivas	En el diseño de los lugares y puestos de trabajo, y al elegir equipos y la ropa de trabajo ¿cómo se tienen en cuenta criterios de usabilidad por mujeres y hombres, y por personas situadas en percentiles extremos, fuera de la media?		
	Cuando se plantean cambios en la organización de trabajo ¿cómo se tiene en cuenta su impacto desde la perspectiva de género y las interacciones entre el trabajo y la vida privada?		
	Al constituir equipos y grupos de trabajo ¿cómo se promueve que la presencia sea lo más equilibrada posible, que se favorezca las relaciones sociales, que se fomente la cultura de igualdad, ...?		
	En la selección de los EPI ¿se cuenta con la participación de las personas destinatarias garantizando la presencia de ambos sexos, si es el caso?		
	¿Están los EPI seleccionados adaptados a las personas, a sus		

Etapa del plan de prevención	5. Diseño del sistema del plan de prevención: Actividades del plan de prevención		
Actividad: Planificación de la actividad preventiva	Pauta a valorar	Resultado de la auto-evaluación	Acciones/Medidas propuestas
	características anatómicas y fisiológicas y se tiene cuenta su estado de salud?		
	¿Las medidas relacionadas con la formación tienen en cuenta la perspectiva de género?		
	¿Se realizan inspecciones, mediciones, etc. contando con todas las personas expuestas, incluyendo a quienes están a tiempo parcial, en todos los turnos, ...? ¿Hay registros?		
	¿Se han previsto programas específicos para los riesgos a los que las mujeres están más expuestas en la empresa?		
	Al proponer medidas preventivas específicas, ¿se ha contado con la participación de las mujeres trabajadoras? ¿Cómo se articula esa participación? ¿Está documentada?		
Planificación de la actividad preventiva	– ¿Quién prioriza las medidas a implantar? – ¿Quién asigna responsables para las acciones? – ¿Participan hombres y mujeres de manera equilibrada en este nivel?		
	Al priorizar las actuaciones ¿cómo se asegura de no discri-		

Etapa del plan de prevención	5. Diseño del sistema del plan de prevención: Actividades del plan de prevención		
Actividad: Planificación de la actividad preventiva	Pauta a valorar	Resultado de la auto-evaluación	Acciones/Medidas propuestas
	minar puestos o categorías ocupadas por mujeres?		
	¿Cómo se tiene en cuenta la opinión de las mujeres en la priorización y aplicación de las medidas?		
	¿Está equilibrada la asignación de responsabilidades en la implantación de las medidas preventivas entre mujeres y hombres?		
	Valorar el impacto de género en las medidas planificadas: – % de hombres y mujeres afectados por cada medida, % de hombres y mujeres involucrados en la aplicación de las medidas. – % del presupuesto destinado a medidas que afectan a los hombres, a las mujeres y a ambos sexos.		

6. CONCLUSIONES

La integración de la perspectiva de género en la gestión preventiva de la empresa es un proceso complejo, que requiere de valentía porque supone una transformación de lo que la empresa hace en prevención y de cómo lo hace. No existe una receta automática, ni mágica, ni simple para conseguirlo, sino que exige voluntad, reflexión y, por tanto, tiempo.

Hay unas pautas básicas, en todo caso, que se repiten en cada etapa del proceso y que son imprescindibles para abordarlo. Son cuestiones transversales, que influyen en todas las fases y actividades de prevención y que inevitablemente debemos acometer:

- Formación en materia de igualdad y sobre la incidencia del género en la seguridad y salud laborales que nos ayuden a entender lo que ocurre y a plantear alternativas.
- Participación e incidencia paritaria / equilibrada de mujeres y hombres en todas las fases y actividades preventivas.
- Información suficiente, datos desagregados por sexo y que se puedan cruzar con otras variables e indicadores de género.
- Metodologías y herramientas que permitan el análisis diferencial.
- Colectivos y actividades que pueden quedar excluidos de la acción preventiva.
- Evitar estereotipos y hacer un uso inclusivo del lenguaje.

La integración de la perspectiva de género en la prevención de riesgos laborales exige un proceso de aprendizaje intensivo para las empresas/organizaciones porque supone realizar una prevención centrada en la persona, sin olvidar que las personas somos seres sociales, influenciadas por el contexto sociocultural en el que nacemos y nos desarrollamos, por lo que existen determinantes (el género, la diversidad funcional, el origen…) que es necesario tener en cuenta y que van más allá de las características personales o estado biológico de cada persona.

7. BIBLIOGRAFÍA

Ley 31/1995, de 8 de noviembre de Prevención de Riesgos Laborales.

Real Decreto 39/1997, de 17 de enero, por el que se aprueba el Reglamento de los Servicios de Prevención.

Manual de procedimientos de prevención de riesgos laborales. Guía de elaboración. INSHT. 2003.

Guía Técnica para la integración de la prevención de riesgos laborales en el sistema general de gestión de la empresa. INSHT. 2008.

Gestión de la prevención de riesgos laborales en la pequeña y mediana empresa. INSHT. 2009.

Directrices para la evaluación de riesgos y protección de la maternidad en el trabajo. INSHT. 2011.

Guía Técnica para la integración de la prevención de los riesgos laborales en el sistema general de gestión de la empresa. INSHT. 2015.

AZPIROZ, A. *et al.*: (2019) Pautas para la integración de la perspectiva de género en la Prevención de Riesgos Laborales. Actualización con herramientas para su implantación. OSALAN-Instituto Vasco de Seguridad y Salud Laborales. 2019.

Situación de mujeres y hombres en materia de seguridad y salud laborales: condiciones de trabajo, percepción de riesgos y daños para la salud. Osalan. 2024.

MESSING, Karen. (1998) One-eyed Science: Occupational Health and Women Workers, Filadelfia: Temple University Press. Cifre, Eva. y Domínguez-Castillo, Pilar. (2020) Identidad masculina y riesgos laborales: riesgos presentes, avances futuros. En CADERNOS DE PSICOLOXÍA, 2020, VOL. 37, pp. 45-63 cadernos.copgalicia.gal.

NTP 1185 (Conflicto trabajo-familia o doble presencia como riesgo psicosocial: Marco conceptual y consecuencias).

NTP 1186 (Conflicto trabajo-familia o doble presencia como riesgo psicosocial: Evaluación y medidas preventivas) del INSST 2023.

Exploring the gender dimension of telework: implications for occupational safety and health. Discussion paper. European Agency for Safety and Health at Work, 2024.

Capítulo 2

Vigilancia de la salud y perspectiva de género

Natalia Herrero Tomás
Profesora Ayudante Doctora de Derecho del Trabajo y de la Seguridad Social
Universidad de Zaragoza

SUMARIO: 1. INTRODUCCIÓN. 2. LAS DIFERENCIAS DE GÉNERO EN LAS CONDICIONES DE TRABAJO Y SUS CONSECUENCIAS EN LA SALUD LABORAL DE LA MUJER. 2.1. *Riesgos y patologías laborales en la mujer trabajadora.* 2.2. *La importancia en la recogida y explotación de datos en las investigaciones con perspectiva de género.* 3. LA VIGILANCIA DE LA SALUD Y LA SALUD DE LAS MUJERES. 4. EVALUACIONES DE RIESGOS Y PROMOCIÓN DE UNA MATERNIDAD SALUDABLE. 5. LA INCORPORACIÓN DE LA PERSPECTIVA DE GÉNERO A LA VIGILANCIA DE LA SALUD. 6. CONCLUSIONES. 7. REFERENCIAS BIBLIOGRÁFICAS.

1. INTRODUCCIÓN

La Estrategia Comunitaria de Seguridad y Salud en el Trabajo 2002-2006 es la primera norma, en el contexto de la Unión Europea, que recoge la perspectiva de género ligada a la seguridad y salud en el trabajo, aunque solo sea haciendo alusiones a la incorporación de la misma por parte de los servicios de prevención. Una iniciativa que reitera la misma Estrategia para 2014-2020 aunque, de nuevo, únicamente destacando la necesidad de mejorar la prevención de enfermedades relacionadas con el trabajo, centradas en los nuevos y emergentes riesgos que afectan principalmente a las mujeres.

En cambio, la Estrategia Española de Seguridad y Salud en el Trabajo 2023-2027 (EESST), aprobada por el Consejo de Ministros el 14 de marzo de

2023, indica lo necesaria que resulta una actualización del marco normativo que promueva la eliminación de desigualdades entre hombres y mujeres en el conjunto de políticas públicas, para, así, conseguir una integración plena de la perspectiva de género. Además, manifiesta la necesidad de impulsar su incorporación en los procesos de toma y análisis de información, y en los estudios de las condiciones de seguridad y salud en el trabajo para mejorar el conocimiento de la exposición a riesgos laborales y daños en la salud de las mujeres[1].

De hecho, propone mejorar la incorporación de la perspectiva de género en las fuentes de información proveedoras de indicadores, para conocer mejor la exposición de las mujeres a ciertos riesgos y el impacto en sus condiciones de trabajo y salud. Incluso, promueve investigar los accidentes de trabajo y las enfermedades profesionales teniendo en cuenta la perspectiva de género, e insiste en su incorporación de manera transversal en la gestión de la prevención de riesgos laborales, concretamente, promoviendo acciones sobre riesgos específicos de género como la doble presencia o el conflicto trabajo-familia[2].

Con anterioridad, la Agencia Europea para la Seguridad y Salud en el Trabajo señaló la importancia de integrar la igualdad de género en la prevención de riesgos laborales y las cuestiones de seguridad y salud en el trabajo en las actividades de empleo basadas en esa igualdad entre mujeres y hombres. Considera que la cooperación entre ambos ámbitos es crucial para mejorar la prevención de riesgos a los que se exponen las personas trabajadoras en el entorno de trabajo[3].

En nuestro país, la perspectiva de género en el ámbito de la salud laboral es impulsada por la Ley Orgánica 3/2007, de 22 de marzo, para la igualdad efectiva de mujeres y hombres (LOIMH). El artículo 27 dispone la integración del principio de igualdad en la política de salud, indicando que las Administraciones Públicas (AAPP) garantizarán, a través de la integración

1. La prioridad del objetivo n.º 5 es promover la integración de la perspectiva de género, desde un enfoque transversal e integral en el conjunto de políticas preventivas, implicando a todos los agentes relacionados en la mejora de la prevención de riesgos laborales, sin distinguir entre ámbito institucional y empresarial. Y, de manera especial, focalizar dicha protección en los colectivos más vulnerables.

2. Siguiendo con el objetivo n.º 5, el punto 3 insiste en la incorporación de manera transversal de la perspectiva de género en la gestión de la prevención de riesgos laborales, especialmente sobre los riesgos específicos de género que son definidos por la elevada prevalencia entre las mujeres como esa doble presencia, el conflicto trabajo-familia, violencia, acoso o discriminación por razón de sexo, etcétera.

3. AGENCIA EUROPEA PARA LA SEGURIDAD Y SALUD EN EL TRABAJO: «Las cuestiones de género en relación con la seguridad y la salud en el estudio», *Comunidades Europeas*, 2006, p. 3.

activa, igualdad en el derecho a la salud de las mujeres y los hombres evitando que, bien por diferencias biológicas o bien por estereotipos sociales, se produzcan discriminaciones. También, prevendrán la discriminación dentro de las acciones de educación sanitaria, investigación científica y, en particular, dentro de la mejora de la salud laboral, en prevenir el acoso sexual y el acoso por razón de sexo.

Además, la promulgación de la LOIMH supone la incorporación de un nuevo apartado 4, en el artículo 5 de la Ley 31/1995, de 8 de noviembre, de prevención de Riesgos Laborales (LPRL), señalando que las AAPP promoverán el principio de igualdad entre mujeres y hombres y que tanto en el sistema de recogida y tratamiento de datos como en el estudio e investigación general en materia de prevención de riesgos serán consideradas las variables que se encuentren relacionadas con el sexo. Así, se podrán detectar y prevenir posibles situaciones en las que los daños derivados del trabajo puedan estar vinculados con el sexo de las personas trabajadoras.

Y es que la incorporación de la dimensión de género en la seguridad y salud resulta de la aplicación de la transversalidad del principio de igualdad entre mujeres y hombres, que será proyectado sobre todas las políticas públicas, según establece el artículo 15 LOIMH[4]. Sin embargo, la dimensión de género en el ámbito de la seguridad y salud es todavía prácticamente desconocida en la doctrina iuslaboralista, puesto que no se encuentra un tratamiento específico en la prevención de riesgos laborales[5]. De hecho, la LOIMH no consigue una reformulación de la LPRL exigiendo al empresario la obligación de promover de manera efectiva ese principio de igualdad en materia de prevención de riesgos laborales, como principio general de la acción preventiva[6].

Pues bien, lo cierto es que no existe una política de riesgos laborales desagregada por sexos o una evaluación de riesgos específica que incluyan ciertos riesgos específicos que la trabajadora sufre habitualmente e inciden

4. «El principio de igualdad de trato y oportunidades entre mujeres y hombres informará, con carácter transversal, la actuación de todos los Poderes Públicos. Las Administraciones públicas lo integrarán, de forma activa, en la adopción y ejecución de sus disposiciones normativas, en la definición y presupuestación de políticas públicas en todos los ámbitos y en el desarrollo del conjunto de todas sus actividades».

5. RIVAS VALLEJO, Pilar: «Salud y género: perspectiva de género en la salud laboral», *Revista del Ministerio de Trabajo y Asuntos Sociales*, 2007, pp. 227-229. La perspectiva de género en el análisis de la salud es una cuestión que todavía no se encuentra integrada en las políticas de salud laboral, siguiendo en esa perspectiva proteccionista como colectivo especialmente sensible por razones biológicas, quedando limitada únicamente al embarazo y la maternidad.

6. VALLEJO DA COSTA, Ruth: *Salud laboral, igualdad y mujer. Aspectos jurídicos.* Bomarzo, 2019, p. 16.

directamente sobre su salud; las únicas medidas preventivas existentes se centran en la capacidad reproductiva de la mujer o en el estado biológico del embarazo, tratándolo como ese período transitorio que necesita una protección específica, imponiendo al empresario esa obligación preventiva que recoge el artículo 26 LPRL.

Sin duda, es preciso atender las consecuencias que tienen en la salud de la mujer tanto las condiciones laborales como las diferencias sociales. Y, por la importancia de la recogida y explotación de los datos en las investigaciones, resulta necesario incorporar la perspectiva de género en la vigilancia de la salud así como la revisión de los procedimientos, ya que, después de todo, la aplicación de estos protocolos no puede seguir siendo estándar.

2. LAS DIFERENCIAS DE GÉNERO EN LAS CONDICIONES DE TRABAJO Y SUS CONSECUENCIAS EN LA SALUD LABORAL DE LA MUJER

Las condiciones de trabajo son determinantes en la vida y en la salud de las personas; además, la salud de las mujeres y de los hombres es diferente y desigual. Los factores biológicos, genéticos o fisiológicos se manifiestan de diferente manera, pero también los factores sociales y económicos tienen una influencia desigual en la salud de las personas y en los riesgos de enfermedad, pues la clase social, el género, la ocupación, la edad, etcétera, determinan la relación entre condiciones de trabajo y de salud[7].

La forma en que se ha producido la incorporación al mercado de trabajo de la mujer permite identificar las diferencias del trabajo, pues el trabajo de la mujer se distribuye de forma irregular entre los diferentes sectores. Así, la mayoría son situadas en el sector servicios, con una escasa participación en el sector industrial. También, existen actividades fuertemente feminizadas como personal de servicio del hogar, cuidados personales, actividades sanitarias, servicios sociales, educación confección, comercio al por menor, etcétera, actividades que se han entendido como propias de las mujeres porque se consideran una extensión de las actividades que venían desarrollando en el ámbito doméstico[8].

Por regla general, conforme a las mencionadas ocupaciones, el trabajo de la mujer presenta unos perfiles diferentes al trabajo desempeñado por los hombres. Las características comunes a las ocupaciones anteriores

7. ARTAZCOZ, Lucía, ESCRIBÁ-AGÜIR, Vicenta y CORTÉS, Inma: «Género, trabajos y salud en España», *Gaceta Sanitaria*, 18, n.º 5, 2004, pp. 24-35, http://scielo.isciii.es/scielo.php?script=sci_arttext&pid=S0213-91112004000500005&lng=es&tlng=es
8. RIVAS VALLEJO, Pilar: «Salud y género: ...», *ob. cit.*, pp. 231-232.

podrían ser la monotonía, la falta de creatividad, la exigencia de precisión, el mantenimiento de posturas forzadas e incómodas, el ritmo excesivo, la escasa cualificación, etcétera. De igual forma, presentan menor exposición a factores como el ruido, el contacto con sustancias peligrosas, la manipulación de cargas pesadas, entre otras, circunstancias que se presentan en los trabajos históricamente ocupados por hombres. Además, por el tipo de factores a los que se expone la mujer en los sectores feminizados, los efectos sobre su salud no tienen una evidencia inmediata, pues la pérdida de salud es continuada y progresiva[9].

Sin duda, es evidente la clara segregación que existe en el actual mercado laboral, una segregación vertical visible en el acceso a puestos de dirección, los cuales principalmente son ocupados por hombres, así como una segregación horizontal con sectores altamente feminizados. Principalmente, son las mujeres las que trabajan en actividades relacionadas con la atención, cuidados a terceros, educación, textil, agroalimentario, etcétera; en cambio, mayoritariamente, son los hombres los que están representados en trabajos de dirección, manuales, técnicos, etcétera. Y, dentro de un sector determinado, también existe segregación vertical, siendo los hombres los encargados de realizar trabajos de mayor jerarquía y cualificación, dejando que niveles más bajos y empleos menos cualificados sean ocupados por mujeres[10].

Si bien, no olvidemos lo que supone la doble presencia en el trabajo asalariado y el trabajo doméstico, la cual produce una excesiva carga de trabajo que aumenta el tiempo de trabajo y ocasiona problemas de conciliación entre la vida laboral y la familiar, pues mujeres y hombres afrontan de manera diferente estas responsabilidades. La diferencia de roles sociales entre ambos sexos interpreta de distinta manera la incompatibilidad horaria de ambas jornadas, lo que genera más conflictos en las mujeres y origina unos riesgos psicosociales que inciden de forma desigual en la salud y en la calidad de vida de mujeres y hombres. Por eso, el conflicto trabajo-familia es identificado como riesgo psicosocial de repercusiones acusadas en la mujer trabajadora[11].

De la misma manera, relacionado con la propia organización del trabajo, que afecta a la salud mental con manifestaciones tales como estrés, depre-

9. VALLEJO DA COSTA, Ruth: *Salud laboral,…, ob. cit.*, 2019, p. 20.
10. SECRETARÍA DE SALUD LABORAL Y MEDIO AMBIENTE DE UGT-CEC: «La perspectiva de género en la prevención de Riesgos Laborales», 2019, pp. 4-7.
11. VALLEJO DA COSTA, Ruth: «El conflicto trabajo-familia como riesgo psicosocial: su particular incidencia en la mujer trabajadora (aspectos jurídicos)», *RTSS. CEF*, n.º 375 (junio 2014), pp. 13-46.

sión, ansiedad, etcétera, con una mayor incidencia en la mujer trabajadora, es el acoso sexual y por razón de género. Este acoso sexista está ligado a la dominación masculina, destinada a preservar las relaciones jerárquicas jugando un papel importante la dimensión de género. Asimismo, existe otra forma de violencia contra la mujer en el mercado de trabajo: es discriminada tanto en el salario, en el acceso al trabajo como en la promoción profesional; sobre todo por el hecho de ser madres, temiendo la pérdida del empleo y siendo penalizadas en el mercado de trabajo, obligadas a elegir entre su vida familiar y su vida profesional[12].

2.1. RIESGOS Y PATOLOGÍAS LABORALES EN LA MUJER TRABAJADORA

En materia de seguridad y salud en el trabajo, la protección de las personas trabajadoras está influenciada por diferentes factores. De ahí que no pueda articularse igual la protección de la salud de los trabajadores que la de las trabajadoras, ya que las diferencias de género, los riesgos y peligros a los que ambos están expuestos difieren significativamente. Por ello, es importante que los riesgos laborales no sean abordados desde una perspectiva neutra, ya que en ese caso, las mujeres salen claramente perjudicadas, desprotegidas, y los riesgos a los que están expuestas resultan infravalorados.

Además, la salud laboral femenina no puede centrarse exclusivamente en aspectos biológicos referentes a su función reproductora, pues aplicar la perspectiva de género a la salud laboral conlleva atender las diferencias de género tanto en la exposición a los riesgos y a su prevención como a las diferentes consecuencias para la salud. Existen riesgos con una específica influencia gravosa para la mujer, pero no hay duda que ambos géneros se encuentran afectados por sobrecarga laboral, ambigüedad de rol, inseguridad laboral o demandas familiares, entre otros, y aun siendo comunes las consecuencias, no tienen que ser idénticas en la salud laboral.

Los resultados obtenidos en la Encuesta Nacional de Condiciones de Trabajo (ENCT)[13] ponen de manifiesto que las trabajadoras, respecto a los

12. RIVAS VALLEJO, Pilar: «Salud y género: ...», *ob. cit.*, pp. 231-232.
13. INSTITUTO NACIONAL DE SEGURIDAD E HIGIENE EN EL TRABAJO: *Encuesta Nacional de Condiciones de Trabajo, 6.ª EWCS*, 2015, pp. 39-55. Los indicadores relativos a los factores de riesgo están agrupados en diferentes dimensiones como las exigencias impuestas a la persona trabajadora para llevar a cabo su tarea; los factores determinantes en el ritmo de trabajo; las características organizativas como uso de TIC's, rotación de tareas o trabajo en equipo; el grado de autonomía para tomar decisiones en la ejecución de la tarea y posibles pausas; la percepción de inseguridad en el empleo.

trabajadores, están más expuestas a los riesgos psicosociales por desempeñar puestos con mayores exigencias mentales, ritmos de trabajo, inseguridades en el empleo, situaciones de violencia, acosos o discriminaciones, etcétera, factores organizacionales propios de los trabajos que desempeñan.

Además, la ENCT destaca que la discriminación por género afecta a la mujer en un 3% frente al 1% del hombre; y analizando el tiempo de trabajo remunerado y no remunerado, la mujer dedica más horas que el hombre. También, confirma los problemas para adaptar el horario laboral a los compromisos sociales y familiares, siendo las mujeres, de nuevo, las que presentan mayores problemas de conciliación. En fin, los datos obtenidos en estos factores de riesgo psicosocial como la discriminación laboral, el impacto de la familia sobre el trabajo y la sobrecarga asociada a las responsabilidades laborales y familiares, ponen de relieve la influencia que tienen en la seguridad y salud de las trabajadoras.

De hecho, el conflicto trabajo-familia, sobre el cual reflexiono en otro capítulo de esta obra, no se trata de duplicar las horas de trabajo, sino el estrés que origina la dificultad para conciliar unas condiciones laborales con unas necesidades familiares. Poniendo, este conflicto, de manifiesto el desequilibrio en la vida de la persona trabajadora e influyendo en la aparición del estrés. Y por ello, siguiendo los razonamientos de dicho capítulo, son necesarios cambios profundos para que las personas trabajadoras puedan conciliar la vida familiar y la laboral sin que esta conciliación suponga diversos perjuicios y problemas psicológicos y físicos. Pues, un equilibrio entre la esfera personal y la laboral permite el desarrollo adecuado de las diferentes responsabilidades y contribuye positivamente en la productividad empresarial pero, sobre todo, mejora la calidad de vida de las personas.

El estrés sufrido por las personas trabajadoras, originado por la necesaria obligación para conciliar la vida familiar y laboral, afecta tanto a hombres como a mujeres, aunque sus efectos son más negativos para el colectivo femenino, más vulnerable. La incorporación de la mujer al trabajo productivo, sin abandonar su trabajo reproductivo, es una carga que crea ansiedad y estrés, pues las familias, con el mismo tiempo que tenían antes, ahora tienen que atender las crecientes exigencias de las necesidades familiares y de la sociedad[14].

14. CANO LOZANO, M.ª Carmen, MARTÍN CHAPARRO, M.ª Pilar, MOLINA NAVARRETE, Cristóbal y VERA MARTÍNEZ, Juan J.: «Nuevos retos de las políticas de salud laboral en las organizaciones de trabajo: una aproximación al estrés laboral y al "burnout" en clave psicosocial», *Revista Temas Laborales*, n.º 75, 2004, pp. 203-209. Apuntan

Al respecto, resulta significativo que en la Encuesta europea sobre calidad de vida (EQLS)[15], una encuesta cuatrienal paneuropea integrada por datos como empleo, ingresos, educación, vivienda, salud, conciliación de la vida laboral y familiar, que recoge información sobre el grado de felicidad de las personas y la satisfacción con su vida personal, un dato destacable sea el percibimiento que tienen sobre la calidad de su sociedad y el empeoramiento de la conciliación entre la vida privada y la vida laboral.

Por otro lado, no podemos olvidar las distintas formas de violencia psicológica en el trabajo con una prevalencia específicamente femenina. Véase, el acoso laboral que no viene determinado por el sexo ni de la víctima ni del acosador, existiendo una tendencia a que la víctima sea femenina. Tradicionalmente, la posición de dominio era del hombre sin necesidad de desplegar ningún esfuerzo, en cambio, ahora se interpreta la presencia femenina como una amenaza que genera una reacción hostil, pudiendo desembocar en violencia psicológica reiterada con la trabajadora.

La presencia femenina en el entorno laboral resulta incómoda y hace que la mujer sea el centro de burlas, mofas o ataques directos contra su persona o su profesionalidad. Esta situación de acoso produce una serie de secuelas sobre la salud de la trabajadora, pudiendo desencadenar una serie de trastornos mentales, acompañados de síntomas psicosomáticos y orgánicos, que si se convirtieran en crónicos, podrían derivar en incapacidad laboral como consecuencia de estrés postraumático, depresión severa, ansiedad, etcétera[16].

Por otra parte, existe preocupación por el tratamiento preventivo de los trastornos músculo-esqueléticos, que también afectan a los hombres, pero especialmente preocupa en el caso de las mujeres porque tanto la forma en que se presenta el problema como la frecuencia son distintas. Esta proble-

---

que cuantos más roles o empleos impliquen a la persona, en la mayoría de ocasiones el rol de madre, de esposa y de trabajadora, a menudo supone restricciones de tiempo, irregularidades y bajo control, siendo mayor el potencial para que aparezca el estrés y como resultado, un deterioro de la salud. Pues abandonar los roles anteriores o los actuales es difícil, puesto que se van añadiendo otros nuevos, y, en esta carrera dual son las mujeres las que experimentan más estrés que los hombres.

15. EUROFOUND: Encuesta europea sobre calidad de vida. https://www.eurofound.europa.eu/es/surveys/encuesta-europea-sobre-calidad-de-vida-eqls. Esta encuesta examina circunstancias objetivas de la vida de los ciudadanos europeos además de la percepción de dichas circunstancias y su vida en general. Se tratan cuestiones que afectan a la calidad de vida, la calidad de la sociedad y la calidad de los servicios públicos. Debido a la regularidad de esta encuesta, es posible llevar a cabo un seguimiento de las tendencias clave en la calidad de vida de las personas a lo largo del tiempo.

16. RIVAS VALLEJO, Pilar: «Salud y género: ...», *ob. cit.*, pp. 248-255.

mática ha estado presente en las diferentes Estrategias Europeas de Seguridad y Salud en el Trabajo[17], y lo sigue estando en la Estrategia Española de Seguridad y Salud en el Trabajo 2023-2027, que insiste en esas actuaciones de vigilancia y control en sectores y actividades especialmente feminizadas. También, la Nota Técnica de Prevención (NTP) 657, del Instituto Nacional de Seguridad e Higiene en el Trabajo (INSHT)[18], presta especial atención a este tipo de trastornos y a la relación con las dolencias de las mujeres; a lo que añadiremos, tal y como recoge la NTP 658 del INSHT[19], la dificultad en reconocer el daño cuando hablamos de la mujer trabajadora.

Debe destacarse, además, aquellas enfermedades crónicas o de larga duración, como la fibromialgia y el síndrome de fatiga crónica. Ambas son enfermedades sin regulación específica, con serios problemas de adaptación laboral, de empleabilidad y de mantenimiento del puesto de trabajo, situando a la trabajadora en una especial situación de fragilidad laboral. Los síntomas que acompañan a la fibromialgia interfieren en determinadas actividades laborales que requieren esfuerzos físicos o concentración mental, exponiendo a las personas que la padecen a un estrés emocional como

17. ESTRATEGIA EUROPEA DE SEGURIDAD Y SALUD EN EL TRABAJO 2002-2006: Este tipo de trastornos son considerados como riesgos emergentes y prevalentes, en mayor medida, en sectores como la educación, los servicios sociales o la asistencia sanitaria, que no dejan de ser riesgos que afectan mayoritariamente a las mujeres puesto que son sectores feminizados.
18. INSTITUTO NACIONAL DE SEGURIDAD Y SALUD EN EL TRABAJO: NTP 657 «Los trastornos músculo-esqueléticos de las mujeres (I): exposición y efectos diferenciales». Habitualmente, los puestos de trabajo que tradicionalmente son masculinos pero son ocupados por mujeres, generan un mayor riesgo en ellas puesto que el diseño de las herramientas, las máquinas, los equipos, el espacio disponible para piernas/brazos, etcétera, ha sido concebido con las medidas del género masculino, no se ajusta a la antropometría de la mujer. Esta falta de adaptación del diseño del puesto de trabajo a las características de las trabajadoras provoca un mayor riesgo de sufrir este tipo de trastornos forzando muñecas, brazos, manos o provoca dolor en extremidades superiores por la hiperextensión para alcanzar superficies demasiado altas. En cambio, si hablamos de ocupaciones feminizadas con elevada carga mental y/o emocional, falta de autonomía, altos ritmos de trabajo o dirección autoritaria que generan estrés laboral, la traducción en el ámbito psicosocial es una sintomatología músculo-esquelética.
19. INSTITUTO NACIONAL DE SEGURIDAD Y SALUD EN EL TRABAJO: NTP 658 «Los trastornos músculo-esqueléticos de las mujeres (II): recomendaciones preventivas». La exposición a la que las mujeres suelen estar sometidas hace el efecto en la salud de tipo multicausal y complejo. En muchas ocasiones, sus síntomas en el trabajo no ayudan a concluir en un diagnóstico claro, o éste es asociado a causas psicológicas. Existen estudios que demuestran, que incluso desempeñando el mismo trabajo, las dificultades que puede tener una mujer para que se reconozca el origen laboral de su daño y para que sea compensada económicamente por ello.

consecuencia de la baja autoestima y del descrédito profesional propio de prejuicios y estigmas asociados a la debilidad femenina[20].

Pues bien, deviene necesario orientar la prevención de riesgos laborales considerando los diferentes factores femeninos, pues todos ellos interactúan en el entorno laboral con otros riesgos laborales para potenciarlos, exponiendo a la trabajadora a un mayor nivel de riesgo. Lo cierto es que el trabajo incide de manera diferente en cada persona y, también, que los mecanismos de defensa son diferentes en cada caso, pero lo que es indudable es que la persona trabajadora, como cualquier ser humano, no separa el origen de cada problema bien sea laboral, personal o familiar, y resulta difícil aislar una sola causa como detonante del deterioro de la salud y la repercusión negativa sobre las condiciones de trabajo.

2.2. LA IMPORTANCIA EN LA RECOGIDA Y EXPLOTACIÓN DE DATOS EN LAS INVESTIGACIONES CON PERSPECTIVA DE GÉNERO

Tras la promulgación de la LOIMH, la perspectiva de género es incorporada en la política de salud laboral, concretamente en el artículo 27 LOIMH y en el artículo 5.4 LPRL. El artículo 27.3 LOIMH establece que las Administraciones Públicas (AAPP), a través de sus servicios de salud y de los órganos competentes, desarrollen, aplicando el principio de igualdad de oportunidades, las actuaciones de consideración dentro de la protección, promoción y mejora de la salud laboral, del acoso sexual y del acoso por razón de sexo.

Además, a través de la Disposición Adicional Octava de la LOIMH, se establece una modificación del artículo 21 de la Ley General de Sanidad (LGS) para que en las actuaciones que lleve a cabo la Administración sanitaria en materia de salud laboral, incorpore la perspectiva de género. Sin embargo, queda derogado por la Ley 33/2011, de 4 de octubre, General de Salud Pública (LGSP) que ampliará competencias y las incluirá en el artículo 33 LGSP.

No obstante, la LGSP, en las referencias a las competencias de la Administración sanitaria en salud laboral, no menciona la perspectiva de género y omite toda referencia a la protección frente al acoso sexual y al acoso por

20. RIVAS VALLEJO, Pilar: «Trabajadoras con enfermedades crónicas y discriminación múltiple», *Revista de Derecho Social*, n.º 54, 2011. Los síntomas de la fibromialgia son dolores de cabeza, ansiedad, fatiga o dolor extenso, y todos ellos interfieren negativamente en la actividad laboral, provocando situaciones de estrés, ansiedad, desánimo, desvaloración personal y descrédito profesional. Casi el 90% de los diagnósticos por fibromialgia y síndrome de fatiga crónica son de mujeres.

razón de sexo. En todo caso, la perspectiva de género es citada dentro de los principios generales de acción en salud pública en el artículo 3.a) LGSP. Y, el artículo 6.2 se refiere a la prohibición de discriminación entre mujeres y hombres en las actuaciones de salud pública.

Así, en relación al mencionado artículo 5.4 LPRL, las AAPP con competencias específicas en prevención de riesgos laborales, especialmente la Administración sanitaria con competencia en salud pública y en salud laboral es la que más información puede aportar en relación a los daños en la salud, consecuencia de las condiciones de trabajo, que pueden padecer en mayor medida las mujeres y, cuyas investigaciones son fundamentales para una mejor prevención de riesgos laborales[21].

Además, en la misma línea, aunque el principio de igualdad se haya dirigido hacia las políticas públicas, esta labor también debería desarrollarse en las relaciones de trabajo en la empresa. De hecho, la primera fuente de análisis para estudios e investigaciones relacionadas con la seguridad y salud en el trabajo, son los datos que se obtienen de la labor desarrollada por los servicios de prevención de las empresas. Unos datos en los que resulta fundamental la incorporación de la perspectiva de género para detectar y corregir los posibles sesgos de género en las actividades de vigilancia de la salud[22].

En todo caso, el artículo 5.4 LPRL insta a las AAPP promover el principio de igualdad teniendo en consideración las variables relacionadas con el sexo, tanto en la recogida como en el tratamiento de datos, y, en el estudio e investigación en materia de prevención de riesgos laborales, a prevenir aquellas situaciones en que los daños derivados del trabajo aparezcan vinculados al sexo de las personas trabajadoras. En cambio, no debemos confundir género con sexo, pues los indicadores desagregados por sexo dicen si existen o no diferencias por sexo en una dimensión específica de la salud. Mientras que, en los indicadores con sensibilidad de género, se observa las consecuencias en la salud del género para ayudar a comprender si la diferencia entre sexos en el estado de salud es el resultado de desigualdades o de inequidad por género[23].

21. VALLEJO DA COSTA, Ruth: *Salud laboral,..., ob. cit.*, pp. 32-33.
22. FERRADANS CARAMÉS, Carmen: «Género y prevención de riesgos laborales», *Revista de Derecho Social*, n.º 53, 2011, p. 153. Una desagregación por sexos de los datos por parte de las empresas ayuda a que las Administraciones Públicas puedan realizar su labor de promoción, al tiempo que se hace necesaria una cooperación entre las distintas Administraciones.
23. RUÍZ CANTERO, M.ª Teresa y PAPÍ GÁLVEZ, Natalia: *Guía de estadísticas de salud con enfoque de género: análisis de internet y recomendaciones*, Universidad de Alicante, 2007.

Por eso, los datos desagregados por sexo, por sí mismos, no son suficientes para establecer relaciones en el ámbito de la salud laboral. Lo importante es integrar el sexo en una matriz más general que incluya, por ejemplo, formas de trabajo, sectores de actividad, tareas desempeñadas, tiempos de trabajo, etcétera[24]. Lo que recomienda la Agencia Europea de Seguridad y Salud Laboral[25] es incluir, rutinaria y sistemáticamente, la dimensión de género en la recopilación de los datos y el control estadístico. También resalta lo importante que es considerar si la información recogida y los indicadores disponibles son adecuados para comprobar las características particulares del trabajo de las mujeres.

Sin duda, esa carencia significativa en la recogida y explotación de datos desagregados por sexos, incluso cuando es posible estructurar los datos de dicha manera, no permite establecer una relación del sexo con otros factores para analizar el impacto diferenciado en función de la situación de mujeres y hombres. Por lo tanto, para hacer un análisis de género, lo primero es conseguir que los datos pertenecientes a mujeres y hombres puedan ser comparados y cruzados con el resto de información relevante[26]. Cierto es que este déficit en el análisis lleva a una falta de conocimiento, fundamental para una política de prevención de riesgos laborales más eficaz, que sirva para identificar los daños a la salud que a las mujeres trabajadoras puedan afectan, específicamente.

3. LA VIGILANCIA DE LA SALUD Y LA SALUD DE LAS MUJERES

La vigilancia de la salud debe desarrollarse no solo en función de los riesgos laborales a los que están expuestas las personas trabajadoras, sino que también debe tenerse en cuenta las características personales de la persona, entre ellas las relacionadas con la dimensión de género. Además, puesto que las aptitudes psicofísicas de la persona trabajadora están cambiando continuamente, por cuestiones como el género, la edad o por las propias condiciones de trabajo, lo correcto sería un estudio permanente para adaptar las condiciones de trabajo a las características de la persona en función de sus aptitudes. De hecho, el artículo 4.b) del Real Decreto

24. VALLEJO DA COSTA, Ruth: *Salud laboral,..., ob. cit.*, 2019, p. 35.
25. AGENCIA EUROPEA DE SEGURIDAD Y SALUD LABORAL: «Las cuestiones de género en relación con la seguridad y salud en el trabajo», *Comunidades Europeas*, 2006. En esta recopilación deberá incluirse los datos nacionales sobre accidentes de trabajo y enfermedades profesionales, además de los datos relativos a las indemnizaciones.
26. SEVILLA GARCÍA, Elia: «Perspectiva sanitaria de género», en AA.VV. *Tratado de Salud Laboral, Tomo II: Aspectos técnico-sanitarios y lugares, sectores y colectivos singulares.* MONEREO PÉREZ, José L. y RIVAS VALLEJO, Pilar (Dirs.), Aranzadi, 2012, pp. 1384-1385.

39/1997, de 17 de enero, por el que se aprueba el Reglamento de los Servicios de Prevención (RSP), contempla la posibilidad de que la persona que ocupe, o que vaya a ocupar, un puesto de trabajo sea especialmente sensible, bien por sus características personales bien por su estado biológico conocido, a alguna de las condiciones de trabajo existentes o previstas.

Por ello, una evaluación de riesgos completa debería recoger la parte objetiva, que es la valoración de instalaciones, equipos, lugares de trabajo y procedimientos, además de la parte subjetiva, que incluiría las capacidades personales de las personas trabajadoras. Este procedimiento permitiría evaluar los riesgos que no se pueden eliminar, además de adaptar esas condiciones de trabajo que, sin riesgo para las personas trabajadoras en general, pudieran ser para alguna por su condición física, psíquica o sensorial específica, y de esta manera conseguir el objetivo de adaptar el trabajo a la persona.

Así pues, se considera fundamental que cuando la Administración pública desarrolla las guías y protocolos de vigilancia de la salud, incorpore la obligación de atender la dimensión de género en las actividades sanitarias desarrolladas por los servicios de prevención de riesgos laborales. Pues el artículo 33.2.e) de la Ley 33/2011, de 4 de octubre, General de Salud Pública (LGSP), establece que la autoridad sanitaria junto con la laboral, debe llevar a cabo *autorizar, evaluar, controlar y asesorar la actividad sanitaria de los servicios de prevención de riesgos laborales*. Y, para ello, se necesita una formación específica en género del personal sanitario que se encargue de la vigilancia de la salud de las personas trabajadoras, que según recoge el artículo 10.c) LPRL, corresponde a la Administración pública en materia sanitaria *la supervisión de la formación que, en materia de prevención y promoción de la salud laboral, deba recibir el personal sanitario actuante en los servicios de prevención autorizados.*

Sin embargo, el artículo 3.3 del RD 843/2011, de 17 de junio, por el que se establecen los criterios básicos sobre la organización de recursos para desarrollar la actividad sanitaria de los servicios de prevención, prohíbe a los servicios de prevención realizar exploraciones y pruebas que no estén relacionadas con los riesgos laborales específicos de las tareas que desarrollan las personas trabajadoras o con los riesgos inespecíficos que puedan agravar patologías previas. Esto supone un retroceso para la incorporación de la dimensión de género en la vigilancia de la salud laboral, que debe ir más allá de determinadas enfermedades causadas exclusivamente por el trabajo. Pues la persona trabajadora está expuesta a múltiples riesgos en el puesto de trabajo, y también fuera de él, y todos deben ser valorados, ya que, estos últimos, pueden empeorar en función de las condiciones de trabajo[27].

En esta línea, respecto a las enfermedades relacionadas con el trabajo y el género, resulta difícil establecer una relación exclusiva con el trabajo, y deberían ser objeto de tratamiento por el servicio de personal sanitario de los servicios de prevención. Pues, según el artículo 38 RSP, la competencia de dicho personal sanitario no atañe solamente al tratamiento de las enfermedades profesionales o a las derivadas exclusivamente del trabajo, sino que también lo hace a la coordinación a la que se refiere dicho artículo, de los profesionales de los servicios de prevención y de los del sistema público de salud, que tiene una amplitud mayor como al diagnóstico, tratamiento y rehabilitación de las enfermedades relacionadas con el trabajo.

De hecho, los factores que mayoritariamente afectan a las mujeres, como la doble presencia, el acoso sexual, discriminación, etcétera, no son mencionados en las metodologías desarrolladas por los servicios de prevención ni por las metodologías Institucionales ni las de las MUTUAS. Por ello, las prácticas preventivas destacadas dificultan la protección de la salud de las mujeres trabajadoras. De ahí que a la propia concepción de lo que es evaluar riesgos le acompaña un gran sesgo, pues evaluar riesgos es medir, a través de indicadores objetivos, situaciones que comparadas con los criterios establecidos permiten emitir un juicio sobre la posible incidencia en la salud. En cambio, no todas las condiciones de trabajo se pueden medir de la manera que lo han estado haciendo las técnicas preventivas[28].

Por ello, debe tenerse en cuenta el fuerte componente subjetivo que tiene la salud en función de la propia percepción, la biología diferencial, las experiencias previas, el entorno de la persona, etcétera, por lo que no ha lugar al establecimiento de indicadores objetivos puesto que limitarían la prevención a lo fácilmente observable, excluyendo una serie de afectaciones a la salud que solamente son detectables mediante la participación de quienes las padecen. Así pues, en las evaluaciones de riesgos, se deberá incorporar el análisis de las diferencias de género y biológicas, relacionadas con la salud laboral de la mujer, y su interrelación para identificar la causa de las alteraciones de la salud en la mujer.

27. VALLEJO DA COSTA, Ruth: *Salud laboral,..., ob. cit.*, pp. 57-58.

28. TORADA, Rebeca y MORENO, Neus: «Salud laboral y género», *Mujer y Trabajo. Problemática actual*, Editorial Germania, 1999, pp. 19-20. Un ejemplo sería las respuestas fisiológicas frente al estrés, al que no todas las personas responden de igual manera, luego entonces, ¿cómo establecer una medida estándar que garantice la detección real de una situación de estrés?, o en el caso de los riesgos específicos de mujeres, ¿cómo medir la pérdida de autoestima ante una situación de discriminación salarial o cómo valorar la incidencia del acoso sexual?

Sin embargo, no existe una metodología específica legal para realizar una evaluación de riesgos desde la perspectiva de género, aunque si atendemos a lo establecido en el artículo 5 RSP, que regula los procedimientos que pueden emplearse en las evaluaciones de riesgos, encontramos que se mencionan normas técnicas de carácter internacional, europeo, nacional o guías de diferentes organismos oficiales, indicando métodos concretos o generales para realizar las evaluaciones. De ahí que haya numerosos recursos técnicos disponibles para la integración de la dimensión de género en la prevención de riesgos laborales.

4. EVALUACIONES DE RIESGOS Y PROMOCIÓN DE UNA MATERNIDAD SALUDABLE

El artículo 26 LPRL se refiere a la protección del embarazo y la lactancia de la mujer trabajadora. La protección de la maternidad está orientada a la tutela de la trabajadora en situación de embarazo o de parto reciente, una protección que se extiende al feto y al hijo lactante. Una regulación específica referida a las condiciones biológicas o diferencias de sexo, no de género; en cualquier caso, esta regulación no contempla todas las prácticas biológicas que afectan a la mujer trabajadora, y esto, sin perjuicio de las indicaciones del artículo 25.2 LPRL sobre protección de la función reproductora, que también puede afectar a la fertilidad masculina, y no supone una especificidad de género[29].

Respecto a la protección de la mujer en las situaciones de embarazo y lactancia, la primera obligación que establece la normativa preventiva, el artículo 26.1 LPRL, tiene que ver con la evaluación de riesgos que puede afectar a la mujer en estas situaciones. A partir de aquí el legislador identificará las específicas medidas de prevención establecidas de forma gradual en dicho artículo, pues no procederá el cambio de puesto de trabajo si el riesgo puede evitarse con la simple adaptación de la jornada de trabajo. En consecuencia, la LPRL parece establecer tres medidas jerarquizadas: la adaptación del puesto, el cambio de puesto y en último término, la suspen-

29. SEMPERE NAVARRO, Antonio V., GARCÍA BLASCO, Juan, GONZÁLEZ LABRADA, Manuel y CARDENAL CARRO, Miguel: Derecho de la Seguridad y Salud en el Trabajo, Civitas, 1996, p. 228: «*las alteraciones de la función reproductora se manifiestan también entre los varones. Se ha comprobado así el efecto reductor de la fertilidad entre los trabajadores expuestos a ciertos agentes (plomo, disolventes, plaguicidas). A su vez, las anomalías funcionales del aparato reproductor son frecuentes y están influidas por una alteración hormonal, que puede llegar a causar alteraciones en el espermatograma, incluso la esterilidad*».

sión del contrato. No previéndose otras posibilidades como la movilidad geográfica, aunque resulta posible mediante el mutuo acuerdo[30].

Dichas medidas no sólo deberán aplicarse cuando el riesgo efectivamente ocurra, sino cuando potencialmente pueda llegar a ocurrir[31]. De hecho, la protección por riesgo durante el embarazo trata de hacer frente al peligro potencial que el trabajo prestado en determinadas condiciones puede suponer para la trabajadora embarazada o para el feto. Es una medida de prevención en sentido estricto y no de protección frente a un daño ya producido[32]. No obstante, lo recogido en el artículo 26 LPRL, en relación a la evaluación de riesgos, está complementado con lo dispuesto en el artículo 4 RSP. Y, en todo caso, los listados a los que hacen referencia los Anexos VII y VIII del RSP recogen unos riesgos laborales que concurren durante la maternidad pero que deben ser valorados independientemente como riesgos laborales durante el embarazo y riesgos laborales durante la lactancia[33], aunque las medidas de prevención previstas en el artículo 26 LPRL son las mismas para ambas situaciones.

En el Anexo VII, se incluyen una serie de agentes, procedimientos y condiciones de trabajo que pueden afectar negativamente a la mujer embarazada o en período de lactancia, al feto o al hijo lactante, en cualquier actividad susceptible de presentar un riesgo específico de exposición, como por ejemplo, agentes físicos que puedan provocar lesiones fetales o desprendimientos de placenta como choques, vibraciones o movimientos; manipulación manual de cargas pesadas; frío o calor extremo; movimiento o posturas forzadas, desplazamientos, fatiga física o mental, etcétera.

En el Anexo VIII, la lista de agentes, procedimientos y condiciones de trabajo prohibidos dependerá de lo dispuesto en la evaluación de riesgos una vez conocido el embarazo o el período de lactancia, diferenciando entre

30. RODRÍGUEZ CARDO, Iván A.: «Mujer y salud en el trabajo: puntos críticos», *Mujer, Trabajo y Seguridad Social,* La Ley, 2010, edición digital, p. 7.
31. BALLESTER PASTOR, M.ª Amparo, PÉREZ DE LOS COBOS ORIHUEL, Francisco y THIBAULT ARANDA, Javier: «Art. 26. Protección de la maternidad», *Ley de Prevención de Riesgos Laborales. Comentada y con Jurisprudencia,* Editorial La Ley, 2008, edición digital, p. 8.
32. RODRÍGUEZ CARDO, Iván A.: «Mujer y salud...», *ob. cit.*, p. 6.
33. FERICHE LINARES, Rafael: «Riesgos laborales ligados a la maternidad», en AA.VV. *Tratado de Salud Laboral, Tomo II: Aspectos técnico-sanitarios y lugares, sectores y colectivos singulares.* MONEREO PÉREZ, José L. y RIVAS VALLEJO, Pilar (Dirs.), Aranzadi, 2012, p. 1428. También sobre los riesgos laborales ligados a la maternidad y a la lactancia, GIL PÉREZ, M.ª Encarnación: «Riesgos laborales ligados a la maternidad desde una perspectiva jurídica», en AA.VV. *Tratado de Salud Laboral, Tomo II: Aspectos técnico-sanitarios y lugares, sectores y colectivos singulares.* MONEREO PÉREZ, José L. y RIVAS VALLEJO, Pilar (Dirs.), Aranzadi, 2012, p. 547.

aquellas actividades que pueden afectar al embarazo o al feto y actividades que pueden afectar a la lactancia o al hijo lactante[34].

En cualquier caso, a partir de la evaluación inicial y según lo dispuesto en el artículo 4.2.c) RSP, deberán volverse a evaluar los puestos de trabajo que puedan verse afectados por la incorporación de un trabajador cuyas características personales o estado biológico conocido lo hagan especialmente sensible a las condiciones del puesto. Por lo tanto, nos encontramos con que el empresario, en relación con las trabajadoras embarazadas o en período de lactancia, deberá llevar a cabo dos tipos de evaluaciones.

La primera, una evaluación general y objetiva en la que se identifiquen los riesgos a los que pueden estar expuestas las mujeres embarazadas o en período de lactancia y la segunda, una evaluación subjetiva de carácter específico[35].

Sin embargo, en el momento de la evaluación inicial de los puestos de trabajo ya deben tenerse en cuenta los riesgos potenciales para las trabajadoras embarazadas, con independencia de que en ese momento lo estén ocupando trabajadoras efectivamente embarazadas o no, e incluso, en el supuesto de que los ocupen trabajadores varones, porque, en principio ninguna actividad queda excluida de su realización por las mujeres[36]. También, esta evaluación inicial sirve para determinar aquellos puestos de trabajo exentos de riesgos para las mujeres embarazadas o en período de lactancia. Esta identificación servirá para tener seleccionados *a priori* los puestos de trabajo a los que pueden ser destinadas las mujeres en cuanto se presenten las dificultades para proceder a la adaptación de las condiciones de trabajo[37].

La segunda evaluación de carácter específico tiene por finalidad la adaptación concreta de la mujer embarazada al nuevo puesto de trabajo al que vaya a destinarse, y dado que no todos los embarazos son iguales[38], se hace necesaria la realización de evaluaciones subjetivas, personalizadas,

34. RODRÍGUEZ CARDO, Iván A.: «Mujer y salud...», *ob. cit.*, p. 10. La exposición a agentes químicos y biológicos constituye uno de los peligros más evidentes. Los tribunales han puesto de manifiesto algunos otros que también pueden derivar o contribuir a la situación de riesgo durante la lactancia natural, como por ejemplo el trabajo a turnos o el trabajo nocturno.
35. SEMPERE NAVARRO, Antonio V., GARCÍA BLASCO, Juan, GONZÁLEZ LABRADA, Manuel y CARDENAL CARRO, Miguel: Derecho de la..., *ob. cit.*, p. 229.
36. CARDONA RUBERT, M.ª Belén: *Protección de la trabajadora embarazada: tutela preventiva y tutela antidiscriminatoria*, Aranzadi, 2002, p. 33.
37. VALLEJO DA COSTA, Ruth: *Salud laboral,...*, *ob. cit.*, pp. 77-78.
38. CARDONA RUBERT, M.ª Belén: *Protección de la trabajadora embarazada: ...*, *ob. cit.*, p. 35.

que tengan en cuenta las características personales de las trabajadoras y las circunstancias concurrentes en cada embarazo[39]. Así, la NTP 915 del INSHT[40] recomienda que la vigilancia de la salud de las trabajadoras embarazadas, que han dado a luz recientemente o en período de lactancia, deba ajustarse a lo contemplado en el artículo 22 LPRL.

Además, la NTP 992 del INSHT[41] dispone que, cuando la trabajadora comunique su situación de embarazo o lactancia, deberá realizarse una evaluación de riesgos adicional y una vigilancia de la salud. De tal forma que, en caso de existir factores de riesgo laboral cuya influencia sea negativa sobre la propia salud de la trabajadora y de la de su descendencia, permita determinar si es necesario adoptar alguna medida complementaria para evitar dicho impacto.

Ahora bien, en relación con la evaluación de riesgos de la mujer embarazada o en período de lactancia, se plantea la obligatoriedad o no de la mujer embarazada de comunicar su estado de embarazo o lactancia natural para que se pongan en marcha las medidas de protección adecuadas. Sin embargo, nada resuelve cuando se trata de proteger a la mujer embarazada en las primeras semanas de embarazo, que es cuando existe una mayor vulnerabilidad o exposición a los riesgos[42].

Claro que el artículo 26 LPRL no incluye ninguna referencia a la obligación de la mujer de comunicar su estado de embarazo o en período de lactancia natural. No obstante, la doctrina ha defendido que tal obligación derivaría del artículo 25 LPRL pues *el empresario garantizará de manera específica la protección de los trabajadores que, por sus propias características personales o estado biológico conocido,* y del artículo 29.4 LPRL que establece *la obligación general, para todo trabajador, de informar inmediatamente a su superior jerárquico directo y a los trabajadores designados para realizar las actividades de protección y*

39. BALLESTER PASTOR, M.ª Amparo, PÉREZ DE LOS COBOS ORIHUEL, Francisco y THIBAULT ARANDA, Javier: «Art. 26…», *ob. cit.*, p. 8.
40. INSTITUTO NACIONAL DE SEGURIDAD Y SALUD EN EL TRABAJO: NTP 915 «Embarazo, lactancia y trabajo: vigilancia de la salud», 2011. La nota, al igual que el artículo 22 LPRL, recoge la voluntariedad de la trabajadora, salvo que se apliquen las excepciones del mencionado artículo. Y, si es voluntaria, debe existir el consentimiento informado de la trabajadora, con información suficiente sobre el contenido y la finalidad. Además, estará exento de coacciones, será específico y revocable, pues de lo contrario, de haber una vigilancia obligatoria, debería existir un informe previo de los representantes de los trabajadores.
41. INSTITUTO NACIONAL DE SEGURIDAD Y SALUD EN EL TRABAJO: NTP 992 «Embarazo y lactancia natural: procedimiento para la prevención de riesgos en las empresas», 2013.
42. SEVILLA GARCÍA, Elia: «Perspectiva sanitaria…», *ob. cit.*, p. 1403.

prevención o al servicio de prevención, sobre cualquier situación que entrañe riesgos para la seguridad y salud de los trabajadores[43].

Si bien es cierto que solo la comunicación por parte de la trabajadora del embarazo desencadena la obligación empresarial preventiva configurada en el art. 26 LPRL. Pues la obligación empresarial no surge automática y objetivamente por el hecho biológico del embarazo, sino a partir de la comunicación de la trabajadora[44]. Sin embargo, básicamente, la protección de la maternidad es una obligación del empresario y una vez adoptada la medida preventiva, la trabajadora tiene el deber de cumplirla puesto que esa protección tiene un carácter impositivo para su salud, la del feto o la del recién nacido.

Además, en la actualidad, tanto el embarazo como la lactancia son situaciones especialmente protegidas por el derecho, incluso aunque el empresario desconozca la situación de embarazo[45]. No obstante, la cuestión está en que la mujer debe conocer *a priori* que su puesto de trabajo puede entrañar un riesgo para su salud, la del feto o la del hijo lactante. Pues, siguiendo lo dispuesto en el artículo 18 LPL, es obligación del empresario informar a las trabajadoras y a sus representantes del resultado de la evaluación.

De ahí que el empresario previamente deba informar de los resultados de la evaluación inicial a las mujeres que se encuentran o pueden encontrarse en las situaciones citadas, así como a los representantes de los trabajadores[46]. La comunicación del embarazo es de vital importancia en situaciones especiales en que la exposición de la madre a determinados agentes, como el plomo o las radiaciones ionizantes, durante el período inmediatamente posterior a la concepción, puede tener efectos perniciosos para el feto[47]. Pero incluso, al margen de estas situaciones especiales, y, con carácter general, el momento en que se presentan los mayores riesgos de interfe-

43. CARDONA RUBERT, M.ª Belén: *Protección de la trabajadora embarazada: ..., ob. cit.*, p. 36.
44. BALLESTER PASTOR, M.ª Amparo, PÉREZ DE LOS COBOS ORIHUEL, Francisco y THIBAULT ARANDA, Javier: «Art. 26...», *ob. cit.*, p. 7.
45. FERRADANS CARAMÉS, Carmen: «Género y prevención...», *ob. cit.*, p. 164. La doctrina constitucional afirma que por el hecho de estar una trabajadora embarazada todo despido que se efectúe, sea conocedor o no el empresario, es nulo y atenta a los derechos fundamentales de la trabajadora. Esto es una protección a la situación de las trabajadoras embarazadas que queda reflejada en la calificación del despido.
46. CARDONA RUBERT, M.ª Belén: *Protección de la trabajadora embarazada: ..., ob. cit.*, p. 38.
47. CARDONA RUBERT, M.ª Belén: *Protección de la trabajadora embarazada: ..., ob. cit.*, p. 39.

rencia con el embarazo y con la salud del feto es en las primeras semanas de gestación.

Para ello, en estos casos, se exige a la mujer embarazada la comunicación inmediata de su embarazo y al empresario la máxima celeridad en el cumplimiento de las obligaciones preventivas[48]. Sin embargo, en los supuestos en los que la trabajadora puede desconocer su estado de gestación, resulta imposible proteger a la mujer o al feto con este tipo de enfoque. Por eso, aun en el supuesto más favorable de que se adopten de forma inmediata las medidas preventivas tras la comunicación del embarazo, en muchos casos, las medidas preventivas frente a la exposición a agentes teratógenos (cualquier factor ambiental capaz de causar una anomalía en la forma o en la función, actuando sobre el desarrollo fetal) resultarán ineficaces[49].

Por lo expuesto, la solución no es que determinados puestos de trabajo queden expresa o implícitamente fuera del alcance de las mujeres en edad fértil. En todo caso, siguiendo lo previsto en el artículo 15.1.b) LPRL, el empresario debe anticiparse ante la posibilidad de que una de sus trabajadoras pudiera estar embarazada. Y, sin duda, lo deseable sería que las empresas siguieran las recomendaciones propuestas en la NTP 914[50] del INSHT para promover una maternidad saludable en el trabajo.

48. *Ibidem*, p. 40. En el mismo sentido, BALLESTER PASTOR, M.ª Amparo, PÉREZ DE LOS COBOS ORIHUEL, Francisco y THIBAULT ARANDA, Javier: «Art. 26...», *ob. cit.*, p. 3, en los supuestos en los que la concurrencia de ciertos factores o condiciones impliquen un riesgo efectivo para el embarazo, durante el tiempo en que éste todavía no se conoce, la actividad preventiva del empresario debe desplegarse en una doble dirección: la información clara y suficiente de las consecuencias de la exposición en caso de embarazo, dirigida a que sea la propia trabajadora la que sea consciente de la situación de riesgos y la que advierta al empresario en caso de que se produzca un incremento de posibilidades; y la aplicación de la eliminación/reducción de los factores de riesgo a priori como primera alternativa preventiva, aun en caso de que el riesgo sea meramente potencial.

49. SEVILLA GARCÍA, Elia: «Perspectiva sanitaria...», *ob. cit.*, p. 1402.

50. INSTITUTO NACIONAL DE SEGURIDAD Y SALUD EN EL TRABAJO: NTP 914 «Embarazo, lactancia y trabajo: promoción de la salud», 2011. Principalmente, para promover una maternidad saludable en el trabajo, considera puntos clave: *a) Disponer de una política por escrito sobre la protección, promoción y apoyo de una maternidad saludable en el trabajo; b) Dar a conocer esta política de forma activa y continuada; c) Formar adecuadamente a los mandos intermedios y a los profesionales sanitarios sobre cómo implementar esa política; d) Crear entornos de trabajo seguros y saludables que faciliten la maternidad saludable; e) Informar a las trabajadoras sobre cómo gestionar su embarazo en el trabajo; f) Informar a las trabajadoras de los beneficios y de cómo gestionar su vuelta al trabajo en lo concerniente a la lactancia materna; g) Colaboración y coordinación con los servicios sanitarios, especialmente con los servicios de obstetricia y de apoyo a la lactancia.*

5. LA INCORPORACIÓN DE LA PERSPECTIVA DE GÉNERO A LA VIGILANCIA DE LA SALUD

El artículo 27 LOIMH que recoge la obligatoriedad de las AAPP de incorporar la perspectiva de género en la salud laboral, y el artículo 5.4 LPRL promoverán la efectividad del principio de igualdad considerando aquellas variables relacionadas con el sexo tanto en la recogida y tratamiento de datos como en el estudio e investigación en materia de prevención. Ahora bien, no aparece recogida expresamente, en la LOIMH o en la LPRL, la obligación del empresario de promover el principio de igualdad en materia de prevención de riesgos laborales; la única referencia, relacionada con esa obligación empresarial de prevenir riesgos específicos de las mujeres trabajadoras, la recoge el artículo 48 LOIMH cuando se refiere al establecimiento de determinadas medidas de prevención del acoso sexual y el acoso por razón de sexo en el trabajo.

En cualquier caso, el carácter trasversal de la LOIMH vincula el deber del empresario de promover políticas de gestión empresarial para garantizar el principio de igualdad atendiendo al género, con todos aquellos instrumentos de gestión preventiva como evaluación de riesgos, plan de prevención, medidas y planes de igualdad. De manera que, aunque la LOIMH no ha incorporado medidas que, directa e inmediatamente, repercutan en la salud laboral de las mujeres, sí ha conseguido impulsar la tutela integral de la salud de la mujer trabajadora. Además, la LPRL y su normativa de desarrollo establecen un marco idóneo para alcanzar la aplicación de las manifestaciones referidas a la mujer trabajadora en el ámbito de la salud laboral, más allá de lo recogido en el artículo 26 LPRL. De manera que, este concepto de salud laboral, es manifestado a través del artículo 15 LPRL del principio de adaptación del trabajo a la persona[51].

La aplicación del principio de adaptación del trabajo a la persona activa el principio de igualdad en la prevención, por ser aplicable a todos los trabajadores independientemente de las circunstancias. Esto supone unas condiciones igualitarias para desarrollar su trabajo de igual forma, sin que sus condiciones físicas, psíquicas o de género supongan una desventaja. Por ello, a través de este principio, se activa el principio de igualdad en el ámbito preventivo y se logra que el empresario tome las medidas adecuadas para que todas las personas trabajadoras, independientemente del lugar, las circunstancias o el género, puedan desarrollar sus funciones en condiciones saludables e igualitarias[52].

---

51. VALLEJO DA COSTA, Ruth: *Salud laboral,…, ob. cit.*, pp. 53-55.
52. PEDROSA ALQUÉZAR, Sonia I.: «La incidencia de los acosos laborales en la salud de la mujer trabajadora», *RTSS.CEF*, n.º 261, 2004.

Así, el artículo 4.1.b) RSP establece que en la evaluación inicial de los riesgos deberá tenerse en cuenta que la persona trabajadora que ocupe o vaya a ocupar el puesto de trabajo sea especialmente sensible, por sus características personales o estado biológico conocido, a alguna de las condiciones del puesto. En cualquier caso, las personas trabajadoras sensibles no constituyen situaciones generalizables, sino específicas, por lo que puede realizarse una evaluación que tenga en cuenta posibles situaciones de sensibilidad susceptibles de aparecer en el futuro.

Ahora bien, no debemos olvidar que la integración de la perspectiva de género debe estar presente durante todo el proceso de la evaluación de riesgos para que puedan notarse las diferencias entre hombres y mujeres en cuanto a las condiciones en que desempeñan el trabajo, teniendo como consecuencia una diferentes exposición de riesgos, junto con las distintas consecuencias que el riesgo, en función las características y situaciones personales, puede tener para ambos colectivos[53].

En definitiva, la perspectiva de género debe ponerse en marcha en espera de una revisión de la actual y existente división del trabajo que libere a la mujer trabajadora de los riesgos laborales que dicha situación proyecta sobre su salud. Además, deben estudiarse los riesgos laborales en los sectores tradicionalmente feminizados, ya que la metodología preventiva debe afrontar la progresiva diversificación laboral de las mujeres en los puestos de trabajo que tradicionalmente han sido ocupados por hombres, pero sin caer en criterios de valoración masculinizados[54].

6. CONCLUSIONES

Las condiciones de trabajo determinan la vida y la salud de las personas, unas condiciones distribuidas de manera desigual que son determinantes en la relación con las condiciones de trabajo y salud. A ello, añadir las deficiencias existentes en las prácticas preventivas que obvian las diferencias entre géneros. Esta realidad ha sido ignorada por la cultura preventiva que se ha basado en una homogeneidad de las personas trabajadoras. En cambio, los riesgos laborales y las patologías causadas afectan de manera desigual a mujeres y hombres, por lo que no hay que subestimar los riesgos a los que se exponen las mujeres trabajadoras, de lo contrario no puede garantizarse que las medidas preventivas adoptadas sean las apropiadas.

53. OSALAN - INSTITUTO VASCO DE SEGURIDAD Y SALUD LABORALES: *Pautas para la integración de la perspectiva de género en la prevención de riesgos laborales*, 2017, p. 42.
54. VALLEJO DA COSTA, Ruth: *Salud laboral,…, ob. cit.*, pp. 64-65.

Está claro que si queremos avanzar en la mejora de las condiciones de trabajo y salud de las mujeres, la solución no solo pasa por proteger únicamente la salud reproductiva y la maternidad, también se debe tener una perspectiva global de la realidad, identificando factores de riesgos específicos de género e incorporando el enfoque de género en los riesgos tradicionales.

Por ello, para garantizar el principio de igualdad entre mujeres y hombres es preciso introducir indicadores de género en la evaluación de riesgos laborales, reflejando aquellos riesgos que sólo afectan a las mujeres, o que les afectan en mayor medida o de forma diferente que a los trabajadores, y, por supuesto, los riesgos extralaborales. Por tanto, para realizar una evaluación de riesgos con perspectiva de género habrá que identificar todos los riesgos en los diferentes puestos de trabajo y las diferentes personas susceptibles de sufrir daños, reconociendo que características biológicas y psicosociales pueden hacer que las mujeres sean especialmente sensibles a determinados riesgos.

La definición recogida en el artículo 3 RSP de la evaluación de riesgos es *el proceso dirigido a estimar la magnitud de aquellos riesgos que no hayan podido evitarse, obteniendo la información necesaria para que el empresario esté en condiciones de tomar una decisión apropiada sobre la necesidad de adoptar medidas preventivas y, en tal caso, sobre el tipo de medidas que deben adoptarse*, siendo ineludible incluir la perspectiva de género en el proceso de evaluación. No solamente porque esté recogida en las Estrategias Europeas y Españolas de Seguridad y Salud en el Trabajo, sino también porque, según el artículo 14 LPRL, su protección es obligación general del empresario, junto con el artículo 16 LPRL cumpliendo el principio de adaptación del trabajo a la persona. Contando que, desde la perspectiva de género, desde la transversalidad presente en el proceso de evaluación de riesgos, la intervención preventiva y la vigilancia de la salud, la exposición a los riesgos laborales de las mujeres trabajadoras es diferente a los hombres y, por ello, también lo son los daños ocasionados.

En este sentido, no pueden seguir siendo ignoradas las diferencias de género para lo cual debe investigarse más en aquellas áreas relevantes para las mujeres trabajadoras, sin subestimar los riesgos laborales a los que se exponen, garantizando que las medidas preventivas que se adopten sean las adecuadas. Por todo ello, es fundamental revisar los aspectos de salud laboral desde la perspectiva de género, concretamente, los instrumentos para la evaluación de riesgos. De manera que en las evaluaciones de riesgos, debe utilizarse una metodología que incorpore el análisis de género con indicadores que consigan detectar el riesgo derivado del tipo de actividad que las mujeres trabajadoras realizan como el índice de absentismo, dificultades de conciliación, incidencia del estrés, etcétera.

Por tanto, un enfoque neutral a los géneros respecto de las evaluaciones de riesgos y su prevención consigue ignorar o infravalorar a las mujeres trabajadoras. Claro que evaluar consiste en medir a través de indicadores objetivos, en cambio, no todas las condiciones laborales son medibles siguiendo las técnicas preventivas que, tradicionalmente, se han venido aplicando, pues la salud tiene un componente subjetivo en función de la propia percepción, las experiencias previas, el entorno de la persona, etcétera, por lo que establecer unos indicadores objetivos lleva a limitar la prevención únicamente a lo observable, soslayando todas las afectaciones a la salud que solo son detectables a través de la experiencia de quienes las padecen[55].

En cualquier caso, la vigilancia de la salud tendrá en cuenta los factores de riesgo a los que están expuestas las personas trabajadoras y, en función de esto, se establecerán los distintos protocolos de vigilancia de la salud. Dichos protocolos seguirán lo señalado en el artículo 22 LPRL, además de establecer una periodicidad, una tipología de pruebas, una interpretación coherente de las exposiciones en el trabajo, unas diferencias de sexo y género en medidas antropométricas, una presentación diferente de síntomas determinados en mujeres y hombres, unas funciones endocrinas, etcétera. En definitiva, para interpretar y evaluar de forma adecuada todo lo mencionado deberían ser revisados los protocolos actuales en vigilancia de la salud con el objetivo de profundizar en la perspectiva de género.

7. REFERENCIAS BIBLIOGRÁFICAS

AGENCIA EUROPEA DE SEGURIDAD Y SALUD EN EL TRABAJO: «Las cuestiones de género en relación con la seguridad y la salud en el estudio», *Comunidades Europeas*, 2006.

ARTAZCOZ, Lucía, ESCRIBÁ-AGÜIR, Vicenta y CORTÉS, Inma: «Género, trabajos y salud en España», *Gaceta Sanitaria*, 18, n.º 5, 2004, pp. 24-35, http://scielo.isciii.es/scielo.php?script=sci_arttext&pid=S0213-91112004000500005&lng=es&tlng=es

BALLESTER PASTOR, M.ª Amparo, PÉREZ DE LOS COBOS ORIHUEL, Francisco y THIBAULT ARANDA, Javier: «Art. 26. Protección de la maternidad», *Ley de Prevención de Riesgos Laborales. Comentada y con Jurisprudencia*, Editorial La Ley, 2008, edición digital.

55. VALLEJO DA COSTA, Ruth: «El conflicto trabajo-familia…», *ob. cit.*, pp. 37-39.

CANO LOZANO, M.ª Carmen, MARTÍN CHAPARRO, M.ª Pilar, MOLINA NAVARRETE, Cristóbal y VERA MARTÍNEZ, Juan J.: «Nuevos retos de las políticas de salud laboral en las organizaciones de trabajo: una aproximación al estrés laboral y al "burnout" en clave psicosocial», *Revista Temas Laborales,* n.º 75, 2004, pp. 187-211.

CARDONA RUBERT, M.ª Belén: *Protección de la trabajadora embarazada: tutela preventiva y tutela antidiscriminatoria,* Aranzadi, 2002.

ESTRATEGIA COMUNITARIA DE SEGURIDAD Y SALUD EN EL TRABAJO 2002-2006.

ESTRATEGIA COMUNITARIA DE SEGURIDAD Y SALUD EN EL TRABAJO 2014-2020.

ESTRATEGIA ESPAÑOLA DE SEGURIDAD Y SALUD EN EL TRABAJO 2023-2027.

EUROFOUND: Encuesta europea sobre calidad de vida. https://www.eurofound.europa.eu/es/surveys/encuesta-europea-sobre-calidad-de-vida-eqls

FERICHE LINARES, Rafael: «Riesgos laborales ligados a la maternidad», en AA.VV. *Tratado de Salud Laboral, Tomo II: Aspectos técnico-sanitarios y lugares, sectores y colectivos singulares.* MONEREO PÉREZ, José L. y RIVAS VALLEJO, Pilar (Dirs.), Aranzadi, 2012.

FERRADANS CARAMÉS, Carmen: «Género y prevención de riesgos laborales», *Revista de Derecho Social,* n.º 53, 2011, pp. 145-174.

GIL PÉREZ, M.ª Encarnación: «Riesgos laborales ligados a la maternidad desde una perspectiva jurídica», en AA.VV. *Tratado de Salud Laboral, Tomo II: Aspectos técnico-sanitarios y lugares, sectores y colectivos singulares.* MONEREO PÉREZ, José L. y RIVAS VALLEJO, Pilar (Dirs.), Aranzadi, 2012.

INSTITUTO NACIONAL DE SEGURIDAD Y SALUD EN EL TRABAJO: *Encuesta Nacional de Condiciones de Trabajo, 6.ª EWCS,* 2015.

– NTP 657 «Los trastornos músculo-esqueléticos de las mujeres (I): exposición y efectos diferenciales».

– NTP 658 «Los trastornos músculo-esqueléticos de las mujeres (II): recomendaciones preventivas».

– NTP 914 «Embarazo, lactancia y trabajo: promoción de la salud», 2011.

– NTP 915 «Embarazo, lactancia y trabajo: vigilancia de la salud», 2011.

– NTP 992 «Embarazo y lactancia natural: procedimiento para la prevención de riesgos en las empresas», 2013.

LEY 31/1995, de 8 de noviembre, de Prevención de Riesgos Laborales.

LEY ORGÁNICA 3/2007, de 22 de marzo, para la igualdad efectiva de mujeres y hombres.

OSALAN - INSTITUTO VASCO DE SEGURIDAD Y SALUD LABORALES: *Pautas para la integración de la perspectiva de género en la prevención de riesgos laborales*, 2017.

PEDROSA ALQUÉZAR, Sonia I.: «La incidencia de los acosos laborales en la salud de la mujer trabajadora», *RTSS.CEF*, n.º 261, 2004.

REAL DECRETO 39/1997, de 17 de enero, por el que se aprueba el Reglamento de los Servicios de Prevención.

RIVAS VALLEJO, Pilar: «Salud y género: perspectiva de género en la salud laboral», *Revista del Ministerio de Trabajo y Asuntos Sociales*, 2007, pp. 227-285.

– «Trabajadoras con enfermedades crónicas y discriminación múltiple», *Revista de Derecho Social*, n.º 54, 2011.

RODRÍGUEZ CARDO, Iván A.: «Mujer y salud en el trabajo: puntos críticos», *Mujer, Trabajo y Seguridad Social*, La Ley, 2010, edición digital.

RUÍZ CANTERO, M.ª Teresa y PAPÍ GÁLVEZ, Natalia: *Guía de estadísticas de salud con enfoque de género: análisis de internet y recomendaciones*, Universidad de Alicante, 2007.

SECRETARÍA DE SALUD LABORAL Y MEDIO AMBIENTE DE UGT-CEC: «La perspectiva de género en la prevención de Riesgos Laborales», 2019.

SEMPERE NAVARRO, Antonio V., GARCÍA BLASCO, Juan, GONZÁLEZ LABRADA, Manuel y CARDENAL CARRO, Miguel: Derecho de la Seguridad y Salud en el Trabajo, Civitas, 1996.

SEVILLA GARCÍA, Elia: «Perspectiva sanitaria de género», en AA.VV. *Tratado de Salud Laboral, Tomo II: Aspectos técnico-sanitarios y lugares, sectores y colectivos singulares*. MONEREO PÉREZ, José L. y RIVAS VALLEJO, Pilar (Dirs.), Aranzadi, 2012.

TORADA, Rebeca y MORENO, Neus: «Salud laboral y género», *Mujer y Trabajo. Problemática actual,* Editorial Germania, 1999.

VALLEJO DA COSTA, Ruth: «El conflicto trabajo-familia como riesgo psicosocial: su particular incidencia en la mujer trabajadora (aspectos jurídicos)», *RTSS. CEF,* n.º 375 (junio 2014), pp. 13-46.

– *Salud laboral, igualdad y mujer. Aspectos jurídicos.* Bomarzo, 2019.

Capítulo 3

Incorporación de la prevención de riesgos laborales en los planes de igualdad

NURIA J. AYERRA DUESCA
Profesora Ayudante Doctora de Derecho del Trabajo y de la Seguridad Social
Universidad de Zaragoza

SUMARIO: 1. EVOLUCIÓN DE LA PRINCIPAL NORMATIVA SOBRE SALUD LABORAL DESDE UNA PERSPECTIVA DE GÉNERO. *1.1. Introducción. 1.2. Normativa internacional y europea. 1.3. Normativa española.* 2. EL PLAN DE IGUALDAD COMO GARANTÍA DE SALUD LABORAL. *2.1. La salud laboral como materia esencial en los planes de igualdad: necesaria coordinación entre el plan de igualdad y el plan de prevención de riesgos laborales. 2.2. El enfoque preventivo de la tutela antidiscriminatoria en la Ley 15/2022, integral para la igualdad de trato y la no discriminación: la enfermedad o condición de salud como nueva causa de discriminación.* 3. EL DEBER DE NEGOCIAR DE BUENA FE MEDIDAS Y PLANES DE IGUALDAD: LA NEGOCIACIÓN COLECTIVA COMO VÍA ADECUADA Y LA NECESARIA PARTICIPACIÓN DE LA REPRESENTACIÓN LEGAL DE LAS PERSONAS TRABAJADORAS. *3.1. Deber de negociar versus obligación empresarial de adoptar medidas de igualdad. 3.2. La negociación colectiva como vía adecuada. 3.3. Competencia negociadora de la representación legal de las personas trabajadoras: últimos pronunciamientos judiciales.* 4. REFLEXIONES FINALES. 5. BIBLIOGRAFÍA.

1. EVOLUCIÓN DE LA PRINCIPAL NORMATIVA SOBRE SALUD LABORAL DESDE UNA PERSPECTIVA DE GÉNERO

1.1. INTRODUCCIÓN

La salud laboral de las mujeres no se limita únicamente a la protección de determinadas situaciones relacionadas con el embarazo, el parto y la lactancia, sino que hay que tener en cuenta todos los riesgos laborales —especialmente psicosociales— que afectan a su seguridad y salud laboral y, muy especialmente, a su salud mental[1]. Por ello, hoy en día resulta prioritario incorporar la perspectiva de género en materia de prevención de riesgos laborales, y esta, en las políticas de igualdad para el empleo y en todos los planes y medidas de igualdad, ya que existen riesgos específicos unidos a roles y estereotipos de género, como la doble o triple jornada —laboral, doméstica y de cuidados—, dificultades para una conciliación corresponsable, situaciones de discriminación directa o indirecta como la brecha salarial, brecha digital, precariedad laboral, temporalidad, parcialidad, infrarrepresentación, acoso o ciberacoso sexual y por razón de sexo, incluida la violencia de género, que hacen que la exposición a los mismos sea diferente para hombres y mujeres[2]. Por este motivo, es esencial integrar la perspectiva preventiva y de género de manera transversal a través de la política de gestión en la empresa, mediante los planes de igualdad y los planes de prevención de riesgos laborales.

1.2. NORMATIVA INTERNACIONAL Y EUROPEA

Los primeros convenios internacionales sobre salud laboral de las mujeres hacían referencia a la protección de la maternidad. Buen ejemplo de ello es el Convenio 103 OIT (1952)[3], sobre protección de la maternidad desde una perspectiva laboral y sanitaria a las mujeres empleadas en empresas industriales y en trabajos no industriales y agrícolas, y, el Convenio 183 OIT

1. MINISTERIO DE SANIDAD, «*Estrategia de Salud Mental del Sistema Nacional de Salud 2022-2026*», España 2022 (disponible en: https: https://www.sanidad.gob.es/bibliotecaPub/repositorio/libros/29236_estrategia_de_salud_mental_del_Sistema_Nacional_de_Salud_2022-2026.pdf; consulta 18.08.2023).
2. VALLEJO DA COSTA, Ruth, *Salud laboral, igualdad y mujer. Aspectos jurídicos*, Bomarzo, Albacete, 2019, pp. 12-13.; OTERO APARICIO, María Jesús, «Vidas hiperconectadas: acciones desde la prevención de riesgos psicosociales», en TRUJILLO PONS, Francisco (director), *Límites a la conectividad permanente en el trabajo: salud y competitividad empresarial*, Aranzadi, Navarra 2023, p. 178.
3. OIT, «*Convenio sobre la protección de la maternidad*», revisado, 1952, (núm. 103) (disponible en: https://www.ilo.org/dyn/normlex/es/f?p=NORMLEXPUB:12100:0::NO::P12100_INSTRUMENT_ID:312248; consulta 14.11.2023).

(2000)[4] junto con la Recomendación que lo complementa 191, que amplían la protección de la maternidad a todas las trabajadoras independientemente de su ocupación.

Por otra parte, la Recomendación 97 OIT sobre la protección de la salud de los trabajadores (1953)[5], en el apartado III sobre notificaciones de las enfermedades profesionales declara que la legislación nacional deberá exigir la notificación a la autoridad competente de dichas enfermedades profesionales, con el objeto de adoptar las correspondientes medidas de prevención y protección y, además, exige que contenga información de las personas trabajadoras desagregada por edad y sexo.

Asimismo, la Recomendación 197 OIT sobre el marco promocional para la seguridad y salud en el trabajo (2006)[6], incluye la protección de la salud reproductiva dentro de las medidas que deben establecer los Miembros para la protección de la seguridad y saludad de las personas trabajadoras de ambos sexos (artículo 4). En esta misma línea, destaca la Convención sobre la eliminación de todas las formas de discriminación contra la mujer, ONU (1979)[7], la cual establece que todos los Estados parte adoptarán todas las medidas necesarias para la eliminación de cualquier discriminación contra la mujer en el empleo, reconociendo el derecho de las mujeres a la protección de su seguridad y salud, incluida la protección de la función reproductora (artículo 11. 1.f.).

Más recientemente, el Convenio de la OIT número 190 (2019[8]) —en adelante, C-190— sobre la eliminación de la violencia y el acoso en el mundo del trabajo, reconoce el derecho de todas las personas trabajadoras —no solo

4. OIT, «*Convenio sobre la protección de la maternidad*», 2000 (núm. 183) (disponible en: https://www.ilo.org/dyn/normlex/es/f?p=NORMLEXPUB:12100:0::NO::P12100_ILO_CODE:C183; consulta 14.11.2023).

5. OIT, «*Recomendación sobre la protección de la salud de los trabajadores*», 1953, (núm. 97), (disponible en: https://www.ilo.org/dyn/normlex/es/f?p=NORMLEXPUB:12100:0::NO::P12100_ILO_CODE:R097; consulta 14.11.2023).

6. OIT, «*Recomendación sobre el marco promocional para la seguridad y salud en el trabajo*», 2006, (núm. 197), (disponible en: https://www.ilo.org/dyn/normlex/es/f?p=NORMLEXPUB:12100:0::NO::P12100_ILO_CODE:R197; consulta 14.11.2023).

7. ONU, «*Convención sobre la eliminación de todas las formas de discriminación contra la mujer*», 1979, Adoptada y abierta a la firma y ratificación, o adhesión, por la Asamblea General en su resolución 34/180, de 18 de diciembre de 1979, entrada en vigor el 3 de septiembre de 1981, (disponible en: https://www.ohchr.org/es/instruments-mechanisms/instruments/convention-elimination-all-forms-discrimination-against-women; consulta 14.11.2023).

8. OIT, Convenio de la Organización Internacional del Trabajo número 190, sobre la eliminación de la violencia y el acoso en el mundo del trabajo, de 10 de junio de 2019 (disponible en: https://www.ilo.org/dyn/normlex/es/f?p=NORMLEXPUB:12100:0::NO::P12100_ILO_CODE:C190; consulta 30.05.2023).

de las mujeres— a un entorno libre de violencia y acoso —al que se ha adherido España por instrumento de 16 de junio de 2022[9], que ha entrado en vigor el 25 de mayo de 2023—, y la Recomendación que lo complementa número 206 sobre la violencia y el acoso de (2019[10]) —en adelante, R-206—, establecen como objetivo prioritario que todo Estado miembro adopte legislaciones que exijan a los empleadores abordar medidas para prevenir y eliminar la violencia y el acoso en el mundo del trabajo, incluyendo el acoso sexual mediante la utilización de las tecnologías de la información y de la comunicación, y tomen medidas en relación con los riesgos psicosociales asociados a las situaciones de violencia y acoso en la gestión de la seguridad y salud en el trabajo. Todo ello, exige un tratamiento específico en la Ley 31/1995, de 8 de noviembre, de Prevención de Riesgos Laborales —en adelante, LPRL[11]—, debiendo las empresas desarrollar procedimientos concretos y eficaces de evaluación de riesgos psicosociales adaptados a estas situaciones, teniendo en cuenta la perspectiva de género y reconociendo los efectos de la violencia doméstica.

A nivel europeo destaca la Directiva 92/85/CEE del Consejo, de 19 de octubre de (1992)[12], relativa a la aplicación de medidas para promover la mejora de la seguridad y de la salud en el trabajo de la trabajadora embarazada, que haya dado a luz o en período de lactancia, según la cual los Estados miembros deben informar a empresarios y trabajadoras sobre directrices relativas a los riesgos para la seguridad y salud en el trabajo que suponen las sustancias, condiciones de trabajo o los procesos industriales considerados como peligrosos. A tal fin, incorpora en los anexos I y II un listado no exhaustivo, debiendo adoptar las medidas necesarias para proteger la salud de las trabajadoras.

Por otro lado, las estrategias europeas en materia de seguridad y salud en el trabajo que se han ido sucediendo a lo largo del tiempo han ido incorporando la perspectiva de género. Así, la Estrategia Europea para la Seguridad y Salud en el Trabajo (2002-2006)[13] incorpora un enfoque global de bienestar en el trabajo teniendo en cuenta nuevos riesgos —especialmente psicosociales— e integra por vez primera la perspectiva de género en la

9. BOE 16.6.2022, núm. 143, p. 82959.
10. OIT, Recomendación de la Organización Internacional del Trabajo número 206, sobre la violencia y el acoso, de 10 de junio de 2019 (disponible en: https://www.ilo.org/dyn/normlex/es/f?p=NORMLEXPUB:12100:0::NO::P12100_ILO_CODE:R206; consulta 30.05.2023).
11. Ley 31/1995, de 8 noviembre. Ley de Prevención de Riesgos laborales. BOE 10 noviembre 1995, núm. 269, [pág. 32590].
12. DO L 348 de 28.11.1992, pp. 1 a 8.
13. COM (2002) 118 final. Bruselas, 11.03.2002.

prevención de riesgos laborales, con la finalidad de tener en cuenta las particularidades de las mujeres en relación con la seguridad y salud en el trabajo. También, el Marco Estratégico de la Unión Europea en materia de Salud y Seguridad en el Trabajo (2014-2020)[14], hace referencia a los riesgos específicos que sufren las mujeres debido a su presencia mayoritaria en determinados trabajos y que exigen una atención preventiva determinada.

Y, por último, el Marco Estratégico actualmente en vigor (2021-2027[15]) —en adelante, Marco Estratégico de la UE en SST—, introduce entre sus objetivos reconocer la diversidad en las evaluaciones de riesgos laborales teniendo en cuenta las diferencias y desigualdades de género y la lucha contra la discriminación en la mano de obra, con la finalidad de evitar el sesgo de género y las situaciones de violencia, acoso o discriminación en el trabajo por estos motivos, incluida la violencia doméstica, como uno de los riesgos que afectan de manera directa a la salud de las mujeres. Por ello, la Comisión avala la sensibilización sobre los trastornos musculoesqueléticos, el cáncer, la salud mental, el acoso y el sesgo de género en el lugar de trabajo, e insta a los Estados miembros a que tengan en cuenta el género en los estudios e informes que se lleven a cabo sobre tales consideraciones.

1.3. NORMATIVA ESPAÑOLA

A nivel interno la Estrategia Española de Seguridad y Salud en el trabajo (2023-2027) —en adelante, EESST[16]—, en su objetivo 5 y dentro de sus líneas de actuación, incorpora la perspectiva de género de manera transversal e integral en el conjunto de políticas preventivas, en la gestión de la prevención y en todas las disciplinas preventivas al evaluar los riesgos y establecer medidas preventivas y prioridades de actuación.

Además, promueve la actualización del marco normativo —LPRL y su normativa de desarrollo—, para incorporar la perspectiva de género en las actuaciones preventivas, reforzar la protección de las personas trabajadoras frente a los riesgos psicosociales —con especial atención a la salud mental—, e impulsar la acción sobre los riesgos específicos de género —como la doble presencia o conflicto trabajo familia, violencia, acoso o discriminación

14. COM (2014) 332 final. Bruselas, 6.6.2014.
15. COM (2021) 323 final. Bruselas, 28.6.2021. «*Marco estratégico de la UE en materia de salud y seguridad en el trabajo 2021-2027. La seguridad y la salud en el trabajo en un mundo laboral en constante transformación*», Bruselas, 2021 (disponible en: https://eur-lex.europa.eu/legal-content/ES/TXT/PDF/?uri=CELEX:52021DC0323;consulta 04.07.2023).
16. Resolución de 20 de abril de 2023, de la Secretaría de Estado de Empleo y Economía Social, por la que se publica el Acuerdo del Consejo de Ministros de 14 de marzo de 2023, por el que se aprueba la Estrategia Española de Seguridad y Salud en el Trabajo 2023-2027. BOE, 28.4.2023, núm. 101, p. 58762.

por razón de sexo y acoso sexual— con atención al uso de las nuevas tecnologías, fomentando la mejora de la formación de todos los agentes implicados en la actividad preventiva, y la actuación de vigilancia y control de la Inspección de Trabajo y Seguridad Social en materia de seguridad y salud laboral.

En relación con ello, la LPRL —transposición de la Directiva Marco 89/391/CEE del Consejo[17], de 29 de junio, relativa a la aplicación de medidas para promover la mejora de la seguridad y de la salud de los trabajadores en el trabajo—, determina que el empresario deberá garantizar la seguridad y salud de los trabajadores en todos los aspectos relacionados con el trabajo y, con ese fin, adoptará todas las medidas que sean necesarias adaptándolas a los cambios que se produzcan. Sin embargo, no incorpora la perspectiva de género ni tampoco los riesgos psicosociales, de ahí, la necesidad de actualización de este marco normativo.

Y ello, porque la exposición a los riesgos laborales es distinta para mujeres y hombres, lo que hace necesario contemplar todos los riesgos que afectan de manera específica a las mujeres, y no solo, los riesgos biológicos como el riesgo durante el embarazo y la lactancia natural que son los que aparecen regulados en la LPRL. También, habría que tomar en consideración otras situaciones de reciente regulación en la Ley Orgánica 1/2023, de 28 de febrero[18], asociados a la salud sexual y reproductiva de las mujeres, como la salud menstrual, el impedimento del trabajo en la interrupción del embarazo y el cese en el trabajo por causa de la aproximación al parto, regulados como situaciones especiales de incapacidad temporal por contingencias comunes, que sería conveniente contemplar desde una vertiente preventiva, y, además, abordar todos los riesgos psicosociales y ergonómicos con perspectiva de género.

No obstante, la LPRL incorpora, por un lado, a través del artículo 5.4 LPRL —añadido por la disposición adicional 12.1 de Ley Orgánica núm. 3/2007, de 22 de marzo, para la igualdad efectiva de mujeres y hombres, en adelante LOI[19]—, la necesidad de que las administraciones públicas promuevan la efectividad del principio de igualdad, considerando todas las variables relacionadas con el sexo de las personas trabajadoras en la reco-

17. DO L 183 de 29.6.1989, p. 1.

18. Ley Orgánica núm. 1/2023, de 28 de febrero. SALUD SEXUAL-INTERRUPCIÓN VOLUNTARIA DEL EMBARAZO. Modifica la Ley Orgánica 2/2010, de 3-3-2010, de salud sexual y reproductiva y de la interrupción voluntaria del embarazo. BOE 1 marzo 2023, núm. 51, [pág. 30334, núm. p. 43].; rect. BOE, núm. 64, [pág. 38616].

19. Ley Orgánica 3/2007, de 22 marzo. Ley de Igualdad. Ley Orgánica para la igualdad efectiva de mujeres y hombres. BOE 23 marzo 2007, núm. 71, [p. 12611]. BO. M.º Defensa 28 marzo 2007, núm. 62, [p. 3711].

gida, tratamiento de datos, estudios e investigaciones que se realicen en materia de prevención de riesgos laborales, con la finalidad de detectar y prevenir riesgos laborales asociados al sexo de los trabajadores. Y, por otro lado, existe la obligación empresarial de planificar la prevención teniendo en cuenta todos los riesgos que pueden derivarse de la organización y condiciones de trabajo, las relaciones sociales y los factores ambientales (artículo 15.1.g LPRL).

De igual manera, la LOI (artículo 27) incorpora la integración del principio de igualdad en la política de salud, de tal forma que las administraciones públicas a través de sus servicios de salud desarrollarán acciones para la protección, promoción y mejora de la salud laboral, con especial atención al acoso sexual y al acoso por razón de sexo —cuya prevención constituye contenido mínimo de los planes de igualdad (artículo 46.2.I LOI)— debiendo incluir la salud laboral —artículos 32 y 33 de la Ley 33/2011, de 4 octubre, General de Salud Pública[20]—, y ello, en base a la transversalidad de principio de igualdad que debe informar la actuación de todos los poderes públicos y exige su aplicación en todas las políticas públicas (artículo 15 LOI).

Al mismo tiempo, en relación con los planes de igualdad, el Real Decreto-ley núm. 6/2019[21], de 1 de marzo, de medidas urgentes para garantía de la igualdad de trato y de oportunidades entre mujeres y hombres en el empleo y la ocupación —en adelante, RDL 6/2019—, modifica el artículo 46 LOI e incorpora el apartado 6, el cual mandata desarrollar reglamentariamente una serie de contenidos del plan de igualdad, que han culminado con el Real Decreto núm. 901/2020, de 13 de octubre, que regula los planes de igualdad y su registro[22] —en adelante, RD 901/2020—, y el Real Decreto núm. 902/2020, de 13 de octubre, que regula la igualdad retributiva entre mujeres y hombres[23] —en adelante, RD 902/2020—, que a pesar de contemplar como contenido mínimo del plan de igualdad la prevención del acoso sexual y por razón de sexo, no incluye expresamente como contenido

20. Ley 33/2011, de 4 octubre, General de Salud Pública. BOE 5 octubre 2011, núm. 240, [pág. 104593].

21. Real Decreto-ley núm. 6/2019, de 1 de marzo. Medidas urgentes para garantía de la igualdad de trato y de oportunidades entre mujeres y hombres en el empleo y la ocupación. BOE 7 marzo 2019, núm. 57, [p. 21692, núm. p. 25].

22. Real Decreto núm. 901/2020, de 13 de octubre. PLANES DE IGUALDAD-CONVENIOS COLECTIVOS Y NEGOCIACIÓN COLECTIVA. Regula los planes de igualdad y su registro y se modifica el Real Decreto 713/2010, de 28-5-2020, sobre registro y depósito de convenios y acuerdos colectivos de trabajo. BOE 14 octubre 2020, núm. 272, [p. 87476, núm. p. 26].; rect. BOE, núm. 330, [pág.116816].

23. Real Decreto núm. 902/2020, de 13 de octubre. Igualdad retributiva entre mujeres y hombres. BOE 14 octubre 2020, núm. 272, [p. 87503, núm. p. 10].

mínimo la salud laboral. Eso sí, permite establecer medidas relativas a otras materias distintas como la salud laboral desde una perspectiva de género, como materia adicional, lo cual se comentarán seguidamente.

Asimismo, el artículo 48 LOI que regula medidas específicas para prevenir la comisión de delitos y otras conductas contra la libertad sexual y la integridad moral en el trabajo, ha sido modificado por la disposición final 10.3 de la Ley Orgánica 10 /2022[24], de 6 de septiembre, de garantía integral de la libertad sexual, popularmente conocida como la ley del «solo sí es sí», —en adelante, LOGILS—, e impone a las empresas el establecimiento de medidas y procedimientos específicos para la prevención en relación con el acoso sexual y por razón de sexo, incluidos los cometidos en el ámbito digital (artículo 12.1 de la LOGILS).

Por último, la Ley 15/2022[25], de 12 de julio, integral para la igualdad de trato y la no discriminación —en adelante, Ley 15/2022—, supone un avance en relación con la normativa anterior. Por un lado, constituye un principio inspirador de la Ley la prevención, atención y eliminación de todas formas de discriminación, y la aplicación transversal del principio de igualdad de trato y no discriminación en todas las políticas, que deberán tener en cuenta la perspectiva de género con especial atención a mujeres y niñas (Preámbulo.3 y artículo 4.4 Ley 15/2022). Y, por otro lado, amplía los motivos de discriminación a otros supuestos distintos al género o sexo, como la «*enfermedad o condición de salud, estado serológico y/o predisposición genética a sufrir patologías y trastornos*», lo cual conllevará una necesaria revisión y actualización tanto de los planes de igualdad como de los planes de prevención de riesgos laborales.

2. EL PLAN DE IGUALDAD COMO GARANTÍA DE SALUD LABORAL

2.1. LA SALUD LABORAL COMO MATERIA ESENCIAL EN LOS PLANES DE IGUALDAD: NECESARIA COORDINACIÓN ENTRE EL PLAN DE IGUALDAD Y EL PLAN DE PREVENCIÓN DE RIESGOS LABORALES

Las empresas de 50 o más personas trabajadoras deberán negociar, elaborar y aplicar un plan de igualdad (artículo 45.2 LOI), es decir, un conjunto ordenado de medidas adoptadas tras la realización de un diagnóstico pre-

24. Ley Orgánica 10/2022, de 6 septiembre, de garantía integral de la libertad sexual. BOE 7 septiembre 2022, núm. 215, [p. 124199, núm. p. 70].; rect. BOE, núm. 239, [p. 136339].
25. Ley núm. 15/2022, de 12 de julio. Ley integral para la igualdad de trato y la no discriminación. BOE 13 julio 2022, núm. 167, [p. 98071, núm. p. 38].; rect. BOE, núm. 224.

vio, negociado, en su caso, con la representación legal de las personas trabajadoras (artículo 46.2 LOI). Al mismo tiempo, dicha obligatoriedad de negociar planes de igualdad se mantiene para las empresas de menor tamaño siempre y cuando lo disponga el convenio colectivo de aplicación y, también, para aquellas empresas afectadas por un procedimiento sancionador cuando la autoridad laboral acuerde la sustitución de las sanciones accesorias por la elaboración de un plan de igualdad, previa negociación o consulta, en su caso, con la representación legal de las personas trabajadoras (artículo 45.3 y 45.4 LOI), siendo voluntarios para el resto de supuestos previa consulta (artículo 45.5 LOI).

En cualquier caso, los planes de igualdad —obligatorios o voluntarios— se estructuran de conformidad con un contenido mínimo, —según lo dispuesto en el RD 901/2020 (artículo 8), que da cumplimiento al desarrollo reglamentario establecido en el artículo 46.6 de la LOI, introducido por el RDL 6/2019—, pudiendo establecerse medidas relativas a otras materias distintas no contempladas en dicho artículo, y ello, en función de los resultados del diagnóstico previo (artículo 7 RD 901/2020) que obedecerá a la situación individual de cada empresa.

En este sentido, el diagnóstico de situación, como primera fase de elaboración del plan de igualdad por el cual se obtendrá toda la información precisa —negociado, en su caso, con la representación legal de las personas trabajadoras— deberá extenderse a todos los puestos de trabajo y centros de la empresa, analizando los efectos que tienen para mujeres y hombres el conjunto de actividades que se llevan a cabo en la empresa, la organización del trabajo y las condiciones en que este se desarrolla, teniendo en cuenta la prestación del trabajo a distancia y la prevención de riesgos laborales (artículo 7.2 RD 901/2020).

Además, el diagnóstico previo deberá responder a la situación concreta de cada empresa, ya que constituye un instrumento[26] adecuado para obtener una visión precisa de la posición inicial de cada empresa en materia de igualdad. A tal fin, contendrá como mínimo una serie de materias (artículo 7.1 RD 901/2020) —entre las que se encuentran, el ejercicio corresponsable de los derechos de la vida personal, familiar y laboral, selección, contratación, formación, promoción, condiciones de trabajo, incluida la auditoría salarial, retribuciones y la prevención del acoso sexual y el acoso por razón de sexo—, pudiendo contemplar otras distintas, como por ejemplo, la salud

26. SÁNCHEZ PÉREZ, José, «Salud mental, prevención de riesgos psicosociales y suicidio», *Nuevas claves para la salud psicosocial en las organizaciones, boletín cuatrimestral*, núm. 2 (2022), pp. 9-11.

laboral desde una perspectiva de género como materia adicional en cualquier diagnóstico.

Y ello, según lo dispuesto en el RD 901/2020 (artículo 7.3) y, concretamente, en el anexo que incorpora sobre disposiciones aplicables para la elaboración del diagnóstico, el cual establece que en la elaboración del diagnóstico previo deberá atenderse a las condiciones de trabajo de todo el personal, teniendo en cuenta, entre otros criterios, las medidas de prevención de riesgos laborales con perspectiva de género o la intimidad en relación con el entorno digital y la desconexión[27], el teletrabajo etc. (anexo. 4.f., 4.g., 4.e., condiciones de trabajo), con la finalidad de conseguir la igualdad entre mujeres y hombres y eliminar la discriminación por razón de sexo. En todo caso, hubiese sido deseable incorporar la salud laboral con perspectiva de género como contenido mínimo del plan de igualdad y, por consiguiente, como contenido mínimo del diagnóstico previo, y no solo como materia adicional a incorporar, ya que la exposición a los riesgos laborales[28] a los que se enfrentan hombres y mujeres son distintas y, por consiguiente, las necesidades de prevención de riesgos laborales difieren entre unos y otras.

Así pues, resulta prioritario que la negociación colectiva, los planes de igualdad como genuinos productos de la negociación colectiva, los planes de prevención de riesgos laborales y la política interna de la empresa[29], integren medidas que contemplen la perspectiva de género en materia de seguridad y salud laboral, valorando y evaluando todos los riesgos que afectan de manera específica a las mujeres trabajadoras, y no solo, los riesgos biológicos como el riesgo durante el embarazo y la lactancia —que son los que aparecen contemplados en la LPRL—, así como otros supuestos de reciente regulación en la Ley Orgánica 1/2023, de 28 de febrero, asociados a la salud sexual y reproductiva de las mujeres como la salud menstrual, el impedimento del trabajo en la interrupción del embarazo y

27. SANTOS FITA, Pablo, «Derecho a la desconexión digital: alcance y límites. Ejemplos prácticos de protocolos de desconexión digital. ¿Hacia un nuevo enfoque del tiempo de trabajo?», en TRUJILLO PONS, Francisco, (director), *Límites a la conectividad permanente en el trabajo: salud y competitividad empresarial*, Aranzadi, Navarra 2023, p. 88.
28. AYERRA DUESCA, Nuria Julia, «Retos del teletrabajo asociados a la prevención de riesgos laborales desde una perspectiva de género», IUSLabor, núm. 3 (2023), p. 62.
29. VICENTE PACHÉS, Fernando, «El ciberacoso a la mujer: una nueva realidad silenciada de violencia de género en el trabajo», en ROMERO BURILLO, Ana María (directora), *Mujer, trabajo y nuevas tecnologías. Un estudio del impacto de las nuevas tecnologías en el ámbito laboral desde una perspectiva de género*, Aranzadi, Navarra 2021, pp. 157 y 177.

el cese en el trabajo por causa de la aproximación al parto, los cuales, aparecen regulados como situaciones especiales de incapacidad temporal por contingencias comunes, y que sería deseable contemplar desde una vertiente preventiva teniendo en cuenta como influyen estas situaciones a las mujeres.

Además de estos riesgos mencionados, deben abordarse medidas en la gestión de la prevención contra cualquier conducta discriminatoria que reproduzca o perpetúe roles o estereotipos de género, como la doble presencia o conflicto trabajo-familia, estrés laboral, trastornos musculoesqueléticos, o situaciones de violencia y acoso en el mundo del trabajo, incluida la violencia y el acoso por razón de género, que incluye el acoso sexual, generadoras de riesgos psicosociales, y, procedimientos específicos de evaluación de dichos riesgos psicosociales, tal y como establece el Convenio OIT (C-190) sobre la eliminación de la violencia y el acoso en el mundo del trabajo y la Recomendación que lo complementa (R-206), con la finalidad de detectar, prevenir y erradicar tales conductas, incluidas las cometidas mediante la utilización de herramientas y dispositivos telemáticos, con una especial atención tanto a los riesgos que puedan derivarse de situaciones de discriminación de género, culturales, sociales o abuso de poder, como aquellos riesgos derivados de las condiciones, modalidades y organización del trabajo, incluida la violencia doméstica en dichas evaluaciones. Es por ese motivo, que resulta imprescindible, además, la existencia de una adecuada coordinación entre el diagnóstico previo del plan de igualdad y la evaluación de riesgos laborales que se lleve a cabo en la empresa.

De igual manera, el artículo 48. LOI (modificado por la disposición final 10.3 de la LOGILS), impone a las empresas el establecimiento de medidas y procedimientos específicos para la prevención, en relación con el acoso sexual y por razón de sexo, incluidos los cometidos en el ámbito digital (artículo 12.1 de la LOGILS) y, también, acciones de sensibilización y formación a toda la plantilla. Por ello, las empresas deben contemplar la violencia, el acoso sexual o por razón de sexo y el ciberacoso, como riesgo laboral desde una perspectiva de género estableciendo medidas de prevención y protección, e incluir en la valoración de riesgos de los diferentes puestos de trabajo desempeñados por trabajadoras dichos supuestos, como riesgos laborales concurrentes, estableciendo procedimientos específicos para la prevención y para dar trámite a las denuncias que se puedan plantear —que puede ser a través de los protocolos de acoso en las empresas—, y debiendo formar e informar de ello a sus trabajadoras.

La terminología utilizada sobre la valoración de riesgos, aunque no es clara, parece que se refiere a la evaluación de riesgos laborales, incluidos los riesgos psicosociales[30], debiendo tener en cuenta tanto la naturaleza de la actividad, las características de los puestos de trabajo y de las personas trabajadoras que deban desempeñarlos, como la elección de los equipos de trabajo, sustancias o preparados químicos, y el acondicionamiento de los lugares de trabajo (artículo 16 LPRL), lo cual, supone un avance respecto a las habituales evaluaciones de riesgos laborales «neutras»[31], que conllevará una necesaria revisión de los planes de prevención de riesgos laborales, los planes de igualdad, los protocolos de actuación y prevención[32] frente al acoso, y los convenios colectivos[33].

En relación con los protocolos de acoso en las empresas, estos desempeñan una importante función preventiva[34], ya que funcionan como una herramienta de protección para las víctimas y disuasión frente a futuras conductas a través del establecimiento y funcionamiento concreto de canales de denuncia apropiados, promueven buenas condiciones laborales, y, podrían, incluso, servir de prueba para atenuar o eximir de responsabilidad a la empresa en el caso de producirse algún supuesto de violencia, acoso o ciberacoso, el cual, debería estar contemplado de forma expresa[35] en el protocolo. Así pues, las medidas para la prevención del acoso sexual y el acoso por razón de sexo, forman parte del diagnóstico previo del plan de igualdad y, al mismo tiempo, tienen una dimensión preventiva, la cual, debería ir más allá de estas situaciones de acoso, y contemplar la seguridad y salud laboral o prevención de riesgos laborales, sobre todo psicosociales, desde

30. SÁNCHEZ PÉREZ, José, «Salud mental, prevención de riesgos psicosociales y suicidio», Nuevas claves para la salud psicosocial en las organizaciones, boletín cuatrimestral, *op. cit.*, pp. 9-11.
31. RAMOS QUINTANA, Margarita Isabel, «Violencia sexual y relaciones de trabajo: la libertad sexual de las mujeres y las nuevas garantías legales», *Trabajo y derecho: nueva revista de actualidad y relaciones laborales*, núm. 99 (2023), p. 4.
32. NIETO ROJAS, Patricia, «El complicado entramado normativo de planes de igualdad y protocolos en las empresas. Algunas reflexiones sobre protocolos anti-acoso y de gestión de la diversidad», *Labos: Revista de Derecho del Trabajo y Protección Social,* vol. 4, núm. extraordinario (2023), p. 136.
33. VICENTE PACHÉS, Fernando, «Ciberviolencia sexual de género en el trabajo y desconexión digital: medidas preventivas en la Ley orgánica 10/2022, de garantía integral de la libertad sexual», en TRUJILLO PONS, Francisco, (director), *Límites a la conectividad permanente en el trabajo: salud y competitividad empresarial*, Aranzadi, Navarra 2023, p. 215.
34. ALTÉS TÁRREGA, Juan Antonio, ARADILLA MARQUÉS, María José, «Teletrabajo, violencia y acoso y Convenio 190 OIT», *Temas Laborales*: *Revista andaluza de trabajo y bienestar social*, núm. 166 (2023), p. 78.
35. MOLINA NAVARRETE, Cristóbal, *El ciberacoso en el trabajo. Cómo identificarlo, prevenirlo y erradicarlo en las empresas*, Wolters Kluwer España, Madrid 2019, p. 249.

una perspectiva de género[36] que, sin duda, supondrá una necesaria revisión y actualización de los planes de prevención de riesgos laborales y de los planes de igualdad, para que se conviertan en verdades herramientas estratégicas y operativas.

A este respecto, cabe destacar algunos pronunciamientos judiciales referentes a la necesidad de actualizar los planes de igualdad y las evaluaciones de riesgos laborales integrando la perspectiva de género. Por una parte, la sentencia del Juzgado de lo Social número 19 de Barcelona[37], de 25 de abril de 2022 (proc. 38/2021), declara que los planes de igualdad deben aplicarse, revisarse y actualizarse. La sentencia impone una sanción de 15.000 € a una empresa por una infracción calificada como muy grave (artículos 8.12 y 8.17 de la Ley de Infracciones y Sanciones en el Orden Social —en adelante, LISOS[38]—), por no elaborar o no aplicar el Plan de Igualdad y desobedecer el requerimiento de la Inspección de Trabajo de adoptar medidas de fomento de la contratación femenina, de mejora de la conciliación de vida laboral y familiar y de flexibilización del trabajo, incumpliendo lo previsto en los artículos 45.1 y 46.1 LOI. Asimismo, resalta la importancia de que los planes de igualdad no solo se tienen que aplicar, además, se tienen que revisar, actualizar y adaptar a la realidad de cada momento, según lo dispuesto en RD 901/2020 (artículo 9.2, 9.3 y 9.4), para su adecuación a los requisitos legales o reglamentarios, por indicación de la Inspección de Trabajo, o para mejorar, corregir o reorientar medidas contempladas, incluso, dejar de aplicar alguna de ellas si resulta necesario.

En estos mismos términos se ha pronunciado una reciente sentencia de la Audiencia Nacional[39], de 17 de noviembre de 2023 (proc. 226/2023), por vulneración del derecho de libertad sindical en su vertiente de negociación colectiva, motivada por la actuación de la empresa tendente a obstaculizar el proceso de aprobación del Plan de Igualdad e incumplir de forma reiterada y constante, los plazos, la entrega de información preceptiva para la elaboración del diagnóstico a la representación legal de las personas trabajadoras —cuando se aporta la información se hace de forma sesgada, desactualizada e insuficiente—, la obligación respecto al registro retributivo y la

36. NIETO ROJAS, Patricia, «Los planes de igualdad en las empresas como instrumento para garantizar la igualdad efectiva en la empresa», en RODRÍGUEZ SANZ DE GALDEANO, Beatriz, (Coord.), *La discriminación de la mujer en el trabajo y las nuevas medidas legales para garantizar la igualdad de trato en el empleo*, Aranzadi, Navarra 2020, p. 140.
37. Juzgado de lo Social de Barcelona, Sentencia de 25 abril 2022 (AS 2022, 822).
38. Ley de Infracciones y Sanciones en el Orden Social de 2000. Real Decreto Legislativo 5/2000, de 4 agosto. BOE 8 agosto 2000, núm. 189, [pág. 28285].; rect. BOE, núm. 228, [pág. 32435].
39. Audiencia Nacional (Sala de lo Social) Sentencia núm. 126/2023 de 17 noviembre (AS 2023, 1330).

descripción de los puestos de trabajo, incluso, desobedece de forma constante los requerimientos de Inspección de Trabajo. La empresa estaba aplicando un Plan de Igualdad totalmente desactualizado, por lo que entiende la sentencia que las personas trabajadoras no se encontraban protegidas, y condena a esta al pago una indemnización por daños y perjuicios de más de 80.000 euros y, además, 144,68 euros/día hasta la aprobación definitiva del Plan de Igualdad.

Por otra parte, la sentencia del Juzgado de lo Social número 2 de Guadalajara[40], de 17 de septiembre 2022 (proc. 49/2022), determina que las empresas deben realizar evaluaciones de riesgos específicas de los puestos de trabajo con perspectiva de género, teniendo en cuenta si hombres y mujeres desarrollan las mismas funciones y de la misma manera, y valorando que la exposición a los riesgos psicosociales es diferente para unas y otros. En este caso, impone una sanción de 3.000 € a una empresa por no realizar una evaluación de riesgos con perspectiva de género —tras incumplir el requerimiento de Inspección de Trabajo—, declarando lo siguiente:

> *«Más allá de la Ley de Prevención de Riesgos Laborales, el grupo normativo que en el propio Acta de Infracción y las Resoluciones que la siguen se cita, con carácter general, obligan en nuestro ordenamiento jurídico a las empresas a realizar una real integración de la perspectiva de género en la prevención de riesgos laborales. Ello supone tomar en cuenta en esta gestión la evidencia de que los riesgos laborales afectan de una manera diferente a las trabajadoras y a los trabajadores, y que, bajo una misma denominación del puesto, los hombres y las mujeres pueden realizar distintas actividades o presentar diferencias sustanciales en la dedicación a las tareas, lo que condiciona su nivel de exposición a los riesgos; y todo lo cual, de forma muy razonable, ha de especificarse en la evaluación de riesgos».*

A tal fin, es preciso, por un lado, implantar medidas y acciones en los planes de igualdad y en los protocolos frente al acoso y ciberacoso sexual y por razón de sexo, que incorporen la prevención de riesgos laborales desde una perspectiva de género[41] y, por otro lado, integrar en la gestión de la prevención de riesgos laborales el principio de igualdad y perspectiva de

40. Juzgado de lo Social de Guadalajara (Comunidad Autónoma de Castilla-La Mancha) Sentencia de 17 septiembre 2022 (JUR 2022, 344557).

41. RAMOS QUINTANA, Margarita Isabel, «El trabajo de las mujeres en la economía digital. Desigualdad, violencia y estereotipos de género en el marco de la nueva Estrategia Europea para la Igualdad», en RAMOS QUINTANA, Margarita Isabel, *La Estrategia Europea para la Igualdad de Género 2020-2025. Un estudio multidisciplinar* (directora), Bomarzo, Albacete 2020, pp. 27-28; ROMERO BURILLO, Ana María, «El teletrabajo: ¿Oportunidad o riesgo para la igualdad efectiva de mujeres y hombres en las relaciones laborales?», en ROMERO BURILLO, Ana María, (directora), *Mujer, trabajo y nuevas tecnologías. Un estudio del impacto de las nuevas tecnologías en el ámbito laboral desde una perspectiva de género,* Aranzadi, Navarra 2021, pp. 132-133.

género de manera transversal, de tal forma que exista una adecuada y necesaria coordinación entre el plan de igualdad y el plan de prevención de riesgos laborales, que son dos herramientas estratégicas «*[...] tratando las medidas y actuaciones de igualdad desde la transversalidad del derecho a la salud de los trabajadores y de las trabajadoras*[42]», y ello, porque para implementar un plan de igualdad es necesario elaborar un diagnóstico previo que analice la situación de partida de la empresa, para lo cual, habría que tener en cuenta la evaluación de riesgos laborales realizada que, de hecho, mejoraría la actividad preventiva en las empresas y fomentaría la igualdad efectiva entre hombres y mujeres.

Todo ello, en base a la transversalidad de principio de igualdad que debe informar la actuación de todos los poderes públicos (artículo 15 LOI), la integración del principio de igualdad en la política de salud laboral (artículo 27 LOI), la promoción de la efectividad del principio de igualdad por parte de las administraciones públicas, teniendo en cuenta las variables relacionadas con el sexo en los sistemas de recogida y tratamiento de datos y en los estudios e investigaciones sobre prevención de riesgos laborales, para evitar y prevenir posibles daños asociados al sexo de las personas trabajadoras (artículo 5.4 LPRL), y, la obligación empresarial de planificar la prevención teniendo en cuenta todos los riesgos que pueden derivarse de la organización y condiciones de trabajo, las relaciones sociales y los factores ambientales (artículo 15.1.g LPRL).

En otro orden de cosas, y dados los avances sociales experimentados en los últimos tiempos, cabe hacer referencia a la reciente aprobación de la Ley 4/2023, de 28 de febrero, para la igualdad real y efectiva de las personas trans y para la garantía de los derechos de las personas LGTBI[43] —en adelante, Ley trans—, que contempla incorporar para las empresas de más de cincuenta personas trabajadoras un conjunto planificado de medidas y recursos —aunque no hace referencia expresa a un plan—, que incluyan un protocolo de actuación del acoso y la violencia que se ejerza contra las personas LGTBI, en un plazo de 12 meses a partir de la entrada en vigor de la Ley (artículo 15.1). Además, estas medidas y recursos tienen que ser pactadas a través de la negociación colectiva y acordadas con la representación legal de las personas trabajadoras, aspecto que no se exige para el plan de igualdad, ya que el RD 901/2020 hace referencia a la obligación de negociar con la representación legal de las personas trabajadoras, tanto en la elabo-

42. VALLEJO DA COSTA, Ruth, *Salud laboral, igualdad y mujer. Aspectos jurídicos, op. cit.*, p. 110.
43. Ley 4/2023, de 28 febrero. Ley trans. Igualdad real y efectiva de las personas trans y para la garantía de los derechos de las personas LGTBI. BOE 1 marzo 2023, núm. 51, [p. 30452, n. p. 43].

ración de plan de igualdad como en el diagnóstico previo, pero no obliga a acordar o pactar.

No obstante, la Ley trans (artículo 55.3) sostiene que los planes de igualdad deben incluir expresamente a las personas trans, especialmente a las mujeres, lo cual pone de relieve la necesidad de revisar todos los planes de igualdad vigentes y establecer medidas para la protección de las personas trans frente a cualquier discriminación que puedan sufrir por su identidad sexual o expresión de género que, a su vez, constituyen nuevos motivos de discriminación contemplados en la Ley 15/2022. Ahora bien, surge la duda sobre el tratamiento y la incorporación de tales medidas en lo que respecta a si deben incluirse en el plan de igualdad, o deben contemplarse en un plan trans con acciones específicas e independientes del plan de igualdad, aspecto que está pendiente de un futuro desarrollo reglamentario (artículo 15.1).

A mayor abundamiento, la Administración General del Estado y los organismos públicos vinculados o dependientes de ella, por un lado, también tienen que aprobar un plan para la igualdad de mujeres y hombres que será objeto de negociación y, en su caso, acuerdo con la representación legal de los empleados públicos (artículo 64 LOI) y, por otro lado, negociar con dicha representación un protocolo de actuación para la prevención del acoso sexual y por razón de sexo (artículo 62 LOI), incluido el cometido en el ámbito digital, estableciendo procedimientos o protocolos específicos para su prevención, denuncia y asesoramiento a las víctimas; acciones de formación, información y sensibilización a su personal; campañas de concienciación y promoción de la denuncia; y, colaboración entre agentes y entidades nacionales e internacionales (artículo 13 LOGILS). Además, las administraciones públicas deberán llevar a cabo medidas de protección contra el ciberacoso por razón de orientación sexual, identidad sexual, expresión de género y características sexuales, tales como campañas de concienciación y prevención en general, y protocolos especiales de atención para los supuestos de ciberacoso a las personas menores de edad y jóvenes LGTBI (artículo 29 Ley trans).

Por último, existe también la obligatoriedad para el sector público de cumplir con las obligaciones establecidas en la Ley 15/2022 y, concretamente, prevé la elaboración de la Estrategia Estatal para la Igualdad de Trato y la No Discriminación como instrumento para establecer medidas para prevenir, eliminar y corregir todo tipo de discriminación, estableciendo la necesidad de cooperación entre las administraciones públicas (estatal, autonómica y local) con la finalidad de integrar la igualdad de trato y no discriminación en sus respectivos ámbitos de competencia (artículo 34 y 35 Ley 15/2022).

2.2. EL ENFOQUE PREVENTIVO DE LA TUTELA ANTIDISCRIMINATORIA EN LA LEY 15/2022, INTEGRAL PARA LA IGUALDAD DE TRATO Y LA NO DISCRIMINACIÓN: LA ENFERMEDAD O CONDICIÓN DE SALUD COMO NUEVA CAUSA DE DISCRIMINACIÓN

La Ley 15/2022, integral para la igualdad de trato y la no discriminación, supone un paso adelante con una importante repercusión en el ámbito laboral, puesto que es la primera ley de derecho antidiscriminatorio específico que regula de forma transversal el principio de igualdad y no discriminación. A tal fin, hace frente a la discriminación que puede sufrir cualquier persona en cualquier ámbito, a todas las formas y tipos de discriminación ampliando las causas de discriminación a supuestos como «*[...]identidad sexual, expresión de género, enfermedad o condición de salud, estado serológico y/o predisposición genética a sufrir patologías y trastornos, lengua, situación socioeconómica, o cualquier otra condición o circunstancia personal o social*», y fija una serie de garantías para hacer efectivo el derecho a la igualdad de trato y no discriminación contemplando medidas de prevención, protección y reparación.

Una de las novedades de la Ley es la integración de la enfermedad o condición de salud como nuevo factor de discriminación en el ámbito laboral, y ello, independientemente de que la enfermedad sea duradera, o conlleve limitaciones en la vida profesional que supongan un obstáculo, o que en la enfermedad concurra algún factor de discriminación, segregación o estigmatización, como se ha venido exigiendo por los tribunales[44], sin que ello suponga un obstáculo para establecer diferencias de trato cuando la enfermedad conlleve limitaciones objetivas y razonables para el ejercicio de determinadas actividades y que persigan un fin legítimo (artículo 2 Ley 15/2022).

El enfoque preventivo de la Ley 15/2022 evidencia una clara conexión con la LPRL, en relación con la detección, prevención y protección frente a los riesgos laborales derivados de cualquier situación discriminatoria y, además, dispone que el empleador no podrá preguntar sobre el estado de salud en el acceso al empleo (artículo 9.5 Ley 15/2022), lo cual, no supone un impedimento para la práctica de los reconocimiento médicos[45] de con-

44. Tribunal Constitucional (Sala Primera) Sentencia núm. 62/2008 de 26 mayo (RTC 2008, 62); Tribunal de Justicia de la Unión Europea TJUE (Sala Segunda) Caso HK Danmark y otros contra HK Danmark y otros. Sentencia de 11 abril 2013 (TJCE 2013, 122).

45. MONEREO PÉREZ, José Luis, RODRÍGUEZ ESCANCIANO, Susana y RODRÍGUEZ INIESTA, Guillermo «Contribuyendo a garantizar la igualdad integral y efectiva: la ley 15/2022, de 12 de julio, integral para la igualdad de trato y no discriminación». *Revista Crítica de Relaciones de Trabajo, Laborum*, núm. 4 (2022), p. 36.

formidad con lo establecido en el artículo 22 de la LPRL, donde la vigilancia de la salud juega un papel fundamental como actividad preventiva que permite el control y seguimiento del estado de salud de las personas trabajadoras, con el objetivo de adoptar las medidas necesarias dirigidas a evitar posibles daños en la salud.

Sin embargo, sí constituye un condicionante para que los planes de igualdad de las empresas comiencen a abordar como materia importante la salud laboral de las personas trabajadoras, a fin de evitar cualquier discriminación por motivos de salud o enfermedad, o cualquier otro contemplado en la Ley, en el acceso al empleo, en la formación, en la promoción profesional, en la retribución o demás condiciones de trabajo, incluidas las causas de suspensión o extinción del contrato (artículo 9.1 Ley 15/2022). Es de resaltar, la importancia que otorga la Ley a la detección, prevención y protección frente a la discriminación como garantía de la igualdad de trato y no discriminación, estableciendo las correspondientes medidas para el cese de situaciones discriminatorias, que podrán dar lugar —en caso de incumplimiento— a responsabilidades administrativas, penales y civiles por los daños y perjuicios ocasionados (artículo 25 Ley 15/2022), combinando ambos enfoques, preventivo y reparador[46].

Y ello, para todas las causas de discriminación reguladas en la Ley y en todos los ámbitos en los que puedan producirse discriminaciones —no solo, por razón de sexo o género[47]— fomentando el respeto a la diversidad en todas las empresas y, por consiguiente, resultando imprescindible la revisión y actualización de los planes de igualdad y de la LPRL[48], que ha demostrado ser poco sensible[49] a estos aspectos, con la finalidad de incorporar la enfermedad o condición de salud como causa de discriminación en general, abordándola desde una vertiente preventiva generadora de riesgos laborales.

46. CARRIZOSA PRIETO, Esther, «Las garantías del derecho a la igualdad de trato y no discriminación», en KAHALE CARRILLO, Djamil Tony, (director), *Una mirada laboralista de la igualdad de trato y la no discriminación,* Laborum, Murcia 2023, pp. 81-82.

47. GRAU PINEDA, Carmen, «La Ley 15/2022, de 12 de julio, integral para la igualdad de trato y no discriminación. La inclusión de nuevas causas autónomas de prohibición de discriminación», *Femeris, Revista Multidisciplinar de Estudios de Género,* núm. 2, vol. 8 (2023), p. 37.

48. GONZÁLEZ DEL REY RODRÍGUEZ, Ignacio, «Garantías judiciales y administrativas de la igualdad de trato y la no discriminación en el trabajo en la Ley 15/2022», *Femeris, Revista Multidisciplinar de Estudios de Género*, núm. 2, vol. 8 (2023), p. 15.

49. MONEREO PÉREZ, José Luis, RODRÍGUEZ ESCANCIANO, Susana y RODRÍGUEZ INIESTA, Guillermo «Contribuyendo a garantizar la igualdad integral y efectiva: la ley 15/2022, de 12 de julio, integral para la igualdad de trato y no discriminación», *op. cit.*, p. 41.

A mayor abundamiento, y como se ha comentado anteriormente, queda prohibida toda discriminación tanto en el acceso al empleo, la formación, la promoción profesional o demás condiciones de trabajo, la suspensión y extinción del contrato, y en la retribución, por cualquiera de las causas establecidas en la Ley —entre otras, por condición de salud o enfermedad— y no solo por razón de sexo o género. En relación con la retribución, el RD 902/2020, de igualdad retributiva entre mujeres y hombres, establece el principio de igual retribución por trabajo de igual valor que vincula a todas las empresas, teniendo que identificar y evitar las discriminaciones existentes, principalmente debidas a incorrectas valoraciones de los puestos de trabajo, constituyendo instrumentos fundamentales para dar cumplimiento al principio de transparencia retributiva, el registro retributivo que deben de tener todas las empresas, la auditoría retributiva que deben incluir las empresas que elaboren un plan de igualdad, la transparencia en la negociación colectiva en el sistema de valoración de puestos de trabajo, y el derecho de información de las personas trabajadoras a través de su representación legal cuando exista.

En relación con ello, cabe destacar la nueva Directiva (UE) 2023/970 del Parlamento Europeo y del Consejo, de 10 de mayo de 2023[50], sobre igualdad de retribución entre hombres y mujeres por un mismo trabajo o un trabajo de igual valor a través de medidas de transparencia retributiva, que el RD 902/2020 ya contempla, como la obligación de transparencia para todas las empresas o las auditorías retributivas que obligan también a las empresas de más de 50 personas trabajadoras, y no solo para las empresas de más de 100 personas trabajadoras que contempla la Directiva, que hace referencia a una «evaluación retributiva conjunta» en cooperación con los representantes de los trabajadores (artículo 10), y pudiendo publicar el empleador la brecha retributiva en su web o publicarla por otros medios (artículo 9.7).

No obstante, al hacer referencia la Ley 15/2022 a la igualdad de remuneración en general[51], ampliando las causas de discriminación más allá de la desigualdad retributiva entre mujeres y hombres, sería conveniente que los planes de igualdad y los planes de prevención de riesgos laborales abordasen estas cuestiones, para prevenir y evitar cualquier discriminación, también en la retribución, por motivos de enfermedad o condición de salud generadora de riesgos laborales. A estos efectos, y quedando condicionado a un posible desarrollo reglamentario, la Ley establece que se podrá exigir a las empresas con más de 250 personas trabajadoras, la publicación de la

50. DO L 132 de 17.5.2023, p. 1.
51. VELASCO PORTERO, María Teresa, «El derecho de igualdad de trato y no discriminación en el empleo», en KAHALE CARRILLO, Djamil Tony, (director), *Una mirada laboralista de la igualdad de trato y la no discriminación,* Laborum, Murcia 2023, p. 38.

información salarial que sea necesaria para analizar las causas de las posibles discriminaciones que se puedan dar en materia salarial (artículo 9.6 Ley 15/2022).

3. EL DEBER DE NEGOCIAR DE BUENA FE MEDIDAS Y PLANES DE IGUALDAD: LA NEGOCIACIÓN COLECTIVA COMO VÍA ADECUADA Y LA NECESARIA PARTICIPACIÓN DE LA REPRESENTACIÓN LEGAL DE LAS PERSONAS TRABAJADORAS

3.1. DEBER DE NEGOCIAR VERSUS OBLIGACIÓN EMPRESARIAL DE ADOPTAR MEDIDAS DE IGUALDAD

Como se ha expuesto, las empresas de 50 o más personas trabajadoras deberán negociar, elaborar y aplicar un plan de igualdad (artículo 45.2 LOI), es decir, un conjunto ordenado de medidas adoptadas tras la realización de un diagnóstico previo, negociado, en su caso, con la representación legal de las personas trabajadoras (artículo 46.2 LOI). No obstante, en relación con las medidas dirigidas a promover la igualdad de trato y no discriminación de obligado cumplimiento para las empresas, estas deben, de un lado, promover condiciones de trabajo seguras dirigidas a evitar la comisión de delitos y conductas contra la libertad sexual e integridad moral en el trabajo, con especial atención en el acoso sexual y por razón de sexo, incluidos los cometidos en el ámbito digital (artículo 48. LOI, modificado por la disposición final 10.3 de la LOGILS), y, de otro lado, establecer procedimientos específicos para la prevención de dichas conductas y para dar trámite a las denuncias o reclamaciones que se puedan plantear, incluyendo las cometidas en el ámbito digital (artículo 12.1 de la LOGILS).

Todo ello, de obligado cumplimiento para las empresas, que deberán poner en marcha acciones y medidas específicas destinadas a la prevención de estas conductas y, por consiguiente, no exigen negociación con la representación legal de las personas trabajadoras, lo cual, no es óbice, para que dicha negociación o consulta —*ex* artículo 33 LPRL— se produzca, ya que dicho artículo contempla la obligación empresarial de consultar a las personas trabajadoras sobre aspectos relacionados con las consecuencias que la introducción de nuevas tecnologías puedan tener en la seguridad y salud, u otras relacionadas con la planificación y organización del trabajo. Sin embargo, el fracaso[52] que pudiese resultar de dicha negociación, no exime

52. LOUSADA AROCHENA, José Fernando, «Prevención de riesgos en el trabajo a distancia. (Reconocimiento del derecho y modulaciones en su aplicación; prevención del acoso y la violencia de género; riesgos de exposición a pantallas de visualización)», *Revista Derecho Social y Empresa*, núm. 14 (2021), pp. 16-18.

a la empresa de responsabilidad debido a la obligatoriedad en la adopción de tales medidas que, además, constituye una obligación para todas las empresas independientemente de su tamaño.

De la misma manera, se regulan medidas que sí deberán negociarse con la representación legal de las personas trabajadoras, relacionadas con la sensibilización, formación, información, elaboración de códigos de buenas prácticas y protocolos de actuación, con la finalidad de ofrecer protección integral contra las violencias sexuales a toda la plantilla de la empresa independientemente de la modalidad de contratación (artículo 48.1 LOI y artículo 12.2 LOGILS). Y, por otro lado, constituye una obligación para la representación legal de las personas trabajadoras, las medidas y acciones de sensibilización de los trabajadores y la información a la dirección de la empresa de las conductas irregulares que pudieran conocer (artículo 48.2 LOI), las cuales, deberán contribuir a prevenir las conductas contra la libertad sexual e integridad moral en el trabajo, incluidas las cometidas en el ámbito digital.

Donde no existe el deber de negociar es en relación con el registro retributivo, ya que el Real Decreto 902/2020 (artículo 5) contempla la obligatoriedad para todas las empresas, de conformidad con el artículo 28.2 ET, de tener un registro retributivo de toda la plantilla, y el deber de consulta a la representación legal de las personas trabajadoras con una antelación de al menos diez días previamente a la elaboración del registro, y cuando se produzca cualquier modificación necesaria que altere sustancialmente el mismo, pero no contempla la obligación de negociar. No obstante, la representación legal de los trabajadores tiene derecho a recibir información al menos una vez al año (artículo 64.3 ET).

Por otro lado, la Ley trans, como se ha comentado anteriormente, contempla incorporar para las empresas de más de cincuenta personas trabajadoras un conjunto planificado de medidas y recursos, que incluyan un protocolo de actuación del acoso y la violencia que se ejerza contra las personas LGTBI que, además, tienen que ser pactadas a través de la negociación colectiva y acordadas con la representación legal de las personas trabajadoras, aspecto que no se exige para el plan de igualdad, en el que sí existe una obligación de negociar pero no de llegar a un acuerdo.

En definitiva, existe todo un entramado de medidas, unas de obligado cumplimiento para las empresas[53] que implica el deber de adoptar medidas

53. LOUSADA AROCHENA, José Fernando, «Medidas y planes de igualdad en las empresas privadas. Marco normativo e interpretación doctrinal y judicial», *Femeris: Revista Multidisciplinar de Estudios de Género*, núm. 2. vol. 8 (2023), p. 101.

tendentes a evitar cualquier discriminación, otras que exigen un deber de negociar con la representación legal de las personas trabajadoras, que no obliga a acordar y, además, están las medidas que deben ser pactadas y acordadas con la representación legal de las personas trabajadoras, constituyendo la negociación colectiva a través de los convenios colectivos la vía adecuada para la articulación de tales medidas y planes de igualdad.

3.2. LA NEGOCIACIÓN COLECTIVA COMO VÍA ADECUADA

Los planes de igualdad, los protocolos contra el acoso y ciberacoso sexual y por razón de sexo, y el plan de prevención de riesgos laborales, constituyen herramientas fundamentales para el fomento de la igualdad y la prevención de situaciones de discriminación que den lugar a la aparición de riesgos laborales[54], al mismo tiempo que el diálogo social a través de la negociación colectiva[55] constituye la vía adecuada para negociar medidas y planes de igualdad, y garantizar la aplicación efectiva del principio de igualdad de trato y no discriminación en las condiciones de trabajo (artículos 43 LOI, 17.4 ET, 85 ET), y así, poder integrar la perspectiva de género en el ámbito de la seguridad y salud laboral y, ésta, en el ámbito de la igualdad efectiva entre mujeres y hombres a través de medidas y planes de igualdad, integrando ambas perspectivas —de género y preventiva— de manera transversal.

De la misma manera, la Ley 15/2022 (artículo 10), atribuye, por un lado, a la negociación colectiva la facultad de establecer medidas de acción positiva para prevenir, eliminar y corregir cualquier situación discriminatoria contemplada en la Ley y, por otro lado, la posibilidad de forma conjunta con las empresas y representación legal de las personas trabajadoras de establecer objetivos y mecanismos de información y evaluación periódica. Además, contempla la opción de que las empresas realicen acciones de res-

54. MELIÁN CHINEA, Laura María, «Teletrabajo y negociación colectiva: una perspectiva de género», *Revista Derecho Social y Empresa*, núm. 16 (2022), pp. 21-22.
55. CASTRO TRANCÓN, Nereida, «Intervención normativa ante los riesgos psicosociales laborales con perspectiva de género», *Lan Harremanak*, núm. 44 (2020), p. 286; RAMOS QUINTANA, Margarita Isabel, «Bases jurídicas para un trabajo a distancia digno: innovaciones tecnológicas y entornos de trabajo digital como trasfondo de la nueva legislación común», *Revista del Ministerio de Trabajo y Economía Social*, núm. 149 (2021), pp. 159, 175; MORENO GENÉ, Josep, «El impacto de las nuevas tecnologías en la cantidad y calidad de trabajo desde una perspectiva de género», en ROMERO BURILLO, Ana María, (directora), *Mujer, trabajo y nuevas tecnologías. Un estudio del impacto de las nuevas tecnologías en el ámbito laboral desde una perspectiva de género*, Aranzadi, Navarra 2021, p. 91; BAQUERO AGUILAR, Jorge, «De la reciente regulación del teletrabajo en las Administraciones Públicas y de la necesidad de una precisa concreción vía negociación colectiva desde la perspectiva de género», *Revista Internacional y Comparada de Relaciones Laborales y Derecho del empleo*, núm. 4 (2020), p. 127.

ponsabilidad social consistentes en medidas económicas, comerciales, laborales, asistenciales o de otra naturaleza, para la igualdad de trato y no discriminación, informando, en todo caso, a los representantes de las personas trabajadoras, y pudiendo ser acordadas tanto con estos como con las organizaciones y organismos vinculados con la igualdad de trato y no discriminación (artículo 33.2).

También, la Ley 4/2023 (artículo 14) regula nuevas obligaciones de negociar, e insta a las administraciones públicas a través de los agentes sociales y la negociación colectiva, a impulsar la inclusión en los convenios colectivos de cláusulas para la promoción de la diversidad —orientación sexual, identidad sexual, expresión de género, características sexuales, diversidad familiar—, y, de esta manera, prevenir, corregir y eliminar toda forma de discriminación de las personas LGTBI. Al mismo tiempo, las administraciones públicas implantarán medidas para la promoción y defensa de la igualdad de trato y no discriminación de las personas LGTBI, en el acceso al empleo público y carrera profesional, previa negociación con las organizaciones sindicales de conformidad con la normativa aplicable (artículo 11).

3.3. COMPETENCIA NEGOCIADORA DE LA REPRESENTACIÓN LEGAL DE LAS PERSONAS TRABAJADORAS: ÚLTIMOS PRONUNCIAMIENTOS JUDICIALES

Desde un enfoque preventivo[56], y teniendo en cuenta tanto la importancia de incorporar la prevención de riesgos laborales como materia principal de los planes de igualdad y, concretamente, la seguridad y salud laboral desde una perspectiva de género, como la necesidad de considerar la enfermedad o condición de salud nueva causa de discriminación en el ámbito laboral, sería imprescindible que en la elaboración, negociación, puesta en marcha y seguimiento de medidas y planes de igualdad participasen, no solo la empresa y la representación legal de las personas trabajadoras, sino también, la representación especializada —Comité de Seguridad y Salud, Delegadas y Delegados de Prevención[57]—, puesto que son los representantes de las personas trabajadoras con funciones específicas en materia de prevención de riesgos laborales, y deberían tener una participa-

56. MORENO MÁRQUEZ, Ana María, «El Convenio 190 de la OIT sobre violencia y acoso en el trabajo y sus implicaciones en el ordenamiento laboral español», *Temas Laborales*, núm. 166 (2023), p. 129.
57. SÁNCHEZ PÉREZ, José, «Salud mental, prevención de riesgos psicosociales y suicidio», *Nuevas claves para la salud psicosocial en las organizaciones, boletín cuatrimestral, op. cit.*, p. 9-11.

ción activa en todas las fases de negociación, elaboración, implantación, seguimiento y evaluación de medidas y planes de igualdad.

De cualquier modo, en la negociación de los planes de igualdad y de los diagnósticos previos existe un beber de negociar de buena fe con vistas a llegar a un acuerdo (artículo 5.6 RD 901/2020), con la representación legal de las personas trabajadoras (artículo 5.1 RD 901/2020), pero no implica la necesidad de acordar. Sin embargo, la imposición unilateral por parte de la empresa de un plan de igualdad tampoco parece ser la opción prioritaria, puesto que prevalece la negociación a través del convenio colectivo o acuerdo de empresa[58], incluso, aun tratándose de un plan voluntario, y así se ha pronunciado la sentencia del Tribunal Supremo, de 5 de abril de 2022 (rec. 99/2020)[59], la cual, considera nulo el Plan de Igualdad voluntario impuesto unilateralmente por la empresa obviando la negociación con la representación legal de las personas trabajadoras que, en este caso concreto, era el sindicato demandante más representativo, estimando la sentencia que se ha vulnerado el derecho a la libertad sindical en su vertiente de derecho a la negociación colectiva.

Y ello, puesto que existe la posibilidad, de un lado, cuando no existan representantes legales de las personas trabajadoras, de crear una comisión negociadora constituida por la representación de la empresa y, como representantes de las personas trabajadoras, los sindicatos más representativos y los sindicatos representativos del sector al que pertenezca la empresa, con legitimación para formar parte de la comisión negociadora del convenio colectivo de aplicación (artículo 5.3 RD 901/2020) y, de otro lado, en caso de desacuerdo, la comisión negociadora podrá acudir a los procedimientos y órganos de solución autónoma de conflictos, si así se acuerda, previa intervención de la comisión paritaria del convenio correspondiente, si así se ha previsto en el mismo para estos casos (artículo 5.6 RD 901/2020).

En este sentido, ya se pronunció la sentencia del Tribunal Supremo, de 9 de mayo de 2017[60] (rec. 85/2016), en autos de Conflicto Colectivo sobre Impugnación de Acuerdo de Plan de Igualdad, desestimando el recurso de casación interpuesto por la empresa «Ayesa Advanced Technologies, SA» y el Comité de Empresa, contra la sentencia de la Sala de lo Social de la

58. LOUSADA AROCHENA, José Fernando, «Medidas y planes de igualdad en las empresas privadas. Marco normativo e interpretación doctrinal y judicial» *op. cit.*, p. 103.

59. Tribunal Supremo (Sala de lo Social, Sección 1.ª) Sentencia núm. 303/2022 de 5 abril (RJ 2022, 2012).

60. Tribunal Supremo (Sala de lo Social, Sección 1.ª) Sentencia núm. 403/2017 de 9 mayo (RJ 2017, 2456).

Audiencia Nacional, de fecha 16 de septiembre de 2015 (proc. 167/2015 y 168/2015), en el que comparece como recurrido el Sindicato Coordinadora Sindical de Clase, y por el que se anula el Plan de Igualdad aprobado unilateralmente por la empresa.

El TS declara que la negociación no se ha llevado a cabo de conformidad con lo establecido en la legislación laboral (artículos 82 y ss. ET —de forma colectiva—), se ha constituido la comisión negociadora con mayoría de la parte empresarial incumpliendo dicha normativa, y considera que no es motivo suficiente para la implantación unilateral del plan de igualdad el argumento de que la representación legal de las personas trabajadoras entorpecieran e impidieran la negociación, y ello, porque la empresa no probó haber agotado otros medios de solución judicial o extrajudicial del conflicto. No consta que recurriese a la mediación que tiene atribuido el Comité paritario previsto en el Convenio de aplicación, ni tampoco plateó conflicto colectivo ante los tribunales incumpliendo la obligación de negociar de buena fe que recoge el artículo 89.1 ET.

De igual manera, la sentencia del Tribunal Supremo, de 13 de septiembre de 2018[61] (rec. 213/2017), desestima el recurso de casación interpuesto por la empresa «Unisono Soluciones de Negocio SA» y confirma la sentencia de la Sala de lo Social de la Audiencia Nacional, de fecha 7 de junio de 2017 (proc. 119/2017), sobre vulneración del derecho fundamental de libertad sindical, por la que se anula el Plan de Igualdad debido a la implantación unilateral por parte de la empresa, argumentando que la simple sucesión en el tiempo de reuniones con la representación legal de las personas trabajadoras no se puede considerar como negociación.

Y más, cuando la empresa obstaculizó todo el proceso de negociación entregando de forma tardía y fuera de plazo la documentación solicitada a la representación legal de las personas trabajadoras, entregándola, únicamente, en virtud de los oportunos requerimientos por parte de Inspección de Trabajo y Seguridad Social —ante las denuncias reiteradas de los representantes de los trabajadores— para el cumplimiento del acuerdo alcanzado en el SIMA del año 2014 de implantar el Plan de Igualdad en el plazo de un año, y el desacuerdo con la representación sindical, sobre todo, en el diagnóstico de situación que realiza la empresa.

A mayor abundamiento, expone la sentencia, el artículo 85.2 ET establece, por un lado, que el deber de negociar planes de igualdad en las empresas de más de 250 personas trabajadoras, como es el caso, se articula

61. Tribunal Supremo (Sala de lo Social, Sección 1.ª) Sentencia núm. 832/2018 de 13 septiembre (RJ 2018, 4180).

a través de la negociación colectiva, y, por otro lado, que dicha negociación se tiene que llevar a efecto en los términos y condiciones establecidos en el convenio colectivo de aplicación, el cual, en este supuesto concreto, condiciona la elaboración del Plan de Igualdad a la negociación y acuerdo entre la empresa y la representación de las personas trabajadoras, acuerdo que no tuvo lugar. Así pues, la sentencia sostiene que la actividad sindical de negociación forma parte del derecho a la libertad sindical y, por ese motivo, considera lesionado dicho derecho fundamental condenando a la empresa al pago de una indemnización de seis mil euros.

Concluye la sentencia, que no se ha negociado de buena fe puesto que el Plan de Igualdad no ha sido producto de la negociación con los representantes de los trabajadores, sino que ha sido impuesto unilateralmente por la empresa, que ha impedido la negociación, ha ralentizado al máximo la entrega de documentación y ha vulnerado el derecho a la libertad sindical en su vertiente de derecho de negociación colectiva del sindicato demandante. No obstante, matiza la sentencia, la implantación unilateral de un plan de igualdad provisional por parte de la empresa, podría darse en supuestos excepcionales de «*[…] bloqueo negociador imputable exclusivamente a la contraparte; negativa de la misma a negociar, ausencia de cualquier tipo de representación […]*».

En un sentido similar se pronuncia la sentencia del Tribunal Supremo, de 25 de mayo de 2021[62] (rec. 186/2019), que declara la nulidad del Plan de Igualdad negociado por la Comisión de Seguimiento sin ajustarse a las exigencias legales, argumentando que dicha negociación debe llevarse a cabo por la representación legitimada para negociar convenios de eficacia general, y no por una comisión «*ad hoc*» que carece de legitimación y representatividad, aunque se haya bloqueado la negociación del convenio colectivo de empresa. El TS desestima el recurso de casación interpuesto por la empresa demandada Ingeniería de Sistemas para la Defensa de España, S.A. (ISDEFE), contra la sentencia de la Sala de los Social de la Audiencia Nacional, de 26 de junio de 2019 (proc.101/2019) sobre impugnación de convenio por el procedimiento de conflicto colectivo promovida por UGT.

La sentencia matiza que la comisión negociadora de un plan de igualdad debe constituirse por acuerdo entre la empresa y los representantes legales de los trabajadores, sin que pueda ser sustituida por una comisión «*ad hoc*». Por consiguiente, no cabe la negociación por comisiones «*ad hoc*» puesto que no es posible sustituir a los representantes de las personas trabajadoras por

62. Tribunal Supremo (Sala de lo Social, Sección 1.ª) Sentencia núm. 571/2021, de 25 mayo (RJ 2021, 2469); Sentencia núm. 126/2017, de 14 de febrero (RJ 2017, 845); Sentencia núm. 95/2021, de 26 de enero (RJ 2021, 572).

dichas comisiones. De la misma manera, las dificultades que puedan derivarse de la negociación de los planes de igualdad no justifican su aprobación al margen de lo establecido legalmente, debido a la exigencia del deber de negociar de buena fe, para lo que existe la posibilidad de acudir a medios judiciales y extrajudiciales de solución de conflictos. Y, solo de manera muy excepcional —como menciona la sentencia anteriormente comentada, STS de 13 de septiembre de 2018—, en el caso de bloqueo negocial, negativa a negociar o ausencia de representación, podría aceptarse que la empresa unilateralmente aprobase un plan de igualdad —eso sí, de forma provisional—.

Sin duda, dictamina la sentencia, la elaboración de un plan de igualdad es una manifestación de la negociación colectiva que se encomienda a las comisiones negociadoras de la empresa, con representación de todos los trabajadores de esta y cuyo cauce adecuado para su negociación lo constituye el convenio colectivo de empresa o superior a la empresa[63].

Por otro lado, la sentencia del Tribunal Supremo, de 28 de marzo de 2022[64] (rec. 359/2020), desestima el recurso contencioso-administrativo interpuesto por la Confederación Española de Organizaciones Empresariales (CEOE) contra el art. 5.3 del RD 901/2020, de 13 octubre, por el que se regulan los planes de igualdad y su registro, en relación con la composición de la comisión negociadora en empresas que carezcan de representación legal de las personas trabajadoras, por no haberse realizado elecciones sindicales o no existir comités de empresas o delegados de personal. Entiende la CEOE que la representación asumida por los sindicatos en estos supuestos debe ser regulada por una norma con rango de ley y no por el Real Decreto 901/2020.

Así, argumenta la sentencia, la negociación de planes de igualad constituye una manifestación del derecho a la negociación colectiva —tal y como regula el artículo 85.1 ET— y, por consiguiente, en relación con la constitución de la comisión negociadora resulta de aplicación lo dispuesto en el ET —por lo que no puede considerarse carente de previsión legal o una regulación «*ex novo*» —, reconociendo legitimación negocial a las organizaciones sindicales que ostenten la condición de más representativas en el ámbito estatal o de comunidad autónoma, y sindicatos representativos de sector, en proporción a la representatividad y garantizando la participación de todos los sindicatos legitimados que, a su vez, respondan a la convocatoria

63. Audiencia Nacional (Sala de lo Social, Sección 1.ª) Sentencia núm. 143/2019 de 10 diciembre (AS 2020, 2599).
64. Tribunal Supremo (Sala de lo Contencioso-Administrativo, Sección 3.ª) Sentencia núm. 383/2022 de 28 marzo (RJ 2022, 2898).

de la empresa en el plazo de diez días (artículo 5.3 RD 901/2020). No obstante, a esta última cuestión, el TS no da respuesta para el caso de que ningún sindicato responda a dicha convocatoria, por considerar que no le compete realizar ningún juicio sobre la efectividad de una norma respecto a posibles situaciones futuras, y por entender que se trata más que de una cuestión jurídica de una crítica a la efectividad de la norma.

Sin embargo, la sentencia del Tribunal Superior de Justicia de Madrid, de 24 de febrero de 2023[65] (proc. 1360/2022) en relación con esta cuestión, sostiene que la inexistencia de comisión negociadora por causas no imputables a la empresa —cuando la empresa ha requerido de forma fehaciente a los sindicatos a través de correos electrónicos certificados para constituir la comisión negociadora, sin obtener respuesta o no acceder a integrarse en la comisión y, por tanto, no existir representación legal de los trabajadores en los centros de trabajo de la empresa— supone una situación excepcional de bloqueo negocial, de conformidad con la doctrina antes mencionada de TS, que debe asimilarse a un plan adoptado sin acuerdo.

Por consiguiente, continúa argumentando la sentencia, resulta obligatoria su inscripción de forma definitiva en el registro de convenios, acuerdos colectivos de trabajo y planes de igualdad, de conformidad con lo estipulado en el artículo 11 del RD 901/2020, el cual, no regula diferentes tipos de inscripción de los planes de igualdad, por lo que no sería posible la inscripción de forma provisional, aspecto que contradice la doctrina del Tribunal Supremo, según la cual, cabe la posibilidad de inscripción provisional de los planes de igualdad aprobados unilateralmente por la empresa en determinados supuestos de excepcionalidad. En conclusión, la sentencia condena a la Dirección General de Trabajo a la inscripción obligatoria del mencionado Plan de Igualdad, que había sido denegada por no haber comisión negociadora debido a la inexistencia de representación legal de los trabajadores.

De igual manera, la sentencia del Tribunal Superior de Justicia de Andalucía, Málaga, de 25 de enero de 2023[66] (proc. 20/2022), revocó la resolución de la Dirección General de Trabajo que denegaba el registro e inscripción de un Plan de Igualdad, condenando a la administración al registro del Plan de Igualdad en el correspondiente registro de convenios colectivos y planes de igualdad. En este caso, ante la falta de representación unitaria y sindical de los trabajadores de la empresa demandante, esta requirió a los sindicatos

65. Tribunal Superior de Justicia de Madrid, (Sala de lo Social, Sección 3.ª) Sentencia núm. 178/2023 de 24 febrero (JUR 2023, 112436).
66. Tribunal Superior de Justicia de Andalucía, Málaga (Sala de lo Social, Sección 1.ª) Sentencia núm. 180/2023 de 25 enero (JUR 2023, 133524).

más representativos con legitimación para negociar el Plan de Igualdad por el plazo de días previsto en el artículo 5.2 del RD 901/2020, con la finalidad de designar a las personas que debían formar parte de la comisión negociadora, sin obtener respuesta alguna a las comunicaciones de la empresa. Ante esta situación, la empresa continuó con la elaboración del Plan de Igualdad con una comisión «*ad hoc*» constituida por los trabajadores de la empresa, aspecto que rechazó la Dirección General de Trabajo, denegando su inscripción y registro por no haberse negociado con una comisión negociadora constituida de conformidad con el RD 901/2020.

La sentencia entiende que la empresa está obligada a comunicar a los sindicatos más representativos la intención de proceder a la negociación para darles la oportunidad de participar, lo cual no significa que la empresa pueda imponer dicha participación y tampoco que esté obligada a remitir de forma reiterada requerimientos a los sindicatos hasta conseguir respuesta. Primero, por no estar previsto ni legal ni reglamentariamente y, segundo, porque:

> «*Entender lo contrario implicaría aceptar que el cumplimiento de una obligación empresarial (la necesidad de elaboración y aplicación de un plan de igualdad en empresas de cincuenta o más trabajadores) se hace depender de la voluntad de un tercero distinto del sujeto obligado o, lo que es lo mismo, que la mera falta de respuesta de los sindicatos sería suficiente para impedir el cumplimiento de la obligación empresarial, con las consecuencias negativas que de ello puedan derivarse para la empresa*».

De ser así, concluye la sentencia, se concedería a los sindicatos el poder de bloquear de forma indefinida la negociación de un plan de igualdad, por lo que resuelve que la empresa, en este caso, pueda continuar con la tramitación para la aprobación del Plan de Igualdad y proceder a su registro e inscripción. En relación con esto último, cabe destacar una reciente sentencia del Tribunal Supremo de 11 de abril de 2024[67] (rec. 258/2022), según la cual, una vez transcurrido el plazo de tres meses que tiene la Administración para resolver sobre el registro de los planes de igualdad, sin contestar al respecto, el silencio administrativo se entenderá positivo ya que, según expone la sentencia, la elaboración de un plan de igualdad no supone un traspaso de facultades de servicio público a las empresas, en contradicción a lo sucedido hasta ahora que consideraba negativo el silencio administrativo y, por consiguiente, se denegaba la inscripción y registro de los planes de igualdad pasado el plazo de los tres meses sin respuesta.

67. Tribunal Supremo (Sala de lo Social) Sentencia núm. 543/2024 de 11 abril (JUR 2024, 126015).

Con la misma fecha, una importantísima sentencia del Tribunal Supremo de 11 de abril de 2024[68] (rec, 123/2023), la cual declara firme la sentencia dictada por la Sala de lo Social del Tribunal Superior de Justicia de Madrid, de 24 de febrero de 2023 (proc. 1360/2022) comentada anteriormente, respalda, al fin, la inscripción de los planes de igualdad no negociados con los sindicatos, por carecer de representación legal, ante la falta de respuesta de estos y los intentos por parte de la empresa y de la Autoridad Laboral de constituir la comisión negociadora, es decir, aprobados unilateralmente por la empresa, razonando que esta situación por causas ajenas a la voluntad de la empresa no debe suponer un impedimento para la inscripción de los planes de igualdad, por tratarse de una situación extraordinaria de bloqueo negocial por la parte laboral que ni siquiera aceptó la constitución de la comisión negociadora, independientemente de que la Autoridad Laboral pueda supervisar los planes de igualdad. Además, señala que los sindicatos disponen de un plazo de 10 días, y no más, para formar parte de la comisión negociadora, que no puede constituirse una comisión *ad hoc* en estos casos, y que el registro es una obligación para las empresas cuyo incumplimiento genera importantes consecuencias como imposición de sanciones y limitaciones para el acceso a la contratación pública.

Por último, señala la sentencia que la inscripción en estos supuestos ha de llevarse a cabo de forma definitiva, por no contemplar el RD 901/2020 la posibilidad de la inscripción provisional de los planes de igualdad, ni ninguna clase de inscripción, regulando la obligatoriedad de esta, incluso, para los adoptados sin acuerdo. De igual manera, argumenta, que la provisionalidad a la que hacen referencia sentencias anteriores —en supuestos en los que no existía normativa reglamentaria— hacen referencia, más que al establecimiento de diferentes tipos de inscripción, a la posibilidad de impulsar cuanto antes una verdadera negociación para la elaboración de los planes de igualdad.

4. REFLEXIONES FINALES

Las desigualdades existentes entre hombres y mujeres en el ámbito laboral acarrean diferencias sustanciales en cuanto a la exposición a los riesgos laborales —sobre todo psicosociales— a los que se enfrentan unos y otras, con distinto impacto en la salud, que pone de manifiesto la necesi-

68. Tribunal Supremo (Sala de lo Social) Sentencia núm. 545/2024 de 11 abril (JUR 2024, 124645).

dad, por un lado, de incorporar la perspectiva de género de manera transversal e integral en la gestión de la prevención para detectar, prevenir y eliminar los riesgos específicos de género y proteger a todas las personas trabajadoras de una manera eficaz, estableciendo estrategias preventivas adecuadas que incorporen las necesidades de las mujeres y, por otro lado, introducir la seguridad y salud laboral o prevención de riesgos laborales desde una perspectiva de género en todas las políticas de igualdad a través de medidas y planes de igualdad, como contenido mínimo de cualquier diagnóstico previo.

De esta manera, tanto el plan de prevención de riesgos laborales mediante la evaluación de riesgos, como el plan de igualdad a través del diagnóstico previo, constituyen herramientas estratégicas para evaluar, valorar y analizar los efectos que tienen para mujeres y hombres el conjunto de actividades que se llevan a cabo en la empresa, ya que bajo una misma denominación de un puesto de trabajo puede haber diferencias y desigualdades en la organización y condiciones en que se desarrolla el mismo, que hacen que la exposición a los riesgos laborales sea distinta para trabajadoras y trabajadores.

Por consiguiente, resulta imprescindible la coordinación entre ambos instrumentos —evaluación de riesgos y diagnóstico previo—, con el fin de prevenir posibles situaciones de desigualdad y discriminación —más allá de los protocolos preventivos de acoso sexual y por razón de sexo—, que pueden dar lugar a la aparición de determinados riesgos laborales que afectan de manera particular a las mujeres y que exigen un tratamiento específico en la gestión de la seguridad y salud en el trabajo. Todo ello, pone de relieve la necesaria revisión y actualización de los planes de igualdad y de los planes de prevención de riesgos laborales, con el objetivo de conseguir la igualdad entre mujeres y hombres y eliminar cualquier discriminación generadora de riesgos laborales.

Ahora bien, las transformaciones sociales producidas en los últimos tiempos junto con la evolución y desarrollo normativo experimentado, vienen a dar respuesta de una forma más amplia a los retos que todavía tiene pendientes nuestra sociedad, y que han motivado la aprobación de la Ley 15/2022 integral para la igualdad de trato y la no discriminación, la cual supone un paso adelante con una importante repercusión en el ámbito laboral, ya que implica una regulación transversal del principio de igualdad y no discriminación, amplía la protección a supuestos distintos al género, e, incorpora, entre otras, la condición de salud o enfermedad como nueva causa de discriminación en general, abordándola desde una vertiente preventiva con una clara conexión con la LPRL.

Sin duda, esta nueva regulación con un importante enfoque preventivo que pone el énfasis en la detección, prevención y protección, frente a los riesgos laborales derivados de cualquier situación discriminatoria, supondrá importantes cambios y, por ello, resulta imprescindible que los planes de igualdad comiencen a introducir como materia importante la salud laboral, a fin de evitar cualquier discriminación por motivo de enfermedad o condición de salud en general —en el acceso al empleo, la formación, la promoción profesional, en la retribución o demás condiciones de trabajo— fomentando el respeto a la diversidad, evidenciándose la necesaria revisión y actualización tanto de los planes de igualdad como de los planes de prevención de riesgos laborales.

En definitiva, la negociación colectiva a través de los convenios colectivos resulta la vía adecuada para abanderar dichos cambios, y donde la participación de la representación legal de las personas trabajadoras —incluida la representación especializada, delegadas y delegados de prevención— resulta clave, para introducir la perspectiva de género en la prevención de riesgos laborales, y, negociar de buena fe medidas y planes de igualdad que contemplen la seguridad y salud laboral, teniendo en cuenta, por un lado, las necesidades específicas de mujeres y hombres en esta materia y, por otro lado, la enfermedad o condición salud como nueva cusa de discriminación desde un enfoque preventivo.

5. BIBLIOGRAFÍA

ALTÉS TÁRREGA, Juan Antonio, ARADILLA MARQUÉS, María José, «Teletrabajo, violencia y acoso y Convenio 190 OIT», *Temas Laborales,*: Revista andaluza de trabajo y bienestar social núm. 166 (2023), pp. 65-91.

AYERRA DUESCA, Nuria Julia, «Retos del teletrabajo asociados a la prevención de riesgos laborales desde una perspectiva de género», IUSLabor, núm. 3 (2023), pp. 50-81.

BAQUERO AGUILAR, Jorge, «De la reciente regulación del teletrabajo en las Administraciones Públicas y de la necesidad de una precisa concreción vía negociación colectiva desde la perspectiva de género», *Revista Internacional y Comparada de Relaciones Laborales y Derecho del empleo,* núm. 4 (2020), pp. 106-145.

CARRIZOSA PRIETO, Esther, «Las garantías del derecho a la igualdad de trato y no discriminación», en KAHALE CARRILLO, Djamil Tony. (director), *Una mirada laboralista de la igualdad de trato y la no discriminación,* Laborum, Murcia 2023, pp. 75-93.

CASTRO TRANCÓN, Nereida, «Intervención normativa ante los riesgos psicosociales laborales con perspectiva de género», *Lan Harremanak*, núm. 44 (2020), pp. 278-308.

GONZÁLEZ DEL REY RODRÍGUEZ, Ignacio, «Garantías judiciales y administrativas de la igualdad de trato y la no discriminación en el trabajo en la Ley 15/2022», *Femeris, Revista Multidisciplinar de Estudios de Génerol*, núm. 2, vol. 8 (2023), pp. 9-31.

GRAU PINEDA, Carmen, «La Ley 15/2022, de 12 de julio, integral para la igualdad de trato y no discriminación. La inclusión de nuevas causas autónomas de prohibición de discriminación», *Femeris, Revista Multidisciplinar de Estudios de Génerol*, núm. 2, vol. 8 (2023), pp. 31-52.

LOUSADA AROCHENA, José Fernando, «Prevención de riesgos en el trabajo a distancia. (Reconocimiento del derecho y modulaciones en su aplicación; prevención del acoso y la violencia de género; riesgos de exposición a pantallas de visualización)», *Revista Derecho Social y Empresa*, núm. 14 (2021), pp. 1-25.

LOUSADA AROCHENA, José Fernando, «Medidas y planes de igualdad en las empresas privadas. Marco normativo e interpretación doctrinal y judicial», *Femeris: Revista Multidisciplinar de Estudios de Género*, núm. 2, vol. 8 (2023), pp. 95-124.

MELIÁN CHINEA, Laura María, «Teletrabajo y negociación colectiva: una perspectiva de género», *Revista Derecho Social y Empresa*, núm. 16 (2022), pp. 21-22.

MOLINA NAVARRETE, Cristóbal, *El ciberacoso en el trabajo. Cómo identificarlo, prevenirlo y erradicarlo en las empresas*, Wolters Kluwer España, Madrid 2019.

MONEREO PÉREZ, José Luis, RODRÍGUEZ ESCANCIANO, Susana. y RODRÍGUEZ INIESTA, Guillermo. «Contribuyendo a garantizar la igualdad integral y efectiva: la ley 15/2022, de 12 de julio, integral para la igualdad de trato y no discriminación». *Revista Crítica de Relaciones de Trabajo, Laborum*, núm. 4 (2022), pp. 11-42.

MORENO GENÉ, Josep, «El impacto de las nuevas tecnologías en la cantidad y calidad de trabajo desde una perspectiva de género», en ROMERO BURILLO, Ana María. (directora), *Mujer, trabajo y nuevas tecnologías. Un estudio del impacto de las nuevas tecnologías en el ámbito laboral desde una perspectiva de género*, Aranzadi, Navarra 2021, pp. 55-105.

MORENO MÁRQUEZ, Ana María, «El Convenio 190 de la OIT sobre violencia y acoso en el trabajo y sus implicaciones en el orfenamiento laboral español», *Temas Laborales*, núm. 166 (2023), pp. 93-137.

NIETO ROJAS, Patricia, «Los planes de igualdad en las empresas como instrumento para garantizar la igualdad efectiva en la empresa», en RODRÍGUEZ SANZ DE GALDEANO, Beatriz. (Coord.), *La discriminación de la mujer en el trabajo y las nuevas medidas legales para garantizar la igualdad de trato en el empleo*, Aranzadi, Navarra 2020, pp. 117-147.

NIETO ROJAS, Patricia, «El complicado entramado normativo de planes de igualdad y protocolos en las empresas. Algunas reflexiones sobre protocolos anti-acoso y de gestión de la diversidad», *Labos: Revista de Derecho del Trabajo y Protección Social*, núm. extraordinario, vol. 4 (2023), pp. 122-142.

OTERO APARICIO, María Jesús, «Vidas hiperconectadas: acciones desde la prevención de riesgos psicosociales», en TRUJILLO PONS, Francisco. (director), *Límites a la conectividad permanente en el trabajo: salud y competitividad empresarial*, Aranzadi, Navarra 2023, pp. 169-192.

RAMOS QUINTANA, Margarita Isabel, «El trabajo de las mujeres en la economía digital. Desigualdad, violencia y estereotipos de género en el marco de la nueva Estrategia Europea para la Igualdad», en RAMOS QUINTANA, Margarita Isabel, *La Estrategia Europea para la Igualdad de Género 2020-2025. Un estudio multidisciplinar* (directora), Bomarzo, Albacete 2020, pp. 13-41.

RAMOS QUINTANA, Margarita Isabel, «Bases jurídicas para un trabajo a distancia digno: innovaciones tecnológicas y entornos de trabajo digital como trasfondo de la nueva legislación común», *Revista del Ministerio de Trabajo y Economía Social*, núm. 149 (2021), pp. 153-180.

RAMOS QUINTANA, Margarita Isabel, «Violencia sexual y relaciones de trabajo: la libertad sexual de las mujeres y las nuevas garantías legales», *Trabajo y derecho: nueva revista de actualidad y relaciones laborales*, núm. 99 (2023), pp. 1-6.

ROMERO BURILLO, Ana María, «El teletrabajo: ¿Oportunidad o riesgo para la igualdad efectiva de mujeres y hombres en las relaciones laborales?», en ROMERO BURILLO, Ana María. (directora), *Mujer, trabajo y nuevas tecnologías. Un estudio del impacto de las nuevas tecnologías en el ámbito laboral desde una perspectiva de género*, Aranzadi, Navarra 2021, pp. 107-151.

SÁNCHEZ PÉREZ, José, «Salud mental, prevención de riesgos psicosociales y suicidio», *Nuevas claves para la salud psicosocial en las organizaciones, boletín cuatrimestral*, núm. 2 (2022), pp. 7-11.

SANTOS FITA, Pablo, «Derecho a la desconexión digital: alcance y límites. Ejemplos prácticos de protocolos de desconexión digital. ¿Hacia un nuevo enfoque del tiempo de trabajo?», en TRUJILLO PONS, Francisco. (director), *Límites a la conectividad permanente en el trabajo: salud y competitividad empresarial*, Aranzadi, Navarra 2023, pp. 85-94.

VALLEJO DA COSTA, Ruth, *Salud laboral, igualdad y mujer. Aspectos jurídicos*, Bomarzo, Albacete 2019.

VELASCO PORTERO, María Teresa, «El derecho de igualdad de trato y no discriminación en el empleo», en KAHALE CARRILLO, Djamil Tony. (director), *Una mirada laboralista de la igualdad de trato y la no discriminación*, Laborum, Murcia 2023, pp. 31-44.

VICENTE PACHÉS, Fernando, «El ciberacoso a la mujer: una nueva realidad silenciada de violencia de género en el trabajo», en ROMERO BURILLO, Ana María. (directora), *Mujer, trabajo y nuevas tecnologías. Un estudio del impacto de las nuevas tecnologías en el ámbito laboral desde una perspectiva de género*, Aranzadi, Navarra 2021, pp. 153-181.

VICENTE PACHÉS, Fernando, «Ciberviolencia sexual de género en el trabajo y desconexión digital: medidas preventivas en la Ley orgánica 10/2022, de garantía integral de la libertad sexual», en TRUJILLO PONS, Francisco. (director), *Límites a la conectividad permanente en el trabajo: salud y competitividad empresarial*, Aranzadi, Navarra 2023, pp. 211-232.

Capítulo 4

La Inspección de Trabajo y el rol de la Administración Laboral en la integración de la perspectiva de género en la prevención de riesgos laborales

SERGIO BESCÓS RUBIO
Inspector de Trabajo y Seguridad Social

M.ª CINTA SANZ POLO
Inspectora de Trabajo y Seguridad Social

SUMARIO: 1. INTRODUCCIÓN. 2. NORMATIVA RELEVANTE A EFECTOS DE LA INTEGRACIÓN DE LA PERSPECTIVA DE GÉNERO EN LA PREVENCIÓN DE RIESGOS LABORALES. *2.1. Normas internacionales.* 2.1.1. Instrumentos legislativos de Derecho Internacional. Los Convenios de la OIT. 2.1.2. La legislación comunitaria. 2.1.3. La normativa nacional. 3. EL PAPEL DE LA INSPECCIÓN DE TRABAJO Y SEGURIDAD SOCIAL EN LA INTEGRACIÓN DE LA PERSPECTIVA DE GÉNERO EN LA PREVENCIÓN DE RIESGOS LABORALES. 4. A MODO DE REFLEXIÓN FINAL.

1. INTRODUCCIÓN

El papel de la Administración Laboral en el control del cumplimiento de la normativa sobre prevención de riesgos laborales es crucial para la correcta integración de la perspectiva de género en la gestión empresarial de riesgos ocupacionales. El presente capitulo pretende dar una visión panorámica a todos aquellos aspectos legislativos, nacionales e internacionales, en los que la presencia de la Administración Laboral es relevante para la citada integración. Se hará durante el presente capítulo especial referencia a la Inspección de Trabajo y Seguridad Social[1] como organismo que tiene encomendada la vigilancia y exigencia del cumplimiento de las normas legales, reglamentarias y del contenido de los acuerdos y convenios colectivos en materia de prevención de riesgos laborales.

2. NORMATIVA RELEVANTE A EFECTOS DE LA INTEGRACIÓN DE LA PERSPECTIVA DE GÉNERO EN LA PREVENCIÓN DE RIESGOS LABORALES

Es necesario hacer hincapié en que la legislación tradicionalmente ha otorgado relevancia a la protección de la maternidad y la lactancia como aspectos más relevantes para la protección de la mujer trabajadora durante el desempeño de su puesto de trabajo. Más allá de estas dos situaciones fundamentales vinculadas normalmente con la reproducción humana, la integración normativa de la perspectiva de género tiene todavía hoy en día carácter limitado y genérico. Es por ello que ha de acudirse a las normas técnicas, que normalmente no revisten carácter obligatorio, para encontrar disposiciones específicas asociadas a cada riesgo. Teniendo en cuenta que el presente capitulo se centra en aquellos aspectos de la legislación nacional e internacional que están íntimamente relacionados con la función inspectora, en esta sección se hará hincapié en ellos, para no redundar en instrumentos legislativos que ya serán tratados en otros pasajes de esta obra colectiva.

2.1. NORMAS INTERNACIONALES

Desde un punto de vista netamente internacional, los instrumentos legislativos emanados por un lado de la Organización Internacional del Trabajo (en adelante OIT) y por el otro de la Unión Europea son las principales fuentes del Derecho que merecen ser destacados para la prevención de riesgos laborales desde una perspectiva de género[2].

1. Véase el artículo 12.1 de la Ley 23/2015, de 21 de julio, Ordenadora del Sistema de Inspección de Trabajo y Seguridad Social.
2. Para los fines de este artículo, y con el objeto de no excederse en la extensión se obvian las normas marco que contienen referencias indirectas a la protección de la seguridad y salud de la mujer trabajadora (e.g. la Convención Internacional de Derechos Económicos, Sociales y Culturales).

2.1.1. Instrumentos legislativos de Derecho Internacional. Los Convenios de la OIT

La protección de la mujer trabajadora ha sido objeto de atención de la OIT casi desde los primeros convenios aprobados por el organismo. Los bienes jurídicos protegidos fueron tradicionalmente la maternidad y la lactancia y el objetivo fundamental la subsecuente adopción de medidas preventivas por parte de las empresas con el objeto de evitar la exposición de las trabajadoras y los recién nacidos a riesgos indebidos. Ejemplos claros son los ya derogados convenios de protección de la maternidad (C03), Convenio sobre el trabajo nocturno de las mujeres (C04, ya derogado por el más reciente Convenio 183 de protección de la maternidad).

Especial atención merece el C183, sobre la protección de la maternidad y la aneja Recomendación 191. Como aspectos más relevantes de dicho convenio pueden destacarse los siguientes:

- Se establece una obligación expresa para los estados signatarios del convenio de adopción de las medidas de protección de la mujer embarazada o lactante. En concreto se debe proteger a este colectivo para que no desempeñen un trabajo que haya sido determinado por la autoridad competente como perjudicial para su salud o la de su hijo o hija, o respecto del cual se haya establecido mediante evaluación que conlleva un riesgo significativo para la salud de la madre o del hijo o hija.
- En conexión con lo anteriormente señalado, el artículo 9 establece la prohibición de exigir cualquier tipo de prueba de embarazo para acceder a un empleo excepto cuando esté previsto en la legislación nacional respecto de trabajos que estén prohibidos total o parcialmente para las mujeres embarazadas o lactantes, o puedan presentar un riesgo reconocido para la salud de la mujer y del hijo lactante.

La Recomendación 191 es más específica en lo que se refiere a las medidas de protección de la mujer embarazada o lactante desde una perspectiva preventiva. Se establecen las siguientes medidas de acción para los estados signatarios del C183:

a. La evaluación de todo riesgo para la seguridad y la salud de la mujer embarazada o lactante y de su hijo o hija en el lugar de trabajo con la subsecuente necesidad de comunicar los resultados de la misma a la mujer interesada.

b. La adopción de las siguientes acciones en caso de existencia de un riesgo para la seguridad y salud de la mujer embarazada o lactante. Dichas medidas se corresponden en parte con las previstas en el artículo 26 de la Ley 31/1995, de 8 de noviembre, de Prevención de Riesgos Laborales:

   - la eliminación del riesgo;
   - la adaptación de sus condiciones de trabajo;
   - el traslado a otro puesto, sin pérdida de salario, cuando dicha adaptación no sea posible, o una licencia remunerada otorgada de conformidad con la legislación y la práctica nacionales, cuando dicho traslado no sea realizable.

c. La enumeración de una serie de sectores en los que la adopción de las medidas previstas en el subpárrafo 2 son aquellos en los que se obligue a manipular cargas manualmente, los que expongan a la mujer a riesgos biológicos, químicos o físicos para las funciones reproductivas, todo trabajo que exija particularmente un sentido del equilibrio; y todo trabajo que requiera un esfuerzo físico por exigir que la mujer permanezca sentada o de pie durante largos periodos o por exponerla a temperaturas extremas o a vibraciones.

Merece la pena hacer referencia también al reciente Convenio 190 sobre la violencia y el acoso y la correspondiente Recomendación 206 porque incluyen obligaciones específicas para la erradicación de dos factores de carácter psicosocial de vital importancia como son la violencia contra las mujeres y el acoso[3].

Los convenios de la OIT específicos para la Inspección del Trabajo no hacen referencia específica a la protección de la mujer desde una perspectiva preventiva. Con carácter general, el C81 sobre la Inspección del Trabajo menciona en su artículo 3 la competencia del sistema de inspección para velar por el cumplimiento de las disposiciones legales relativas a las condiciones de trabajo y a la protección de los trabajadores en el ejercicio de su profesión, tales como las disposiciones sobre (...) seguridad, higiene y bienestar. Similar referencia hace el artículo 6 del C129 dedicado a la Inspección del Trabajo en el sector de la agricultura.

---

3. La R206 señala específicamente que en la evaluación de riesgos en el lugar de trabajo que se menciona en el artículo 9, c), del Convenio 190 se deberían tener en cuenta los factores que aumentan las probabilidades de violencia y acoso, incluyendo los peligros y riesgos psicosociales.

Como conclusión a esta previa sección, podemos señalar que la integración de la perspectiva de género en la política legislativa internacional tiene un carácter muy limitado con escasas referencias y con un enfoque casi exclusivamente centrado en la protección de la lactancia y la maternidad.

2.1.2. La legislación comunitaria

En el ámbito comunitario, más allá de las referencias tangenciales de la Directiva Marco y en menor medida de la Directiva 2006/54[4], no existe legislación específica que tenga presente al colectivo de las mujeres con ocasión de la adopción de medidas concretas para la eliminación de riesgos que afecten especialmente a dicho colectivo. Actualmente, el marco estratégico de la UE en materia de salud y seguridad en el trabajo 2021-2027[5], documento que es sucesor de previos similares publicados por la Comisión, incluye propuestas de acción para diferentes entidades y organismos sobre la seguridad y la salud en el trabajo en un mundo laboral en constante transformación.

Dicha estrategia comunitaria incluye varias referencias específicas a actuales desafíos que, desde un punto de vista de la Prevención de Riesgos Laborales, afrontan los estados miembros, a saber:

- El reconocimiento de la diversidad, incluidas las diferencias y las desigualdades de género, y la lucha contra la discriminación en la mano de obra son fundamentales para garantizar la seguridad y la salud de los trabajadores y las trabajadoras, también cuando se evalúen los riesgos en el trabajo. Por ejemplo, la pandemia puso de relieve los riesgos de tener herramientas y equipos mal adaptados (por ejemplo, las mujeres del sector sanitario tenían que llevar equipos de protección individual diseñados para los hombres) y la necesidad de facilitar información precisa, oportuna y fácil de comprender para garantizar que todas las personas trabajadoras, incluidos los más desfavorecidos, puedan comprender plenamente las normas del lugar de trabajo y ejercer sus derechos.

4. Directiva del Consejo, de 12 de junio de 1989, relativa a la aplicación de medidas para promover la mejora de la seguridad y de la salud de los trabajadores en el trabajo y Directiva 2006/54/CE del Parlamento Europeo y del Consejo, de 5 de julio de 2006, relativa a la aplicación del principio de igualdad de oportunidades e igualdad de trato entre hombres y mujeres en asuntos de empleo y ocupación.
5. Se puede acceder al texto completo de la Estrategia comunitaria de seguridad y salud en el trabajo en el siguiente documento: IMMC.COM%282021%29323%20final.SPA.xhtml.1_ES_ACT_part1_v2.docx (europa.eu).

- Se alentará la adopción de medidas encaminadas a evitar el sesgo de género a la hora de evaluar los riesgos y establecer prioridades de actuación garantizando para ello: i) la representación de hombres y mujeres en las consultas de las personas trabajadoras; ii) la adaptación de la formación a la situación personal de cada empleado; y iii) el reconocimiento de los riesgos en profesiones que tradicionalmente se han pasado por alto o se han considerado «trabajos ligeros» (por ejemplo, cuidadores o limpiadores).
- En relación a la violencia, el acoso o la discriminación en el lugar de trabajo por razón de sexo, edad, discapacidad, religión o convicciones, raza u origen étnico u orientación sexual se señala que dichas circunstancias pueden, como es sabido, afectar a la salud y la seguridad de las personas trabajadoras y *ultima ratio* dar lugar a situaciones de explotación laboral, la Comisión va a evaluar la manera de reforzar la eficacia de la Directiva sobre sanciones a los empleadores (2009/52/CE), también en lo que respecta a las inspecciones de trabajo orientadas, en particular, a grupos de personas trabajadoras vulnerables[6].
- La Comisión promueve, en interés de la Unión Europea, la ratificación del Convenio sobre la violencia y el acoso (C190), de la OIT.

En cualquier caso, dicha Estrategia comunitaria define una serie de medidas de acción con llamadas genéricas a la acción no sólo para la propia Comisión Europea (a través de DG EMPL y de la Agencia Europea de Seguridad y Salud en el Trabajo - EU OSHA) sino también para los estados miembros. En el ámbito que nos concierne se llama a los Estados Miembros a que promuevan *consideraciones de género en el diseño, la aplicación y la elaboración de informes*. En este sentido, la EU OSHA ha publicado varias guías y artículos relacionados con la integración de la perspectiva de género en la política preventiva en la empresa. Resulta particularmente interesante el

6. La Directiva, por la que se establecen normas mínimas sobre las sanciones y medidas aplicables a los empleadores de nacionales de terceros países en situación irregular, si bien no es una norma que regula aspectos relacionados con la prevención de riesgos laborales, incluye aspectos que tienen relevancia en este ámbito. Así, por ejemplo, define «condiciones de trabajo especialmente abusivas»: como condiciones de trabajo, incluidas las que resultan de la discriminación por razón del sexo o de otro tipo, en las que se aprecia una desproporción flagrante con respecto a las condiciones de empleo que disfrutan los trabajadores empleados legalmente, y, por ejemplo, afectan a la salud y la seguridad de los trabajadores y atenten contra la dignidad humana. Igualmente, incluye una serie de obligaciones de inspección para los estados miembros con el objeto de controlar el empleo de nacionales de terceros países en situación irregular, en el que el colectivo de las mujeres también es de relevancia en determinados sectores.

documento sobre la inclusión de los aspectos de género en los documentos de evaluación de riesgos con el objeto de hacerlos presente, visibilizar las diferencias e integrarlas en la política preventiva de la empresa[7]. Igualmente, la agencia europea hace referencia a los riesgos a los que las mujeres, con mayor frecuencia que los hombres, están expuestas en los lugares de trabajo tales como los de naturaleza musculoesquelética[8].

2.1.3. La normativa nacional

La normativa nacional, aunque no de una forma muy prolija, es más explícita en la protección del colectivo femenino frente a los riesgos ocupacionales. En diversas fuentes normativas estatales se incluye la necesidad de examinar y valorar dónde prestan servicios hombres y mujeres y qué puestos de trabajo ocupan con el objeto de determinar qué factores de riesgos pueden influir en el desempeño de su puesto de trabajo.

No obstante, ante una falta de mayor concreción legal o reglamentaria de las obligaciones empresariales en materia de igualdad, no debe olvidarse que el artículo 5 de la Ley Orgánica 3/2007 recoge el principio específico de igualdad de trato en el acceso al empleo, pero también en las condiciones de trabajo, siendo además este un principio transversal informador de la actuación de las administraciones públicas por previsión expresa del artículo 15 del mismo texto legal. Dicha norma legal reviste de rango orgánico y es por ello que conforme al principio de jerarquía normativa la importancia de los mencionados artículos no debe ser en absoluto obviada.

Teniendo en cuenta que la normativa ordinaria nacional en la presente materia, constituida fundamentalmente por el articulo 15 y 26 de la Ley 31/1995 de 8 de noviembre, de Prevención de Riesgos Laborales (en adelante LPRL), se explica de forma prolija en otras secciones de esta obra colectiva, se hará referencia en este aspecto a aquellas normas que desde un punto de vista puramente administrativo-sancionador y de la actuación inspectora pueda tener relevancia en la materia.

En este sentido, el Texto Refundido de la Ley de Infracciones y Sanciones en el Orden Social, aprobado por Real Decreto Legislativo 5/2000, de 4 de agosto (en adelante TRLISOS) es la norma sobre la que pivota el régimen sancionador diseñado en el ordenamiento jurídico español para sancionar

7. 2003-0589FACTS-43_ES (europa.eu).
8. New risks and trends in the safety and health of women at work, (pág. 24) European Agency for Safety and Health at Work. De forma más específica, puede accederse a información más detallada en el siguiente artículo: Workforce diversity and musculoskeletal disorders: review of facts and figures and case examples - Summary (europa.eu).

aquellas conductas empresariales que suponen una vulneración de la normativa sustantiva de referencia en el sentido señalado en el párrafo anterior.

El organismo encargado de velar por el cumplimiento de la normativa de orden social y, en caso de incumplimiento, de exigir las responsabilidades pertinentes es la Inspección de Trabajo y Seguridad Social. La Organización Internacional de Trabajo reconoce el rol de la Inspección de Trabajo para asegurar la efectiva implantación de las normas sociales.

Son los artículos 11, 12 y 13 del citado Texto Refundido (leves, graves y muy graves, respectivamente) los que regulan las infracciones que pueden ser calificadas por la Inspección de Trabajo y Seguridad Social como consecuencia del incumplimiento de la obligación de integrar la perspectiva de género en la política de prevención de riesgos laborales, en todas y cada una de las variantes exigidas legalmente. Con carácter explícito se incluye en el artículo 13.1 la infracción muy grave por **falta de observación de las normas específicas en materia de protección de la seguridad y la salud de las trabajadoras durante los períodos de embarazo y lactancia**. Nuevamente el legislador otorga una protección privilegiada a los períodos de embarazo y lactancia, otorgándole categoría de infracción muy grave al incumplimiento de aquellas normas que limiten el ejercicio de la potestad empresarial por concurrir alguna de estas dos circunstancias.

Al margen de dicha protección específica regulada en el artículo 13.1, otros párrafos de la sección segunda del capítulo II incluyen tipos infractores que podrían ser aplicables en supuestos de vulneración de los derechos específicos de las trabajadoras en materia de prevención de riesgos laborales. Sin ánimo de exhaustividad, a continuación, se expondrán los tipos infractores asociados al incumplimiento de alguna de las obligaciones preventivas más destacadas:

1. **Deficiencias en la evaluación de riesgos:** La utilización de la expresión «durante» en el tipo infractor del 13.1 TRLISOS referenciado anteriormente, parece limitar la utilización de este tipo específico a los casos en que se incumpla la normativa habiendo una persona trabajadora embarazada o en período de lactancia. Esta interpretación permite entender que no incluir aquellos riesgos que afectan a personas embarazadas y lactantes en la evaluación inicial de riesgos debe considerarse una infracción grave del artículo 12.1.b) del TRLISOS —la falta de evaluación de riesgos con el contenido y alcance previsto en la normativa—.

El Instituto Nacional de Seguridad y Salud en el Trabajo ha desarrollado métodos de evaluación específicos para cada tipo de riesgo. Aunque no son de obligatorio cumplimiento, su adopción por parte de las empresas, a través de los servicios de prevención, es altamente recomendable. Como ejemplos pueden citarse la Guía técnica para la evaluación y prevención de los riesgos relativos a la manipulación manual de cargas y el método Ergomater desarrollado en la Nota técnica de prevención —NTP 785— [9] está diseñada como una herramienta sencilla que permita evaluar y detectar factores de riesgo ergonómico en el caso de trabajadoras en período de gestación, y obtener recomendaciones para adaptar la tarea al estado de la trabajadora gestante con el fin de reducir los riesgos de dicha naturaleza. En el ámbito de los riesgos psicosociales la reciente NTP 1185 aborda la perspectiva de los riesgos psicosociales desde una perspectiva netamente de género[10].

2. **No adaptación de puestos de trabajo, equipos de trabajo, métodos de trabajo y equipos de protección individual**

Entre los principios de la acción preventiva recogidos en el artículo 15.1 de la LPRL se encuentra la adaptación del trabajo a la persona, particularmente en lo que respecta a la concepción de los puestos de trabajo, a la elección de los equipos de trabajo y equipos de protección individual, así como los métodos de trabajo y de producción. Y existen preceptos de normativa preventiva específica donde se reitera este deber.

Pues bien, las deficiencias detectadas derivadas de la no adaptación del trabajo a la persona constituirá una infracción en materia preventiva cuya calificación dependerá de los riesgos que puedan derivarse de los mismos: infracción leve del artículo 11.4 de la TRLISOS («Las que supongan incumplimientos de la normativa de prevención de riesgos laborales, siempre que carezcan de trascendencia grave para la integridad física o la salud de los trabajadores») –esto es, cuando no supongan un riesgo grave–; infracción grave del artículo 12.16 de la TRLISOS si el incumplimiento supone un riesgo grave para la integridad física o la salud de las personas trabajadoras –el tipo a aplicar dependerá de cuál es el incumplimiento concreto–; infracción muy grave del artículo 13.4 o 13.10 de la TRLISOS en el caso de que genere un riesgo grave e inminente —«No adoptar cualesquiera otras medidas preventivas aplicables a las condiciones de trabajo en ejecución de la normativa sobre prevención de riesgos laborales de las que se derive un riesgo grave e inminente para la seguridad y salud de los trabajadores»—.

9. Nota técnica de prevención - NTP 785 (insst.es).
10. NTP 1185: Conflicto trabajo-familia o doble presencia como riesgo psicosocial: Marco conceptual y consecuencias (insst.es).

3. **Deficiencias en la valoración de riesgos en los puestos ocupados por mujeres (violencia sexual)**

Por último, hacer referencia a una nueva obligación de las empresas introducida por la reciente Ley Orgánica 10/2022, de 6 de septiembre, de garantía integral de la libertad sexual, en su artículo 12.2: «deberán incluir en la valoración de riesgos de los diferentes puestos de trabajo ocupados por trabajadoras, la violencia sexual entre los riesgos laborales concurrentes, debiendo formar e informar de ello a sus trabajadoras».

El objetivo de la valoración del riesgo de violencia sexual en un puesto de trabajo no se limita a calcular una probabilidad o un nivel de riesgo determinados, sino identificar los factores que pueden favorecer la aparición de esas conductas y sobre los que actuar, para pasar así a definir las medidas preventivas específicas que pudieran ser necesarias. Por tanto, para evitar el riesgo, la actuación preventiva debe estar orientada a la actuación sobre las condiciones de trabajo. Es necesario adoptar medidas que impidan que se materialice el riesgo de violencia sexual en todos los puestos de trabajo, prestando especial atención a aquellos ocupados por mujeres y/o en los que se hayan identificado factores de riesgo psicosocial que puedan suponer una mayor probabilidad de aparición de conductas o situaciones de violencia sexual.

La no evaluación de los riesgos derivados de la violencia sexual supondrá la comisión de una infracción grave del artículo 12.1.b) de la TRLISOS: «No llevar a cabo las evaluaciones de riesgos y, en su caso, sus actualizaciones y revisiones [...], así como los controles periódicos de las condiciones de trabajo y de la actividad de los trabajadores que procedan, o no realizar aquellas actividades de prevención que hicieran necesarias los resultados de las evaluaciones, con el alcance y contenido establecidos en la normativa sobre prevención de riesgos laborales».

Para el caso de que el incumplimiento consista en no formar o informar a las trabajadoras, la conducta infractora se encuadrará en la infracción grave del artículo 12.8 de la TRLISOS: «El incumplimiento de las obligaciones en materia de formación e información suficiente y adecuada a los trabajadores acerca de los riesgos del puesto de trabajo susceptibles de provocar daños para la seguridad y salud y sobre las medidas preventivas aplicables, salvo que se trate de infracción muy grave conforme al artículo siguiente».

3. EL PAPEL DE LA INSPECCIÓN DE TRABAJO Y SEGURIDAD SOCIAL EN LA INTEGRACIÓN DE LA PERSPECTIVA DE GÉNERO EN LA PREVENCIÓN DE RIESGOS LABORALES

La incorporación de la perspectiva de género a la legislación sobre riesgos laborales en España debe ir acompañada de otras medidas como las relacionadas con la Inspección de Trabajo y Seguridad Social que merece una especial dedicación en el presente capítulo.

En cumplimiento del artículo 15 la Ley Orgánica 3/2007, para la igualdad efectiva entre mujeres y hombres, desde la Inspección de Trabajo y Seguridad Social se potencia, de manera decidida, una actuación inspectora con perspectiva de género. Así, la actividad de la ITSS en materia de igualdad y no discriminación por razón de sexo constituye un área de actuación permanente, formando parte de la programación anual de las Inspecciones de Trabajo de todas las Comunidades Autónomas. Por ello, junto a la actividad rogada de la ITSS (denuncias, petición de informes de otras Administraciones o de los Juzgados) se mantiene una actividad programada, estableciendo criterios de selección de las empresas, e incrementándose el número de actuaciones realizadas en base a informaciones previas que permitan actuar sobre empresas con indicios de irregularidades, o con obligaciones normativas conocidas.

La actividad inspectora en el área de igualdad efectiva entre mujeres y hombres se centra en los siguientes programas:

- Planes de Igualdad y otras obligaciones de la Ley de Igualdad.
- Discriminación en la relación laboral.
- Discriminación Salarial.
- Derechos sobre conciliación de la vida familiar y laboral.
- Protocolo y acoso sexual por razón de sexo.
- Discriminación en la negociación colectiva.
- Discriminación en el acceso al empleo.
- Prevención de riesgos laborales con enfoque de género.

El informe anual de la ITSS de 2022 —último disponible en el momento de redactar este capítulo— refleja la actividad de la Inspección en materia de igualdad de género, así como los resultados de dichas actuaciones: en 2022 se realizaron un total de 11.358 actuaciones, detectándose 1.226 infracciones por un importe de 3.979.486 euros y extendiéndose un total de 4.242 requerimientos para la subsanación de las deficiencias detectadas.

Entre los programas mencionados, cabe destacar, por estar relacionada con la materia objeto de análisis en este capítulo, la campaña anual que la Inspección de Trabajo y Seguridad Social lleva a cabo en todo el territorio nacional denominada Prevención de Riesgos Laborales con enfoque de género. El objeto principal de esta campaña es velar por que las empresas garanticen la protección específica de las mujeres trabajadoras durante el embarazo y lactancia en todos los sectores de actividad, de conformidad con los previsto en el artículo 26 de la Ley 31/1995, de 8 de noviembre, de Prevención de Riesgos Laborales, que establece como obligación de la empresa, que en la evaluación inicial se contemple la influencia de los distintos riesgos existentes en la empresa sobre la reproducción, el embarazo, la situación de parto reciente y la lactancia; identificando suficientemente todos los agentes, compuestos, procedimientos y condiciones de trabajo que puedan influir negativamente a las trabajadoras en dicha situación. Deben identificarse, también, los distintos puestos de trabajo en los que existan tales riesgos y los puestos de trabajo que están exentos de los mismos.

Pero, además, en cuanto se tiene constancia de una situación de embarazo concreta, debe realizarse una evaluación específica del puesto de trabajo de la trabajadora embarazada teniendo en cuenta los periodos de gestación y las características personales de la trabajadora[11].

En virtud de los resultados de la evaluación, la empresa y servicio de prevención llevarán a cabo:

a. Valoración de la compatibilidad del puesto de trabajo con el estado biológico de la trabajadora.

b. Seguimiento para asegurar durante todo el proceso gestacional la compatibilidad del puesto de trabajo con el estado de salud de la trabajadora.

c. Propuesta de medidas preventivas y de protección especial ajustadas a cada caso individual.

d. Preparación de la vuelta al trabajo después del permiso de maternidad.

11. Los criterios para la realización de la evaluación de riesgos específica para trabajadoras embarazadas deben ajustarse a lo expresado en el Real Decreto 298/2009, de 6 de marzo, por el que se modifica el Real Decreto 39/1997, de 17 de enero, por el que se aprueba el Reglamento de los Servicios de Prevención.

En aquellos casos en los que el resultado de la evaluación de riesgos revele un riesgo o una posible repercusión negativa sobre el embarazo se prevén las siguientes actuaciones en las empresas:

a. La adaptación de las condiciones o tiempo de trabajo que eviten la exposición a dicho riesgo. En definitiva, una adaptación del puesto a las condiciones de salud de la trabajadora embarazada.

b. Cambio de puesto de trabajo o de funciones para que sean compatibles con el embarazo en aquellas situaciones en las que la adaptación del puesto no sea posible. Aunque la mujer sea destinada a un puesto no correspondiente a su grupo o categoría conservará el derecho al conjunto de retribuciones de su puesto de origen.

c. Sólo en los casos en los que el cambio de puesto no resulta posible por motivos justificados se procede a la suspensión del contrato por riesgo durante el embarazo (artículo 45.1.d del Estatuto de los Trabajadores).

Ejemplos de restricciones habituales para garantizar la protección de la trabajadora embarazada

- Evitar tareas que requieren esfuerzo físico como levantar o empujar peso elevado.
- Evitar tareas que obligan a pasar muchas horas sentada o de pie, ya que pueden causar inflamación en piernas y lesiones en la parte baja de la espalda asociadas también al aumento de peso propio de la gestación.
- Evitar tareas que exigen contacto con productos químicos (plomo, mercurio, pesticidas o disolventes) ya que pueden poner en riesgo la salud de la madre y del bebé.
- Evitar tareas con exposición a factores biológicos de riesgo para la salud como infecciones causadas por virus, bacterias, hongos y parásitos.
- Evitar tareas altamente estresantes, ya que los estados de ansiedad y/o estrés se relacionan con el bajo peso al nacer del bebé y aumentan el riesgo de parto prematuro.

Fuente: elaboración propia.

Si bien se está avanzando, en el marco de esta campaña de ITSS sobre Prevención de Riesgos Laborales con enfoque de género, en la realización de actuaciones inspectoras en las que, más allá de la vigilancia de la protección específica de las situaciones de embarazo y lactancia, se verifique también la implantación de la perspectiva de género en todos los aspectos relativos a la gestión preventiva que hacen las empresas. En este sentido, se están impulsando comprobaciones en relación con las evaluaciones de riesgos, teniendo en cuenta si en cada puesto de trabajo los hombres y las mujeres desarrollan la misma tarea de la misma manera y el distinto impacto que tienen determinados riesgos laborales en la salud de los trabajadores y las trabajadoras debido a sus distintas condiciones anatómicas, fisiológicas y psicológicas. De este modo, y como consecuencia de los resultados de la evaluación de riesgos que integre la perspectiva de género, podría derivarse la necesidad de realizar adaptaciones basándonos en uno de los principios de la acción preventiva recogidos en el artículo 15.1 de la LPRL relativo a la adaptación del trabajo a la persona, particularmente en lo que respecta a la concepción de los puestos de trabajo, a la elección de los equipos de trabajo, así como los métodos de trabajo y de producción. Esto resulta especialmente relevante en el caso de equipos y métodos de trabajo más antiguos y en sectores tradicionalmente más masculinizados donde el diseño de los mismos se realizó pensando más en las condiciones y dimensiones estandarizadas de los hombres que de las mujeres. Existen preceptos de normativa preventiva específica donde se reitera este deber. En este sentido, el artículo 5.1.c) del Real Decreto 773/1997, de 30 de mayo, sobre disposiciones mínimas de seguridad y salud relativas a la utilización por los trabajadores de equipos de protección individual exige que los equipos de protección individual se adecúen al portador, realizando los ajustes necesarios para ello. Sin embargo, los equipos de protección individual (EPI) se han diseñado tradicionalmente para el cuerpo masculino occidental, existiendo todavía un enfoque preventivo de género deficiente en el entorno empresarial. En este sentido, la inspectora de trabajo y Seguridad Social Kai Solagaistúa Barrenchea (2022) indica[12]:

> […] resulta muy elocuente, por su propio nombre, el caso del denominado «Traje hombre al agua» —sólo su denominación nos ofrece mucha información al respecto—. Si se diera la circunstancia de que en este momento estuviéramos en un buque en alta mar, si sonara la alarma de peligro y tuviéramos que ponernos el traje de «hombre al agua» y tirarnos al mar, el 90 por 100 de las mujeres iríamos directamente al fondo, porque el traje se nos habría llenado de agua. Lejos de protegernos, el traje nos dejará desprotegidas por una razón muy sencilla, porque no está concebido con una

12. Solagaistua Barrenchea, Kai. 2022. «La negociación colectiva: una herramienta para integrar la perspectiva de género en la prevención de riesgos laborales». En *Medidas de igualdad por razón de género en la negociación colectiva. XXXIV Jornada de Estudio sobre Negociación Colectiva.* Subdirección General de Informes, Recursos y Publicaciones. Ministerio de Trabajo y Economía Social, pp. 71-80.

perspectiva de género; porque nadie pensó que en un buque en alta mar pudiera haber una mujer que pudiera, en un momento dado, necesitar ese traje; así de sencillo. Con una mera modificación en el diseño de un traje evitaríamos lo que pretendiendo ser una protección realmente se convierta en un riesgo. Se trata de equipos de protección individual concebidos para estándares masculinos, de manera que las mujeres quedaríamos desprotegidas en caso de necesitar usarlos; el propio EPI podría constituir un riesgo en sí mismo.

En relación con la obligación de información y formación de las personas trabajadoras prevista en los artículos 18 y 19 de la LPRL respectivamente, también es importante integrar la perspectiva de género en aras de facilitar información adecuada y actualizada sobre los riesgos laborales que en muchos casos afectan de forma diferente a hombres y mujeres, así como las particularidades en las medidas preventivas adoptadas como consecuencia de la evaluación de riesgos con perspectiva de género. Del mismo modo, es necesario, en el marco de la protección de las eventuales situaciones de embarazo y lactancia, la verificación de la información sobre los puestos de trabajo exentos de riesgo. Es preciso tener en cuenta la perspectiva de género en todo lo relativo a la formación en prevención de riesgos laborales, tanto en los contenidos como en la programación de las mismas.

Para la verificación de todas estas cuestiones mencionadas, además de llevar a cabo las actuaciones inspectoras en sectores feminizados, se potencia también su orientación hacia sectores masculinizados, para verificar precisamente si en ellos se tiene en cuenta el enfoque de género, atendiendo al menor volumen de mujeres empleadas en los mismos.

Del análisis de las actuaciones inspectoras realizadas en materia de prevención de riesgos laborales con enfoque de género, se pueden extraer las siguientes conclusiones: el mayor número de incumplimientos se detecta en el sector servicios, sector especialmente feminizado ya que el 90% de mujeres ocupadas trabajaban en este sector terciario, en actividades tales como hostelería; actividades sanitarias y de servicios sociales y otros servicios. Pero también destacan, por su grado de incumplimiento otros sectores de actividad más masculinizados tales como la industria manufacturera y comercio al por mayor y al por menor y reparación de vehículos de motor y motocicletas.

El mayor grado de incumplimientos en materia de prevención de riesgos laborales con enfoque de género, se produce en relación con las obligaciones de evaluación de riesgos laborales. También destacan los incumplimientos en materia de información y formación a los trabajadores, seguidos de los incumplimientos en materia de vigilancia de la salud.

Es preciso destacar que, en relación con el cumplimiento de las normas específicas en materia de protección de la seguridad y salud de las trabajadoras durante los periodos de embarazo y lactancia, se aprecia una menor observancia de estas disposiciones normativas en sectores con menor presencia femenina.

Ejemplos prácticos de incumplimientos habituales en materia de PRL con enfoque de género

- Entregar idénticos EPIS (sin considerar el tamaño o las medidas) a mujeres y hombres, sin comprobar si se ajustan a sus características antropomórficas.
- No realizar una adaptación del puesto de trabajo real y efectiva a una mujer embarazada, a pesar de que en el reconocimiento médico se establecía que la trabajadora era apta con restricciones y como resultado de la evaluación específica de los riesgos se determinaba la necesidad de adaptar su puesto.
- No evaluar el riesgo de violencia sexual para los puestos de trabajo ocupados por trabajadoras.
- No formar o informar a las personas trabajadoras teniendo en cuenta la perspectiva de género.
- Incumplimiento de la obligación de vigilancia de la salud durante los periodos de embarazo en los términos establecidos en el artículo 22 LPRL.

Fuente: elaboración propia.

Señalar también que, además de la existencia de la campaña mencionada, la planificación de actuaciones inspectoras se realiza con perspectiva de género en campañas tales como la de riesgos psicosociales, seguridad vial y riesgos musculoesqueléticos. En ellas se presta una especial atención a sectores especialmente feminizados a efectos de que sean objeto de actuación inspectora teniendo en cuenta que los riesgos laborales de los trabajos típicamente femeninos tienden a subestimarse.

Es preciso hacer referencia también a la realización de una campaña específica sobre trastornos musculoesqueléticos para el colectivo de camareras de pisos, por ser este un colectivo especialmente feminizado y con una relevancia destacada en los territorios en los que el sector turístico es de gran relevancia.

La relevancia que tiene esta área de actuación para la ITSS se manifiesta en su Plan Estratégico 2021-2023[13] aprobado por Acuerdo de Consejo de Ministros de 16 de noviembre de 2021, que incluye un bloque con objetivos y acciones específicas en materia de igualdad y no discriminación en el trabajo, entre las que se puede destacar, la creación de la Oficina Estatal de Lucha contra la discriminación integrada en el Organismo Estatal Inspección de Trabajo y Seguridad Social. Esta Oficina, creada por Orden TES/ 867/2023, de 22 de julio, es la unidad responsable del impulso y coordinación de todas las acciones que se desarrollen por el Organismo Estatal Inspección de Trabajo y Seguridad Social (OEITSS) en materia de igualdad de trato y oportunidades y lucha contra la discriminación en el acceso al empleo, en la formación profesional, en la promoción profesional y en las condiciones de trabajo; prestando una especial atención a la igualdad entre mujeres y hombres. Entre sus cometidos también se encuentra velar porque la perspectiva de género se aplique de manera transversal e interseccional en todas las actuaciones inspectoras y respecto a la totalidad de las materias objeto de vigilancia y control, entre ellas prevención de riesgos laborales. También en los cursos de formación de los funcionarios de la ITSS y en el nuevo protocolo armonizado de investigación de Enfermedades Profesionales se tiene en cuenta la perspectiva de género.

Sin perjuicio de la actividad planificada del Organismo Estatal Inspección de Trabajo y Seguridad Social, cualquier persona trabajadora que considere que alguno de sus derechos en esta materia ha sido vulnerado, puede interponer una denuncia ante la Inspección de Trabajo y Seguridad Social o realizar una comunicación de manera anónima en el Buzón de la ITSS para que pueda realizar las actuaciones oportunas con objeto de restablecer dichos derechos.

Por último, indicar que, una vez finalizada la actividad comprobatoria, cuando el personal funcionario de la ITSS comprobase la existencia de una infracción a la normativa sobre prevención de riesgos laborales, requerirá a la empresa para la subsanación de las deficiencias observadas, salvo que por la gravedad e inminencia de los riesgos procediese acordar la paralización prevista en el artículo 44 de la LPRL. Todo ello sin perjuicio de la propuesta de sanción correspondiente, en su caso (artículo 43 de la LPRL).

El artículo 40 de la TRLISOS recoge el importe de las sanciones de multa aparejadas a las infracciones en el orden social, indicando los importes de

---

13. Si bien el citado Plan finalizó su vigencia en diciembre de 2023, sus objetivos han marcado la senda del OEITSS en los últimos años, y continúan teniendo relevancia en tanto no sea aprobado el próximo plan estratégico.

estas según la materia y según se impongan en sus grados mínimo, medio o máximo.

En particular, las infracciones en materia de prevención de riesgos laborales tipificadas en la sección segunda del capítulo II del TRLISOS llevan aparejadas sanciones de multa cuyo importe oscila entre los 45 y los 2.450 euros para las leves, entre los 2.451 y los 49.180 euros cuando se trata de infracciones graves y entre los 49.181 y los 983.736 euros para las infracciones muy graves.

4. A MODO DE REFLEXIÓN FINAL

Tanto la normativa internacional como la nacional en materia de prevención de riesgos laborales adolece de graves deficiencias en cuanto a la perspectiva de género. Esta normativa contempla y otorga una protección privilegiada a la mujer durante las situaciones de embarazo y lactancia, pero no tiene en cuenta otras condiciones biológicas y psicológicas que pueden afectar al desempeño de su actividad profesional durante su vida laboral. La integración normativa de la perspectiva de género tiene todavía hoy en día carácter limitado y genérico y no contiene disposiciones específicas dirigidas a tener en cuenta la perspectiva de género en la protección de la seguridad y salud de las trabajadoras.

Respecto a la normativa nacional en la presente materia, actualmente constituida fundamentalmente por el articulo 15 y 26 de la Ley 31/1995 de 8 de noviembre, de Prevención de Riesgos Laborales como se ha desarrollado en el presente texto, requiere de mejoras y avances normativos importantes. La incorporación de la perspectiva de género a la legislación sobre riesgos laborales en España debe ir acompañada de otras medidas como las relacionadas con la Inspección de Trabajo y Seguridad Social.

A lo largo del presente capítulo se ha reflexionado acerca de los retos pendientes y la relevancia de la presencia de la Administración Laboral para la correcta y efectiva integración de la perspectiva de género en la gestión empresarial de riesgos ocupacionales y sobre la importancia de que la perspectiva de género se aplique de manera transversal e interseccional en todas las actuaciones inspectoras y respecto a la totalidad de las materias objeto de vigilancia y control, entre ellas prevención de riesgos laborales.

En el marco de la actividad de la Inspección de Trabajo y Seguridad Social en materia de Prevención de Riesgos Laborales con enfoque de género, es necesario que se siga avanzando en la realización de actuaciones en las que, más allá de la vigilancia de la protección específica de las situaciones de embarazo y lactancia, se vigile también la implantación de la perspectiva de género en todos los aspectos relativos a la gestión preventiva que hacen las empresas, así como que se siga potenciando la formación del personal funcionario de la ITSS en esta materia.

Parte II

Análisis de riesgos laborales ergonómicos, químicos y psicosociales desde la perspectiva de género

Capítulo 5

Análisis de riesgos químicos desde la perspectiva de género

MIGUEL OLMOS LLORENTE
Director QUIRÓNPREVENCIÓN de Zaragoza
Doctor en Derecho, Profesor del Departamento de Derecho de la Empresa
Universidad de Zaragoza

SUMARIO: 1. INTRODUCCIÓN. 2. PERSPECTIVA DE GÉNERO Y SALUD. 3. INFLUENCIA DE LA ANTROPOMETRÍA Y LA TOXICOLOGÍA DIFERENCIADAS POR SEXO/GÉNERO EN LOS EFECTOS DE LA EXPOSICIÓN A AGENTES QUÍMICOS. *3.1. Volumen sanguíneo, volemia, según sexo y sus posibles repercusiones en la exposición a contaminantes químicos por vía inhalatoria. 3.2. Piel y sexo. 3.3. Toxicología y valores límite ambientales de contaminantes químicos en los lugares de trabajo.* 3.3.1. Toxicocinética. Absorción. 3.3.2. Toxicocinética. Distribución. 3.3.3. Toxicocinética. Metabolismo. 3.3.4. Toxicocinética. Eliminación. *3.4. Toxicología y valores límite de contaminantes químicos.* 4. CONCLUSIONES. 5. BIBLIOGRAFÍA.

1. INTRODUCCIÓN

La publicación de la Ley 31/1995, de 8 de noviembre, de prevención de riesgos laborales (LPRL), supuso una ruptura que fue un antes y un después en cualquier aspecto relacionado con el riesgo profesional.

La LPRL supuso la transposición de la Directiva Marco, La Directiva 89/391/CEE[1] del Consejo, de 12 de junio de 1989, relativa a la aplicación de medidas para promover la mejora de la seguridad y de la salud de los trabajadores en el trabajo, además también supuso la transposición de la Directiva 92/85/CEE[2], del Consejo, de 19 de octubre de 1992, relativa a la aplicación de medidas para promover la mejora de la seguridad y la salud de la trabajadora embarazada, que haya dado a luz o esté en período de lactancia y que por ello debía recibir una protección reforzada frente a los riesgos laborales.

En la práctica, la transposición parcial de la directiva supuso un avance, aunque dejó sin concretar durante 14 años cuestiones necesarias como los permisos y licencias hasta la publicación de la Ley 39/1999, de 5 de noviembre, de conciliación de la vida familiar y laboral de las personas trabajadoras y su desarrollo reglamentario y, más reciente y profundo, por la Ley Orgánica 3/2007, para la igualdad efectiva entre mujeres y hombres[3].

Sin embargo, más allá de las referencias ligadas a la reproducción, la legislación española no reconoce ninguna diferenciación por razón de género, no considerando ninguna de las particulares condiciones femeninas en cuanto a sus condiciones físicas, sociales o de cualquier otro tipo.

Debido a la evidente segregación del mercado laboral, hombres y mujeres están expuestos diariamente en su trabajo a diferentes riesgos laborales. La legislación establece que debe garantizarse la protección tanto de los trabajadores como de las trabajadoras y así evitar daños a la salud que puedan derivar en incapacidades laborales causadas por lesiones o enfermedades relacionadas con el trabajo. Por ello, los entornos en los que los trabajadores y trabajadoras desarrollan sus actividades deben ser entornos seguros y saludables, independientemente de la actividad y el sector en el que desempeñan sus labores.

1. COMISIÓN EUROPEA Y DE LAS COMUNIDADES, «*Directiva 89/391/CEE del Consejo, de 12 de Junio de 1989, relativa a la aplicación de medidas para promover la mejora de la seguridad y de la salud de los trabajadores en el trabajo*», Diario Oficial de La Unión Europea, 1989.
2. COMISIÓN EUROPEA Y DE LAS COMUNIDADES, «*Directiva 92/85/CEE. Relativa a la aplicación de medidas para promover la mejora de la seguridad y de la salud en el trabajo de la trabajadora embarazada, que haya dado a luz o en periodo de lactancia*», Diario Oficial de la Unión Europea, 1992.
3. GARRIGUES GIMÉNEZ, AMPARO. «Evaluación de riesgos laborales y maternidad: El RD 298/2009, de 6 de Marzo, o el peligroso hábito normativo de la transposición "por entregas"», *Revista española de derecho del trabajo*, 143 (2009), 627-649.

El actual mercado laboral presenta una clara segregación tanto vertical, en el acceso a puestos de mayor cualificación, principalmente ocupados por hombres, como horizontal en la medida en que existen ciertos sectores altamente feminizados y otros masculinizados.

Todos estos datos podrían confundirnos e inducirnos a pensar que las mujeres están expuestas a menos riesgos para su salud en el trabajo que los hombres, pero en el registro de enfermedades profesionales durante el año 2018, podemos observar que las mujeres sufrieron más enfermedades profesionales que los hombres y la diferencia real podría ser mayor debido a una mayor infradeclaración de enfermedades profesionales en mujeres tal y como se reconoce en STS de noviembre de 2014 sobre el reconocimiento del síndrome del túnel carpiano en las mujeres limpiadoras, a esta sentencia han seguido muchas más en la misma línea.

Los sesgos de género en el contenido del cuadro reglamentario de enfermedades profesionales se aprecian en los tres parámetros utilizados en el cuadro (enfermedades, agentes y profesiones), lo cual se traduce en carencias en las enfermedades feminizadas, en carencias en los riesgos feminizados, y en carencias en las profesiones feminizadas[4].

En el año 2018, se registraron 12.426 EEPP entre mujeres y 11.805 entre los hombres[5]. Analizando los datos según el agente causante de la enfermedad profesional se aprecian grandes diferencias según el género del trabajador, encontrándose principalmente influidas por la segregación de sexos en el mercado laboral. Por ejemplo, las enfermedades registradas que fueron causadas por agentes químicos son mucho más numerosas entre los hombres, aproximadamente el doble que las registradas entre las mujeres, ocurre los mismo con las causadas por agentes cancerígenos. Las enfermedades de las cuerdas vocales son mucho más comunes entre las mujeres trabajadoras, hasta dieciséis veces más, también son más numerosas entre las mujeres las enfermedades profesionales causadas por agentes biológicos casi tres veces más, esto se debe a que las mujeres son mayoría en el sector sanitario y educativo.

Los procesos de EEPP con mayor duración son más frecuentes en las mujeres que en los hombres[6].

4. LOUSADA AROCHENA, JOSE FERNANDO, *Enfermedades profesionales en perspectiva de género,* Bomarzo, Albacete, 2021.
5. MIGRACIONES Y SEGURIDAD SOCIAL MINISTERIO DE TRABAJO, «*Informe anual del observatorio de enfermedades profesionales (CEPROSS) y de enfermedades causadas o agravadas por el trabajo (PANOTRATSS) Año 2018*», 2018.
6. MIGRACIONES Y SEGURIDAD SOCIAL MINISTERIO DE TRABAJO, *op. cit.*

Los estadísticos citados manifiestan la evidencia de que los riesgos laborales y las patologías en la salud causadas por ellos afectan de manera distinta a mujeres y hombres.

Desde la Unión Europea se ha impulsado la integración de aspectos de género en la actividad preventiva. En la Estrategia Europea en materia de seguridad y salud 2007/2012[7] ya se criticaba que no se había prestado atención al enfoque de la igualdad de género e instaba a los estados miembros a que incorporasen en sus estrategias nacionales la dimensión de género. En la Estrategia Europea en materia de seguridad y salud 2014/2020[8] menciona específicamente a las mujeres, en la medida en que éstas pueden afrontar riesgos específicos, como los trastornos musculoesqueléticos o determinados tipos de cáncer, debido a la naturaleza de algunos trabajos en los que su presencia es mayoritaria.

En la Estrategia Europea en materia de seguridad y salud 2021/2027[9] se afirma que el reconocimiento de las diferencias y desigualdades de género son fundamentales para garantizar la seguridad y la salud de las trabajadoras y los trabajadores.

España omitió todos los avisos de la Unión Europea hasta la referencia en la Ley Orgánica 3/2007, de 22 de marzo, para la igualdad efectiva de mujeres y hombres, que modifica el artículo 5.4. la LPRL incluyendo:

> *«Las administraciones públicas promoverán la efectividad del principio de igualdad entre mujeres y hombres, considerando las variables relacionadas con el sexo tanto en los sistemas de recogida y tratamiento de datos como en el estudio e investigación generales en materia de prevención de riesgos laborales, con el objetivo de detectar y prevenir posibles situaciones en las que los daños derivados del trabajo puedan aparecer vinculados con el sexo de los trabajadores».*

Aunque en las anteriores estrategias de seguridad y salud en el trabajo publicadas en España tampoco se recogían los objetivos citados, en la última Estrategia española de seguridad y salud en el trabajo, para el período 2023-2027[10] se establece 6 objetivos prioritarios siendo el quinto:

---

7. COMISIÓN EUROPEA Y DE LAS COMUNIDADES, *«Estrategia comunitaria de salud y seguridad en el trabajo (2007-2012)»*, Diario Oficial de La Unión Europea, 2007.
8. COMISIÓN EUROPEA Y DE LAS COMUNIDADES, *«Marco estratégico de La UE en materia de salud y seguridad en el trabajo 2014 2020»*, Diario Oficial de La Unión Europea, 2014.
9. COMISIÓN EUROPEA Y DE LAS COMUNIDADES, *«Marco estratégico de la UE en materia de salud y seguridad en el trabajo 2021-2027»*, Diario Oficial de La Unión Europea, 2021.
10. MINISTERIO DE TRABAJO Y ECONOMÍA SOCIAL, *«Estrategia española de seguridad y salud en el trabajo 2023-2027»*, INSST, 2023.

«Introducir la perspectiva de género en el ámbito de la seguridad y salud en el trabajo».

El género no ha sido un factor tenido en cuenta en el establecimiento de normativa, criterios de evaluación, medidas preventivas, etc.

Esto se manifiesta en el hecho de que en la Unión Europea existen más de 100.000 sustancias químicas, que cada año se introducen centenares de nuevas y que actualmente sólo unas 1.000 sustancias tienen valores límites de exposición profesional[11]. Éstos son valores de referencia para evaluar el riesgo, y se definen como la concentración de una sustancia en el aire a la cual la mayoría de las personas trabajadoras pueden estar expuestas sin sufrir daños adversos para la salud. La implantación del nuevo Reglamento Europeo REACH, relacionado con el registro, la autorización y el uso de agentes químicos, puede contrarrestar la falta de información toxicológica, ya que se prevé que en un periodo de once años se registren unos 30.000 agentes químicos, lo cual implicará la generación de nueva información para estos agentes. Esta falta de información toxicológica es todavía más significativa en relación con las mujeres.

Esto es debido a que los estudios de evaluación de los efectos nocivos en el trabajo han sido desarrollados principalmente en sectores con una mayor presencia de hombres y en unos años en que la participación femenina en el mercado laboral todavía era reducida. La falta de estudios sobre los efectos de la exposición a agentes químicos en mujeres hace que se extrapolen los resultados de los estudios realizados en población masculina, obteniendo así conclusiones que pueden ser erróneas sobre el riesgo que comportan estos agentes sobre las mujeres trabajadoras.

Por otra parte, algunas enfermedades como el cáncer pueden tardar mucho tiempo, incluso años, en manifestarse. La mayor inestabilidad laboral de las mujeres hace más difícil su seguimiento a lo largo del tiempo y, consecuentemente, el poder relacionar la exposición a sustancias químicas con el desarrollo posterior de estas enfermedades.

Mediante el análisis de las diferencias entre hombre y mujer teniendo en cuenta la antropometría y la toxicología, se han encontrado diferencias significativas en todas las fases de una exposición a contaminantes químicos, exposición, absorción, distribución, metabolización y eliminación del contaminante.

---

11. OLMOS LLORENTE, MIGUEL y otros, *Manual de seguridad en el trabajo, 2ª Edición*, ed. by Fundación MAPFRE, *Fundación MAPFRE, Instituto de Prevención, Salud y Medio Ambiente, Madrid*, 2011.

La evaluación de la exposición a agentes químicos en el trabajo se realiza fundamentalmente por vía inhalatoria utilizando unos valores límite denominados VLA.

La existencia de sesgos de género en investigación de base, se traslada a los conocimientos sobre toxicología y salud y a su vez alcanza a los valores límite ambientales frente a agentes químicos. Los valores límite existentes se han establecido basándose en investigaciones en las que los sujetos de estudio son mayoritariamente hombres, en la mayoría de los casos exclusivamente hombres y en otros no se ha realizado ni análisis por sexo ni por factores de género.

2. PERSPECTIVA DE GÉNERO Y SALUD

Tradicionalmente se ha asumido que no había diferencias fundamentales entre los cuerpos de hombres y mujeres, a excepción del tamaño y todo aquello relacionado con la función reproductora. Los estudios médicos se han centrado en lo masculino, estableciéndolo como el estándar, quedando el resto como algo anormal. Aún hoy en día lo habitual son las referencias al hombre estándar de 70 kilos[12], como si incluyera ambos sexos. Cuando se incluyen a las mujeres, se las presenta como una variación del ser humano estándar, esto no puede dejar de sorprendernos cuando según Naciones Unidas[13] son el 49,5 % de la población mundial.

La representación del cuerpo masculino como el cuerpo humano sigue siendo lo habitual en la actualidad. Un estudio realizado en 2008 sobre una serie de libros de texto utilizados por veinte de las universidades más prestigiosas de Europa, Estados Unidos y Canadá, a través del análisis de 16.329 imágenes, demostró que los cuerpos masculinos se usaban tres veces más que los femeninos para ilustrar partes del cuerpo neutras[14].

Otro estudio realizado el mismo año, sobre libros de texto recomendados por las facultades de medicina holandesas[15], constató que no había

12. MARTS, SHERRY A. and KEITT, SARAH, «Foreword: A historical overview of advocacy for research in sex-based biology», *Avances en biología molecular y celular*, 34 (2004), 5-8.

13. ONU, «*Perspectivas de La Población Mundial 2019: Metodología de las Naciones Unidas para las estimaciones y proyecciones de población*», Serie poblacion y desarrollo de la organización de Naciones Unidas, 2020.

14. PLATAFORMA, SINC., «Medical textbooks use white, heterosexual men as a "universal model"». Science Daily, 2008, www.sciencedaily.com/releases/2008/10/0810 15132108.htm (accessed February 23, 2021).

15. DIJKSTRA, ANJA F., VERDONK, PETRA and LAGRO-JANSSEN, ANTOINE L. M., «Gender bias in medical textbooks: Examples from coronary heart disease, depression, alcohol abuse and pharmacology», *Medical education*, 42.10 (2008), 1021-28.

información específica de cada sexo ni siquiera en las secciones sobre temas en los que hacía tiempo que se habían establecido diferencias entre ambos sexos tales como la depresión o los efectos del alcohol en el cuerpo. En los textos, los resultados de los ensayos clínicos se presentaban como válidos para hombres y mujeres incluso cuando no se habían incluido mujeres en los estudios. En cuanto a las pocas diferencias entre sexos que se mencionaban, eran vagas y en algunos casos inexactas.

Las brechas de datos de género que se encuentran en los libros de texto médicos se trasladan a los programas de estudios de las Facultades de Medicina. Según una revisión que en 2006 se realizó de CurrMIT[16], la base de datos online de la Asociación de colegios médicos estadounidenses (AAMC) de Estados Unidos para cursos de medicina quecontiene información de planes de estudios de las facultades de medicina de los Estados Unidos y Canadá, sólo nueve de las noventa y cinco facultades que introdujeron datos en el sistema ofrecían lo que podría describirse como una asignatura específica de salud de la mujer no vinculada a la obstetricia o ginecología[17].

Ni siquiera las condiciones que se sabe que causan la mayor morbilidad y mortalidad en las mujeres ofrecían informaciones diferenciadas por sexo. Diez años más tarde, otra revisión reveló que la integración de la medicina basada en el sexo y el género en las facultades estadounidenses seguía siendo mínima, con brechas específicas tanto en diagnosis como en el tratamiento de la enfermedad y el uso de fármacos[18].

Por ejemplo, los efectos de la ingestión de alcohol son diferentes entre hombres y mujeres. Cuando se bebe alcohol, los efectos dependen de varios factores, entre ellos la composición corporal y el peso. Las mujeres tienen de media un mayor porcentaje de grasa y menor porcentaje de agua que los hombres. En igualdad de ingesta de alcohol, las personas con mayor porcentaje de grasa presentan niveles más elevados de alcohol en sangre[19].

---

16. ASSOCIATION OF AMERICAN MEDICAL COLLEGES, «AAMC Curriculum Management & Information Tool (CurrMIT)» <https://www.aamc.org/about-us/mission-areas/medical-education/curriculum-inventory> [accessed 27 February 2022].
17. HENRICH, JANET B. and VISCOLI, CATHERINE M., «What do medical schools teach about women?? health and gender differences?», *Academic Medicine*, 81.5 (2006), 476-82.
18. SONG, MICHAEL M., JONES, BETSY G. and CASANOVA, ROBERT A., «Auditing sex- and gender-based medicine (SGBM) content in medical school curriculum: A student scholar model», *Biology of sex differences*, 7.S1 (2016), 40.
19. ARAGÓN, CARLOS y otros, «Alcohol y metabolismo humano», *Universitat Jaume I*, 2015.

Imagen 1.1. Síntomas de un infarto según género

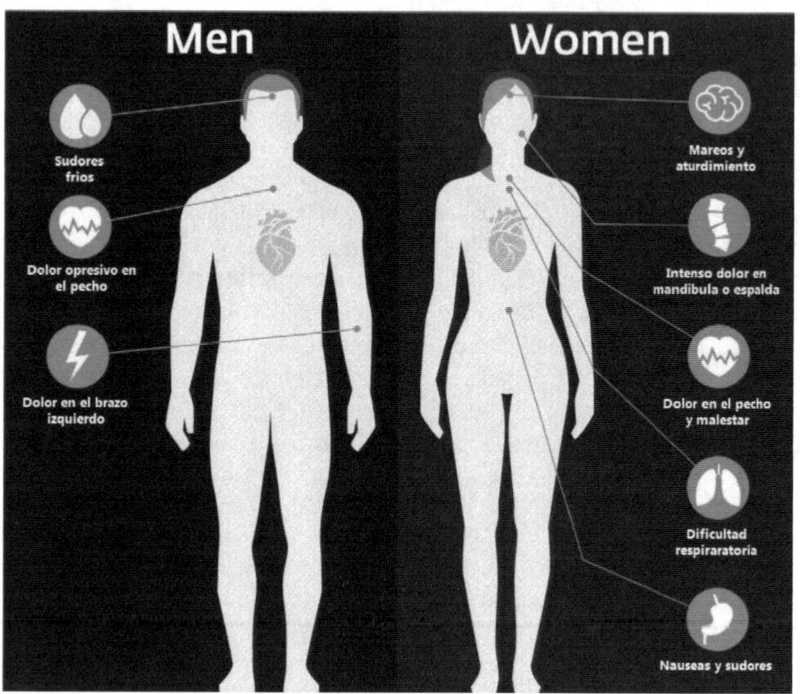

Fuente de imagen, Lahey Health.

Esto se debe a que el alcohol se disuelve mejor en agua que en las grasas, por lo que, en presencia de grasa, se distribuye en menor medida por los tejidos manteniéndose en la circulación. En relación con el peso, las mujeres suelen tener menos que los hombres y a menor peso con la misma ingesta de alcohol, los niveles de alcohol en sangre son mayores[20].

Además de esto, existen otros factores asociados al sexo que juegan un papel importante en el metabolismo del alcohol y hacen que existan diferencias entre los dos sexos. La primera digestión metabólica del alcohol se produce en el estómago mediante la enzima denominada alcohol-deshidrogenasa, que transforma el alcohol en acetaldehído. Se sabe que generalmente la mujer produce menos alcohol-deshidrogenasa que el hombre y esto significa que la eliminación del alcohol es más lenta[21].

20. ARAGÓN, CARLOS y otros, *op.cit.*
21. VELASCO MARTÍN, ALFONSO, «Farmacología y toxicología del alcohol etílico, o etanol.», *Anales de La Real Academia de Medicina y Cirugía*, 2014.

Otro aspecto importante que deben tener en cuenta las mujeres es que se ha demostrado que la toma de anticonceptivos orales disminuye la tasa de eliminación del alcohol, por lo que los niveles de alcohol en sangre y sus efectos se prolongan más en el tiempo[22].

Los protocolos médicos se han elaborado considerando solamente a los varones; es muy conocido el caso del infarto cuyos protocolos en general sólo consideran los síntomas del infarto en hombres, aunque los síntomas del infarto en mujeres son diferentes. Cuando una mujer acude al servicio de urgencias de un hospital con un dolor torácico acompañado de otra sintomatología, lo más probable es que se le diagnostiquen dolencias que nada tienen que ver con una enfermedad cardíaca[23] (ver imagen 1.1).

A pesar de las obvias diferencias entre los sexos, la gran mayoría de los medicamentos, incluidos los anestésicos y los quimioterapéuticos, continúan administrándose en dosis neutras en cuanto al género, lo que supone un riesgo de sobredosis para las mujeres (ver imagen 1.2).

Imagen 1.2. Dosis de medicamento según género.

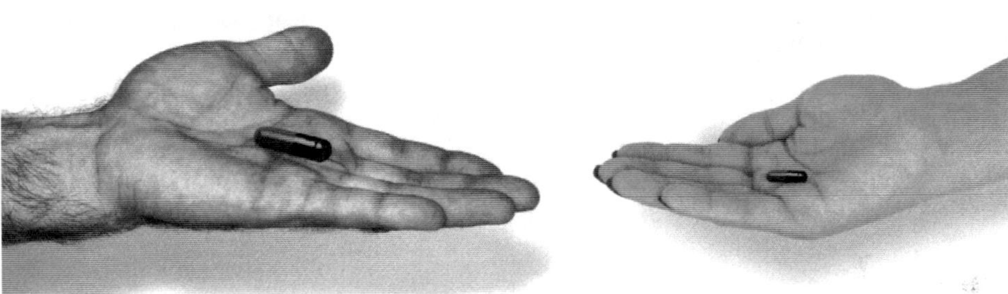

Fuente de imagen, theconversation.com.

Las mujeres debido, entre otras causas, a su mayor porcentaje de grasa corporal frente a los hombres, metabolizan ciertos medicamentos más lentamente. Por ejemplo, el cuerpo femenino elimina el paracetamol, a un 60 % del ritmo documentado en el cuerpo masculino.

La inclusión de información desglosada por sexo en los libros de texto depende de que haya datos desglosados por sexo, pero éstos son muy esca-

22. HEINZE, GERHARD, «Los efectos del alcohol y sus interacciones con los fármacos», *Salud Mental*, 10, 2009, 67-75.
23. VALLS LLOBET, CARME, *Mujeres invisibles para la medicina*, Seix Barral, Madrid, 2020.

sos debido a que las mujeres se han visto excluidas en gran medida de la investigación médica.

La mayoría de las investigaciones iniciales sobre las enfermedades cardiovasculares se realizaron en hombres, y las mujeres siguen estando poco representadas; constituyen sólo el 25 % de los participantes en los treinta y un ensayos fundamentales sobre insuficiencia cardiaca congestiva realizados entre 1987 y 2012[24]. Las mujeres representan el 55 % de los adultos con VIH en el mundo en vías de desarrollo[25] y en partes de África y el Caribe, las niñas y jóvenes de cinco a veinticuatro años tienen hasta seis veces más probabilidades de ser VIH positivas que los varones de la misma edad[26]. También sabemos que las mujeres experimentan diferentes síntomas clínicos y complicaciones como consecuencia del VIH, y, sin embargo, en un estudio realizado en 2016 sobre la inclusión de las mujeres en las investigaciones sobre el VIH en Estados Unidos, la participación de las mujeres era sólo del 19,2 % en los estudios antirretrovirales, del 38,1 % en los estudios de vacunación y del 11,1 % en los estudios para buscar una cura[27].

Varios análisis de los artículos científicos publicados en revistas importantes en los últimos diez años han identificado una omisión sistemática de los resultados desglosados por sexo o de una explicación de por qué se había ignorado la influencia del sexo[28].

No desglosar los datos por sexo después de haber realizado el esfuerzo de incluir sujetos masculinos y femeninos en un ensayo resulta desconcertante, como lo expresa Londa Schiebinger de la Universidad de Stanford, es dinero malgastado e investigaciones que se pierden para futuros metaanálisis[29].

24. VITALE, CRISTIANA and others, «Under-representation of elderly and women in clinical trials», *International Journal of Cardiology*, 232 (2017), 216-221.
25. GUPTA, GEETA RAO, WHELAN, DANIEL and ALLENDORF, KEERA, «Integrating gender into HIV/AIDS programmes», *World Health Organization*, 2003.
26. GUPTA, GEETA RAO, WHELAN, DANIEL and ALLENDORF, KEERA, *op. cit.*
27. CURNO, MIRJAM J. and others, «A systematic review of the inclusion (or exclusion) of women in HIV research», *JAIDS Journal of Acquired Immune Deficiency Syndromes*, 71.2 (2016), 181-88.
28. LIU, KATHERINE A. and DIPIETRO, NATALIE A., «Women's involvement in clinical trials: historical perspective and future implications», *Pharmacy Practice, 14* (2016), 1-10.
29. SCHIEBINGER, LONDA, «Women»s health and clinical trials», *Journal of Clinical Investigation*, 112 (2003), 973-7.

3. INFLUENCIA DE LA ANTROPOMETRÍA Y LA TOXICOLOGÍA DIFERENCIADAS POR SEXO/GÉNERO EN LOS EFECTOS DE LA EXPOSICIÓN A AGENTES QUÍMICOS

Afirmar que la antropometría de hombres y mujeres es diferente es una obviedad, no lo es tanto el establecer relaciones directas entre estas diferencias antropométricas y su influencia en las consecuencias de la exposición a contaminantes químicos.

Desde el punto de vista fisiológico, los hombres y mujeres poseen funciones y dimensiones con diferencias lo suficientemente importantes para que sean significativas.

Las diferencias más relevantes entre ambos sexos están relacionadas con el tamaño corporal y la composición orgánica. El tamaño corporal parece condicionar una mayor capacidad física[30] en hombres frente a la de mujeres.

Los hombres tienen una fase de crecimiento mucho más prolongada, que les permite alcanzar una mayor estatura.

Debido a estas diferencias, comparadas con los hombres plenamente maduros, las mujeres totalmente maduras son de promedio aproximadamente:

- 13 cm más bajas;
- entre 14 y 18 kg más ligeras en cuanto a peso total;
- entre 18 y 22 kg más ligeras en masa muscular;
- de 3 a 6 kg más pesadas en masa grasa, y
- entre un 6 y un 10% más de porcentaje de grasa corporal.

Las mediciones antropométricas en la madurez difieren sustancialmente entre los sexos. Las mujeres tienen hombros más estrechos, caderas más anchas y diámetros pectorales menores, y tienden a tener más grasa en las caderas y en la parte inferior del cuerpo, mientras que los hombres acumulan más grasa en el abdomen y en la parte superior del cuerpo.

30. PARÍS, CARMEN LEÓN, «Influencia del sexo en la práctica deportiva. Biologia de la mujer deportista», *Arbor CSIC*, 650 (2000), 249-63.

Las mujeres tienen un menor volumen de sangre, por ello su número de glóbulos rojos es más bajo (aproximadamente un 6% menos)[31,32], y también tienen menos hemoglobina (aproximadamente un 15% menos). Las mujeres tienen el corazón más pequeño[33], por ello necesitan una Frecuencia Cardiaca más elevada, también tienen un menor volumen sistólico y menor pulso de oxígeno (El pulso de oxígeno, es la relación entre el consumo de oxígeno y la frecuencia cardíaca) y un consumo de oxígeno, denominado VO2, entre un 20% y un 25% más bajo[34].

Un aspecto olvidado en los ensayos es la variabilidad en la respuesta durante el ciclo menstrual, existe y no tenerla en cuenta lleva a pasar por alto datos significativos. En mujeres no asmáticas, los requisitos ventilatorios para una carga de trabajo dada (y para un consumo de oxígeno dado) aumentan en el orden del 30% durante la fase lútea en comparación con la fase folicular del ciclo menstrual[35].

Las dimensiones antropométricas se utilizan en el diseño de entornos laborales, herramientas, EPIs, etc., esto supone que el uso de valores masculinos supone un sesgo importante en el diseño que puede ocasionar desventajas de las mujeres frente a los hombres en el uso de esos entornos o equipos.

Como ejemplo puede citarse el uso de chalecos antibalas denominados unisex que no tienen en cuenta las diferentes proporciones femeninas. Sin pensar en este ejemplo tan extremo nos encontraremos con EPIs construidos según los datos antropométricos masculinos que no ajustan de la misma forma a las dimensiones femeninas.

Otro ejemplo se recoge en Marco Estratégico de la UE sobre seguridad y salud en el trabajo 2021-2027. La pandemia puso de relieve los riesgos de tener herramientas y equipos mal adaptados (por ejemplo, las mujeres del sector sanitario tenían que llevar equipos de protección individual diseñados para los hombres)[36].

31. KENNEY, W. LARRY, WILMORE, JACK H. and COSTILL, DAVID L., *Fisiología del deporte y el ejercicio*, Editorial Paidotribo, Madrid, 2016.
32. OMS, *Uso clínico de la sangre*, Organización Mundial de La Salud, Ginebra, 2001.
33. KENNEY, W. LARRY, WILMORE, JACK H. and COSTILL, DAVID L., *op. cit.*
34. KENNEY, W. LARRY, WILMORE, JACK H. and COSTILL, DAVID L., *op. cit.*
35. KAUFFMANN, FRANCINE and BECKLAKE, MARGARET R., «Gender differences in airway behaviour over the human life span», *Thorax*, 54 (1999), 1119-38.
36. PARLAMENTO EUROPEO Y CONSEJO DE LA UNIÓN EUROPEA, «Marco estratégico de La UE en materia de salud y seguridad en el trabajo 2021-2027», *Diario Oficial de La Unión Europea*, 2021.

Imagen 1.3. Comprobación de ajuste de EPI respiratorio.

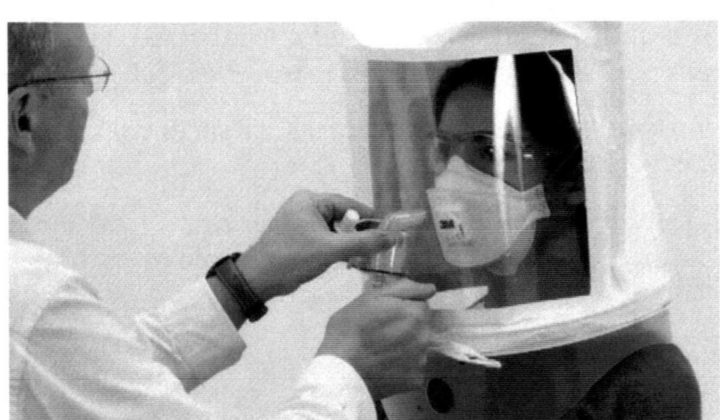

Fuente de imagen, 3M.

La forma en que se usa o ajusta el equipo de protección podría representar una proporción significativa de las diferencias de género observadas en la exposición. La ropa y el equipo de protección personal están diseñados para proteger contra exposiciones químicas; sin embargo, se requiere un ajuste adecuado para prevenir o reducir las exposiciones. Un estudio realizado en el año 2000 sobre el ajuste del respirador (ver imagen 1.3), evaluó la efectividad de tres tipos de respiradores de uso común e informó menos protección para las mujeres[37], incluso cuando se consideraron las diferencias en las dimensiones faciales. Los hombres y las mujeres también pueden diferir en la forma en que manejan los guantes y la ropa de protección con respecto a la limpieza, el reemplazo y la verificación de la integridad de los EPIs.

3.1. VOLUMEN SANGUÍNEO, VOLEMIA, SEGÚN SEXO Y SUS POSIBLES REPERCUSIONES EN LA EXPOSICIÓN A CONTAMINANTES QUÍMICOS POR VÍA INHALATORIA

El volumen de sangre de un individuo es un factor que tendrá una gran repercusión en las consecuencias de una exposición a contaminantes químicos.

Debe tenerse en cuenta que la entrada de contaminante químico en las exposiciones laborales se produce principalmente por vía inhalatoria y en muchas ocasiones es la única vía de acceso del contaminante. La entrada de

37. HAN, DON-HEE, «Fit factors for quarter masks and facial size categories», *Annals of Occupational Hygiene*, 44.3 (2000), 227-34.

contaminante se produce a través de los pulmones donde el contaminante pasa a sangre y a través de ella se distribuye por el organismo, la cantidad de sangre en la que se diluirá el contaminante inhalado determinará la concentración de contaminante en ella y las consecuencias de la exposición.

La volemia es el término médico que se refiere al volumen total de sangre circulante de una persona.

Teniendo en cuenta que el peso de la mujer respecto al hombre es de un 15% menor de media esto supondrá una menor volemia en mujeres respecto a los hombres.

Además, hay otro dato que reduce el volumen de sangre en mujeres respecto a hombres y es la diferencia entre los niveles de grasa acumulada según sexo. En el caso de los hombres, el porcentaje de grasa acumulada debería ser entre el 16 y el 20%, mientras que en las mujeres es algo superior y debería oscilar entre un 20 y un 25%[38, 39]. Esto se debe a que el cuerpo femenino produce más estrógenos y por tanto es más proclive a acumular grasa en ciertas zonas.

Según las fórmulas de Nadler[40] podemos obtener los niveles normovolémicos en hombres y en mujeres, calculados para hombre y mujer medios (P50).

Para varones = (0,3669 × (talla en m)^3) + (0,03219 × peso en kg) + 0,6041

Para mujeres = (0,3561 × (talla en m)^3 + (0,03308 × peso en kg) + 0,1833

Según estas fórmulas podemos calcular los volúmenes de sangre para hombre y mujer, tomando para ambos el 50 percentil correspondiente, obtenemos:

Hombre P50= (0,3669) x (1,698)^3 + (0,03219 × 75,7) + 0,6041 = 4,8361 litros.

Mujer P50= (0,3561) x (1,595)^3 + (0,03308 × 60,45) + 0,1833 = 3,6279 litros.

38. HERNÁNDEZ DE VALERA, YOLANDA y HERNÁNDEZ, ROSA A., «Relación del índice cintura/cadera con la masa y el porcentaje de grasa corporal», *Archivos Latinoamericanos de Nutricion*, 47.4 (1997), 315-22.
39. CARDOZO, LUIS ALBERTO y otros, «Porcentaje de grasa corporal y prevalencia de sobrepeso-obesidad en estudiantes universitarios de rendimiento deportivo de Bogotá, Colombia», *Nutricion Clinica y Dietetica Hospitalaria*, 36.3 (2016), 68-75.
40. FELDSCHUH, JOSEPH and ENSON, YALE, «Prediction of the normal blood volume. Relation of blood volume to body habitus», Circulation, 56.4 (1977), 605-12.

Esto supone una diferencia del 33,32 % en volumen de sangre de diferencia entre un hombre y una mujer de peso y altura correspondientes al P50.

Como consecuencia de esto, para una misma actividad realizada en un ambiente contaminado con un agente químico susceptible de penetrar en el organismo por vía inhalatoria, suponiendo volúmenes de aire ventilados iguales, la misma entrada de contaminante, no lipofílico, tendría como consecuencia que la concentración en sangre sería mayor en mujeres que en hombres al diluirse el contaminante en un volumen de sangre claramente inferior para la mujer que para el hombre[41].

Teniendo en cuenta la diferencia de volemia para hombre y mujer P50 (percentil 50) y los volúmenes de aire ventilados durante la realización de actividades con igual consumo energético para hombre y mujer P50, la relación aire ventilado entre volumen de sangre será mayor en mujeres que en hombres. La comparativa de hombre P50 y mujer P50, arrojan un porcentaje superior del 16% en mujeres. Siendo por tanto la concentración de contaminante no lipofílico en sangre en mujeres a iguales condiciones de exposición del 16% mayor que en hombres[42].

Se obtiene la conclusión de que, según las diferencias antropométricas entre hombre y mujer, a igualdad de exposición a contaminante químico, la mujer sufre una concentración en sangre de contaminante no lipofílico un 16% mayor que la de hombre y por ello los efectos de la exposición a contaminantes por vía inhalatoria es un 16% más perjudiciales en mujeres que en hombres[43].

3.2. PIEL Y SEXO

La vía dérmica es la segunda vía de exposición a contaminantes químicos en entornos laborales, por detrás de la vía respiratoria.

El mecanismo principal de entrada de un contaminante químico a través de la piel es la difusión pasiva intracelular e intercelular a través de la epidermis y la dermis, la difusión simple se explica a través de la Ley de Fick[44].

41. OLMOS LLORENTE, MIGUEL, *Perspectiva de género en la exposición laboral a contaminantes químicos*, Consejo Económico y Social de Aragón, Zaragoza 2023.
42. OLMOS LLORENTE, MIGUEL, *op. cit.*
43. OLMOS LLORENTE, MIGUEL, *op. cit.*
44. TUR, ETHEL, «Physiology of the skin-differences between women and men», *Clinics in Dermatology*, 15.1 (1997), 5-16.

La piel, que actúa como interfaz entre el cuerpo y el mundo exterior, es un órgano complejo que refleja las abundantes características internas del cuerpo. Las diferencias entre mujeres y hombres, por lo tanto, también deben reflejarse en la piel. Las diferencias genéticas y hormonales afectan la estructura y función de la piel, lo que resulta en variaciones entre mujeres y hombres y hace que estas variaciones de género cambien con la edad.

Imagen 1.4. Piel, hombre vs mujer

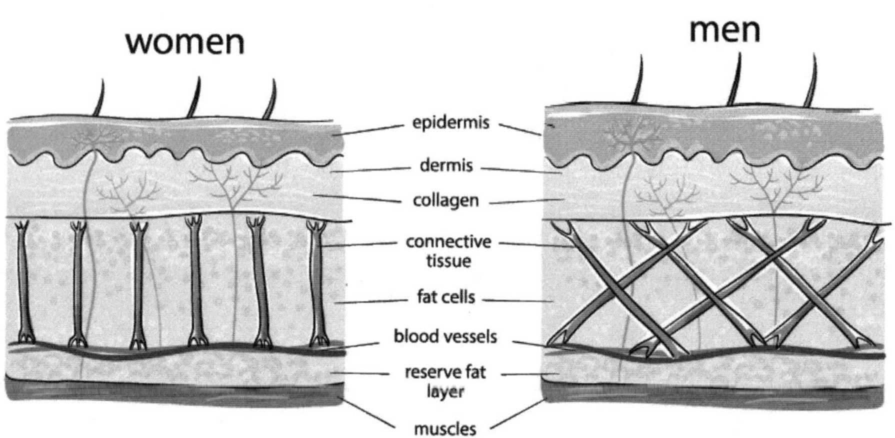

Fuente de imagen, shopamire.com.

Sin embargo, las diferencias entre mujeres y hombres aún no se han estudiado sistemáticamente, y la mayoría de los datos disponibles sobre las diferencias entre géneros son un subproducto de estudios que tienen un enfoque diferente.

El grosor de la piel en los humanos es mayor en los hombres que en las mujeres[45], mientras que el grosor de la grasa subcutánea es mayor en las mujeres[46]. (ver imagen 1.4).

45. SEIDENARI, STEFANIA and others, «Echographic evaluation with image analysis of normal skin: Variations according to age and sex», *Skin Pharmacology and Physiology*, 7.201-209 (1994).

46. HATTORI, KOMEI and OKAMOTO, WAKAKO, «Skinfold compressibility in japanese university students», *Skin Pharmacology and Physiology*, 70.3 (1993), 69-78.

Teniendo en cuenta que el paso de contaminantes químicos a través de la piel se rige según la Ley de Fick y esta se expresa según la fórmula siguiente:

$$J = \frac{(D\ K\ \Delta C)}{\mathrm{L}}$$

Donde:

J = Flujo del agente químico (µg x cm^{-2} x seg^{-1})

K= Coeficiente de partición entre el estrato córneo y el agente químico

D= Coeficiente de difusión del agente químico en el estrato córneo (cm^2 x seg^{-1})

L= Grosor del estrato córneo (cm)

ΔC = Diferencia de Concentración a través de la membrana (µg x cm^{-3})

Y teniendo en cuenta que el grosor de la capa córnea es un 15% mayor de media en hombres que en mujeres podemos concluir que a igualdad de condiciones de exposición (D K ΔC) con una disminución del 15 % de grosor de piel en mujeres supondrá un incremento del 15% en el Flujo de agente químico a través de la piel.

3.3. TOXICOLOGÍA Y VALORES LÍMITE AMBIENTALES DE CONTAMINANTES QUÍMICOS EN LOS LUGARES DE TRABAJO

Cada valor límite ambiental de exposición frente a agentes químicos en el trabajo se establece atendiendo a una documentación toxicología, esta documentación consiste en una serie de estudios sobre el contaminante químico y la interpretación de estos.

Los documentos contienen información sobre la toxicocinética y los efectos del contaminante, basada en estudios científicos. Partiendo de esa información se establecen los valores límites ambientales que deben ser seguros para la mayoría de la población.

En la realización de los estudios de investigación se utiliza indistintamente sexo y género siendo conceptos claramente diferenciados. Al confundir los efectos de género y sexo estrechamente correlacionados, se desdibujan las verdaderas fuentes de las diferencias impidiendo la obtención de conclusiones válidas.

Las cuestiones asociadas a género cambian con las sociedades y también con los años, por ello resultará muy difícil trasladar los resultados de estudios realizados en sociedades con costumbres muy diferentes si sólo se analiza el sexo y no los factores asociados al género que puedan influir en los resultados.

Preferiblemente, los investigadores deberían estratificar los datos por separado según múltiples factores asociados con el sexo y el género (por ejemplo, tamaño corporal, trabajar fuera del hogar, tiempo dedicado a las tareas domésticas) para dilucidar las fuentes de diferencia. La mayoría de los conjuntos de datos epidemiológicos no tienen la potencia adecuada para realizar estratificaciones múltiples simultáneamente, por lo que estas estratificaciones generalmente deben realizarse por separado.

En los estudios realizados en personas es muy difícil separar las diferencias socioculturales de las que se deben únicamente al sexo; para ello los estudios deberían contener un número de variables muy elevado y una de las dificultades es que algunas variables que deberían tenerse en cuenta tratan aspectos que la sociedad normaliza y pasan totalmente desapercibidas.

Estudios antiguos pueden reflejar resultados no válidos en la actualidad por un cambio en las costumbres. Un ejemplo es el tabaco ya que la prevalencia de fumadores ha evolucionado en los últimos años y lo ha hecho de forma diferente en ambos sexos[47] (ver figura 1.5).

47. SERVICIOS SOCIALES E IGUALDAD. MINISTERIO DE SANIDAD, «Encuesta nacional de salud de España (ENSE)», *Gobierno de España.* <https://pestadistico.inteligenciadegestion.mscbs.es/publicoSNS/N/ense/serie-historica/iii/consumo-de-tabaco> [accessed 8 May 2021].

Figura 1.5. Prevalencia de fumadores por sexo en España

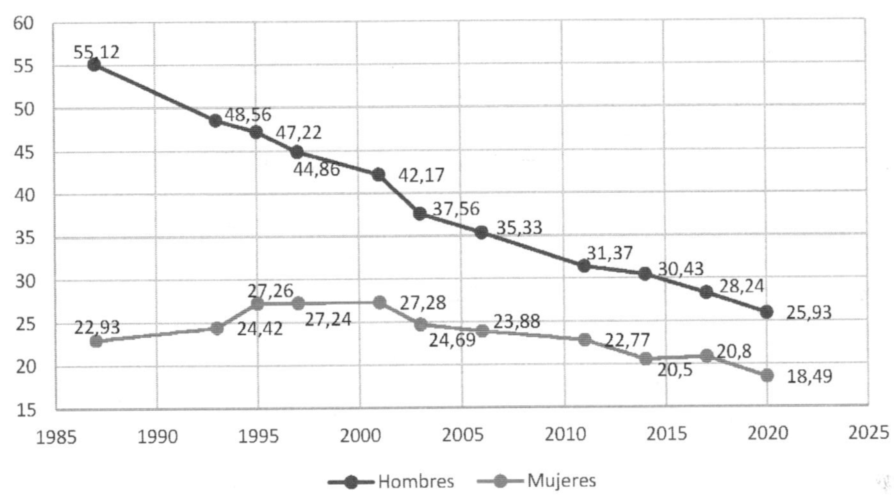

Elaboración propia partiendo de los datos contenidos en Encuesta Nacional de Salud. España 1987-2011 y 2017; Encuesta Europea de Salud. España 2014 y 2020. Ministerio de Sanidad / INE[48].

Un estudio en el que los resultados se vean influidos por fumar hubiese obtenido unas conclusiones diferentes hace 50 años y en la actualidad, un análisis por sexos y atendiendo a la variable fumador, permitiría corregir el resultado atendiendo a la evolución de la variable.

Existe evidencia de que la fase del ciclo menstrual de una mujer puede afectar la cinética de una serie de xenobióticos al alterar la distribución y la eliminación del tóxico. Las grandes variaciones en los niveles hormonales a lo largo del ciclo menstrual, podrían tener un efecto significativo en el metabolismo de los xenobióticos[49]. Hay un conjunto de estudios que demuestran una influencia menstrual en la farmacocinética de los medicamentos[50, 51]. Varios estudios han demostrado un aumento en la eliminación

48. MINISTERIO DE SANIDAD, *op. cit.*
49. HARRIS, ROBERT Z., BENET, LESLIE Z. and SCHWARTZ JANINE B., «Gender effects in pharmacokinetics and pharmacodynamics», *Drugs*, 50.2 (1995), 222-39.
50. BRUGUEROLLE, BERNARD and others, «Influence of the menstrual cycle on theophylline pharmacokinetics in asthmatics», *European Journal of Clinical Pharmacology*, 39.1 (1990), 59-61.
51. WILSON, KEITH., REYNOLDS, CEDRIC. N. and BURNETT, DAVID, «Inter- and intra-individual variation in the metabolism of methaqualone in man after a single oral dose», *European Journal of Clinical Pharmacology*, 13.4 (1978), 291-97.

metabólica de diferentes medicamentos a mitad del ciclo en comparación con el comienzo del ciclo menstrual[52, 53].

A medida que aumenta la progesterona, tras la ovulación, aumenta la tasa de vaciado gástrico y la secreción de ácido en el estómago. Por lo tanto, la biodisponibilidad de un compuesto puede cambiar dependiendo de la fase del ciclo menstrual de la mujer. Hay cambios en la tasa de vaciado gástrico y la acidez del contenido estomacal alrededor del día 14 de un ciclo menstrual de 28 días[54]. También se ha demostrado que la fase del ciclo menstrual afecta el volumen de distribución y la vida media de varias sustancias químicas, incluidos el diazepam y el paracetamol[55]. El tiempo de tránsito gastrointestinal y el peso húmedo y seco de las heces varían durante el ciclo menstrual[56]. La absorción en el intestino delgado puede aumentar durante la fase lútea debido a un tiempo de tránsito gastrointestinal prolongado. Algunos estudios apuntan a que los niveles relativamente altos de progesterona, que pueden promover la relajación del músculo liso, pueden ser los responsables de este efecto[57].

Los informes publicados indican que, en general, los anticonceptivos orales alteran la depuración metabólica y prolongan la vida media de eliminación de los xenobióticos metabolizados por mecanismos oxidativos hepáticos en mayor medida que en las mujeres que no toman anticonceptivos orales[58]. También que la administración a largo plazo de anticonceptivos orales resultó en un aumento del 17 % en el volumen hepático con una disminución correspondiente del 21 % en el aclaramiento de antipirina y un aumento del 57 % en la vida media de la antipirina. Dentro de 1 mes

52. WÓJCICKI, JERZY, BARBARA GAWROŃSKA-SZKLARZ, J., KAZIMIERCZYK, Z., BAŚKIEWICZ and ANA RACZYNSKI, «Comparative pharmacokinetics of paracetamol in men and women considering follicular and luteal phases», Arzneimittel-Forschung, 29 (1979), 350-52.
53. LANE, JAMES DUNDAS and others, «Menstrual cycle effects on caffeine elimination in the human female», European Journal of Clinical Pharmacology, 43.5 (1992), 543-46.
54. MACDONALD, IAN, «Gastric activity during the menstrual cycle», *Gastroenterology*, 30 (1956), 602-7.
55. MACLEOD, SHELLEY. M. and others, «Age and gender related differences in diazepam pharmacokinetics», *Clinical Pharmacology and Therapeutics*, 19 (1979), 15-19.
56. KASHUBA, ANGELA. D. M. and NAFZIGER, ANNE N., «Physiological changes during the menstrual cycle and their effects on the pharmacokinetics and pharmacodynamics of drugs», *Clin Pharmacokinet*, 34.3 (1998), 203-18.
57. MCBURNEY, MICHAEL., «Starch malabsorption and stool excretion are influenced by the menstrual cycle in women consuming low-fibre western diets», *Scandinavian Journal of Gastroenterology*, 26.8 (1991), 880-86.
58. HOMEIDA, MAMOUN, HALIIWELL MICHAEL and BRANCH, ROBERT A., «Effects of an oral contraceptive on hepatic size and antipyrine metabolism in premenopausal women», *Clinical Pharmacology and Therapeutics*, 24.2 (1978), 228-32.

después de la interrupción de la terapia, tanto la depuración como la vida media volvieron a los valores previos al tratamiento[59].

La toxicocinética se divide en cuatro procesos: absorción, distribución, metabolismo y eliminación.

En cada uno de los procesos el género puede suponer una influencia que produzca diferencias significativas y por ello afectar al conjunto de la toxicocinética de un contaminante.

3.3.1. Toxicocinética. Absorción

Cada una de las vías de entrada se ve influenciada por la magnitud de sus dimensiones por lo que debe tenerse en cuenta las diferencias de magnitud por sexo en cada una de las vías de entrada (según se recogen en la tabla 1.6).

Tabla 1.6. Superficie media en m^2 de las vías de entrada por sexos

Vía	Tejido	Hombre superficie m^2	Hombre superficie m^2	Distancia de translocación en micras
Respiratoria	Alvéolo	118	91	1
Dérmica	Piel	1,856	1,625	100
Digestiva	Intestinos	300	257	40

Fuente de los datos, elaboración propia partiendo de los estudios de H.J.H. Colebatch and C.K.Y. Ng[60], D. Dubois and E.F. Dubois[61], S Sadahirol, T Ohmua and Yamadal[62] y Hounnou[63].

En la absorción existen otras diferencias, más importantes, que se han cuantificado anteriormente en este capítulo.

59. BONATE, PETER L., «Gender-Related in Xenobiotic Differences Metabolism». Journal of clinical pharmacology, 31 (1991), 684-690.
60. COLEBATCH, H. JOHN. H. and NG CLIFFORD. K. Y., «Estimating alveolar surface area during life», Respiration Physiology, 88.1-2 (1992), 163-70.
61. DUBOIS, EUGENE. F. and DUBOIS, DELAFIELD, «Fifth paper the measurement of the surface area of man», *Jama Internal Medicine*, 1915.
62. SADAHIRO, SOTARO and others, «Analysis of length and surface area of each segment of the large intestine according to age, sex and physique», *Surgical and Radiologic Anatomy*, 14.3 (1992), 251-57.
63. HOUNNOU, GERVAIS and others, «Anatomical study of the length of the human intestine», *surgical and radiologic anatomy*, 24.5 (2002), 290-94.

3.3.2. Toxicocinética. Distribución

Una vez que los tóxicos se absorben a través de la piel, los pulmones o el tracto intestinal, se transportan a través de la sangre y, una vez que se metabolizan, los metabolitos también se transportan a los órganos excretores, de almacenamiento o diana.

La distribución de fármacos se ve afectada por muchos factores, incluida la unión a proteínas plasmáticas o tisulares, el peso corporal, la composición corporal y los volúmenes de fluidos corporales[64]. De estos, el peso corporal total, la masa muscular y el porcentaje de grasa corporal son los principales determinantes de la distribución de fármacos, y las mujeres difieren de los hombres en estos factores.

Las mujeres en promedio tienen un peso corporal más bajo, menos masa muscular y un mayor porcentaje de grasa corporal acompañado de órganos más pequeños y volúmenes intravasculares más pequeños[65].

Una vez absorbido, un xenobiótico se distribuye en la sangre y las sustancias lipófilas pasan rápidamente a la grasa, como esa grasa pasa a formar parte del volumen de distribución, para un xenobiótico lipofílico, las mujeres tenían un 28% más de volumen de distribución, mientras que, para los xenobióticos solubles en agua, el volumen de distribución fue un 36% menor en las mujeres[66].

3.3.3. Toxicocinética. Metabolismo

El metabolismo de xenobióticos consiste en la biotransformación del contaminante en otros compuestos denominados metabolitos. Las transformaciones se encaminan a conseguir metabolitos que sean más solubles en agua y más iónicos para que sean más fáciles de eliminar por vía renal o biliar y, por lo general, menos tóxicos. Es por ello por lo que a estas reacciones se les denomina también reacciones de detoxificación.

La biotransformación de la mayoría de los xenobióticos implica una combinación de varias reacciones químicas y, en algunos casos, los productos de descomposición pueden convertirse en parte del conjunto metabólico general.

---

64. GANDHI, MONICA, AWEEKA, FRANCESCA, GREENBLATT, RUTH M. and BLASCHKE, TERRENCE F., «Sex differences in pharmacokinetics and phasmacodynamics», *Annual Review of Pharmacology and Toxicology*, 44 (2004), 499-523.
65. HARRIS, ROBERT Z., BENET, LESLIE Z. and SCHWARTZ JANINE B. *op. cit.*
66. WILSON, KEITH, «Sex-related differences in drug disposition in man», *Clinical Pharmacokinetics*, 9.3 (1984), 189-202.

Sin metabolismo, muchos xenobióticos se acumularían en el organismo hasta alcanzar concentraciones tóxicas. La mayor parte de la actividad metabólica dentro de la célula requiere energía, cofactores y enzimas para que ocurra.

El metabolismo de los xenobióticos se realiza principalmente en el hígado.

La actividad hepática se ve influida por el peso del hígado, marcando la primera diferencia por género en la capacidad de metabolizar los contaminantes químicos a los que se exponen los trabajadores. El hígado representa el 2,5% del peso corporal en hombres y el 2,3% en mujeres, teniendo en cuenta además las diferencias medias de peso corporal el hígado de las mujeres es un 5% menor en peso de media en mujeres[67].

Además de las diferencias en peso del hígado existe una variación entre las actividades de las enzimas por sexos; es muy conocida la diferencia de la capacidad de metabolizar el alcohol entre hombres y mujeres debido a las diferencias en la actividad de las enzimas que metabolizan el etanol ADH, ALDH y CYP2E1.

Como en la mayoría de las situaciones, no hay una sola causa de la mayor sensibilidad al alcohol en mujeres que en hombres, tenemos varias:

- Menor actividad hepática por menor peso del hígado.
- Menor actividad de las enzimas responsables de la metabolización del etanol.
- La mayor solubilidad del etanol en agua, un mayor porcentaje medio de grasa en mujeres y un menor peso corporal medio en mujeres conduce a un menor volumen de sangre provocando mayores niveles de etanol en sangre en las mujeres ante un mismo consumo de etanol.
- El uso de contraceptivos orales reduce la eliminación del etanol hasta en un 20%.

3.3.4. Toxicocinética. Eliminación

Los xenobióticos se eliminan principalmente a través de la orina y la bilis en las heces.

67. GOCHFELD, MICHAEL, «Sex Differences in Human and Animal Toxicology: Toxicokinetics» *Toxicologic Pathology*, 45, 2017, 172-189.

La tasa de filtración glomerular (TFG) es el indicador de la función renal, es la cantidad de sangre que pasa a través de los glomérulos cada minuto. Los glomérulos son diminutos filtros que, en los riñones, filtran los residuos de la sangre. La TFG es, en promedio, más alta en hombres que en mujeres[68] lo que provoca que las mujeres retengan más contaminantes. La TFG es directamente proporcional al peso y por lo tanto mayor, en promedio, en hombres que, en mujeres[69], es del orden del 10% inferior en mujeres normalizando la superficie corporal y un 23% de forma genérica[70].

3.4. TOXICOLOGÍA Y VALORES LÍMITE DE CONTAMINANTES QUÍMICOS

El establecimiento de valores límite ambientales de exposición profesional tiene una etapa inicial en la que se estudia la información toxicológica relativa a los efectos de las sustancias sobre la salud de las personas trabajadoras y la relación entre la dosis de exposición y los efectos que provocan, partiendo de datos científicos, epidemiológicos, toxicológicos y médicos.

Esta información queda recogida en unos documentos que publica el Instituto Nacional de seguridad y Salud en el Trabajo, denominados DLEP, documentación de límites de exposición profesional.

Estos documentos a su vez tienen como origen los documentos y criterios elaborados por el Scientific Committee on Occupational Exposure Limits (SCOEL), la American Conference of Governmental Industrial Hygienists (ACGIH), el Dutch Expert Committee for Occupational Standards (DECOS) y el Deutsche Forschungsgemeinschaft (DFG), así como en otras fuentes de información procedentes de publicaciones como Toxline.

Analizando todos estos estudios se pueden comprobar si contienen sesgos de género y si estos sesgos se han trasmitido a los propios valores límite.

Para establecer los valores límite ambientales para contaminantes químicos en los ambientes de trabajo se han tenido en cuenta estudios con una

68. KADIRI, SOLOMON and AJAYI, SAMUEL OLUWOLE, «Variability in the relationship between serum creatinine and creatinine clearance in hypertensives and normotensives with normal renal function.», *African Journal of Medicine and Medical Sciences*, 29 (2000), 93-96.
69. DERENDORF, HARTMUT and SCHMIDT, STEPHAN, *Rowland and Tozer's Clinical pharmacokinetics and pharmacodynamics. Fifht Edition*, Wolters Kluwer, 2019.
70. MEIBOHM, BERND, BEIERLE, INGRID and DERENDORF, HARTMUT, «How important are gender differences in pharmacokinetics?», *Clinical Pharmacokinetics*, 41.5 (2002), 329-42.

media de antigüedad de 50-60 años en los que en general no se han incluido mujeres o no se ha tenido en cuenta la variable sexo[71].

Todo ello unido a que ante una misma exposición a contaminantes químicos existen diferencias ampliamente documentadas en los efectos según el sexo, pone en duda que la protección producida por el cumplimiento de los valores límite sea la misma para trabajadores de ambos sexos.

4. CONCLUSIONES

Los sesgos de género son una realidad en todos los ámbitos de la vida, la prevención de riesgos laborales no es ajena a este problema. Su existencia tiene repercusiones negativas para las mujeres que sólo podrán eliminarse a través de la adopción de medidas legislativas que promuevan la igualdad de género.

Los contratos laborales presentan diferencias basadas en el género, las mujeres son empleadas en mayor medida a tiempo parcial en comparación con los hombres y tienen contratos de menor duración. Además, existe una conocida brecha salarial entre hombres y mujeres.

El actual mercado laboral presenta una clara segregación tanto vertical, en el acceso a puestos de mayor cualificación, principalmente ocupados por hombres, como horizontal en la medida en que existen ciertos sectores altamente feminizados y otros masculinizados.

En las investigaciones llevadas a cabo se han encontrado diferencias entre hombres y mujeres en todos los tejidos y sistemas de órganos del cuerpo humano, así como en la «prevalencia, curso y gravedad» de la mayoría de las enfermedades humanas comunes.

Los estudios de investigación relacionados con la salud mayoritariamente se han desarrollado obviando la participación de mujeres y después las conclusiones obtenidas han sido erróneamente aplicadas tanto en hombres como en mujeres.

En otras ocasiones se han incluido mujeres, pero se ha omitido sistemáticamente los resultados desglosados por sexo o una explicación de por qué se había ignorado la influencia del sexo.

Las consecuencias de realizar mal la investigación de base se reflejan en todos los ámbitos de la salud, desde la enseñanza y por ello en la formación

71. OLMOS LLORENTE, MIGUEL, *Perspectiva de género en la exposición laboral a contaminantes químicos*, Bomarzo, Albacete, 2024.

del personal sanitario, la investigación sobre medicamentos; en la validación de sus posologías, los criterios de diagnóstico y finalmente los tratamientos de los pacientes. Todo ello acaba teniendo consecuencias dramáticas sobre la salud de las mujeres.

No incluir sujetos de ambos sexos ni realizar un análisis por sexo cuando se incluyen desde el principio de una investigación no sólo es científicamente una necedad y una pérdida de dinero, sino también un problema ético.

Debe legislarse para establecer la obligatoriedad de inclusión de mujeres en cualquier estudio relacionado con salud, realizándose análisis por sexo y por factores de género. Aunque en el artículo 27 de la Ley Orgánica para la igualdad efectiva de mujeres y hombres se establece que las administraciones públicas fomentarán la investigación científica que atienda las diferencias entre mujeres y hombres en relación con la protección de su salud, esto supone más una declaración de intenciones que necesita de un desarrollo legislativo que no siga permitiendo la realización de ensayos que siga ignorando a la población femenina.

La eficacia de la protección frente a los riesgos laborales sólo es posible si se tienen en cuenta en su correcta dimensión los riesgos que afectan a las trabajadoras por lo que se hace evidente la necesidad de integrar la perspectiva de género en la prevención de riesgos laborales.

Los sesgos de género en el contenido del cuadro reglamentario de enfermedades profesionales están presentes en los tres parámetros utilizados en el cuadro (enfermedades, agentes y profesiones) y esto se traduce en carencias en las enfermedades feminizadas, en carencias en los riesgos feminizados, y en carencias en las profesiones feminizadas.

Aunque el uso de la antropometría es enormemente beneficioso para la adaptación del entorno de trabajo a los individuos, la utilización de datos antropométricos no segregados por sexos con un origen mayoritariamente masculino o la generalización de los datos de hombre para toda la población (ambas prácticas son las más habituales) tiene como consecuencia que las herramientas, EPIs y otros aspectos del entorno de trabajo están masculinizados, además, se toman las dimensiones de mujer en la práctica como las de un hombre «a escala» con todos los errores que esto conlleva.

Deben revisarse las normas de diseño de cualquier elemento o espacio en el que se tengan en cuenta las dimensiones corporales para establecer sus características. La revisión debe realizarse atendiendo a las tablas antropométricas diferencias por sexo. Por ejemplo, en la normativa de diseño de

EPIs deben abandonarse los diseños unisex con unas dimensiones solamente de origen masculino y reflejar dos tallados cada uno con unas dimensiones de tallado ajustadas a cada sexo excepto cuando ambas sean coincidentes.

La piel masculina es más gruesa que la femenina; el grosor de la capa córnea es un 15% mayor de media en hombres que en mujeres y teniendo en cuenta que el paso de contaminantes químicos a través de la piel se rige por la Ley de Fick y es función del grosor de la epidermis, podemos concluir que a igualdad de condiciones de exposición el Flujo de agente químico a través de la piel será un 15% mayor en mujeres que en hombres.

La diferencia en volumen de sangre entre un hombre y una mujer de peso y altura correspondientes al P50 es del 33,32%. Como consecuencia de esto, para una misma actividad realizada en un ambiente contaminando con un agente químico susceptible de penetrar en el organismo por vía inhalatoria, suponiendo volúmenes de aire ventilados iguales, la misma entrada de contaminante tendría como consecuencia que la concentración en sangre sería mayor en mujeres que en hombres al diluirse el contaminante en un volumen de sangre claramente inferior para la mujer que para el hombre.

Los factores fisiológicos que dan lugar a diferencias toxicocinéticas relacionadas con el sexo incluyen el peso corporal y el tamaño de los órganos, generalmente más bajos en mujeres, un mayor porcentaje de grasa corporal, una tasa de filtración glomerular más baja y una motilidad gástrica más lenta en las mujeres en comparación con la de los hombres.

Entre los sexos existen diferencias en la actividad de algunas enzimas que pueden influir en la respuesta tóxica. Está demostrado que las hormonas sexuales desempeñan un importante papel en el metabolismo de los tóxicos. Cuando estas enzimas pertenecen a sistemas de eliminación, el fenómeno es favorecedor porque disminuye el riesgo, pero cuando las enzimas estimuladas producen metabolitos más tóxicos, se incrementa la toxicidad.

Todas estas diferencias suponen también diferencias en la toxicocinética de los contaminantes químicos en todas las fases de la intoxicación: exposición, absorción, distribución, metabolización y eliminación.

Nos encontramos con valores límite ambientales para la exposición profesional a agentes químicos procedente de estudios realizados únicamente con varones y un conjunto de diferencias toxicocinéticas por sexos ampliamente documentado en todas las fases de la intoxicación por un agente químico: exposición, absorción, distribución, metabolización y eliminación.

Los valores límite existentes no garantizan que la protección producida por el cumplimiento de los valores límite ambientales para la exposición laboral frente a agentes químicos sea la misma para trabajadores de ambos sexos. Esto debe cambiar con urgencia.

Todo esto debería, a través de nuevos estudios de exposición realizados con perspectiva de sexo/género, producir una revisión urgente de los valores límites ambientales para la exposición profesional a agentes químicos, un único valor por agente que proteja a los trabajadores independientemente de su género.

Deberían realizarse nuevos estudios siguiendo los estándares actuales y aprovechando las novedades que el progreso tecnológico ha dado en los últimos 50 años.

Los nuevos estudios deben incorporar las premisas siguientes:

- En los estudios deben incorporarse a mujeres como sujetos de estudio.
- Debe realizarse análisis de los datos separados por sexos.
- Debe realizarse análisis estratificando los datos por separado según múltiples factores asociados con el sexo y el género, para poder trasladar los resultados a diferentes sociedades.
- Deben evitarse la utilización de estudios de exposición a niveles medioambientales, mucho más bajos que los niveles de exposición profesional, ya que pueden presentar diferencias en la metabolización del contaminante.
- Los estudios deben realizarse con trabajadores expuestos a contaminantes en niveles similares a los de exposición profesional.
- Deben agrupar a trabajadores con similares niveles de exposición.
- Deben correlacionarse grupos de exposición con niveles de exposición profesional, incorporando mediciones de la exposición coincidentes en el tiempo con los ensayos.
- Valorar la influencia del uso de anticonceptivos.
- Valorar la influencia de la variación de niveles hormonales durante el ciclo menstrual.

5. BIBLIOGRAFÍA

ARAGÓN, CARLOS y otros, «Alcohol y metabolismo humano», *Universitat Jaume I*, 2015.

ASSOCIATION OF AMERICAN MEDICAL COLLEGES, «AAMC Curriculum Management & Information Tool (CurrMIT)» <https://www.aamc.org/about-us/mission-areas/medical-education/curriculum-inventory> [accessed 27 February 2022].

BONATE, PETER L., «Gender-Related in Xenobiotic Differences Metabolism». *Journal of clinical pharmacology*, 31 (1991), 684-690.

BRUGUEROLLE, BERNARD and others, «Influence of the menstrual cycle on theophylline pharmacokinetics in asthmatics», *European Journal of Clinical Pharmacology*, 39.1 (1990), 59-61.

CARDOZO, LUIS ALBERTO y otros, «Porcentaje de grasa corporal y prevalencia de sobrepeso-obesidad en estudiantes universitarios de rendimiento deportivo de Bogotá, Colombia», *Nutricion Clinica y Dietetica Hospitalaria*, 36.3 (2016), 68-75.

COLEBATCH, H. JOHN. H. and NG CLIFFORD. K. Y, «Estimating alveolar surface area during life», *Respiration Physiology*, 88.1-2 (1992), 163-70.

COMISIÓN EUROPEA Y DE LAS COMUNIDADES, «*Marco estratégico de la UE en materia de salud y seguridad en el trabajo 2021-2027*», Diario Oficial de La Unión Europea, 2021.

COMISIÓN EUROPEA Y DE LAS COMUNIDADES, «*Estrategia comunitaria de salud y seguridad en el trabajo (2007-2012)*», Diario Oficial de La Unión Europea, 2007.

COMISIÓN EUROPEA Y DE LAS COMUNIDADES, «*Directiva 89/391/CEE del Consejo, de 12 de Junio de 1989, relativa a la aplicación de medidas para promover la mejora de la seguridad y de la salud de los trabajadores en el trabajo*», Diario Oficial de La Unión Europea, 1989.

COMISIÓN EUROPEA Y DE LAS COMUNIDADES, «*Directiva 92/85/CEE. Relativa a la aplicación de medidas para promover la mejora de la seguridad y de la salud en el trabajo de la trabajadora embarazada, que haya dado a luz o en periodo de lactancia.*», Diario Oficial de la Unión Europea, 1992.

COMISIÓN EUROPEA Y DE LAS COMUNIDADES, «*Marco estratégico de La UE en materia de salud y seguridad en el trabajo 2014 2020*», Diario Oficial de La Unión Europea, 2014.

CURNO, MIRJAM J. and others, «A systematic review of the inclusion (or exclusion) of women in HIV research», *JAIDS Journal of Acquired Immune Deficiency Syndromes*, 71.2 (2016), 181-88.

DERENDORF, HARTMUT and SCHMIDT, STEPHAN, *Rowland and Tozer's Clinical pharmacokinetics and pharmacodynamics. Fifht Edition*, Wolters Kluwer, 2019.

DIJKSTRA, ANJA F., VERDONK, PETRA and LAGRO-JANSSEN, ANTOINE L. M., «Gender bias in medical textbooks: Examples from coronary heart disease, depression, alcohol abuse and pharmacology», *Medical education*, 42.10 (2008), 1021-28.

DUBOIS, EUGENE. F. and DUBOIS, DELAFIELD, «Fifth paper the measurement of the surface area of man», *Jama Internal Medicine*, 1915.

FELDSCHUH, JOSEPH and ENSON, YALE, «Prediction of the normal blood volume. Relation of blood volume to body habitus», Circulation, 56.4 (1977), 605-12.

GANDHI, MONICA, AWEEKA, FRANCESCA, GREENBLATT, RUTH M. and BLASCHKE, TERRENCE F., «Sex differences in pharmacokinetics and phasmacodynamics», *Annual Review of Pharmacology and Toxicology*, 44 (2004), 499-523.

GARRIGUES GIMÉNEZ, AMPARO. «Evaluación de riesgos laborales y maternidad : El RD 298/2009, de 6 de Marzo, o el peligroso hábito normativo de la transposición "por entregas"», *Revista española de derecho del trabajo*, 143 (2009), 627-649.

GOCHFELD, MICHAEL, «Sex Differences in Human and Animal Toxicology: Toxicokinetics» *Toxicologic Pathology*, 45, 2017, 172-189.

GUPTA, GEETA RAO, WHELAN, DANIEL and ALLENDORF, KEERA, «Integrating gender into HIV/AIDS programmes», *World Health Organization*, 2003.

HAN, DON-HEE, «Fit factors for quarter masks and facial size categories», *Annals of Occupational Hygiene*, 44.3 (2000), 227-34.

HARRIS, ROBERT Z., BENET, LESLIE Z. and SCHWARTZ JANINE B., «Gender effects in pharmacokinetics and pharmacodynamics», *Drugs*, 50.2 (1995), 222-39.

HATTORI KOMEI and OKAMOTO, WAKAKO, «Skinfold compressibility in japanese university students», *Skin Pharmacology and Physiology,* 70.3 (1993), 69-78.

HEINZE, GERHARD, «Los efectos del alcohol y sus interacciones con los fármacos», *Salud Mental,* 10, 2009, 67-75.

HENRICH, JANET B. and VISCOLI, CATHERINE M., «What do medical schools teach about women?? health and gender differences?», *Academic Medicine,* 81.5 (2006), 476-82.

HERNÁNDEZ DE VALERA, YOLANDA Y HERNÁNDEZ, ROSA A., «Relación del índice cintura/cadera con la masa y el porcentaje de grasa corporal», *Archivos Latinoamericanos de Nutricion,* 47.4 (1997), 315-22.

HOMEIDA, MAMOUN, HALIIWELL MICHAEL and BRANCH, ROBERT A., «Effects of an oral contraceptive on hepatic size and antipyrine metabolism in premenopausal women», *Clinical Pharmacology and Therapeutics,* 24.2 (1978), 228-32.

HOUNNOU, GERVAIS and others, «Anatomical study of the length of the human intestine», *surgical and radiologic anatomy,* 24.5 (2002), 290-94.

KADIRI, SOLOMON and AJAYI, SAMUEL OLUWOLE, «Variability in the relationship between serum creatinine and creatinine clearance in hypertensives and normotensives with normal renal function.», *African Journal of Medicine and Medical Sciences,* 29 (2000), 93-96.

KASHUBA, ANGELA. D. M. and NAFZIGER, ANNE N., «Physiological changes during the menstrual cycle and their effects on the pharmacokinetics and pharmacodynamics of drugs», *Clin Pharmacokinet,* 34.3 (1998), 203-18.

KAUFFMANN, FRANCINE and BECKLAKE, MARGARET R., «Gender differences in airway behaviour over the human life span», *Thorax,* 54 (1999), 1119-38.

KENNEY, W. LARRY, WILMORE, JACK H. and COSTILL, DAVID L, *Fisiología del deporte y el ejercicio,* Editorial Paidotribo, Madrid, 2016.

LANE, JAMES DUNDAS and others, «Menstrual cycle effects on caffeine elimination in the human female», *European Journal of Clinical Pharmacology,* 43.5 (1992), 543-46.

LIU, KATHERINE A. and DIPIETRO, NATALIE A., «Women's involvement in clinical trials: historical perspective and future implications», *Pharmacy Practice, 14* (2016), 1-10.

LOUSADA AROCHENA, JOSÉ FERNANDO, *Enfermedades profesionales en perspectiva de género,* Bomarzo, Albacete, 2021.

MACDONALD, IAN, «Gastric activity during the menstrual cycle», *Gastroenterology,* 30 (1956), 602-7.

MACLEOD, SHELLEY. M. and others, «Age and gender related differences in diazepam pharmacokinetics», *Clinical Pharmacology and Therapeutics,* 19 (1979), 15-19.

MARTS, SHERRY A. and KEITT, SARAH, «Foreword: A historical overview of advocacy for research in sex-based biology», *Avances en biología molecular y celular,* 34 (2004), 5-8.

MCBURNEY, MICHAEL I., «Starch malabsorption and stool excretion are influenced by the menstrual cycle in women consuming low-fibre western diets», *Scandinavian Journal of Gastroenterology,* 26.8 (1991), 880-86.

MEIBOHM, BERND, BEIERLE, INGRID and DERENDORF, HART MUT, «How important are gender differences in pharmacokinetics?», *Clinical Pharmacokinetics,* 41.5 (2002), 329-42.

MIGRACIONES Y SEGURIDAD SOCIAL MINISTERIO DE TRABAJO, *«Informe anual del observatorio de enfermedades profesionales (CEPROSS) y de enfermedades causadas o agravadas por el trabajo (PANOTRATSS) Año 2018»,* 2018.

MINISTERIO DE TRABAJO Y ECONOMÍA SOCIAL, *«Estrategia española de seguridad y salud en el trabajo 2023-2027»,* INSST, 2023.

OLMOS LLORENTE, MIGUEL y otros, *Manual de seguridad en el trabajo, 2ª Edición,* ed. by Fundación MAPFRE, *Fundación MAPFRE, Instituto de Prevención, Salud y Medio Ambiente, Madrid,* 2011.

OLMOS LLORENTE, MIGUEL, *Perspectiva de género en la exposición laboral a contaminantes químicos,* Bomarzo, Albacete, 2024.

OLMOS LLORENTE, MIGUEL, *Perspectiva de género en la exposición laboral a contaminantes químicos,* Consejo Económico y Social de Aragón, Zaragoza 2023.

OMS, *Uso clínico de la sangre,* Organización Mundial de La Salud, Ginebra, 2001.

ONU, *«Perspectivas de La Población Mundial 2019: Metodología de las Naciones Unidas para las estimaciones y proyecciones de población»,* Serie poblacion y desarrollo de la organización de Naciones Unidas, 2020.

PARÍS, C. L., «Influencia del sexo en la práctica deportiva. Biologia de la mujer deportista», *Arbor CSIC,* 650 (2000), 249-63.

PARLAMENTO EUROPEO Y CONSEJO DE LA UNIÓN EUROPEA, «Marco estratégico de La UE en materia de salud y seguridad en el trabajo 2021-2027», *Diario Oficial de La Unión Europea,* 2021.

PLATAFORMA, SINC., «Medical textbooks use white, heterosexual men as a "universal model"». Science Daily, 2008, www.sciencedaily.com/releases/2008/10/081015132108.htm (accessed February 23, 2021).

SERVICIOS SOCIALES E IGUALDAD. MINISTERIO DE SANIDAD, «Encuesta nacional de salud de España (ENSE)», *Gobierno de España.* <https://pestadistico.inteligenciadegestion.mscbs.es/publicoSNS/N/ense/serie-historica/iii/consumo-de-tabaco> [accessed 8 May 2021].

SADAHIRO, SOTARO and others, «Analysis of length and surface area of each segment of the large intestine according to age, sex and physique», *Surgical and Radiologic Anatomy,* 14.3 (1992), 251-57.

SCHIEBINGER, LONDA, «Women's health and clinical trials», *Journal of Clinical Investigation,* 112 (2003), 973-7.

SEIDENARI, STEFANIA and others, «Echographic evaluation with image analysis of normal skin: Variations according to age and sex», *Skin Pharmacology and Physiology,* 7.201-209 (1994).

SONG, MICHAEL M., JONES, BETSY G. and CASANOVA, ROBERT A., «Auditing sex- and gender-based medicine (SGBM) content in medical school curriculum: A student scholar model», *Biology of sex differences,* 7.S1 (2016), 40.

TUR, ETHEL, «Physiology of the skin-differences between women and men», *Clinics in Dermatology,* 15.1 (1997), 5-16.

VALLS LLOBET, CARME, *Mujeres invisibles para la medicina,* Seix Barral, Madrid, 2020.

VITALE, CRISTIANA and others, «Under-representation of elderly and women in clinical trials», *International Journal of Cardiology*, 232 (2017), 216-221.

VELASCO MARTÍN, ALFONSO, «Farmacología y toxicología del alcohol etílico, o etanol.», *Anales de La Real Academia de Medicina y Cirugía*, 2014.

WILSON, KEITH., REYNOLDS, CEDRIC. N. and BURNETT, DAVID, «Inter- and intra-individual variation in the metabolism of methaqualone in man after a single oral dose», *European Journal of Clinical Pharmacology*, 13.4 (1978), 291-97.

WILSON, KEITH, «Sex-related differences in drug disposition in man», *Clinical Pharmacokinetics*, 9.3 (1984), 189-202.

WÓJCICKI, JERZY, BARBARA GAWROŃSKA-SZKLARZ, J KAZIMIERCZYK, Z BAŚKIEWICZ and ANA RACZYNSKI, «Comparative pharmacokinetics of paracetamol in men and women considering follicular and luteal phases.», Arzneimittel-Forschung, 29 (1979), 350-52.

Capítulo 6

Análisis de los riesgos ergonómicos desde la perspectiva de género: especial referencia a los TME

Ricardo Ros
Profesor Titular de Educación Física y Deportiva
Co-Director de la Cátedra FCC de Prevención de Riesgos Laborales y Recursos Humanos
Universidad de Zaragoza

SUMARIO: 1. INTRODUCCIÓN. 2. DIFERENCIAS ANATÓMICAS Y FISIOLÓGICAS. 3. DIFERENCIAS EN ENFERMEDADES. 4. TRASTORNOS MÚSCULO-ESQUELÉTICOS. 5. ERGONOMÍA. 6. ANÁLISIS DE RIESGOS ERGONÓMICOS. 7. MEDIDAS PREVENTIVAS. 8. PROPUESTA DE MEJORA. 9. BIBLIOGRAFÍA.

1. INTRODUCCIÓN

El primer paso en las políticas de medicina de género en Europa se remonta a 2002, con la estrategia europea 2002-2006, que estableció la necesidad de integrar el género en la evaluación de riesgos, las medidas preventivas y las medidas correctoras o compensatorias, con el fin de tener en cuenta las características de las mujeres en el entorno laboral. Esta cuestión también se examinó en el Plan Estratégico Comunitario 2007-2012, en el Marco Estratégico de la UE en materia de salud y seguridad en el trabajo 2014-2020, y en el Marco Estratégico de la UE en materia de salud y seguridad en el trabajo 2021-2027.

Los objetivos principales de la estrategia comunitaria de salud y seguridad son la mejora continua del bienestar en el trabajo. Para ello presenta tres objetivos complementarios:

- Integrar la dimensión de igualdad entre hombres y mujeres, en la evaluación de riesgo, las medidas preventivas y los mecanismos de indemnización.

- Reforzar la prevención de enfermedades profesionales, concediendo prioridad, entre otras a los trastornos músculos esqueléticos.

- Tener en cuenta los cambios en las formas de empleo, las modalidades de organización del trabajo y la jornada laboral, constituyendo una categoría, particularmente sensible, los trabajadores y trabajadoras con relaciones laborales atípicas o precarias.

Podemos ver en estos objetivos la importancia que la agencia europea para la seguridad y salud en el trabajo da a la evaluación de riesgos y a la prevención de las enfermedades profesionales, sobre todo a los trastornos músculo esqueléticos.

Reconoce la necesidad de integrar la evaluación de riesgos en igualdad entre hombres y mujeres. Pero para ello necesitaremos conocer qué diferencias hay en las características físicas y en algunos aspectos directamente relacionados con el trabajo para plantear las diferencias que tenemos que implementar en las medidas preventivas y especialmente en los métodos de evaluación.

Las diferencias biológicas entre hombres y mujeres, los roles laborales, las disparidades ergonómicas, las tareas asignadas, las diferencias físicas y las exposiciones a riesgos específicos en el lugar de trabajo son algunas de las causas que determinan la aparición de lesiones músculo esqueléticas (LME) y otras patologías debidas al trabajo.

Así, en algunos campos, como la construcción donde predominan, los hombres, puede haber más LME debidas a la sobrecarga de trabajo y a la intensidad de este.

En sectores en los que hay más mujeres como la salud o la educación podemos encontrar diferentes riesgos como el estrés laboral o lesiones por movimientos repetitivos.

TABLA 1. Algunos ejemplos de riesgos habituales en trabajos feminizados

	ERGONÓMICOS	PSICOSOCIALES
Profesionales sanitarias	Manipulación manual, posturas forzadas.	Demandas emocionales, trabajo a turnos, trabajo nocturno, violencia de clientes y familiares.
Guarderías	Manipulación manual, posturas forzadas.	Demandas emocionales.
Limpieza	Manipulación manual, posturas forzadas.	Horarios "asociales", violencia (p. ej. si se trabaja aislada).
Industria de alimentación	Movimientos repetitivos, bajas temperaturas.	Estrés asociado a trabajo repetitivo en cadena.
Catering y restauración	Manipulación manual, movimientos repetitivos (p. ej. al cortar)	Estrés asociado al trabajo desbordante o intenso, trato con el público, violencia y acoso.
Textil, ropa y calzado	Movimientos repetitivos, posturas forzadas.	Estrés asociado a trabajo repetitivo en cadena.
Lavanderías	Manipulación manual, posturas forzadas, calor.	Estrés asociado a tareas repetitivas y a ritmo elevado.
Sector cerámico	Movimientos repetitivos, manipulación manual.	Estrés asociado a trabajo repetitivo en cadena.
Industria "ligera"	Movimientos repetitivos, posturas forzadas, manipulación manual.	Estrés asociado a trabajo repetitivo en cadena.
Centros de atención telefónica (Call centres)	Posturas forzadas, excesivo sedentarismo.	Estrés asociado a la atención a clientes, ritmo de trabajo y repetitividad.
Enseñanza	Posturas forzadas (p. ej. guarderías), mucho tiempo de pie.	Demandas emocionales, violencia.
Peluquería	Posturas forzadas, movimientos repetitivos, mucho tiempo de pie.	Estrés asociado a la atención a clientes, trabajo a ritmo elevado.
Trabajo de oficina	Movimientos repetitivos, posturas forzadas, dolor de espalda debido a postura sedente.	Estrés, por ej., asociado a la falta de control sobre el trabajo, interrupciones frecuentes, trabajo monótono.

	ERGONÓMICOS	PSICOSOCIALES
Agricultura	Manipulación manual, posturas forzadas, equipo de trabajo y de protección personal inadecuados.	

Fuente: Agencia Europea, 2003.

Las mujeres se enfrentan a desafíos ergonómicos ya que en muchas ocasiones las herramientas están diseñadas especialmente para hombres. La fuerza muscular, la biomecánica puede influir en la aparición de diferentes tipos de lesión.

Las hormonas también pueden desempeñar un papel en la aparición de las lesiones músculo esqueléticas. Las variaciones hormonales durante el ciclo pueden afectar a la elasticidad de los tejidos y así como a la respuesta al estrés, lo que puede hacer variar la vulnerabilidad a ciertas lesiones.

Así pues, es importante comprender las diferencias anatómicas y fisiológicas entre hombres y mujeres para entender las posibles patologías que aparecen e implementar medidas efectivas para la protección en el lugar de trabajo y para promover entornos laborales más seguros e inclusivos.

2. DIFERENCIAS ANATÓMICAS Y FISIOLÓGICAS

Las diferencias anatómicas y fisiológicas pueden determinar la aparición de diferentes tipos enfermedades que afectan de manera diferente a la salud en hombres y mujeres.

Estas diferencias vienen determinadas por las características cromosómicas de ambos sexos. Los cromosomas XY en los hombres y los XX de las mujeres conducen a las diferencias anatómicas y fisiológicas.

Las diferencias cromosómicas optimizan el cuerpo de la mujer para la gestación mientras que el cuerpo de los hombres ha evolucionado para ser más fuerte lo que proporciona ventajas en actividades de fuerza.

Las diferencias cromosómicas, determinan las variaciones en las hormonas sexuales, testosterona en los hombres y estrógenos y progesterona en mujeres. Estas diferencias producen cambios en la estructura de la masa muscular y grasa: En general, los hombres tienden a tener una mayor masa muscular y una estructura ósea más robusta y menos grasa corporal que las mujeres. Está diferencias, determinan que habitualmente y en las mismas condiciones, la fuerza de la mujer sea aproximadamente el 60 % de la fuerza del hombre.

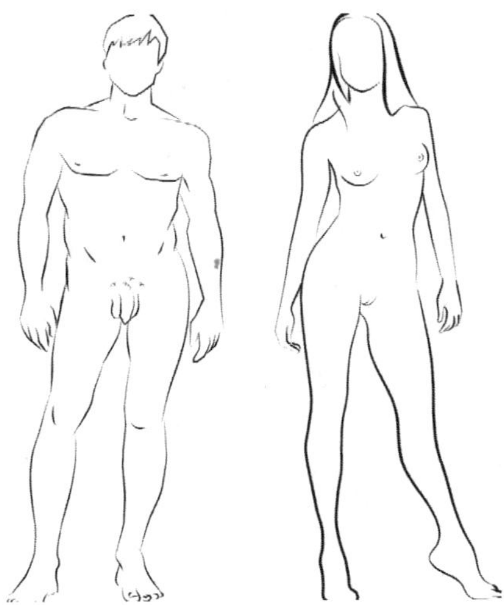

Asimismo, el peso y talla. En promedio, los hombres son entre un 15-30% más pesados y un 5-12% más altos que las mujeres, aunque esta diferencia ha disminuido a lo largo de la evolución humana.

Las diferencias en el sistema cardiovascular hacen que las mujeres tienden a tener un corazón ligeramente más pequeño y latidos más rápidos en reposo en comparación con los hombres. Además, las enfermedades cardiovasculares pueden manifestarse de manera diferente en hombres y mujeres.

Aunque la anatomía del sistema nervioso es similar en hombres y mujeres, hay diferencias en la estructura y función del cerebro. Las diferencias no son absolutas, se han observado algunas variaciones en la lateralidad y en aspectos neuroquímicos entre los cerebros de hombres y mujeres lo que puede influir en ciertas habilidades cognitivas y comportamientos.

Diferencias en la visión y el oído pueden ser también determinantes en la facilidad desarrollar ciertas actividades. Las mujeres suelen tener una visión periférica más desarrollada, mientras que los hombres tienden a tener una visión más focalizada. En cuanto al oído, los hombres pierden antes la capacidad de oír sonidos agudos y las mujeres sonidos graves.

Es importante destacar que estas diferencias son generalizaciones y pueden variar significativamente entre individuos. Además, las diferencias biológicas no determinan la capacidad ni el valor de una persona y no deben usarse para justificar la discriminación o la desigualdad.

Las diferencias entre hombres y mujeres deben analizarse no solo desde una perspectiva fisiológica, biológica u hormonal (diferencia de sexo, con referencia a las características con las que ha nacido un individuo), sino que también deben considerarse a través de la influencia de los roles sociales, los aspectos culturales y psicológicos, los comportamientos y las identidades (diferencias de género, con referencia al comportamiento social que un individuo desarrolla durante el lapso de su vida).

3. DIFERENCIAS EN ENFERMEDADES

Las diferencias anatómicas y fisiológicas entre hombres y mujeres tienen un impacto significativo en la salud, afectando al riesgo, la manifestación y la gravedad de diversas enfermedades. Aquí hay algunos ejemplos de cómo estas diferencias pueden influir en la salud.

Enfermedades cardiovasculares:

Estas enfermedades afectan tanto a hombres como a mujeres y son más frecuentes en hombres (angina de pecho, infarto), pero la mortalidad es mayor en mujeres debido posiblemente a un menor tamaño de las arterias coronarias, a una disminución de la protección de los estrógenos tras la menopausia y a que algunos síntomas en el infarto de miocardio en la mujer que en ocasiones son difíciles de reconocer, como fatiga inusual, dificultad respiratoria, sudor frío o dolor epigástrico. Además, en los días previos a un infarto, las mujeres pueden sufrir insomnio, ansiedad o debilidad.

Las enfermedades autoinmunes: tienen mayor prevalencia en mujeres que en hombres. El lupus eritematoso o la artritis reumatoide afectan desproporcionadamente a las mujeres.

Cáncer: en general las enfermedades oncológicas afectan más a los hombres, aunque evidentemente algunos de los cánceres son específicos como el de próstata en los hombres o el de mama en las mujeres.

Enfermedades mentales: la depresión y la ansiedad son más comunes en mujeres, mientras que en los hombres hay mayor prevalencia de trastornos por consumo de sustancias.

Aunque la esperanza de vida es más larga en las mujeres que en los hombres, estas presentan más morbilidad e incapacidad.

La disminución de los niveles de estrógenos tras la menopausia es determinante en la absorción de calcio, lo que determina más aparición de osteoporosis en las mujeres que en los hombres.

Estas son solo algunas de las diferencias en cómo las enfermedades afectan a hombres y mujeres. Es importante considerar estas disparidades en la investigación, el análisis ergonómico y establecer la relación que puede existir entre estas patologías y las lesiones músculo esqueléticas debidas al trabajo con el fin de garantizar un entorno adecuado a las características anatómicas y fisiológicas y diseñar puestos de trabajo adecuados y personalizados para cada género.

Es necesario tener en cuenta también los factores sociales. Por ejemplo, el tabaquismo y el consumo de alcohol pueden tener efectos diferentes en hombres y mujeres debido a diferencias en el metabolismo y la composición corporal.

Es importante que tanto hombres como mujeres estén informados sobre estas diferencias para poder reconocer situaciones de riesgo ergonómico y poder actuar para evitar las lesiones músculo esqueléticas.

4. TRASTORNOS MÚSCULO-ESQUELÉTICOS

Los trastornos musculoesqueléticos debidos al trabajo comprenden una serie de lesiones y síntomas que afectan, especialmente al sistema osteomuscular, huesos, músculos, articulaciones, tendones, ligamentos y nervios, así como el sistema circulatorio.

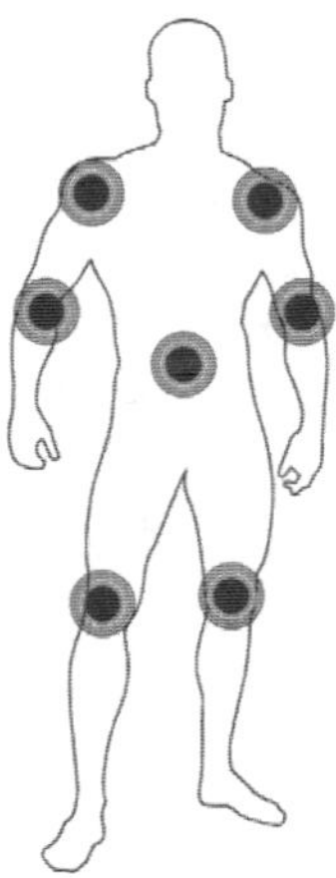

En particular, las mujeres enfrentan desafíos específicos debido a las diferencias de género en la exposición y los efectos de estas lesiones.

En este capítulo analizaremos las TME en mujeres, considerando factores como la carga física, las posturas y la repetición.

Los trastornos músculo esqueléticos son cada vez más frecuentes en las actividades laborales tanto en hombres como en mujeres. Estos trastornos determinan costes importantes para los países y para las empresas. En algunos países de la unión europea y Reino Unido se estima que este gasto está entre el 0,5 y el 2 % del PIB.

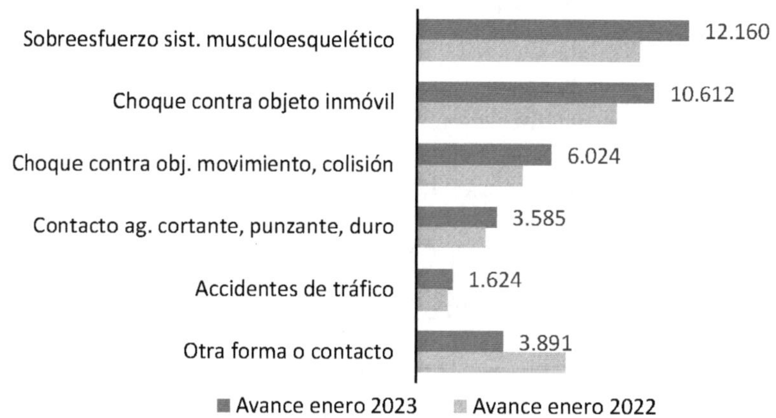

En la tercera encuesta europea de empresas sobre riesgos nuevos y emergentes (ESENER) de la Agencia Europea para la Seguridad y Salud en el Trabajo (European Agencyfor Safety and Health at Work, EU-OSHA), que se ha se ha llevado a cabo en 2019 los factores de riesgo identificados con mayor frecuencia en la UE son los movimientos repetitivos de manos o brazos en el 65% de las empresas o centros de trabajo, frente al 52% en 2014 y el levantar o mover personas o cargas pesadas ocupa la tercera posición para el 58 % de las empresas encuestadas.

En España el porcentaje de accidentes debidos a sobreesfuerzo ha ido incrementándose; suponía el 25% del total de accidentes con baja en el año 98, mientras que en 2002 estaba ya por encima del 30%. Paralelamente, desde principios de los 90 se ha producido un gran aumento en la declaración de EE.PP. El grupo que más ha crecido es el de enfermedades por agentes físicos, ligadas a posturas, movimientos y esfuerzos repetitivos. En el año 95 este tipo de patologías supusieron el 67,7% del total de EE.PP, y el porcentaje ha ido creciendo hasta alcanzar el 82'5% del total de enfermedades en el año 2002. Los subgrupos con mayor número de casos son, por un lado, las enfermedades por fatigas de las vainas tendinosas, tejidos peritendinosos, inserciones musculares y tendinosas; y, por otro lado, las parálisis de los nervios debidas a la presión. (NTP 657: Los trastornos musculoesqueléticos de las mujeres (I): exposición y efectos diferenciales).

Hay una falsa creencia: «el trabajo de las mujeres se considera como seguro», lo cual determina una ausencia de pautas adecuadas para su evaluación, que, a su vez, ha conducido a una falta de programas de prevención, lo que ha hecho la que los riesgos no sean visibles y se han atribuidos las enfermedades y las patologías, a hormonas o a la imaginación, produciendo rechazo de las quejas, asimismo, este rechazo a aumentado el tópico de que el trabajo de las mujeres es seguro (Messing,1999).

Diferencias de género en trastornos músculo-esqueléticos

	HOMBRES	**MUJERES**
Zona afectada	Menor dispersión. Más en zona lumbar.	Más dispersión. Más en hombros, cuello, miembros superiores.
Momento en que se produce	A menos edad.	A más edad.
Tipo de trastorno	Más lesiones por sobreesfuerzo.	Más lesiones por movimientos repetitivos. Amplia variedad de dolor y molestias.
Reconocimiento legal	Más accidentes de trabajo.	Más enfermedades profesionales.
Sector	Construcción. Metal (incluyendo ind. del automóvil). Cárnicas	Textil Comercio. Sanidad y Servicios Sociales Limpieza. Manufacturas.

Los factores de riesgo de las lesiones músculos esqueléticas son comunes para hombres y mujeres. Estos factores son la postura, la fuerza, la repetitividad y el no descanso. La prevención de este tipo de lesiones se realiza a través de análisis ergonómico. Este análisis consiste en la utilización de métodos que nos permitan conocer si estos factores están dentro de los límites normales, o, por el contrario, sobrepasan los mismos, lo que sería determinante de un riesgo de la lesión musculoesquelética. Para valorar estos factores se utilizan métodos de reconocido prestigio que nos permiten conocer si una actividad se realiza con una fuerza o una postura dentro de límites normales o está por encima de los mismos.

Para ello algunos autores han evaluado los límites de fuerza y han relacionado estos con la postura y el tiempo de actividad determinando finalmente cuáles son esos límites lo que nos permite conocer si los sujetos están por encima o uno de los mismos.

Sin embargo, en muchas ocasiones estos límites han sido establecidos para varones y no para mujeres no han tenido en cuenta otros factores específicos que afectan a la mujer. En el caso de la valoración de la fuerza encontrar los límites para el sexo femenino son fáciles, ya que como hemos explicado anteriormente la fuerza de la mujer viene a ser el 60 % de la fuerza del hombre, pero incluir aspectos como la repetitividad o la postura complican mucho las valoraciones ergonómicas en la mujer. Deberíamos tener en cuenta las características anatómicas y fisiológicas que hemos descrito anteriormente, así como la posibilidad de patologías diferentes entre el hombre y la mujer. Así por ejemplo algunas de las que hemos visto por ejemplo la osteoporosis es determinante en la aparición de lesiones. O las características del corazón y la circulación periférica también son determinantes en la aparición de este tipo de lesiones, así como la sobrecarga de trabajo para unos u otros.

Porcentaje de trabajadores/as expuestos a potenciales factores de riesgo ME

FACTOR DE RIESGO	Hombres (N=3.312)	Mujeres (N= 1.924)	Total (N= 5.236)
Posturas dolorosas/fatigantes, >1/2 jornada	9.4	10,5	9.8
Misma postura, > 1/2 jornada	31,8	35	33
Manipulación cargas pesadas, > 1/2 jornada	5	3	4,3
Realizar fuerza importante, >1/2 jornada	4	2.7	3,6
Movimientos muy repetitivos manos/brazos, > 1/2 jornada	30,5	34,7	32
Poco espacio para trabajar con comodidad	18,1	17,5	17,9

FACTOR DE RIESGO	Hombres (N=3.312)	Mujeres (N= 1.924)	Total (N= 5.236)
Alcances inadecuados	9,1	8,8	9
Difícil acceso manos	9	2.7	6.7
Silla incómoda	3,7	8,8	5,6
Iluminación inadecuada	3	8,8	8,3
Ritmo de trabajo elevado, > 1/2 jornada	37,5	44,5	40
Tareas muy repetitivas/de muy corta duración, > 1/2 jornada	27,7	32,3	29,4

Además de los factores físicos, expuestos anteriormente, la segregación ocupacional que todavía persiste en el mercado laboral, la creciente participación de las mujeres en el empleo remunerado y los tiempos de exposición a los factores de riesgo son situaciones que hay que abordar, especialmente en la prevención de los trastornos músculo esqueléticos.

La prevención de las lesiones músculos esqueléticas y las recomendaciones para mejorar el puesto de trabajo precisan de una evaluación ergonómica. Estas evaluaciones permitirán mejorar los puestos de trabajo y adaptarlos mejor a las necesidades de las mujeres.

No podemos olvidar que la ergonomía no es únicamente la herramienta preventiva para estas lesiones, la formación y la concienciación de las buenas prácticas, así como el conocimiento de los riesgos y de las mejoras son absolutamente necesarias para mejorar los puestos de trabajo.

Además, la intervención personalizada, es decir, considerar las características individuales, son también necesarios para la prevención de estas lesiones.

En conclusión, podemos afirmar que la prevención de las lesiones músculos esqueléticas en las mujeres pasan por un buen análisis ergonómico que puede en ocasiones garantizar la salud y el bienestar en el entorno laboral.

Pero estas evaluaciones deben de tener en cuenta los factores de género, y tendrán que poner en marcha estrategias específicas, con el fin de reducir la incidencia de los trastornos músculos esqueléticos en este grupo.

Para entender la necesidad de la evaluación ergonómica, es preciso describir algunos de las lesiones que aparecen cuando no hay un buen diseño ergonómico de los puestos de trabajo. Estas lesiones son lo que consideramos como trastornos musculoesqueléticos. Estos traumatismos o lesiones musculoesqueléticas no aparecen debido a un accidente ni aún a una situación específica. Son multifactoriales, pero en la actualidad se reconocen algunas de estas patologías como debidas especialmente a la sobrecarga de trabajo.

	Hombre	**Mujer**
Dolor de espalda	**46,6**	**54,5**
Dolor de cuello/nuca	**24,9**	**40,0**
Dolor en hombros, brazos, codos, muñecas, manos o dedos	**22,9**	**30,9**
Dolor en piernas, rodillas o pies	**21,5**	**24,5**
Cansancio, agotamiento	16,1	22,1
Estrés, ansiedad o nerviosismo	14,3	20,4
Dolor de cabeza	10,4	18,1
Problemas visuales (en los ojos)	9,6	13,2
Problemas para conciliar el sueño	8,1	11,4
Depresión o tristeza	3,5	6,5
Problemas de la voz	2,9	6,4
Tensión arterial alta	6,4	5,2
Problemas de la piel	2,6	4,9
Problemas auditivos (en los oídos)	5,8	4,3
Problemas respiratorios	3,9	4,2
Otra	0,8	1,0
Ninguno	31,9	23,1
NS/NC	0,1	0,3

* Datos en porcentaje.

Algunas de estas lesiones son: lesiones en la espalda, lumbalgia, sobrecarga lumbar. Están más directamente relacionadas con la movilización manual de cargas y en este sentido son especialmente sensibles las mujeres a la aparición de esta lesión. No podemos olvidar las limitaciones propias de la carga de trabajo durante el embarazo.

Además de tener fuerzo y de la carga movilizada muchas de las lesiones músculo esqueléticas aparecen por posturas todas o mantenidas durante tiempo prolongado.

La sobrecarga en las lesiones de cuello y hombros como el síndrome de tensión cervical cuando se realizan actividades repetitivas por encima del cuello o de la cabeza, o cuando hay que realizar desplazamientos con cargas manteniendo el cuello durante periodos prolongados, doblado hacia delante.

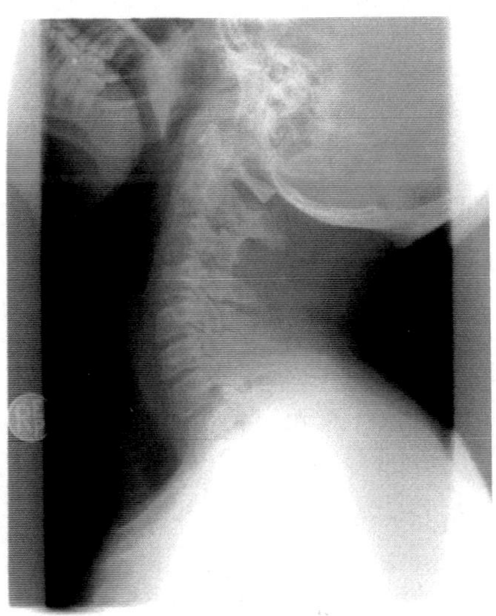

La tendinitis del manguito de los rotadores aparece especialmente cuando el trabajo se realiza con los codos en posición elevada.

El hombro congelado, cuando no puede haber movimiento en articulación del hombro que limita la rotación del conjunto de la extremidad superior, ya que este hombro está inflamado o la tortícolis que consiste en una rigidez y un dolor agudo en el cuello.

Los trastornos en la mano y la muñeca, como el síndrome del túnel carpiano, que se produce por una compresión del nervio mediano en la muñeca compresión debido a un aumento del tamaño por inflamación de los tendones de la muñeca y este aumento de tamaño debido a los trabajos con la muñeca en posición desviada de su situación normal, es decir, cuando los grados de flexión, extensión o lateralización son importantes para realizar el trabajo en estos casos, además de la tendinitis aparece una tenosinovitis, es decir, inflamación del tendón y de la vaina sinovial que los rodea.

Incidencia de enfermedades profesionales provocadas por posturas forzadas y movimientos repetitivos (España, 2019)

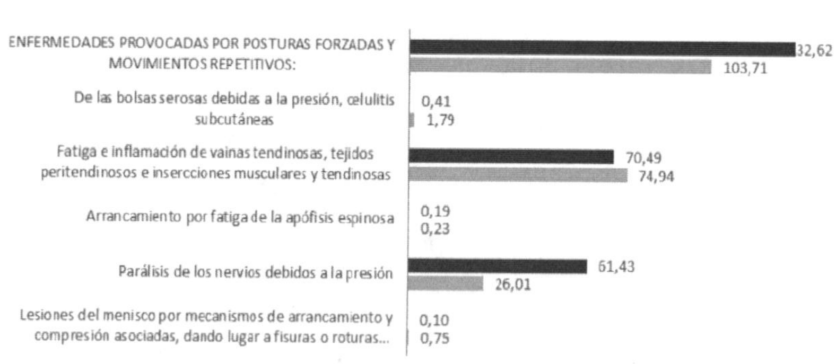

Tabla 2. Fuente: Estadísticas Enfermedades Profesionales del Ministerio de Trabajo y Asuntos Sociales, anuario 2019.

Hay una amplia gama de estudios sobre lesiones musculoesqueléticas relacionadas con el trabajo en mujeres. Algunos se centran en sectores específicos, como la industria manufacturera, la salud o la limpieza, mientras que otros examinan poblaciones más amplias. Algunos ejemplos de estudios incluyen:

- Prevalencia y factores asociados con el dolor musculoesquelético en mujeres trabajadoras – Este tipo de estudios suelen analizar la prevalencia de diferentes tipos de lesiones musculoesqueléticas en poblaciones específicas de mujeres trabajadoras, así como los factores de riesgo asociados.

- Trastornos ergonómicos y musculoesqueléticos: Descripción general – Este tipo de estudios ofrecen una visión general de las lesiones musculoesqueléticas relacionadas con el trabajo, incluidos los factores ergonómicos que pueden influir en su desarrollo y prevención.
- Diferencias de género en los trastornos musculoesqueléticos relacionados con el trabajo: Una revisión narrativa – Este tipo de revisión ofrece un resumen de la investigación existente sobre las diferencias de género en las lesiones musculoesqueléticas relacionadas con el trabajo, destacando las áreas en las que las mujeres pueden estar en mayor riesgo.
- Actividades físicas ocupacionales y trastornos musculoesqueléticos entre los enfermeros. Estudios específicos también se centran en grupos ocupacionales particulares, como el estudio de las lesiones musculoesqueléticas entre las enfermeras y otros profesionales de la salud.

5. ERGONOMÍA

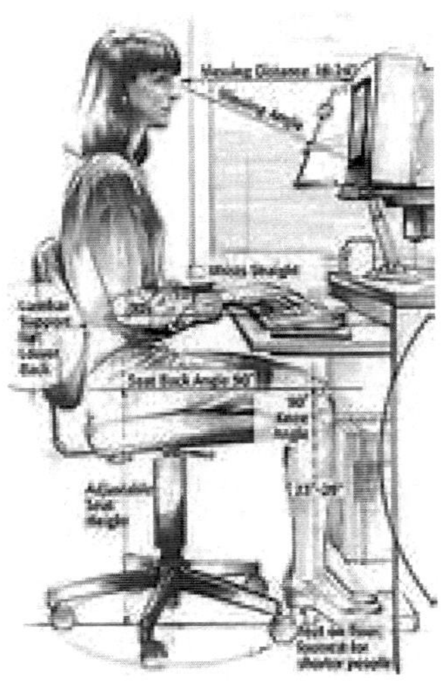

La ergonomía es el estudio de las condiciones de adaptación del trabajo al ser humano, buscando optimizar la relación entre las personas, las máquinas y el entorno.

Es el estudio de cómo diseñar y organizar productos, sistemas y entornos para que se adapten mejor a las capacidades y limitaciones humanas. Es importante para garantizar la seguridad, la comodidad y la eficiencia en el lugar de trabajo y en otros entornos.

Se encarga del diseño de lugares de trabajo, herramientas y tareas, de modo que coincidan con las características fisiológicas, anatómicas, psicológicas y las capacidades de los trabajadores que se verán involucrados. En otras palabras, busca optimizar la interacción entre el ser humano, las máquinas y los puestos de trabajo. La ergonomía se aplica a todos los aspectos de la actividad humana con las máquinas y tiene como objetivo mejorar el bienestar humano y el desempeño del sistema.

Según la asociación española de Ergonomía, esta se define como la ciencia aplicada de carácter multidisciplinar, que tiene como finalidad la adecuación de los productos, sistemas y entornos artificiales a las características, limitaciones y necesidades de sus usuarios, para optimizar la eficacia, seguridad y confort.

Para otros autores de Ergonomía o la definición de esta se amplía diciendo que es el análisis de las condiciones de trabajo que concierne al espacio físico de trabajo, ambiente térmico, ruidos, iluminación, vibraciones, posturas de trabajo, desgaste, energético, carga, mental, fatiga, nerviosa, carga de trabajo y todo aquello que pueda poner en peligro la salud del trabajador y su equilibrio psicológico y nervioso.

Los objetivos de la ergonomía son reducir las lesiones y las enfermedades ocupacionales, disminuir costos por incapacidad de los trabajadores, pero también aumentar la producción y mejorar la calidad de vida del trabajo. Con todo ello conseguir conseguiremos disminuir el absentismo.

La ergonomía, al ser una ciencia nueva, carece de normas de obligado cumplimiento para identificar los riesgos en los puestos de trabajo, así como cuantificar las condiciones de estos.

Una evaluación ergonómica precisa de tres aspectos, aquellos referentes al puesto de trabajo, los referentes al trabajador y, por último, los referentes a la organización, en relación con los aspectos referentes, al puesto, serán necesario conocer la variedad en las habilidades, identificar la tarea significar la trascendencia de esta. Valorar la autonomía y la retroalimentación en relación con los aspectos referentes al puesto son fundamentales los aspectos físicos, es decir, exigencia, física y mental, después del puesto, medio ambiente, físico, químico, biológico y carácter geométrico y dimensional. Con relación a los trabajadores es importante conocer las características de los ocupantes del puesto todas aquellas que nos informan sobre cómo es la persona que cualidades físicas, psíquicas, actitudes, actitudes, personalidad, cultura, etc. dependiendo del nivel del puesto ocupar nos centraremos en unas u otras.

La aplicación de la ergonomía puede evitar que un trabajo esté mal diseñado puede disminuir o eliminar los riesgos de que un trabajador parezca lesiones osteomusculares.

Si se le facilitan las herramientas adecuadas protege la salud y la comodidad de los trabajadores, y evita que el operario tenga que adaptarse a las condiciones eficientes, en definitiva, tiene beneficios para el trabajador, mejorando las condiciones laborales y para el empleador, consiguiendo una mayor productividad y menor absentismo.

Como hemos visto anteriormente, algunas de las causas que pueden producir lesiones músculo musculoesqueléticas son el empleo, repetitivo y prolongado de herramientas y equipos que vibran las tareas que exijan excesivo movimiento de las articulaciones, la aplicación de fuerzas en posturas forzadas, la aplicación de presión excesiva en manos y espaldas, trabajar con los hombros muy extendidos o sobre la cabeza, trabajar de forma permanentemente inclinada hacia delante o los equipos herramientas mal diseñados. Una de las características del trabajo repetitivo, que es una causa habitual de lesiones es que puede comenzar con una leve molestia al final del día que a lo largo del tiempo se van transformando en grandes dolores. Las lesiones se desarrollan lentamente durante meses o incluso años, pero el trabajador normalmente tendrá señales o síntomas durante mucho tiempo.

Teniendo en cuenta, los factores que estudia, podríamos clasificar la ergonomía en:

- Ergonomía ambiental que relaciona al trabajador con factores ambientales, térmicos, visuales, ruido, ruido y vibraciones.
- Ergonomía geométrica que relaciona al trabajador con las condiciones de tamaño del puesto de trabajo, considerando al hombre como un ser móvil con necesidades de espacio.
- Ergonomía temporal que se ocupa de los tiempos de trabajo, analizando la fatiga física y mental que la tarea pueda generar al trabajador.
- Ergonomía de seguridad que pretendía conservar la integridad física del trabajador, interviniendo desde el proyecto y diseños de

los útiles, modificando los elementos del puesto de trabajo para eliminar o disminuir los riesgos detectados o diseñando dispositivos para evitar accidentes o fatigas.

- Ergonomía de la comunicación que interviene en el diseño de la comunicación entre los trabajadores entre estos y las máquinas, mediante el análisis de los soportes utilizados y actuando a través del diseño y utilización de dibujos, textos y tableros visuales.

6. ANÁLISIS DE RIESGOS ERGONÓMICOS

Si como hemos dicho anteriormente, la ergonomía, intenta buscar una buena adaptación del entorno y los lugares de trabajo a las características de los trabajadores, será necesario valorar en este análisis de riesgos, las características del puesto de trabajo y el grupo humano que va a realizar esta actividad.

El análisis de riesgos ergonómicos generalmente implica observar y evaluar las tareas y actividades laborales para identificar posibles riesgos para la salud de los trabajadores. Se pueden utilizar herramientas como listas de verificación, encuestas, mediciones biomecánicas y análisis de datos para recopilar información relevante. Una vez identificados los riesgos, se pueden implementar medidas preventivas, como cambios en el diseño del puesto de trabajo, rotación de tareas, capacitación en ergonomía y uso de equipos ergonómicos.

La primera parte de análisis de riesgos pasa por conocer de la mejor manera posible las características del puesto, para lo cual es necesario informarse con los trabajadores o con el personal responsable, que conozca bien el puesto de trabajo de cuáles son las características y las tareas que se desarrollan en el puesto de trabajo.

Es preciso recoger los datos demográficos diferentes, según el género durante la evaluación ergonómica. Esto va a permitir identificar patrones específicos relacionados con el género en términos de riesgo de lesiones y exposición.

Asimismo, el análisis de riesgos ergonómicos debe de valorar las diferencias de género en el trabajo, las tareas que se realizan y las condiciones laborales del puesto de esta manera se podrán identificar riesgos específicos que afecten más a hombres o mujeres.

Realizar entrevistas, separadas por género para valorar las experiencias específicas de hombres y mujeres, en relación con los riesgos. De esta manera podremos desvelar diferencias en la percepción en la exposición a los riesgos.

Las evaluaciones individualizadas que tienen en cuenta las preferencias de género van a implicar ajustes personalizados con el fin de adaptarse mejor a las necesidades de cada individuo.

Estas medidas están orientadas a garantizar que los análisis sean más inclusivos y permiten abordar las diferencias de género con el fin de promover la prevención de lesiones músculos esqueléticas de manera equitativa.

Para recopilar datos desagregados por género en el análisis de riesgos ergonómicos, puedes considerar utilizar algunas herramientas y técnicas específicas:

- Encuestas y cuestionarios: Diseña preguntas específicas sobre género en tus encuestas y cuestionarios para recopilar datos demográficos. Asegúrate de incluir opciones de respuesta que reflejen la diversidad de identidades de género.
- Entrevistas estructuradas o semiestructuradas: Realiza entrevistas con trabajadores para recopilar información cualitativa sobre cómo el género puede influir en la percepción y la experiencia de los riesgos ergonómicos en el lugar de trabajo.
- Observaciones en el lugar de trabajo: Observa cómo diferentes géneros interactúan con el entorno de trabajo y cómo eso puede influir en los riesgos ergonómicos. Esto puede incluir observaciones de posturas, movimientos repetitivos y uso de equipo.
- Análisis de datos existentes: Si tienes acceso a datos previos sobre accidentes laborales o enfermedades relacionadas con el trabajo, desglosa esta información por género para identificar patrones o disparidades.
- Grupos focales: Organiza grupos focales separados por género para discutir los riesgos ergonómicos percibidos y las posibles soluciones. Esto puede proporcionar información valiosa sobre las experiencias específicas de género en el lugar de trabajo.

Al utilizar estas herramientas y técnicas, se podrán recopilar datos más completos y representativos que te ayudarán a comprender mejor cómo el género puede influir en los riesgos ergonómicos y en la implementación de medidas preventivas adecuadas.

En general, con esta información, la podemos plantear que se deberá analizar en el puesto de trabajo para conseguir una adaptación a la mayor parte de la población.

Junto con esta información, las tomas de vídeo del trabajador realizando su actividad son necesarias para poder analizar detalladamente cada una de las actividades.

Además de esto necesitamos conocer el tiempo de duración de las tareas, la repetitividad, el esfuerzo que precisa, la duración del tiempo de trabajo, con el fin de poder utilizar métodos de evaluación que nos permiten confirmar los riesgos a los que se está exponiendo al trabajador y nos ayudarán a buscar las soluciones o al menos la aproximación para que se realicen los cambios necesarios con los que disminuyen estos riesgos.

En nuestro grupo de trabajo realizamos el vídeo de las actividades y hacemos un análisis de cada una de las posturas separando las imágenes del vídeo con un *software* de análisis. A partir de aquí utilizamos algunos métodos de evaluación como el método OWA, que nos permite un primer análisis postural y conocer el tiempo en que el trabajador mantiene estas posturas, así como una evaluación global del riesgo de estas. Una vez analizada esta parte utilizamos métodos más ampliados de análisis de postura y carga, como son el método REBA o el método OCRA.

Con estos métodos se analiza:

- Fuerzas y biomecánica: Para analizar las fuerzas que un trabajador necesita aplicar en su puesto de trabajo, se aplican normas como EN1005-3, Snock, Siemens Afnor. Si deseamos realizar una evaluación biomecánica de un puesto de trabajo, utilizamos el método BIO-MEC.
- Movimientos repetitivos: Evaluar la frecuencia y la repetición de movimientos en una tarea. Esto puede afectar la salud musculoesquelética.
- Carga postural: Analizar la postura del trabajador durante su actividad laboral. Posturas incómodas o forzadas pueden aumentar el riesgo de lesiones.
- Manejo de cargas: Evaluar cómo se manipulan objetos pesados o incómodos. La forma en que se levantan transporta o manipulan cargas puede afectar la salud de la espalda y las extremidades.

- Ambiente térmico: Considerar la temperatura y la humedad en el lugar de trabajo. Un ambiente incómodo puede afectar la comodidad y la productividad.

Con el fin de comprender como las diferencias de género, pueden influir en la exposición y riesgos a lesiones musculoesqueléticas. Es necesario integrar el análisis de género en la evaluación de riesgos ergonómicos.

Considerar el género en el análisis de riesgos ergonómicos y la prevención de lesiones musculoesqueléticas es fundamental para promover la seguridad y la salud en el lugar de trabajo de manera equitativa y efectiva. Y nos lleva a:

- Diversidad de experiencias: Las diferencias de género pueden influir en cómo las personas interactúan con su entorno laboral y experimentan los riesgos ergonómicos. Reconocer estas diferencias permite abordar de manera más precisa las necesidades de todos los trabajadores.
- Equidad y justicia: Ignorar las disparidades de género en la prevención de lesiones musculoesqueléticas puede perpetuar desigualdades en el lugar de trabajo. Al considerar el género, se pueden implementar medidas que aseguren que todas las personas tengan acceso a condiciones de trabajo seguras y saludables.
- Efectividad de las intervenciones: Las soluciones ergonómicas diseñadas sin tener en cuenta las diferencias de género pueden no ser tan efectivas para todos los trabajadores. Al adaptar las intervenciones a las necesidades específicas de cada género, se puede mejorar su eficacia y reducir el riesgo de lesiones.

Promoción de la diversidad e inclusión: Al incorporar el género en el análisis de riesgos y la prevención de lesiones, se envía un mensaje claro de que la diversidad y la inclusión son valores importantes en el lugar de trabajo. Esto puede contribuir a crear un ambiente laboral más acogedor y respetuoso para todos los empleados.

En resumen, considerar el género en el análisis de riesgos ergonómicos y la prevención de lesiones musculoesqueléticas es esencial para garantizar la seguridad, la equidad y la efectividad de las medidas tomadas en el lugar de trabajo. Al hacerlo, se puede trabajar hacia un entorno laboral más seguro, saludable y justo para todos.

Es necesario por tanto incluir en el análisis preceptivo de riesgos ergonómicos examinar la postura, los movimientos repetitivos, la carga física, los factores relacionados con el género, ya que seguramente las diferencias exigen un sistema preventivo mejor adaptado a estas características.

7. MEDIDAS PREVENTIVAS

Las medidas preventivas en ergonomía pueden abarcar desde ajustes simples en el entorno de trabajo hasta cambios más significativos en los procesos y equipos. Por ejemplo, se pueden implementar pausas activas para permitir el descanso y estiramiento de los trabajadores, ajustar la altura de las estaciones de trabajo, proporcionar asientos ergonómicos, utilizar herramientas y equipos diseñados para reducir la carga física, entre otras acciones. Además, la capacitación en ergonomía puede ayudar a concienciar a los trabajadores sobre la importancia de mantener posturas y movimientos adecuados para prevenir lesiones.

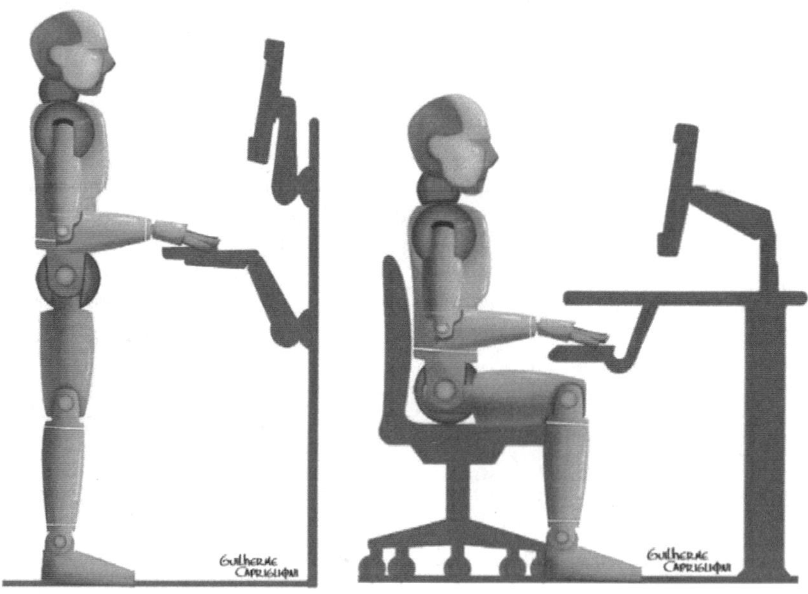

Las pausas activas son breves descansos durante la jornada laboral en los que se realizan ejercicios de estiramiento, relajación o movimientos suaves para contrarrestar la fatiga y la tensión muscular. Estas pausas pueden ayudar a reducir el estrés físico y mental, mejorar la circulación sanguínea y prevenir lesiones musculoesqueléticas. Además, los asientos ergonómicos están diseñados para promover una postura saludable y cómoda, lo que puede reducir la presión sobre la espalda, cuello y extremidades.

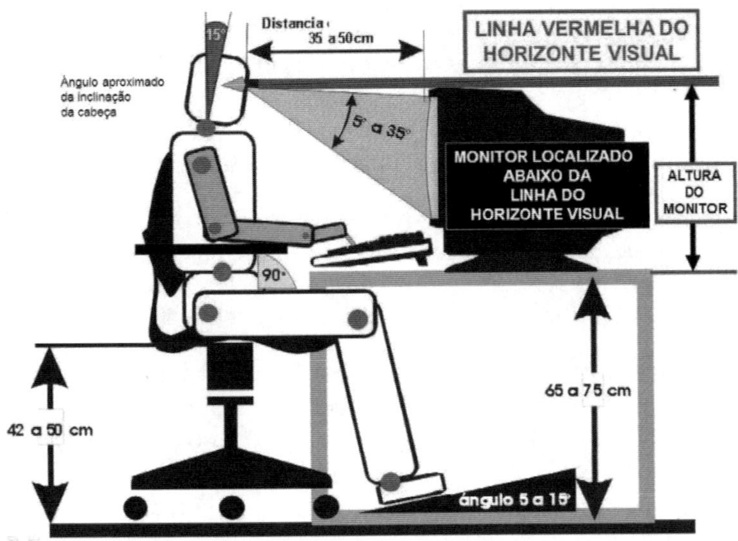

Por otro lado, el uso de herramientas y equipos ergonómicos, como teclados y mouse ergonómicos, sillas ajustables, soportes para monitor, entre otros, están diseñados para adaptarse a las necesidades del usuario y reducir la tensión física durante el trabajo.

Finalmente, la capacitación en ergonomía puede incluir información sobre posturas adecuadas, técnicas de levantamiento seguro, organización del puesto de trabajo y consejos para prevenir lesiones relacionadas con el trabajo.

Es fundamental que los trabajadores y empleadores estén conscientes de la importancia de implementar prácticas ergonómicas para promover un entorno laboral seguro y saludable.

Para desarrollar políticas y programas de prevención de lesiones musculoesqueléticas adaptados a las necesidades de diferentes grupos de género, hay que considerar:

- Educación y sensibilización: Proporciona información sobre las diferencias de género en la anatomía, fisiología y riesgos ergonómicos para aumentar la conciencia sobre las necesidades específicas de cada grupo.
- Acceso a la atención médica: Asegurarse de que tanto hombres como mujeres tengan acceso a atención médica adecuada para

lesiones musculoesqueléticas, y considera cómo los estigmas de género pueden afectar la búsqueda de tratamiento.

- Capacitación en ergonomía personalizada: Ofrece programas de capacitación en ergonomía adaptados a las ocupaciones y roles específicos de cada género, centrándose en las tareas y posturas que pueden ser más comunes o problemáticas para cada grupo.
- Flexibilidad laboral y apoyo: Implementa políticas que permitan ajustes en las responsabilidades laborales o en el tiempo de trabajo para permitir el descanso y la recuperación, especialmente para aquellos en trabajos físicamente exigentes.
- Participación de los trabajadores: Involucra a los trabajadores de ambos géneros en la identificación de riesgos ergonómicos y en el desarrollo de soluciones preventivas, asegurándote de considerar sus perspectivas y experiencias únicas.
- Promoción de estilos de vida saludables: Fomenta la adopción de hábitos de vida saludables, como ejercicio regular, buena postura y manejo del estrés, a través de programas de bienestar que sean accesibles y culturalmente sensibles.
- Monitoreo y evaluación continuos: Realiza un seguimiento regular de la efectividad de las políticas y programas de prevención de lesiones musculoesqueléticas para identificar áreas de mejora y ajustar las intervenciones según sea necesario.

Al adaptar las políticas y programas de prevención de lesiones musculoesqueléticas a las necesidades de diferentes grupos de género, se puede promover un entorno de trabajo más seguro y saludable para todos los empleados, abordando de manera efectiva las disparidades y promoviendo la equidad de género en el lugar de trabajo.

8. PROPUESTA DE MEJORA

Para futuras investigaciones y acciones en la prevención de lesiones musculoesqueléticas en mujeres, aquí tienes algunas recomendaciones:

- Estudios epidemiológicos específicos: Realizar estudios epidemiológicos que investiguen las tasas de lesiones musculoesqueléticas en mujeres en diferentes sectores laborales y grupos de edad. Esto ayudará a identificar áreas de mayor riesgo y diseñar intervenciones preventivas específicas.

- Investigación sobre factores de riesgo específicos: Investigar los factores de riesgo específicos que contribuyen a las lesiones musculoesqueléticas en mujeres, como la carga de trabajo físico, la ergonomía del lugar de trabajo, los roles de género y las diferencias anatómicas y biomecánicas.

- Desarrollo de herramientas de evaluación ergonómica adaptadas al género: Crear herramientas de evaluación ergonómica que tengan en cuenta las necesidades y características físicas de las mujeres en el lugar de trabajo. Estas herramientas pueden ayudar a identificar riesgos ergonómicos y diseñar intervenciones preventivas adecuadas.

- Intervenciones basadas en evidencia**: Desarrollar intervenciones preventivas basadas en evidencia que aborden los factores de riesgo específicos identificados en la investigación. Esto puede incluir programas de capacitación en ergonomía, ajustes en el diseño del lugar de trabajo y políticas de flexibilidad laboral.

- Promoción de la participación de las trabajadoras: Fomentar la participación activa de las trabajadoras en la identificación de riesgos ergonómicos y en el diseño de soluciones preventivas. Esto puede incluir la creación de comités de seguridad y salud ocupacional que incluyan representación de género.

- Educación y sensibilización**: Proporcionar educación y sensibilización sobre la importancia de la prevención de lesiones musculoesqueléticas en mujeres, tanto entre los empleadores como entre los trabajadores. Esto puede ayudar a aumentar la conciencia sobre el tema y fomentar la adopción de medidas preventivas.

Al seguir estas recomendaciones, se puede avanzar en la prevención de lesiones musculoesqueléticas en mujeres y trabajar hacia un entorno laboral más seguro y saludable para todos los trabajadores.

9. BIBLIOGRAFÍA

¿Cómo prevenir trastornos musculoesqueléticos en el trabajo? — blog de.... Https://www.prolaboral.com/es/blog/trastornos-musculoesqueleticos-en-el-trabajo-todo-lo-que-debes-saber.html

¿En qué se diferencian los cerebros de hombres y mujeres... — Infosalus. Https://www.infosalus.com/salud-investigacion/noticia-diferencian-cerebros-hombres-mujeres-apenas-hay-gran-cambio-20210327082942.html

¿Qué es la ergonomía? — Asociación Española de Ergonomía. Http://www.ergonomos.es/ergonomia.php

¿Tienen los mismos síntomas de infarto los hombres y las mujeres... Https://www.quironsalud.com/blogs/es/corazon-salud/mismos-sintomas-infarto-hombres-mujeres

Anatomía, ¿qué diferencia a los hombres y a las mujeres? — hacer familia. Https://www.hacerfamilia.com/educacion/anatomia-nos-diferencia-2019 0925102503.html

Ana Maria Seifert, Karen Messing, Jessica Riel, Céline Chatigny. Precarious employment conditions affect work content in education and social work: results of work analyses. International journal of law and psychiatry 30 (2007) 299-310.

Diferencias biológicas entre hombres y mujeres: principales aspectos. Https://diferenciasentre.org/diferencias-biologicas-entre-hombres-y-mujeres-principales-aspectos/

Diferencias de salud entre hombres y mujeres — canalsalud. Https://www.salud.mapfre.es/enfermedades/reportajes-enfermedades/la-salud-entre-hombres-y-mujeres/

Diferencias entre el infarto femenino y el masculino | wellwo. Https://wellwo.es/diferencias-entre-el-infarto-femenino-y-el-masculino/

Ergonomía — Concepto, objetivos, consejos y antropometría. Https://concepto.de/ergonomia/

Ergonomía — wikipedia, la enciclopedia libre. Https://es.wikipedia.org/wiki/ergonom%c3%ada

Es.wikipedia.org. Https://es.wikipedia.org/wiki/ergonom%c3%ada.

Eurofound. (2022). European working conditions telephone survey, 2021. [data collection]. Uk data service. Sn: 9026, doi: 10.5255/ukda-sn-9026-1 https://www.eurofound.europa.eu/en/home

Evaluación de riesgos ergonómicos — INSST. Https://www.insst.es/el-instituto-al-dia/evaluacion-riesgos-ergonomicos

Factor crítico. (2021). Las lesiones músculo esqueléticas en el entorno laboral.

Género — INSST — Instituto Nacional de Seguridad y Salud en el Trabajo. Https://www.insst.es/materias/transversales/genero

Hombres y mujeres: a fisiologías diferentes... — vitónica. Https://www.vitonica.com/n/hombres-y-mujeres-a-fisiologias-diferentes-entrenamientos-diferentes

Infarto femenino, ¿por qué es diferente (y peor) que el masculino? Https://muysaludable.sanitas.es/salud/infarto-femenino-por-que-es-diferente-y-peor-que-el-masculino/

Información y sensibilización sobre riesgos ergonómicos derivados de la.... Https://www.femeval.es/dam/jcr:af5bf083-70f8-40b2-b995-9fa93273b995/conclusiones-estudio_femeval-ibv.pdf

Instituto nacional de seguridad y salud en el trabajo. (2021). *género - INSST.

Instituto Nacional de Seguridad y Salud en el Trabajo (INSST), encuesta europea de condiciones de trabajo 2021. Madrid, noviembre 2023.

Institutos canadienses de investigación en salud [internet]. Definiciones de sexo y género. 2022 [citado el 28 de abril de 2022]. Disponible en: https://cihr— irsc.gc.ca/e/47830.html

La diferencia biológica entre hombres y mujeres: ¿qué nos distingue? Https://diferente.online/la-diferencia-biologica-entre-hombres-y-mujeres-que-nos-distingue/

La salud de las mujeres y la de los hombres son distintas, pero se.... Https://theconversation.com/la-salud-de-las-mujeres-y-la-de-los-hombres-son-distintas-pero-se-tratan-igual-159950

Las 12 diferencias biológicas entre hombres y mujeres. Https://psicologiaymente.com/psicologia/diferencias-biologicas-hombres-mujeres

Las 4 diferencias entre cerebro masculino y femenino — médicoplus. Https://medicoplus.com/neurologia/diferencias-cerebro-masculino-femenino.

Las cinco enfermedades que afectan más a las mujeres — lavanguardia.com. Https://www.lavanguardia.com/vida/salud/20220308/8107273/enfermedades-entienden-genero.html

Las lesiones musculoesqueléticas más comunes en el trabajo ¿las quieres.... Https://prevencionar.com/2019/06/13/las-lesiones-musculoesqueleticas-mas-comunes-en-el-trabajo-las-quieres-conocer/

Lesiones musculoesqueléticas en el trabajo en la mujer mujer | las lesiones músculo esqueléticas en el entorno laboral — factor crítico. Https://www.factorcritico.es/las-

Lesiones musculoesqueléticas en el trabajo en la mujer mujer | las lesiones músculo esqueléticas en el entorno laboral — factor crítico. Https://www.factorcritico.es/las-lesiones-musculo-esqueleticas-en-el-entorno-laboral/

Lesiones musculoesqueléticas en el trabajo en la mujer mujer | prevención de lesiones musculoesqueléticas — CCOO Sanidad Madrid. Http://ccoosanidadmadrid.es/wp/curso/prevencion-de-lesiones-musculoesqueleticas/

Lesiones musculoesqueléticas en el trabajo en la mujer mujer | prevención de los trastornos musculoesqueléticos relacionados con el.... Https://www.interempresas.net/proteccion-laboral/articulos/298696-prevencion-de-los-trastornos-musculoesqueleticos-relacionados-con-el-trabajo.html

Lesiones musculoesqueléticas en el trabajo en la mujer mujer | prevención de los trastornos musculoesqueléticos relacionados con el.... Https://www.interempresas.net/proteccion-laboral/articulos/298696-prevencion-de-los-trastornos-musculoesqueleticos-relacionados-con-el-trabajo.html.

Lesiones musculoesqueléticas en el trabajo en la mujer mujer | trastornos musculoesqueléticos laborales | prevención tme. Https://www.coordinacae.com/blog/trastornos-musculoesqueleticos/.

Lesiones musculoesqueléticas en el trabajo en la mujer mujer | tratamiento percutáneo en lesiones musculoesqueléticas | tu canal de salud. Http://www.tucanaldesalud.es/es/tecnologia/articulos/tratamiento-percutaneo-lesiones-musculoesqueleticas.

Ntp 657. Los trastornos músculo-esqueléticos de las mujeres (i.... Https://www.insst.es/documents/94886/326775/ntp_657.pdf

Ntp 658: los trastornos músculo-esqueléticos de las mujeres (ii): recomendaciones preventivas. Https://www.insst.es/documents/94886/326775/ntp_658.pdf

Organización Mundial de la Salud. (2003). Prevención de trastornos musculoesqueléticos en el lugar de trabajo.

Prevención de riesgos ergonómicos desde la perspectiva de género. Https://www.euskadi.eus/contenidos/informacion/formacion_trabajo/es_def/adjuntos/2018.11.30.sofia_vega.pdf

Prevención de trastornos musculoesqueléticos en el lugar de trabajo. Https://apps.who.int/iris/bitstream/handle/10665/42803/9243590537.pdf

Prolaboral. (2021). ¿Cómo prevenir trastornos musculoesqueléticos en el trabajo?

Rasgos distintivos entre géneros masculino y femenino. Https://sofia-navarro.com/caracteristicas-de-un-hombre-y-una-mujer/

Riesgo ergonómico: causas, efectos y prevención. Https://prevencion-riesgoslaborales.com/tipos-riesgos-laborales/riesgo-ergonomico/

Riesgo ergonómico: causas, efectos y prevención. Https://prevencion-riesgoslaborales.com/tipos-riesgos-laborales/riesgo-ergonomico/

Riesgos ergonómicos en el trabajo — INSST. Https://www.insst.es/materias/riesgos/riesgos-ergonomicos

Síntomas de un infarto: diferencias entre mujeres y hombres | business.... Https://www.businessinsider.es/sintomas-infarto-diferencias-mujeres-hombres-823415

Trastornos músculo esqueléticos — salud laboral y discapacidad. Https://saludlaboralydiscapacidad.org/wp-content/uploads/2019/04/riesgos-bloque-1-trastornosmusculoesqueleticos-saludlaboralydiscapacidad.pdf

Trastornos musculoesqueléticos | safety and health at work eu-osha. Https://osha.europa.eu/es/themes/musculoskeletal-disorders.

Undefined. Https://temas.publico.es/bienestar-es-vida/2022/08/25/sintomas-de-un-infarto-diferencias-entre-hombres-y-mujeres/.

Undefined. Https://www.bbc.com/mundo/noticias-56589039.

Undefined. Https://www.ibv.org/publicaciones/catalogo-de-publicaciones/manual-para-la-prevencion-de-los-riesgos-ergonomicos-y-psicosociales-en-los-centros-de-atencion-a-personas-en-situacion-de-dependencia.

Vega Martínez, S. (2002). Los trastornos músculo-esqueléticos de las mujeres (i): exposición y efectos diferenciales. ntp 657. Centro nacional de condiciones de trabajo.

Vega Martínez, S. (2018). Prevención de riesgos ergonómicos desde la perspectiva de género. Centro nacional de condiciones de trabajo.

Capítulo 7

Los riesgos psicosociales y su repercusión en la mujer trabajadora: «más de lo mismo» ante las nuevas tecnologías en las relaciones de trabajo (especial atención al teletrabajo)

MARÍA DEL SOL HERRAIZ MARTÍN
Profesora Titular de Derecho del Trabajo y de la Seguridad Social
Universidad Carlos III de Madrid

SUMARIO: 1. INTRODUCCIÓN: LA CARENCIA LEGISLATIVA DE CULTURA PREVENTIVA CON MIRADA DE MUJER. 2. LOS RIESGOS EMERGENTES DERIVADOS DE LA PÉRDIDA DE CONTROL SOBRE EL TIEMPO Y LUGAR DE TRABAJO Y SU PROYECCIÓN EN LA MUJER TRABAJADORA. 3. PRINCIPALES HERRAMIENTAS INTEGRADORAS DE LA PERSPECTIVA DE GÉNERO EN LA SALUD LABORAL. *3.1. Actualización del listado de enfermedades profesionales: necesaria inclusión de patologías relacionadas con riesgos psicosociales. 3.2. La desconexión como freno a los riesgos psicosociales emergentes. 3.3. La negociación colectiva: herramienta imprescindible en el avance de la inclusión de la perspectiva de género en la salud laboral.* 4. BIBLIOGRAFÍA.

1. INTRODUCCIÓN: LA CARENCIA LEGISLATIVA DE CULTURA PREVENTIVA CON MIRADA DE MUJER[1]

La falta de atención sigue siendo una de las principales características del actual marco normativo de salud laboral de la mujer. Esta circunstancia

1. El presente trabajo se realiza en el marco del Proyecto de Investigación titulado «La dimensión socio-laboral de los riesgos asociados al cambio tecnológico:

encuentra su origen, por una parte, en un pasado repleto de prohibiciones y restricciones, con carácter proteccionista, a su actividad laboral[2], solo suavizado con la Ley de Prevención de Riesgos Laborales (en delante, LPRL)[3]. Con esta nueva regulación de la salud laboral, en el año 1995, se logró el paso de una normativa que prohibía la prestación de determinados servicios a la mujer, a una tutela enfocada en la maternidad y la lactancia como circunstancias de carácter biológico.

Igualmente, la «neutralidad» en cuanto al género[4], teniendo como referente la clave masculina, ha supuesto que se conviertan en invisibles las diferencias y los riesgos específicos de las mujeres. En definitiva, nuestro ordenamiento preventivo, hasta el momento, mantiene un mero enfoque neutro de los géneros mostrando una postura proteccionista centrada, exclusivamente, en las situaciones que requieren tutela específica por razones biológicas. pero sin detenerse en la necesaria tutela de una manera integral de la salud de la trabajadora. Y, consecuentemente, obviando que la auténtica integración de la perspectiva de género en la salud laboral solo se producirá cuando se logre conectar la biología con factores sociales, de forma que para valorar el riesgo en la mujer trabajadora se tomen en consideración tanto los trabajos que principalmente realizan como la forma en que la exposición y las condiciones laborales las influyen.

Partiendo de estas premisas, por lo que se refiere al ámbito europeo, la necesidad de integrar la perspectiva de género en la salud laboral vio la luz por vez primera a través de la Estrategia Comunitaria de Seguridad y Salud en el Trabajo (2002-2006)[5], hasta llegar a la actual Estrategia de la Unión Europea (2021-2027)[6]. El nuevo Marco estratégico[7] se hace cargo de los

---

Conceptualización, prevención y reparación» (2022-20025) MERCADER UGUINA, JESÚS, Proyecto PID2021-124979NB-I00 financiado por MCIN /AEI / 10.13039/501100011033 / FEDER, UE.

2. *Vid.* MONTOYA MELGAR, ALFREDO., «Trabajo de la mujer y prevención de riesgos laborales», *Aranzadi Social*, n. 13, 2000, p. 3.
3. Ley 31/1995 de 8 de noviembre.
4. El Derecho del Trabajo se ha caracterizado desde sus orígenes por un sesgo masculino de género que se ha venido reflejando como prototipo a una figura masculina responsable, de forma exclusiva, del mantenimiento económico de la familia.
5. En cuanto a la incorporación internacional de la perspectiva de género, se apunta hacia la Conferencia Mundial de las Mujeres de Naciones Unidas celebrada en 1995 en Beijing. No obstante, el refuerzo, sin duda, se produce tras la aprobación y ratificación del Convenio OIT 190 sobre la eliminación de la violencia y el acoso.
6. Marco estratégico de la UE 2021-2027 sobre Seguridad y salud en el trabajo en un mundo laboral cambiante. COM/2021/323 Final, 28 de junio de 2021.https://eur-lex.europa.eu/legalcontent/EN/TXT/?uri=CELEX%3A52021DC0323&qid=1626089672913#PP1Contents
7. Visión actualizada del anterior marco estratégico 2014-2020.

riesgos emergentes afirmando la necesidad de fomentar una cultura preventiva que atienda a «lugares de trabajo para todos», a través de la diversidad, donde se incluyen las desigualdades de género y la lucha contra la discriminación de la mano de obra que, advierte, «son fundamentales para garantizar la seguridad y salud de los trabajadores y trabajadoras, también cuando se evalúen los riesgos en el trabajo»[8]. Pidiendo especial a tención a los riesgos psicosociales[9]. Al mismo tiempo, la Estrategia señala como prioridad de actuación el reconocimiento de los riesgos en profesiones que tradicionalmente se han pasado por alto calificándose como «trabajos ligeros». Más concretamente, sobre la seguridad y la salud en el trabajo en un mundo laboral en constante transformación, el actual Marco estratégico pone su foco de atención en la aplicación de la perspectiva de género en la salud y seguridad laboral advirtiendo que las personas trabajadoras pueden ser especialmente vulnerables o estar especialmente expuestas a diferentes riesgos dependiendo de su sexo, con especial atención al ámbito del derecho a la desconexión. Igualmente, desde la Estrategia Europea se pide reforzar el marco legislativo para el teletrabajo en toda la Unión, destacando que debe basarse en una evaluación completa, donde se incluyan los riesgos psicosociales asociados a las prácticas de trabajo digital y a distancia y los entornos de trabajo permeables.

Retornando a nuestro ordenamiento interno, la implementación de la perspectiva de género en la salud laboral vino impulsada de forma «tibia»[10] por la Ley de igualdad efectiva entre mujeres y hombres (en adelante, LOIMH)[11] a través de la integración de la igualdad en la política de

8. «Se alentarán acciones para evitar sesgos de género al evaluar y priorizar los riesgos para la acción, asegurando: (i) representación de género en las consultas de los trabajadores; (ii) formación adaptada a la situación personal de los empleados; y (iii) el reconocimiento de los riesgos en ocupaciones que durante mucho tiempo han sido ignoradas o consideradas "trabajos ligeros" (por ejemplo, cuidadores o limpiadores)».
9. A estos efectos, advierte que «la evidencia sugiere que abordar los peligros para el bienestar psicosocial requiere un proceso con diferentes etapas que implican cambios en el entorno laboral». Por este motivo, la Comisión Europea está financiando proyectos que abordan estos desafíos: proyectos de Horizonte 2020 «Magnet4Europe» 40 y «EMPOWER».
10. Se incorporó la dimensión de género en la seguridad y salud laboral a través de la aplicación de la transversalidad del principio de igualdad en su art. 15: «El principio de igualdad de trato y oportunidades entre mujeres y hombres informará, con carácter transversal, la actuación de todos los Poderes Públicos. Las Administraciones públicas lo integrarán, de forma activa, en la adopción y ejecución de sus disposiciones normativas, en la definición y presupuestación de políticas públicas en todos los ámbitos y en el desarrollo del conjunto de todas sus actividades».
11. LO 3/2007, de 22 de marzo, de igualdad efectiva entre mujeres y hombres (BOE de 23 de marzo).

salud, concretamente en de las Administraciones públicas[12] incorporando en el art. 5 de la LPRL un nuevo apartado 4, en el que se recoge lo siguiente: «Las Administraciones públicas promoverán la efectividad del principio de igualdad entre mujeres y hombres, considerando las variables relacionadas con el sexo tanto en los sistemas de recogida y tratamiento de datos como en el estudio e investigación generales en materia de prevención de riesgos laborales, con el objetivo de detectar y prevenir posibles situaciones en las que los daños derivados del trabajo puedan aparecer vinculados con el sexo de los trabajadores». Pero, más allá de esta regulación, la dimensión de género en el ámbito de la salud laboral se caracteriza por la carencia de atención, porque sigue existiendo un vacío normativo que solo desaparece en los supuestos concretos de maternidad y lactancia. En definitiva, no se aprovechó la ocasión que brindaba la LOIMH para reformular la LPRL y poder exigir al empresario la necesaria igualdad por razón de género en la salud laboral.

Ahora bien, debe destacarse que el día 14 de marzo de 2023 el Consejo de ministros aprobó la Estrategia Española de Seguridad y Salud en el Trabajo 2023-2027 (EESST), consensuada con los interlocutores sociales y las comunidades autónomas. El documento denota ambición y determina los retos principales, a medio plazo, en el área de la salud y la seguridad laboral presentando una serie de acciones para conseguirlos. Una primera línea de actuación se recoge en el objetivo 2, donde se incluye la mejora de la información sobre factores de riesgo psicosocial, al tiempo que advierte la necesidad de gestionar los cambios derivados de las nuevas formas de organización del trabajo, haciéndose eco del Marco estratégico de la Unión Europea (2021-2027), que recoge entre sus objetivos transversales el de «anticipar y gestionar el cambio en el nuevo mundo del trabajo que han traído consigo las transiciones ecológica, digital y demográfica», de forma que se destacan de forma expresa los riesgos nuevos o emergentes derivados del uso de la propia tecnología (robotización, inteligencia artificial, plataformas colaborativas, etc.), de la organización del trabajo (teletrabajo, trabajo a distancia, virtualización, etc.) o de las nuevas formas de empleo, con una mayor prevalencia de riesgos ergonómicos y psicosociales».

Igualmente, en este documento, a través del objetivo 5, se incorpora por vez primera la perspectiva de género en el ámbito de la seguridad y salud en el trabajo a través de diversas líneas de trabajo con el objetivo de lograr

12. *«Las Administraciones públicas garantizarán un igual derecho a la salud de las mujeres y hombres, a través de la integración activa, en los objetivos y en las actuaciones de la política de salud, del principio de igualdad de trato, evitando que por sus diferencias biológicas o por los estereotipos sociales asociados, se produzcan discriminaciones entre unas y otros»* (art. 27.2 LOIMH).

un enfoque de carácter transversal e integral para lograr una mejora de la prevención de riesgos laborales tanto a nivel privado como público. Concretamente, la Estrategia se compromete, para conseguir una plena integración de la perspectiva de género en la gestión preventiva, por una parte, a la actualización del marco normativo para incorporar dicha perspectiva en las actuaciones preventivas, promoviendo la eliminación de desigualdades entre hombres y mujeres en el conjunto de políticas públicas, y, por otro lado, a impulsar la incorporación de la perspectiva de género en los procesos de toma y análisis de información, así como en los estudios de las condiciones de seguridad y salud en el trabajo para mejorar el conocimiento de la exposición a riesgos laborales y daños a la salud de las mujeres. Igualmente, la EESST entiende necesario promover la integración de la perspectiva de género en todas las disciplinas preventivas, al evaluar los riesgos y establecer prioridades de actuación, impulsar la acción sobre los riesgos específicos, con especial atención a las actividades feminizadas y, finalmente, a sensibilizar sobre la necesidad de integrar la perspectiva de género de forma real y eficaz.

La primera forma de actuación a favor de la implementación de la perspectiva de género se centra en la revisión del marco normativo con la finalidad de integrar la perspectiva de género en la gestión de la prevención de riesgos laborales, por lo que anuncia la necesidad de revisar la LPRL y su normativa de desarrollo en relación con todas las actuaciones preventivas y cuantas disposiciones se consideren necesarias. Del mismo modo, debe destacarse que la EESST se hace cargo, como se ha advertido anteriormente, de la urgencia en la protección especial a las mujeres en los sectores feminizados. Especialmente, se afirma la necesidad de promover la acción sobre los riesgos específicos de género (definidos por su elevada prevalencia entre las mujeres): «doble presencia o conflicto trabajo-familia, violencia, acoso o discriminación por razón de sexo, etc.». Todo ello, se concreta, con atención al uso de las nuevas tecnologías y desarrollando guías o herramientas para ayudar a las empresas a integrar la perspectiva de género en la gestión de los riesgos, en especial en las evaluaciones y medidas preventivas, incluyendo la violencia sexual conforme a la Ley Orgánica 10/2022, de 6 de septiembre, de garantía de la libertad sexual, así como la incorporación de la prevención de riesgos laborales en los planes de igualdad.

No obstante, la medida realmente efectiva debe trasladarse de estas grandes declaraciones de buenas intenciones, a acciones concretas con las que se consiga la verdadera integración del enfoque de género en el ámbito de la salud laboral. Y una de las herramientas más apropiadas para lograr la meta descrita sería la regulación en la negociación colectiva.

En efecto, la carencia legislativa de cultura preventiva con mirada de mujer podría ser suplida por una adecuada regulación convencional. No obstante, debe advertirse desde un inicio, nos encontramos ante una materia en la que el Estado debe ser el sujeto protagonista mediante la elaboración de normas con un carácter de Derecho necesario absoluto, de forma que el papel otorgado al convenio colectivo es absolutamente secundario como fuente de regulación, si bien esta afirmación no se traduce en que la negociación colectiva no pueda, y deba, regular la materia de forma que se mejore la legislación. Esta complementariedad se manifiesta en el artículo 2.2 LPRL, el cual reconoce que «las disposiciones de carácter laboral contenidas en esta Ley y en sus normas reglamentarias tendrán en todo caso el carácter de Derecho necesario mínimo indisponible, pudiendo ser mejoradas y desarrolladas en los convenios colectivo».

La LPRL se configura, por tanto, como una referencia legal mínima en un doble sentido: primero, como ley que establece un marco legal a partir del cual las normas reglamentarias irán fijando y concretando los aspectos más técnicos de las medidas preventivas; y segundo, como soporte básico a partir de la cual la negociación colectiva podrá desarrollar su función específica. Esta llamada a la negociación colectiva también se ha venido identificando en los sucesivos Acuerdos Interconfederales para la Negociación Colectiva, desde el AINC de 1997. Concretamente, debe felicitarse al V Acuerdo para el Empleo y la Negociación colectiva[13], cuyo capítulo VIII recoge de manera expresa la inclusión de la perspectiva de género en la gestión de la prevención en la empresa. De forma que este reconocimiento específico sería conveniente se tradujera en una detección de enfermedades profesionales y en la aplicación de medidas concretas en los puestos de trabajo que eviten las mismas, integrando en su diseño la perspectiva de género.

No obstante, la realidad es que la regulación vía negociación colectiva se caracteriza por la parquedad y ello «no solo por la abundancia y minuciosidad de la norma legal y reglamentaria, con un marcado carácter técnico, sino por la existencia de normas técnicas, protocolos, guías de actuación, etc., de variada condición, origen, contenido y calidad pero que ocupan el terreno de la aplicación práctica, de la concreción de procedimientos, deberes y responsabilidades en una tarea que compite con la que podría desempeñar el acuerdo colectivo.» De ahí que la más autorizada doctrina en la materia haya considerado esta minuciosa regulación una presión sobre la negociación colectiva que permite visualizar el espacio vital de esta como

13. Resolución de 19 de mayo de 2023, de la Dirección General de Trabajo, por la que se registra y publica el V Acuerdo para el Empleo y la Negociación Colectiva.

una franja horizontal fuertemente delimitada en cuanto a temas, orientación y funciones, aun reconociendo el papel que puede jugar la autonomía colectiva a la hora de establecer reglas de aplicación, desarrollo y adaptación de cada una de las obligaciones empresariales, singularmente en la evaluación y planificación de la acción preventiva» [14].

En definitiva, la necesidad de integrar la salud laboral de la mujer en el ordenamiento jurídico o en la negociación colectiva se hace más que evidente y urgente porque durante los últimos años estamos asistiendo a una rápida y creciente expansión de la digitalización en las relaciones laborales, la cual ofrece unas nuevas herramientas tecnológicas de trabajo desconocidas, o no puestas en práctica, hasta tiempos recientes en las formas de producción, pero, también, aportará riesgos emergentes, especialmente los psicosociales, que será necesario cubrir. Esta transformación en el ámbito laboral se traduce en un empleo masivo de la robótica, los algoritmos o la inteligencia artificial que conlleva el nacimiento de escenarios desconocidos en cuanto a riesgos laborales. Por tanto, la implementación de las nuevas tecnologías nos sitúa ante un nuevo escenario de la prevención de riesgos, que debe afrontarse como un nuevo reto y, en especial, desde la perspectiva por razón de género. Reto, por otra parte, complicado porque el modelo preventivo en España se sustenta principalmente en la seguridad y la higiene industrial, pasando desapercibida la atención a la psicología y la ergonomía que, si bien son difíciles de medir, se constituyen en una clave del trabajo digital.

2. LOS RIESGOS EMERGENTES DERIVADOS DE LA PÉRDIDA DE CONTROL SOBRE EL TIEMPO Y LUGAR DE TRABAJO Y SU PROYECCIÓN EN LA MUJER TRABAJADORA

La LPRL define en su artículo 4 el riesgo laboral como «la posibilidad de que un trabajador sufra un determinado daño derivado de su trabajo». Ahora bien, esa «posibilidad» tendrá mayor o menor intensidad si tenemos presente que la salud de las mujeres y de los hombres es diferente y es desigual, es decir, las diferencias de sexo biológico unidas a una evidente segregación horizontal y vertical del mercado laboral advierten la necesidad de demandar con urgencia una visión por género de la prevención de la salud laboral. Este llamamiento se incrementa ante el uso de las nuevas tecnologías que favorecen la productividad y eficiencia, pero modifican las estructuras tradicionales, entre ellas, la de los riesgos laborales, no tanto por la tecnología, sino por su uso, que debe ser racional y responder, por tanto,

14. NIETO ROJAS, PATRICIA, «Género, Prevención de Riesgos y Negociación colectiva», *Revista de información laboral*, n. 9, 2017, p. 167.

al reto de garantizar un equilibrio entre la seguridad y salud de las personas trabajadoras y la adecuada implantación de los nuevos cambios organizativos conforme a la utilización intensiva y la virtualización de las relaciones laborales[15].

Como se viene señalando desde las primeras líneas, las diferencias físicas y genéticas entre mujeres y hombres no han sido aceptadas tradicionalmente, salvo las cuestiones relacionadas con la función reproductora. Consecuentemente, el estándar masculino ha sido la referencia en todos los estudios médicos, obviando que los cuerpos femeninos han demostrado evidencias de ser más complejos y variables. Así ha sucedido principalmente por cuestiones económicas, porque asumir esta circunstancia supondría un encarecimiento en los ensayos clínicos, de forma que es preferible presentar un problema y no una ventaja ignorándose la realidad en aras de un ahorro de costes sin tener en cuenta las consecuencias directas en la salud de la mujer.

En segundo lugar, hombres y mujeres tampoco realizan trabajos iguales porque la prestación de servicios de la mujer presenta unos perfiles diferentes, propios, al prestado por los hombres en sectores específicos. Más concretamente, la marginalidad ocupacional y la focalización del empleo femenino en determinados sectores[16] se han convertido en factores que no solo permiten afirmar la existencia de riesgos con mayor impacto en las mujeres que en los hombres, sino que ponen en evidencia diferentes patrones de accidente y enfermedad profesional. Como bien se advierte en la EESST (2023-27), por lo que se refiere a las enfermedades profesionales, al ajustarse las tasas de incidencia por la actividad de la empresa, la ocupación y la edad de la persona trabajadora, los riesgos pasan a ser un 50% superiores en las mujeres que en los hombres. Igualmente, sigue advirtiendo la EESST que «los cambios en los modelos de organización del trabajo, así como la evolución demográfica, pueden derivar en nuevos sesgos en cuanto a las actividades realizadas preferentemente por hombres y mujeres, así como en los riesgos a los que están expuestos, pudiendo verse exacerbados estos, en algunas ocasiones, por la influencia de otros factores más vinculados a la esfera familiar o privada de las personas».

En último lugar, las diferencias de género también van de la mano del modelo tradicional de división del trabajo, hecho que genera la diferencia

15. SERRANO ARGÜESO, MARIOLA, «Digitalización, tiempo de trabajo y salud laboral», IUS Labor 2/2019, p. 8.
16. *Vid.* GARCÍA GIL, BEGOÑA, «La segregación ocupacional y la valoración de puestos de trabajo en relación con el género», en MOLERO MARAÑÓN, MARÍA LUISA (dir.), *Ser mujer en el mercado de trabajo: dificultades, oportunidades y retos*, Thomson Reuters Aranzadi, Cizur Menor, 2022.

y peores condiciones laborales que caracterizan los trabajos realizados por las mujeres frente a los hombres debido a que la carga de las responsabilidades familiares sigue recayendo sobre ellas. Esta realidad, que sigue caracterizando nuestra sociedad, a pesar de los avances normativos en cuestiones de conciliación familiar y laboral, se traduce en las diferentes formas de compatibilizar horario según se trate de trabajador o trabajadora, al igual que se advierte la indudable brecha salarial[17], la limitación en la promoción y la utilización masiva del tiempo de trabajo parcial[18].

Siguiendo con la denominada doble presencia o conflicto-familia[19], asimilados a las jornadas prolongadas, es preciso subrayar que puede originar en el colectivo de las trabajadoras un mayor estrés, fatiga o el incremento del riesgo de ser víctima de acoso y/o violencia. Estas situaciones conllevan unas consecuencias directas en el desencadenamiento de riesgos psicosociales derivados de la falta o deficiencia de conciliación de la vida familiar y laboral debido al uso del tiempo disponible[20], siendo necesario poner freno a esta situación en la evaluación de los puestos de trabajo, donde no se deben obviar las condiciones de la persona, en cuanto a su género, edad, cargas familiares y otras análogas que puedan servir para calificar la pre-

17. Según datos ofrecidos por el INE, Encuesta de Estructura salarial (datos 2020), la media salarial anual es de 22.467,48 euros para las mujeres y 27. 642,52 para los hombres.

18. Esta modalidad contractual en la actualidad ha demostrado no ser un instrumento adecuado para la estabilidad en el empleo, entre otros motivos porque pone de manifiesto en el notable impacto de género que supone su utilización. Concretamente, en el año 2021 solamente un 3,5% de los hombres frente a un 10,4 % de mujeres trabajan a tiempo parcial (INE. *Empleo. Porcentaje de los trabajadores a tiempo parcial en el empleo)*. Que no es una herramienta apropiada en orden a lograr la estabilidad en el empleo lo demuestra, igualmente, la reducción de contratos formalizados, pues en el año 2019 las cifras estaban en un 23,8% de contratos a tiempo parcial de mujeres frente a un 7,0% de hombres en el mismo año (https://www.ine.es/ss/Satellite?c=INESeccion_C&p=1254735110672&pagename=ProductosYServicios%2FPYSLayout&cid=1259925461713&L=0). En definitiva, el tiempo parcial se caracteriza por una ocupación baja y tendencia decreciente en los últimos años, aunque con un marcado nivel de involuntariedad frente a la voluntariedad que destaca en la contratación a tiempo parcial en Europa.

19. *Vid.* VALLEJO DA COSTA, RUTH, *Salud laboral, igualdad y mujer. Aspectos jurídicos*, Bomarzo, 2019, pp. 142-165.

20. El avance normativo en los últimos años a favor de la igualdad efectiva entre mujeres y hombres se ha mostrado evidente, especialmente desde la entrada en vigor del Real Decreto-ley 6/2019, de 1 de marzo, con la implementación de medidas sobre conciliación marcadas por la corresponsabilidad en la vida familiar y laboral. A partir del aludido Real Decreto-ley estamos siendo testigos de una cascada normativa con una eclosión de derechos hacia la igualdad en clave de género Así lo demuestra el reciente

valencia y magnitud de determinados riesgos[21]. No debe ignorarse, de todas formas, la dificultad de evaluación y medición que genera estos riesgos.

Estos riesgos psicosociales refuerzan su protagonismo ante la imparable digitalización en el ámbito de la empresa. El uso creciente de las nuevas tecnologías, cuyo principal objetivo es conseguir una productividad óptima, está logrando cambiar el modelo de prestación laboral en cuanto a extensión de jornadas y horarios, además de reorganizar las formas de producción con unas consecuencias proyectadas en alteraciones en las relaciones personales y con una materialización en riesgos que será necesario afrontar.

Como advierte la EESST en su objetivo 2, «el desarrollo tecnológico y, en particular, la digitalización presenta oportunidades desde la óptica de la prevención de riesgos laborales (monitorización, formación online, apps para identificación y evaluación de riesgos, etc.), pero también puede dar lugar a riesgos nuevos o emergentes derivados del uso de la propia tecnología (robotización, inteligencia artificial, plataformas colaborativas, etc.), de la organización del trabajo (teletrabajo, trabajo a distancia, virtualización, etc.) o de las nuevas formas de empleo, con una mayor prevalencia de riesgos ergonómicos y psicosociales».

En efecto, las nuevas formas de trabajo producto de la utilización de las tecnologías de la información y las comunicaciones, con un aumento importante de la población que también teletrabaja, necesitan una mirada específica a los riesgos por razón de género y requerirán soluciones de seguridad y salud laboral, como ha advertido la EESST. Este hecho, proyectado en la mujer trabajadora, añade un plus de relevancia a los aspectos preventivos. En este sentido, el aumento del uso de las nuevas tecnologías con la alta capacidad transformadora de las relaciones laborales convierte a las mujeres en cuanto a su condición física, perfil de trabajo y modelo tradicional de condiciones laborales, en un colectivo especialmente sujeto a experimentar con mayor virulencia los riesgos emergentes que se focalizan en los psico-

---

Real Decreto-ley 5/2023, de 28 de junio, por el que se adoptan y prorrogan determinadas medidas de respuesta a las consecuencias económicas y sociales de la Guerra de Ucrania, de apoyo a la reconstrucción de la isla de La Palma y a otras situaciones de vulnerabilidad; de transposición de Directivas de la Unión Europea en materia de modificaciones estructurales de sociedades mercantiles y conciliación de la vida familiar y la vida profesional de los progenitores y los cuidadores; y de ejecución y cumplimiento del Derecho de la Unión Europea.

21. IGARTUA MIRÓ, MARÍA TERESA, «Teletrabajo y riesgos psicosociales: la imperiosa necesidad de reforzar la tutela preventiva», *Trabajo, Persona, Derecho, Mercado. Revista de Estudios sobre CCT y protección social*, Universidad Sevilla, julio 2021, p. 178.

sociales. Sin olvidar, no obstante, los ergonómicos, derivados del rápido despliegue de tecnologías inalámbricas, móviles y otras tecnologías avanzadas y los efectos adversos derivados de la exposición de radiación óptica y los campos electromagnéticos[22].

En definitiva, en empleo de las nuevas tecnologías en el trabajo generará una serie de riesgos emergentes derivados del nuevo mercado laboral en el que se trabaja tecnológicamente desde casa, haciéndose necesaria la adopción de medidas para prevenirlos. Como se advierte desde la Unión Europea, durante la pandemia, cerca del 40%[23] de los trabajadores comenzaron a trabajar de forma remota a tiempo completo. Este hecho desdibuja los límites tradicionales entre el trabajo y la vida privada y, junto con otras tendencias de trabajo a distancia, como la conectividad permanente, la falta de interacción social y el mayor uso de las tecnologías de la información y las comunicaciones, ha dado lugar a un aumento adicional de los riesgos de salud laboral de consideración, especialmente psicosocial y, en menor medida, ergonómicos. Más recientemente el Dictamen del Comité Económico y Social Europeo[24] el teletrabajo lleva asociados los siguientes riesgos, que se presentan principalmente en retos relacionados con: «garantizar el espacio de trabajo remoto y concentrarse en la actividad laboral, en especial cuando otros familiares trabajan o estudian desde casa; organizar el espacio de trabajo remoto y concentrarse en la actividad laboral...; agravamiento del desequilibrio en el reparto de los cuidados y el trabajo doméstico sobre la base de roles laborales y familiares estereotipados...; riesgo de trabajar durante más tiempo y disfrutar de períodos de descanso insuficientes por no respetar las modalidades de conexión y desconexión...; incertidumbre en cuanto a la responsabilidad del empleador de garantizar la salud y la seguridad en el lugar de trabajo, las condiciones de trabajo y la aplicación de los convenios colectivos».

A esta realidad deben añadirse las brechas digitales en el uso de las nuevas tecnologías en las relaciones laborales, que se han demostrado recientemente en los trabajos de plataformas, en los cuales las mujeres encuentran motivación para obtener un ingreso adicional y flexibilidad

22. Marco estratégico de la UE sobre salud y seguridad en el trabajo 2021-2027 Seguridad y salud en el trabajo en un mundo laboral cambiante.
23. En comparación con principios de 2020, cuando 1 de cada 10 personas empleadas en la UE trabajaban de forma remota, a tiempo completo u ocasionalmente, y generalmente en ocupaciones altamente calificadas en las tecnologías de la información y las comunicaciones (TIC) y de conocimiento intensivo. Sectores.
24. sobre «Teletrabajo e igualdad de género: requisitos para que el teletrabajo no exacerbe la distribución desigual de los cuidados y el trabajo doméstico no remunerados entre mujeres y hombres y que sirva de motor para promover la igualdad de género» (Dictamen exploratorio solicitado por la Presidencia Portuguesa), 2021/C 220/02.

pudiendo combinar el trabajo con las responsabilidades familiares, una vez más, mientras que los hombres deciden prestar servicios en dicha actividad por las oportunidades de trabajar globalmente y poder expandir su base de clientes a diferentes ciudades o países[25]. Al mismo tiempo, es más probable que las mujeres participen en trabajos de plataforma marginales que los hombres. No obstante, ya advirtió el Dictamen del Consejo Económico y Social Europeo que «las competencias y la formación digitales constituyen otro importante requisito previo para hacer posible el teletrabajo, y a ese respecto los hombres suelen estar en una mejor posición que las mujeres: solo en seis Estados miembros las mujeres obtienen puntuaciones más altas que los hombres en capacidades de internet (Finlandia, Eslovenia, Lituania, Letonia, Chipre y Bulgaria). La brecha de género en competencias digitales se amplía con la edad[26]. También es necesario considerar estas diferencias al evaluar las dimensiones de género del teletrabajo».

Puede, por tanto, afirmarse que, a través de una forma aparentemente neutra, cual es la utilización de la tecnología en los puestos de trabajo, los riesgos afloran de forma especial, como se verá más adelante, con un uso incorrecto de la misma. No puede pasar desapercibida la perspectiva de género en el trabajo de plataformas[27] o el teletrabajo que está, nuevamente, poniendo de manifiesto las prolongaciones de jornada y haciendo más evidentes los trastornos psicológicos y musculoesqueléticos derivados de la carga mental que supone el trabajo realizado en soledad, con posibilidad de ciberacoso[28], o las invasiones en la vida familiar y laboral que tienen una mayor repercusión en la salud de las trabajadoras.

---

25. EUROFUND, 16 de mayo de 2023, https://www.eurofound.europa.eu/es/publications/policy-brief/2023/gender-differences-in-motivation-to-engage-in-platform-work
26. Sobre «Teletrabajo e igualdad de género...*op. cit.,* recomendación 4.5.
27. Las mujeres con un empleo fijo tienen un 5% más de probabilidades de participar en trabajos de plataformas por razones de conciliación de la vida familiar y laboral en comparación con los hombres. Igualmente, las mujeres desempleadas tienen un 12% más de probabilidades que los hombres desempleados de trabajar en plataformas para obtener un ingreso adicional. Esta circunstancia, es decir, el hecho de que las mujeres empleadas tengan más probabilidades que los hombres de trabajar a través de plataformas podría explicarse por la evidente segregación del mercado laboral. Datos obtenidos de EUROFOUND, *Diferencias de género en la motivación para participar en el trabajo de plataforma.*
28. Interesante trabajo sobre ciberacoso en «El impacto de la normativa internacional y europea en la regulación actual y futura del acoso, en especial el ciberacoso acoso digital», en MERCADER UGUINA JESÚS y DE LA PUEBLA PINILLA, ANA, (Dirs.), Cambio Tecnológico y transformación de las fuentes laborales. Ley y Convenio Colectivo ante la disrupción digital, Tirant lo Blanch, Valencia, pp. 274 a 276.

El Informe Anual Infojobs-ESADE 2020[29] sobre desconexión digital revela que en 2018 —con la entrada en vigor de la Ley Orgánica de Protección de Datos Personales y garantía de los derechos digitales, en adelante, LOPD—, el 51% de los trabajadores españoles contestaban *WhatsApps*, llamadas o correos electrónicos, fuera del horario laboral. Antes de la pandemia este porcentaje era del 63% y, actualmente, tras la pandemia y la implantación del teletrabajo este porcentaje ha aumentado hasta el 82 % de los trabajadores que responden a *e-mails* o atienden llamadas de teléfono fuera del horario laboral, siendo las mujeres (61%) las que más achacan la falta de desconexión. Incluso, el 74% de las personas trabajadoras responden a llamadas o correos durante las vacaciones.

En definitiva, los riesgos laborales emergentes, principalmente, los psicosociales, derivados del teletrabajo, se hacen presentes, con mayor virulencia, en las mujeres trabajadoras[30] debido, entre otros factores, a la prolongación de la jornada de trabajo que, en su forma más intensa ocasiona la supresión de los límites entre la vida familiar, personal ocasionando el conflicto trabajo-familia[31].

A estos efectos, y a mayor abundamiento, debe destacarse que la NTP 1122 ya incorporó en el año 2018 un listado no exhaustivo de aspectos potencialmente negativos por uso no adecuado ni planificado de las nuevas tecnologías relacionados con el tiempo de la prestación de servicios, destacando los siguientes[32]: «la prolongación de la jornada laboral (realización del trabajo en los tiempos muertos entre viaje y viaje, realización del trabajo fuera del horario laboral, en el hogar, etc.) que puede desembocar también en una intensificación del trabajo; la prolongación de la jornada laboral que puede interferir en la vida familiar y el tiempo de ocio. La dificultad para contabilizar el trabajo realizado fuera de la jornada laboral (mediante conexión remota a los servidores en el fin de semana, envío y recepción de

29. Véase, Informe InFoJobs, 23 de junio 2021, «*Informe sobre Desconexión Digital*». [en línea]. 23 de junio 2021 [consultado 28 octubre 2021]. Disponible en: InFoJobshttps://nosotros.infojobs.net/prensa/notas-prensa/el-82-de-los-trabajadores-espanoles-responden-llamadas-o-emails-fuera-del-horario-laboral
30. El aumento del trabajo de cuidados no remunerado y el teletrabajo han impactado tanto en la conciliación laboral y familiar, como en la salud mental de las mujeres, según el Parlamento Europeo, https://www.europarl.europa.eu/news/es/headlines/society/20220303STO24641/teletrabajo-trabajo-de-cuidados-no-remunerado-y-salud-mental-durante-el-covid
31. Olvidada en nuestro ordenamiento en los últimos tiempos a diferencia de familiar y laboral.
32. INSTITUTO NACIONAL DE SEGURIDAD, SALUD Y BIENESTAR EN EL TRABAJO (INSSBT), *Las Tecnologías de la Información y la Comunicación (TIC) (I): nuevas formas de organización del trabajo, 2018.*

correos electrónicos fuera del horario laboral, etc.); la disminución y dificultad para disfrutar del tiempo de descanso y/o recuperación física y mental debido a la facilidad de conexión para realizar el trabajo fuera de la jornada laboral y la facilidad para trabajar en cualquier momento y lugar gracias a las TIC puede actuar como generador y/o potenciador de la adicción al trabajo y/o la adicción al uso de las TIC. Ambas adicciones pueden interactuar y retroalimentarse».

Puede concluirse, por tanto, que la intensificación del trabajo ocasionado por la tecnología y la falta de límites entre el trabajo y la vida personal debido al teletrabajo o la exposición a la vigilancia y control pueden tener un impacto diferencial en la salud mental y el bienestar de las personas en función de su género, pudiéndose hablar de la brecha salud mental-género. Como advierte el INSS, «comparativamente, las mujeres tienden a reconocer con mayor facilidad aspectos emocionales. No obstante, más allá de las percepciones individuales, también los indicadores de salud mental emanados de las fuentes de contingencia profesional se orientan en ese sentido, reforzando la hipótesis de la brecha salud mental-género»[33]. Parece, por tanto, evidente la necesidad urgente de profundizar en una visión de la prevención amplia que logre asegurar una investigación de la seguridad y salud laboral incorporada en el diseño y desarrollo de las nuevas tecnologías.

Esta realidad requiere una consideración y reflexión sobre normativa de los riesgos que tienen mayor incidencia en las mujeres sin que tenga que articularse necesariamente a través de la calificación de estas como trabajadoras especialmente sensibles, sino mediante una «especificidad» por razón de sexo en las políticas preventivas, si bien, en paralelo se debe «huir de la neutralidad mal entendida, a la que hemos aludido, que ha llevado a la homogeneidad a ultranza y a minusvalorar o despreciar la diversidad, para insistir en la valoración particularizada de posibles factores de riesgos que afectan de mayor modo o simplemente de forma diferente a las mujeres»[34].

En definitiva, la carga emocional, el agotamiento personal y el incremento en los niveles de ansiedad, estrés y fatiga se hacen especialmente presentes en el colectivo de mujeres trabajadoras en el ámbito de las tecnologías 4.0, en particular en la forma de teletrabajo, donde aparece la necesidad de simultanear las largas jornadas de trabajo con las responsabilidades familiares. Todo ello sin olvidar la particular sensibilidad de la mujer a

33. INSS, Salud mental.... *op. cit.*, p. 11.
34. IGARTUA MIRÓ, MARÍA TERESA, «Prevención de riesgos laborales y trabajo de la mujer», *Temas laborales: Revista andaluza de trabajo y bienestar social*, vol. 91, 2007, p. 285.

la exposición de radiación óptica y los campos electromagnéticos[35]. Y sin olvidar la importancia de la invisibilidad de estos riesgos a corto plazo, porque la pérdida de salud se manifiesta de forma continuada y lenta, no de forma inmediata como pueda ocurrir en un accidente de trabajo.

Consecuentemente, con frecuencia, es fácil no identificar las diferencias de género en los riesgos laborales, no queriendo ser visibilizadas por las empresas. Incluso, en muchos casos, las personas empleadoras tienden a subestimarlas e invisibilizar los riesgos relacionados con el estrés y el sometimiento durante mayores jornadas a la exposición digital de la mujer en su puesto de trabajo[36].

3. PRINCIPALES HERRAMIENTAS INTEGRADORAS DE LA PERSPECTIVA DE GÉNERO EN LA SALUD LABORAL

Una vez realizadas las consideraciones anteriores acerca de la infravaloración de los riesgos laborales de la mujer trabajadora, junto a los vacíos normativos existentes en nuestro ordenamiento interno, se hace preciso aludir a las herramientas que pueden desempeñar un papel fundamental en el avance de la inclusión de la perspectiva de género en la salud laboral.

3.1. ACTUALIZACIÓN DEL LISTADO DE ENFERMEDADES PROFESIONALES: NECESARIA INCLUSIÓN DE PATOLOGÍAS RELACIONADAS CON RIESGOS PSICOSOCIALES

El art. 157 LGSS[37] define la enfermedad profesional como «la contraída a consecuencia del trabajo ejecutado por cuenta ajena en las actividades que se especifiquen en el cuadro que se apruebe por las disposiciones de aplicación y desarrollo de esta Ley, y que esté provocada por la acción de los elementos o sustancias que en dicho cuadro se indiquen para cada enfer-

35. Uno de los motores que comenzaron impulsando el desarrollo del teletrabajo es que esta forma de prestación laboral se suponía, ofrece un mejor equilibrio entre la vida profesional y la vida privada. Sin embargo, observando los aspectos negativos de la utilización del teletrabajo, la realidad podría ser, al igual que ocurre con el trabajo a tiempo parcial, que más que una herramienta de conciliación sea un obstáculo a la misma. En este sentido reza la recomendación 4.2.1 del Dictamen del Comité Económico y Social Europeo sobre «Los retos del teletrabajo: organización de la jornada de trabajo, equilibrio entre vida privada y vida laboral y derecho a desconectar» (Dictamen exploratorio solicitado por la Presidencia portuguesa), 2021/C 220/01. EESC 2020/05278.

36. La Agencia Europea para la Seguridad y la Salud en el trabajo (EU-OSHA) tiene como objetivo resaltar estas diferencias y ayudar a mejorar la SST en las áreas que más afectan a las mujeres.

37. RDL 8/2015, de 30 de octubre, por el que se aprueba el texto refundido de la Ley General de la Seguridad Social.

medad profesional». Estamos, por tanto, ante una lista en la que se impone la necesidad de que la enfermedad se incluya en el cuadro oficial para ser considerada como profesional[38], al tiempo que se exige combinar el tipo de enfermedad con la actividad profesional desarrollada, la cual debe encontrarse, igualmente, en la lista que tiene su causa. Y en todo caso, la prueba es el mayor problema que encuentra la persona trabajadora, porque es grande la dificultad de demostrar la causalidad expresa. Hecho que deriva en no reconocer los daños a la salud sufridos de forma mayoritaria por las trabajadoras, pero que están ocasionados con causas organizativas y riesgos psicosociales que se esconden bajo el tupido velo de la enfermedad común. Esta circunstancia proporciona un concepto encorsetado de la enfermedad profesional que se está atreviendo a flexibilizar la jurisprudencia.

En efecto, la flexibilidad aludida se ha manifestado a través de la doctrina judicial[39] y jurisprudencial emitiendo distintos pronunciamientos en los que se ha reconocido como enfermedad profesional las dolencias sufridas por trabajadoras que prestaban servicios en el sector de la peluquería o auxiliares domiciliarias. Esta teoría afirma que, aunque las profesiones no se encuentran incluidas de forma expresa en el lisado de actividades que pueden generar una enfermedad profesional, deberían así calificarse si las tareas desarrolladas son similares a las que describe el RD 1299/2006, de 1 de noviembre por el que se aprueba el cuadro de enfermedades profesionales en el sistema de la Seguridad Social y se establecen criterios para su notificación y registro.

A estos efectos debe destacarse la STS 20 de septiembre de 2022[40] por el gran paso en el reconocimiento de enfermedades profesionales en los trabajos feminizados. El Tribunal Supremo considera que la no inclusión de la actividad prestada por las limpiadoras en el listado de enfermedades profesionales supone una discriminación indirecta por la falta de mención expresa de dicha actividad, con la consiguiente presunción de que solamente se aplicaría a las masculinizadas que se mencionan[41].

38. El cuadro de enfermedades profesionales fue aprobado a través del RTD 1299/2006, de 10 de noviembre, por el que se aprueba el cuadro de enfermedades profesionales en el sistema de la Seguridad Social y se establecen criterios para su notificación y registro.

39. Como ejemplos, la STSJ Castilla y León, Burgos, de 26 de mayo de 2021(AS 2021, 1557) o las SSTS de 6 de julio de 2022 y 7 y 8 de julio de 2022 (RJ 2022, 3081), (RJ 2022, 3727) y (RJ 2022, 3080).

40. (RJ 2022, 4781).

41. «La no inclusión en el citado RD de la profesión de limpiadora en el cuadro de profesiones que pueden resultar afectadas por una enfermedad profesional supone una discriminación indirecta. En efecto, mientras que las profesiones contempladas a título ejemplificativo —pintores escayolistas, montadores de estructuras—

Llegados a este punto puede concluirse la urgente necesidad de actualizar el listado de enfermedades profesionales con el objetivo de incorporar, conforme a la perspectiva de género[42]. Esta afirmación se refuerza con la Ley 15/2022, de 12 de julio, integral para la igualdad de trato y la no discriminación[43].

3.2. LA DESCONEXIÓN COMO FRENO A LOS RIESGOS PSICOSOCIALES EMERGENTES

Los riesgos psicosociales derivados del conflicto trabajo-familia son una realidad en las relaciones laborales con mirada de mujer, pero se hacen más evidentes a través del empleo de nuevas tecnologías en los puestos de trabajo, especialmente, con la práctica del teletrabajo. Es cierto que esta forma de trabajar a distancia y de forma digitalizada permite a la persona trabajadora estructurar su jornada laboral y evitar los desplazamientos entre su domicilio y la empresa, sin embargo, en ocasiones, tiene el efecto perverso materializado en una prolongación de la jornada por las tardes o noches y los fines de semana[44]. Se hace preciso, por tanto,[45] advertir, aunque sea de forma breve, sobre la necesidad de vincular la desconexión con la salud laboral de la mujer, porque las disparidades en el acceso al teletrabajo y el hecho de ser un colectivo, junto con las personas más jóvenes, que prefieren

---

fuertemente masculinizadas, como se ha expuesto en el ordinal segundo, se benefician de la presunción de que en ellas se realizan posturas forzadas y movimientos repetitivos en el trabajo, se realizan con los codos en posición elevada o que tensan los tendones o bolsa subacromial, asociándose a acciones de levantar y alcanzar; uso continuado del brazo en abducción o flexión, lo que determina que estemos ante una enfermedad profesional, en la profesión de limpiadora, fuertemente feminizada para el diagnóstico de la enfermedad profesional se exige acreditar la realización de dichos movimientos».

42. Se haría extensivo al teletrabajo como forma de organización elegida por más mujeres que hombres.

43. Su art. 4.3 señala que «el derecho a la igualdad de trato y la no discriminación es un principio informador del ordenamiento jurídico y, como tal, se integrará y observará con carácter transversal en la interpretación y aplicación de las normas jurídicas».

44. «En el contexto del teletrabajo "habitual", en torno al 30 % de los trabajadores trabajan todos los días o varias veces a la semana durante su tiempo libre; alrededor del 50 % experimentan una interrupción en su jornada para realizar tareas imprevistas y un 20 % trabajan más de 48 horas semanales (este porcentaje se aproxima al 30 % en el caso de los teletrabajadores «móviles» y al 10 % en el de los teletrabajadores «ocasionales»). En EUROFOUND, «Further exploring the working conditions of ICT-based mobile workers and home-based teleworkers», Documento de trabajo, 2020, p. 23.

45. Son muchos los trabajos dedicados al estudio de esta materia. Sirvan como ejemplo los siguientes: MORENO SOLANA, AMANDA, «la desconexión digital en el teletrabajo como medida de prevención de los riesgos psicosociales» https://revistes.uab.cat/

una mayor cantidad de días teletrabajando[46] por mes, indican la necesaria perspectiva de género en su estudio.

El derecho a la desconexión digital vio la luz en el artículo 88 de la Ley Orgánica de Protección de Datos Personales y garantía de los derechos digitales[47] (en adelante, LOPD), como herramienta, precisamente, por un lado, para evitar el riesgo de fatiga informática y, por otro, con un objetivo enfocado a fomentar la conciliación de la actividad y la vida personal y familiar. Por otro lado, y posteriormente, se aprobó la Ley de trabajo a distancia[48] (anterior Real Decreto Ley 28/2020, de 22 de septiembre), en cuyo artículo 18, se configura el derecho a la desconexión digital fuera del horario de trabajo de las personas que trabajan a distancia y teletrabajadoras, en los términos establecidos en el artículo 88 de la LOPD, reconociéndose, de esta forma, tanto un derecho del trabajador como un deber para el empleador,

---

anuarioiet/article/view/v8-moreno;LOUSADA AROCHENA, JOSÉ FERNANDO, «La incidencia de las nuevas tecnologías en las relaciones laborales: economía digital, teletrabajo y desconexión digital», *Revista Derecho Social y Empresa*, núm. 14, 2021;; MONTOYA MEDINA, DAVID, «Teletrabajo y prevención de riesgos laborales», *Revista Española de Derecho del Trabajo*, núm. 243, 2021; TERRADILLOS ORMAETXEA, MARÍA EDURNE., «El derecho a la desconexión digital en la ley y en la incipiente negociación colectiva española: la importancia de su regulación jurídica», *Lan Harremanak Revista de Relaciones Laborales*, núm. 42, 2019.

46. La brecha de género que existía en el teletrabajo se ha ido ampliando. Concretamente, atendiendo a los últimos datos, en 2023, la tasa de mujeres que han teletrabajado ha ido al alza, mientras que la de hombres se ha reducido. En el año 2023 un 14,6% de las mujeres admitieron haber teletrabajado los últimos tres meses, tres décimas más que en el año 2022, mientras que la tasa de hombres se ha reducido del 13,7% al 13,1% en un año. Así, la media se ha situado en un 13,8%, dos décimas menos que en el año 2022, según la Encuesta sobre equipamiento y uso de tecnologías de información y comunicación en los hogares publicada por el Instituto Nacional de Estadística (INE). El INE incluyó el teletrabajo en la encuesta en 2021, después del auge de esta práctica por el estallido de la pandemia. Entonces, la cifra alcanzaba el 17,6%, pero al año siguiente la práctica del teletrabajo cayó hasta el 14%. En 2023, la cifra se ha mantenido estable, con una caída de apenas dos décimas. *Vid.* https://www.ejeprime.com/mercado/retrato-del-teletrabajo-en-espana-enraizado-en-la-ciudad-y-con-mayoria-de-mujeresConcretamente, en Andalucía, el 11,5 % de las mujeres teletrabajan frente al 6,8 % de hombres. *Vid.* https://efe.com/andalucia/2024-01-06/teletrabajo-enemigo-o-aliado-de-la-mujer/
Igualmente, *vid.* «Cómo quiere trabajar la gente: preferencias para el trabajo remoto después de la pandemia», Boletín Económico del BCE, número 1/2023, ¿https://www.ecb.europa.eu/pub/economicbulletin/focus/2023/html/ecb.ebbox202301_04~1b73ef4872.en.html
47. Ley Orgánica 3/2018, de 5 diciembre, de Protección de Datos Personales y garantía de los derechos digitales. BOE 6 diciembre 2018.
48. Ley de trabajo a distancia, Ley 10/2021, de 9 julio. BOE 10 julio 2021.

quien debe ser garante[49] de la limitación del empleo de los medios tecnológicos de comunicación y de trabajo durante los periodos de descanso, de respeto a la jornada y tiempo de trabajo. En esta misma dirección no puede obviarse el art. 20.bis ET[50].

Sea como fuere, el derecho a la desconexión digital se convierte, con el uso de las nuevas tecnologías, en un instrumento necesario en el ámbito de la salud laboral porque nos encontramos ante un derecho instrumental[51] en la medida que permite que se ejerzan otros derechos, como el derecho al descanso, a la conciliación de la vida personal, familiar y laboral y el derecho a la salud.

Con una mirada preventiva, igualmente, es cierto que el artículo 15 de la Ley 10/2021, de 9 de julio, de trabajo a distancia reconoce a los trabajadores a distancia el derecho a la prevención de riesgos laborales, o, lo que es lo mismo, derecho a una adecuada protección en materia de seguridad y salud en el trabajo de conformidad con lo establecido en la LPRL y su normativa de desarrollo[52]. No obstante, debido a la casi nula perspectiva de género en la salud laboral preventiva, incluido el ámbito de la utilización de las nuevas tecnologías, con especial atención en el teletrabajo, se hace difícil el cumplimiento por la parte empresarial[53] de sus obligaciones en materia preventiva reguladas en la LPRL. No obstante, es preciso advertir que esta realidad no exime al empresario de su obligación a garantizar la seguridad y salud laboral.

Por otra parte, el artículo 16 de la Ley de trabajo a distancia[54], recoge de forma expresa que la evaluación de riesgos y la planificación de la actividad preventiva deberá tener en cuenta las principales modalidades de riesgos que ocasiona el trabajo a distancia, especialmente, los riesgos ergonómicos,

49. RODRÍGUEZ ESCANCIANO, SUSANA, «Régimen jurídico del teletrabajo: Aspectos sustantivos y procesales», *Revista Jurídica de Castilla y León*, núm. 54, 2021, p. 142.

50. Incorporado por la propia LOPD.

51. ARAGÓN GOMEZ, CRISTINA, «El derecho a la desconexión digital», en *Curso de derechos digitales y efectos en las relaciones laborales* Aranzadi, 2019, p. 9.

52. Un estudio detallado en AYERRA DUESCA, NURIA, «El derecho a la desconexión digital desde un punto de vista de la prevención de riesgos laborales», *Lan harremanak: Revista de relaciones laborales*, n.47, 2022.

53. RODRÍGUEZ ESCANCIANO, SUSANA, «Régimen jurídico del teletrabajo...» *op. cit.*, p. 138.

54. «La evaluación de riesgos y la planificación de la actividad preventiva del trabajo a distancia deberán tener en cuenta los riesgos característicos de esta modalidad de trabajo, poniendo especial atención en los factores psicosociales, ergonómicos y organizativos y de accesibilidad del entorno laboral efectivo. En particular, deberá tenerse en cuenta la distribución de la jornada, los tiempos de disponibilidad y la garantía de los descansos y desconexiones durante la jornada».

organizativos y psicosociales, prestando especial atención a la distribución de la jornada, los tiempos de disponibilidad y la garantía de los descansos y las desconexiones durante la jornada. Debe añadirse que dicha evaluación de riesgos deberá realizarse, únicamente, del lugar concreto donde tiene lugar la actividad laboral, excluyendo el resto de la vivienda.

Finalmente, debe resaltarse el ya aludido artículo 18 de la Ley de trabajo a distancia, en el que se especifica la obligación empresarial de elaborar una política interna que defina las modalidades de ejercicio del derecho a la desconexión y las acciones de formación y de sensibilización del personal sobre un uso adecuado de los dispositivos tecnológicas, con la finalidad de evitar el riesgo de fatiga informática. Todo ello, previa audiencia de los representantes de los trabajadores —que no implica un deber de negociar—, y remite a los convenios o acuerdos colectivos para que sean estos los que fijen los medios y medidas necesarias para garantizar el ejercicio efectivo del derecho a la desconexión. A través de esta regulación se reconoce como protagonista, una vez más, a la negociación colectiva, pero sin la garantía de ser parte del contenido mínimo[55] del convenio colectivo. Consecuentemente, la autonomía colectiva, al igual que sucede en materia de prevención de riesgos con perspectiva de género, se convierte en un instrumento de enorme utilidad en orden a lograr el reto propuesto, pero, sin embargo, se caracteriza por su parquedad, si bien un número mínimo de convenios colectivos regulan de forma exquisita la materia objeto de estudio[56].

Ante esta falta de cultura de la prevención laboral desde todas las perspectivas, se advierte la opción de integrar la desconexión dentro de la política interna de la empresa, a través del plan de prevención de riesgos labo-

55. BARRIOS BAUDOR, GUILLERMO. *La desconexión digital en la negociación colectiva de 2020: un análisis práctico.* Revista Galega de Dereito Social [en línea] 2020, 2.ª ET, n. 11, p. 111.

56. De los convenios firmados el pasado año destaca, por ejemplo, especialmente, por sus «buenas prácticas», el Convenio colectivo del Grupo Supermercados Carrefour. BOE 14 junio de 2023, cuyo art. 21, titulado «Desconexión digital» reza de la siguiente forma: «Con el fin de garantizar la desconexión digital de las personas trabajadoras se establecen las siguientes medidas que tendrán el carácter de mínimas, a excepción de las recomendaciones indicadas en el punto 4: 1. Se reconoce el derecho de las personas trabajadoras a no atender dispositivos digitales ni aplicaciones de mensajería, puestos a disposición por las empresas para la prestación laboral, fuera de su jornada de trabajo, y durante el tiempo destinado, a título enunciativo, a permisos, licencias, vacaciones, excedencias o reducciones de jornada, salvo que se den las causas de urgencia justificada estipuladas en el punto 3 siguiente. 2. En cualquier caso, con

rales, mediante la evaluación de riesgos y la planificación de la actividad preventiva[57], según lo previsto en el artículo 16 LPRL. De esta forma, vinculando la desconexión digital con la prevención de riesgos laborales, la misma se convertiría, tanto en un derecho de las personas trabajadoras a una protección eficaz, como en un deber para la empresa de protección en prevención de riesgos laborales, de conformidad con el artículo 14 LPRL. En esta dirección, sería recomendable, *de lege ferenda,* incorporar en el ordenamiento un derecho/deber de la desconexión digital, de forma que pasara a ser parte del derecho de las personas trabajadoras a una protección frente a los riesgos laborales (art. 14 LPRL) y, del mismo modo, acogerlo en el artículo 29 de la LPRL, pasando a convertirse el derecho a la desconexión, de esta forma, en una obligación para las personas trabajadoras en el cumplimiento de las medidas en materia de prevención de riesgos, correspon-

---

carácter general, no se realizarán, salvo que se den las situaciones de urgencia estipuladas en el punto 3, llamadas telefónicas, envío de correos electrónicos o de mensajería de cualquier tipo mediante las herramientas de trabajo puestas a disposición por parte de las Empresas más allá del horario de trabajo de la persona trabajadora, salvo que los mismos no impliquen la realización inmediata de cualquier encargo. Adicionalmente a lo anterior, se promoverá la recomendación de uso eficiente y racional de medios tecnológicos para evitar contactos profesionales a medios y herramientas personales. 3. Se considerará que concurren circunstancias excepcionales justificadas cuando se trate de supuestos que puedan suponer un riesgo hacia las personas o un potencial perjuicio empresarial hacia el negocio, cuya urgencia requiera de la adopción de medidas especiales o respuestas inmediatas». Debe destacarse en el mismo precepto, las orientaciones destinadas a una mejor gestión del tiempo de trabajo, denominándose, *se considerarán buenas prácticas*: Procurar que las comunicaciones se envíen exclusivamente a las personas implicadas y con el contenido imprescindible, simplificando la información. Promover la utilización de la configuración de la opción de envío retardado en los correos electrónicos que se emitan por parte de aquellas personas trabajadoras fuera de la jornada laboral y no concurran las circunstancias a las que se refiere el apartado 3 anterior.
Programar respuestas automáticas, durante los periodos de ausencia, indicando las fechas en las que no se estará disponible, y designando el correo o los datos de contacto de la persona a quien se hayan asignado las tareas durante tal ausencia. Se incorporará la utilización de videoconferencias y audio conferencias que permitan la realización de tales reuniones dentro de la jornada laboral y eliminen los desplazamientos innecesarios. Si dichas reuniones se han de llevar a cabo fuera de la jornada de la persona trabajadora la asistencia será voluntaria y será considerada tiempo efectivo de trabajo. Las reuniones incluirán en sus convocatorias la hora de inicio y finalización, así como la documentación relevante que vaya a ser tratada con el fin de que se puedan visualizar y analizar previamente los temas a tratar y las reuniones no se dilaten más de lo establecido». En la misma dirección *vid.* art. 40 del XX Convenio colectivo nacional de empresas de ingeniería; oficinas de estudios técnicos; inspección, supervisión y control técnico y de calidad (BOE 10 marzo 2023) y art. 16 del Convenio colectivo de Kiabi España KSCE, SA. (BOE 26 de abril de 2023).

57. ALTÉS TÁRREGA, JUAN ANTONIO y YAGÜE BLANCO, SERGIO «A vueltas con la desconexión digital: eficacia y garantías de *lege lata*», *Labos,* vol. 1, núm. 2, 2020, p. 82.

diendo, por tanto, a cada una velar tanto por su propia seguridad y salud en el trabajo, como por la de otras personas a las que pueda afectar su actividad profesional. De esta forma se aseguraría a los trabajadores, y especialmente debido a la segregación vertical y horizontal, a las trabajadoras, el derecho a la utilización de forma tutelada, desde el punto de vista de la salud, de las herramientas tecnológicas puestas a su disposición para el desarrollo de la actividad laboral al mismo tiempo que supondría una efectiva protección de otras personas a las que pudiesen afectar la actividad profesional.

Por tanto, si la desconexión digital se hiciera presente en la LPRL, se estaría utilizando la vía más oportuna y eficaz para intentar poner freno a las largas jornadas y, por tanto, también de forma indirecta, a los riesgos psicosociales. Se lograría mediante la implantación y aplicación del plan de prevención de la evaluación de riesgos y la planificación de la actividad preventiva (artículo 16 LPRL). De esta forma, se aseguraría a las personas, especialmente a las mujeres trabajadoras que sufren la brecha digital, el conflicto familia-trabajo, y la segregación horizontal y vertical del mercado de trabajo, un derecho necesario mínimo indisponible, asegurándose que solo puede ser mejorado, perfeccionado o desarrollado por la negociación colectiva (art. 2.2. LPRL).

3.3. LA NEGOCIACIÓN COLECTIVA: HERRAMIENTA IMPRESCINDIBLE EN EL AVANCE DE LA INCLUSIÓN DE LA PERSPECTIVA DE GÉNERO EN LA SALUD LABORAL

La regulación de la salud laboral de la mujer trabajadora a través de la negociación colectiva se caracteriza por la parquedad. Como bien afirma la doctrina especialista en la materia «son pocos los casos destacables de regulación colectiva imaginativa, con aportaciones sustanciales en la materia[58]».

Esta fuente, que debería ser la protagonista en el propósito de lograr la implementación de la perspectiva de género de forma transversal en la cultura preventiva de la empresa, sin embargo, muestra una indiferencia casi absoluta hacia el tema objeto de estudio, salvo en las situaciones de emba-

58. MORENO SOLANA, AMANDA, «Cláusulas de vanguardia en la negociación colectiva de empresa en relación a la seguridad y salud», en Mercader Uguina, J. R.; García Perrote Escartín, I., (eds.), *Cláusulas de vanguardia y problemas prácticos de la negociación colectiva actual,* Thomson, Aranzadi, Navarra, 2015,, p. 465.

razo y lactancia natural[59]. De los convenios publicados en el BOE durante el último año, un porcentaje alto contiene un capítulo expreso referido a «salud laboral»[60] o «riesgo durante el embarazo[61] y la maternidad»[62], «protección al embarazo»[63], «protección por maternidad»[64] «protección a la

59. SIERRA HERNAIZ, ELISA, «Igualdad de género y prevención de riesgos l laborales: nuevas propuestas de actuación», en BLÁZQUEZ AGUDO, EVA (dir.) *La negociación colectiva como vehículo para la implantación efectiva de medidas de igualdad,* vol. I, Universidad Carlos III de Madrid, Getafe, 2017, p. 65.

60. Véase, sin ánimo de exhaustividad, el listado de convenios citados en Fernández Docampo, B., «La salud laboral desde una perspectiva de género», cit., p. 334.

61. La Ley de Conciliación de la Vida Familiar y Laboral de las Personas Trabajadoras (Ley 39/1999, de 5 de noviembre) creó esta prestación dentro de la acción protectora de la Seguridad Social.

62. Resolución de 29 de septiembre de 2022, de la Dirección General de Trabajo, por la que se registra y publica el Convenio colectivo marco estatal para las empresas organizadoras del juego del bingo (BOE 10.10.22) Artículo 63. «Riesgo durante el embarazo y maternidad». En los casos de baja por riesgo durante el embarazo, ante la situación certificada por los Servicios Médicos del Servicio Público de Salud competente de que las condiciones del puesto de trabajo puedan influir negativamente en la salud de la trabajadora embarazada o del feto y no sea posible la adaptación a otro puesto de trabajo que evite tal riesgo, se percibirá desde el primer día de la baja y hasta el momento del parto, el 100 por 100 de la base reguladora del mes anterior.
En los supuestos de permiso por maternidad se garantiza la percepción del 100 por 100 de la base reguladora del mes anterior.

63. Resolución de 19 de abril de 2023, de la Dirección General de Trabajo, por la que se registra y publica el II Convenio colectivo de Logirail, S.M.E., SA. (BOE 1 mayo 2023).

64. Resolución de 18 de octubre de 2022, de la Dirección General de Trabajo, por la que se registra y publica el Convenio colectivo de Clear Channel España, SLU (BOE 31 octubre 2022); Resolución de 30 de noviembre de 2022, de la Dirección General de Trabajo, por la que se registra y publica el Convenio colectivo estatal de empresas de seguridad para el periodo 2023-2026 (BOE diciembre 2022); Resolución de 9 de enero de 2023, de la Dirección General de Trabajo, por la que se registra y publica el V Convenio colectivo de Servicios Logísticos de Combustibles de Aviación, SL. (BOE 19 enero 2023); Resolución de 6 de febrero de 2023, de la Dirección General de Trabajo, por la que se registra y publica el Convenio colectivo de Repsol Química, SA. (BOE 16 febrero 2023); Resolución de 17 de febrero de 2023, de la Dirección General de Trabajo, por la que se registra y publica el Convenio colectivo de Repsol Petróleo, SA, (Refino) (BOE 28 febrero2023); Resolución de 21 de marzo de 2023, de la Dirección General de Trabajo, por la que se registra y publica el VIII Convenio colectivo de Repsol, SA. (BOE 41.3.2023); Resolución de 10 de mayo de 2023, de la Dirección General de Trabajo, por la que se registra y publica el II Convenio colectivo de Repsol Lubricantes y Especialidades, SA. (BOE 24 mayo 23); Resolución de 30 de mayo de 2023, de la Dirección General de Trabajo, por la que se registra y publica el VIII Convenio marco estatal de servicios de atención a las personas dependientes y desarrollo de la promoción de la autonomía personal (BOE 9 junio 23); Resolución de 30 de junio de 2023, de la Dirección General de Trabajo, por la que se registra y publica el II Convenio colectivo de Quirón Prevención, SLU (BOE 19 julio 23).

maternidad y la lactancia[65]»[66]. Sin embargo, el texto utilizado resulta de contenido escaso porque se limitan a transcribir la ley[67].

Un porcentaje mayor de convenios revisados se limitan a hacer remisiones expresas al art. 26 LPRL[68]. Pero, en los dos supuestos indicados, es

65. La Ley para la Igualdad Efectiva de Mujeres y Hombres (Ley Orgánica 3/2007, de 22 de marzo) modifica algunos aspectos de la prestación por riesgo durante el embarazo y crea otra prestación específica: riesgo durante la lactancia natural.

66. Resolución de 13 de diciembre de 2022, de la Dirección General de Trabajo, por la que se registra y publica el IV Convenio colectivo de Cash Converters, SL, y sociedades vinculadas (BOE 26.12.2022); Resolución de 3 de julio de 2023, de la Dirección General de Trabajo, por la que se registra y publica el VIII Convenio colectivo general del sector de derivados del cemento (BOE 14 julio 23); Resolución de 14 de septiembre de 2023, de la Dirección General de Trabajo, por la que se registra y publica el V Convenio colectivo de Air Europa Líneas Aéreas, SAU, y su personal de tierra (excepto técnicos de mantenimiento aeronáutico), (BOE 27 septiembre 23).

67. Resolución de 20 de octubre de 2022, de la Dirección General de Trabajo, por la que se registra y publica el Convenio colectivo de Ilunion CEE Outsourcing, SA., (BOE 1 noviembre 22).

68. Resolución de 19 de septiembre de 2022, de la Dirección General de Trabajo, por la que se registra y publica el V Convenio colectivo general del sector de servicios de asistencia en tierra en aeropuertos (BOE 17 octubre 22); Resolución de 8 de noviembre de 2022, de la Dirección General de Trabajo, por la que se registra y publica el VII Convenio colectivo del grupo Generali España (BOE 18 noviembre 2023); Resolución de 9 de enero de 2023, de la Dirección General de Trabajo, por la que se registra y publica el Convenio colectivo de Adecco TT, SA, ETT. (BOE 20 enero 2023); Resolución de 16 de enero de 2023, de la Dirección General de Trabajo, por la que se registra y publica el Convenio colectivo nacional de las empresas y personas trabajadoras de perfumería y afines; Resolución de 31 de enero de 2023, de la Dirección General de Trabajo, por la que se registra y publica el Convenio colectivo de Districenter, SA. (BOE 10 febrero 2023); Resolución de 20 de enero de 2023, de la Dirección General de Trabajo, por la que se registra y publica el Convenio colectivo de General Óptica, SA. (BOE 22 febrero23); Resolución de 9 de marzo de 2023, de la Dirección General de Trabajo, por la que se registra y publica el Convenio colectivo estatal para las industrias de curtido, correas y cueros industriales y curtición de pieles para peletería (BOE 22 marzo 2023); Resolución de 13 de marzo de 2023, de la Dirección General de Trabajo, por la que se registra y publica el Convenio colectivo de Partnerwork Solution, SLU (BOE 23 marzo 2023); Resolución de 24 de marzo de 2023, de la Dirección General de Trabajo, por la que se registra y publica el Convenio colectivo estatal del personal de salas de fiesta, baile, discotecas, locales de ocio y espectáculos de España; Resolución de 24 de marzo de 2023, de la Dirección General de Trabajo, por la que se registra y publica el Convenio colectivo de la industria del calzado; Resolución de 13 de julio de 2023, de la Dirección General de Trabajo, por la que se registra y publica el XVIII Convenio colectivo estatal de empresas de consultoría, tecnologías de la información y estudios de mercado y de la opinión pública (BOE 26 julio 23); Resolución de 3 de agosto de 2023, de la Dirección General de Trabajo, por la que se registra y publica el III Convenio colectivo nacional de los servicios de prevención ajenos (BOE 15 agosto 23); Resolución de 14 de septiembre de 2023, de la Dirección General de Trabajo, por la que se registra y publica el I Convenio colectivo de Triangle Outsourcing, SL. (BOE 27 septiembre 2023).

decir, tanto si se transcribe el art. 26 de la LPRL, como si hay una remisión expresa al mismo, la regulación es realmente escasa teniendo presente que la aportación relevante consistiría en que la propia negociación colectiva delimitara los puestos de trabajo que pueden conllevar riesgos (como se hace eco el convenio colectivo de Air Europa[69]), diferenciase en esta evaluación los más prevalentes para mujeres y hombres y estableciese las medidas preventivas adecuadas[70].

Finalmente, debe destacarse que la mayoría de los convenios analizados no tienen en consideración los riesgos específicos de las trabajadoras, tampoco los relacionados con la maternidad y la lactancia[71].

Por tanto, se advierte desde un principio que la recepción convencional de la diferencia entre mujeres y hombres en el ámbito laboral es muy escasa,

69. Atendiendo a su art. 41, la empresa «recogerá en el plan de prevención los factores de riesgo para la mujer gestante o en periodo de lactancia, informando a las personas trabajadoras a través de la ficha informativa de riesgos del puesto, de la existencia de factores de riesgo». Es más, el precepto sigue advirtiendo que «Con el fin de garantizar una protección adecuada, una vez que la empresa tenga conocimiento del estado de gestación (dada la consideración de persona trabajadora sensible), se procederá a la revisión de la evaluación de riesgos y para completarla, ofertará a la persona trabajadora un examen médico obligatorio, para que el SP en la especialidad de Medicina de Trabajo valore de manera específica los riesgos de su puesto, conforme a lo establecido en el artículo 26 de la LPRL. Asimismo, mientras dure el embarazo y la lactancia la persona trabajadora tendrá la posibilidad de someterse a vigilancia de la salud.»: V Convenio colectivo de Air Europa Líneas Aéreas, SAU, y su personal de tierra (excepto técnicos de mantenimiento aeronáutico) (BOE 27 septiembre 23).

70. Serrano García, J. M., «Maternidad, paternidad y salud laboral», en UGT (ed.) *Análisis de medidas y planes de igualdad. Informe 2013*, Madrid, p. 31.

71. X Convenio colectivo de Lufthansa Cargo AG; III Convenio colectivo de Lo Bueno Directo Servicio de Ventas, SLU (BOE 17 octubre 2022); Convenio colectivo de acción e intervención social 2022-2024 (BOE 28 octubre 23); Convenio colectivo de Ercros, SA. (BOE 31 octubre 2023); Convenio colectivo de Compañía Norteña de Bebidas Gaseosas, Norbega, SLU, para sus centros de trabajo de Galdakao, San Sebastián, Vitoria-Gasteiz, Santander, Pamplona y Burgos; XVIII Convenio colectivo de Ford España, SL.(BOE 4 octubre 22); VII Convenio colectivo del grupo Generali España; Convenio colectivo de Agfa Offset BV sucursal en España, para sus centros de trabajo de Barcelona y Madrid; Convenio colectivo del Grupo Prisa Radio; Convenio colectivo sectorial estatal de marcas de restauración moderna; Convenio colectivo de Verallia Spain, SA (fábricas) (BOE 10 diciembre 2022); Convenio colectivo del Grupo Prisa Radio (BOE 7 diciembre 22); Convenio colectivo de restauración colectiva; Convenio colectivo de Agfa Offset BV sucursal en España, para sus centros de trabajo de Barcelona y Madrid (BOE 7 diciembre 22);Convenio colectivo de la industria azucarera. (BOE 21 marzo 2022); IV Convenio colectivo de Acciona Airport Services, SA. (BOE 20 diciembre 2022); Convenio colectivo para las industrias de turrones y mazapanes

y entre las razones que la justifican se encuentra, aparte de la escrupulosa regulación legal, por un lado, la perspectiva androcéntrica tradicional sobre

---

(BOE 28.12.2022); Convenio colectivo para los establecimientos financieros de crédito (BOE 18 diciembre 2022); Convenio colectivo de Compañía Asturiana de Bebidas Gaseosas, SLU. (BOE 20.01.23); Convenio colectivo de NCR España, SL; Convenio colectivo de Minas de Almadén y Arrayanes, SA, S.M.; Convenio colectivo de Bellota Herramientas, SLU, y Bellota Agrisolutions, SLU; Convenio colectivo de Fertiberia, SA; II Convenio colectivo de Bimbo Donuts Iberia, SAU; III Convenio colectivo de Agencia de Transportes Robles, SA.; Convenio colectivo de Acciona Mobility, SA; Convenio colectivo de Assured Fleet Services, SL; Convenio colectivo de La Veneciana, SA; XX Convenio colectivo nacional de empresas de ingeniería; oficinas de estudios técnicos; inspección, supervisión y control técnico y de calidad; XVIII Convenio colectivo de Iberia, LAE, SA, Operadora, SU, y sus tripulantes de cabina de pasajeros; V Convenio colectivo de la Ilunion Seguridad, SA; XI Convenio colectivo nacional para las industrias de pastas alimenticias; IV Convenio colectivo de Saint-Gobain Isover Ibérica, SL; Convenio Colectivo de Bureau Veritas Iberia, SLU; Convenio colectivo del Grupo Cetelem; VI Convenio colectivo para el grupo Maxam; Convenio colectivo de Avis Alquile un Coche, SAU; IV Convenio colectivo del Grupo Hermanos Martín; Convenio colectivo de empresas de elaboración de productos del mar con procesos de congelación y refrigeración.; Convenio colectivo de Zurich Insurance, PLC, Sucursal en España; Zurich Vida, Compañía de Seguros y Reaseguros, SA; y Zurich Services AIE. (BOE 19 abril2023); I Convenio colectivo de Red Eléctrica Corporación, SA.(BOE 1 mayo 2023); Convenio colectivo de Transportes Bacoma, SA (BOE 1 mayo 2023).

II Convenio colectivo de pilotos de easyJet Airline Company Limited, Sucursal en España (BOE 12 mayo 2023); Convenio colectivo de la Fundación CEPAIM, Acción Integral con Migrantes (BOE 12 mayo 2023);

Convenio colectivo de Otis Mobility, SA (BOE 12 mayo 2023); VII Convenio colectivo de Safety Kleen España, SA.(BOE 12 mayo 23); Convenio colectivo de las Unidades Globales de Telefónica en España (BOE 9 junio); Convenio colectivo del sector de grandes almacenes.(BOE 9 junio); III Convenio colectivo de ámbito estatal del sector de contact center (BOE 9 junio 23); Convenio colectivo del Grupo Supermercados Carrefour.(BOE 14 junio 23); IV Convenio colectivo de Bofrost*, SAU; Convenio colectivo de Relyens Mutual Insurance, sucursal en España Convenio colectivo de Pilotos de Ryanair DAC en España; Convenio colectivo del Grupo Allianz. (BOE 29 junio 23);II Convenio colectivo de la Sociedad Anónima de Electrónica Submarina.(BOE 29 junio 23); VI Convenio colectivo de Air Europa Líneas Aéreas, SAU (Técnicos Mantenimiento de Aeronaves); III Convenio colectivo de la Asociación para la Gestión de la Integración Social; Convenio colectivo de Froneri Iberia, SL (BOE 14 julio 23); VII Convenio colectivo de Recuperación de Materiales Diversos, SA (BOE 19 julio 23); II Convenio colectivo del Grupo Renfe (BOE 19 julio 23); Convenio colectivo para los establecimientos financieros de crédito (BOE 24 julio 2023); Convenio colectivo de Cemex España Operaciones, SLU (BOE 26 julio 23); II Convenio colectivo de Kiwokopet, SLU (BOE 26 julio 2023); Convenio colectivo de Fundación Telefónica (BOE 31 julio 2023); XVII Convenio colectivo de Control y Montajes Industriales CYMI, SA. (BOE 3 agosto 23); II Convenio colectivo de tripulantes de cabina de pasajeros de EasyJet Airline Spain, Sucursal en España.(BOE 3 agosto 23); Convenio colectivo del Grupo ISRG (BOE 7 agosto 23); V Convenio Colectivo de Nokia Transformation Engineering & Consulting Services Spain, SLU (BOE 7 agosto 23);XII Convenio colectivo de Salas de Juego Orenes Grupo.; Convenio colectivo de Deutsche Telekom Business

la que se ha elaborado nuestro ordenamiento jurídico[72] y, por otro, la errónea presunción de que las patologías y sintomatologías femeninas son idénticas que las masculinas, hecho que se traduce en un claro perjuicio para garantizar y preservar la salud de ambos sexos[73].

Ahora bien, como excepción a este deficiente tratamiento, y por lo que respecta a los riesgos psicosociales entre las mujeres, debe destacarse el convenio colectivo del Grupo AENA[74] según el cual, cada una de las empresas que constituyen el grupo implantará y aplicará el Procedimiento de Prevención de Riesgos Laborales de Evaluación de Factores Psicosociales (PPRL-07.13) para dar cumplimiento al art. 3.1 del Real Decreto 39/1997, que aprueba el Reglamento de los Servicios de Prevención. En igual dirección el III convenio colectivo del gupo Naturgy[75] resalta en su art. 55, titulado «factores psicosociales», la importancia de «salvaguardar el bienestar fomentando el desempeño psicosocial como un compromiso de toda la Organización con la salud de todas las personas trabajadoras…».

Puede concluirse, por tanto, que la manifiesta falta de atención a la salud laboral de la mujer ha quedado demostrada por la autonomía colectiva, y está generando una falta de consideración, que no parece tener fin, a los riesgos con perspectiva de género. La negociación colectiva no adopta, con carácter general, una estrategia que integre dichas diferencias derivadas de

Solutions Iberia, SLU; Convenio colectivo estatal para despachos de técnicos tributarios y asesores fiscales.; Convenio colectivo para el personal de tierra de los centros de trabajo de Algeciras, Ceuta y Tarifa, de Förde Reederei Seetouristik Iberia, SLU; Convenio colectivo de Global Spedition, SL.; VIII Convenio colectivo de Compañía Levantina de Bebidas Gaseosas, SLU.(BOE 2 septiembre 2023); Convenio colectivo estatal del sector de Agencias de Viajes (BOE 2 septiembre 23); IX Convenio colectivo estatal del corcho.; VII Convenio colectivo general del sector de la construcción (BOE 23 septiembre 2023); II Convenio colectivo de Red Eléctrica de España, SAU; Convenio colectivo de Eurodepot España, SA (BOE 27 septiembre 2023); II Convenio colectivo de Síntax Logística, SA. III Convenio colectivo de Volkswagen Group España Distribución.(BOE 28 septiembre 2023); VIII Convenio colectivo de la asociación Aldeas Infantiles SOS España (BOE 28 septiembre 23).

72. VALLEJO DA COSTA, RUTH., *Salud laboral... op. cit.*, p. 33.
73. FERNÁNDEZ DOCAMPO, BELÉN, «La salud laboral desde una perspectiva de género», en LOUSADA AROCHENA, JOSÉ FERNANDO (ed.) *El principio de igualdad en la negociación colectiva, 2008*, p. 324.
74. Convenio Grupo AENA (BOE 20.12.2011). Misma previsión se contiene CC Gallina Blanca (BOE 29.8.2012).
75. BOE 24 febrero 2023.Además de recoger un minucioso proceso de evaluación de los factores psicosociales, el convenio advierte que los mismo pueden estar presentes «en todo tipo de trabajo o puesto desempeñado». Por dicho motivo, advierte que «se establecerán mecanismos de detección de posibles riesgos asociados y, en su caso, se procederá a la evaluación de los mismos. Adicionalmente se promoverá la detección de situaciones de riesgo a través de la vigilancia de la salud».

la segregación vertical y horizontal del mercado de trabajo, tampoco del uso de las nuevas tecnologías, especialmente el teletrabajo, salvo en el tratamiento de los riesgos laborales derivados de la faceta reproductiva de la mujer (tanto embarazo como lactancia). Por tanto, desde estas líneas se advierte la necesidad de impulsar una negociación colectiva de carácter preventivo en la que exista un enfoque integral de la salud laboral tomando en consideración la dimensión de género, no solo en el ámbito reproductivo de la mujer, y que dedique especial atención a las necesidades de diversificación, cambio constante y permanente adaptación que exigen las nuevas tecnologías.

4. BIBLIOGRAFÍA

ALTÉS TÁRREGA, JUAN ANTONIO y YAGÜE BLANCO, SERGIO, «A vueltas con la desconexión digital: eficacia y garantías de lege lata», *Labos,* vol. 1, núm. 2, 2020.

ARAGÓN GOMEZ, CRISTINA, «El derecho a la desconexión digital», en Curso de derechos digitales y efectos en las relaciones laborales Aranzadi, 2019.

AYERRA DUESCA, NURIA, «El derecho a la desconexión digital desde un punto de vista de la prevención de riesgos laborales», *Lan harremanak: Revista de relaciones laborales,* n. 47, 2022.

BLÁZQUEZ AGUDO, EVA, «La prevención de riesgos laborales desde una perspectiva de género», *Revista del Ministerio de Trabajo y Economía Social,* n. 155, 2023.

FERNÁNDEZ DOCAMPO, BELÉN, «La salud laboral desde una perspectiva de género», en LOUSADA AROCHENA, JOSÉ FERNANDO (ed.) *El principio de igualdad en la negociación colectiva, 2008.*

GARCÍA GIL, BEGOÑA, «La segregación ocupacional y la valoración de puestos de trabajo en relación con el género», en MOLERO MARAÑÓN, MARÍA LUISA (dir.), *Ser mujer en el mercado de trabajo: dificultades, oportunidades y retos,* Thomson Reuters Aranzadi, Cizur Menor, 2022.

IGARTUA MIRÓ, MARÍA TERESA, «Prevención de riesgos laborales y trabajo de la mujer», *Temas laborales: Revista andaluza de trabajo y bienestar social,* vol. 91, 2007.

– «Teletrabajo y riesgos psicosociales: la imperiosa necesidad de reforzar la tutela preventiva», Trabajo, *Persona, Derecho, Mercado. Revista de Estudios sobre CCT y protección social,* Universidad Sevilla, julio 2021.

LOUSADA AROCHENA, JOSÉ FERNANDO, «La incidencia de las nuevas tecnologías en las relaciones laborales: economía digital, teletrabajo y desconexión digital», *Revista Derecho Social y Empresa,* núm. 14, 2021.

MERCADER UGUINA, JESÚS RAFAEL, *Algoritmos e inteligencia artificial en el derecho digital del trabajo,* Tirant lo Blanch, 2022.

MONTOYA MEDINA, DAVID, «Teletrabajo y prevención de riesgos laborales», *Revista Española de Derecho del Trabajo,* núm. 243, 2021.

MONTOYA MELGAR, ALFREDO, «Trabajo de la mujer y prevención de riesgos laborales», *Aranzadi Social,* n. 13, 2000.

MORENO SOLANA, AMANDA, «Cláusulas de vanguardia en la negociación colectiva de empresa en relación a la seguridad y salud», en Mercader Uguina, J. R.; García Perrote Escartín, I. (eds.), *Cláusulas de vanguardia y problemas prácticos de la negociación colectiva actual,* Thomson, Aranzadi, Navarra, 2015.

NIETO ROJAS, PATRICIA, «Género, Prevención de Riesgos y Negociación colectiva», Revista de información laboral, n. 9, 2017.

RIVAS VALLEJO, PILAR, «Trabajadoras con enfermedades crónicas y discriminación múltiple», Revista de Derecho Social, n. 54, 2011.

RODRÍGUEZ ESCANCIANO, SUSANA, «Régimen jurídico del teletrabajo: Aspectos sustantivos y procesales», Revista Jurídica de Castilla y León, núm. 54, 2021.

SERRANO ARGÜESO, MARIOLA, «Digitalización, tiempo de trabajo y salud laboral», IUS Labor 2/2019.

SIERRA HERNAIZ, ELISA, «Igualdad de género y prevención de riesgos l laborales: nuevas propuestas de actuación», en BLÁZQUEZ AGODO, E (dir.) *La negociación colectiva como vehículo para la implantación efectiva de medidas de igualdad,* vol. I, Universidad Carlos III de Madrid, Getafe, 2017.

TERRADILLOS ORMAETXEA, M.ª EDURNE, «El derecho a la desconexión digital en la ley y en la incipiente negociación colectiva española: la importancia de su regulación jurídica», *Lan Harremanak Revista de Relaciones Laborales,* núm. 42, 2019.

VALLEJO DA COSTA, RUTH, *Salud laboral, igualdad y mujer.* Aspectos jurídicos, Bomarzo, 2019.

Capítulo 8

Salud mental y mujer

JORGE ARTEAGABEITIA GONZÁLEZ
Ingeniero Técnico Industrial
Coach Profesional Ejecutivo, Directivo y Equipos
Técnico Superior en Prevención de Riesgos Laborales

SUMARIO: 1. INTRODUCCIÓN. 2. ¿QUÉ ES LA SALUD MENTAL? 3. ETAPAS EN LA SALUD MENTAL DE LA MUJER – CICLO VITAL. *3.1. Infancia y adolescencia. 3.2. Juventud. 3.3. Edad adulta. 3.4. Menopausia y envejecimiento. 3.5. Jubilación y tercera edad.* 4. LA REALIDAD. 5. SÍNTOMAS DE TRASTORNOS EN LA SALUD MENTAL. 6. FACTORES QUE AFECTAN EN LA SALUD MENTAL DE LAS MUJERES. 7. IMPACTO DE LA SALUD MENTAL EN LA VIDA LABORAL. 8. QUE PUEDO HACER COMO EMPRESA. 9. CONCLUSIONES.

1. INTRODUCCIÓN

Estamos a punto de cumplir 30 años de Ley de Prevención de Riesgos Laborales en España, un país con todas las libertades democráticas, que mira por sus ciudadanos y que dispone de un ámbito legal como es la Constitución Española de 1978, norma suprema del ordenamiento jurídico español, a la que están sujetos todos los poderes públicos y ciudadanos de España desde su entrada en vigor el 29 de diciembre de 1978 donde se enmarcan las normas, los derechos fundamentales y las libertades públicas.

El artículo 40.2 de la Constitución Española encomienda a los poderes públicos, como uno de los principios rectores de la política social y económica, velar por la seguridad e higiene en el trabajo.

Casi 30 años después, se ha avanzado mucho en las condiciones laborales y de seguridad y salud de las personas en su entorno laboral, y que independientemente de las estadísticas, la mejora y lo conseguido hasta la fecha es más que aceptable.

Solamente tenemos que observar:

- Una obra de construcción de hace 30 años y en la actualidad.
- Equipos de protección individual adecuados al riesgo y en el que la tecnología ha ido evolucionando en estos años mejorando la seguridad para los trabajadores/as.
- Equipos de trabajo con protecciones colectivas, sistemas de enclavamiento, legislación de máquinas mucho más evolucionada.

Pero...

Y ¿la salud mental?

Se ha visto mucha evolución y mejora tecnológica en los puestos de trabajo, en especial en la Seguridad en el trabajo, en la higiene industrial, en el diseño ergonómico de los puestos de trabajo, en el contenido de los reconocimientos médicos y la promoción de la salud, que forman parte de la Medicina del Trabajo (Aunque luego ampliaremos este punto), mientras que en Psicosociología Aplicada, todo se ha visto reducido a la aplicación de un método de Evaluación de Riesgos Psicosociales creado en el año 1998 (Más de 25 años) y que en el mejor de los casos se ha realizado algún cambio en el después del método, pero que en general, no se ha aplicado o en el mejor de los casos se ha realizado el estudio, pero ahí se ha quedado.

Es decir, debemos tener claro que la Psicosociología Aplicada, y por lo tanto la salud mental de los trabajadores y trabajadoras hoy en día, es algo no excesivamente trabajado y que en general no se ha mejorado (Con contadas excepciones, y sobre todo en gran empresa, pero debemos tener en cuenta el tejido empresarial de este país).

De hecho, hoy en día, sino es por alguna sentencia judicial, cualquier alteración en nuestra salud mental, no es reconocida inicialmente como profesional, sino que pasa a enfermedad común de manera automática.

Y es que la salud mental de las personas, y la salud en general, es ÚNICA, y no podemos dividirla entre salud personal y laboral.

Estamos actualmente en una sociedad que, ante un accidente en el puesto de trabajo, lo primero que se pregunta es:

Pero *¿ha sido accidente de trabajo? ¿Lo mando a la Mutua o la Seguridad Social?*

Aunque no nos guste decirlo tan claro, la verdad es que lo primero es quien paga la baja, es decir, un incidente/accidente laboral, se traduce en costes ante todo, y si puede ser que vaya a la Seguridad Social, para que no me cuente en estadísticas.

Siempre me ha gustado el ejemplo de los equipos de futbol profesionales.

Si un jugador/a tiene alguna lesión o accidente, y sobre todo si es una de las estrellas del equipo, rápidamente se buscan los mejores especialistas en el mundo para que traten su patología, no es una cuestión de quien lo paga, sino de que se recupere cuanto antes, por lo que cobra (salario), por los goles que mete o evita (Produce), pero sobre todo por lo que da al equipo que lo hace imprescindible.

Por lo que no existe un equipo de futbol profesional al que no le acompañe un médico, un fisioterapeuta, cocinero, preparador físico dentro de su plantilla, y cuando salen de viaje, un listado de centros médicos donde tratar a un trabajador en el mismo momento que sienta un tirón o mala sensación antes que se lesione.

Está claro que hablamos de futbol, de dinero, de estrellas, pero al fin y al cabo de una empresa que necesita a sus trabajadores/as para sacar la producción adelante.

Las personas más mayores del lugar, os acordareis de un tal Benito Floro, entrenador de futbol de grandes equipos, pero sobre todo se dio a conocer cuando fue entrenador del Albacete Balompié, convirtiéndose en un adelantado a su tiempo, incluyendo la figura de la psicología y la salud mental de los deportistas como algo necesario para evitar bajas de sus jugadores.

Cuando la salud mental todavía era un tema TABU, estamos hablando de los años 90, la filosofía de este técnico marco un antes y un después en el futbol mundial.

Uno de sus grandes fichajes para la plantilla, fue el psicólogo Emilio Lamparero.

Dentro de muchas de las herramientas que utilizaba, algo tan sencillo como visualizar los momentos concretos de los lances del juego para gestionar las posibles emociones negativas y afrontar los retos deportivos que ninguna había vivido con anterioridad.

Hacían sesiones grupales en las que se fomentaba el compañerismo y fue una de las claves del éxito de la plantilla, ya que la buena salud mental les hizo gozar de una buena salud física.

Según sus más cercanos, los jugadores ni se lesionaban, porque se encontraban bien mentalmente y sus resultados fueron tan espectaculares en lo deportivo y personal, que tres décadas después el futbol ya se tiene claro, que se trabaja con los pies y se juega con la cabeza.

Y aunque esta afirmación es demasiado amplia, sí que es verdad que la forma que tengas en tomarte las situaciones que te toca vivir, herramientas que tengas o te ayuden a aplicar, marca el cómo gestionarás dichas vivencias y la claridad de ideas ante que hacer en cada momento, decidiendo entrenar mejor, ser más disciplinado, cuidar tu dieta, mejorar tu comunicación y en resumen mejorar tus hábitos de vida y convertirlos en más saludables.

Uno de los mayores impedimentos que tuvo que luchar fue convencer a los propios futbolistas (Trabajadores) y dirección del club (Direcciones de empresa), pero los resultados deportivos les dieron la razón.

Y aunque este ejemplo, no está directamente relacionado con el tema en cuestión, sí que nos sitúa que cuando ponemos el foco en la realidad de lo que estamos viviendo, todo puede mejorar.

¿Por qué no?, y si ponemos servicios de psicología a disposición de las trabajadores/as de las empresas, como jugadores que son del juego de la compañía.

Al final es invertir en la salud de los deportistas que durante 8 horas todos los días juegan el partido para sumar puntos para la empresa y tener opciones de conseguir sus resultados. Jugadores fuera de forma o con su salud mental alterada, está claro que no nos llevarán a la consecución de objetivos a no ser que les ayudemos a mejorar, y sabiendo el momento en el que nos encontramos que la mano de obra especializada no es fácil de encontrar, tendremos que cuidar mucho de nuestros jugadores para no tener la plantilla mermada.

2. ¿QUÉ ES LA SALUD MENTAL?

Según la OMS, es un estado de bienestar en el cual cada persona desarrolla su potencia, para poder afrontar las tensiones de la vida, trabajar de forma productiva y fructífera y aportar algo a su comunidad.

La salud mental incluye nuestro bienestar emocional, psicológico y social, afecta a la forma en que pensamos, sentimos y actuamos cuando nos enfrentamos a la vida. También ayuda a determinar cómo manejamos el estrés, nos relacionamos con los demás y tomamos decisiones.

Debemos de fijarnos que no hablamos de patologías, no hablamos de estar enfermos, sino que hablamos de bienestar emocional, aunque también está demostrado que la existencia de este tipo de alteraciones puede desembocar en una patología de otro tipo totalmente diferente.

Hay personas que ante un exceso de carga emocional tienen problemas físicos (cefaleas, trastornos digestivos...) cognitivos (excesiva preocupación, obsesiones…) o conductuales (adicciones). Por tanto, hay un síntoma de alarma diferente para cada persona.

Teniendo en cuenta estos puntos comentados, podemos ver en qué aspectos de nuestra vida nos afecta, laboral, personal, …

SITUACIÓN	Familiar	Laboral	Pareja	Social
Cuando nos enfrentamos a la vida	SI	SI	SI	SI
Como manejamos el estrés	SI	SI	SI	SI
Relación con los demás	SI	SI	SI	SI
Toma de decisiones	SI	SI	SI	SI

Y aunque esto parece muy claro que en todos los aspectos de nuestra vida y de nuestro día a día, nos afecta a nuestro bienestar y por lo tanto puede alterar nuestra salud mental, es algo que debemos convencer a la sociedad, a las administraciones que gestionan la salud, y al mundo empresarial, para que la salud mental sea tomada como un problema de vida, y no de bajas laborales (Que por supuesto también hay que estudiar para combatir el absentismo real).

No podemos dirigirnos hacia un futuro con una sociedad afectada por los trastornos que se generan de su salud mental, y en especial, en la juventud y en las mujeres, donde las estadísticas confirman su afección.

La prevalencia global fe los problemas de salud mental es del 27,4% (30,2% en mujeres y 24,4% en hombres).

Problema de Salud mental general	Total (%)	Mujeres (%)	Hombres (%)
Trastorno de Ansiedad	6,7	8,8	4,5
Trastorno depresivo	4,1	5,9	2,3
Reacción de adaptación (Depresivo, ansioso o mixto)	2,3	3,1	1,4
Trastorno del sueño	5,4	15,8	5,1
Trastorno por somatización	5,5	6,6	4,3
Anorexia Nerviosa/bulimia	1,4	2,4	0,3

MINISTERIO DE SANIDAD: Datos diciembre 2020 – Fuente: Salud mental en datos: prevalencia de los problemas de salud y consumo de psicofármacos y fármacos relacionados a partir de los registros clínicos de atención primaria.

Hay que destacar ciertos riesgos a tener en cuenta de estos datos:

- Predominio femenino en población adulta y masculina en niños y jóvenes.
- Gradiente social (Su prevalencia se incrementa conforme disminuye el nivel de renta de las personas).
- Medio rural / Urbano: Los problemas de salud mental en la niñez y adolescencia son más frecuentes en el medio urbano.
- País de nacimiento y situación laboral.

Todos los problemas de salud mental analizados en este informe del MINISTERIO DE SANIDAD, aparecen registrados con más frecuencia en la población de origen español más que en los extranjeros y en los desempleados respecto a la población activa, con independencia de la edad.

Por lo que nos encontramos, como habíamos adelantado, con problemas de salud mental centrados en la población adulta femenina, en entornos urbanos y con menores niveles de renta, aumentando en los desempleados.

Si unimos a estos datos, la utilización de psicofármacos, podemos añadir que el consumo de psicofármacos esta disparado en España y se concentra en las personas con menos ingresos, colectivos marginados y mujeres, sectores en los también se acumular los trastornos mentales.

En nuestra salud mental, afecta las tensiones de la vida, las vivencias acaecidas, las relaciones personales, el género, la familia, los hijos/as, las amistades y todo aquello que interactúa con ellas, alterando nuestro día a día.

Se trata de datos reales, de datos de nuestro día a día que debemos de tratar y afrontar desde el mundo laboral y personal.

3. ETAPAS EN LA SALUD MENTAL DE LA MUJER – CICLO VITAL

La mujer a lo largo de su vida pasa diferentes ciclos vitales, que pueden variar dependiendo el entorno social, cultural, económico y personal en el que vivan, pero que sin ningún lugar a dudas están relacionadas con su salud mental.

Estas etapas, sin duda, deben ser tenidas en cuenta en el estudio de la salud mental de las mujeres dentro del ámbito laboral en el que nos encontramos, por lo que deberán ser tenidos en cuenta en cualquier estudio preventivo de una empresa, ya que en algunas de estas etapas, la mujer se enfrenta a su estado biológico en el ámbito laboral y no puede deshacerse de él.

3.1. INFANCIA Y ADOLESCENCIA

En esta etapa, las mujeres están condicionadas con los factores que les influyan durante este tiempo.

La familia, las amistades, el ámbito escolar, los cambios hormonales, la autoimagen.

Situaciones vividas como el acoso escolar, el éxito en los estudios y la identidad sexual pueden impactar muy significativamente en la salud mental ahora y en el futuro.

Comprende la época de vida entre el nacimiento y la adolescencia, período de crecimiento, de primeras relaciones con la sociedad y donde se adquieren las capacidades básicas como persona, el conocimiento y el lenguaje.

La escolarización y la socialización marcarán el futuro de la persona.

Está claro que esta etapa no afecta en la vida laboral, pero sí que dependiendo de cómo la viva, puede marcar el resto de su vida.

3.2. JUVENTUD

Establecimiento de la identidad, educación, futuro laboral inmediato y las relaciones interpersonales.

Esta época puede generar estrés, ansiedad y preocupaciones sobre el futuro, especialmente cuando se espera que las mujeres cumplan el rol que se espera de ellas conforme a su género.

3.3. EDAD ADULTA

Aumentan las responsabilidades, como hijos/as, cuidado de mayores y gestión de la carrera profesional. Equilibrio entre vida laboral y familiar se convierte en un problema muchos días y se experimenta estrés, agotamiento y carga mental por el no llegar a realizar las obligaciones de ambos campos.

3.4. MENOPAUSIA Y ENVEJECIMIENTO

Trae cambios muy significativos y emocionales. Los síntomas que se experimentan como sofocos, insomnio, cambios de humos, disminución de la autoestima, afecta muy significativamente a la salud mental y se trata de una de las etapas más problemáticas en el ámbito laboral puesto que estas condiciones con las que conviven hacen en muchos casos que se provoquen situaciones insostenibles con el puesto de trabajo.

3.5. JUBILACIÓN Y TERCERA EDAD

Aparecen situaciones como la jubilación, la pérdida de las tareas rutinarias, adaptación a la pérdida de salud, relaciones familiares en otra etapa, aparece la soledad en algunas situaciones y preocupación por el futuro.

Estas etapas no son idénticas en todas las mujeres, y se ven totalmente modificadas dependiendo de la situación que viva cada una de ellas en el trascurso de su vida. Existe una amplia gama de factores que alteran lo comentado, pero que debe de servir como punto de partida ante el estudio de la situación psicosocial en una empresa por parte de las mujeres que la integran.

4. LA REALIDAD

Os presento a personas trabajadoras.

Enrique, hombre de 35 años en una cadena de producción del sector metal, tiene dos hijos de 15 y 7 años, tiene pareja y aunque con apuros, pasa el mes de una manera digna.

José, hombre de 42 años encargado de una cadena de producción del sector metal, tiene dos hijos de 12 y 8 años, divorciado y con custodia compartida. Su situación de trabajo, le permite poder disponer de cierta flexibilidad horario para atender la semana que está con sus hijos/as.

Julia, trabajadora de 35 años en la misma cadena de producción del sector metal, tiene dos hijos de 4 y 6 años, divorciada hace dos años y llega a fin de mes, gracias a la ayuda de su familia. Posee la custodia de sus hijos/as.

¿Creemos que estas personas tienen la misma salud mental? Por supuesto que este ejemplo esta rebuscado para poder ver que los problemas emocionales generales de estas personas son totalmente diferentes.

Enrique, puede repartirse las obligaciones de cuidar a sus hijos/as, llevarlos y traerlos al colegio, gestionar los incidentes adolescentes del/la mayor junto con su pareja.

José, una semana cada 2, tiene que organizarse su vida para atender a sus hijos/as, mientras que otra semana es más fácil organizarse e incluso disponer de tiempo para el mismo.

Al otro lado tenemos a Julia que debido a su situación de por donde le ha llevado la vida, se encuentra criando a sus dos hijos/as de una manera individual, estirando hasta los máximos su sueldo, e intentando conciliar de una manera prácticamente imposible sus turnos de trabajo con su vida familiar, puesto que personal como comprenderéis no le queda demasiado.

En estos extremos, podemos encontrar todas las situaciones que queramos, pero la realidad hoy en día, aunque ha mejorado mucho en los últimos 20 años, nos lleva a una sociedad en el que los roles del hombre y mujer favorecen estas situaciones de personas que es muy difícil su día a día y terminan con alteraciones en su salud mental o la existencia de altas cargas mentales.

Tal y como establece la Ley de Prevención de Riesgos Laborales, la salud y la seguridad de las trabajadoras y trabajadores debe estar protegida eficazmente. Se trata de un derecho y que sean tomadas todas las medidas necesarias para protegernos de dichos riesgos es necesario (artículo 14).

En este sentido, uno de los principios fundamentales es que es el trabajo el que se tiene que adaptar a la persona, en particular las características del puesto, la elección de los equipos y los métodos de trabajo y de producción (artículo 15).

Esto significa, que es el puesto de trabajo el que tiene que adaptarse a la persona trabajadora y no al contrario, por lo que debemos de tener en cuenta los riesgos psicosociales y el estado de salud mental de los trabajadores/as.

Y es que la salud mental, no se está teniendo en cuenta en la incorporación de los trabajadores a sus puestos de trabajo, como tampoco se está teniendo en cuenta en la vigilancia periódica de la salud de los trabajadores.

En aquellas empresas en las que se realiza un seguimiento de la salud de los trabajadores, tampoco se aplican en la mayoría de los casos, ningún protocolo que estudie la situación de la salud mental de las personas (Su forma de vida) y si esta situación le afecta a no a su puesto de trabajo, pudiendo incluso, ponerlo/a en peligro ante una falta de atención en su puesto de trabajo.

El concepto CARGA MENTAL aparece en los estudios psicosociales que deben de realizarse en todas las empresas, pero en ningún momento se aplica desde el punto de vista del estereotipo en el que vive cada persona y de su situación personal, lo que en el futuro veremos que deberá cambiar sino queremos tener una sociedad con un alto porcentaje de trabajadores/as de baja por cuestiones de salud mental.

La salud mental es necesaria para disponer de personas sanas, que sean válidas en los entornos laborales y que sumen en las organizaciones, por lo que debe ser tenido en cuenta de una manera muy urgente.

5. SÍNTOMAS DE TRASTORNOS EN LA SALUD MENTAL

Una persona con trastornos en su salud mental tiene afecciones en su estado de ánimo, el pensamiento y su comportamiento

Estos síntomas, pueden variar según el trastorno, la situación vivida y otros factores. Estos síntomas pueden afectar a las emociones, la manera de pensar y las conductas.

Algunos ejemplos de los signos y/o síntomas son los siguientes:

- Sentimientos de tristeza o desánimo
- Pensamientos confusos o capacidad reducida de concentración
- Preocupaciones o miedos excesivos o sentimientos intensos de culpa
- Altibajos y cambios radicales de humor
- Alejamiento de las amistades y de las actividades
- Cansancio importante, baja energía y problemas de sueño

- Desconexión de la realidad (delirio), paranoia o alucinaciones
- Incapacidad para afrontar los problemas o el estrés de la vida diaria
- Problemas para comprender y relacionar las situaciones y las personas
- Problemas con el uso de alcohol o drogas
- Cambios importantes en los hábitos alimentarios
- Cambios en el deseo sexual
- Exceso de enojo, hostilidad o violencia
- Pensamiento suicida

A veces, los síntomas de un trastorno de salud mental aparecen como problemas físicos, como dolor de estómago, dolor de espalda, dolores de cabeza u otros dolores y molestias inexplicables que no se traducen finalmente en una patología y que todos hemos vivido en algún momento, pero no lo hemos interpretado como un trastorno en nuestra salud mental.

Contar con una buena salud mental implica cuatro aspectos esenciales:

- Desarrollar conocimientos, habilidades y relaciones afectivas estables tendientes a la satisfacción personal y con los demás.
- Establecer buenas relaciones familiares, escolares, laborales, recreativas, con nuestros semejantes (Socialización).
- Armonizar ideales y valores éticos, para hacer frente a las demandas de la vida.
- Generar proyectos de vida, disfrutando del presente, teniendo en cuenta el futuro.

Y es que la aparición de trastornos en la salud mental puede generar una incapacidad en el día a día de la persona afectada y por lo tanto una baja laboral.

Hasta estos últimos años, estas bajas no han generado ningún tipo de preocupación, ni a las empresas, ni tampoco a la sociedad.

Es ahora cuando el elevado número de bajas generadas por trastornos en la salud mental de las personas está haciendo plantearse sino habrá que hacer algo al respecto, y es que las personas tienen una salud única, y no puede modificarse la salud en el horario laboral y no laboral, y menos todavía en la salud mental.

Otra cosa es si nuestra sociedad está preparada, y ni que decir tiene las empresas para tener en cuenta la situación de bienestar mental de sus trabajadores/as para su correcto desempeño laboral.

6. FACTORES QUE AFECTAN EN LA SALUD MENTAL DE LAS MUJERES

Roles sociales tradicionales (Estereotipos)

En la sociedad que nos encontramos hoy, y aunque se ha mejorado sustancialmente, las mujeres suelen encontrarse asociadas a ciertos roles de vida (Ama de casa, esposa, madre, asociada a trabajos feminizados, cuidadora de los mayores...) que le provocan el desempeño de muchos de ellos, y en especial cuando se conjugan, situación que genera alteraciones en su bienestar y por tanto en su salud mental.

Se tratan de prejuicios o creencias aceptadas por la sociedad y muchas veces por la propia persona relacionada con su género y que de una manera injusta asume con la culpabilidad incluso de no poder hacer frente a estas tareas.

Discriminación y desigualdad de género

Discriminaciones existentes en muchos casos y que afectan al ámbito laboral (diferencia salarial, falta de oportunidades, incompatibilidad de ciertos puestos de trabajo con la vida familiar) que afectan a la autoestima y el bienestar emocional de las mujeres, contribuyendo a problemas y alteraciones en la salud mental, como la ansiedad y la depresión.

Violencia de género

Las mujeres que han sido víctimas de violencia física, emocional o sexual experimentan traumas que impactan en su bienestar y por su puesto en su salud mental, dificultando su participación plena en el ámbito laboral.

Estigma y estereotipos

Los estigmas asociados a la salud mental, puede dificultar que las mujeres busquen ayuda profesional cuando lo necesitan, lo que puede resultar un deterioro de su salud mental y afectar a su desempeño laboral.

Además, hay que añadir la dificultad de acceder a los servicios de ayuda para la salud mental tanto en el ámbito público (Largas esperas de más de 6 meses para poder acceder a servicios de psicología) lo que provocan bajas inmediatas por parte del médico de Medicina General hasta la espera de atención especializada.

El acceso a la sanidad privada por otra parte es costoso, no pudiéndoselo permitir muchas economías familiares y por lo tanto dejan de ser atendidos ante este tipo de situaciones por un profesional.

Estos son algunos de los aspectos con los que tienen que convivir hoy en día, muchas mujeres dependiendo de la situación que se encuentre cada una de ellas.

Y es que aquí empieza a vislumbrarse algunas de las opciones a las mejoras en el bienestar, y es el PROYECTO DE VIDA.

Algo tan sencillo como poder decidir qué es lo que quiere ser uno, por donde quiere ir, sin depender de lo que marque la sociedad, de lo marque la persona que tienes al lado, es lo que promueve finalmente una mejora en el futuro de la salud mental de las mujeres. Es verdad, que esto debe comenzar desde la infancia y con el apoyo en todo momento de las familias cambiando muchos de los aspectos vistos hasta ahora.

7. IMPACTO DE LA SALUD MENTAL EN LA VIDA LABORAL

Productividad y rendimiento

Los problemas de salud mental afectan a la concentración, la toma de decisiones y la capacidad para enfrentar desafíos en el trabajo, entre otras cosas, lo que puede disminuir la productividad y el rendimiento laboral.

Absentismo

Las personas que experimentan problemas de salud mental pueden faltar al trabajo con más frecuencia o estar presentes físicamente pero no ser capaces de rendir al máximo de sus capacidades, lo que afecta a su desempeño individual.

Ambiente laboral

La salud mental de las personas también puede influir en el ambiente laboral. El estrés, la ansiedad o la depresión puede afectar las relaciones interpersonales y la colaboración entre colegas, generando un clima laboral poco saludable.

Oportunidades de carrera

El impacto de la salud mental en el desempeño laboral puede limitar las oportunidades de ascenso y desarrollo profesional de las mujeres, perpetuando así las desigualdades de género en el ámbito laboral.

Atención en el trabajo

El disponer de una atención total en muchos trabajos es vital para evitar accidentes de trabajo. Todo este tipo de trastornos generan en muchas situaciones que la persona no se encuentre con todos sus sentidos puestos en lo que está haciendo y por lo tanto puede desencadenarse o dar alguna causa que se sume para la consecución de un accidente laboral.

Por lo que la salud mental de las mujeres es un aspecto crucial que no solo afecta su bienestar personal, sino también a su participación y éxito en el ámbito laboral. Es fundamental reconocer y abordar los factores que influyen en la salud mental de las mujeres, promoviendo entornos laborales inclusivos, políticas de igualdad de género y programas de apoyo psicológico que permitan a las mujeres prosperar tanto en su vida personal como profesional. Al priorizar la salud mental de las mujeres, no solo se benefician ellas individualmente, sino también las organizaciones y la sociedad en su conjunto.

Por eso es clave, en todos los procesos preventivos de las empresas, incluir el aspecto de la perspectiva de género como parte indispensable de la evaluación de riesgos de los puestos de trabajo y de las personas que los ocupan.

Este hecho nos dará lugar a empezar a pensar en que las personas que trabajan en las empresas tienen problemas, situaciones complicadas de vida y que si queremos que se mantengan en su máximo nivel de producción y además nos ayude a retener el talento de ellas, debemos apoyarlas en su día a día.

8. QUE PUEDO HACER COMO EMPRESA

Tan fácil y difícil como TENERLO EN CUENTA, primer punto e importante, y es que la salud mental y en especial de la mujer, este incluido dentro de la política de la empresa en sus aspectos preventivos, puesto que, si no, de difícil manera será llevado a cabo.

Y no se trata de incluirlo como quien incluye muchas otras cosas porque las pide una legislación o un auditor, sino porque realmente se cree en ello.

Estoy convencido que, en un futuro muy cercano, habrá empresas a las que las personas querrán ir a trabajar por esta diferenciación del trato y de su acercamiento a su forma de vida y su manera de vivir.

No es fácil hacerlo para las empresas por cuestión de costes económicos que llevan aparejado, pero hay que buscar maneras para poder llevar a cabo estas acciones y permitir que las personas hagan su trabajo, pero además quieran ir a hacerlo porque tienen atendidas el resto de sus necesidades personales que le ayudan a un estado de bienestar excelente.

La Organización Mundial de la Salud (OMS) señala que por cada dólar gastado en abordar trastornos como la depresión se produce un retorno de 4 dólares en mejora de la salud y la productividad. Cuidar la salud física y emocional de los trabajadores/as aumenta su motivación y rendimiento; reduce el absentismo, mejora el clima laboral, y ayuda a retener y atraer talento, según los expertos. Pero para demostrar esto, hay que atreverse a ponerlo en marcha y medir los resultados.

Pero para eso se necesita un compromiso total de las direcciones de las compañías, que se crean el beneficio que les va a crear a su compañía el invertir en la salud de sus trabajadores/as.

Quizás el punto más difícil, pero necesario para poder mejorar en cualquier aspecto de salud mental, pero que sin él, no seremos capaces de hacer un cambio.

Una plantilla que ve a su dirección de empresa apoyar estas acciones y sobre todo participa, es una plantilla que comenzará a utilizar esos recursos, y por consiguiente romper el TABU de salud mental y que en muchas ocasiones se esconde para no dejarse ver o el miedo a que se pueda cortar su trayectoria profesional en una empresa, o simplemente el qué dirán.

Evaluación de Riesgos Laborales con perspectiva de género

Actualmente no existe una política preventiva, desde el punto de vista legal, en lo que se refiere a riesgos laborales por cuestión de sexo. Solamente aquellos aspectos que se refieren al embarazo, maternidad y que corresponden a una situación transitoria.

Por lo que, a la hora de realizar una evaluación de riesgos, debemos de tener muy claro que es la perspectiva de género en este ámbito.

La Perspectiva de Género es una metodología que se introduce en la construcción del conocimiento y, por otro lado, nos permite trasladar los análisis de la realidad que vivimos, señalando las diferencias y situaciones de desigualdad y discriminación a todos los ámbitos de decisión. En definitiva, un instrumento para conseguir la igualdad de oportunidades entre mujeres y hombres.

Y que debe tener en cuenta la DOBLE PRESENCIA de la mujer en la sociedad, en el ámbito familiar/personal, y laboral. Esta situación implica directamente un riesgo para la salud puesto que se aumentan las cargas de trabajo y la simultaneidad en muchas ocasiones de ambas demandas.

Por lo que hay que tener en cuenta como es el estado biológico de las mujeres, así como sus diferencias sociales. Si no se tienen en cuenta estos aspectos, se escaparán ciertos riesgos que deben ser tenidos en cuenta para que no se produzcan incidentes/accidentes laborales.

Aspectos claves a tener en cuenta son los riesgos psicosociales debidos a esta doble presencia, las situaciones de acoso sexual y los protocolos correspondientes para su denuncia y respuesta por parte de la empresa, los aspectos biológicos relacionados con la edad de la trabajadora y sus cambios biológicos.

Aspectos que mejoran o empeoran el confort en el puesto de trabajo y que por lo tanto afectan también en el día a día.

Evaluación de Riesgos Psicosocial

Es parte de la Evaluación de Riesgos Laborales y como antes decíamos, debe de ser específica y tener en cuenta a las personas que forman la plantilla.

El conocimiento de la plantilla a la hora de realizar un estudio psicosocial, los estudios epidemiológicos que se dispongan en la compañía en lo que se refiere a la salud mental, y que se tengan en cuenta en la vigilancia de la salud de las trabajadoras, permiten realizar un estudio psicosocial mucho más acertado y en el que se puedan indicar unas medidas preventivas acordes a las necesidades reales de las personas.

Vigilancia de la Salud

Aspecto que debe cambiar en el futuro y buscar la salud de las personas y no solo la consecución de un documento con una APTITUD LABORAL.

Es parte necesaria en el seguimiento y detección de las alteraciones de la salud mental de las personas que componen las empresas, y debemos de hacer que se vaya adaptando a la realidad de la sociedad en el año 2024.

La legislación actual de este país en lo que se refiere a Prevención de Riesgos Laborales, y pese a que ha habido algunas modificaciones, pero en el fondo es de hace casi 30 años, y la sociedad ha cambiado sustancialmente.

Mirando estadísticas oficiales del ministerio de Igualdad, en el año 2003, el 38,9% de las personas que trabajaban en empresas eran mujeres, mientras que en el año 2018 pasaron al 48,8%, valores que se mantienen aproximadamente actualmente.

Esto supone que solamente en los últimos 15 años, ha aumentado en más de 10 puntos, la presencia de la mujer en el mercado laboral, lo que supone una gran diferencia y por tanto adaptar las normativas en todo lo referido a su presencia en el mercado laboral.

Teniendo en cuenta que los datos relativos a la vigilancia de la salud de los trabajadores no podrán ser usados con fines discriminatorios ni en perjuicio del trabajador y que los resultados de las conclusiones que se deriven de los reconocimientos efectuados en relación con la aptitud del trabajador para el desempeño del puesto de trabajo o con la necesidad de introducir o mejorar las medidas de protección y prevención, a fin de que puedan desarrollar correctamente sus funciones en materia preventiva, este punto es clave para la mejora de la salud mental de las personas.

Incorporación a los reconocimientos médicos de algo tan sencillo como la realización de un cuestionario con preguntas dirigidas hacia la situación de salud mental de la trabajadora, como puede ser el test de Goldberg, un cuestionario que orienta el diagnóstico hacia ansiedad o depresión (o ambas en casos mixtos), además de discriminar entre ellos y dimensionar sus respectivas intensidades.

Este tipo de cuestionarios u otros de fácil cumplimentación, permite a los profesionales sanitarios especializados en Medicina del Trabajo, detectar preventivamente la situación de salud mental que pueda ser complementada con los resultados de los estudios psicosociales.

<u>Políticas de Conciliación (Equilibrio entre trabajo y vida personal)</u>

Reto complicado pero necesario para dar soluciones a la situación actual de muchas mujeres.

En la doble presencia de las mujeres en la sociedad, se hacen vitales, y aunque se salen del ámbito estricto y legal de la prevención de riesgos laborales, sí que debemos de hacer una mínima mención, puesto que esta falta de medidas o acciones, están relacionadas directamente con la carga mental que se desarrolla durante el día a día con esta convivencia de actividades.

Destacarían toda la legislación existente en España y que ha realizado modificaciones sobre el Estatuto de los trabajadores y otras normativas para poder tomar acciones y compatibilizar el trabajo con la familia.

- La flexibilidad horaria
- Teletrabajo
- Reducción de jornadas
- Guarderías en el centro de trabajo o acuerdos con cercanas
- Turnos de vacaciones
- Jornada Intensiva en verano
- Ayudas económicas

Son medidas que mejoran desde luego en algunos sectores y puestos de trabajo la conciliación familiar, pero que por las características del puesto de trabajo o empresa que deba aplicar, no siempre sea factible esta situación.

Por eso, como en toda medida preventiva relacionada con la seguridad, debemos de tener en cuenta el PODER, EL SABER y EL QUERER.

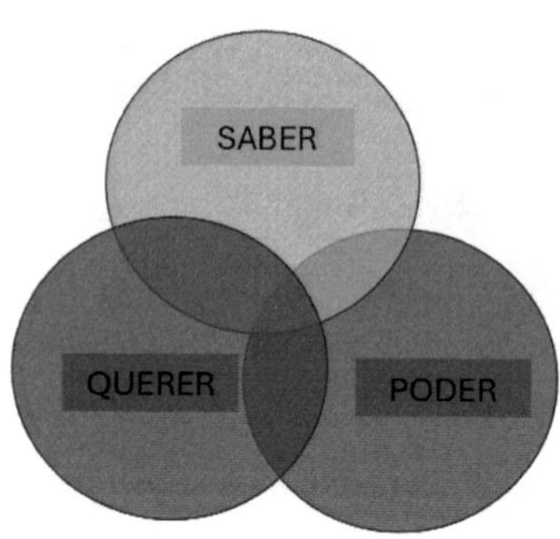

PODER: Tomar las medidas necesarias para ayudar a nuestro personal, debido a que se disponen, y que pueden aplicarse. La ausencia de opciones a implantar hace inviable el poder aplicar cualquier medida de mejora.

SABER: Como aplicarlas, a quien aplicarlas, cuáles son las mejores o las que más les interesan. El conocimiento de las necesidades de nuestra plantilla.

Quizás el dar opción de teletrabajo no es lo mejor para la gran mayoría, pero sin embargo mover la jornada a entrar o salir 15 minutos antes, es fundamental para poder llegar a tiempo a buscar a los niños al colegio (Por poner un ejemplo). Muchas veces el conocimiento de las necesidades nos llevará a la solución, y no el poner medidas porque se publiquen o pongan de moda.

QUERER: Como todo en la vida, quizás podemos tomar las medidas, e incluso sabemos cómo hay que hacerlo y a quien le aplica, pero... si no queremos ayudar o buscamos una causa por la que implantarlo, finalmente no se hace porque no se considera importante.

Solamente hay una zona en la que las medidas a implantar conseguirán los resultados, y es en la común de las tres acciones.

PODER – QUERER – SABER

Organizaciones Saludables

Aquella que establece procesos de trabajo que promueven y mantienen un estado de completo bienestar físico, mental y social de sus trabajadores/as.

No estamos hablando de organizaciones que se preocupen por cual es el nivel de absentismo de la compañía, sino de aquellas que invierten en la mejora de la salud a TODOS LOS NIVELES de sus colaboradores/as.

Aquellas que implantan políticas programadas en el tiempo con la búsqueda de unos objetivos siempre dirigidos en la mejora de la salud de sus colaboradores/as.

Estas políticas no buscan otra cosa que el bienestar de los trabajadores, sin importar a que se dedican, cuál es su puesto de trabajo o cuánto tiempo estén contratados, sino la implantación de una manera de pensar que atraiga talento y ganas de trabajar en esa empresa, así como lo retenga y haga que las personas se sientan «felices» de trabajar en ella.

Aquella que consigue disponer de «discípulos» que acompañen en el día a día de crecimiento de la empresa, y no «cautivos» o «mercenarios» que se mantienen en la compañía cada uno de ellos por causas muy diferentes.

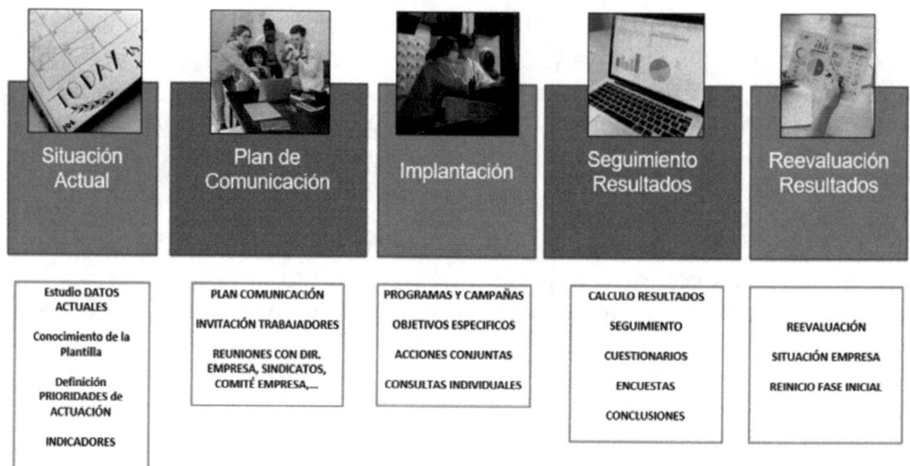

Es en este primer punto de SITUACIÓN ACTUAL, donde debe ser estudiada la situación de la mujer en esa organización en cuestión para la perfecta definición de las necesidades a trabajar, de cómo comunicarlas y posteriormente implantarlas para la consecución de resultados.

Conocimiento de la plantilla que forma una empresa: ¿Cuántas mujeres trabajan en mi compañía?, ¿Cuál es su situación personal y familiar?, ¿Podemos ayudarle a compaginar su vida laboral y personal?, ¿Quieren que le ayudemos a poner medidas de algún tipo?

Si lees algunas de estas preguntas y tu respuesta o tu pensamiento es «No lo tengo claro» es que no conoces las necesidades y la realidad de la plantilla de tu empresa, y por lo tanto las medidas que apliques puede ser que no funcionen.

No trato con este punto de descubrir algo increíble, sino de hacernos pensar si realmente conocemos a nuestras colaboradoras, o simplemente alguna vez nos hemos planteado que nos afecta su estado y sus problemas.

Mientras no lleguemos a este punto, seguramente no tendremos la solución/es más idóneas para todas ellas.

No es lo mismo trabajadoras de dirección, que técnicas de empresa, que trabajadoras de producción especializadas, que trabajadoras de limpieza, que cualquiera de los miles de puestos que existen y que ocupan las mujeres en el entorno laboral.

Gabinetes Psicológicos a disposición de las trabajadoras

Quizás este punto ya suene a gasto. Y este es el gran problema, que debe sonar a INVERSIÓN en la salud de ellas.

Si hablamos de salud mental hoy en día, podemos hablar de los muchos factores que todavía en esta sociedad hace que la mujer se encuentre situada con unos roles que se les han dado en su educación, en su manera de vivir, en su pareja que haga que las causas de los trastornos de salud mental sigan vivas y nos cueste cambiar.

Espero sinceramente que llegará el día que no tengamos que volver a hablar de esto, pero no nos engañemos porque esto tardará en llegar.

Así que no nos queda más remedio que poner medidas reactivas, o preventivas si todavía el mal no ha llegado, aunque si la preocupación.

Si Benito Floro (Entrenador de fútbol), lo vio en los años 90, no me puedo creer que hoy en día las empresas no consigan ver la importancia de la estabilidad emocional de sus colaboradoras en la sociedad en la que viven.

Cada vez son más las corporaciones empresariales que disponen de PROGRAMAS DE AYUDA AL EMPLEADO, dirigidas a la gestión de sus emociones, de manera que se les de herramientas para mejorar su gestión emocional, y hacer frente a las demandas del entorno laboral que viven de una forma saludable, y que además permita esto convivir con su puesto de trabajo sin tener que coger una baja laboral para su recuperación.

Se establecen canales en continuo de atención psicológica, un lugar donde las mujeres pueden hablar con un profesional que le ayude a gestionar esa situación que le bloquea o le impide llevar a cabo su vida con normalidad.

Deben ser las empresas las que inviertan en este tipo de programas como parte habitual de su día a día, puesto que el Sistema de Salud del país es prácticamente inexistente y provoca largas esperas para la primera atención, lo que supone largas bajas para las empresas.

9. CONCLUSIONES

No hay solución fácil, ni receta mágica para poder tratar este tema y solucionarlo. Porque en la salud mental no caben parches ni actuaciones sueltas, sino un trabajo desde la educación inicial, el apoyo de las empresas y el convencimiento de todos/as para darnos cuenta de que, aunque hemos mejorado mucho, todavía nos queda un largo camino, y que se trata de solucionar algo que durante, casi me atrevería a decir que siglos, se ha impuesto en la sociedad como parte natural en la mujer, y que ahora no es fácil cambiarlo de un día para otro.

Pero si el ser humano ha llegado a la luna, porque no vamos a poder hacer que la mujer pueda llegar a optar a disponer de la misma salud mental que un hombre.

Pensemos y actuemos en consecuencia.

Capítulo 9

El conflicto trabajo-familia como riesgo psicosocial en la mujer trabajadora

NATALIA HERRERO TOMÁS
Profesora Ayudante Doctora de Derecho del Trabajo y de la Seguridad Social
Universidad de Zaragoza

SUMARIO: 1. INTRODUCCIÓN. 2. LA REPERCUSIÓN DEL CONFLICTO TRABAJO-FAMILIA EN LA SALUD LABORAL DE LAS MUJERES. 3. EL CONFLICTO TRABAJO-FAMILIA COMO RIESGO PSICOSOCIAL. *3.1. La incorporación de la perspectiva de género en la seguridad y salud en el trabajo. 3.2. La evaluación de riesgos laborales y el conflicto trabajo-familia. 3.3. La conciliación de la vida personal, familiar y laboral y la corresponsabilidad.* 4. LAS APORTACIONES DE LA OIT EN MATERIA DE CONCILIACIÓN, TRABAJO DECENTE Y PREVENCIÓN DE RIESGOS LABORALES: UNAS CONDICIONES DE TRABAJO JUSTAS Y EQUITATIVAS. 5. CONCLUSIONES. 6. REFERENCIAS BIBLIOGRÁFICAS.

1. INTRODUCCIÓN

La Ley Orgánica 3/2007, de 22 de marzo, para la igualdad efectiva de mujeres y hombres (LOIMH), reconoce aquellos derechos relacionados con la conciliación de la vida personal y laboral, y fomenta medidas que permitan a las personas trabajadoras conciliar su vida personal, familiar y laboral, siendo este uno de los principales objetivos de esta Ley[1].

1. La Exposición de Motivos III de la LOIMH señala una «especial atención que presta la Ley a la corrección de la desigualdad en el ámbito específico de las relaciones laborales. Mediante una serie de previsiones se reconoce el derecho a la conciliación de la

Como es sabido, existe una serie de efectos negativos sobre la dificultad de conciliación en la estructura social y económica; la situación de discriminación que la mujer sigue soportando social y laboralmente repercute en la sociedad en su conjunto. Los bajos índices de fecundidad actuales suponen una alteración de la estructura poblacional; además, la falta de políticas de conciliación en las empresas afecta a la retención de talento y a la cualificación de las mujeres[2].

Apuntar que esos efectos negativos en la conciliación repercuten directamente en la calidad de vida y en la salud de las personas trabajadoras, ocasionando problemas de concentración, estrés, desmotivación, absentismo, etcétera, por todo lo cual se ve afectada la productividad de las empresas. Sin embargo, es la salud laboral de la mujer lo que realmente se ve afectado, puesto que es la persona que mayoritariamente ejerce los derechos de conciliación. Hasta el momento, son muchos los varones que no se han incorporado al cuidado de la familia y al desarrollo de las tareas domésticas en la misma proporción que lo han hecho las mujeres al trabajo remunerado[3].

Pensemos que, desde una perspectiva tradicional de modelo de familia, es la mujer, la madre, la que asume el rol productivo y el rol de cuidadora, y que, en este sentido, sus responsabilidades no han cambiado, pero su incorporación al mercado laboral pone de manifiesto la capacidad de adaptación que supone para las mujeres. Esto permite deducir que la esfera laboral y la familiar, ambas, en algún momento, pueden superponerse y llevar al conflicto trabajo-familia (CTF). Este conflicto surge porque los factores laborales y los extralaborales no son ajenos a los sujetos, demandándoles tiempo y energía.

Al hilo de lo anterior, la responsabilidad doméstica implica realizar una doble jornada, y son esas largas jornadas que las mujeres dedican al desarrollo profesional y al familiar las que limitan otras, puesto que el tiempo del que disponen para compartir con su familia es menor, al igual que lo es también el que disponen para la vida social o el ocio. Esta sobrecarga condiciona el tiempo de la mujer generándole malestar físico y psicológico,

vida personal, familiar y laboral y se fomenta una mayor corresponsabilidad entre mujeres y hombres en la asunción de obligaciones familiares, criterios inspiradores de toda la norma que encuentran aquí su concreción más significativa».

2. VALLEJO DA COSTA, Ruth: «El conflicto trabajo-familia como riesgo psicosocial: su particular incidencia en la mujer trabajadora (aspectos jurídicos)», *RTSS. CEF*, n.º 375 (junio 2014), p. 18.

3. OIT: *La organización del trabajo y los riesgos psicosociales: una mirada de género*, Hoja Informativa, s.f. https://www.ilo.org/wcmsp5/groups/public/---americas/---ro-lima/---sro-san_jose/documents/publication/wcms_227402.pdf

cuya repercusión sobre la salud provoca estrés, fatiga crónica, envejecimiento prematuro y trastornos psicosomáticos, así como una mayor frecuencia de enfermedades relacionadas con el trabajo y una reducción del tiempo de descanso necesario para reponerse. Al mismo tiempo, supone una fuente de insatisfacción ante la imposibilidad de atender correctamente las necesidades de la familia como considera necesario, un deterioro que va aumentando a medida que lo hace el número de familiares dependientes[4].

No en vano, esta conciliación se ha convertido en un problema para las mujeres que debido a la intensificación del trabajo se hace cada vez más difícil. El CTF se considera un riesgo de carácter psicosocial con importantes repercusiones en la salud, por lo que se hace necesaria la incorporación de la conciliación de la vida familiar y laboral en la prevención de riesgos laborales y dejando de centrarla, exclusivamente, en lo referente a políticas sociales o familiares[5].

2. LA REPERCUSIÓN DEL CONFLICTO TRABAJO-FAMILIA EN LA SALUD LABORAL DE LAS MUJERES

El CTF surge cuando «las presiones que resultan del trabajo son incompatibles mutuamente en algún aspecto con las presiones familiares»[6], y es que, a pesar de los avances conseguidos con diferentes políticas sociales y laborales, junto con el apoyo normativo, es difícil sustituir el rol de la mujer como cuidadora de familia por el de corresponsable en el cuidado familiar. El tiempo que ellas dedican a este papel es una carga añadida a su jornada laboral, alargándola y apareciendo conflictos personales y profesionales que consiguen incrementar los riesgos en el ámbito laboral unidos a la sobrecarga y el estrés.

4. OIT: *La organización del trabajo y los riesgos psicosociales…, ob. cit.* Además, teniendo en cuenta el contenido de las tareas, se produce una exposición múltiple a los mismos riesgos porque, normalmente, las mujeres están más representadas en ocupaciones que implican cuidado y atención a la familia. Esto repercute en la salud provocando lesiones, molestias, desgaste osteomuscular causado por movimientos repetitivos, posturas forzadas, manipulación de cargas, etcétera. Sin olvidar los problemas psicosociales por la presión, las exigencias elevadas y la falta de control sobre el trabajo que caracteriza los empleos feminizados.
5. VALLEJO DA COSTA, Ruth: «El conflicto trabajo-familia como riesgo psicosocial: …», *ob. cit.*, p. 21.
6. Definido por GREENHAUS, Jeffrey H. y BEUTELL, Nicholas J.: «Sources of conflict between work and family roles», *The Academy of Managenment Review,* vol. 10, n.º 1, 1985, pp. 76-88. Consideran que este conflicto ocurre por presiones en tres factores: el tiempo dedicado a un ámbito que dificulta la participación en otro; la tensión por la presión sobre la persona de un rol que le dificulta resolver las demandas del otro rol; y el comportamiento particular de un rol incompatible con la conducta de otro rol.

De hecho, este rol de cuidadoras que tradicionalmente han asumido las mujeres en el ámbito privado también se ha trasladado al ámbito laboral, provocando que ciertas profesiones sean desempeñadas por un mayor número de mujeres, profesiones relacionadas con dicho rol como educación, cuidados de personas dependientes, trabajo doméstico, confección, etcétera. Esta segregación ocupacional hace que, habitualmente, las mujeres desempeñen tareas específicas diferentes a las que realizan los hombres y que, por ello, estén expuestas a diferentes riesgos laborales[7].

La doble presencia o doble jornada se está teniendo en cuenta para estudios de género y salud laboral, no es posible desvincular ambos ámbitos, puesto que es indiscutible que esa interactuación de las responsabilidades familiares incrementan los riesgos laborales. En esta doble presencia, las mujeres son las responsables de llevar a cabo la mayor parte del trabajo doméstico y familiar. Esto implica una doble carga de trabajo comparada con la mayoría de los hombres, y son las que sufren, mayoritariamente, la exigencia simultánea de los dos ámbitos. Esta exposición se agrava si los horarios laborales son rígidos, con jornadas partidas, disponibilidad que implica unos cambios en horario, en días de la semana o en prolongación de la jornada[8].

En este sentido, estas formas de organización del trabajo demandan personas trabajadoras flexibles que permitan una adaptación eficaz de las empresas a las exigencias del mercado y disminuir los costes de producción. Sabemos que muchas de estas modalidades de trabajo permiten a la mujer compatibilizar la actividad laboral con las responsabilidades familiares, pero también, que contienen fuertes rasgos de precariedad, lo que conlleva una mayor carga laboral, una desprotección y una mayor discriminación en el mercado laboral, teniendo para su salud esas consecuencias directas

7. MINISTERIO DE IGUALDAD: «Implantación de planes de igualdad de organizaciones laborales. Materiales Divulgativos. Salud laboral», 2010. Además de esta segregación ocupacional, situaciones como una menor valoración profesional, dificultades para el desarrollo profesional, salarios más bajos, menor presencia en puestos directivos o en participación en toma de decisiones, etcétera, son factores que inciden en la autoestima y satisfacción por lo que afectan a la salud física y mental femenina, ocasionando un fuente continua de malestar que puede traducirse en accidentes y enfermedades.

8. PEDROSA ALQUÉZAR, Sonia I.: «La salud integral de la mujer trabajadora: carencia de una efectiva protección», 2002, https:www.unizar.es/siem/articulos/Premios/salud.pdf

mencionadas anteriormente como estrés, fatiga crónica, envejecimiento prematuro, trastornos psicosomáticos, etcétera[9].

Sin embargo, se estima que las personas que experimentan un grado mayor en el CTF son aquellas que dedican más tiempo al trabajo, siendo los hombres en particular los que pasan más horas en actividades laborales que en las familiares. En cambio, a pesar de la diferencia entre géneros en cuanto al tiempo dedicado a cada ámbito, numerosos estudios destacan que son las mujeres las que experimentan mayor CTF que los hombres. Esta contradicción sobre la diferencia entre géneros señala que son las expectativas creadas por los roles de género las que influyen en el nivel de conflicto percibido. Por ello, tendrá un impacto mayor los roles que le han sido asignados tradicionalmente al género que las horas invertidas desarrollando dicha actividad[10].

Lo cierto es que la Organización Internacional del Trabajo (OIT) insiste en que las condiciones laborales que no son respetuosas con la familia, como trabajo a turnos, horarios de trabajo inflexibles, impredecibles, largos o que no permiten tener vida social, pueden tener un impacto negativo en la salud física y mental de la persona en términos de mayor estrés, agotamiento psíquico, trastornos de comportamiento, de sueño, abuso de alcohol y drogas y otros[11]. También, esta doble carga laboral implica para las mujeres un aumento de los costes de las enfermedades laborales y lesiones relacionadas con el trabajo, e incluso, aunque estén enfermas, siguen siendo ellas las que se ocupan de las tareas del hogar, lo que les impide recuperarse correctamente[12].

---

9. ARTAZCOZ LAZCANO, Lucía, BORREL, Carme, y MERINO, Jordi (Grupo Género y Salud Pública): «Desigualdades de género en salud: la conciliación de la vida laboral y familiar», *Informe SESPAS,* 2002, pp. 71-90.
10. CALVO SALGUERO, Antonia, SALINAS MARTÍNEZ DE LECEA, José M.ª y AGUILAR LUZÓN, M.ª Carmen: «Gender and work-family conflicto: Testing the rational model and the gender role expectations model in the Spain cultural context», *International Journal of Psychology,* vol. 47, n.º 2, 2012, pp. 118-132. Las mujeres son las que están más socializadas en desarrollar responsabilidades familiares y las tareas laborales, tradicionalmente, han sido asociadas al rol masculino. Pero las mujeres son más sensibles al conflicto trabajo-familia teniendo sentimientos de culpabilidad y de desatención de obligaciones familiares por ese rol de madre, esposa, hija, cuidadora, etcétera.
11. OIT: *Estrés en el trabajo. Un reto colectivo,* 2016, https://www.ilo.org/wcmsp5/groups/public/---ed_protect/---protrav/---safework/documents/publication/wcms_466549.pdf
12. AGENCIA EUROPEA DE SEGURIDAD Y SALUD EN EL TRABAJO: Hoja Informativa «Las mujeres y el envejecimiento de la población activa: consecuencias para la seguridad y salud en el trabajo», 2016, https://osha.europa.eu/sites/default/files/TE0616044ESN.pdf

Este conflicto se considera que es un riesgo difícil de evaluar, de medir y de prevenir, ya que es un estresor importante que genera una carga mental para las trabajadoras, repercutiendo en la forma de enfrentarse al trabajo y en la incidencia de factores psicológicos en la salud de la trabajadora. Además, como fuente de estrés, supone que otros riesgos derivados de la seguridad, la higiene o la ergonomía, aumenten. Y este aumento puede generar una alteración de la conducta que propicia errores, aumento de los accidentes y una mayor vulnerabilidad de la persona[13].

De hecho, está constatado que las responsabilidades familiares aumentan los riesgos laborales y viceversa, puesto que generan una simbiosis negativa y un mayor riesgo de patologías por estrés y *burnout*. Además, subrayar que las mujeres cumplen dos de los tres criterios que determinan la mayor exposición a factores psicosomáticos asociados al tipo de trabajo con elevada exigencia mental, conformado por los parámetros de nivel de atención elevado, ritmo de trabajo exigente y realización de tareas muy repetitivas y de corta duración durante más de la mitad de la jornada. El resultado de todo esto es un aumento de trastornos por estrés que, de no adoptar medidas preventivas, pueden cronificarse e incluso conducir a una incapacidad permanente para el trabajo[14].

Así pues, habría que observar la afectación que tanto las condiciones laborales como las diferencias sociales provocan en la salud de la mujer, lo que conlleva a centrarse en otros aspectos que no sean los biológicos o la maternidad. Se trata, desde el punto de vista de la prevención de riesgos laborales, de no exigir de manera exclusiva una sola causa para considerar lo manifestado como un riesgo laboral.

3. EL CONFLICTO TRABAJO-FAMILIA COMO RIESGO PSICOSOCIAL

En los últimos años, el contexto laboral ha evolucionado para responder a las necesidades empresariales y a las nuevas tecnologías. Como consecuencia de esta realidad, la exposición a determinados factores psicosociales también ha cambiado y el CTF es el resultado de este desarrollo económico y social. En este conflicto intervienen, por un lado, factores relacionados con las condiciones de trabajo y por otro, factores familiares relacionados con el desigual reparto del trabajo no remunerado. El conflicto entre las deman-

13. VALLEJO DA COSTA, Ruth: *Salud laboral, igualdad y mujer. Aspectos jurídicos.* Bomarzo, 2019, p. 143.
14. RIVAS VALLEJO, Pilar: «Salud y género: perspectiva de género en la salud laboral», *Revista del Ministerio de Trabajo y Asuntos Sociales*, 2007, pp. 232-236.

das del trabajo remunerado y el doméstico y de cuidados familiares está reconocido como factor de riesgo psicosocial desde los años setenta[15].

A este conflicto, en el ámbito preventivo de la psicosociología, algunos estudios lo denominan doble presencia. Tal y como he mencionado anteriormente, este concepto presenta la cantidad de tareas y de tiempo invertido, y también el esfuerzo que conlleva gestionar y organizar el conjunto del trabajo. Aquí, la complejidad es la coordinación cotidiana de las tareas remuneradas y las domésticas y cuidados familiares junto con sus tiempos[16].

En relación con los tiempos de trabajo diferenciados por género, la doble presencia es una realidad mayoritariamente femenina. Se estima que el trabajo familiar de cuidado y doméstico realizado por la mujer ocupa un mayor número de horas que el trabajo remunerado. Las mujeres dedican más número de horas de trabajo total que los hombres, demostrando que la participación en cuidados domésticos y familiares es concebida como apoyo o ayuda parcial e insuficiente. Cuando se incorpora la variable «tiempo», se pone de manifiesto la preocupación que conlleva esa tensión psíquica como intento de respuesta a la totalidad de sus responsabilidades. Esa tensión significa una imposibilidad de estar disponible para las exigencias provenientes de dos ámbitos que compiten en importancia y en significado. Esta doble presencia, además, lleva asociada una doble ausencia, resultado del cansancio y la preocupación que entraña esa doble responsabilidad, pues estando presente físicamente realmente, se está ausente mental y afectivamente[17].

15. INSTITUTO NACIONAL DE SEGURIDAD Y SALUD EN EL TRABAJO: NTP 1185 «Conflicto trabajo-familia o doble presencia como riesgo psicosocial: Marco conceptual y consecuencias», 2023.
16. CUBILLOS, Susana y MONREAL, Angélica: «La doble jornada de trabajo y el concepto de doble presencia», *Gaceta de Psiquiatría Universitaria*, vol. 15, n.º 1, 2019, pp. 17-27. Esta doble presencia va acompañada de una doble ausencia tanto laboral como familiar, ya que no se puede realizar todas las exigencias que acompañan a cada una de las esferas.
17. CUBILLOS, Susana y MONREAL, Angélica: «La doble jornada de trabajo y..., *ob. cit.*, pp. 17-27. Señala el análisis cuantitativo de tiempos totales de trabajo en función del género, de la edad y de las cargas familiares. La encuesta es de población activa española, grupos heterogéneos de personas trabajadoras entre 35 y 55 años con cargas familiares. Los resultados obtenidos son un mayor número de horas de trabajo totales para las mujeres, con aproximadamente 550 minutos para las mujeres y 350 para los hombres, distribuidos en trabajo doméstico con 448 minutos para las mujeres y 95 para los hombres, en cambio al trabajo profesional las mujeres 106 minutos y los hombres 263.

Como ya he señalado, los factores psicosociales y organizacionales del trabajo son aquellas condiciones presentes en una situación laboral, directamente relacionadas con la organización, el contenido y la realización del trabajo, afectando tanto a la salud de la persona trabajadora como al desarrollo de su trabajo, pudiendo dar lugar a consecuencias positivas o negativas. Si el daño proviene de factores psicosociales adversos nos encontramos con riesgos psicosociales como estrés, acoso psicológico, *burnout* o CTF[18]. Este conflicto supone una incompatibilidad de las actividades laborales con el desempeño de las responsabilidades familiares[19].

Por supuesto, la falta de conciliación entre dichas expectativas agudiza el desequilibrio entre ambas dedicaciones. Esta incapacidad para satisfacer unas y otras demandas supone problemas en la organización del tiempo personal e incluso, del propio equilibrio personal y la conflictividad de la conducta. Este desequilibrio puede afectar negativamente al rendimiento laboral o aumentar sus deseos para abandonar su trabajo[20].

Desde el punto de vista de la prevención de riesgos laborales, en este conflicto la jornada y las demandas laborales son factores clave que interactúan entre sí, pudiendo intensificar o disminuir la tensión que genera la simultaneidad de exigencias laborales y familiares. Concretamente, una serie de condiciones de trabajo como los tiempos asociales de trabajo, las altas demandas laborales y la baja autonomía sobre la jornada y ritmos de trabajo, han sido descritas como conflictivas[21].

---

18. MORENO JIMÉNEZ, Bernardo y BÁEZ LEÓN, Carmen: «Factores y riesgos psicosociales: Formas, consecuencias, medidas y buenas prácticas», 2010, INSTITUTO NACIONAL DE SEGURIDAD E HIGIENE EN EL TRABAJO, https://www.insst.es/documents/94886/96076/Factores+y+riesgos+psicosociales,+formas,+consecuencias,+medidas+y+buenas+pr%C3%A1cticas/c4cde3ce-a4b6-45e9-9907-cb4d693c19cf
19. EUROFOUND: Segunda encuesta Europea sobre calidad de vida, 2009, https://www.eurofound.europa.eu/es/publications/2008/segunda-encuesta-europea-sobre-calidad-de-vida-primeras-conclusiones. Indica que casi la mitad de los ciudadanos, en los 27 países de la UE, con trabajo remunerado, reconocen que varias veces al mes están demasiado cansados para hacer las tareas del hogar, con un 22% que afirma estarlo varias veces a la semana y un 11%, varias veces por semana tiene dificultades para llevar a cabo las responsabilidades familiares por el tiempo que pasan en el trabajo.
20. MESMER-MAGNUS, Jessica R.: «Convergence between measures of work-tofamily and family-to-work conflict: A metaanalytic examination», *Journal of Vocational Behavior*, 67, 2005, pp. 215-232. Las intenciones de abandono surgen por el obstáculo que supone el trabajo, y el absentismo es la consecuencia de tener que atender unas responsabilidades familiares. Estos comportamientos previos al abandono del trabajo pueden traducirse en tardanzas, absentismo, alta rotación, baja productividad o participación laboral, etcétera.

En este sentido preventivo, las investigaciones han puesto de manifiesto el impacto del CTF sobre la salud mental tales como cambios de humor, irritabilidad, ansiedad, depresión o agotamiento emocional. También en relación con el *burnout* o síndrome de estar quemado se ha relacionado esa pérdida de salud resultante de la exposición a las altas demandas laborales, ya que la tensión laboral conlleva un mayor CTF y un agotamiento emocional. No debemos olvidar los anteriormente mencionados trastornos de sueño, hipertensión arterial, trastornos musculoesqueléticos, consumo de alcohol, etcétera[22]. E incluso, problemas específicos como desempeño parental o maternal deficiente, insatisfacción marital, menor motivación, disminución del entusiasmo, del compromiso, alta rotación o absentismo[23].

Pues bien, es importante reconocer que las responsabilidades familiares y de cuidados y trabajo remunerado no son espacios independientes, sino que interfieren mutuamente. Por eso es necesario integrar el CTF en la gestión psicosocial como un riesgo psicosocial más. Esta premisa debe ser la

21. EUROFOUND: Striking a balance: Reconciling work and life in the EU, 2018, https://www.eurofound.europa.eu/en/publications/2018/striking-balance-reconciling-work-and-life-eu, Los tiempos asociales de trabajo se refiere a la cantidad, orden y estructuración temporal de la jornada laboral que coincide con horarios de cuidado de personas dependientes, con jornadas impredecibles con cambios de horario, con preavisos cortos o jornadas que se prolongan. Por otra parte, una elevada carga de trabajo, junto con una elevada exigencia emocional, influye en la jornada laboral si la carga de trabajo no puede asumirse en la jornada y debe prolongarse, momento en que el trabajo remunerado impide o resta tiempo en la atención de las responsabilidades familiares. Esta alta demanda también puede generar tensión, si el ritmo de trabajo es alto o complejo, provocando que la persona trabajadora esté agotada emocionalmente para ocuparse de las actividades familiares. Y por último, la poca capacidad individual de la persona para organizar en el tiempo su actividad laboral, que afecta a cuestiones de conciliación como pausas para atender cuestiones personales, planificar el ritmo de trabajo, etcétera.
22. GISLER, Stefanie, OMANSKY, Rachel, ALENICK, Paige R., TUMMINIA, Alexandra M., EATOUGH, Erin M. y JOHNSON, Ryan C.: «Work-life conflict and employee health: A review», *Journal of Applied Biobehavioral Research,* 2018, pp. 1-46. Supone un desafío gestionar los conflictos entre trabajo y vida personal, pudiendo crear tensiones y agotar recursos, lo que tiene unos vínculos significativos con la salud psicológica, física y conductual.
23. ALLEN, Tammy D.: «Consequences Associated With Work-to-Family Conflict: A Review and Agenda for Future Research», *Journal of Occupational Health Psychology,* vol. 5, n.º 2, 2000, pp. 278-308. También en ALLEN, Tammy D. y MARTIN, Angela: «The work-family interface: A retrospective look at 20 years of research in JOHP», *Journal of Occupational Health Psychology,* vol. 22, n.º 3, 2017, pp. 259-272. Algunos estudios concluyen que la exposición a este conflicto sirve de predictor de bajas por enfermedad a medio y largo plazo.

guía para que las medidas preventivas que adopten las organizaciones laborales estén basadas en una adecuada organización, un control de las jornadas de trabajo y una distribución de cargas de trabajo proporcionada. La propuesta minimizará la tensión provocada por la simultaneidad de responsabilidades familiares y laborales.

3.1. LA INCORPORACIÓN DE LA PERSPECTIVA DE GÉNERO EN LA SEGURIDAD Y SALUD EN EL TRABAJO

La Organización Mundial de la Salud (OMS) define salud laboral como «un estado completo de bienestar, físico, mental y social, y no solamente como ausencia de afecciones o enfermedades, dirigiendo su atención no solo a los aspectos médicos sino también a la justicia de las bases sobre las cuales la sociedad funciona, con particular referencia al acceso y control que ejercen diferentemente los sexos sobre el recurso a la salud», similar a la incorporada por el nuevo artículo 32 de la Ley 33/2011, de 4 de octubre, General de Salud Pública (LGSP), concretando que el objeto es «conseguir el más alto grado de bienestar físico, psíquico y social de los trabajadores en relación con las características y riesgos derivados del lugar de trabajo, el ambiente laboral y la influencia de este en su entorno, promoviendo aspectos preventivos, de diagnóstico, de tratamiento, de adaptación y rehabilitación de la patología producida o relacionada con el trabajo».

De ambas definiciones resulta, por un lado, que la salud laboral es manifestación del principio general de salud pública, compartiendo el objetivo de conseguir esa mejora constante de bienestar general y del que es una parte fundamental, la salud laboral. Y por otro, que la salud laboral envuelve ese concepto de bienestar físico, mental y social que debe alcanzarse en las relaciones laborales desde la constante mejorabilidad, dinamicidad y relatividad.

Por tanto, la salud laboral no es solamente la ausencia de riesgos o daños inmediatos en la salud de las personas trabajadoras, sino que, además, es la obtención de una mejora progresiva de su bienestar guiada por la necesidad de alcanzar unas condiciones de vida sanas, idóneas y humanas durante el desarrollo de la actividad productiva. Así pues, la mejora progresiva del bienestar ha de proyectarse sobre la dimensión individual y colectiva de la salud laboral, poniendo en práctica unas medidas preventivas que hagan frente a los riesgos laborales físicos, psíquicos, sociales y organizacionales[24].

24. VALLEJO DA COSTA, Ruth: «El conflicto trabajo-familia como riesgo psicosocial:...», *ob. cit.*, pp. 26-27.

Por todo, la salud laboral significa alcanzar el bienestar físico, mental y social en las relaciones laborales, por lo que habrá que acordar que su garantía efectiva exija una mejora de las condiciones de empleo, lo cual implicará que habrá que tener en cuenta especificidades de la salud laboral de la mujer, y no solamente las concretas de reproducción y de embarazo, también debe extenderse a las condiciones de trabajo y condiciones de empleo, determinantes en la preservación de la salud laboral.

Ahora bien, existen evidencias científicas de enfermedades mentales, cardiovasculares, neurológicas o reproductivas están producidas por riesgos laborales, pero también por otros riesgos que no lo son. Hay enfermedades asociadas, por ejemplo, al estrés, parte del cual tiene su origen en factores psicosociales producidos como consecuencia de las nuevas formas de organización del trabajo. Una muestra evidente podemos verla en que las mujeres son las que asumen mayor parte del trabajo doméstico, llegando a considerar sus efectos sobre la salud como un factor de confusión[25].

En definitiva, la vigilancia de la salud debe desarrollarse no solo en función de los riesgos laborales a los que está expuesta la persona trabajadora, sino que debe tenerse en cuenta también las características personales de la persona, entre ellas las relacionadas con la dimensión de género. Además, puesto que las aptitudes psicofísicas de la persona trabajadora están cambiando continuamente, por cuestiones como el género, la edad o por las propias condiciones de trabajo, lo correcto sería un estudio permanente para adaptar las condiciones de trabajo a las características de la persona en función de sus aptitudes.

Es más, la incorporación de la perspectiva de género en las evaluaciones de riesgos laborales, y con ello, el tratamiento del CTF como riesgo psicosocial, es apoyado por las Estrategias Europeas de Seguridad en el Trabajo y fundamentado jurídicamente en el carácter transversal de la LOIMH, y a su vez en el principio de adaptación del trabajo a la persona siendo uno de los principios de la acción preventiva en el artículo 15 de la Ley 31/1995, de 8 de noviembre, de Prevención de Riesgos Laborales (LPRL).

---

25. VALLEJO DA COSTA, Ruth: «El conflicto trabajo-familia como riesgo psicosocial:...», *ob. cit.*, pp. 28-29. Un ejemplo es la negativa en reconocer trastornos músculo-esqueléticos de trabajadoras, justificada por sospechar que sus actividades en el domicilio podrían ser la causa origen de sus patologías.

3.2. LA EVALUACIÓN DE RIESGOS LABORALES Y EL CONFLICTO TRABAJO-FAMILIA

La primera vez que aparece la perspectiva de género ligada a la seguridad y salud en el trabajo en el contexto de la Unión Europea es en la Estrategia Europea de Seguridad y Salud en el Trabajo 2002-2006, con simplemente alusiones para que los servicios de prevención incorporasen la perspectiva de género, sin establecer medidas concretas. Una iniciativa que se reitera en la misma Estrategia para 2014-2020, destacando únicamente la necesidad de mejorar la prevención de las enfermedades relacionadas con el trabajo centradas en los riesgos existentes, nuevos y emergentes, por ser las mujeres las principales afectadas.

En cambio, la Estrategia Española de Seguridad y Salud en el Trabajo 2023-2027 (EESST), aprobada por el Consejo de Ministros el 14 de marzo de 2023, incorporó entre sus objetivos introducir la perspectiva de género en el ámbito de la seguridad y salud en el trabajo. Para ello, indica lo necesaria que resulta una actualización del marco normativo que promueva la eliminación de desigualdades entre hombres y mujeres en el conjunto de políticas públicas y así, conseguir una integración plena de la perspectiva de género. Además, manifiesta también la necesidad de impulsar su incorporación en los procesos de toma y análisis de información, y en los estudios de las condiciones de seguridad y salud en el trabajo para mejorar el conocimiento de la exposición a riesgos laborales y daños en la salud de las mujeres[26].

En concreto, la EESST 2023-2027 propone mejorar la incorporación de la perspectiva de género en las fuentes de información proveedoras de indicadores, para conocer mejor la exposición de las mujeres a ciertos riesgos y el impacto en sus condiciones de trabajo y salud. En el mismo sentido, también promueve investigar los accidentes de trabajo y las enfermedades profesionales teniendo en cuenta la perspectiva de género, e insiste en su incorporación de manera transversal en la gestión de la prevención de riesgos laborales, concretamente, promoviendo acciones sobre riesgos específicos de género como la doble presencia o el CTF[27].

26. El objetivo n.º 5 tiene como prioridad promover la integración de la perspectiva de género, desde un enfoque transversal e integral en el conjunto de políticas preventivas, implicando a todos los agentes relacionados en la mejora de la prevención de riesgos laborales, sin distinguir ámbito institucional ni empresarial. Y, de manera especial, focalizar dicha protección en los colectivos más vulnerables.

27. En el punto 3 del objetivo n.º 5 insiste en la incorporación de manera transversal de la perspectiva de género en la gestión de la prevención de riesgos laborales,

Además, la LPRL y la normativa de desarrollo conforman un marco idóneo para recoger las manifestaciones de salud laboral referidas a la mujer trabajadora, más allá de lo recogido en el artículo 26 LPRL relacionadas con la salud reproductiva. Esto se deriva del concepto amplio de salud laboral, manifestado a través del principio de adaptación del trabajo a la persona (art. 15 LPRL) con el que se consigue activar el principio de igualdad en la gestión de prevención de riesgos laborales, y cuya aplicación no se circunscribe únicamente a lo referente a la salud de las mujeres, sino que también se extiende a todas las personas trabajadoras en función de cualquier otra circunstancia[28].

Este principio de adaptación del trabajo a la persona es uno de los principios que modulan el deber general del empresario de proteger eficazmente a las personas trabajadoras, una de cuyas manifestaciones se encuentra en el artículo 25 LPRL, con la protección de trabajadores sensibles a determinados riesgos, que ha sido la base para defender la obligación del empresario de atender a las particularidades de salud de la mujer trabajadora. De manera que, la aplicación del principio de adaptación del trabajo a la persona supone que ninguna de las personas trabajadoras estén en desventaja por sus condiciones físicas, psíquicas o de género. Así, se activa el principio de igualdad en el ámbito preventivo y se consigue que el empresario adopte las medidas necesarias para que la persona trabajadora desarrolle su actividad laboral en condiciones saludables e igualitarias, independientemente del lugar, las circunstancias o el género[29].

Además, la regulación básica y de carácter genérico del mencionado artículo 25 LPRL sobre la protección de trabajadores sensibles a determinados riesgos, esa especial sensibilidad, está basada en el establecimiento de aspectos o características personales que, cuando concurren, determinan la protección de la persona trabajadora. De ahí, que utilizar el término «personales» para hacer referencia a las características relevantes a efectos preventivos hace imposible la predeterminación del ámbito subjetivo del artículo 25. En nuestro caso, esa doble jornada hace que la mujer trabajadora sea proclive a padecer determinadas patologías derivadas de ese sobresfuerzo personal; aun siendo una circunstancia social, la mujer se encuentra

especialmente sobre los riesgos específicos de género que son definidos por la elevada prevalencia entre las mujeres como esa doble presencia, el conflicto trabajo-familia, violencia, acoso o discriminación por razón de sexo, etcétera.

28. PEDROSA ALQUÉZAR, Sonia I.: «La incidencia de los acosos laborales en la salud de la mujer trabajadora», *RTSS.CEF*, n.º 261, 2004.
29. PEDROSA ALQUÉZAR, Sonia I.: «La incidencia de los acosos laborales ...», *ob. cit.*

en una estado subjetivo de especial sensibilidad frente a determinados riesgos y es susceptible de sufrir daños en su vida, integridad física y personal[30].

Por tanto, el principio de adaptación del trabajo a la persona condicionará los procesos de decisión que afecten a la seguridad y salud de los trabajadores, ya que, tal y como recoge el artículo 15 LPRL, estará presente en «la concepción de los puestos de trabajo y en la elección de los equipos y métodos de trabajo y de producción con miras, en particular, a atenuar el trabajo monótono y repetitivo y a atenuar los efectos del mismo sobre la salud». Y por eso, la importancia de que los empresarios consideren en su aplicación la perspectiva de género.

Mientras tanto, en la metodología utilizada por los servicios de prevención para la práctica preventiva, no mencionan aquellos factores de riesgo que afectan de forma específica a las mujeres mayoritariamente como la doble presencia, el acoso sexual y las situaciones de discriminación. De hecho, una evaluación de riesgos consiste en medir a través de indicadores objetivos situaciones que, comparadas con los parámetros establecidos, permiten emitir un juicio sobre la posible incidencia en la salud. En cambio, no todas las condiciones de trabajo pueden medirse de la forma tradicional como se ha hecho hasta el momento. Claramente, la salud tiene un importante componente subjetivo en función de la biología diferencial, experiencias previas, entorno de la persona, etcétera, por lo que estableciendo unos indicadores objetivos, estamos limitando la prevención a lo fácilmente observable y no tenemos en cuenta aquellas afectaciones que solamente son detectables a través de la expresión de quienes la padecen[31].

Por eso, en las evaluaciones de riesgos, debe utilizarse una metodología que incluya el análisis de las diferencias de género y las diferencias biológicas relacionadas con la salud laboral de la mujer, y la interrelación que permita identificar la causa de esas alteraciones en su salud. Actualmente, no existe una metodología específica para una evaluación de riesgos desde la perspectiva de género. Sin embargo, el artículo 5 del Reglamento de los Servicios de Prevención (RSP) regula los procedimientos que deben ser utilizados para realizar dichas evaluaciones como notas técnicas, normas UNE

30. VALLEJO DA COSTA, Ruth: «El conflicto trabajo-familia como riesgo psicosocial: ...», *ob. cit.*, pp. 36-38.
31. VALLEJO DA COSTA, Ruth: «El conflicto trabajo-familia como riesgo psicosocial: ...», *ob. cit.*, pp. 38-41. El concepto de evaluación de riesgos va acompañado de un sesgo, ya que, por ejemplo, no todas las personas responden de la misma forma ante el estrés, por lo que tendremos que ver cómo establecer una medida estándar que detecte esa situación o cómo medir la pérdida de autoestima en situaciones de discriminación o acoso.

o normas internacionales, que indican, todas ellas, métodos concretos o generales para realizar una evaluación de riesgos.

3.3. LA CONCILIACIÓN DE LA VIDA PERSONAL, FAMILIAR Y LABORAL Y LA CORRESPONSABILIDAD

La LOIMH en su Exposición de Motivos III proclama la «especial atención que presta la Ley a la corrección de la desigualdad en el ámbito específico de las relaciones laborales. Mediante una serie de previsiones se reconoce el derecho a la conciliación de la vida personal, familiar y laboral y el fomento de una mayor corresponsabilidad entre mujeres y hombres en la asunción de obligaciones familiares, criterios inspiradores de toda la norma que encuentran aquí su concreción más significativa».

Desde la corresponsabilidad, el derecho de conciliación de las personas trabajadoras se reconoce a lo largo de la LOIMH en diferentes artículos. Por ejemplo, el artículo 14 establece criterios generales de actuación de los Poderes Públicos mediante medidas que aseguren la conciliación y el fomento de la corresponsabilidad, tanto en las labores domésticas como en la atención a la familia. También el artículo 44 se refiere al reconocimiento de los derechos de conciliación para fomentar la asunción equilibrada de las responsabilidades familiares y evitar esa discriminación basada en su ejercicio. Es así, con este reconocimiento de la compatibilidad de la vida personal, familiar y laboral, desde esta corresponsabilidad, como se hará efectivo el principio de igualdad entre mujeres y hombres.

En teoría, si se hiciese un reparto equitativo de los cuidados, también habría que distribuir equitativamente la desventaja en el mercado laboral, y así, en teoría, las responsabilidades familiares no deberían ser una fuente de desigualdad de género[32]. La OIT en su Informe *El trabajo de cuidados y los trabajadores del cuidado. Para un futuro con trabajo decente*[33] refleja la necesidad de medidas urgentes en lo que respecta a la organización del trabajo de cuidados, apoyando la igualdad en los roles de género, y a su puesta en práctica, que considera de vital importancia para el futuro del trabajo decente. Expone que el envejecimiento de las sociedades, el crecimiento de la población, las familias cambiantes o el lugar secundario de las mujeres en el mercado laboral, hacen necesarias ciertas medidas. Actualmente existen déficits tanto en la prestación de este tipo de servicios como en su cali-

32. VALLEJO DA COSTA, Ruth: *Salud laboral, igualdad y mujer..., ob. cit.*, pp. 147-148.
33. OIT: *El trabajo de cuidados y los trabajadores del cuidado. Para un futuro con trabajo decente*, 2019, https://www.ilo.org/global/publications/books/WCMS_737394/lang--es/index.htm

dad, por lo que si no se afrontan adecuadamente conseguiremos que la desigualdad de género en el trabajo vaya en aumento.

El Informe destaca que la desigualdad de género, tanto en el hogar como en el lugar de trabajo, se deriva de representaciones basadas en el género de la función reproductiva y productiva. Tiene en cuenta que, todavía, sigue estando muy arraigado el modelo familiar en el que el hombre es el que tiene un trabajo remunerado y la función de cuidadora de la mujer en la familia. Sin embargo, los cambios en las estructuras familiares y el envejecimiento de la población apuntan a un aumento tanto de hombres como de mujeres que tendrán ese conflicto entre trabajo de cuidados y empleo remunerado.

Debe destacarse, además, que la ordenación del tiempo de trabajo y de descanso frente a la irregularidad e imprevisibilidad de la prestación de trabajo también tiene un importante impacto en el ejercicio corresponsable de los derechos de conciliación, haciendo imprescindible analizar desde la perspectiva de género esa disponibilidad de tiempos y la doble jornada de las mujeres. En este sentido, uno de los factores que puede generar un mayor impacto en la salud mental y en la precarización para la persona trabajadora es una prestación laboral caracterizada por un exceso de disponibilidad horaria, sin descansos suficientes, con horarios variables, carga de trabajo no garantizada o no ajustada al puesto, turnos variables, etcétera. Esto genera, por ejemplo, inseguridad en la persona puesto que desconoce con antelación su tiempo de descanso, de disfrute o de dedicación a la esfera personal y familiar. Unos riesgos psicosociales ligados a los ciclos variables de trabajo, la sobrecarga o infracarga de trabajo, el conflicto entre tiempo de trabajo y necesidades familiares o de socialización, pudiendo desencadenar problemas de salud mental como estrés o ansiedad[34].

Por ello, como ya he mencionado anteriormente, la no adaptación del puesto de trabajo a situaciones de estrés por las que atraviesa la mujer trabajadora, como consecuencia de este conflicto, podría solventarse cumpliendo la normativa de prevención de riesgos laborales (artículos 15 y 25 LPRL). Pues, aunque no se hayan derivado daños concretos del incumplimiento empresarial, el derecho del artículo 25 no está limitado a los supuestos de dolencias derivadas de enfermedades profesionales o accidentes de trabajo, sino que su protección de la salud es en sentido amplio, incluyendo la prevención de riesgos personales derivados de dolencias comunes que

34. INFORME PRESME «*Precariedad laboral y salud mental. Conocimientos y Políticas*», Ministerio de Trabajo y Economía Social, 2023, https://www.lamoncloa.gob.es/serviciosdeprensa/notasprensa/trabajo14/Documents/2023/170323-informe-salud-mental.pdf

las trabajadoras padezcan, ya que las dolencias o los agravamientos por la prestación de sus servicios serán producidas con motivo del trabajo[35].

Asimismo, resulta imprescindible introducir la dimensión de género en todo lo relacionado con la organización del trabajo respecto a descansos, pausas o desconexiones, mediante la adaptación del trabajo a la persona (art. 15 LPRL) y conseguir una organización del tiempo de trabajo[36]. A este respecto, existe cierta invisibilidad con determinados riesgos, mayoritariamente físicos, los cuales afectan específicamente a las mujeres, dando lugar a una falta de regulación legal en relación con la prevención de riesgos laborales desde la perspectiva de género[37].

Resulta fundamental, en cualquier caso, recordar que la LOIMH hace referencia a la conciliación de la vida personal, laboral y familiar, lo que supone no centrarse únicamente en situaciones de maternidad y paternidad, sino también en la vida privada en general. Esta incorporación de la conciliación con la vida personal destaca que pensamos en la vida en sentido integral, donde todo individuo encuentra un equilibrio entre la vida laboral y los aspectos integrantes de la personalidad.

Como es sabido, la igualdad de género real es una premisa para formular ciertas líneas generales que sirven de sustento en el reparto igualitario de los tiempos de cuidado, de vida personal y de trabajo. Simplemente es una reivindicación para la distribución equitativa y diferenciada de los diferentes espacios temporales, sin que ese tiempo remunerado sea considerado más importante que el resto.

Tanto es así que la OIT destaca una mayor soberanía de las personas trabajadoras sobre su tiempo de trabajo como herramienta básica para avanzar hacia su bienestar, sus derechos de conciliación y, por supuesto, hacia una igualdad por razón de género. Este reparto del tiempo vital de las personas trabajadoras, para la Comisión Mundial de la OIT, es un cambio fundamental para conseguir un trabajo decente[38].

35. JIMÉNEZ JIMÉNEZ, José: «La movilidad funcional por razones preventivas y las enfermedades feminizadas. Problemas y consecuencias», en AA.VV. *Tratado de Salud Laboral, Tomo II: Aspectos técnico-sanitarios y lugares, sectores y colectivos singulares.* MONEREO PÉREZ, José L. y RIVAS VALLEJO, Pilar (Dirs.), Aranzadi, 2012, p. 1322.

36. AYERRA DUESCA, Nuria J.: «Retos del teletrabajo asociados a la prevención de riesgos laborales desde una perspectiva de género», *IUSLabor 3/2023*, 2023, pp. 64-65.

37. RAMOS QUINTANA, Margarita I.: «La salud de las mujeres en las relaciones de trabajo», *Revista de Derecho Social*, n.º 100, 2022, p. 131.

38. OIT: *Trabajar para un futuro prometedor*, Comisión Mundial sobre el Futuro del Trabajo, 2019, https://www.ilo.org/wcmsp5/groups/public/---dgreports/---cabinet/

4. LAS APORTACIONES DE LA OIT EN MATERIA DE CONCILIACIÓN, TRABAJO DECENTE Y PREVENCIÓN DE RIESGOS LABORALES: UNAS CONDICIONES DE TRABAJO JUSTAS Y EQUITATIVAS

La protección de la seguridad y salud de las personas trabajadoras es una preocupación que está presente en la Declaración de Filadelfia y en la Declaración de la Organización Internacional de Trabajo sobre principios y derechos fundamentales del trabajo. La OIT recuerda que uno de sus mandatos principales consiste en la vigilancia de la salud de las personas trabajadoras desde su origen, y de esta forma incluye en la Declaración sobre principios y derechos fundamentales del trabajo de 1998, el Derecho a la Seguridad y Salud en el Trabajo como derecho fundamental, aunque no se encontrase recogido de forma expresa en dicho instrumento[39].

De hecho, no será hasta 2022, en su *Resolución sobre la inclusión de un entorno de trabajo seguro y saludable en el marco de la OIT relativo a los principios y derechos fundamentales en el trabajo*[40], cuando decidió incorporar el principio

documents/publication/wcms_662442.pdf. La Comisión considera que el instrumento jurídico más apropiado para conseguirlo es el diálogo social, con la implicación tripartita de empresarios, trabajadores y Estado, que es el responsable último de hacer cumplir el mandato constitucional. Actualmente, el modelo clásico de jornada ordinaria a tiempo completo no es válido, ya que son circunstancias de trabajo variable e imprevisible, especialmente en trabajos de menor calidad, casi siempre desempeñados por mujeres y jóvenes.

39. OIT: *Declaración de la OIT relativa a los principios y derechos fundamentales en el trabajo y su seguimiento,* Conferencia Internacional del Trabajo, 86.ª reunión, el 18 de junio de 1998. La Declaración compromete a todos los Estados Miembros de la OIT a respetar, a promover y a hacer realidad los principios relativos a los cuatro derechos fundamentales en el trabajo: la libertad de asociación y la libertad sindical y el reconocimiento efectivo del derecho de negociación colectiva; la eliminación de todas las formas de trabajo forzoso u obligatorio; la abolición del trabajo infantil; y la eliminación de la discriminación en materia de empleo y ocupación. En el artículo 1.a) queda recogido como la Conferencia Internacional del Trabajo recuerda que, «al incorporarse libremente a la OIT, todos los Miembros han aceptado los principios y derechos enunciados en su Constitución y en la Declaración de Filadelfia, y se han comprometido a esforzarse por lograr los objetivos generales de la Organización en toda la medida de sus posibilidades y atendiendo a sus condiciones específicas». Y en el artículo 2 declara que «todos los Miembros, aun cuando no hayan ratificado los convenios aludidos, tienen un compromiso que se deriva de su mera pertenencia a la Organización de respetar, promover y hacer realidad, de buena fe y de conformidad con la Constitución, los principios relativos a los derechos fundamentales que son objeto de esos convenios (…)».

40. OIT: *Resolución sobre la inclusión de un entorno de trabajo seguro y saludable en el marco de la OIT relativo a los principios y derechos fundamentales en el trabajo*, Conferencia Internacional de Trabajo, 110.ª reunión, el 6 de junio de 2022. https://www.ilo.org/global/about-the-ilo/newsroom/news/WCMS_848141/lang--es/index.htm

de entorno de trabajo seguro y saludable a los Principios y Derechos Fundamentales en el Trabajo. De esta manera, los Estados miembros de la OIT se comprometen a respetar y promover el derecho fundamental de un entorno de trabajo seguro y saludable como fundamento para el trabajo decente, en línea con los Objetivos de Desarrollo Sostenible (ODS) n.º 5 referente a la igualdad de género, y n.º 8, sobre trabajo decente y crecimiento económico.

Sin embargo, en la mencionada Declaración relativa a los principios y derechos fundamentales en el trabajo de 1998 es dónde se encuentra el origen del trabajo decente, ya que, aunque los Estados Miembros no hayan ratificado los convenios reconocidos como fundamentales, se comprometen a respetar, promover y hacer realidad los principios relativos a los derechos fundamentales que son objeto de esos convenios[41]. Precisamente, la OIT recuerda que el trabajo no es una mercancía y parte de la propuesta de un trabajo decente como objetivo fundamental[42], además, la protección de las personas trabajadoras contra enfermedades, accidentes laborales y lesiones relacionadas con el trabajo forma parte del mandato histórico de la Organización prevista en su Constitución. De esta manera, según la OIT, el trabajo debe realizarse de forma libre, igualitaria, segura y humanamente digna, y aquello que se encuentre por debajo de estos estándares deberá considerarse una violación de los derechos humanos de las personas trabajadoras afectadas[43].

Como se ha referido *supra*, el reconocimiento de los derechos laborales y a la salud en el trabajo como derechos humanos está recogido en la Constitución de la OIT, pero también en la Declaración de Derechos Humanos de las Naciones Unidas (1948), en el Acuerdo Internacional de las Naciones Unidas sobre Derechos Económicos, Sociales y Culturales (1976), entre otros. En cualquier caso, los principios fundamentales para establecer buenas prácticas laborales están reflejados desde la creación de la OIT en 1919, y sus contenidos se encuentran en Convenios y Recomendaciones de la

41. OIT: *Declaración de la OIT relativa a los principios y derechos fundamentales en el trabajo..., ob. cit.* Los principios y derechos fundamentales en el trabajo son la libertad de asociación y la libertad sindical y el reconocimiento efectivo del derecho de negociación colectiva, la eliminación de todas las formas de trabajo forzoso u obligatorio, la abolición efectiva del trabajo infantil, y la eliminación de la discriminación en materia de empleo y ocupación.
42. OIT: *Trabajo decente,* Memoria del Director General, Conferencia Internacional del Trabajo, 87.ª reunión, Ginebra, junio de 1999.
43. SEN, Amartya: «Trabajo y derechos», *Revista Internacional del Trabajo,* vol. 132, 2013.

Organización sobre seguridad y salud en el trabajo y condiciones de trabajo[44].

También, en la mencionada Declaración de Derechos Humanos de las Naciones Unidas de 1948, la maternidad y la infancia se reconocían como derechos a cuidados y asistencias especiales. Y, en la *Declaración del Centenario de la OIT para el Futuro del Trabajo,* se hace referencia a la orientación que la Organización debe hacer para lograr la igualdad de género en el trabajo a través de evaluaciones periódicas para asegurar la igualdad de oportunidades, la participación equitativa y la igualdad de trato, incluyendo la igualdad de remuneración entre mujeres y hombres por un trabajo de igual valor. Además, expresamente se refiere a repartir de manera equilibrada las responsabilidades familiares, con una mejor conciliación de la vida profesional y de la privada[45].

Evidentemente, el trabajo decente considera el tiempo de trabajo, la conciliación y la corresponsabilidad de las personas trabajadoras. La OIT contempla cinco vertientes del trabajo decente unidas a tiempo de trabajo como promover la salud y la seguridad, aumentar la productividad y la sostenibilidad de las empresas, ser conveniente para la familia para mejorar el equilibrio entre el trabajo y su vida privada; promover la igualdad de género; y, facilitar la elección y la influencia del trabajador en sus horas de trabajo[46].

De hecho, para la reformulación del tiempo de trabajo ha de observarse la necesidad de las personas trabajadoras para armonizar la vida personal, familiar y laboral, sin olvidar la asunción de los cuidados no remunerados, principalmente por las mujeres. Estos cuidados tienen importantes consecuencias sobre las mujeres en su participación en el mercado de trabajo, estando constatado que la segregación del trabajo persiste y genera importantes brechas salariales[47].

---

44. El conjunto de normas forman un código internacional del trabajo que recoge y define aquellos estándares mínimos de protección y requisitos básicos de la práctica de la seguridad y salud laboral, detalla los derechos de las personas trabajadoras y constituye responsabilidades compartidas de empleadores, personas trabajadoras y gobiernos en la práctica de la seguridad y salud en el trabajo.
45. OIT: *Declaración del Centenario de la OIT para el futuro del trabajo,* Conferencia Internacional del Trabajo, 108.ª reunión, 2019, Ginebra, ILC.108/IV.
46. OIT: *Guía para establecer una ordenación del tiempo de trabajo equilibrada,* 2019. Recoge unos principios rectores para desarrollar una ordenación equilibrada del tiempo de trabajo que reporte beneficios mutuos para las personas trabajadoras y para las organizaciones.
47. MORARU, Gratiela F.: «Corresponsabilidad, conciliación de la vida personal, laboral y familiar y tiempo de trabajo». INSTITUTO DE LA MUJER DE CASTILLA-

La incorporación de la mujer al trabajo asalariado ha originado importantes cambios sociales y laborales, haciendo imprescindible la introducción de la perspectiva de género en el análisis de las relaciones laborales y en las condiciones de trabajo y salud. En esa protección de la salud de las personas trabajadoras debe considerarse las características físicas y psicosociales de mujeres y hombres. No solamente para mostrar sus diferencias, sino también para dar a conocer y entender las diferencias físicas, psíquicas y emocionales. Ambos sexos enferman de manera desigual, tienen diferentes cargas de trabajo y no les afecta por igual los mismos agentes externos.

Además, también es diferente la exposición a los riesgos laborales a los que se enfrentan mujeres y hombres, independientemente de que la modalidad de trabajo sea presencial o teletrabajo. De hecho, tendremos muy presente esos factores de riesgo del teletrabajo como el aislamiento, la dificultad para desconectar, las jornadas sin horario diferenciado, la triple carga de trabajo para la mujer (laboral, doméstica y de cuidados), etcétera, pues todos ellos dan lugar a riesgos ergonómicos, organizativos, psicosociales, manteniéndola al margen de planes formativos, de formación, entre otros[48].

En este contexto, son muchas las mujeres que utilizan el teletrabajo como medida de conciliación[49], sin embargo, aunque pueda parecer que por ofrecer mayor flexibilidad favorezca la conciliación, no es una herramienta concebida para tal fin[50]. De hecho, se ha observado que propicia todo lo contrario: consigue difuminar la frontera entre lo profesional y lo personal, se

---

LA MANCHA, https://institutomujer.castillalamancha.es/sites/institutomujer.castillalamancha.es/files/documentos/pdf/20230419/6-corresponsabilidad_conciliacion_de_la_vida_personal_laboral_y_familiar_.pdf.Según muestra, a través de los datos recogidos del Ministerio de Igualdad, las mujeres asumen, en una proporción mucho mayor que los hombres, los cuidados y las obligaciones familiares y personales. También, recoge los motivos por los que las mujeres solicitaron jornada parcial en 2021, entre los que destaca cuidado de menores, personas adultas, enfermas, discapacitadas o mayores, obligaciones familiares y no haber encontrado trabajo a jornada completa.

48. CONSEJO ECONÓMICO Y SOCIAL DE ESPAÑA: «*Informe mujeres, trabajos y cuidados: propuestas y perspectivas de futuro*», n.º 1, 2022, https://www.ces.es/documents/10180/5263052/Inf0122.pdf

49. AYERRA DUESCA, Nuria J.: «Retos del teletrabajo asociados a la prevención…», *ob. cit.*, pp. 64-65, 77. El teletrabajo es una modalidad flexible de organizar el trabajo, pero no debe convertirse en una medida de conciliación. Puede ser interesante porque contribuye a la igualdad de género y favorece la conciliación, pero siempre incorporando medidas de responsabilidad compartida.

50. RODRÍGUEZ RODRÍGUEZ, Emma: «De la conciliación a la corresponsabilidad en el tiempo de trabajo: un cambio de paradigma imprescindible para conseguir el trabajo decente», *Revista Jurídica de los Derechos Sociales, Lex Social*, n.º 1, vol. 11, 2021, p. 62.

confunden ambos aspectos de la vida, ya que se agrava el conflicto entre trabajo y vida privada, especialmente la manera de gestionar los límites entre tiempo de trabajo y tiempo vital para descansar y desconectar[51]. Se ha demostrado que el teletrabajo aumenta la intensidad del trabajo y la interferencia entre el trabajo y el hogar, provocando efectos adversos en el bienestar y los niveles de estrés de las personas teletrabajadoras[52].

En la misma línea, el trabajo a tiempo parcial es un instrumento débil para conciliar la vida familiar y laboral, es una fuente de discriminación indirecta por razón de sexo, que agrava los problemas de conciliación e impacta negativamente sobre las carreras profesionales. En muchos casos, la mujer reduce su jornada laboral o se decanta por un contrato a tiempo parcial para conciliar ambas obligaciones, situación que, junto con la falta de promoción profesional, conlleva repercusiones directas sobre la cuantía y el acceso a prestaciones de la Seguridad Social[53].

También, todavía son más mujeres que hombres las que siguen utilizando las medidas de conciliación que las lleva a trabajar en el ámbito doméstico y de cuidados[54], lo que provoca un aislamiento, una invisibilización[55] y una feminización de esta modalidad de prestación laboral[56]. Esta situación contribuye a perpetuar los roles y los estereotipos de género,

51. OIT: *Guía Práctica El teletrabajo durante la pandemia de COVID-19 y después de ella*, 2020, https://www.ilo.org/wcmsp5/groups/public/---ed_protect/---protrav/---travail/documents/publication/wcms_758007.pdf. Señala que los empleadores deberían promover políticas y medidas favorables para la familia, y alentar a que los hombres compartan por igual las responsabilidades de cuidado no remunerado y de las tareas domésticas.
52. EUROFOUND y OIT: *Trabajar en cualquier momento y en cualquier lugar: consecuencias en el ámbito laboral*, 2019, https://www.ilo.org/wcmsp5/groups/public/---ed_protect/---protrav/---travail/documents/publication/wcms_712531.pdf
53. RODRÍGUEZ RODRÍGUEZ, Emma: «De la conciliación a la corresponsabilidad…», *ob. cit.*, pp. 40-78. La OIT destaca estos efectos vinculados al género de la persona en el Convenio n.º 111 sobre la protección de igualdad de oportunidades o de trato en el empleo, admitiendo la adopción de medidas de acción positiva a favor del colectivo desfavorecido durante el tiempo que exista la situación discriminatoria. También el Convenio n.º 156 y la Recomendación n.º 165 sobre igualdad de oportunidades y de trato entre personas trabajadoras con responsabilidades familiares.
54. DE LA PUEBLA PINILLA, Ana: «Trabajo a distancia y teletrabajo: una perspectiva de género», *Labos Revista de Derecho del Trabajo y Protección Social*, n.º 3, 2020, p. 8.
55. MORENO GENÉ, Josep: «El impacto de las nuevas tecnologías en la cantidad y calidad de trabajo desde una perspectiva de género», en ROMERO BURILLO, Ana M.ª (Directora): *Mujer, trabajo y nuevas tecnologías. Un estudio del impacto de las nuevas tecnologías en el ámbito laboral desde una perspectiva de género*, Aranzadi, 2021, p. 89.
56. LÓPEZ ÁLVAREZ, M.ª José: «Trabajo a distancia conciliación familiar y corresponsabilidad», en LEÓN LLORENTE, Consuelo (Editora): *Teletrabajo y conciliación en el contexto de la covid-19, nuevos retos en el marco de la prevención de la violencia de género y la calidad de vida de las mujeres*, Aranzadi, 2020, p. 111.

fomentando el rol femenino de cuidadora, y la lleva a tener ciertas dificultades para acceder a empleos mejor remunerados o más cualificados[57], y a la comentada doble carga de trabajo laboral y doméstico que, como sabemos, repercute directamente en la salud y seguridad laboral de las mujeres[58].

En este sentido, la brecha de género existente en empleos cualificados relacionados con la tecnología y la digitalización, y ocupados por hombres en detrimento de mujeres, origina que las mujeres tengan mermadas esas oportunidades laborales por las dificultades que tienen para acceder a puestos relacionados con la Ciencia, la Tecnología, la Ingeniería o las Matemáticas. Esta infrarrepresentación de las mujeres en el ámbito digital, la desigualdad para acceder a las herramientas digitales o el uso de internet en la interrelación con las desigualdades sociales y de género, lleva asociados importantes riesgos para la salud y necesita unas medidas de prevención específicas. Igualmente, los sesgos de género existentes en la participación y el liderazgo, vinculados a la inteligencia artificial, tiene como consecuencias no contemplar las necesidades de las mujeres en este ámbito, con los correspondientes efectos negativos[59].

Mientras tanto, estas circunstancias afectan a la salud laboral de las mujeres y por supuesto, especialmente, a su salud mental. De hecho, el *Informe PRESME sobre precariedad laboral y salud mental*[60], evidencia que la precariedad laboral provoca el deterioro de la salud mental y destaca la necesidad de abordar esta última desde la perspectiva de género, con las mujeres, los jóvenes y los inmigrantes como los grupos más afectados.

Entre las recomendaciones que hace el Informe está el de priorizar políticas de salud pública mental con una perspectiva de salud laboral que incluyan la prevención de trastornos mentales y la promoción de salud mental, y el de proponer que las competencias del personal médico de

57. MORENO GENÉ, Josep: «El impacto de las nuevas tecnologías en la cantidad...», *ob. cit.*, pp. 61-65.
58. OTERO APARICIO, M.ª Jesús: «Vidas hiperconectadas: acciones desde la prevención de riesgos psicosociales», en TRUJILLO PONS, Francisco (Director): *Límites a la conectividad permanente en el trabajo: salud y competitividad empresarial*, Aranzadi, 2023, p. 178.
59. INSTITUTO DE LA MUJER Y PARA LA IGUALDAD DE OPORTUNIDADES: «Mujeres y Digitalización. De las brechas a los algoritmos», Ministerio de Igualdad, 2020, https://www.inmujeres.gob.es/diseno/novedades/M_MUJERES_Y_DIGITALIZACION_DE_LAS_BRE CHAS_A_LOS_ALGORITMOS_04.pdf
60. INFORME PRESME: *«Precariedad laboral y salud mental. Conocimientos y Políticas»*, Ministerio de Trabajo y Economía Social, 2023, https://www.lamoncloa.gob.es/serviciosdeprensa/notasprensa/trabajo14/Documents/2023/170323-informe-salud-mental.pdf

atención primaria sean reforzadas con el personal técnico de los servicios de prevención de riesgos laborales. También, recomienda introducir la dimensión de género en la evaluación de riesgos laborales y la planificación de la acción preventiva desde una perspectiva interseccional y de diversidad, además de medidas que respeten la conciliación de la vida personal, familiar y laboral bajo una perspectiva de corresponsabilidad.

A pesar de ello, el binomio trabajo y mujer exige un análisis de distintos aspectos que repercuten en conseguir el objetivo de trabajo decente. Las circunstancias que repercuten negativamente son diversas, estando entre ellas, la elevada tasa de desempleo que ha sido y sigue siendo superior a la de los hombres[61]. Estamos hablando de un colectivo desfavorecido y, como ya he reflejado anteriormente, siendo mínima la presencia de mujeres en determinados puestos de trabajo, se hacen necesarias políticas activas de empleo y medidas de acción positiva para reducir los efectos de la segregación ocupacional vertical y horizontal[62].

Por último, la OIT aconseja adoptar medidas que promuevan la conciliación de la vida familiar, laboral y personal como promover el reparto de las responsabilidades familiares y crear trabajos flexibles que estén orientados a la familia. Con todo, mayoritariamente, la mujer encuentra empleo en la economía informal que no deja de ser otra diferencia por razón de género. Este tipo de trabajo suele ser propio en trabajos de escaso nivel formativo, incidiendo en las mujeres por esa división de género de la mano de obra, que es influenciada por el tradicional papel de la mujer en el cuidado familiar. Esto supone menores oportunidades para acceder a un empleo formal e imposibilidad para mejorar su cualificación y progresar en el trabajo. Realmente, el trabajo decente en las mujeres debe remover estos obstáculos que encuentran en el acceso al empleo[63].

---

61. En 2003, en el Programa Global de Empleo, no se promovía cualquier tipo de empleo, sino un empleo de calidad, con la necesidad de eliminar la discriminación en el mercado de trabajo aplicando políticas activas de empleo.

62. OIT: *Trabajo Decente y Agenda 2030 de Desarrollo Sostenible,* 2016. Muestra el retroceso que está sufriendo la igualdad de género en el mercado laboral ya que «(…) *se ha registrado una segregación adicional en la distribución de las mujeres y los hombres en las diversas profesiones y dentro de ellas*».

63. OIT: *Agenda para el Desarrollo Sostenible,* 12 de agosto de 2015. La OIT reclama a los Estados fomentar la formación de las mujeres que les permita el acceso a niveles básicos de formación mediante la instauración de una formación obligatoria, aunque debemos ser conscientes de que este objetivo puede ser difícil por la necesidad de conciliación que existe para las mujeres.

5. CONCLUSIONES

La incorporación de la mujer al mercado laboral y la ampliación de los horarios laborales son importantes factores que provocan una imperfecta conciliación de la vida personal, familiar y laboral. Las consecuencias del CTF son diversas y numerosas, y afectan directamente a la salud psíquica y física de las personas trabajadoras, especialmente a las mujeres que son las que tradicionalmente han venido asumiendo las responsabilidades familiares. Este conflicto es un riesgo psicosocial laboral relevante y cuyas repercusiones en la salud hacen necesaria la incorporación de la conciliación al ámbito de la prevención de riesgos laborales, dejando de centrarla únicamente en políticas de igualdad o familiares.

El fomento de medidas para permitir a las personas trabajadoras la conciliación de la vida personal, familiar y laboral es uno de los objetivos de la LOIMH. Como se ha afirmado, el derecho de conciliación de las personas trabajadoras, desde la corresponsabilidad, está reconocido en varios artículos de dicha Ley, que lo considera indispensable para hacer efectivo el principio de igualdad y de oportunidad entre mujeres y hombres. Por ello, si la carga de responsabilidades familiares y de cuidados fuera compartida equitativamente entre mujeres y hombres, la desventaja en el mercado laboral también sería distribuida igualmente entre ambos géneros, y conseguiría que este reparto de responsabilidades no fuese fuente de desigualdad de género. Del mismo modo, con este reparto de responsabilidades, los problemas de salud de las mujeres asociados a la doble jornada o a la contratación precaria, se verían reducidos.

Por consiguiente, la conciliación debe comenzar cambiando la cultura organizacional, avanzando hacia una sociedad que asuma la reorganización de los tiempos de vida y de trabajo. Al respecto, no parece adecuado fomentar el contrato a tiempo parcial, la reducción de jornada o incluso, la excedencia para la mujer trabajadora como medidas de conciliación. Estas medidas, a corto plazo, se consideran una solución efectiva para ajustar la jornada doméstica junto con la remunerada, sin embargo, a medio y largo plazo tienen efectos contrarios como la limitación de la carrera profesional, la reducción de la cuantía de la pensión de jubilación o la disminución de la presencia de la mujer en la vida pública.

En cambio, una mayor autonomía para cumplir con los objetivos laborales refleja una disminución del CTF, debido a que la persona trabajadora dispone de una flexibilidad para organizar las demandas laborales y las familiares sin tener que pelear con horarios restrictivos ni con una microgestión.

Y, como he resaltado con anterioridad, el principio de adaptación del trabajo a la persona, recogido en el artículo 15 LPRL, junto con el artículo 25 de la protección de trabajadores sensibles a determinados riesgos, su ámbito subjetivo de aplicación no está limitado. Se entiende una protección de la salud en sentido amplio y dicha adaptación no se refiere, exclusivamente, a las personas trabajadoras que hayan sufrido un accidente de trabajo o una enfermedad profesional. De ahí, que la doble jornada que sufre la trabajadora hace idónea la situación para padecer determinadas patologías derivadas del denuedo personal. Estas condiciones sociales y personales hacen que la mujer sea una persona especialmente sensible a determinados riesgos y susceptible de sufrir daños en su vida, integridad física y personal.

En este sentido, cabe recordar que existen aspectos relacionados con la salud laboral de la mujer que deben ser recogidos en las evaluaciones de riesgos, incluyendo la evaluación subjetiva de las capacidades personales de las personas trabajadoras, además de la valoración objetiva de instalaciones, equipos de trabajo, lugares de trabajo, etcétera.

No obstante, la vigilancia de la salud, la protección de las personas trabajadoras contra enfermedades, los accidentes laborales y las lesiones relacionadas con el trabajo forman parte del mandato histórico de la OIT, previsto en su Constitución e incorporado el Derecho a la Seguridad y Salud en el Trabajo a los Principios y Derechos Fundamentales en el Trabajo. Precisamente, recuerda que el trabajo no es una mercancía, partiendo de la propuesta de un trabajo decente como objetivo fundamental, que debe realizarse de forma libre, igualitaria, segura y humanamente digna, y que aquello que se encuentre por debajo de estos estándares deberá considerarse una violación de los derechos humanos de las personas trabajadoras afectadas.

6. REFERENCIAS BIBLIOGRÁFICAS

AGENCIA EUROPEA DE SEGURIDAD Y SALUD EN EL TRABAJO: Hoja Informativa «Las mujeres y el envejecimiento de la población activa: consecuencias para la seguridad y salud en el trabajo», 2016, https://osha.europa.eu/sites/default/files/TE0616044ESN.pdf

ALLEN, Tammy D.: «Consequences Associated With Work-to-Family Conflict: A Review and Agenda for Future Research», *Journal of Occupational Health Psychology*, vol. 5, n.º 2, 2000, pp. 278-308.

– «The work-family interface: A retrospective look at 20 years of research in JOHP», *Journal of Occupational Health Psychology*, vol. 22, n.º 3, 2017, pp. 259-272.

ARTAZCOZ LAZCANO, Lucía, BORREL, Carme y MERINO, Jordi (Grupo Género y Salud Pública): «Desigualdades de género en salud: la conciliación de la vida laboral y familiar», *Informe SESPAS*, 2002, pp. 71-90.

AYERRA DUESCA, Nuria J.: «Retos del teletrabajo asociados a la prevención de riesgos laborales desde una perspectiva de género», *IUSLabor 3/2023*, 2023, pp. 50-81.

CALVO SALGUERO, Antonia, SALINAS MARTÍNEZ DE LECEA, José M.ª y AGUILAR LUZÓN, M.ª Carmen: «Gender and work-family conflicto: Testing the rational model and the gender role expectations model in the Spain cultural context», *International Journal of Psychology*, vol. 47, n.º 2, 2012, pp. 118-132.

CONSEJO ECONÓMICO Y SOCIAL DE ESPAÑA: «*Informe mujeres, trabajos y cuidados: propuestas y perspectivas de futuro*», n.º 1, 2022, https://www.ces.es/documents/10180/5263052/Inf0122.pdf

CUBILLOS, Susana y MONREAL, Angélica: «La doble jornada de trabajo y el concepto de doble presencia», *Gaceta de Psiquiatría Universitaria*, vol. 15, n.º 1, 2019, pp. 17-27.

DE LA PUEBLA PINILLA, Ana: «Trabajo a distancia y teletrabajo: una perspectiva de género», *Labos Revista de Derecho del Trabajo y Protección Social*, n.º 3, 2020, pp. 4-11.

ESTRATEGIA ESPAÑOLA DE SEGURIDAD Y SALUD EN EL TRABAJO 2023-2027, aprobada por el Consejo de Ministros el 14 de marzo de 2023.

EUROFOUND: Segunda encuesta Europea sobre calidad de vida, 2009, https://www.eurofound.europa.eu/es/publications/2008/segunda-encuesta-europea-sobre-calidad-de-vida-primeras-conclusiones

– Striking a balance: Reconciling work and life in the EU, 2018, https://www.eurofound.europa.eu/en/publications/2018/striking-balance-reconciling-work-and-life-eu

EUROFOUND y OIT: *Trabajar en cualquier momento y en cualquier lugar: consecuencias en el ámbito laboral*, 2019, https://www.ilo.org/wcmsp5/groups/public/---ed_protect/---protrav/---travail/documents/publication/wcms_712531.pdf

GISLER, Stefanie, OMANSKY, Rachel, ALENICK, Paige R., TUMMINIA, Alexandra M., EATOUGH, Erin M. y JOHNSON, Ryan C.: «Work-life conflict and employee health: A review», *Journal of Applied Biobehavioral Research,* 2018, pp. 1-46.

GREENHAUS, Jeffrey H. y BEUTELL, Nicholas J., «Sources of conflict between work and family roles», *The Academy of Managenment Review,* vol. 10, n.º 1, 1985, pp. 76-88.

INSTITUTO NACIONAL DE SEGURIDAD Y SALUD EN EL TRABAJO: NTP 1185 «Conflicto trabajo-familia o doble presencia como riesgo psicosocial: Marco conceptual y consecuencias», 2023.

JIMÉNEZ JIMÉNEZ, José: «La movilidad funcional por razones preventivas y las enfermedades feminizadas. Problemas y consecuencias», AA.VV. *Tratado de Salud Laboral, Tomo II: Aspectos técnico-sanitarios y lugares, sectores y colectivos singulares.* MONEREO PÉREZ, José L. y RIVAS VALLEJO, Pilar (Dirs.), Aranzadi, 2012.

LEY 31/1995, de 8 de noviembre, de Prevención de Riesgos Laborales.

LEY ORGÁNICA 3/2007, de 22 de marzo, para la igualdad efectiva de mujeres y hombres.

LÓPEZ ÁLVAREZ, M.ª José: «Trabajo a distancia conciliación familiar y corresponsabilidad», en LEÓN LLORENTE, Consuelo (Editora): *Teletrabajo y conciliación en el contexto de la covid-19, nuevos retos en el marco de la prevención de la violencia de género y la calidad de vida de las mujeres,* Aranzadi, 2020, pp. 105-122.

MESMER-MAGNUS, Jessica R.: «Convergence between measures of work-tofamily and family-to-work conflict: A metaanalytic examination», *Journal of Vocational Behavior,* 67, 2005, pp. 215-232.

MINISTERIO DE IGUALDAD: Implantación de planes de igualdad de organizaciones laborales. Materiales Divulgativos. Salud laboral, 2010.

– Instituto de la Mujer y para la Igualdad de Oportunidades: «Mujeres y Digitalización. De las brechas a los algoritmos», 2020, https://www.inmujeres.gob.es/diseno/novedades/M_MUJERES_Y_DIGITALIZACION_DE_LAS_BRE CHAS_A_LOS_ALGORITMOS_04.pdf

MINISTERIO DE TRABAJO Y ECONOMÍA SOCIAL: Informe Presme «*Precariedad laboral y salud mental. Conocimientos y Políticas*», 2023, https://www.lamoncloa.gob.es/serviciosdeprensa/notasprensa/trabajo14/Documents/2023/170323-informe-salud-mental.pdf

MORARU, Gratiela F.: «Corresponsabilidad, conciliación de la vida personal, laboral y familiar y tiempo de trabajo». Instituto de la Mujer de Castilla La Mancha, https://institutomujer.castillalamancha.es/sites/institutomujer.castillalamancha.es/files/documentos/pdf/20230419/6-corresponsabilidad_conciliacion_de_la_vida_personal_laboral_y_familiar_.pdf

MORENO GENÉ, Josep: «El impacto de las nuevas tecnologías en la cantidad y calidad de trabajo desde una perspectiva de género», en ROMERO BURILLO, A. M.ª (Directora): *Mujer, trabajo y nuevas tecnologías. Un estudio del impacto de las nuevas tecnologías en el ámbito laboral desde una perspectiva de género*, Aranzadi, 2021, pp. 55-105.

MORENO JIMÉNEZ, Bernardo y BÁEZ LEÓN, Carmen: «Factores y riesgos psicosociales: Formas, consecuencias, medidas y buenas prácticas», 2010, Instituto Nacional de Seguridad e Higiene en el Trabajo, https://www.insst.es/documents/94886/96076/Factores+y+riesgos+psicosociales,+formas,+consecuencias,+medidas+y+buenas+pr%C3%A1cticas/c4cde3ce-a4b6-45e9-9907-cb4d693c19cf

PEDROSA ALQUÉZAR, Sonia I.: «La salud integral de la mujer trabajadora: carencia de una efectiva protección», 2002, https:www.unizar.es/siem/articulos/Premios/salud.pdf.

– «La incidencia de los acosos laborales en la salud de la mujer trabajadora», *RTSS.CEF*, n.º 261, 2004.

OIT: *Declaración de la OIT relativa a los principios y derechos fundamentales en el trabajo y su seguimiento*, Conferencia Internacional del Trabajo, 86.ª reunión, el 18 de junio de 1998.

– *Trabajo decente*, Memoria del Director General, Conferencia Internacional del Trabajo, 87.ª reunión, Ginebra, junio de 1999.

– *Agenda para el Desarrollo Sostenible, 2015.*

– *Estrés en el trabajo. Un reto colectivo*, 2016.

– *Trabajo Decente y Agenda 2030 de Desarrollo Sostenible*, 2016.

– *Guía para establecer una ordenación del tiempo de trabajo equilibrada, 2019.*

– *Trabajar para un futuro prometedor*, Comisión Mundial sobre el Futuro del Trabajo, 2019.

– *Declaración del Centenario de la OIT para el futuro del trabajo*, Conferencia Internacional del Trabajo, 108.ª reunión, 2019.

– *El trabajo de cuidados y los trabajadores del cuidado. Para un futuro con trabajo decente*, 2019.

– *Guía Práctica El teletrabajo durante la pandemia de COVID-19 y después de ella*, 2020.

– *Resolución sobre la inclusión de un entorno de trabajo seguro y saludable en el marco de la OIT relativo a los principios y derechos fundamentales en el trabajo*, Conferencia Internacional de Trabajo, 110.ª reunión, el 6 de junio de 2022.

– *La organización del trabajo y los riesgos psicosociales: una mirada de género*, Hoja Informativa, s.f.

OTERO APARICIO, M.ª Jesús: «Vidas hiperconectadas: acciones desde la prevención de riesgos psicosociales», en TRUJILLO PONS, Francisco (Director): *Límites a la conectividad permanente en el trabajo: salud y competitividad empresarial*, Aranzadi, 2023, pp. 169-192.

RAMOS QUINTANA, Margarita I.: «La salud de las mujeres en las relaciones de trabajo», *Revista de Derecho Social*, n.º 100, 2022, pp. 153-180.

REAL DECRETO 39/1997, de 17 de enero, por el que se aprueba el Reglamento de los Servicios de Prevención.

RIVAS VALLEJO, Pilar: «Salud y género: perspectiva de género en la salud laboral», *Revista del Ministerio de Trabajo y Asuntos Sociales*, 2007, pp. 227-285.

RODRÍGUEZ RODRÍGUEZ, Emma: «De la conciliación a la corresponsabilidad en el tiempo de trabajo: un cambio de paradigma imprescindible para conseguir el trabajo decente», *Revista Jurídica de los Derechos Sociales, Lex Social*, n.º 1, vol. 11, 2021, pp. 40-78.

SEN, Amartya: «Trabajo y derechos», *Revista Internacional del Trabajo*, vol. 132, 2013, pp. 94-104.

VALLEJO DA COSTA, Ruth, «El conflicto trabajo-familia como riesgo psicosocial: su particular incidencia en la mujer trabajadora (aspectos jurídicos)», *RTSS. CEF*, n.º 375 (junio 2014), pp. 13-46.

– *Salud laboral, igualdad y mujer. Aspectos jurídicos*. Bomarzo, 2019.

Parte III

Análisis de la violencia, el acoso sexual y por razón de sexo desde la gestión de la prevención de riesgos laborales

Capítulo 10

Prevención de la violencia sexual en el trabajo: el acoso sexual y por razón de sexo

Miren Edurne López Rubia
Titular de Universidad, Derecho del Trabajo y de la Seguridad Social
Universidad del País Vasco/Euskal Herriko Unibertsitatea

SUMARIO: 1. INTRODUCCIÓN. 2. LA VIOLENCIA SEXUAL, EL ACOSO SEXUAL Y EL ACOSO POR RAZÓN DE SEXO EN EL TRABAJO. 2.1. *El acoso sexual y acoso por razón de sexo en la LO 3/2007.* 3. EL ACOSO SEXUAL Y EL ACOSO POR RAZÓN DE SEXO: RIESGOS LABORALES DE CARÁCTER PSICOSOCIAL. 4. LA PREVENCIÓN DEL ACOSO SEXUAL Y EL ACOSO POR RAZÓN DE SEXO EN EL TRABAJO. 4.1. *La evaluación de riesgos laborales.* 4.2. *La adopción de medidas preventivas.* 4.2.1. Promoción de condiciones de trabajo que eviten la violencia sexual. 4.2.2. La formación, información y sensibilización. 4.2.3. Los protocolos de acoso sexual y acoso por razón de sexo. 5. CONCLUSIONES. 6. BIBLIOGRAFÍA.

1. INTRODUCCIÓN

El acoso sexual y el acoso por razón de sexo en el trabajo son conductas que existen en el ámbito laboral desde hace muchísimo tiempo, cosa bien distinta es el nombre que se les haya podido dar a lo largo del tiempo[1], las dificultades que hayan podido existir para englobar ciertos comportamientos dentro de un concepto determinado, como en el caso del acoso por razón

1. De hecho, acoso sexual es una forma de nombrar una conducta muy antigua, «el de las mujeres recibiendo una "atención sexual no deseada", que aparece desde la incorporación de la mujer al mercado de trabajo, lo que no significa que sean las mujeres

de sexo, el tratamiento jurídico que hayan tenido o la importancia social, de la que han carecido a mi entender, pero que poco a poco han ido adquiriendo. De hecho, la novedad radica fundamentalmente en «el creciente interés por su identificación, conceptualización y tratamiento, tanto desde el escenario internacional como desde el comunitario y el nacional»[2].

Lo cierto es que, a modo ejemplificativo, nos podemos remontar a finales de los años 70 y principios de los 80 del siglo pasado, para recordar que, a nivel internacional, se había adoptado la *Convención sobre la eliminación de todas las formas de discriminación contra la mujer*[3] que, bajo la convicción de que «la máxima participación de la mujer en todas las esferas, en igualdad de condiciones con el hombre, es indispensable para el desarrollo pleno y completo de un país, el bienestar del mundo y la causa de la paz», reconocía, entre otras, la necesidad de «modificar el papel tradicional tanto del hombre como de la mujer en la sociedad y en la familia» para lograr la plena igualdad entre el hombre y la mujer. En la *Convención* se definía la «discriminación contra la mujer» como «toda distinción, exclusión o restricción basada en el sexo que tenga por objeto o resultado menoscabar o anular el reconocimiento, goce o ejercicio por la mujer, independientemente de su estado civil, sobre la base de la igualdad del hombre y la mujer, de los derechos humanos y las libertades fundamentales en las esferas política, económica, social, cultural y civil o en cualquier otra esfera» (art. 1).

En el marco de las medidas previstas por la citada *Convención* y, concretamente, por la necesidad de que todos los Estados reflejaran de forma adecuada «la estrecha vinculación entre la discriminación contra la mujer, la violencia contra la mujer, y las violaciones de los derechos humanos y las libertades fundamentales» y adoptaran medidas positivas para «para eli-

las únicas víctimas de acoso» en DE VICENTE PACHÉS, Fernando: «El acoso sexual y el acoso por razón de sexo desde la perspectiva del Derecho Internacional y el Derecho Comunitario europeo», *Revista del Ministerio de Trabajo y Asuntos Sociales*, núm. 67 (2007), p. 84 (https://www.navarra.es/NR/rdonlyres/1D689354-F896-4A62-85FB-E3C8F3CC6DFE/153595/AcosoSexualDer.pdf, último acceso: 21-07-2024).

2. PÉREZ GUARDO, Rocío y RODRÍGUEZ SUMAZA, Carmen: «Un análisis del concepto de acoso sexual laboral: reflexiones y orientaciones para la investigación y la intervención social», *Cuadernos de Relaciones Laborales*, Vol. 31, núm. 1 (2013), p. 197 (https://revistas.ucm.es/index.php/CRLA/article/view/41647/39705, último acceso: 21-07-2024). Aunque el artículo doctrinal del que procede la cita tiene más de 10 años, estimo que esa afirmación sigue siendo válida en la actualidad.

3. Adoptada y abierta a la firma y ratificación, o adhesión, por la Asamblea General en su Resolución 34/180, de 18 de diciembre de 1979. Entrada en vigor: 3 de septiembre de 1981, de conformidad con el artículo 27 (1) (https://www.ohchr.org/sites/default/files/cedaw_SP.pdf, último acceso: 20-07-2024). Hay que mencionar que se ha ido avanzando, en el sentido de esa primera Conferencia, en Conferencias posteriores, consúltese: https://www.un.org/es/conferences/women (último acceso: 22-07-2024).

minar todos los aspectos de la violencia contra la mujer», se aprobó la Recomendación general-CEDAW núm. 19[4]. Dicha Recomendación, cuyo punto de partida consideraba que la violencia contra la mujer «es una forma de discriminación que inhibe gravemente la capacidad de la mujer de gozar de derechos y libertades en pie de igualdad con el hombre» (Antecedente 1), en su artículo 11 reconocía que la igualdad en el empleo puede verse seriamente perjudicada cuando las mujeres son sometidas a violencia, por el mero hecho de ser mujer, y que el hostigamiento sexual en el trabajo forma parte de dicha violencia; y, a continuación, nos proporciona una definición del hostigamiento sexual, al señalar que dicho hostigamiento «incluye conductas de tono sexual tal como contactos físicos e insinuaciones, observaciones de tipo sexual, exhibición de pornografía y exigencias sexuales, ya sean verbales o de hecho. Ese tipo de conducta puede ser humillante y puede constituir un problema de salud y de seguridad; es discriminatoria cuando la mujer tiene motivos suficientes para creer que su negativa le podría causar problemas en relación con su trabajo, incluso con la contratación o el ascenso, o cuando crea un medio de trabajo hostil»[5].

En cuanto el ámbito comunitario, nos podemos remontar hasta la publicación del *Código de conducta sobre las medidas para combatir el acoso sexual*, aprobado como Anexo de la Recomendación de la Comisión de 27 de noviembre de 1991 relativa a la protección de la dignidad de la mujer y del hombre en el trabajo (92/ 131 /CEE)[6], al que dedicaremos algunas líneas con posterioridad, aunque la preocupación de la Comunidad Europea por este tipo de conductas se inicia con anterioridad a dicha publicación[7].

En definitiva, ya desde la última década del siglo pasado, se reconoce, a nivel internacional y comunitario, que la violencia contra las mujeres

4. Office of de High Commissioner for Human Rights: LA VIOLENCIA CONTRA LA MUJER: 29/01/92 CEDAW RECOM. GENERAL 19. (GENERAL COMMENTS) RECOMENDACIÓN GENERAL núm. 19 (http://archive.ipu.org/splz-e/cuenca10/cedaw_19.pdf, último acceso: 20-07-2024).
5. La Recomendación general núm. 19 ha sido modificada y actualizada por la Recomendación general núm. 35 sobre la violencia por razón de género contra la mujer, por la que se actualiza la recomendación general núm. 19 (Comité para la Eliminación de la Discriminación contra la Mujer, 2017, https://www.acnur.org/fileadmin/Documentos/BDL/2017/11405.pdf, último acceso: 20-07-2024). Ambas Recomendaciones generales se complementan, por lo que debe realizarse una lectura conjunta de las mismas (art. 8 de la Recomendación núm. 35).
6. DOCE 24.2.92, n.º L 49/1.
7. Véase al respecto DE VICENTE PACHÉS, Fernando: «El acoso sexual y el acoso por razón de sexo desde la perspectiva del Derecho Internacional y el Derecho Comunitario europeo», *Revista del Ministerio de Trabajo y Asuntos Sociales*, núm. 67 (2007), pp. 104-107 (https://www.navarra.es/NR/rdonlyres/1D689354-F896-4A62-85FB-E3C8F3CC6DFE/153595/AcosoSexualDer.pdf, último acceso: 21-07-2024).

puede dar lugar, de un lado, a discriminaciones para ellas y, de otro lado, a problemas para su salud y seguridad, en todos los ámbitos de la vida; cuestiones esas que, independientemente de la opinión de quién escribe este capítulo[8], son el punto de partida para la consideración del acoso sexual (hostigamiento sexual) y el acoso por razón de sexo en el trabajo como conductas discriminatorias y, a la vez, como riesgos para la seguridad y salud de las mujeres trabajadoras.

En el marco nacional, fue la Ley 3/1989, de 3 de marzo, por la que se amplía a dieciséis semanas el permiso por maternidad y se establecen medidas para favorecer la igualdad de trato de la mujer en el trabajo, la que en su preámbulo reconocía que eran las mujeres las que mayormente estaban sometidas al acoso sexual y que, por lo tanto, era necesario adoptar medidas para combatirlo. Además, incidió en la necesidad de clarificar los derechos ya existentes («respeto a la intimidad del trabajador o trabajadora y a la consideración debida a su dignidad en la esfera laboral y el llamado derecho de protección en la esfera funcionarial») para que las conductas de acoso sexual quedasen claramente integradas en la tutela jurídica dispensada por los citados derechos (Preámbulo, IV)[9].

Hecha esta breve introducción y antes de proceder a lo que es propiamente el contenido principal de este capítulo, esto es, la prevención del acoso sexual y el acoso por razón de sexo[10], en cuanto conductas o comportamientos que se encuadran en la violencia sexual, y las dificultades que plantea, creo que es conveniente analizar, si bien someramente, los conceptos de acoso sexual y acoso por razón de sexo de la legislación española, así como realizar una comparación con las definiciones previstas en la norma-

8. En mi opinión, no es adecuado dejar en manos de la mujer afectada (por ser objeto de hostigamiento sexual) la valoración de la incidencia en las condiciones laborales de una negativa ante, por ejemplo, una solicitud sexual. No se trata de que nadie tenga que hacer una valoración, el hostigamiento sexual se produce o no, independientemente de las consecuencias que pueda acarrear.

9. Fue el art. 1 Ley 3/1989 el que introdujo en el art. 4 del Estatuto de los Trabajadores entonces vigente (Ley 8/1980, de 10 de marzo, del Estatuto de los Trabajadores) la referencia expresa al acoso sexual: «e) Al respeto de su intimidad y a la consideración debida a su dignidad, comprendida la protección frente a ofensas verbales o físicas de naturaleza sexual».

10. No se abordarán en este Capítulo las medidas de protección o de mantenimiento de derechos laborales de las mujeres que han sido objeto de violencia sexual, dado que excede claramente el objeto de estudio de este trabajo, que no es otro que la adopción de medidas para que, precisamente, no se produzcan esas violencias. Para el estudio de los derechos de protección previstos e introducidos en la normativa existente, léase: FERNÁNDEZ ORRICO, Francisco Javier: «Un estudio comparativo acerca de la protección jurídico laboral entre las víctimas de violencia de género y de violencias sexuales», *Revista Española de Derecho del Trabajo*, núm. 269 (2023) (BIB 2023, 2959).

tiva en la que traen causa, la Directiva 2006/54/CE del Parlamento Europeo y del Consejo, de 5 de julio de 2006, relativa a la aplicación del principio de igualdad de oportunidades e igualdad de trato entre hombres y mujeres en asuntos de empleo y ocupación (refundición), por un lado, y con definiciones que recoge el más reciente Convenio OIT número 190, sobre violencia y acoso en el trabajo[11].

2. LA VIOLENCIA SEXUAL, EL ACOSO SEXUAL Y EL ACOSO POR RAZÓN DE SEXO EN EL TRABAJO

Hace más de una década que los acosos han sido considerados como violencia en el trabajo o violencia laboral, en la que, a su vez, cabe diferenciar las conductas de violencia física (agresiones físicas) y las conductas de violencia psicológica (acoso discriminatorio, acoso laboral y acoso sexual)[12]. Actualmente, parece haberse dado un paso adelante, cualitativo, al considerar que el acoso sexual y el acoso por razón de sexo son violencia sexual, ya sea en el trabajo o fuera de él, tal y como veremos a continuación.

A pesar de que tanto el acoso sexual como el acoso por razón de sexo están incluidos y definidos en la Ley Orgánica 3/2007, de 22 de marzo, para la igualdad efectiva entre mujeres y hombres (LOI), concretamente en el artículo 7, lo cierto es que la violencia sexual, como tal, no se ha definido legalmente hasta la aprobación de la Ley Orgánica 10/2022, de 6 de septiembre, de garantía integral de la libertad sexual[13]. De esta forma, el art. 3 de la LO 10/2022, que establece el ámbito objetivo de la norma, indica que la violencia sexual ha de entenderse «como cualquier acto de naturaleza sexual no consentido o que condicione el libre desarrollo de la vida sexual en cualquier ámbito público o privado, incluyendo el ámbito digital» y que en dicho concepto deben incluirse «los delitos previstos en el Título VIII del

11. Adoptado en Ginebra el 21 de junio de 2019, en la108.ª reunión de la Conferencia Internacional del Trabajo (21 junio 2019), ratificado por España el 25 de mayo de 2022 y cuya entrada en vigor en el Estado español se produjo 12 meses después de su ratificación (art. 14.2 Convenio OIT 190).
12. MEJÍAS GARCÍA, Ana; CARBONELL VAYÁ, Enrique J.; GIMENO NAVARRO, Miguel Ángel y FIDALGO VEGA, Manuel (redactores): NTP 891: *Procedimiento de solución autónoma de los conflictos de violencia laboral (I)*, INSST, 2011, pp. 1-2 (https://www.insst.es/documents/94886/326775/ntp-891%20w.pdf/ff0d5beb-4c6e-417e-b73f-16ca8544ca05?version=1.1&t=1687207491322, último acceso: 21-07-2024).
13. En la LOI, la referencia constante es a la violencia de género y, el acoso sexual y el acoso por razón de sexo aparecen independientemente de ese primer concepto (véase, por ejemplo, el art. 14.5 LOI). Es más, la violencia de género hay que entenderla en virtud de la definición que recoge el art. 1.1 de la Ley Orgánica 1/2004, de 28 de diciembre, de medidas de protección integral contra la violencia de género, al establecer que «La presente Ley tiene por objeto actuar contra la violencia que, como manifestación de la discriminación, la situación de desigualdad y las relaciones de

Libro II de la Ley Orgánica 10/1995, de 23 de noviembre, del Código Penal, la mutilación genital femenina, el matrimonio forzado, el acoso con connotación sexual y la trata con fines de explotación sexual. Se prestará especial atención a las violencias sexuales cometidas en el ámbito digital, lo que comprende la difusión de actos de violencia sexual, la pornografía no consentida y la infantil en todo caso, y la extorsión sexual a través de medios tecnológicos»[14].

Una vez definido el ámbito de aplicación, y señaladas otras cuestiones, la LO 10/2022 procede a regular las medidas de prevención y sensibilización

poder de los hombres sobre las mujeres, se ejerce sobre éstas por parte de quienes sean o hayan sido sus cónyuges o de quienes estén o hayan estado ligados a ellas por relaciones similares de afectividad, aun sin convivencia»; y comprende «... todo acto de violencia física y psicológica, incluidas las agresiones a la libertad sexual, las amenazas, las coacciones o la privación arbitraria de libertad» (art. 1.3 LO 1/2004). De hecho, la única referencia a la violencia sexual que encontramos en la LOI se encuentra en el art. 66 sobre la aplicación en las Fuerzas Armadas de las normas referidas al personal de las administraciones públicas. En ese sentido, la Agencia Europea de Salud y Seguridad en el Trabajo también emplea el concepto «violencia de género» para referirse a la violencia que se produce en el seno de una relación sentimental, véase: https://osha.europa.eu/es/publications/building-safe-spaces-domestic-violence-and-workplace (último acceso: 21-07-2024). Sin embargo, hay quien estima que el acoso sexual y el acoso por razón de sexo deberían haberse incluido en el concepto de violencia de género, que no debería haberse distinguido entre violencia de género y violencia sexual, dado que, a pesar de que la LOI se refiere a «sexo», «la realidad social muestra descarnadamente cómo las mujeres son casi en la práctica totalidad de los casos las víctimas de esta clase de violencia, atendiendo principalmente al condicionante del género como criterio regulador en las relaciones de poder ejercidas tradicionalmente» (JERICÓ OJER, Leticia: «Género y políticas penales: su aplicación en la empresa», en SIERRA HERNAIZ, Elisa y VALLEJO DA COSTA, Ruth (directoras), PEDROSA ALQUEZAR, Sonia Isabel (coordinadora): *Diseño e implementación de planes de igualdad en las empresas. Cuestiones claves*, Cizur Menor: Thomson Reuters Aranzadi, 2020, p. 646). Sin embargo, aun admitiendo esa realidad, soy partidaria de que el acoso sexual y el acoso por razón de sexo sigan manteniendo esa diferenciación del concepto legal de violencia de género dado por la LO 1/2004, de forma que las medidas de protección y las medidas reactivas puedan ser aplicadas independientemente de las personas que se vean implicadas.

14. En las Encuestas sobre las condiciones de trabajo de Eurofound, a las que me referiré en una nota posterior, la primera vez que encontramos la referencia a la violencia sexual en el trabajo se encuentra en: *Sixth European Working Conditions Survey – Overview report* (2017 update), Eurofound, Luxembourg: Publications Office of the European Union, 2017, p. 63 (https://www.eurofound.europa.eu/es/publications/2016/sixth-european-working-conditions-survey-overview-report, último acceso: 21-07-2024).

que deben adoptarse en diferentes ámbitos[15], entre los que se encuentra el ámbito que, a efectos de este capítulo, más nos interesa, esto es, el laboral (art. 12), y, también, el de la Administración Pública, los organismos públicos y los órganos constitucionales (art. 13). Es precisamente en esos preceptos donde localizamos las medidas destinadas a evitar «la comisión de delitos y otras conductas contra la libertad sexual y la integridad moral en el trabajo, incidiendo especialmente en el acoso sexual y el acoso por razón de sexo». Por tanto, no hay duda de que tanto el acoso sexual, como el acoso por razón de sexo son violencia sexual; ahora bien, violencia sexual que puede estar ejercida por cualquier persona y dirigida contra cualquier persona, respetando de esa forma, la neutralidad de las principales normas sobre libertad sexual e igualdad, es decir la LOI y la LO 10/2022, y, concretamente, de las propias definiciones del art. 7 LOI. Aunque, nadie es ajeno al hecho de que, actualmente, son mayoritariamente las mujeres quienes padecen este tipo de violencia, que es discriminatoria y que, además, supone un riesgo para su seguridad y salud en el trabajo[16].

2.1. EL ACOSO SEXUAL Y ACOSO POR RAZÓN DE SEXO EN LA LO 3/2007

Los conceptos de acoso sexual y acoso por razón de sexo, y la consideración de los mismos como actos discriminatorios, se mantienen intactos en el artículo 7 de la Ley Orgánica 3/2007, de 22 de marzo, para la igualdad efectiva de mujeres y hombres (LOI), a pesar de las modificaciones intro-

---

15. Ámbito educativo (art. 7), ámbito sanitario, sociosanitario y de servicios sociales (art. 8), ámbito digital y de la comunicación (art. 10), ámbito publicitario (art. 11), ámbito castrense (art. 14) y en instituciones residenciales y en centros penitenciarios, de detención, o de internamiento involuntario de personas (art. 15).
16. Así lo reconoce la OIT en el Informe V (1): *Acabar con la violencia y el acoso contra las mujeres y los hombres en el mundo del trabajo*, Conferencia Internacional del Trabajo 107.ª reunión, 2018, Ginebra, p. 26 (https://www.ilo.org/sites/default/files/wcmsp5/groups/public/@ed_norm/@relconf/documents/meetingdocument/wcms_554100.pdf, último acceso: 20-07-2024) e, igualmente, en el Convenio 190, cuando señala que afecta desproporcionadamente a mujeres y niñas. De hecho, los estudios que se hacen sobre la incidencia del acoso sexual y el acoso por razón de sexo en el ámbito laboral tienen como objeto de estudio el acoso que se realiza sobre las mujeres: desde el estudio INMARK: El acoso sexual a las mujeres en el ámbito laboral – Presentación de resultados, 2006 (https://www.navarra.es/NR/rdonlyres/D91FE499-4898-4EDD-AA09-213A8AF122EA/153594/MTASEstudioAcosoSexual.pdf, último acceso: 20-07-2024), hasta el estudio CCOO: *Acoso sexual y acoso por razón de sexo en el ámbito laboral en España. Resumen ejecutivo* (https://violenciagenero.igualdad.gob.es/wp-content/uploads/resumenejecutivoacososexual.pdf, último acceso: 20-07-2024), cuyo principal objetivo es «analizar en profundidad el acoso sexual y el acoso por razón de sexo en el ámbito laboral como prácticas de violencia y discriminación contra las mujeres» (p. 1).

ducidas en la misma por la LO 10/2022 y de la «nueva» regulación de las medidas contra el acoso que contempla esta última norma.

Así, «Sin perjuicio de lo establecido en el Código Penal, a los efectos de esta Ley constituye acoso sexual cualquier comportamiento, verbal o físico, de naturaleza sexual que tenga el propósito o produzca el efecto de atentar contra la dignidad de una persona, en particular cuando se crea un entorno intimidatorio, degradante u ofensivo» (art. 7.1 LOI); mientras que «Constituye acoso por razón de sexo cualquier comportamiento realizado en función del sexo de una persona, con el propósito o el efecto de atentar contra su dignidad y de crear un entorno intimidatorio, degradante u ofensivo» (art. 7.2)[17].

De dichas definiciones, lo primero que hay que destacar es que no establecen que sean conductas ejercidas por los hombres hacia las mujeres, ni viceversa; tampoco se concreta en qué dirección deben darse, si de personas que están en un nivel jerárquico superior hacia las que están en niveles inferiores o viceversa, o entre personas que están en el mismo nivel, sino que se limitan a definir el tipo de conducta o comportamiento, independientemente de quiénes sean las personas implicadas.

Otras cuestiones que hay que destacar, y que se comentarán a continuación, son las numerosas «ausencias» u «olvidos» del art. 7.1 y 2 LOI que, adelanto, me merecen una valoración extraordinariamente positiva, y que se refieren a: la ausencia de adjetivos que califiquen los comportamientos como no deseados, la ausencia de la reiteración o repetición de los comportamientos, la ausencia de referencia alguna a la salud, la ausencia de la intencionalidad y la ausencia de referencia alguna al lugar de trabajo.

Así, si empezamos por la primera de las «ausencias», en las definiciones no se hace mención alguna a que la conducta deba percibirse como inde-

17. El delito de acoso sexual regulado por el art. 184 de la Ley Orgánica 10/1995, de 23 de noviembre, del Código Penal no es objeto de estudio de este Capítulo. Sobre dicho delito, léase: OLAIZOLA NOGALES, Inés: «La relación entre el delito de acoso sexual y el delito de acoso laboral», en SIERRA HERNAIZ, Elisa y VALLEJO DA COSTA, Ruth (directoras), PEDROSA ALQUEZAR, Sonia Isabel (coordinadora): *Diseño e implementación de planes de igualdad en las empresas. Cuestiones claves*, Cizur Menor: Thomson Reuters Aranzadi, 2020, pp. 609-637; JERICÓ OJER, Leticia: «Género y políticas penales: su aplicación en la empresa», en SIERRA HERNAIZ, Elisa y VALLEJO DA COSTA, Ruth (directoras), PEDROSA ALQUEZAR, Sonia Isabel (coordinadora): *Diseño e implementación de planes de igualdad en las empresas. Cuestiones claves*, Cizur Menor: Thomson Reuters Aranzadi, 2020, pp. 639-669; y ALTÉS TÁRREGA, Juan Antonio: «La tutela administrativa y penal frente a la violencia y el acoso en el trabajo», en ALTÉS TÁRREGA, Juan Antonio y YAGÜE BLANCO, Sergio (directores): *Convenio 190 de la OIT sobre violencia y acoso*, Valencia: Tirant lo Blanch, 2024, pp. 460 y ss.

seada y eso que en la Directiva 2006/54/CE del Parlamento Europeo y del Consejo, de 5 de julio de 2006, relativa a la aplicación del principio de igualdad de oportunidades e igualdad de trato entre hombres y mujeres en asuntos de empleo y ocupación (refundición), los comportamientos constitutivos de acoso[18] y acoso sexual en el trabajo contienen el calificativo de «no deseado»[19]. En ese sentido, valoro positivamente la desaparición de dicho adjetivo calificativo de la normativa española[20], sobre todo teniendo en cuenta la deriva de algunos tribunales, que todavía en 2011 exigían que para que existiese acoso sexual tenían que darse unos requisitos fundamentales, entre los que se citaba «que se dé un comportamiento no deseado (que exista una negativa clara y terminante por parte del afectado)»[21].

En cuanto a la reiteración o repetición de las conductas o comportamientos como requisito para la existencia de cualquiera de los dos acosos, tampoco se requiere en las definiciones del art. 7 LOI. Hay que decir que la OIT, en su Convenio 190, sobre la violencia y el acoso (2019), se ha pronunciado en ese mismo sentido, al declarar que los comportamientos constitutivos de acoso pueden manifestarse «una sola vez o de manera repetida» (art. 1.1. a). Cuestión ésta que también comparto.

---

18. Aunque la Directiva sólo defina el acoso, sin ningún adjetivo, se está refiriendo a lo que la legislación española denomina acoso por razón de sexo. De hecho, en la propia definición se establece que se trata de un comportamiento relacionado con el sexo de una persona y, además, si acudimos a la procedencia de esas definiciones, que no es otra que la Directiva 2002/73/CE del Parlamento Europeo y del Consejo, de 23 de septiembre de 2002, que modifica la Directiva 76/207/CEE del Consejo relativa a la aplicación del principio de igualdad de trato entre hombres y mujeres en lo que se refiere al acceso al empleo, a la formación y la promoción profesionales, y a las condiciones de trabajo, veremos que en el Considerando (8) se refiere a «(8) El acoso relacionado con el sexo de una persona y el acoso sexual son contrarios al principio de igualdad de trato entre hombres y mujeres». Tal vez se trate de una reminiscencia del inglés, dado que, en los documentos de la Agencia Europea de Seguridad y Salud en el Trabajo, por ejemplo, en sus múltiples Encuestas europeas sobre condiciones de trabajo, en las versiones inglesas, sigue apareciendo, junto con *sexual harassment*, la expresión *unwanted sexual attention*.
19. A efectos de la presente Directiva se entenderá por: «... c) "acoso": la situación en que se produce un comportamiento no deseado relacionado con el sexo de una persona con el propósito o el efecto de atentar contra la dignidad de la persona y de crear un entorno intimidatorio, hostil, degradante, humillante u ofensivo; d) "acoso sexual": la situación en que se produce cualquier comportamiento verbal, no verbal o físico no deseado de índole sexual con el propósito o el efecto de atentar contra la dignidad de una persona, en particular cuando se crea un entorno intimidatorio, hostil, degradante, humillante u ofensivo».
20. Algo que ya reivindicaba Pérez del Río hace ya bastantes años, véase: PÉREZ DEL RÍO, Teresa: «El acoso sexual en el trabajo: su sanción en el orden social», *Relaciones Laborales*, 1990 (LA LEY 867/2001).
21. Tribunal Superior de Justicia de Islas Canarias, Las Palmas (Sala de lo Social, Sección 1.ª), núm. 700/2011 de 16 mayo (AS 2011, 2641).

Si atendemos a la siguiente «ausencia», hay que decir que es la relativa a uno de los temas que más nos interesa desde el punto de vista preventivo, que es la repercusión que este tipo de comportamiento puede tener en la salud de las personas trabajadoras. Pero lo cierto es que las definiciones legales tampoco contienen referencia alguna a la salud o a la pérdida de la misma. Entiendo que los comportamientos calificables como acoso sexual y acoso por razón de sexo lo serán independientemente de la repercusión que puedan tener en la salud de la persona que los sufre. En efecto, tal y como se establece en el art. 1.1. a) Convenio OIT 190, estamos ante un conjunto de comportamientos «que tengan como objeto, que causen o sean susceptibles de causar, un daño físico, psicológico, sexual o económico, e incluye la violencia y el acoso por razón de género». Lo cual significa que no siempre tiene por qué producirse el daño, pero que existe la posibilidad de provocarlo. De hecho, un riesgo laboral es precisamente eso «la posibilidad de que un trabajador sufra un determinado daño derivado del trabajo» (art. 4.2 LPRL).

La intencionalidad es un requisito que tampoco se requiere para la existencia del acoso sexual o el acoso por razón de sexo. Tanto el apartado 1 como el 2 del art. 7 LOI establecen que constituye acoso sexual o acoso por razón de sexo «cualquier comportamiento, verbal o físico, de naturaleza sexual que tenga el propósito o produzca el efecto de atentar contra la dignidad…». Puede existir ese propósito o intención, pero basta con que se produzca el efecto, aun sin ese propósito. Por tanto, no cabe ampararse en el desconocimiento o en la falta de intención de causar determinados efectos.

La ausencia de referencia al lugar de trabajo tiene su razón de ser en el hecho de que la LOI trata y define el acoso sexual y el acoso por razón de sexo de forma general, es decir, como comportamientos que pueden darse en todos los ámbitos de la vida[22], incluido, claro está, el laboral. Sin embargo, el Convenio 190 OIT se aplica «a la violencia y el acoso en el mundo del trabajo que ocurren durante el trabajo, en relación con el trabajo o como resultado del mismo: a) en el lugar de trabajo, inclusive en los espacios públicos y privados cuando son un lugar de trabajo; b) en los lugares donde se paga al trabajador, donde éste toma su descanso o donde come, o en los que utiliza instalaciones sanitarias o de aseo y en los vestuarios; c) en los desplazamientos, viajes, eventos o actividades sociales o de formación relacionados con el trabajo; d) en el marco de las comunicaciones que estén relacionadas con el trabajo, incluidas las realizadas por medio de tecnolo-

22. El art. 1 LOI se refiere a «cualesquiera de los ámbitos de la vida y, singularmente, en las esferas política, civil, laboral, económica, social y cultural».

gías de la información y de la comunicación; e) en el alojamiento proporcionado por el empleador, y f) en los trayectos entre el domicilio y el lugar de trabajo» (art. 3).

En ese sentido, a pesar de que la normativa española guarda silencio al respecto, lo cierto es que la doctrina judicial ya se ha posicionado sobre la existencia de acoso sexual y acoso por razón de sexo más allá de lo que estrictamente se considera lugar de trabajo, alcanzando muchos de los espacios que cita el art. 3 del Convenio[23].

De una primera lectura del citado artículo 3, parece que la única cuestión que puede plantear problemas es la existencia de acoso en el trabajo cuando se produzca en los trayectos entre el domicilio y el lugar de trabajo[24]; sin embargo, el problema radica, por un lado, en la conexión que hace el Convenio de la conducta y el trabajo (durante el trabajo, en relación con el trabajo o como resultado del mismo) y, por otro lado, en las nuevas formas de acoso, derivadas de los avances tecnológicos y de la digitalización, que también pretende prevenir y reprimir el Convenio OIT 190 siempre que tenga conexión con el trabajo, independientemente de «quién, cuándo —fuera del tiempo de trabajo— o a través de qué vías se realice».; provocando, todo ello, la necesidad de revisar el concepto de lugar de trabajo, al menos en el ámbito de la prevención de riesgos laborales[25].

No quiero finalizar este apartado sin citar la Sentencia del TSJ Islas Canarias, Las Palmas (Sala de lo Social, Sección 1.ª), núm. 700/2011 de 16

23. Véanse a modo de ejemplo: Auto Tribunal Supremo (Sala de lo Social, Sección1.ª), de 27 abril 2022 (JUR 2022, 146572); STSJ Madrid (Sala de lo Social, Sección 3.ª) núm. 914/2020 de 30 noviembre (JUR 2021, 93244); STSJ Islas Canarias, Santa Cruz de Tenerife (Sala de lo Social, Sección1.ª) núm. 452/2008 de 30 junio (AS 2008, 1940); STSJ C. Valenciana (Sala de lo Social, Sección 1.ª) núm. 3003/2006 de 10 octubre (AS 2007, 1033); STSJ Madrid (Sala de lo Social, Sección 2.ª) núm. 1105/2004 de 14 diciembre (JUR 2005, 36802); y TSJ Madrid (Sala de lo Social, Sección 2.ª) núm. 199/2000 de 4 abril (AS 2000, 2215).

24. La legislación española, concretamente el art. 156.2 a) del Real Decreto Legislativo 8/2015, de 30 de octubre, por el que se aprueba el texto refundido de la Ley General de la Seguridad Social, únicamente lo regula como contingencia profesional con el objetivo de proporcionar cierta protección a las personas trabajadoras que han sufrido un percance al ir o al volver del lugar de trabajo que les impide trabajar; y no todo tipo de percance está protegido. Por ello, entiendo que el acoso sexual y el acoso por razón de sexo que se produce en el trayecto al ir o al volver del lugar de trabajo quedaría fuera de las obligaciones preventivas de la empresa, al igual que ocurre con el resto de accidentes *in itinere*.

25. IGARTUA MIRÓ, María Teresa: «Medidas preventivas frente a la violencia y el acoso: Convenio 190 OIT, regulación interna y aplicación práctica», en ALTÉS TÁRREGA, Juan Antonio y YAGÜE BLANCO, Sergio (directores): *Convenio 190 de la OIT sobre violencia y acoso*, Valencia: Tirant lo Blanch, 2024, p. 365.

mayo (AS 2011, 2641), paradigma de todo lo que no hay que exigir para confirmar la existencia de acoso sexual en el trabajo, por cuanto que ni el apartado 1 ni el 2 del art. 7 LOI requieren la concurrencia de dichas exigencias:

> «Además, como requisitos fundamentales para que exista acoso sexual se señalan:
>
> que se trate de manifestaciones de claro contenido sexual o libidinoso (físicas o de palabra);
>
> que se produzcan en el lugar de trabajo;
>
> que se dé un comportamiento no deseado (que exista una negativa clara y terminante por parte del afectado);
>
> que el mismo revista una gravedad suficiente, por su intensidad, reiteración y efectos sobre la salud mental del trabajador o trabajadora.
>
> El acoso consiste, por tanto, en conductas que el acosador sabe o debería saber que son ofensivas, por su gravedad de acuerdo con la conciencia social imperante (como el chantaje sexual) o bien porque, incluso aunque no sean graves, lo sean en sentido subjetivo, por no ser deseadas por la persona que las sufre»[26].

3. EL ACOSO SEXUAL Y EL ACOSO POR RAZÓN DE SEXO: RIESGOS LABORALES DE CARÁCTER PSICOSOCIAL

Más allá del mundo académico, esto es, en las empresas, tanto públicas como privadas, y en las Administraciones públicas y organismos públicos, hemos detectado que las personas que tienen atribuidas funciones en el marco de la prevención de riesgos laborales[27] muestran cierta reticencia a considerar que el acoso sexual y el acoso por razón de sexo tienen una doble

26. Lo cierto es que, como señala el propio TSJ, la sentencia ha tomado como referencia el *Código de conducta sobre las medidas para combatir el acoso sexual*, aprobado como Anexo de la Recomendación de la Comisión de 27 de noviembre de 1991 relativa a la protección de la dignidad de la mujer y del hombre en el trabajo (92/131/CEE) y las definiciones comunitarias. Lo que no entiendo es por qué no tuvo en cuenta las definiciones reguladas por la LOI, cuando los hechos enjuiciados databan de 2010.
27. Personas con formación acreditada para ejercer las funciones preventivas en función de lo exigido por el Capítulo VI del Real Decreto 39/1997, de 17 de enero, por el que se aprueba el Reglamento de los Servicios de Prevención (y sus normas de desarrollo) y que se encuadran dentro de alguna de las modalidades preventivas legalmente establecidas (arts. 30-31 Ley 31/1995, de 8 de noviembre, de Prevención de Riesgos Laborales [LPRL] y arts. 10 y ss. RD 39/1997).

consideración y tratamiento[28]: como actos discriminatorios, por un lado, y como riesgos laborales, por otro; y, en consecuencia, a que el tratamiento de dichos debería afrontarse desde una doble perspectiva: desde las medidas contra la discriminación en el ámbito de la igualdad y desde las medidas de prevención de riesgos laborales. En definitiva, un importante número de personas especialistas en prevención de riesgos laborales considera que el acoso sexual y el acoso por razón de sexo son «problemas de igualdad» y no de prevención de riesgos laborales, y que, por lo tanto, no les compete actuar para que no se produzcan y, sobre todo, no les compete formar parte de las comisiones que se constituyen en el marco de los procedimientos de actuación que se implementan en las empresas y administraciones cuando se producen quejas o denuncias sobre acoso sexual y/o acoso por razón de sexo.

Por esa razón, considero relevante dejar constancia del doble carácter que tienen el acoso sexual y el acoso por razón de sexo, sobre todo en lo relativo a su carácter de riesgo laboral, una vez que ya se ha tratado, en apartados anteriores, su consideración como actos discriminatorios que deben combatirse desde las medidas de igualdad en el ámbito del trabajo. De esa forma, se comprenderán más fácilmente las referencias a la normativa en materia de prevención de riesgos laborales y las obligaciones y derechos que la misma impone. En ese sentido, recurriré a documentos de índole y procedencia diversa, en los que bien explícitamente, bien implícitamente, se contempla, sobre todo el acoso sexual, como riesgo laboral, por cuanto puede perjudicar la salud de las personas trabajadoras[29].

En primer lugar, encontramos el *Código de conducta sobre las medidas para combatir el acoso sexual*, aprobado como Anexo de la Recomendación de la Comisión de 27 de noviembre de 1991 relativa a la protección de la dignidad de la mujer y del hombre en el trabajo (92/131/CEE)[30], en el que se señala claramente que «el acoso sexual constituye un riesgo para la salud y la seguridad» y que «los empresarios tienen la responsabilidad de tomar medidas para reducir al mínimo este riesgo, al igual que hacen con otros

28. Por medio de servicios prestados (de asesoramiento, formación…) a empresas y administraciones a través de contratos OTRI.
29. Totalmente en consonancia con la definición que de riesgo laboral hace la legislación española en el art. 4.2 LPRL: «Se entenderá como "riesgo laboral" la posibilidad de que un trabajador sufra un determinado daño derivado del trabajo...».
30. DOCE 24.2.92, n.º L 49/1.

peligros»[31]. De hecho, a partir de la II Encuesta Europea de Condiciones de Trabajo (1996) de la Fundación Europea para la mejora de las condiciones de vida y trabajo[32], el acoso sexual ha estado presente en todas las encuestas realizadas por dicha Fundación[33]. Es más, en la III Encuesta ya se recoge entre los factores psicosociales[34] y la Agencia Europea para la Seguridad y Salud en el Trabajo, al establecer cuáles son los riesgos psicosociales, incluye el «acoso psicológico y sexual», considerándolos, en consecuencia, no sólo riesgos laborales, sino riesgos laborales de carácter psicosocial[35].

31. Punto «3. La ley y las responsabilidades de los empresarios» del *Código de conducta sobre las medidas para combatir el acoso sexual.* En la propia 1. Introducción se reconoce que «El acoso sexual contamina el entorno laboral y puede tener un efecto devastador sobre la salud, la confianza, la moral y el rendimiento de las personas que lo padecen. La ansiedad y el estrés que produce el acoso sexual normalmente hacen que las personas que lo sufren pidan bajas por enfermedad, sean menos eficaces en el trabajo o dejen su empleo para buscar otro. A menudo los trabajadores sufren, además de las consecuencias negativas del propio acoso, el perjuicio para sus perspectivas laborales a corto y a largo plazo que supone el verse obligados a cambiar de empleo. El acoso sexual también puede tener un efecto negativo sobre los trabajadores que no son objeto del mismo, pero que son testigos o saben de la existencia de dicho comportamiento indeseado».
32. PÉREZ BILBAO, Jesús y SANCHO FIGUE, Tomás (redactores): *NTP 507: Acoso sexual en el Trabajo,* Instituto Nacional de Seguridad e Higiene en el Trabajo, 1999, p. 1 (https://www.insst.es/documents/94886/326853/ntp_507.pdf/ea11e310-ef40-4572-bf27-fd4fa908523b?version=1.1&t=1680095145638, último acceso: 21-07-2024).
33. *Third European survey on working conditions 2000* (*Chapter 8 Psychosocial factors*), EUROPEAN FOUNDATION for the Improvement of Living and Working Conditions, pp. 28-30 (https://www.eurofound.europa.eu/en/publications/2001/third-european-survey-working-conditions-2000, ultimo acceso: 21-07-2024), *Fourth European Working Conditions Survey* (4. *Violence, harassment and discrimination in the workplace*), pp. 35 y ss. (https://www.eurofound.europa.eu/en/publications/2007/fourth-european-working-conditions-survey, último acceso: 21-07-2024); *Fifth European Working Conditions Survey-Overview report)* (en el apartado: *Adverse social behaviour*), p. 57 (https://www.eurofound.europa.eu/en/publications/2012/fifth-european-working-conditions-survey-overview-report, último acceso: 21-07-2024); *Sixth European Working Conditions Survey-Overview report)* (en los apartados: *Adverse social behaviour y 4.1 Five distinct profiles of job quality*), pp. 68, 129 y ss. (https://www.eurofound.europa.eu/es/publications/2016/sixth-european-working-conditions-survey-overview-report, último acceso: 21-07-2024).
34. *Chapter 8 Psychosocial factors, Third European survey on working conditions 2000*, p. 28-30, (https://www.eurofound.europa.eu/en/publications/2001/third-european-survey-working-conditions-2000, último acceso: 21-07-2024).
35. Información obtenida de: https://osha.europa.eu/es/themes/psychosocial-risks-and-mental-health (último acceso: 21-07-2024). Además, el acoso sexual aparece en los estudios que la Agencia Europea de Seguridad y Salud en el Trabajo lleva a cabo sobre los riesgos psicosociales, incluidas revisiones bibliográficas, véase, por ejemplo: CAMONITA, Francenco M.; TAGEO, Valentina; ARASANZ DÍAZ, Juan y SANZ DE

A nivel nacional, en 1999, el acoso sexual fue objeto de estudio por parte del que por aquella época se conocía como Instituto Nacional de Seguridad e Higiene en el Trabajo (Instituto Nacional de Seguridad y Salud en el Trabajo, actualmente) y dio lugar a la nota técnica de prevención: *NTP 507: Acoso sexual en el Trabajo*[36]. En principio, el hecho de que tal Instituto[37] dedicara sus recursos al estudio de este tema me hace pensar que tal acoso tenía la consideración de riesgo laboral, aunque la NTP 507 no lo diga explícitamente, pero también llego a esa misma conclusión por el hecho de que la propia nota técnica reconoce, por un lado, que «el acoso sexual afecta negativamente al trabajo. Repercute sobre la satisfacción laboral, incrementa los intentos de evitar tareas e incluso el abandono del trabajo»; y, por otro lado, que «También se ve afectada la salud psicológica; reacciones relacionadas con el estrés como los traumas emocionales, la ansiedad, la depresión, estados de nerviosismo, sentimientos de desesperación y de indefensión, de impotencia, de cólera, de aversión, de asco, de violación, de baja autoestima,... La salud física también se ve resentida; trastornos del sueño, dolores de cabeza, problemas gastrointestinales, náuseas, hipertensión, úlceras,..., en definitiva, sintomatología física asociada a estrés» (pp. 3-4). Por último, la NTP 507 entiende que el acoso sexual vulnera derechos fundamentales[38], entre los que menciona «b) el derecho a la integridad física y moral (art. 15 CE) respecto al art. 40.2 CE, ya que tales actuaciones afectan a la salud de los afectados» (p. 5).

En las siguientes NTPs, que abordan las violencias en el trabajo, en general, y el acoso sexual, en particular, ya se habla directamente de instrumentos «para guiar la actividad preventiva y afrontar de forma interna este tipo de riesgos», de que la exposición a la violencia psicológica en el

MIGUEL, Pablo: *Psychosocial risk exposure and mental health outcomes of European workers with low socioeconomic status, Literature Review*, Luxembourg: European Agency for Safety and Health at Work, 2023 (https://osha.europa.eu/sites/default/files/documents/Psychosocial_risks_low_socioeconomic_status_report_en.pdf, último acceso: 21-07-2024).

36. PÉREZ BILBAO, Jesús y SANCHO FIGUE, Tomás (redactores): *NTP 507: Acoso sexual en el Trabajo*, Instituto Nacional de Seguridad e Higiene en el Trabajo, 1999 (https://www.insst.es/documents/94886/326853/ntp_507.pdf/ea11e310-ef40-4572-bf27-fd4fa908523b?version=1.1&t=1680095145638, último acceso: 21-07-2024).

37. Recordemos que «El Instituto Nacional de Seguridad y Salud en el Trabajo (INSST) es el órgano científico técnico especializado de la Administración General del Estado que tiene como misión el análisis y estudio de las condiciones de seguridad y salud en el trabajo, así como la promoción y apoyo a la mejora de las mismas» (información obtenida de: https://www.insst.es/el-instituto/conoce-el-instituto/mision-y-funciones, último acceso: 21-07-2024).

38. «a) el derecho a la intimidad (art. 18.1 de la Constitución Española, CE). b) ... c) el derecho a la igualdad (art. 14 CE) en cuanto que la mayor parte de estas acciones se producen contra mujeres.» (*NTP 507: Acoso sexual en el Trabajo*, *op. cit.*, p. 5).

marco de una relación laboral «supone un riesgo importante para la salud», de que la violencia laboral y cualquier forma de violencia que se produzca en el entorno del trabajo, que cause o pueda llegar a causar daño físico, psicológico o moral, constituye un riesgo psicosocial[39].

Y, por si quedaba alguna duda, el Convenio OIT 190, sobre Violencia y acoso viene a confirmar el carácter psicosocial de los mismos al establecer que la violencia y el acoso en el mundo de trabajo deben considerarse junto con los riesgos psicosociales en la gestión de la seguridad y salud en el trabajo (art. 9 b)).

4. LA PREVENCIÓN DEL ACOSO SEXUAL Y EL ACOSO POR RAZÓN DE SEXO EN EL TRABAJO

El acoso sexual y el acoso por razón de sexo en el trabajo son conductas que vulneran múltiples derechos[40], pueden afectar negativamente a la salud de las personas que lo padecen y, también a la salud de las personas que están alrededor, e igualmente pueden provocar consecuencias para la propia empresa[41], por ello son conductas que hay que prevenir y evitar, y, cuando hayan ocurrido, habrá que actuar.

Tal y como se ha señalado con anterioridad, ambos tipos de acoso afectan mayoritariamente a mujeres, por lo que es totalmente justificado el abordaje de la prevención de estos riesgos laborales desde un punto de vista o con perspectiva de género.

---

39. MEJÍAS GARCÍA, Ana; CARBONELL VAYÁ, Enrique J.; GIMENO NAVARRO, Miguel Ángel y FIDALGO VEGA, Manuel (redactores): NTP 891: *Procedimiento de solución autónoma de los conflictos de violencia laboral (I),* INSST, 2011, pp. 1-2 (https://www.insst.es/documents/94886/326775/ntp-891%20w.pdf/ff0d5beb-4c6e-417e-b73f-16ca8544ca05?version=1.1&t=1687207491322, último acceso: 21-07-2024); y MEJÍAS GARCÍA, Ana; CARBONELL VAYÁ, Enrique J.; GIMENO NAVARRO, Miguel Ángel y FIDALGO VEGA, Manuel (redactores): NTP 892: *Procedimiento de solución autónoma de los conflictos de violencia laboral (II),* INSST, 2011 (https://www.insst.es/documents/94886/326775/ntp-891%20w.pdf/ff0d5beb-4c6e-417e-b73f-16ca8544ca05?version=1.1&t=1687207491322, último acceso: 21-07-2024).
40. Salvo error u omisión, los derechos vulnerados son: dignidad (art. 10 CE), igualdad y no discriminación (art. 14 CE), integridad física y moral (art. 15 CE), no sufrir trato degradante (art. 15 CE), intimidad, al honor, a la propia imagen (art. 18 CE), libertad sexual (LO 10/2022), derecho al trabajo (art. 35 CE), seguridad y salud en el trabajo (art. 15 CE, art. 19 ET y art. 14.1 LPRL); a la atención y protección frente al acoso sexual y por razón de sexo, moral y laboral (art. 4.2 ET, art. 14 h, i EBEP).
41. Aumento del absentismo, reducción de la productividad, mala calidad del servicio ofertado, un deterioro de la imagen de la empresa, un mal ambiente laboral, que incide en todo lo anterior, posibles responsabilidades, sanciones, indemnizaciones…

A partir de la entrada en vigor de la LO 10/2022 y de la Ley 15/2022, de 12 de julio, integral para la igualdad de trato y la no discriminación, las medidas que hay que adoptar para prevenir este tipo de acosos y para actuar en caso de que ya se hayan producido, están dispersas, principalmente, en seis normas: las apenas citadas, la LOI; el Real Decreto 901/2020, de 13 de octubre, por el que se regulan los planes de igualdad y su registro y se modifica el Real Decreto 713/2010, de 28 de mayo, sobre registro y depósitos de convenios y acuerdos colectivos de trabajo; el Convenio OIT 190, en todo aquello que no esté regulado en el ordenamiento jurídico interno[42]; y la Ley 31/1995, de 8 de noviembre, de Prevención de Riesgos Laborales (LPEL). Por tanto, creo que estamos lejos de la regulación integral que parte de la doctrina viene solicitando[43].

Independientemente de los problemas que pueda plantear el ámbito de subjetivo de la LO 10/2022[44], en este capítulo se hará una lectura integrada de las medidas que recogen todas las normas anteriormente citadas.

4.1. LA EVALUACIÓN DE RIESGOS LABORALES

El punto de partida de toda medida que se adopte en materia de prevención de riesgos laborales debe ser la evaluación de los mismos (art. 16

42. Sobre el requisito de auto ejecutividad y su previsión en el art. 30.1 de la Ley 25/2014, de 27 de noviembre, de Tratados y otros Acuerdos Internacionales, léase: GOERLICH PESET, José María: «Aplicación judicial de los tratados internacionales. Aspectos críticos», en ALTÉS TÁRREGA, Juan Antonio y YAGÜE BLANCO, Sergio (directores): *Convenio 190 de la OIT sobre violencia y acoso*, Tirant lo Blanch, Valencia 2024, pp. 35-39.
43. Por todos: CORREA CARRASCO, Manuel: «Los efectos de la entrada en vigor del Convenio 190 OIT sobre violencia y acoso en el trabajo», *Briefs AEDTSS*, 40 (2023), p. 188.
44. De la lectura del art. 3.2 LO 10/2022 parece deducirse que las medidas que contempla esta norma son sólo de aplicación a mujeres, niñas y niños, y no a hombres adultos que hayan sido objeto de violencia sexual. De esa opinión es, por ejemplo, FERNÁNDEZ ORRICO, Francisco Javier: «Un estudio comparativo acerca de la protección jurídico laboral entre las víctimas de violencia de género y de violencias sexuales», *Revista Española de Derecho del Trabajo*, núm. 269 (2023) (BIB 2023, 2959). No parece ser de la misma opinión IGARTUA MIRÓ, María Teresa: «Medidas preventivas frente a la violencia y el acoso: Convenio 190 OIT, regulación interna y aplicación práctica», en ALTÉS TÁRREGA, Juan Antonio y YAGÜE BLANCO, Sergio (directores): *Convenio 190 de la OIT sobre violencia y acoso*, Valencia: Tirant lo Blanch, 2024, p. 379 y ss., por cuanto que analiza de forma conjunta las medidas reguladas tanto por la LO 10/2022. En mi opinión, aunque el art. 3.2 LO 10/2022 establezca que «La presente ley orgánica es de aplicación a las mujeres, niñas y niños que hayan sido víctimas de violencias sexuales en España», lo cierto es que se puede entender referido sólo a la aplicación de las medidas de protección que prevé para los supuestos en los que la violencia sexual ya se ha producido, puesto que menciona a las víctimas, a las que ya han sufrido violencia. Y ello tiene sentido, porque son mayoritariamente las mujeres quienes

LPRL y arts. 3-9 RD 39/1997, de 17 de enero, por el que se aprueba el Reglamento de los Servicios de Prevención). Ahora bien, si ya la evaluación de los riesgos psicosociales procedentes de las condiciones o factores organizativos de la empresa puede plantear problemas, mayores problemas se plantean cuando junto con los factores psicosociales de carácter organizativos hay que tener en consideración, también, los que proceden de las relaciones interpersonales.

Antes de abordar de forma específica la previsión que sobre la evaluación de riesgos hace el art. 12.2 LO 10/2022, voy a plantear los obstáculos o dificultades que surgen de la propia regulación de la evaluación de riesgos prevista en los preceptos de la LPRL y del RD 39/1997, en cuanto a la evaluación de los riesgos psicosociales.

De sobra es sabido que la LPRL define el riesgo laboral de una forma genérica, admitiendo, a su vez, la existencia de una graduación de los mismos en función de su gravedad («se valorarán conjuntamente la probabilidad de que se produzca el daño y la severidad del mismo») (art. 4.2 LPRL), pero que no recoge ningún tipo de clasificación de los riesgos en función de su naturaleza. Por ello, toda vez que la propia LPRL o sus reglamentos de desarrollo (los que no son específicos en función del riesgo) mencionan los riesgos laborales, lo hacen en referencia a todo tipo de riesgos, sean de la naturaleza que sean[45]. Así, cuando se obliga a la empresa a llevar a cabo la evaluación de los riesgos laborales, aquella está obligada a evaluar todo tipo de riesgo que esté presente[46].

---

sufren violencia sexual. Pero cuando se trata de medidas preventivas, no tendría sentido que estas tuvieran como destinatarias a las mujeres, precisamente las que son víctimas. Si ello fuera así, cabría preguntarse cómo se podrían evitar las violencias sexuales sin formar a los sujetos activos, sin informarles de las consecuencias de la comisión de este tipo de actos o cómo se podría avanzar en igualdad si no se aplicara ninguna medida a quienes en mayor medida se creen superiores o con el derecho de imponerse sobre las personas del otro sexo. Además, el art. 12 LO 10/2022, que es el que regula las obligaciones que la empresa tiene que implementar para evitar la violencia sexual, se refiere a las condiciones de trabajo con carácter general, a «quienes hayan sido víctimas», a la plantilla total de la empresa, a personas que presten sus servicios en la empresa… por lo que, en ningún caso parece referirse de forma exclusiva a las mujeres.

45. En la actualidad, seguimos hablando de riesgos mecánicos, físicos, químicos, biológicos, ergonómicos y psicosociales, a pesar de las novedades y la posible existencia de nuevos riesgos derivados de los numerosos avances científicos y técnicos.

46. Aunque debo compartir la reflexión que hace Igartua respecto a los riesgos psicosociales, al señalar que «la ausencia de mención expresa diluye su relevancia y puede propiciar interpretaciones formalistas que pretendan socavar su obligatoriedad»

Sin embargo, el art. 16.2 LPRL permite que los instrumentos esenciales para la gestión y aplicación del plan de prevención de riesgos, que son la evaluación de riesgos laborales y la planificación de la actividad preventiva, se lleven a cabo «por fases de forma programada», y ello afecta tanto a la evaluación inicial como a la evaluación periódica. La posibilidad de hacer la evaluación por fases, aunque sean programadas, ha dado lugar a una práctica, en mi opinión muy negativa, según la cual se abordan en primer lugar los riesgos más detectables y más objetivables, como son los mecánicos, físicos, químicos, biológicos e, incluso, los ergonómicos, sobre los que resulta más sencillo actuar, si lo comparamos con el hecho de tener que actuar sobre la organización y/o sobre las personas. Además, coindice que son riesgos que, de materializarse, provocan problemas de salud sobre todo de tipo físico (lesiones, enfermedades, patologías…). Los riesgos psicosociales quedan relegados, pasan a un segundo lugar, se dejan para otra fase de la evaluación de riesgos, que se llevará a cabo o no. De hecho, hasta ahora ha sido una práctica muy habitual de los servicios de prevención ajenos ofertar a las empresas la evaluación de los riesgos psicosociales como si de un «*extra*» se tratara, cuando la normativa no deja dudas al respecto: hay que evaluar todos los riesgos, sean del tipo que sean. Si a todo ello añadimos que las mujeres trabajamos mayoritariamente en sectores en los que predominan los riesgos psicosociales sobre el resto de los riesgos, que somos las mujeres las que mayoritariamente sufrimos el acoso sexual y el acoso por razón de sexo y que las pérdidas de salud provocadas por ese tipo de riesgo no son, en principio, visibles, porque son fundamentalmente de tipo psíquico o mental, la conclusión es clara: las trabajadoras sufrimos una doble discriminación; la primera derivada de los propios comportamientos de acoso sexual y acoso por razón de sexo, que son discriminatorios (art. 7.3 LOI) y la segunda por el hecho de ser las más perjudicadas cuando se trata de no incluir o de retrasar la realización de la evaluación de los riesgos psicosociales.

Otro segundo obstáculo o dificultad es el relativo al ámbito o espacio objeto de la evaluación. En ese sentido, el art. 4.1 RD 39/1997 obliga a que la evaluación se realice por cada puesto de trabajo. Lo cierto es que cuando se trata de acoso sexual y de acoso por razón de sexo, la evaluación de riesgos no puede limitarse al puesto de trabajo, porque dichos comportamientos se producen cuando las personas interactúan entre ellas y pueden hacerlo en cualquier espacio del centro de trabajo e, incluso, fuera del

---

(IGARTUA MIRÓ, María Teresa: «Medidas preventivas frente a la violencia y el acoso: Convenio 190 OIT, regulación interna y aplicación práctica», en ALTÉS TÁRREGA, Juan Antonio y YAGÜE BLANCO, Sergio (directores): *Convenio 190 de la OIT sobre violencia y acoso*, Valencia: Tirant lo Blanch, 2024, p. 376).

mismo, por ejemplo, cuando han sido enviados por la empresa a un curso formativo, a un evento… Y si atendemos a las medidas que pueden implementarse para prevenirlo, medidas que pueden estar directamente relacionadas con medidas para la consecución de la igualdad en la empresa, no tiene sentido que la evaluación se limite al puesto de trabajo.

Al segundo obstáculo apenas descrito, añado otra cuestión que, a mi entender, todavía dificulta más la eficacia de las medidas que puedan adoptarse. Me estoy refiriendo al hecho de que el art. 12.2, último párrafo, LO 10/2022 prevé que «Las empresas deberán incluir en la valoración de riesgos de los diferentes puestos de trabajo ocupados por trabajadoras, la violencia sexual entre los riesgos laborales concurrentes, debiendo formar e informar de ello a sus trabajadoras». Admito que todavía no he llegado a entender la razón de ser de este precepto. Puedo entender que las medidas que contempla la LO 10/2022 tengan como destinatarias a las mujeres y tengan como objetivo su protección, pero en este caso concreto no entiendo cómo se puede alcanzar ese objetivo. Es más, opino que es incluso contraproducente regular este tipo de obligación. Estas son las razones que esgrimo: la evaluación de riesgos no puede limitarse al puesto de trabajo; no tiene sentido la evaluación de los puestos ocupados únicamente por mujeres, cuando son ellas las víctimas en la mayoría de los casos, cuando puede entenderse como un «*extra*» para los puestos ocupados por trabajadoras, cuando los hombres son casi la totalidad de los agresores. A todo ello hay que añadir, por un lado, que la ocupación de un puesto de trabajo por hombres o mujeres puede ser una circunstancia meramente coyuntural[47] y, por otro lado, que si en la evaluación inicial de un puesto de trabajo hay que tener en cuenta los riesgos que pueden existir para la maternidad (en el sentido del art. 26 LPRL), sin importar que quien vaya a ocuparlo sea hombre o mujer, cabe preguntarse qué sentido puede tener evaluar únicamente los puestos ocupados por mujeres. Además, y si cabe más importante, esta forma de contemplar la evaluación de riesgos nos «da una imagen errónea del problema de la violencia y del acoso en el trabajo», porque «no estamos ni ante una cuestión que afecta exclusivamente a mujeres, ni es un problema exclusivo de las mismas, ya que has víctimas que son hombres y, en la mayoría de los supuestos, las personas acosadoras son hombres»[48].

47. GARCÍA TESTAL, Elena: «Novedades legislativas en la protección laboral de las mujeres frente a la violencia», en ALTÉS TÁRREGA, Juan Antonio y YAGÜE BLANCO, Sergio (directores): *Convenio 190 de la OIT sobre violencia y acoso*, Valencia: Tirant lo Blanch, 2024, p. 166.

48. LÓPEZ RUBIA, Miren Edurne: «Los protocolos de acoso sexual y acoso por razón de sexo tras las novedades normativas de 2022», en ALTÉS TÁRREGA, Juan Antonio y YAGÜE BLANCO, Sergio (directores): *Convenio 190 de la OIT sobre violencia y acoso*, Valencia: Tirant lo Blanch, 2024, pp. 477-478.

Una vez planteados los obstáculos y, por qué no, expresadas ciertas críticas sobre la normativa vigente relativa a la evaluación de riesgos, que no hace más que dificultar la evaluación de los riesgos psicosociales, entre ellos el acoso sexual y el acoso por razón de sexo, y que pone de manifiesto, una vez más, la necesidad de tener en cuenta la perspectiva de género en la prevención de riesgos laborales, necesidad que está lejos de interiorizarse o ser asumida en la realidad práctica de las empresas y en la negociación colectiva[49], hay que destacar la labor que ciertas instituciones realizan, para facilitar la asunción por parte de las empresa de la citada perspectiva, mediante el estudio y publicación de pautas y orientaciones para realizar la evaluación de riesgos desde la perspectiva de género, pero también para prevenir el acoso sexual y el acoso por razón de sexo[50].

4.2. LA ADOPCIÓN DE MEDIDAS PREVENTIVAS

4.2.1. Promoción de condiciones de trabajo que eviten la violencia sexual

Con anterioridad a la reforma operada por la LO 10/2022 en el art. 48 LOI, éste era el único precepto que regulaba medidas para la prevención del acoso sexual y del acoso por razón de sexo, es más, obligaba a las empresas a establecer condiciones de trabajo adecuadas que evitaran el acoso sexual y el acoso por razón de sexo (art. 48.1 LOI, versión original). A partir de la nueva redacción, en virtud de lo regulado por el nuevo art. 48.1 y el art. 12.1 LO 10/2022, las empresas tienen obligación de «promover condiciones de trabajo que eviten la comisión de delitos y otras conductas contra la libertad sexual y la integridad moral en el trabajo, incidiendo especialmente en el acoso sexual y el acoso por razón de sexo, incluidos los cometidos en el ámbito digital».

La inclusión de la obligación de promover condiciones de trabajo que eviten la comisión de delitos no hace más que complicar un panorama de

49. IGARTUA MIRÓ, María Teresa: «Medidas preventivas frente a la violencia y el acoso: Convenio 190 OIT, regulación interna y aplicación práctica», en ALTÉS TÁRREGA, Juan Antonio y YAGÜE BLANCO, Sergio (directores): *Convenio 190 de la OIT sobre violencia y acoso*, Valencia: Tirant lo Blanch, 2024, p. 368.

50. AZPIROZ UNSAIN, Alazne *et al.*: Pautas para la integración de la perspectiva de género en la prevención de riesgos laborales actualización. Con herramientas para su implantación, Osalan, 2019 (https://www.osalan.euskadi.eus/contenidos/libro/seguridad_201905/es_def/adjuntos/pautas_herramienta_genero_prl_es.pdf, último acceso: 22-07-2024); ÁLVAREZ CID, Maria Victoria *et al.*: *Orientaciones para prevenir el acoso sexual y por razón de sexo en el ámbito laboral*, Osalan, noviembre 2019 (https://www.osalan.euskadi.eus/contenidos/libro/gestion_201905/es_def/orientaciones_preven_acososexual.pdf, último acceso: 22-07-2024).

por sí delicado, haciendo que las empresas se planteen cuál es la forma más adecuada de dar cumplimiento a la citada obligación y, sobre todo, planteándose con temor, hasta dónde puede alcanzar dicha obligación y, consecuentemente, cuál será el alcance de su responsabilidad en esta materia[51].

Las condiciones de trabajo que debe promover la empresa para evitar la comisión de los comportamientos citados son, por un lado, las que están relacionadas con los aspectos o factores organizativos de la empresa y con las circunstancias o situaciones en las que las personas trabajadoras interactúan entre ellas, que pueden enmarcarse dentro de la definición de carácter general que proporciona la LPRL en su art. 4.7 («cualquier característica del mismo que pueda tener una influencia significativa en la generación de riesgos para la seguridad y la salud del trabajador») y también dentro de la mención concreta que hace a «Todas aquellas otras características del trabajo, incluidas las relativas a su organización y ordenación, que influyan en la magnitud de los riesgos a que esté expuesto el trabajador» (letra d) del mismo precepto). Por otro lado, entiendo que dentro de las condiciones de trabajo que la empresa debe promover se encuentra igualmente incluida la obligatoriedad de que dichas condiciones de trabajo respeten el principio de igualdad y no discriminación.

En ese sentido, y en cuanto al carácter discriminatorio del acoso sexual y el acoso por razón de sexo, hay que tener en cuenta y respetar los derechos y las obligaciones reguladas por la Ley 15/2022, de 12 de julio, integral para la igualdad de trato y la no discriminación, cuyo objeto es «garantizar y promover el derecho a la igualdad de trato y no discriminación, respetar la igual dignidad de las personas en desarrollo de los artículos 9.2, 10 y 14 de la Constitución» (art. 1.1 Ley 15/2022). El art. 2.1 de la misma Ley «reconoce el derecho de toda persona a la igualdad de trato y no discriminación ...» y que «Nadie podrá ser discriminado por razón de nacimiento, origen racial o étnico, sexo, religión, convicción u opinión, edad, discapacidad, orientación o identidad sexual, expresión de género, enfermedad o condición de salud, estado serológico y/o predisposición genética a sufrir patologías y trastornos, lengua, situación socioeconómica, o cualquier otra condición o circunstancia personal o social».

51. En la práctica de las empresas y administraciones, también se ha detectado una forma de actuar que, tal vez sin tener un objetivo claro y definido de huir de las obligaciones laborales, produce ese mismo efecto. Se trata de desviar a la vía penal cualquier tipo de comportamiento ante la mínima sospecha de que pueda constituir un delito, sin entrar a hacer ningún tipo de valoración o mínima reflexión sobre si se dan los elementos necesarios para que pueda encuadrarse en alguno de los tipos del art. 184 del Código Penal.

Igualmente, el art. 4.1 Ley 15/2022 establece que «El derecho protegido por la presente ley implica la ausencia de toda discriminación por razón de las causas previstas en el apartado 1 del artículo 2» y que, «En consecuencia, queda prohibida toda disposición, conducta, acto, criterio o práctica que atente contra el derecho a la igualdad. Se consideran vulneraciones de este derecho la discriminación, directa o indirecta, por asociación y por error, la discriminación múltiple o interseccional, la denegación de ajustes razonables, el acoso, la inducción, orden o instrucción de discriminar o de cometer una acción de intolerancia, las represalias o el incumplimiento de las medidas de acción positiva derivadas de obligaciones normativas o convencionales, la inacción, dejación de funciones, o incumplimiento de deberes».

Pero tal vez lo más relevante de esta norma, además de su aplicación al sector público y privado (art. 2.4), sea su ámbito objetivo de aplicación, ya que se aplicará, entre otros, en el ámbito del «a) Empleo, por cuenta ajena y por cuenta propia, que comprende el acceso, las condiciones de trabajo, incluidas las retributivas y las de despido, la promoción profesional y la formación para el empleo. b) Acceso, promoción, condiciones de trabajo y formación en el empleo público» (art. 3.1 Ley 15/2022). Es decir, los derechos y obligaciones que regula esta Ley 15/2022 con la finalidad de lograr la igualdad efectiva y la eliminación de las discriminaciones que se producen en el ámbito laboral, no se limitan a la existencia de una relación laboral o, en su caso, funcionarial o estatutaria, sino que comprende también el paso previo, es decir, el acceso al empleo. De esta forma, habrá que adoptar medidas para que no se produzcan el acoso sexual y el acoso por razón de sexo en los procesos previos, por ejemplo, de selección, entrevistas... Para que se pueda garantizar un acceso libre de cualquier tipo de discriminación, incluidos los acosos, es importante diseñar el contenido de las ofertas de empleo y los pasos a seguir en los procesos de selección; medidas que deben contemplarse en los planes de igualdad de las empresas como prioritarias para la conseguir una presencia similar de hombres y mujeres en las empresas, y empezar de forma adecuada el camino hacia la igualdad en las empresas.

4.2.2. La formación, información y sensibilización

Dos de las obligaciones empresariales más importantes, tanto en el ámbito de la igualdad como en materia preventiva, son la formación de todas las personas que componen la plantilla de la empresa, independientemente del grupo profesional al que pertenezcan y el puesto de trabajo que tengan, incluidas las personas que están en dirección, y la información, en este último caso también a las personas que, no formando parte de la plantilla, estén presentes en el puesto de trabajo.

La formación está prevista en el 48.1 LOI y en el art. 12.2 LO 10/2022, y corresponde a las empresas ofrecer formación «para la protección integral contra las violencias sexuales a todo el personal a su servicio» que, en mi opinión, tiene que ir más allá de la formación sobre derechos y obligaciones en esta materia. Sin embargo, antes de exponer el contenido mínimo de la formación, me gustaría detenerme en el último párrafo del art. 12.2 LO 10/2022, en virtud del cual, además de establecerse que deben evaluarse los puestos de trabajo ocupados por las trabajadoras (cuestión que ya se ha tratado con anterioridad), se establece la obligación de formar e informar a las trabajadoras; obligación que tampoco se merece una valoración positiva, porque, en mi opinión, no favorece a las mujeres que se haga referencia a una formación e información específica para ellas. Con ello no quiero decir que no tengan que recibir formación, es más, creo que deben recibirla para poder identificar los comportamientos constitutivos de acoso, para saber cómo actuar, para conocer los procedimientos y medidas cautelares existentes en la empresa, para poder exigir la prestación por contingencia profesional, para poder solicitar la extinción del contrato de trabajo… Sin embargo, si el objetivo de la prevención es evitar que esos riesgos se produzcan, mediante la consecución, por ejemplo, de lugares o centros de trabajo más igualitarios y, por tanto, más respetuosos con las personas, en general, y con las mujeres, en particular, las personas destinatarias deberían ser aquellas que se empeñan en mantener unas relaciones de poder de un sexo sobre el otro, en considerar a las personas del otro sexo como personas de segunda categoría, débiles, no merecedoras de determinados puestos de trabajo o funciones…es decir, los hombres; y todo ello, más allá de las campañas de sensibilización y de la formación que con carácter general la empresa tiene que proporcionar a todo el personal a sus servicio (art. 12.2 pár. 3.º LO 10/2022). En definitiva, con la previsión del art. 12.2 LO 10/2022 parece que, una vez más, se hace recaer el peso de las medidas de actuación sobre las víctimas, esto es, sobre las mujeres.

Por otro lado, en tanto riesgos laborales, no podemos obviar la obligación empresarial en materia de prevención de riesgos laborales regulada en el art. 19 LPRL, que establece unos momentos concretos en los que hay que formar a las personas trabajadoras. En ese sentido, quiero destacar la importancia de la formación inicial que hay que proporcionar en el momento de la contratación, independientemente del tipo de contrato ante el que nos encontremos y la duración del mismo. Si bien es cierto que el art. 19 LPRL obliga a que la formación esté centrada en el puesto de trabajo o función de cada persona trabajadora, estimo que es ese el momento idóneo para formarla sobre todos los riesgos laborales a los que puede estar expuesta, que procederán del puesto de trabajo o función concreta, pero que también pueden derivarse de la organización del mismo y de las interacciones personales que se produzcan en el centro de trabajo, como el acoso sexual y el acoso por razón de sexo.

En cuanto al contenido mínimo de la formación inicial apenas citada, comparto totalmente el contenido propuesto por Emakunde-Instituto Vasco de la Mujer, que es el siguiente: «la identificación de las conductas constitutivas de acoso sexual y acoso por razón de sexo, los efectos que producen en la salud de las víctimas, los efectos discriminatorios que producen en las condiciones laborales de quienes lo padecen, los efectos negativos para la propia organización, la obligatoriedad de respetar los derechos fundamentales (derecho a la dignidad de las personas, a la igualdad, a la integridad física y moral, a la libertad sexual), y el derecho a la seguridad y salud en el trabajo y el propio derecho al trabajo, la prohibición de realizar actos y conductas constitutivas de acoso sexual y acoso por razón de sexo, el régimen disciplinario en los supuestos de acoso sexual y acoso por razón de sexo, las responsabilidades en las que puede incurrir la empresa y, en particular, las derivadas de la relación laboral como desde el punto de vista de la prevención de riesgos laborales; y procedimiento de actuación previsto en el Protocolo» [52].

Respecto de la obligación de informar sobre el acoso sexual y el acoso por razón de sexo, sobre las medidas implementadas para evitarlos, sobre los procedimientos de actuación previstos... pero sobre todo sobre la tolerancia cero en la empresa para con ese tipo de comportamiento, la incorporación a la empresa me sigue pareciendo el momento más adecuado para llevarla a cabo. De hecho, me refiero tanto a la incorporación como miembro de la plantilla, como a la incorporación o presencia de otras personas en virtud de cualquier otro tipo de relación (personal en prácticas, voluntariado, personas de empresas proveedoras, de contratas, etc.).

La sensibilización y en concreto las campañas que pueden realizarse en las empresas deben estar debidamente planificadas, pero una campaña de sensibilización puede ser, igualmente, una herramienta de actuación válida cuando se ha tenido conocimiento o se sospecha que existen comportamientos constitutivos de acoso, que no han sido denunciados o lo han sido de forma anónima.

52. EMAKUNDE-Instituto Vasco de la Mujer: *Protocolo contra el acoso sexual y el acoso por razón de sexo en el trabajo*, mayo 2024, p. 37 (https://www.emakunde.euskadi.eus/contenidos/informacion/publicaciones_guias2/es_emakunde/adjuntos/protocolo_acoso_sexual_y_por_razon_sexo_es.pdf, último acceso: 23-07-2024).

Finalmente, no puedo dar por terminado el tema relativo a la sensibilización sin abordar la obligación de la representación de las personas trabajadoras en cuanto a la misma, porque el art. 48.2 LOI, que se ha visto mínimamente afectado por las modificaciones de la LO 10/2022, sigue manteniendo la obligación de la citada representación de «contribuir a prevenir la comisión de delitos y otras conductas contra la libertad sexual y la integridad moral en el trabajo, con especial atención al acoso sexual y el acoso por razón de sexo, incluidos los cometidos en el ámbito digital» no sólo mediante la «la sensibilización de los trabajadores y trabajadoras frente al mismo», sino también mediante «la información a la dirección de la empresa de las conductas o comportamientos de que tuvieran conocimiento y que pudieran propiciarlo».

4.2.3. Los protocolos de acoso sexual y acoso por razón de sexo

El art. 48 LOI, en su redacción anterior a la LO 10/2020, no mencionaba explícitamente la obligación de que las empresas contasen con un protocolo contra el acoso sexual y el acoso por razón de sexo, sino que obligaba a las empresas a tener un procedimiento de actuación que diese respuesta a las quejas o denuncias de acoso presentadas, mientras que sí se preveía para las Administraciones (art. 62 LOI). Es el RD 901/2020 el que menciona de forma expresa los protocolos y, además, se refiere a ellos como «protocolos de prevención del acoso sexual y por razón de sexo» (Exp. de motivos II)[53].

Actualmente, el art. 12.1, párrafo 2.º LO 10/2022 obliga a las empresas a «arbitrar procedimientos específicos para su prevención y para dar cauce a las denuncias o reclamaciones que puedan formular quienes hayan sido víctimas de estas conductas, incluyendo específicamente las sufridas en el ámbito digital» y el art. 12.2 reconoce a las empresas la posibilidad («podrán») de «establecer medidas que deberán negociarse con los representantes de las personas trabajadoras, tales como la elaboración y difusión de códigos de buenas prácticas, la realización de campañas informativas, protocolos de actuación o acciones de formación».

Así, de la lectura del art. 12 LO 10/2022 se deduce claramente la obligación de contar con procedimientos específicos para su prevención y para actuar cuando el acoso se produzca. Sin embargo, el protocolo de actuación, como tal, parece no ser preceptivo. Las previsiones del citado precepto sólo tendrán sentido si se entiende que el procedimiento de actuación y el pro-

53. El título del Capítulo IV, por ejemplo, contiene la referencia a «protocolos para prevenir el acoso sexual y el acoso por razón de sexo». Sin embargo, también se contemplan los protocolos de buenas conductas (Disposición adicional tercera).

tocolo de actuación son dos cosas diferentes. De hecho, en la práctica de las empresas, los protocolos contra el acoso sexual y el acoso por razón sexo, además de uno o varios procedimientos de actuación, contienen otros elementos, como pueden ser la declaración de principios, las definiciones de acoso sexual y acoso por razón de sexo... en definitiva, el contenido mínimo que requiere el punto 7 del Anexo del RD 901/2020[54] que, paradójicamente, establece el contenido de los procedimientos de actuación y no de los protocolos.

Igualmente, cabría preguntarse si esta regulación está exigiendo a las empresas dos tipos de protocolos: uno preventivo y otro reactivo, máxime cuando el art. 13 LO 10/2022 establece, respecto de la Prevención y sensibilización en la Administración Pública, los organismos públicos y los órganos constitucionales, que «deberán arbitrar procedimientos o protocolos específicos para su prevención, detección temprana, denuncia y asesoramiento a quienes hayan sido víctimas de estas conductas». La LO 10/2022 no emplea el término «protocolo» con un mismo significado, sino que varía en función del ámbito al que se refiere[55], por lo que no aclara dicha cuestión.

Sin embargo, si acudimos a la regulación que prevé el RD 901/2020, se observa que, la denominación es «protocolos para prevenir el acoso sexual y por razón de sexo (art. 12)» o «protocolos de prevención y actuación ante situaciones de acoso sexual y por razón de sexo» (disposición final primera, ocho). Ahora bien, toda vez que se hace alusión al contenido de esos protocolos, las medidas preventivas o no se mencionan o se mencionan diferenciándolas del protocolo (art. 12), pero lo que sí aparece irremediablemente es la alusión al procedimiento de actuación[56].

---

54. «a) Declaración de principios, definición de acoso sexual y por razón de sexo e identificación de conductas que pudieran ser constitutivas de acoso. b) Procedimiento de actuación frente al acoso para dar cauce a las quejas o denuncias que pudieran producirse, y medidas cautelares y/o correctivas aplicables. c) Identificación de las medidas reactivas frente al acoso y en su caso, el régimen disciplinario».
55. Sin ánimo de exhaustividad, encontramos las siguientes referencias: protocolos para la detección (art. 15), para la detección y atención (art. 22), «protocolo para prevenir, detectar y combatir la violencia machista» (art. 17), protocolos específicos de detección y actuación (art. 18), «para la prevención, detección y erradicación de las violencias sexuales» (art. 19), «protocolos de intervención y asistencia» (art. 43), «protocolos de actuación global e integral» (art. 47), «protocolos de detección, atención e intervención o derivación de las violencias sexuales» (art. 59).
56. Por ejemplo, en el ANEXO 2.V Hoja estadística del Plan de Igualdad. 5. *Contenido del plan de igualdad*. 5.7 Prevención del acoso sexual o por razón de sexo; y en el ANEXO Disposiciones aplicables para la elaboración del diagnóstico. 4. *Condiciones de trabajo*. k) Implementación, aplicación y procedimientos resueltos en el marco del protocolo de lucha contra el acoso sexual y/o por razón de sexo implantado en la empresa.

Teniendo en cuenta que el procedimiento de actuación para cuando existe una queja o denuncia de acoso sexual y/o acoso por razón de sexo constituye la parte fundamental del protocolo, sin cuya presencia no podríamos ni siquiera darle ese nombre, sigo manteniendo que el carácter principal de estos protocolos no es el preventivo[57], por mucho que en los mismos se contemplen las definiciones y listas, más o menos amplías, de comportamientos que son acoso sexual y/o por razón de sexo, y que sirven a las personas trabajadoras para que tengan el conocimiento suficiente para su detección (detección de comportamientos que ya se han producido).

Y por lo que respecta a la necesidad de un protocolo preventivo, diferenciado de aquel que contiene el procedimiento de actuación, estimo que es suficiente con la implementación de medidas preventivas, derivadas de la evaluación de riesgos laborales y de la actuación conjunta con las medidas implementadas en el marco de los planes de igualdad, en aquellas empresas en las que exista obligación de contar con él[58].

5. CONCLUSIONES

A lo largo de este capítulo ya he ido expresando mi opinión sobre los diferentes aspectos que se han abordado, por lo que, en este apartado, me limitaré a apuntar un par de ideas a modo de conclusión.

De un lado, avanzar en la erradicación del acoso sexual y el acoso por razón de sexo requiere de la actuación conjunta de la prevención de riesgos laborales y de la igualdad entre mujeres y hombres. Así, cuando se trata de abordar los riesgos psicosociales[59] que afectan de manera mayoritaria a las mujeres, introducir la perspectiva de género en la prevención de riesgos laborales supone tener en cuenta las mayores dificultades en el acceso al empleo respecto de los hombres; la diferente, y más precaria, situación de las mujeres en la empresa en cuanto a condiciones laborales (menor esta-

57. Salvo que se incluya algún tipo de procedimiento de actuación para hacer frente y detener inmediatamente conductas machistas que pueden derivar en acoso, tal y como hace el modelo de Protocolo de Emakunde-Instituto Vasco de la Mujer anteriormente citado (pp. 26-27).

58. Sobre los protocolos y su inclusión o no en plan de igualdad, véase: LÓPEZ RUBIA, Miren Edurne: «Los protocolos de acoso sexual y acoso por razón de sexo», en SIERRA HERNAIZ, Elisa y VALLEJO DA COSTA, Ruth (directoras), PEDROSA ALQUEZAR, Sonia Isabel (coordinadora): *Diseño e implementación de planes de igualdad en las empresas. Cuestiones claves*, Cizur Menor: Thomson Reuters Aranzadi, 2020, pp. 579-608.

59. La introducción de la perspectiva de género en la evaluación de los riesgos de otro tipo, además de lo ya señalado, requiere contar con conocimientos más específicos, ya sean técnicos, científicos... que analicen de forma concreta la diferente incidencia en la salud de las mujeres y de los hombres la exposición, por ejemplo, a un mismo agente químico o a un mismo agente biológico.

bilidad, contratos a tiempo parcial...); la infrarrepresentación femenina en algunos sectores y la sobrerrepresentación en otros; la disminución del número de mujeres en la medida en la que se asciende en la jerarquía empresarial; la sobre cualificación de las mujeres en algunos empleos... es decir, tener en cuenta todas las situaciones de desigualdad que están presentes en el trabajo de las mujeres y que tienen como consecuencia la discriminación de las mismas.

De otro lado, comparto la opinión de quienes afirman que las organizaciones y empresas son «agentes clave» en la promoción de condiciones laborales dirigidas a la remoción de obstáculos y consecución de la igualdad. Y considero muy positiva la «advertencia» que hacen sobre la necesidad de estar alerta frente a la «**ilusión de neutralidad o ilusión de igualdad** que tienen, en muchos casos, los procesos de gestión empresarial»[60].

Y, finalmente, como «prevencionista», considero que la normativa sobre prevención de riesgos laborales permite una mayor flexibilidad a la hora de implementar determinadas medidas para combatir el acoso sexual y acoso por razón de sexo; medidas que, de afrontarlas desde la perspectiva de igualdad, requerirían de la negociación con la representación de las personas trabajadoras y, además, carecerían, en algunos casos, de la obligatoriedad que se deriva de la aplicación de las previsiones de la LPRL y sus reglamentos de desarrollo, cuyas «disposiciones de carácter laboral ... tendrán en todo caso el carácter de Derecho necesario mínimo indisponible, pudiendo ser mejoradas y desarrolladas en los convenios colectivos» (art. 2.2. LPRL).

6. BIBLIOGRAFÍA

ALTÉS TÁRREGA, Juan Antonio: «La tutela administrativa y penal frente a la violencia y el acoso en el trabajo», en ALTÉS TÁRREGA, Juan Antonio y YAGÜE BLANCO, Sergio (directores): *Convenio 190 de la OIT sobre violencia y acoso*, Valencia: Tirant lo Blanch, 2024, pp. 449-471.

ÁLVAREZ CID, Maria Victoria *et al.*: *Orientaciones para prevenir el acoso sexual y por razón de sexo en el ámbito laboral*, Osalan, noviembre 2019 (https://www.osalan.euskadi.eus/contenidos/libro/gestion_201905/es_def/orientaciones_preven_acososexual.pdf, último acceso: 22-07-2024).

60. FERNÁNDEZ DE PIÉROLA MARTÍNEZ, Alicia y VÁZQUEZ GENTILE, Vanina: «Planes de igualdad en empresas y organizaciones: reflexiones desde la experiencia», en SIERRA HERNAIZ, Elisa y VALLEJO DA COSTA, Ruth (directoras), PEDROSA ALQUEZAR, Sonia Isabel (coordinadora): *Diseño e implementación de planes de igualdad en las empresas. Cuestiones claves*, Cizur Menor: Thomson Reuters Aranzadi, 2020, p. 531.

AZPIROZ UNSAIN, Alazne *et al.*: *Pautas para la integración de la perspectiva de género en la prevención de riesgos laborales actualización. Con herramientas para su implantación*, Osalan, 2019 (https://www.osalan.euskadi.eus/contenidos/libro/seguridad_201905/es_def/adjuntos/pautas_herramienta_genero_prl_es.pdf, último acceso: 22-07-2024).

CAMONITA, Francesco M.; TAGEO, Valentina; ARASANZ DÍAZ, Juan y SANZ DE MIGUEL, Pablo: *Psychosocial risk exposure and mental health outcomes of European workers with low socioeconomic status, Literature Review*, Luxembourg: European Agency for Safety and Health at Work, 2023 (https://osha.europa.eu/sites/default/files/documents/Psychosocial_risks_low_socioeconomic_*status*_report_en.pdf, último acceso: 21-07-2024).

CCOO: *Acoso sexual y acoso por razón de sexo en el ámbito laboral en España. Resumen ejecutivo* (https://violenciagenero.igualdad.gob.es/wp-content/uploads/resumenejecutivoacososexual.pdf, último acceso: 20-07-2024).

CORREA CARRASCO, Manuel: «Los efectos de la entrada en vigor del Convenio 190 OIT sobre violencia y acoso en el trabajo», *Briefs AEDTSS*, 40 (2023), pp. 188-191.

DE VICENTE PACHÉS, Fernando: «El acoso sexual y el acoso por razón de sexo desde la perspectiva del Derecho Internacional y el Derecho Comunitario europeo», *Revista del Ministerio de Trabajo y Asuntos Sociales*, núm. 67 (2007), pp. 83-120 (https://www.navarra.es/NR/rdonlyres/1D689354-F896-4A62-85FB-E3C8F3CC6DFE/153595/AcosoSexualDer.pdf, último acceso: 21-07-2024).

EMAKUNDE-Instituto Vasco de la Mujer: *Protocolo contra el acoso sexual y el acoso por razón de sexo en el trabajo*, mayo 2024(https://www.emakunde.euskadi.eus/contenidos/informacion/publicaciones_guias2/es_emakunde/adjuntos/protocolo_acoso_sexual_y_por_razon_sexo_es.pdf, último acceso: 23-07-2024).

FERNÁNDEZ ORRICO, Francisco Javier: «Un estudio comparativo acerca de la protección jurídico laboral entre las víctimas de violencia de género y de violencias sexuales», *Revista Española de Derecho del Trabajo*, núm. 269 (2023) (BIB 2023, 2959).

FERNÁNDEZ DE PIÉROLA MARTÍNEZ, Alicia y VÁZQUEZ GENTILE, Vanina: «Planes de igualdad en empresas y organizaciones: reflexiones desde la experiencia», en SIERRA HERNÁIZ, Elisa y VALLEJO DA COSTA, Ruth (directoras), PEDROSA ALQUEZAR, Sonia Isabel (coordinadora*): Diseño e implementación de planes de igualdad en las empresas. Cuestiones claves,* Cizur Menor: Thomson Reuters Aranzadi, 2020, pp. 529-549.

GARCÍA TESTAL, Elena: «Novedades legislativas en la protección laboral de las mujeres frente a la violencia», en ALTÉS TÁRREGA, Juan Antonio y YAGÜE BLANCO, Sergio (directores): *Convenio 190 de la OIT sobre violencia y acoso,* Valencia: Tirant lo Blanch, 2024, pp. 147-177.

GOERLICH PESET, José María: «Aplicación judicial de los tratados internacionales. Aspectos críticos», en ALTÉS TÁRREGA, Juan Antonio y YAGÜE BLANCO, Sergio (directores): *Convenio 190 de la OIT sobre violencia y acoso,* Valencia: Tirant lo Blanch, 2024, pp. 25-51.

IGARTUA MIRÓ, María Teresa: «Medidas preventivas frente a la violencia y el acoso: Convenio 190 OIT, regulación interna y aplicación práctica», en ALTÉS TÁRREGA, Juan Antonio y YAGÜE BLANCO, Sergio (directores): *Convenio 190 de la OIT sobre violencia y acoso,* Valencia: Tirant lo Blanch, 2024, pp. 363-404.

INMARK: *El acoso sexual a las mujeres en el ámbito laboral – Presentación de resultados*, 2006 (https://www.navarra.es/NR/rdonlyres/D91FE499-4898-4EDD-AA09-213A8AF122EA/153594/MTASEstudioAcosoSexual.pdf, último acceso: 20-07-2024).

JERICÓ OJER, Leticia: «Género y políticas penales: su aplicación en la empresa», en SIERRA HERNAIZ, Elisa y VALLEJO DA COSTA, Ruth (directoras), PEDROSA ALQUEZAR, Sonia Isabel (coordinadora*): Diseño e implementación de planes de igualdad en las empresas. Cuestiones claves,* Cizur Menor: Thomson Reuters Aranzadi, 2020, pp. 639-669.

LÓPEZ RUBIA, Miren Edurne: «Los protocolos de acoso sexual y acoso por razón de sexo», en SIERRA HERNAIZ, Elisa y VALLEJO DA COSTA, Ruth (directoras), PEDROSA ALQUEZAR, Sonia Isabel (coordinadora)*: Diseño e implementación de planes de igualdad en las empresas. Cuestiones claves,* Cizur Menor: Thomson Reuters Aranzadi, 2020, pp. 579-608.

LÓPEZ RUBIA, Miren Edurne: «Los protocolos de acoso sexual y acoso por razón de sexo tras las novedades normativas de 2022», en ALTÉS TÁRREGA, Juan Antonio y YAGÜE BLANCO, Sergio (directores): *Convenio 190 de la OIT sobre violencia y acoso,* Valencia: Tirant lo Blanch, 2024, pp. 473-500.

MEJÍAS GARCÍA, Ana; CARBONELL VAYÁ, Enrique J.; GIMENO NAVARRO, Miguel Ángel y FIDALGO VEGA, Manuel (redactores): NTP 891: *Procedimiento de solución autónoma de los conflictos de violencia laboral (I),*

INSST, 2011, pp. 1-2 (https://www.insst.es/documents/94886/326775/ntp-891%20w.pdf/ff0d5beb-4c6e-417e-b73f-16ca8544ca05?version=1.1&t=1687207491322, último acceso: 21-07-2024).

MEJÍAS GARCÍA, Ana; CARBONELL VAYÁ, Enrique J.; GIMENO NAVARRO, Miguel Ángel y FIDALGO VEGA, Manuel (redactores): NTP 892: *Procedimiento de solución autónoma de los conflictos de violencia laboral (II)*, INSST, 2011 (https://www.insst.es/documents/94886/326775/ntp-891%20w.pdf/ff0d5beb-4c6e-417e-b73f-16ca8544ca05?version=1.1&t=1687207491322, último acceso: 21-07-2024).

OIT: Informe V (1): *Acabar con la violencia y el acoso contra las mujeres y los hombres en el mundo del trabajo*, Conferencia Internacional del Trabajo 107.ª reunión, 2018, Ginebra (https://www.ilo.org/sites/default/files/wcmsp5/groups/public/@ed_norm/@relconf/documents/meetingdocument/wcms_554100.pdf, último acceso: 20-07-2024).

OLAIZOLA NOGALES, Inés: «La relación entre el delito de acoso sexual y el delito de acoso laboral», en SIERRA HERNAIZ, Elisa y VALLEJO DA COSTA, Ruth (directoras), PEDROSA ALQUEZAR, Sonia Isabel (coordinadora): *Diseño e implementación de planes de igualdad en las empresas. Cuestiones claves*, Cizur Menor: Thomson Reuters Aranzadi, 2020, pp. 609-637.

PAOLI, Pascal y MERLLIÉ, Damien: *Third European survey on working conditions 2000 (Chapter 8 Psychosocial factors)*, EUROPEAN FOUNDATION for the Improvement of Living and Working Conditions, Luxembourg: Office for Official Publications of the European Communities, 2001 (https://www.eurofound.europa.eu/en/publications/2001/third-european-survey-working-conditions-2000, último acceso: 21-07-2024).

PARENT-THIRION, Agnès; FERNÁNDEZ MACÍAS, Enrique; HURLEY, John y VERMEYLEN, Greet: *Fourth European Working Conditions Survey*, Eurofound, Dublin 2007 (https://www.eurofound.europa.eu/en/publications/2007/fourth-european-working-conditions-survey, último acceso: 21-07-2024).

PARENT-THIRION, Agnès; VERMEYLEN, Greet; VAN HOUTEN, Gijs; LYLY-YRJÄNÄINEN, Maija; BILETTA, Isabella y CABRITA, Jorge: *Fifth European Working Conditions Survey*, Eurofound, Luxembourg: Publications Office of the European Union, 2012 (https://www.eurofound.europa.eu/en/publications/2012/fifth-european-working-conditions-survey-overview-report, último acceso: 21-07-2024).

PARENT-THIRION, Agnès; BILETTA, Isabella; CABRITA, Jorge; VARGAS, Óscar; VERMEYLEN, Greet; WILCZYNSKA, Aleksandra y WILKENS, Mathijn: *Sixth European Working Conditions Survey – Overview report* (2017 update), Eurofound, Luxembourg: Publications Office of the European Union, 2017 (https://www.eurofound.europa.eu/es/publications/2016/sixth-european-working-conditions-survey-overview-report, último acceso: 21-07-2024).

PÉREZ BILBAO, Jesús y SANCHO FIGUE, Tomás (redactores): *NTP 507: Acoso sexual en el Trabajo*, Instituto Nacional de Seguridad e Higiene en el Trabajo, 1999 (https://www.insst.es/documents/94886/326853/ntp_507.pdf/ea11e310-ef40-4572-bf27-fd4fa908523b?version=1.1&t=1680095145638, último acceso: 21-07-2024).

PÉREZ DEL RÍO, Teresa: «El acoso sexual en el trabajo: su sanción en el orden social», *Relaciones Laborales*, 1990 (LA LEY 867/2001).

PÉREZ GUARDO, Rocío y RODRÍGUEZ SUMAZA, Carmen: «Un análisis del concepto de acoso sexual laboral: reflexiones y orientaciones para la investigación y la intervención social», *Cuadernos de Relaciones Laborales*, Vol. 31, núm. 1 (2013), pp. 195-219 (https://revistas.ucm.es/index.php/CRLA/article/view/41647/39705, último acceso: 21-07-2024).

Capítulo 11

El ciberacoso laboral: gestión preventiva con enfoque de género

María Teresa Igartua Miró
Catedrática de Derecho del Trabajo y de la Seguridad Social
Universidad de Sevilla

SUMARIO: 1. UN INCIPIENTE MARCO REGULADOR PARA UN PROBLEMA CRECIENTE. 2. APROXIMACIÓN CONCEPTUAL: VIOLENCIA DIGITAL Y CIBERACOSO EN EL TRABAJO. *2.1. Consideraciones previas. 2.2. Elementos clave para un concepto de ciberacoso laboral.* 2.2.1. Algunas matizaciones en los elementos comunes. 2.2.2. Particularidades del ciberacoso. 3. EL CIBERACOSO Y LA CUESTIÓN DEL GÉNERO. *3.1. El enfoque de género en el Convenio 190 OIT. 3.2. La salud laboral con mirada de género. 3.3. Breve referencia al ciberacoso sexual y por razón de sexo.* 4. MEDIDAS PREVENTIVAS ESPECÍFICAS. *4.1. Obligación de incluir el enfoque preventivo y de género en la legislación nacional. 4.2. Evaluación del riesgo de ciberacoso y planificación de medidas preventivas. 4.3. Información, formación y sensibilización. 4.4. La vigilancia de la salud como estrategia preventiva.* 5. PARTICIPACIÓN Y NEGOCIACIÓN COLECTIVA. *5.1. Impulso a la participación. 5.2. Papel de la negociación colectiva.* 6. BIBLIOGRAFÍA.

1. UN INCIPIENTE MARCO REGULADOR PARA UN PROBLEMA CRECIENTE

Una de las mayores innovaciones del Convenio 190 OIT sobre la eliminación de la violencia en el mundo del trabajo de junio de 2019[1] es la inclusión del ciberacoso en su concepto extensivo y unitario de acoso y violencia, pese a no emplear tal denominación[2] que tampoco es unánime. No es de extrañar que se afronte esta «nueva» faceta —la tecnológica— del problema ante un fenómeno creciente[3], en un mundo que sigue el paso del propio desarrollo de las tecnologías de la información y la comunicación (en adelante, TIC) y la expansión de internet, con un desarrollo vertiginoso de la Inteligencia Artificial (IA) que facilita la creación de «*fakes*» y la difusión y propagación en todos los ámbitos, así en el escolar asistimos a la divulgación de imágenes, vídeos y archivos de voz de la víctima en situaciones comprometedoras que nunca han sucedido, pero de gran realismo[4]. Despuntan también nuevos riesgos de violencia o acoso en el metaverso[5], sin descartar

1. Instrumento de adhesión al Convenio sobre la eliminación de la violencia y el acoso en el mundo del trabajo, hecho en Ginebra el 21 de junio de 2019 (BOE 16 de junio de 2022). La preocupación de la OIT por esta cuestión es evidente, puede verse el documento de trabajo DE STEFANO, VALERIO, DURRI, ILDA, STYLOGIANNIS, CHARALAMPOS y WOUTERS, MATHIAS, «*Actualización de las necesidades del sistema»: Mejora de la protección frente al ciberacoso y a la violencia y el acoso en el mundo del trabajo posibilitado por las TIC*, OIT, 2020.
2. El fenómeno en general, sin vinculación al mundo del trabajo, recibe distintas denominaciones casi siempre importadas del inglés tales como el ciberbullying (entre menores), grooming (a menores por parte de un adulto), sexting (envío de material de contenido sexual), hacking (principalmente en usurpación de contraseñas o identidades), *network mobbing* (acoso en red) y así sucesivamente, con más detalle DE VICENTE PACHÉS, FERNANDO, «El ciberacoso: un fenómeno de violencia emergente en el ámbito de las relaciones de trabajo», *Revista de Información Laboral* n.º 2/2017, pp. 7-9 (versión consultada en la BD Aranzadi instituciones). Un repaso a la doctrina judicial en MOLINA NAVARRETE, CRISTÓBAL, «Del acoso moral (*mobbing*) al ciberacoso en el trabajo (*network mobbing*): viejas y nuevas formas de violencia laboral como riesgo psicosocial en la doctrina judicial», *Revista de Trabajo y Seguridad Social. CEF*. N.º 437-438, 2019, pp. 143 ss.
3. Sobre este previsible incremento del ciberacoso provocado por la mayor dependencia de las redes sociales e internet con fines laborales ya advertía la Agencia Europea de Seguridad y Salud en el documento *Estudio prospectivo sobre los riesgos nuevos y emergentes para la seguridad y la salud en el trabajo asociados a la digitalización para 2025*, p. 14. En la doctrina, por todos, MIÑARRO YANINI, MARGARITA, «La incidencia de las tecnologías de la información y de la comunicación en la seguridad y salud en el trabajo. Protección de datos y prevención de riesgos. Violencia tecnológica en el trabajo. Medios de prevención», *Documentación Laboral* n.º 119, 2020, p. 22; GARCÍA SALAS, ANA ISABEL, «La adaptación de los deberes de prevención de riesgos laborales a los riesgos derivados de la incorporación de nuevas tecnologías en la empresa», *Trabajo y Derecho* n.º 108, 2023, p. 6 (versión digital en www.laleydigital.es).

un «acosador» algorítmico, con mensajes automáticos con sesgos, por ejemplo, de género. Causa perplejidad la aparición de nuevos riesgos ligados a profesiones propias de internet como la de moderador de contenidos, donde existe ya un pronunciamiento pionero que califica de accidente de trabajo el trastorno psiquiátrico sufrido por el actor consecuencia del desarrollo de su trabajo, conectado a temas violentos, entre los que enumera el ciberacoso[6]. Probablemente es la punta del iceberg, al existir alto nivel de ocultismo de las conductas, con cierta prevalencia de la vergüenza o la culpa de la propia víctima que ante la difusión de un vídeo o imágenes, prefiere no denunciar e intentar parar el «escándalo».

El Convenio no da una definición específica ni medidas concretas, limitándose a mencionar de forma expresa la posibilidad de que las conductas —de violencia o acoso— vengan realizadas a través de medios tecnológicos[7], englobadas en su visión amplia y omnicomprensiva de la institución y de su vinculación con el trabajo, incluyendo las realizadas: durante el trabajo, en relación con el trabajo o como resultado del mismo, abarcando «las cometidas en el marco de las comunicaciones que estén relacionadas con el trabajo y, en concreto, las realizadas por medio de las TIC» (art. 3). Conductas entendidas como «conjunto de comportamientos y prácticas

4. «Los montajes con IA provocan un aumento en los casos de ciberacoso: del 10% en 2022 al 16% en 2023, según un estudio», documento de prensa consultado el 9 de febrero de 2024 en europapress.es/sociedad/noticia-montajes-ia-provocan-aumento-casos-ciberacoso-10-2022-16-2023-estudio-2023103120053-htlm?utm_campaign=smartclip_social&utm_source=Linkedin
5. Parlamento Europeo, *Metaverse. Opportunities, risks and policy implications*, 2022, aborda las posibles implicaciones para la salud mental y física en especial en grupos vulnerables y niños. La prensa también se ha hecho eco de algunos casos de violencia sexual en Meta entre avatares. Aun cuando la dificultad de distinguir entre la realidad y el metaverso puede nublar el enjuiciamiento de la gravedad de las conductas, es evidente que hay que valorar el posible atentado a los bienes jurídicos implicados, especialmente, los riesgos a la salud, que deben trasladarse a la realidad tangible. Algunos de estos peligros en el Informe de la ONG Eko (antes SumOfUs) *Metaverse: another cesspool of toxic content*, 2022.
6. SJS n.º 28 Barcelona 12 de enero de 2024 (R. 616/2022), IGARTUA MIRÓ, MARÍA TERESA, «Síndrome de burnout de moderador de contenidos en línea como accidente de trabajo», *Revista de Trabajo y Seguridad Social. CEF*, 480, 2024.
7. En la misma línea el Protocolo de actuación frente al acoso sexual y por razón de sexo de la AEPD (2019) extiende la consideración de acoso a los comportamientos descritos producidos en el ámbito digital, debiendo atenderse especialmente al uso de datos personales en conductas constitutivas de acoso (ciberacoso o acoso digital); también la conducta consistente en la difusión de contenidos (tales como vídeos, imágenes o textos), cuando de la naturaleza de ésta pueda deducirse un atentado contra la dignidad y la libertad sexual de las personas, p. 6.

inaceptables, o de amenazas de tales comportamientos y prácticas, ya sea que se manifiesten de una sola vez o de manera repetida, que tengan por objeto, que causen o sean susceptibles de causar, un daño físico, psicológico, sexual o económico, e incluye la violencia y el acoso por razón de género» (art. 1). Aunque pudiera parecer que es lo mismo que ya decía el Acuerdo Marco Europeo (AME) sobre la violencia y el acoso de 26 de abril de 2007, esto es, «expresión de comportamientos inaceptables adoptados por una o más personas, y pueden tomar distintas formas», teniendo en el ámbito del trabajo normalmente «la finalidad o efecto de perjudicar la dignidad de la víctima, dañar su salud o crearle un ambiente hostil» (art. 3) se desvela bastante más amplio. Desaparece el encorsetamiento del acoso a que se «maltrata a uno o más trabajadores o directivos varias veces y deliberadamente, se les amenaza o se les humilla en situaciones vinculadas al trabajo» y la violencia a «cuando se produce la agresión de uno o más trabajadores o directivos en situaciones vinculadas al trabajo».

Además, alineándose con las posiciones mayoritarias, el instrumento de la OIT no construye una noción propia de ciberacoso, tratándolo como una manifestación o una forma de violencia o acoso, que se materializa con uso de las TIC. Se echan en falta contenidos o medidas concretas, en especial preventivas, que contemplen las señas de identidad de este tipo de comportamientos. Este será el enfoque escogido, remitiendo ciertos aspectos «comunes» a la prolífica y excelente literatura científica especializada sobre la materia.

Pese a que la fecha de aprobación y la incidencia en el teletrabajo hacían esperar un tratamiento específico del riesgo de ciberacoso, la Ley 10/2021, de 9 de julio, de trabajo a distancia[8], no aporta avances significativos. No obstante, una interpretación teleológica de la norma y las menciones de su EM podrían dar a entender que su art. 4 al llamar a observar las «peculiaridades» del trabajo a distancia al adoptar medidas frente al acoso, está pensando en este tipo de conductas perpetradas a través de las TIC, valiéndose de la especial vulnerabilidad de la persona trabajadora y de su aislamiento, con mayor impacto en las mujeres. No obstante, hubiera sido deseable una referencia expresa y alusiones a la evaluación y adopción de medidas en los preceptos dedicados a la garantía de la seguridad y salud (arts. 15 y 16 LTD).

Por su parte, la LO 10/2022, de 6 de septiembre, de garantía integral de la libertad sexual[9] contiene una alusión explícita a la cuestión, en un claro

8. BOE 10 julio.
9. BOE 7 septiembre.

guiño al Convenio OIT ya ratificado por nuestro país. Se recoge en el art. 3 (ámbito de aplicación), así como en el deber empresarial respecto a las situaciones protegidas, en los términos previstos en el artículo 48 de la Ley Orgánica 3/2007, de 22 de marzo, para la igualdad efectiva de mujeres y hombres, incluidos los cometidos en **el ámbito digital**. Aunque el texto presenta graves carencias en el ámbito objeto de estudio, sin que la prevención de riesgos laborales cobre la relevancia que merece y necesita[10]. Las menciones se traducen también en una nueva redacción del propio art. 48 (conforme a la DF 10.3 de la mencionada LO), incluyéndolo en la obligación empresarial y en el apartado 2 cuando exhorta a los representantes de los trabajadores a «contribuir» a esta prevención, mediante la sensibilización de los trabajadores y trabajadoras y la información a la dirección de la empresa de las conductas o comportamientos de que tuvieran conocimiento y que pudieran propiciarlo.

A nivel de políticas preventivas, tampoco se incorpora de forma explícita en la Estrategia Española de SST (2023-2027)[11], aunque presta cierta atención al acoso, en especial por razón de sexo y a los riesgos propiciados por las nuevas tecnologías, con un relevante impulso al enfoque de género en prevención, que centrará la atención en el lugar correspondiente del estudio. Sin embargo, resulta significativa la llamada a la negociación colectiva, pues el AENC[12] lo incluye en el capítulo VIII dedicado a la seguridad y salud, aunque sin medidas concretas ni otros instrumentos al afrontar el acoso o la violencia sexual y de género. Recomienda a los convenios avanzar en la gestión preventiva de los riesgos psicosociales, con impulso de los programas de gestión del estrés laboral, instando a elaborar y hacer seguimiento de protocolos de gestión de los conflictos psicosociales asociados a la violencia y/o el acoso en el trabajo, incluyendo el ciberacoso, *mobbing* y la violencia a través de los medios digitales. El acento recae en la gestión preventiva, donde queda un largo camino por recorrer en sede negocial, desarrollando aspectos relativos a las conductas, diseño de buenas prácticas, contenidos formativos sobre el «buen» uso de los dispositivos tecnológicos y medidas preventivas específicas, entre los más significativos. También la inclusión de programas de formación e información sobre los riesgos

10. ESPEJO MEGÍAS, PATRICIA, «La tutela laboral del derecho a la libertad sexual: ¿una protección integral?», *Revista de Trabajo y Seguridad Social. CEF*. 472, 2023, p. 107.
11. BOE 28 abril 2023.
12. Resolución de 19 de mayo de 2023, de la Dirección General de Trabajo, por la que se registra y publica el V Acuerdo para el Empleo y la Negociación Colectiva (BOE 31 mayo).

del uso de las tecnologías en el trabajo y las tutelas, además de criterios y buenas prácticas respecto a la digitalización[13].

Llamativa resulta la escasa atención al ciberacoso laboral a nivel europeo; aunque en general el tema de la violencia y el acoso —en especial el discriminatorio— aparece en la Estrategia de SST 2021-2027 o en la Carta Social europea (revisada) (art. 26), no se menciona la comisión «virtual», sin un tratamiento concreto del problema más allá de alentar la ratificación de la norma internacional. La Recomendación del Parlamento Europeo, de 5 de julio de 2022, sobre salud mental en un mundo laboral digital[14], se muestra preocupada por el acoso, sobre todo discriminatorio, exigiendo un enfoque desde la seguridad y salud (punto 27), dada la necesidad de prevenir los riesgos psicosociales en el lugar de trabajo, apuntando a un posible agravamiento de estos problemas *en línea* (punto 30), instando soluciones normativas.

2. APROXIMACIÓN CONCEPTUAL: VIOLENCIA DIGITAL Y CIBERACOSO EN EL TRABAJO

2.1. CONSIDERACIONES PREVIAS

Como se ha visto, no existe un concepto del ciberacoso laboral a nivel normativo, sin que se avance más allá de su evocación o, con mayor exactitud, la referencia a la realización de las conductas de violencia o acoso a través de medios digitales o en línea. En doctrina y en la negociación se ha generalizado el empleo de este término en detrimento de otros como acoso cibernético, virtual, en red, online u hostigamiento cibernético de procedencia anglosajona. A la vista de la escasa atención normativa, en la LO 10/2022, parece imperar, siguiendo las tendencias más extendidas, la idea de que cualquiera de las formas de acoso —y en concreto el acoso sexual o por razón de sexo— pueden perpetrarse valiéndose de las TIC, pero seguramente engloba otras nuevas formas de violencia en el trabajo.

Podría esperarse del legislador que, junto a una definición legal de la violencia —también la digital— y la delimitación del acoso moral, hasta la fecha inexistente, aclarase los extremos básicos del ciberacoso, delimitando

13. Lo lógico es pensar que los criterios de uso «comunes» contengan reglas específicas también tendentes a evitar abusos y acosos, en el marco de la protección de la seguridad y salud. El TS ha declarado recientemente la nulidad de unos criterios elaborados exclusivamente por la empresa sin participación de los representantes, descartando que sea suficiente el recurso al art. 20.3 ET para el registro de dispositivos digitales, recabando la aplicación del art. 87 LOPD. *Vid.* STS 6 de febrero de 2024 (JUR 2024, 49591).

14. (2021/2098 (INI)).

las conductas y, en su caso, cierto esfuerzo tipificador de las conductas prohibidas, dotando de las herramientas preventivas, reparadoras, sancionadoras y recuperadoras pertinentes. A la espera de este posible y conveniente movimiento legislativo, es suficiente una aproximación conceptual ajustada a los objetivos del estudio: la tutela preventiva con mirada de género.

Tampoco es definido en el Convenio 190 de la OIT que simplemente rechaza todas las conductas de violencia y acoso, también si se producen a través de las TIC (art. 3). Concepto único potestativo para los ordenamientos internos, que pueden mantener este esquema o deslindar las definiciones. Sin dudas el ciberacoso es una forma de violencia digital a proscribir en cualquiera de sus manifestaciones, siendo reprobables además otras manifestaciones de atropellos «verbales» o basados en imágenes o «coacciones» psicológicas, propiciadas por un mal uso de internet, aun cuando no constituyan situaciones de acoso. En la doctrina, la posición mayoritaria no aprecia una categoría de acoso diferenciada sino una manifestación nueva de las ya existentes[15], con un argumento jurídico inapelable relativo a los bienes jurídicos afectados, coincidentes en todas ellas.

A la espera de un tratamiento legislativo pertinente, a efectos preventivos todas han de entrar en el universo de las conductas prohibidas, al presentar formas de actuación compartidas, demandando un relevante esfuerzo de concienciación social a todos los niveles, dada la acusada tendencia a normalizar determinadas situaciones violentas o atentatorias contra bienes como la integridad moral, en especial sobre las mujeres, sin instrumentos de medición exactos ni unos límites precisos de lo admisible o lo adecuado.

2.2. ELEMENTOS CLAVE PARA UN CONCEPTO DE CIBERACOSO LABORAL

En el ámbito estrictamente preventivo deben evitarse o disminuirse, evaluarse y «controlarse» todas las conductas de violencia digital, con especial atención al ciberacoso «relacionado» con el trabajo, con independencia de la conveniencia de una delimitación conceptual más precisa a efectos

15. ÁLVAREZ DEL CUVILLO, ANTONIO, «El ciberacoso en el trabajo como categoría jurídica», *Temas Laborales* n.º 157, 2021, p. 192; MORENO SOLANA, AMANDA, «El impacto de la normativa internacional y europea en la regulación actual y futura del acoso, en especial, el ciberacoso o acoso digital», en MERCADER UGUINA, JESÚS RAFAEL y DE LA PUEBLA PINILLA, ANA, *Cambio tecnológico y transformación de las fuentes laborales. Ley y convenio colectivo ante la disrupción digital*, Tirant lo Blanch, Valencia, 2023, p. 303.

sancionadores o reparadores. Del Convenio OIT se decantan algunos aspectos clave para una definición del acoso, con ciertas matizaciones de los elementos compartidos con todos los tipos de acoso y rasgos particulares de las manifestaciones «digitales», que merecen cierta atención.

2.2.1. Algunas matizaciones en los elementos comunes

El empleo del término «inaceptables» para definir las prácticas y comportamientos —o su amenaza— constitutivos de violencia y acoso, dada su indeterminación, permite incluir una extensa panoplia de conductas para deslindar las «prohibidas» de las admisibles. La maniobra ha recibido críticas doctrinales, admitiendo dos interpretaciones: o bien los incluye a todos, en cuyo caso resulta ociosa, o sugiere que cabe una modulación en tales comportamientos, de forma que los podría haber más suaves o aceptables, cuestionando si van a ser los jueces los encargados de esta operación[16]. Algo que se acentuará en el ámbito digital con los altos niveles de violencia y procacidad generalizados en las redes, exigiendo una ardua labor de sensibilización y formación.

Conviene detenerse en el elemento de «reiteración», tradicionalmente exigido en el acoso[17], dada la afirmación del Convenio de que los actos de violencia y acoso pueden manifestarse una sola vez o de manera repetida. En una exégesis literal podría pensarse que la primera está referida a la violencia, donde bastaría un acto puntual, denotando la repetición la existencia del acoso. Probablemente no es ésta la voluntad del acuerdo, que avanza hacia la desmitificación del elemento de la reiteración o la prolongación en el tiempo para el acoso, bastando con conductas realizadas una sola vez, algo de especial trascendencia en la vertiente digital. Al final lo relevante sería la gravedad[18], de por sí acentuada por la capacidad multiplicadora de las redes, la facilidad de difusión, dificultad para borrar el contenido y la perpetuación en el tiempo, entre otras características.

16. SUÁREZ GONZÁLEZ, FERNANDO, «El Convenio 190 de la OIT y su repercusión en el ordenamiento español», *Revista del Ministerio de Trabajo y Economía Social* n.º 147, 2020, p. 392.

17. Una constante en los pronunciamientos de los TSJ aunque con un enfoque flexible de la duración, que ya no impone un lapso determinado, y del daño siendo suficiente que la conducta tenga entidad suficiente para causarlo, por todos, STSJ Extremadura 15 de febrero de 2023 (AS 2023, 698). Una completa recopilación de la doctrina de suplicación sobre el concepto, incluyendo el carácter «sistemático», para su deslinde del defectuoso ejercicio de las facultades empresariales y las reglas de la carga de la prueba «favorables» al trabajador en STSJ Navarra 11 de abril de 2023 (JUR 2023, 279387).

18. Idea a la que apunta MOLINA NAVARRETE, CRISTÓBAL, «Nuevo marco normativo de la OIT sobre acoso y violencia en el trabajo a través de las NTIC: impacto en el

Respecto a la intencionalidad del sujeto, en principio es indiferente para la existencia de las conductas reprobables[19] con mayor razón en el campo de la prevención, pues lo relevante es que «cause» o «sea susceptible de causar» un daño físico, psicológico, sexual o económico. Por tanto, no se exige la materialización del daño ni tampoco una motivación concreta, lejos de la intención de destruir, humillar o dañar, aspecto ya sentado por el TC en su Sentencia 56/2019, de 6 de mayo, que afirma que «la protección constitucional de los derechos no puede quedar supeditada a la indagación de factores subjetivos de arduo control, pudiendo bastar la presencia de un nexo de causalidad adecuado entre el comportamiento antijurídico y el resultado lesivo prohibido por la norma».

2.2.2. Particularidades del ciberacoso

Junto a tales elementos presentes en el ciberacoso, la particularidad es patente que radica en el uso de las TIC, que acarrean una serie de alteraciones de los patrones comunes, así a modo de ejemplo el desequilibrio de poder (elemento relacional) que se matiza en las distintas formas de acoso cibernético[20]. Habida cuenta la parquedad del Convenio no cabe exagerar el peso del momento o el espacio donde se cometa la conducta ni el tipo de comportamiento concreto, siendo lo más relevante el riesgo potencial para los bienes tutelados[21], en especial la salud y seguridad, que pueden verse gravemente afectados en las formas digitales. La jurisprudencia ha centrado la atención en el orden de convivencia en el seno de la organización, pues

---

derecho español», *El ciberacoso en el trabajo*, La Ley, Madrid, 2019, p. 5 (versión digital consultada en laleydigital.es); también MORENO MÁRQUEZ, ANA, «El convenio 190 de la OIT sobre violencia y acoso en el trabajo y sus implicaciones en el ordenamiento laboral español», *Temas Laborales* n.º 166/2023, p. 99.

19. También MOLINA NAVARRETE, CRISTÓBAL, «El (ciber) acoso en el empleo público: balance y perspectivas a la luz de la entrada en vigor del Convenio 190 OIT», en DURÁN LÓPEZ, FEDERICO y SÁEZ LARA, CARMEN, *Derechos laborales individuales y colectivos en el empleo público. Libro en homenaje a Pedro Gómez Caballero*, CARL, Sevilla, 2023, p. 95; MORENO SOLANA, AMANDA, «El impacto de la normativa internacional...», *op. cit.*, pp. 278 y 290. *Vid.* SERRANO ARGÜELLO, NOEMÍ, «La adhesión de España al convenio de la OIT núm. 190, sobre la eliminación de la violencia y el acoso en el mundo del trabajo», en FERNÁNDEZ COLLADOS (Dir.), *La Prevención de Riesgos Laborales a propósito de la Estrategia de Seguridad y Salud*, Aranzadi, Navarra, 2023, p. 197.
20. MOLINA NAVARRETE, CRISTÓBAL, «Redes sociales digitales y gestión de riesgos profesionales: prevenir el ciberacoso sexual en el trabajo, entre la obligación y el desafío», Diario La Ley n.º 9452, Sección Dossier, 2019. LA LEY 7871/2019, p. 8 (consultado en laleydigital.es).
21. Para el TC no es exigible que se consume la lesión a la integridad moral siendo suficiente que la lesión pueda llegar a producirse, siempre que se genere un peligro cierto y grave (STC 56/2019, 6 de mayo).

la conexión digital permite realizar conductas extramuros de la misma (fuera de su control estricto), permitiendo al empresario ejercer la potestad disciplinaria frente al ciberacoso, a pesar de que la titularidad del dispositivo sea de la persona trabajadora y la conducta se realice a través de una red social (fuera del lugar y tiempo de trabajo)[22]. En el caso concreto, se sanciona el ciberacoso (sexual) consistente en la grabación de dos mensajes de audio de contenido sexual que posteriormente enviaron a otra trabajadora de la empresa a través de una red social, tras su búsqueda y localización en la misma, conducta manifiestamente contraria a Derecho.

El eje gravitatorio, por tanto, se sitúa en la gravedad de la conducta, casi inmanente a la facilidad en el uso de los medios empleados y a su capacidad de difusión unida a la alta probabilidad de causar daño a los bienes protegidos (en especial, dignidad, igualdad y no discriminación e integridad física y moral). Hasta tal punto que se ha considerado que la propia agresividad del medio permite entender que, *per se*, concurre el riesgo relevante de alterar o perturbar la integridad personal de la trabajadora, al margen de si existe o no una conducta gravemente vejatoria[23]. La comisión admite múltiples formas, siendo los entornos virtuales los llamados a guardar conexión con el trabajo, poniendo algunos el acento en que efectivamente se genere un «ambiente» humillante o degradante de trabajo, aunque los actos desencadenantes no se conecten directamente al ámbito laboral[24]. Pese a defender una aproximación conceptual amplia a efectos preventivos, es cierto que no son convenientes posturas demasiado extremistas donde cualquier «molestia» u opinión negativa realizada a través de los dispositivos digitales sea automáticamente merecedora del calificativo de acoso, demandando una delimitación legal adecuada y equilibrada, huyendo también de interpretaciones demasiado estrictas[25].

Una opción que cobra fuerza, plasmándose en algún convenio[26], es la técnica del catálogo o listado no exhaustivo que ya encontramos en los primeros estudios doctrinales sobre la materia, entre otros, distribuir en inter-

22. ATS 22 de noviembre de 2022 (JUR 2022, 373804).
23. MOLINA NAVARRETE, CRISTÓBAL, «Redes sociales digitales…», *op. cit.*, p. 9.
24. ÁLVAREZ DEL CUVILLO, ANTONIO, «El ciberacoso en el trabajo…», *op. cit.*, p. 192. Basta algún elemento relevante de conexión laboral, MOLINA NAVARRETE, CRISTÓBAL, «Redes sociales digitales…», *op. cit.*, p. 10.
25. Interpretación restrictiva abanderada en TSJ Cantabria 21 de enero de 2019 (JUR 2019, 37946).
26. CC de teleinformática y comunicaciones, SAU (BOE 13 abril 2022). En un sentido similar en el anexo V sobre nuevas formas de trabajo (en especial punto 2.18) del CC de Telefónica de España (BOE 28 febrero 2024); Telefónica servicios audiovisuales (BOE 15 mayo 2022). Un listado orientativo de conductas constitutivas de ciberacoso también en el Protocolo para la prevención y actuación frente al acoso laboral de la

net imágenes o datos delicados o comprometidos; dar de alta en sitio *web* para estigmatizar o ridiculizar a la víctima; crear un perfil falso en nombre de la víctima con demandas sexuales; dar de alta el email de la víctima para convertirla en blanco de *spam* y contacto con desconocidos; usurpar la identidad de la víctima para hacer comentarios ofensivos; acceder al ordenador de la víctima; distribuir falsos rumores de la víctima sobre un comportamiento reprochable de forma que quienes lo lean reaccionen y tomen represalias en contra de la víctima perjudicada; enviar mensajes ofensivos, hostigadores, amenazantes y perseguir a la víctima en espacios de internet que frecuenta; publicar comentarios y chistes despectivos en demérito, descrédito de la valía profesional; uso del teléfono móvil como instrumento de acoso; acciones de presión permanente a través de TIC para actuar conforme a las solicitudes del acosador[27]. No faltarán supuestos problemáticos de deslinde frente al ejercicio del derecho a la libertad de expresión que, como es sabido, admite la crítica, aunque pueda resultar molesta para quien la recibe, sin justificar en ningún caso la ofensa o conductas que minen la autoestima, el honor o la intimidad de la víctima. La regulación debería facilitar la identificación de las conductas constitutivas de ciberacoso además de reforzar los mecanismos preventivos adecuados que, en realidad, habrán de adoptarse frente a todas las formas de violencia cibernética, con independencia de su consideración o no como un supuesto genuino de acoso[28].

El requisito de la negativa[29] o el asunto del consentimiento[30], visto el mutismo del Convenio OIT pierde también fuelle en este caso, al ser una cuestión harto espinosa, resultando evidente, a modo de ejemplo, que la existencia de contactos o conversaciones por mensajería instantánea con una persona no abre el portillo a la recepción de contenidos ofensivos o

Fundación AFIM, febrero 2023, p. 28 (https://www.fundaciónafim.org). Asimismo el Protocolo de actuación en situaciones de acoso sexual, por razón de género, moral o ciberacoso del grupo AXA.

27. Algunas de ellas en protocolos como el de actuación frente al acoso moral de la AEPD (2019), p. 16. Además, «La protección de datos como garantía en las políticas de prevención del acoso: recomendaciones de la AEPD», p. 8. *In extenso,* DE VICENTE PACHÉS, FERNANDO, *Ciberacoso en el trabajo,* Atelier, Barcelona, 2018, p. 131 ss. Algunas de las más frecuentes en la práctica actual, ejemplificadas en su trabajo «El convenio 190 OIT y su trascendencia en la gestión preventiva de la violencia digital y ciberacoso en el trabajo», *Revista de Trabajo y Seguridad Social. CEF,* 448, julio, 2020, pp. 96 ss.
28. En la misma línea, MOLINA NAVARRETE, CRISTÓBAL, «Redes sociales digitales…», *op. cit.,* p. 12.
29. Puede verse la actitud nada receptiva de la trabajadora y la insistencia del actor en su conducta que justificó su despido en STSJ Cataluña 6 de junio de 2023 (JUR 2023, 321003).
30. DE VICENTE PACHÉS, FERNANDO, «El convenio 190 OIT…», *op. cit.,* p. 80.

fotografías de cierto tenor que quisieran escudarse en la propia rapidez y fluidez en el canal de comunicación.

En el acuerdo de trabajo a distancia (anexo 2) incluido en los acuerdos de prórroga y modificación del CC de teleinformática y comunicaciones, SAU[31], partiendo de una afirmación general de que todos los comportamientos susceptibles de ser considerados como conductas de acoso se pueden producir actualmente también a través de dispositivos tecnológicos y terminan generando un mal ambiente de trabajo con importante repercusión en la salud de las personas trabajadoras, afectando a las relaciones de trabajo, y a la propia productividad de las empresas, se define como «*todo comportamiento de violencia psicológica, de comportamientos humillantes o vejatorios que adoptan múltiples formas, realizado* ***a través de medios tecnológicos*** *de amplio contenido, realizado generalmente, por uno o varios superiores o compañeros y compañeras de trabajo (ámbito laboral) de forma ocasional o única, pero de gran intensidad dañosa o recurrente y sistemática y, con el fin de destruir a la persona trabajadora acosada (en su salud, en su integridad física y psíquica)*»[32].

Opta por incluir la intencionalidad, pese a que la OIT la relativiza, poniendo el acento en determinadas cuestiones de especial relevancia: multiplicidad de formas, utilización de medios tecnológicos (en sentido amplio), cometido en el ámbito laboral, de forma ocasional o única pero con gran intensidad dañosa o recurrente o sistemática. El daño no tiene por qué materializarse, midiéndose la intensidad en la probabilidad de que ocurra y en su potencial lesividad. El planteamiento, no obstante, es algo reduccionista pues ignora la otra gran dimensión del problema, pese a mencionar a los superiores jerárquicos, que serían las conductas perpetradas por la propia empresa desbordando los márgenes de los legítimos poderes de vigilancia y control, pues las tecnologías facilitan conductas —también variadas y de contornos difusos— que podrían tildarse de ciberacoso[33] y

31. BOE 13 abril 2022; anexo V sobre nuevas formas de trabajo (en especial punto 2.18) del CC de Telefónica de España (BOE 28 febrero 2024); CC de Telefónica servicios audiovisuales (BOE 15 mayo 2022).

32. La AEPD muestra su preocupación por este problema del ciberacoso sexual, acoso sexual a través de redes sociales y en los supuestos de difusión de videos e imágenes o contenidos relacionados con la vida sexual de las personas en su Protocolo de actuación frente al acoso sexual y por razón de sexo del año 2019, p. 4. Un compromiso firme de prevenir, sensibilizar y actuar en cuanto se tenga conocimiento de cualquier situación de ciberacoso laboral, acoso laboral a través de redes sociales y en los supuestos de difusión de vídeos e imágenes o contenidos relacionados con la vida persona de los empleados en su Protocolo de actuación contra el acoso moral de la misma fecha, p. 2.

33. Entre otros, BOGONI, MILENA, «El ciberacoso laboral en la negociación colectiva: un nuevo enfoque para la elaboración de un marco de tutela efectivo», *Revista de Derecho Social* n.º 97, 2022, p. 182.

que afectan a la salud e intimidad de los trabajadores. Por ejemplo, constantes atenciones de la empresa a una persona en situación de incapacidad temporal, interesándose —aun con buena intención— por su estado de salud, su mejoría, su previsible reincorporación, a fin de contratar o no nuevo personal y así sucesivamente. Comportamientos que denotan también la interrelación con otros problemas derivados de la digitalización como la hiper conexión o la tecno-invasión. El AME sobre digitalización suscrito por los interlocutores sociales europeos en 2020, ve un claro problema en las formas de vigilancia (intrusiva) del personal basadas en la Inteligencia Artificial (IA) que acarrean el riesgo de comprometer la dignidad del ser humano, con un posible deterioro de las condiciones laborales y el bienestar de los trabajadores[34].

Además, el Convenio 190 apuesta por un enfoque inclusivo, dando cabida a situaciones que «impliquen a terceros», en especial cuando se da una relación intensa con el público, con clientes, con otras empresas o con proveedores y suministradores, por citar solamente algunos supuestos. Problema que se agrava cuando los terceros, sin ser los autores, de forma más o menos consciente, comparten, reenvían o retuitean los «contenidos», ampliando notablemente la exposición de la víctima a la mirada de otras personas ajenas incluso al círculo laboral, incluyendo familiares, amigos, conocidos, con efectos devastadores para la salud y la integridad moral.

En resumidas cuentas existe un alto grado de consenso en que las tipologías de acoso al uso en el ámbito laboral y comúnmente admitidas (acoso sexual, por razón de sexo, discriminatorio y acoso moral), reconducibles a dos grandes grupos (discriminatorio y moral o psicológico)[35] son también las constitutivas de ciberacoso, siempre y cuando se realicen a través del uso de las TIC. Ahora bien, esta forma de comisión las dota de unas particularidades que demandan una actuación específica e incisiva en el plano preventivo, sin descuidar el indispensable enfoque de género, en el que se insistirá *infra*. Entre estas notas destacan la intensidad de la difusión, la extensión de las conductas, la ampliación de las formas de violencia —encajen o no en la definición estricta de acoso—, la rapidez, unidas al desbordamiento del lugar de trabajo, al producirse en el espacio «virtual», de

34. En la misma línea, la Resolución del Parlamento Europeo de 5 de julio de 2022, sobre Salud mental en el mundo laboral digital (2021/2098 (INI)) destaca su preocupación por los efectos de la IA sobre la intimidad y la seguridad y salud... pudiendo dar lugar a una vigilancia y seguimiento desproporcionados e ilegales de los trabajadores, vulnerando su dignidad o socavar su libertad y autonomía (punto 13).
35. A modo de ejemplo, MORENO SOLANA, AMANDA, «El impacto de la normativa internacional...», *op. cit.*, p. 303.

contornos difusos, y la dilución de los límites de jornada, siendo factible su realización desde cualquier lugar y en cualquier momento. Es suficiente, por tanto, una conexión causal mediata, del tipo «con ocasión» del trabajo, claramente presente en el Convenio OIT, dada la omnipresencia y ubicuidad de la red. A ello hay que añadir problemas de autoría, con amparo en el anonimato, la utilización de perfiles e identidades falsos, la extensión del uso de «avatares», posibles autores y víctimas. La cuestión de la titularidad de los dispositivos[36] puede entenderse parcialmente superada, aspecto que no debería incidir en la reprobación de la conducta pero añade fuertes dosis de complejidad a las tareas de prevención y control.

Un rasgo destacable también es la pérdida de relevancia de la noción típica de jerarquía o de relaciones de poder o subordinación entre la víctima y quien comete las conductas de ciberacoso o violencia digital, al primar el uso de las tecnologías y, por tanto, el acento recae más en el dominio tecnológico o los conocimientos digitales que otra cosa[37] y la sensación de impunidad y de empoderamiento, evitando dar la cara, con mayor frecuencia entre compañeros (horizontal) y no a cargo de los superiores jerárquicos[38]; tampoco resulta infrecuente la creación de grupos fuertes o con poder en redes u otros canales virtuales, con capacidad incluso de acosar a los superiores. En la literatura científica se da también cierta importancia, aparte de a la facilidad de comisión, al propio desentendimiento moral que suele tenerse respecto a la víctima, basado en el propio anonimato, la distancia con la víctima y la atenuación de los sentimientos de culpa o vergüenza o la escasa empatía con la misma[39].

---

36. Mayoritariamente la doctrina interpreta el silencio del Convenio en términos de indiferencia para la consideración «laboral» del acoso, por todos, MORENO MÁRQUEZ, ANA, «El convenio 190 de la OIT…», *op. cit.*, p. 121.
37. Sobre esta desigual relación de poder, basada en el conocimiento experto de la tecnología, por todos, DE STEFANO, VALERIO *et altri*, «"Actualización" de las necesidades del sistema…», *op. cit.*, p. 10.
38. Así se deriva de las Sentencias dictadas por los TSJ, siendo muy rara de compañeras a compañeros, inclusive con algún caso de acoso vertical ascendente, hacia el jefe de la trabajadora, *vid.* AA.VV. (MOLINA NAVARRETE, CRISTÓBAL, Coord.), *Políticas y prácticas de gestión de los riesgos psicosociales laborales, en especial con perspectiva de género*, IAPRL, Sevilla, 2022, p. 86.
39. DE STEFANO, VALERIO *et altri*, «"Actualización" de las necesidades del sistema…», *op. cit.*, p. 11; DE VICENTE PACHÉS, FERNANDO, «El convenio 190 OIT…», *op. cit.*, p. 80. Falta de empatía que también pone de manifiesto el propio Foro Económico Mundial, reduciéndose la capacidad de ponerse en la piel del otro/a, MOLINA NAVARRETE, CRISTÓBAL, «Redes sociales digitales…», *op. cit.*, p. 21; ÁLVAREZ DEL CUVILLO, ANTONIO, «El ciberacoso en el trabajo…», *op. cit.*, p. 177.

3. EL CIBERACOSO Y LA CUESTIÓN DEL GÉNERO

3.1. EL ENFOQUE DE GÉNERO EN EL CONVENIO 190 OIT

El Convenio apuesta por un enfoque inclusivo, integrado y que tenga en cuenta las consideraciones de género para prevenir y eliminar la violencia y el acoso en el mundo del trabajo, incluyendo un concepto diferenciado de la violencia y el acoso por razón de género, aplicable al realizado por medio de las tecnologías, referido a los comportamientos «... dirigidos contra las personas por razón de su sexo o género, o que afectan de manera desproporcionada a personas de un sexo o género determinado», englobando el acoso sexual. Esta perspectiva es fundamental al afectar de manera desproporcionada a las mujeres y las niñas[40], abordando las causas subyacentes y los factores de riesgo, entre ellos los estereotipos de género, las formas múltiples e interseccionales de discriminación y el abuso de las relaciones de poder por razón de género. Esta aproximación es aún más necesaria en el ciberacoso, que sin lugar a duda es una cuestión de género —femenino— que sufre en mayor medida[41] las formas de violencia a través de dispositivos digitales[42] con un número más

40. A nivel europeo se viene reconociendo un mayor riesgo de acoso, donde influyen además de las cuestiones relacionadas con el género y las demandas sexuales, los propios sectores prevalentemente femeninos como su mayor presencia en sectores donde la violencia proviene del trato con el público, constatando también la tendencia creciente del problema, Agencia Europea para la Seguridad y Salud en el Trabajo, *New risks and trends in the safety and health of women at work*, 2014, pp. 21-22. De esta mayor afectación se hace eco la AEPD, «La protección de datos como garantía...», *op. cit.*, p. 4. En España, parte también de esta prevalencia femenina RAMÓN FERNÁNDEZ, FRANCISCA, «La violencia digital y su regulación en la Ley Orgánica 8/2021, de 4 de junio, de protección integral a la infancia y la adolescencia», en *Retos de la justicia civil indisponible: infancia, adolescencia y vulnerabilidad* (BIB 2022, 1818).

41. Percepción unánimemente resaltada por la doctrina, DE VICENTE PACHÉS, FERNANDO, «El convenio 190 OIT...», *op. cit.*, p. 83; MOLINA NAVARRETE, CRISTÓBAL, «El (ciber) acoso en el empleo público...», *op. cit.*, p. 102; AL DOGHAN, MOHAMMED A. y ARSHAD, SAMAN, «Cyberbullying and Psycological Stress among Female Employees», *International Journal of Cyber Criminology* Vol 17, Issue 1, 2023, p. 167, con cita del estudio de Loh & Snyman, 2020. En general, los datos sobre la prevalencia entre las mujeres del acoso y la violencia en MONEREO PÉREZ, JOSÉ LUIS, RODRÍGUEZ ESCANCIANO, SUSANA Y RODRÍGUEZ INIESTA, GUILLERMO, «Observaciones sobre el sistema normativo de tutela de los riesgos psicosociales en clave de género: por un enfoque transversal e integrador», *Revista Crítica de Relaciones de Trabajo*. Laborum n.º 10, 2024, pp. 20 ss.

42. No estaríamos más que ante la traslación al ámbito laboral de un problema de primer orden que afecta a la sociedad en su conjunto, como pone de manifiesto el Observatorio Nacional de Tecnología y Sociedad (ONTSI), aunque las conclusiones se ven dificultadas por la escasez de estadísticas, «Violencia digital de género: una realidad

elevado de víctimas mujeres[43]. Aventurar las causas es arriesgado pero podrían estar relacionadas con la brecha digital, el mayor apego de los hombres a las tecnologías ya desde la infancia, ciertas diferencias sociales entre hombres y mujeres en relación con el «humor», las bromas, imágenes objeto de difusión, probablemente más «normalizados» entre los varones (aunque no siempre sea así) y otros factores culturales, difíciles de desterrar ligados a la discriminación, el abuso y los roles de género. No hay datos concretos sobre la mayor intensidad en sectores y ocupaciones feminizados, ligados con frecuencia a los cuidados, aunque allí la modalidad que prevalece no es la «digital» sino las formas tradicionales. La práctica parece apuntar a mayor prevalencia del ciberacoso en sectores tecnológicos, trabajos desarrollados a través de plataformas o teletrabajo y sectores masculinizados, con escasa representación femenina (como en el caso de la empresa IVECO).

El Convenio 190 OIT denota además cierta preocupación por la lucha contra los efectos colaterales de la violencia doméstica en el ámbito laboral (en el empleo, la productividad o la seguridad y salud)[44], apelando a la contribución de los gobiernos, organizaciones e instituciones socio laborales para afrontarla, impulsándose a nivel interno, con una versión final del texto bastante timorata. El art. 10 f) hace recaer sobre los EM el deber de reconocer sus efectos y, en la medida en que sea razonable y factible, mitigar su impacto en el mundo del trabajo y ello llevaría a completar las actuales medidas para facilitar la permanencia en el mercado con cierta aproximación en el plano estrictamente preventivo, llegando, inclusive, como propone la Recomendación 206 (aptdo. 17), a su inclusión en la evaluación de riesgos, problema «exógeno» y fuera del control del empresario que parece «desbordar» los márgenes de la deuda de seguridad.

---

invisible», *Policy brief* para afrontar su impacto en la sociedad, Ministerio de asuntos económicos y transformación digital, 2022. Una verdadera lacra que se desprende también del informe «El ciberacoso como forma de ejercer la violencia de género en la juventud: un riesgo en la sociedad de la información y del conocimiento», Ministerio de Sanidad, Servicios Sociales e Igualdad, 2014. A nivel mundial se refleja en los datos de la I encuesta sobre experiencias de violencia y acoso en el trabajo de la OIT del año 2022.

43. Para la OIT la inmensa mayoría de las víctimas son mujeres (un 6,5% de la población aproximadamente). También lo considera así la Resolución del Parlamento Europeo de 5 de julio de 2022, sobre Salud mental en el mundo laboral digital (2021/2098 (INI)), pues el acoso en línea tiende a afectar desproporcionadamente a los grupos más vulnerables, en particular, los trabajadores más jóvenes, las trabajadoras y los trabajadores LGTBQI+ (punto 13).

44. En la Unión Europeo *vid.* la Propuesta de Directiva sobre prevención y lucha contra la violencia de género contra las mujeres y la violencia doméstica presentada en Estrasburgo de fecha 8.3.2022, COM (2022) 105 final, aprobada en abril 2024.

Incluso en el ámbito penal, al margen del análisis, se ha apuntado por parte del TS la necesidad de aplicar la perspectiva de género, en especial si el acoso proviene de la pareja o expareja pues se trata de una relación que motiva lazos interpersonales que intensifican las exigencias del acosador en la dominación o humillación de la víctima, acentuando asimismo los caracteres de gravedad y objetividad de la conducta, de forma que debe medirse con referencia a una persona media, huyendo de «susceptibilidades individuales»[45].

3.2. LA SALUD LABORAL CON MIRADA DE GÉNERO

Muy sintéticamente conviene recordar la estrecha relación existente entre el género y la salud laboral[46], plasmada en la normativa interna para el acoso sexual o por razón de sexo pero pendiente de extensión efectiva a todas las políticas preventivas, especialmente en un contexto de cambio tecnológico, con riesgos que la Estrategia española denomina «específicos de género» (por su alta prevalencia entre las mujeres), incluidos los de violencia y acoso[47].

La LPRL presenta un planteamiento «neutro» respecto al género, pero asentado sobre tradiciones, estudios, investigaciones, análisis y medidas preventivas que toman como modelo al varón[48]. Aunque se ha insistido en la incidencia del género en las estrategias o en la propia LPRL (art. 5.4) para la recogida y tratamiento de datos o en el estudio e investigación por parte de las Administraciones Públicas, no está aún implantada esta concepción en la práctica preventiva ni en la negociación colectiva. Adoptar este tipo

---

45. STS (Penal) 4 de noviembre de 2021 (JUR 2022, 385897).
46. A modo de ejemplo, en doctrina MARTÍNEZ YÁÑEZ, NORA MARÍA, «Algunas consideraciones sobre igualdad por razón de género en el marco de la seguridad y salud en el trabajo», *Lan Harremanak*/25 (2012), pp. 155 ss.; CASTRO TRANCÓN, NEREIDA, «Intervención normativa ante los riesgos psicosociales laborales con perspectiva de género», *Lan Harremanak*, 44, 2020, pp. 278 ss; RÍOS VELADA, ALFONSO, «La aplicación del punto de vista de género para la defensa de la salud laboral de las mujeres trabajadoras», *Lan Harremanak* 50, 2023, pp. 148 ss.
47. Puede verse el estudio de HERRAIZ MARTÍN, MARÍA DEL SOL, «Riesgos emergentes derivados del trabajo digital y a distancia: su impacto en la mujer trabajadora», *Trabajo y Derecho* n.º 106, 2023.
48. En contrapartida, la doctrina laboralista española se ha ocupado con frecuencia de esta cuestión, indagando en la necesidad de un enfoque específico y medidas concretas destinadas a la protección de la salud de la mujer en el ámbito del trabajo, por todos, MORENO SOLANA, AMANDA, «Salud laboral y mujer trabajadora: cuestiones más recientes», *Revista Internacional y Comparada de Relaciones Laborales y Derecho del Empleo*, Vol. 6, n.º 4, 2018, pp. 149 ss.; CORREA CARRASCO, MANUEL, «Los riesgos psicosociales en el trabajo doméstico y de cuidados», *Lex Social* vol. 1, núm. 1 (2021), pp. 431 ss.

de enfoque no conlleva acciones positivas o negativas hacia un género u otro, ni férrea igualdad, sino prestar atención a la diversidad biológica, social, laboral y/o familiar con el objetivo de alcanzar la máxima seguridad para todas las personas trabajadoras. Los datos de siniestralidad muestran diferencias claras, con menos accidentes mortales entre las mujeres que también sufren enfermedades menos graves, pero con mayor incidencia de los daños a la salud derivados de factores relacionados con la organización del trabajo, con escasez de datos estadísticos, incluso invisibilizados o silentes; además de riesgos propios de profesiones altamente feminizadas[49], tradicionalmente infravalorados. Debe impulsarse esta mirada de género en las políticas preventivas, evitando que esta búsqueda de adecuación provoque nuevos estereotipos y sesgos conducentes a nuevas discriminaciones, aunque en el ciberacoso es más esencial aún dada la prevalencia de las conductas ofensivas contra las mujeres. Así la Estrategia española pone el foco de atención en esta cuestión y anuncia los pertinentes ajustes legales, otra cosa será su desarrollo y su incidencia efectiva.

3.3. BREVE REFERENCIA AL CIBERACOSO SEXUAL Y POR RAZÓN DE SEXO

En las formas de comisión «digitales» cobran especial relieve por su gravedad y frecuencia el acoso sexual y sexista. Aunque la LOI ha acogido estas «nuevas» formas de actuación, apunta a la escasez de diferencias conceptuales, centrándose en las medidas, donde, en especial en el terreno preventivo, las particularidades del ciberacoso no pueden quedar desatendidas.

Al objeto del trabajo, no es preciso entrar en rasgos del acoso sexual bien conocidos y estudiados por la doctrina laboralista[50], incidiendo en los datos caracterizadores de las modalidades cibernéticas como elemento determinante de su tratamiento preventivo específico. En el orden interno se reconoce tanto en su vertiente «ambiental» como de chantaje sexual, eludiendo, alejándose de las normas comunitarias de las que trae su origen, el carácter «no deseado» por la víctima, aspecto harto conflictivo en la práctica. Se

49. Así, entre otros, AGRA VIFORCOS, BEATRIZ, «Riesgos laborales en una ocupación altamente feminizada: atención sanitaria y socio asistencial en residencias de la tercera edad», *Lex Social*, vol. 2, núm. 2 (2021), pp. 758 ss.

50. Por todos, BERNAL SANTAMARÍA, FRANCISCA, «Violencia de género en el ámbito laboral: los prototipos de acoso sexual y acoso sexista en el trabajo», *Revista General de Derecho del Trabajo y de la Seguridad Social* n.º 57, 2020, pp. 409 ss.; RODRÍGUEZ INIESTA, GUILLERMO, «Acoso sexual», en SÁNCHEZ TRIGUEROS, CARMEN, *Un decenio de jurisprudencia laboral sobre la Ley de Igualdad entre mujeres y hombres*, BOE, Madrid, 2018, pp. 60 ss.; VALLEJO DA COSTA, RUTH, «El acoso sexual y el acoso por razón de sexo: riesgos de especial incidencia en la mujer trabajadora», *Relaciones Laborales* n.º 5, 2007 (versión consultada en laleydigital.es).

define como «cualquier comportamiento, verbal o físico, de naturaleza sexual que tenga el propósito o produzca el efecto de atentar contra la dignidad de una persona, en particular cuando se crea un entorno intimidatorio humillante u ofensivo». Aunque se ha considerado exigible la creación de ese entorno, la referencia *«en particular»* puede apuntar a su presencia como determinante del acoso, pero su no exigencia en todo caso, abriendo el portillo a comportamientos distintos. Esto es, que su existencia determina la del propio acoso pero en su ausencia podría apreciarse atendida la gravedad de la conducta o del atentado a los bienes jurídicos tutelados. El chantaje sexual consiste en el «condicionamiento de un derecho o de una expectativa de derecho a la aceptación de una situación constitutiva de acoso sexual o acoso por razón de sexo»[51].

Por su parte, el acoso por razón de sexo o sexista viene entendido como «cualquier comportamiento realizado en función del sexo de una persona, con el propósito o el efecto de atentar contra su dignidad y de crear un entorno intimidatorio, degradante u ofensivo» y parece que la creación de este tipo de entorno es elemento sustancial. En el plano teórico no se confunde con el sexual[52], pero en la práctica se dan entremezclados, rasgo acentuado en las formas digitales. Se ha afirmado que mientras los varones son principalmente insultados o sufren amenazas en la red, las mujeres padecen agresiones de naturaleza sexual (ciberacoso sexual o sexista), situando la causa del mayor número de agresores hombres por las relaciones de poder y desigualitarias existentes y porque el acoso viene entendido como una forma de general dominación y sumisión[53], revestida con bastante frecuencia de tintes sexuales.

51. Un supuesto de intimidaciones de índole sexual realizadas fundamentalmente a través de WhatsApp, rechazadas por la trabajadora y agravadas por ser el superior jerárquico de cuya valoración dependía su permanencia en la bolsa de empleo en STSJ Valencia 2 de noviembre de 2020 (JUR 2020, 356168), que considera el despido del acosador procedente. El ATS 23 de marzo de 2022 (JUR 2022, 124171) desestima el Recurso contra la misma por falta de contradicción.
52. CARRILLO LÓPEZ, AURELIA, «Acoso por razón de género», en SÁNCHEZ TRIGUEROS, CARMEN, *Un decenio de jurisprudencia laboral sobre la Ley de Igualdad entre mujeres y hombres*, BOE, Madrid, 2018, pp. 93 ss.
53. DE VICENTE PACHÉS, FERNANDO, «El convenio 190 OIT...», *op. cit.*, p. 84-5. Autor que aporta datos extraídos de estudios europeos donde se estima que el 90% de las víctimas del acoso sexual son mujeres, pese a la infra denuncia también fácilmente constatable. En el fondo, esta es la concepción que alguna autora considera late en la LO 10/2022, que vincula la violencia sexual con los roles de género y una cultura sexual arraigada en patrones discriminatorios, *vid.* más ampliamente, SÁEZ LARA, CARMEN, «Violencia sexual, mujer y trabajo», *Revista Galega de Dereito Social* n.º 16, 2022, p. 12. También en el Considerando D. de la Resolución del Parlamento Europeo, de 1 de junio de 2023, sobre el acoso sexual en la Unión y el análisis del movimiento #MeToo (2022/2138 (INI)), DO C 21.12.2023.

El TS[54] ha situado la línea de demarcación en que mientras en el acoso sexual ha de darse un comportamiento guiado por la libido o deseo sexual, este elemento no está presente en el acoso por razón de sexo que consiste más bien en el menosprecio, el maltrato, la amenaza, la represalia y otras conductas ofensivas determinadas por el sexo de la persona afectada. Lógicamente, en la realidad esta frontera se desdibuja. Destaca también como elemento esencial que el agente busca alcanzar el contacto sexual, de un tipo u otro, con la persona afectada. El pronunciamiento realiza dos puntualizaciones de gran relieve para la conformación de las conductas constitutivas del ciberacoso sexual —aunque no sea la forma afrontada—. La primera, la falta de nitidez de los contornos, pues lo que en cada tiempo y lugar se considera correcto y lícito es variable, como también lo tachado de «inaceptable». La segunda pasa por afirmar que el apartado primero del art. 7 de la LO 3/2007 no puede ser interpretado únicamente como contacto físico o requerimiento de éste mediante palabras, admitiendo formas de conducirse, aun implícitas, que resultan inequívocas dentro de un ambiente cultural. Avanzando algo más, habrá que adaptar las conductas y valorar su gravedad en función a cánones objetivos cuando se valgan de las TIC, en el plano preventivo primando la evitación de manifestaciones ofensivas de contenido sexual o sexista, en especial contra el género femenino.

4. MEDIDAS PREVENTIVAS ESPECÍFICAS

4.1. OBLIGACIÓN DE INCLUIR EL ENFOQUE PREVENTIVO Y DE GÉNERO EN LA LEGISLACIÓN NACIONAL

El enfoque preventivo es patente en el Convenio 190 que contiene varias referencias a la «prevención» de la violencia y el acoso (art. 4.2 y 5 entre otros) exigiendo a todo Miembro la adopción de una legislación que los prohíba, con una serie de medidas generales (art. 8) y específicas (art. 9 del Convenio 190), en concreto, una legislación «que exija a los empleadores tomar medidas apropiadas y acordes con su grado de control para prevenir la violencia y el acoso en el mundo del trabajo». Se insta a superar un tratamiento centrado preponderantemente en el marco de las políticas antidiscriminatorias, aunque resulten esenciales, o de abordar la cuestión exclusivamente en el plano sancionador. Este planteamiento es defendido también a nivel doctrinal[55] aunque aún de

54. STS (c-advo) 27 de noviembre de 2023 (JUR 2023, 429754).
55. Por todos, FABREGAT MONFORT, GEMA., «El acoso laboral desde la perspectiva de la prevención de riesgos laborales», *Lan Harremanak*/23, 2010-II, pp. 137 ss.; GRAU PINEDA, CARMEN, «El acoso moral en el trabajo como riesgo profesional

forma tibia en sede judicial [56]. Por tanto, nuestra normativa debe acompasarse a los dictados internacionales, inclinándose mayoritariamente la doctrina por reformas legales, con inclusión explícita en la LPRL [57], en su caso con precisos detalles reglamentarios [58].

La regulación debería centrarse en una clarificación conceptual, la concienciación de la gravedad de las conductas y una previsión de medidas preventivas concretas [59]. Resulta ocioso dudar de que la obligación general de seguridad, con su carácter integral, dinámico y omnicomprensivo (*ex* arts. 14-15 LPLR), unida a las concretas obligaciones específicas que componen el sistema preventivo a implantar en las empresas, comprende este tipo de riesgo, por lo que pueden relativizarse las novedades. Sin embargo, previsiones específicas coadyuvarían a su mejor comprensión, otorgarían seguridad jurídica y extenderían y ampliarían su eficaz aplicación, con el imprescindible acompañamiento de otras medidas concretas de sensibilización, promoción y, en su caso, sanción. Seguramente el amplio concepto

---

de nueva generación: el empresario como principal deudor de seguridad», *Actualidad Laboral* n.º 4, 2007-I, pp. 423 ss. (versión consultada en laleydigital.es). Señala también que la especificidad de los comportamientos presenta una mayor relevancia en el terreno de la PRL ÁLVAREZ DEL CUVILLO, ANTONIO, «El ciberacoso en el trabajo…», *op. cit.*, p. 175.

56. RODRÍGUEZ ESCANCIANO, SUSANA, *La salud mental de las personas trabajadoras: tratamiento jurídico preventivo en un contexto productivo postpandemia*, Tirant lo Blanch, Valencia, 2022, pp. 160-161.

57. Entre otros, DE VICENTE PACHÉS, FERNANDO, «El convenio 190 OIT…», *op. cit.*, p. 73; MORENO MÁRQUEZ, ANA, «El convenio 190 de la OIT…», *op. cit.*, p. 127. ESPEJO MEGÍAS, PATRICIA, «La tutela laboral del derecho…», *op. cit.*, pp. 110-111. Otros autores, más genéricamente, consideran que nuestra legislación está necesitada de adaptaciones normativas tras la ratificación del Convenio, entre otros, SÁEZ LARA, CARMEN, «Violencia sexual…», *op. cit.*, p. 13. PONS CARMENA, MARÍA, «Aproximación a los nuevos conceptos sobre violencia y acoso en el trabajo a partir de la aprobación del Convenio 190 OIT», *Labos*, Vol. 1, n.º 2, 2020, p. 57. Por una reforma que garantice el tratamiento unitario aboga LOUSADA AROCHENA, JOSÉ FERNANDO, «El convenio 190 de la Organización Internacional del Trabajo sobre la violencia y el acoso en el trabajo», *Revista de Derecho Social* n.º 88, 2020, p. 74.

58. MOLINA NAVARRETE, CRISTÓBAL, «Nuevo marco normativo de la OIT…», *op. cit.*, p. 12, que apuesta también por algunos instrumentos de desarrollo infralegal vinculantes jurídicamente; VELÁZQUEZ FERNÁNDEZ, MANUEL PEDRO, «El convenio 190 de la OIT sobre violencia y acoso en el trabajo: principales novedades y expectativas», *Revista de Trabajo y Seguridad Social. CEF*, 437-438, 2019, p. 135.

59. DE VICENTE PACHÉS, FERNANDO, «El convenio 190 OIT…», *op. cit.*, p. 73.

internacional con su tratamiento conjunto de la violencia[60] y el acoso, debería ajustarse a nuestros cánones normativos, propiciando una mejora en la interpretación y aplicación judicial del Derecho, en especial en la exigencia del estricto cumplimiento de las medidas preventivas. Un tema espinoso es el del ámbito de aplicación de la LPRL que dejaría fuera a determinados colectivos comprendidos en el Convenio 190, tales como las personas en formación, cuando no exista un vínculo laboral, los voluntarios, pasantes, personas despedidas y otras análogas.

La debida actuación *ex ante*, en el marco de las políticas preventivas, no exige ni daño ni denuncia por parte del acosado, con la finalidad de garantizar que la persona trabajadora resulte indemne, pues los perjuicios para la salud física y/o psíquica, además del claro ataque a la dignidad, suelen ser graves y, a menudo, de difícil reparación. Los efectos del ciberacoso, como se sabe, van mucho más allá de los anteriores, afectando según el Preámbulo del Convenio 190 a la calidad de los servicios públicos y privados, que pueden impedir que las personas, en particular las mujeres, accedan al mercado de trabajo, permanezcan en él o progresen profesionalmente. Además, resultan incompatibles con la promoción de empresas sostenibles y afectan negativamente a la organización del trabajo, las relaciones en el lugar de trabajo, el compromiso de los trabajadores, la reputación de las empresas y la productividad. Ello hace indispensable combatir el riesgo en su origen, esto es, en el propio uso (abuso) de las tecnologías, respecto a las que debe trazarse lo más prístinamente posible la frontera entre los usos adecuados y los «desviados» o «inaceptables».

La legislación preventiva existente a nivel interno resulta difusa, parcial e insuficiente. Difusa por cuanto exige rastrear distintas normas jurídicas. Parcial en tanto que atendiendo al consabido art. 48 LOI referido a medidas preventivas, solo se aplicará al acoso sexual y por razón de sexo, o a conductas contra la integridad moral, donde con buena voluntad podría entreverse una referencia al acoso moral, con una redacción poco exigente que parece apuntar a una «posibilidad» de establecerlas de forma negociada, reconduciéndolas a la elaboración y difusión de códigos de buenas prácticas, realización de campañas informativas o acciones de formación. En definitiva, insuficientes por sus carencias respecto a la evaluación de riesgos y la planificación de medidas, entre las ausencias más significativas, con un patente desajuste con las exigencias del Convenio.

60. Por el contrario, en nuestro ordenamiento lo normal es dar un tratamiento separado, dándose más relevancia doctrinal al acoso en sí que al género violencia. *Vid.* GARCÍA JIMÉNEZ, MANUEL, «Violencia externa en el lugar de trabajo: marco conceptual y caracterización jurídica», *Revista Internacional y Comparada de Relaciones Laborales y Derecho del Empleo* vol. 7, n. 2, 2019, pp. 97 ss.

No cabe ignorar que en relación con el acoso sexual, el art. 12.2 *in fine* de la LO/2022 establece la obligación empresarial de incluir en la valoración de riesgos de los diferentes puestos de trabajo ocupados por trabajadoras la violencia sexual entre los riesgos laborales, debiendo formar e informar a las trabajadoras. Norma que reproduce los defectos apuntados, en especial la parcialidad y la insuficiencia, sin contar con la complejidad de introducir *ex novo* un aspecto tan concreto en la evaluación, sin detenerse previamente en el complejo diagnóstico de los riesgos psicosociales. Todo ello sin olvidar el riesgo de discriminación y nuevos estereotipos de género que podrían derivar de una obligación que atañe solamente a los puestos ocupados por trabajadoras, cuando debiera abarcar a la organización en su conjunto y a cada uno de los puestos de trabajo, a todas las formas de acoso, en función de la probabilidad del riesgo y la previsible gravedad de los daños y, de forma particular por su crecimiento exponencial, de las conductas violentas y de acoso cometidas por medios digitales[61].

Para la UE todas las formas de acoso en el lugar de trabajo tienen graves consecuencias para la salud física, psicológica y el bienestar de los trabajadores, debiendo ser su prevención y tratamiento una prioridad para todos los empleadores a fin de garantizar un entorno laboral seguro, debiendo abordarse como una cuestión de salud y seguridad y no un problema individual de la víctima[62]. Se ha reclamado también una actuación legislativa subrayando que la legislación desempeña un papel central en la lucha contra el acoso sexual y la violencia en el puesto de trabajo y que la legislación sin una aplicación adecuada no alcanzará los resultados deseados, pidiendo a la Comisión y a los EM que garanticen que las leyes contra el acoso sexual en el puesto de trabajo se actualicen para proteger a las mujeres que trabajan de forma remota contra el abuso en línea[63].

Esencial es la vinculación trazada por el Convenio con los riesgos psicosociales[64] por la evidencia de sus efectos perjudiciales sobre la salud de las personas trabajadoras, entre ellos, estrés postraumático, depresión, ansiedad, pérdida de autoestima, trastornos afectivos o de la conducta, acompañada de conflictos que se extienden al ámbito familiar y social y

61. Esta constatación, a consecuencia del uso extendido de internet, incluidas las nuevas tecnologías y las redes sociales, lo que permite que los autores de los hechos se sientan seguros a través del anonimato, en la Resolución del Parlamento Europeo, de 1 de junio de 2023, sobre el acoso sexual en la Unión y el análisis del movimiento #MeToo ya citada (Considerando F).
62. *Ibidem,* (Considerandos G y J).
63. *Ibidem* (Considerandos G y J).
64. Pionero en su tratamiento como riesgo psicosocial emergente, DE VICENTE PACHÉS, FERNANDO, «El ciberacoso: un fenómeno de violencia...», *op. cit.*, p. 1.

otros trastornos psicológicos o psicosomáticos[65], llegado el caso incluso suicidios o intentos de suicidio[66]. Aparte de lesiones de bienes fundamentales como la dignidad, la intimidad o el honor de la víctima o de la propia empresa, que puede también ver reducida la productividad, como se apuntó en otro lugar del trabajo.

La Agencia Europea para la Seguridad y Salud en el Trabajo sostiene que si los riesgos psicosociales y el estrés se plantean como un problema de las organizaciones y no como un defecto personal, se pueden gestionar como cualquier otro riesgo para la salud y seguridad en el trabajo. Aunque quizás habría que matizar ese tratamiento como «cualquier» otro riesgo, puesto que sus propias peculiaridades exigen una acción específica y más incisiva. Resulta simplista en exceso considerar que estamos ante un riesgo laboral más y que frente a él debe actuarse de la misma manera que con el resto de los existentes en la empresa, aunque deba partirse de herramientas compartidas y técnicas preventivas «comunes», convenientemente adaptadas a las peculiaridades y a las particularidades dimanantes de la complejidad de las conductas.

La exigencia en la norma internacional de una «política de empresa» descarta un tratamiento como un asunto puntual que demanda una «reacción» de la empresa o como un «contratiempo» que depende de alertas por medio de denuncias u otros procedimientos, para afrontarlo como un problema ligado a las condiciones de trabajo, su organización y las relaciones personales. Resulta insoslayable una acción global, proactiva, preventiva y con mecanismos y herramientas, si bien adaptados, propios de los sistemas de gestión preventiva de las empresas. Sin denostar las respuestas sancionadoras, reactivas y reparadoras, abordadas en otros lugares de su articulado, aboga por la gestión eficaz en el terreno preventivo, con obligaciones empresariales que se «anticipan», utilizando instrumentos hábiles para evitar o disminuir las situaciones de violencia y acoso (incluyendo las digitales)

65. Por todos, DE VICENTE PACHÉS, FERNANDO, «El convenio 190 OIT...», *op. cit.*, p. 75.
66. Suicidio que se produjo lamentablemente en el conocido caso IVECO, en el que con toda probabilidad fallaron los mecanismos preventivos apropiados, pese que la Inspección de Trabajo no encontrara comportamientos reprochables a cargo de la empresa. Un comentario en LÓPEZ AHUMADA, JOSÉ EDUARDO, «Implicaciones laborales del acoso sexual difundido en redes sociales: privacidad y posibles responsabilidades de las empresas a propósito del caso IVECO», *La Ley Privacidad* n.º 2, Sección El foro de la privacidad, 2019, LA LEY 12221/2019, consultado en laleydigital.es. También MOLINA NAVARRETE, CRISTÓBAL, «Redes sociales digitales...», *op. cit.* Más en general, OLARTE ENCABO, SOFÍA, «Trabajo, salud mental y suicidio: criterios técnicos para su consideración laboral», *Revista Internacional y Comparada de Relaciones Laborales y Derecho del Empleo,* Vol. 11, n.º 3, 2023, pp. 43 ss.

minimizando sus efectos sobre la salud de los trabajadores. Pero el tratamiento del ciberacoso ha de ser «ajustado» a sus singularidades con medidas adecuadas, de primer orden, esto es, dentro de lo que se denomina prevención primaria. Respecto a las formas de arrostrar el ciberacoso ya manifestado, así los sistemas de denuncias, protección frente a represalias, formación a los representantes, información sobre los protocolos en las empresas y otras análogas es fácil compartirlas con las otras formas de acoso. No supone un obstáculo que el protocolo sea de entrada única (para todos los tipos de acoso) ante la ausencia de un mandato legal claro al respecto, siendo lo esencial la efectividad y eficiencia de las medidas de prevención y lucha contra la violencia y el acoso en todas sus formas, atendidas las posibles peculiaridades de cada tipo, en especial cuando se sirve de la tecnología, por sus efectos extensivos y multiplicadores y la facilidad de cometer las conductas gracias a internet.

Pese a que las obligaciones previstas en el Convenio pueden rastrearse en la legislación interna, no estaría de más actualizarlas y adaptarlas. La política del lugar de trabajo, más allá del formalismo y del intento de delimitar su contenido por parte de la Recomendación, debe centrarse en las medidas estrictamente preventivas, con frecuencia «descafeinadas» en los protocolos, buscando la efectiva implantación, con apoyo (técnico y financiero) a las empresas —en especial las pequeñas— para su puesta en marcha[67]. Debe actuarse en el terreno de la organización[68] del trabajo, adaptando las actuaciones a la singularidad de la disrupción tecnológica, con la indispensable intervención de los servicios de prevención y la participación de los delegados de prevención[69], poniendo el foco de atención en la evaluación-planificación e información-formación, todas ellas con perspectiva de género.

4.2. EVALUACIÓN DEL RIESGO DE CIBERACOSO Y PLANIFICACIÓN DE MEDIDAS PREVENTIVAS

El primer paso lógicamente será el de identificar y evaluar el riesgo de ciberacoso, cobrando especial trascendencia tanto los concretos factores a valorar como la participación de los representantes de los trabajadores

67. Aspectos también resaltados en la Resolución del Parlamento Europeo, de 5 de julio de 2022, sobre la salud mental en el mundo laboral digital ya citada.
68. Sobre la importancia de actuar en el plano de la organización, entre otros, RODRÍGUEZ ESCANCIANO, SUSANA, *La salud mental…, op. cit.*, p 176.
69. También insta a la participación de los representantes especializados en materia de seguridad y salud para abordar el acoso en el trabajo, incluidos el acoso sexual y la ciber violencia en el trabajo la Resolución del Parlamento Europeo, de 1 de junio de 2023, sobre el acoso sexual en la Unión y el análisis del movimiento #MeToo citada.

(delegados de prevención), en todas las actividades y empresas, dada la omnipresencia de las TIC en el mundo actual y su fácil acceso, con notable crecimiento de estos comportamientos, por tanto, con un claro incremento del riesgo que se acompaña de una relevante potencialidad del daño[70], empleando procedimientos y técnicas específicas adecuados para medir los riesgos psicosociales. Deber que en la práctica se viene extrayendo de los amplios términos de la LPRL, sin ser óbice para ello la imprevisibilidad de las conductas, en especial la violencia, dependiente de quien la perpetra, pues prima la necesidad de prevenir y controlar el ciberacoso que, aun cuando de difícil control, conecta con desajustes organizativos y con otros factores que deben analizarse y propiciar medidas preventivas.

Puede servir de orientación el art. 8 de la Recomendación 206 OIT, si bien no referido exclusivamente al ciberacoso, con su elenco de factores que aumentan las probabilidades de que se den las conductas «inaceptables». En concreto, los derivados de las condiciones y modalidades de trabajo, la organización del trabajo y la gestión de los recursos humanos, según proceda; la implicación de terceros como clientes, proveedores de servicios, usuarios, pacientes y el público, así como los derivados de la discriminación, el abuso de las relaciones de poder y las normas de género, culturales y sociales que fomentan la violencia y el acoso, encuadrando el problema en la gestión preventiva, superando en parte el excesivo tufo subjetivo, de conflicto interpersonal, imperante hasta ahora. Ello no descarta evaluar estos últimos, pues aunque no todo conflicto laboral constituye acoso, una situación de este tipo mal resuelta o enconada puede estar en el origen del acoso[71]. Se echan en falta otros factores específicos prevalentes en el ciberacoso como el nivel de digitalización de la empresa y su personal, la proporción de hombres y mujeres, la «normalización» de este tipo de conductas o el nivel de concienciación y otras análogas, que han de ser valorados por los especialistas en psicosociología aplicada.

A ello se añade la posibilidad de adoptar medidas para **sectores u ocupaciones** y modalidades de trabajo más expuestos a la violencia y el acoso, entre otros, el trabajo nocturno, el trabajo que se realiza de forma aislada, el trabajo en el sector de la salud, la hostelería, los servicios sociales, los servicios de emergencia, el trabajo doméstico, el transporte, la educación y el ocio y los trabajadores migrantes. Para el ciberacoso, habría que añadir a

70. A modo de ejemplo, en la norma ISO50003 el riesgo psicosocial viene referido a «la combinación de la probabilidad de que ocurra una exposición a peligros relacionados con el trabajo y la severidad de la lesión y deterioro de la salud que pueden generar estos peligros».

71. Un intento de delimitación entre acoso y violencia y conflicto en SERRANO ARGÜELLO, NOEMÍ, «La Prevención de Riesgos...», *op. cit.*, pp. 208 ss.

las personas teletrabajadoras[72] o en plataformas y otras más vulnerables que, junto a las mujeres, podrían ser las temporales y con relaciones laborales atípicas, incluidos los TRADE, las personas con discapacidad, menores de edad o LGTBI. No hubiera estado de más incluir alguna mención al riesgo de ciberacoso o violencias digitales y a sectores mayormente afectados como periodistas, profesores, políticos, activistas de derechos humanos o en favor de las mujeres, sobre lo que existe alto grado de consenso[73].

Pese a las dificultades de evaluar los riesgos psicosociales y la propia complejidad intrínseca a los de violencia y acoso, la norma es taxativa, algo que aconsejaría reformular y concretar la obligación legal, cubriendo lagunas y carencias, inclusive acotando el amplísimo margen de libertad empresarial en la elección de las metodologías. En la práctica algunos métodos son de dudosa «confianza» sobre su resultado, ventilándose la participación en trámites formales, haciendo un flaco favor al papel de la evaluación como paso previo indispensable para la adopción de las concretas y adecuadas medidas preventivas frente al ciberacoso. Aspecto esencial, que debe abordarse a nivel interno, es el de los terceros, como afrontara en su momento el TS respecto al «atraco».

La Estrategia Española de SST[74] indica que se analizará en la CNSS el establecimiento de indicadores psicosociales que permitan, por un lado, conocer mejor qué actividades y sectores son los más afectados por estos factores de riesgo psicosocial y, por otro, que faciliten anticipar intervenciones preventivas en caso de situaciones de desvío respecto a los estándares de seguridad y salud en el trabajo, con especial atención a los relacionados con el estrés laboral y específicos en relación con la prevención del acoso por razón de sexo y de igualdad e inclusión social.

Las medidas preventivas, que han de ser planificadas, vendrán centradas en las conductas más frecuentes y extendidas ya aludidas con claras advertencias de tolerancia cero, procesos de sensibilización y formación y

72. Como resalta la Resolución del Parlamento Europeo de 5 de julio de 2022, sobre Salud mental en el mundo laboral digital ya citada o la EM de la Ley 10/2021, de 9 de julio, de trabajo a distancia, aunque a la hora de la verdad no plantea medidas preventivas concretas, más allá de tener en cuenta las particularidades de esta forma de trabajo en la configuración y aplicación de las medidas frente al acoso (art. 4). Por todos, MARTÍN HERNÁNDEZ, MARÍA LUISA, «El derecho a la seguridad y salud laboral en el trabajo», *Trabajo y Derecho* n.º 12, 2020 (versión consultada en laleydigital.com).

73. Resolución del Parlamento Europeo, de 1 de junio de 2023, sobre el acoso sexual en la Unión y el análisis del movimiento #MeToo (2022/2138 (INI)), DO C 21.12.2023 (Considerando F); DE VICENTE PACHÉS, FERNANDO, «El convenio 190 OIT…», *op. cit.*, p. 74; MORENO MÁRQUEZ, ANA, «El convenio 190 de la OIT…», *op. cit.*, p. 105.

74. BOE 28 abril 2023.

fuertes medidas disciplinarias, en tanto que la extensión desmedida de las conductas «inaceptables» suele ir de la mano de una previa banalización y normalización de determinados comportamientos. Para los canales internos de la empresa cabría utilizar filtros o programas impeditivos de la difusión de contenidos, algo poco factible en los dispositivos particulares, con independencia del momento de uso. Asimismo, no cabe descartar realizar controles aleatorios de los sistemas de comunicación corporativos, aunque es más frecuente que el acoso se produzca «fuera» de la empresa, con dispositivos propios, al alcance de cualquier persona y habitualmente en horas de no trabajo, de difícil filtrado. Otros mecanismos como «rastreos» o «registros» de los equipos, con las debidas garantías legales y constitucionales, despliegan poca eficacia preventiva, siendo su uso más propio de la investigación de lo sucedido, ante conductas ya manifestadas. De este modo, hay que reivindicar la formación y sensibilización para evitar las conductas. Las peculiaridades del ciberacoso hacen inadecuadas otras medidas de actuación, en casos de detección temprana, como el cambio de puesto, con demasiada frecuencia de la víctima en lugar del acosador, el traslado o la suspensión del contrato.

4.3. INFORMACIÓN, FORMACIÓN Y SENSIBILIZACIÓN

Dada la dificultad de adoptar otro tipo de medidas, debe prestarse especial atención a los deberes dimanantes de los arts. 18 y 19 LPRL. En primer lugar, la información a los trabajadores y sus representantes de los riesgos existentes y de las medidas a adoptar, insistiendo en la política de tolerancia cero, ejemplificación de conductas constitutivas de ciberacoso[75] y, por tanto, prohibidas, con sus efectos nocivos, advertencia del empleo de medidas disciplinarias contra los autores o partícipes en los comportamientos, fórmulas de prevención, protección y reacción y los procedimientos de actuación y las garantías existentes en la propia empresa. Más allá de la información, son indispensables procesos formativos serios acerca del uso razonable de las nuevas tecnologías[76], dada la facilidad de comisión de comportamientos de abuso y violencia, insistiendo en la relevancia de los derechos fundamentales en liza (dignidad, intimidad, honor e integridad)

75. Como recomienda también el documento de la AEPD «La protección de datos como garantía...», p. 7.

76. Sobre la necesidad de formar a los trabajadores en competencias técnicas digitales indispensables para protegerse de los riesgos existentes en el mundo virtual, también DI CARLUCCIO, CARMELA, «Quando a stressarsi è l'avatar. Tecnologie immersive e nuove sfide per la tutela della salute e della sicurezza sul lavoro», *Rivista Giuridica AmbienteDiritto.it* n. 1/2024, pp. 12 y 19, sobre el uso correcto de las herramientas tecnológicas e inmersivas.

y la gravedad de conductas hasta cierto punto normalizadas como la difusión de material «sensible» a través de los dispositivos digitales.

Nuestra LPRL debería aclarar algunos aspectos oscuros del Convenio. Por ejemplo, no queda demasiado clara la referencia a las personas «concernidas». Además, respecto a las mismas se indica que el deber de informar y capacitar será «según proceda», no siendo descabellado pensar que a estas habría solamente que informarlas, reservando la formación para las personas trabajadoras. No obstante, perviven problemas con relación a los TRADE, el personal en formación o que desarrolla trabajos voluntarios, cuya protección parece demandar los pertinentes ajustes legales. Debería, además, concretarse el alcance de la formación, reforzando su efectividad, entrando en aspectos clave como sus contenidos, duración y modalidades (presencial u *on line*), con ciertos mínimos, dados los pobres resultados de la negociación colectiva en este terreno. Las personas trabajadoras deberían recibir formación sobre los peligros y riesgos de (ciber) acoso identificados y acerca de las medidas de prevención y protección correspondientes, inclusive sobre los derechos y responsabilidades de los trabajadores y otros sujetos en relación con la aplicación de la política. La única característica que impone el Convenio a esta formación es que sea «accesible» que equivaldría a nuestro «suficiente y adecuada». No estaría de más tampoco, como ya ocurre en ordenamientos de nuestro entorno, colmar la laguna existente respecto a la obligación empresarial de seguir una formación específica en materia preventiva, esencial teniendo en cuenta su posición de garante[77].

Como se sabe, estas obligaciones formativas también dimanan de las previsiones contenidas en el art. 88 LOPD, que interpretado de forma extensiva, dada su referencia al uso razonable y adecuado de los dispositivos digitales, apunta a un contenido que va más allá de la desconexión digital. Tímidamente se va reflejando en algunos CC, a veces con una concepción amplia de los usos razonables; así en el sector de la banca[78] se alude a la «educación digital» y a los protocolos de regulación de usos autorizados, donde encaja el veto a comportamientos prohibidos de violencia y acoso cibernéticos. El CC de la Sociedad Mixta del Agua de Jaén[79] se refiere genéricamente al fomento del uso razonable e impulso de una cultura adecuada sobre la utilización de las nuevas tecnologías en el ámbito laboral.

Asimismo, la LO 10/2022 prevé que «las empresas promoverán la sensibilización y ofrecerán formación para la protección integral contra las vio-

77. ALESSI, CRISTINA, «La formazione in materia di sicurezza dopo il d.l. 21 ottobre 2021, n. 146», *Diritto della Sicurezza Sul Lavoro* n.º 2, 2022, p. 64.
78. BOE 30 marzo 2021.
79. BOP 18 enero 2021.

lencias sexuales a todo el personal a su servicio» (art. 12.2. 3.º), debiendo entenderse incluidas también las cometidas por medios telemáticos. De nuevo la actuación del legislador resulta parcial y podría implicar una carga desproporcionada a empresas pequeñas, que conduzca a un cumplimiento meramente formal y poco eficaz, alentado por determinadas entidades formativas. El alcance de la obligación, en todo caso, dependerá de los resultados de la evaluación de riesgos.

Asimismo, confusa cuanto menos resulta la referencia en el Convenio a los derechos y responsabilidades de los trabajadores y otras personas concernidas con la aplicación de la política, pues no se dibuja con claridad una obligación de designar personas responsables ni una implicación especial de los trabajadores, siendo frecuente en los protocolos el deber de nombrar un instructor para los procedimientos de denuncias y otras figuras análogas, pero no con funciones estrictamente preventivas. Además, en su planteamiento expansivo, extiende la formación a otros niveles, así a los inspectores de trabajo y otros agentes (art. 20) sobre cuestiones de género para poder detectar y tratar la violencia y el acoso en el mundo del trabajo, incluidos los peligros y riesgos psicosociales, la violencia y el acoso por razón de género y la discriminación ejercida contra determinados grupos de trabajadores, con los pertinentes deberes de financiación, elaboración y difusión de tales directrices y programas de formación (art. 23 b) Convenio 190 OIT).

Un aspecto primordial sería apuntalar el deber de colaboración con la empresa y de denunciar los comportamientos abusivos detectados en cumplimiento del propio art. 29 LPRL. Más espinoso es el tema de la extensión subjetiva y la atención a terceros, bastante descuidada a nivel interno. Podría mirarse al insuficiente art. 24 LPRL que al menos impone ciertos deberes de coordinación, información e instrucciones, pero con distinto grado de cobertura según si se trata de trabajadores de empresas contratistas, colaboradores permanentes, suministradores, usuarios o clientes, proveedores puntuales, que requeriría ciertas revisiones legales.

4.4. LA VIGILANCIA DE LA SALUD COMO ESTRATEGIA PREVENTIVA

Pese al mutismo del Convenio 190, es conveniente una mínima referencia a la vigilancia de la salud como medida preventiva frente al acoso pues aunque no sirve para evitar el riesgo sí es útil en la detección temprana de patologías, algo trascendente al abordar posibles trastornos conectados al acoso (víctimas y/o acosadores). Es cierto que se tratará de situaciones ya comenzadas o, inclusive, consumadas, pero cabe apreciar cierto despliegue preventivo. Ahora bien las dudas suscitadas por la regulación legal (art. 22 LPLR) se acentúan aquí, dadas las dificultades para fijar el carácter «indispensable» de la vigilancia o las pruebas a realizar, los médicos y personal sanitario encargados de su realización, unidos a la especial sensibilidad de la información resultante que exigen mayores niveles de seguridad jurídica. En la práctica preventiva no está aún generalizada ni la vigilancia ni la ayuda psicológica (voluntaria) en trabajos caracterizados por una alta incidencia de los riesgos psicosociales, pese a la posible gravedad de sus efectos.

A modo de ejemplo, el RSP considera necesaria la realización de una evaluación de la salud de los trabajadores que reanuden el trabajo tras una ausencia prolongada por motivos de salud, con la finalidad de descubrir sus eventuales orígenes profesionales y recomendar una acción apropiada para proteger a los trabajadores [art. 37.3 b) 2.º RSP]. En este caso, la correcta evaluación de los factores de riesgo psicosocial asociados al acoso permitiría delimitar los supuestos en los que la vigilancia de la salud deviene «imprescindible» para evaluar los efectos de las condiciones de trabajo sobre la salud o si el estado de salud constituye un peligro propio o para terceros y, por ende, podría exigirse a la persona trabajadora tras su reincorporación, con independencia del motivo de la baja, que en principio la empresa no tiene por qué conocer.

5. PARTICIPACIÓN Y NEGOCIACIÓN COLECTIVA

5.1. IMPULSO A LA PARTICIPACIÓN

Resulta indispensable la modernización del marco normativo de referencia, como anuncia la Estrategia española 2023-2027, reforzada con un mayor papel para los trabajadores en las políticas preventivas. Debe ponerse el acento en una participación más activa y en la posibilidad de consultas vinculantes en determinadas cuestiones, más allá de los trámites meramente formales de informe, que los expulsan de la toma de decisiones. Intervención que es valorada positivamente para la mejor aceptación de las medidas impuestas por la empresa. Además, sería conveniente el impulso del papel del Comité de Seguridad y Salud como órgano de debate y consulta permanente en la materia, para actuar con contundencia sobre los riesgos psicosociales, la violencia y el acoso.

No faltan las alusiones en el Convenio 190 OIT que insta a la consulta con los trabajadores y los representantes en relación con la política del lugar de trabajo o a su participación para identificar los peligros y evaluar los riesgos (art. 9 a) y b). Para la doctrina es más garantista la norma interna (art. 48 LOI) al fijar un deber de negociar colectivamente (para determinados tipos de acoso), frente a la mera consulta del Convenio[80]. Pese a todo un buen número de protocolos no se ocupan del ciberacoso y otros, incluso procedentes de la negociación colectiva, están desenfocados por no contemplar medidas preventivas de primer orden y centrarse en los procedimientos de actuación ante situaciones ya manifestadas. En buena lógica, poco más podía avanzar la norma internacional en este terreno pues es competencia de los ordenamientos nacionales definir el papel a desplegar por los representantes, parcela donde nuestra legislación preventiva muestra algunas carencias. En relación con la participación en la evaluación de riesgos la norma interna se ajusta al Convenio, aunque se echa en falta un mayor peso específico de su actuación y su capacidad de influir en las decisiones, que siguen siendo propias y exclusivas del empresario.

Junto a la participación, el art. 10 g) Convenio OIT recoge un derecho de actuación directa para toda persona trabajadora, que podrá interrumpir su actividad en caso de riesgo grave e inminente. Sin tratarse de una novedad, pues dicha facultad deriva del art. 21.2 LPRL, dada la «natural» e «implícita» inclusión de los riesgos psicosociales en el ámbito de la norma, probablemente tiene un valor de primer orden si se conecta con el reconocimiento del carácter de derecho fundamental al que ostenta toda persona «a un mundo del trabajo libre de violencia y acoso» (art. 4), valor ahora también asignado al propio derecho a la seguridad y salud en el trabajo[81]. Merece una valoración positiva el otorgar el plus de tutela a un posible alejamiento del lugar de trabajo, ejerciendo su derecho fundamental. No obstante, como señalamos anteriormente, esta separación, teniendo en cuenta que el acoso se produce en un «entorno virtual» en sentido amplio, pierde en gran medida su eficacia práctica.

5.2. PAPEL DE LA NEGOCIACIÓN COLECTIVA

Faltan también impulsos a la negociación colectiva, aunque el AENC promueve un renovado protagonismo para afrontar los cambiantes desafíos preventivos, dada su facilidad de ajuste a las nuevas necesidades, en especial derivadas de la innovación tecnológica —actos de violencia y acoso con uso de las TIC—, también aludido en el art. 12 del Convenio 190. Resulta

80. MOLINA NAVARRETE, CRISTÓBAL, «Nuevo marco normativo de la OIT…», *op. cit.*, p. 18.

81. Así adoptado por la Conferencia de la OIT en su 110.º reunión celebrada el 10 de junio de 2022 por la que se incluyen las condiciones de trabajo seguras y saludables en la Declaración de la OIT de los principios y derechos fundamentales en el trabajo de 1998.

crucial su actuación en el terreno de la sensibilización y toma de conciencia de la gravedad del problema, así como para clarificar la forma de afrontarlo.

Sintéticamente, de la práctica negocial reciente cabría extraer unas breves conclusiones:

1.– Crece el número de Convenios[82] que se refieren a formas de ciberacoso o de acoso *on line*, haciéndose en algún caso eco del art. 12 LO 10/2022[83], aunque todavía no hay avances significativos en el plano estrictamente preventivo.

2.– En algunos casos se apuesta por una delimitación conceptual y la inclusión de listados ejemplificativos de conductas «inaceptables». A título ejemplificativo, junto al citado en el lugar correspondiente, el CC de acción e intervención social (2022-2024)[84] dedica en su protocolo un apartado al ciberacoso en sus diferentes manifestaciones. Recalca la necesidad de tener en cuenta las particularidades del trabajo a distancia, especialmente del teletrabajo, y del uso masivo de las tecnologías de la información y comunicación, para la configuración y aplicación de medidas contra el acoso, aportando una definición en los términos vistos y una delimitación de posibles conductas constitutivas de ciberacoso laboral, con un catálogo inventario o abierto de las prácticas más frecuentes y comunes.

3.– Tímidamente se va reflejando la fuerza con que irrumpen las tecnologías en la tipología del acoso sexual, haciendo mención al uso de medios de comunicación digitales, especialmente las redes sociales[85]. Así el CC estatal de tejas, ladrillos y piezas especiales de arcilla cocida[86] dentro de las conductas no verbales de acoso sexual, refleja los mensajes de correo elec-

82. A modo de ejemplo, CC para las empresas del sector de harinas panificables y sémolas (BOE 3 mayo 2024) (protocolo incluido en el anexo V). Referencia al compromiso de la empresa por mantener actualizados los protocolos de acoso y cibercacoso moral y de acoso sexual o por razón de sexo, y a su difusión (art. 10), CC del Grupo Asegurador Reale (BOE 30 octubre 2023). También en el Protocolo frente al acoso sexual y por razón de sexo en el ámbito de la Administración General del Estado y sus organismos públicos (BOE 28 marzo 2024) que comprende en su ámbito de aplicación «el realizado por medios tecnológicos, informáticos o ciberacoso…» (punto 2.2.2). O en el protocolo de la Universidad Jaume I de Castellón (art. 5) (aprobado en la sesión del Consejo de Gobierno de 28 de febrero de 2023).
83. CC del sector de marcas de restauración moderna (BOE 8 diciembre 2022).
84. CC de acción e intervención social 2022-2024 (BOE 28 octubre 2022). Puede verse también CC del sector de óptica al detalle y talleres anejos de la Comunidad de Madrid (BOCM 22 julio 2023).
85. CC del Ayuntamiento de Navalmoral de la Mata (DOE 13 febrero 2023).
86. CC estatal de tejas, ladrillos y piezas especiales de arcilla cocida (BOE 7 diciembre 2023).

trónico de carácter ofensivo y de contenido sexual[87], remitiendo expresamente al art. 12 LO 10/2022. Además contempla la formación e información sobre los principios y valores que deben respetarse en la empresa y sobre las conductas que no se admiten, abarcando lógicamente a las cometidas en el ámbito digital, aun cuando no estaría de más una referencia explícita.

4.– El balance es, sin embargo, bastante pobre si se sopesan las medidas preventivas específicas diversificadas para estas formas digitales de acoso, remitiéndose normalmente a las herramientas e instrumentos previstos para cualquier forma de acoso; así en el CC de acción e intervención social recientemente mencionado[88]. Sin cuestionar la adecuación de un procedimiento de «reacción» conjunto ante situaciones manifestadas, falta atención a la faceta estrictamente preventiva y medidas concretas en el terreno de la organización del trabajo, la sensibilización y formación y el posible control del uso de las TIC, aun con todas sus dificultades y limitaciones.

5.– Es significativo el número de Convenios que se refiere a esta cuestión, incluyendo expresamente el ciberacoso en el terreno de la potestad disciplinaria, tipificándolo como infracción[89]. En algunos casos las conductas son más genéricas en relación con el uso no autorizado de herramientas o equipos, incluyendo el material pornográfico, abuso de menores... chats no relacionados con la actividad de la empresa y cualquier actividad de carácter no lucrativo. Así como el uso de claves ajenas para acceder a los equipos informáticos, red, fichero, archivo y documentación, incluida cualquier tipo de visita a internet o uso indebido de correo electrónico[90]. En esta línea también algunos CC regulan el uso o el «abuso» de dispositivos tecnológi-

87. También el CC de Ilunion outsourcing, incluye en el acoso sexual o por razón de sexo las llamadas telefónicas, cartas o mensajes de correo electrónico de contenido sexual ofensivo (BOE 15 octubre 2021). Bastante ilustrativa la Circular n.º 8/2023, de 13 de marzos de la ONCE que desarrolla el compromiso adoptado en la negociación del CC, ejemplificando algunas conductas de acoso sexual tales como las llamadas telefónicas o contactos por redes sociales indeseados, bromas o comentarios sobre la apariencia sexual o cartas o mensajes enviados por correo electrónico u otros medios de mensajería o reflejo en redes sociales, de carácter ofensivo y con claro contenido sexual.

88. El CC para el sector del comercio de mayoristas de frutas, hortalizas y productos agroalimentarios de Cantabria (2021-2023) (BOC 28 noviembre 2022) extiende la aplicación del protocolo (anexo III) al acoso virtual o ciberacoso. En los mismos términos el CC para el sector del embotellado y comercio de vinos, licores, cervezas y bebidas de todo tipo de Cantabria (BOC 5 octubre 2022); también CC de conservas, semiconservas y salazones de pescado (BOE 11 agosto 2022).

89. A modo de ejemplo, art. 74 Convenio colectivo de la Organización nacional de ciegos y su personal (BOE 8 diciembre); art. 31 k) CC de la empresa Krosaki AMR Refractarios (BO Guipuzkoa 18 septiembre 2023).

90. CC de la empresa Dormadiseño, SL (BOPJ 4 enero 2021). También CC Renault retail group Madrid (BOCM 21 diciembre 2019) o CC de la empresa Setallantis España, SL,

cos, aunque sin que sean frecuentes las referencias concretas al acoso[91]. En algún caso se prohíbe el envío de imágenes o mensajes en general de materia ofensivo o discriminatorio o que promuevan el acoso sexual, moral o laboral[92]. Más en general cabe encontrar normas de uso de las redes sociales: legalidad, autenticidad, responsabilidad, transparencia, pertinencia, respeto, confidencialidad, control y supervisión[93].

6.– La formación es tratada de forma muy general, con alguna referencia a la educación digital, pero pocas disposiciones concretas para instruir acerca del uso adecuado de las redes y dispositivos tecnológicos, con respeto de la intimidad y dignidad del resto de las personas trabajadoras.

6. BIBLIOGRAFÍA

Agencia Europea para la Seguridad y Salud en el Trabajo, *New risks and trends in the safety and health of women at work*, 2014.

AGRA VIFORCOS, BEATRIZ, «Riesgos laborales en una ocupación altamente feminizada: atención sanitaria y socio asistencial en residencias de la tercera edad», *Lex Social*, vol. 2, núm. 2 (2021).

AL DOGHAN, MOHAMMED A. y ARSHAD, SAMAN, «Cyberbullying and Psycological Stress among Female Employees», *International Journal of Cyber Criminology* Vol 17, Issue 1, 2023.

ALESSI, CRISTINA, «La formazione in materia di sicurezza dopo il d.l. 21 ottobre 2021, n. 146», *Diritto della Sicurezza Sul Lavoro* n.º 2, 2022.

ÁLVAREZ DEL CUVILLO, ANTONIO, «El ciberacoso en el trabajo como categoría jurídica», *Temas Laborales* n.º 157, 2021.

Centro de Madrid antes Peugeot Citroën Automóviles España (BOCM 3 febrero 2024), aunque sin referencias específicas al ciberacoso (Anexo faltas y sanciones). Puede verse también CC de la empresa Servicios, Infraestructuras y Mantenimiento en el Deporte, SLU (BOCM 23 noviembre 2019), para usos particulares, infracción abusiva muy grave en CC Dia y Dia Retail (BOE 31 marzo 2023); CC de la empresa CTC Externalización, SLU (BOE 18 marzo 2020); CC Philips Ibérica, SAU (19 agosto 2021).

91. El CC de la Fundación Santa Bárbara (BOPL 28 diciembre 2020) incluye controles de webs visitadas, conexiones externas, direcciones de correos en determinados supuestos entre los que figura «...cuando pueda presumirse la existencia de acoso y otro tipo de perjuicios causados mediante el uso de correo electrónico a compañeros, subordinados, usuarios, proveedores, asesores o personas estrechamente vinculadas a la empresa (art. 27)».
92. CC de reforma juvenil y protección de menores (CCIB 21 julio 2022). Muy detallado respecto a los usos prohibidos, incluyendo los que promuevan acoso sexual o moral el CC del Ayuntamiento de Manilva (BOPM 3 noviembre 2020).
93. CC plastiverd pet reciclado (BOPB 19 noviembre 2019).

BERNAL SANTAMARÍA, FRANCISCA, «Violencia de género en el ámbito laboral: los prototipos de acoso sexual y acoso sexista en el trabajo», *Revista General de Derecho del Trabajo y de la Seguridad Social* n.º 57, 2020,.

BOGONI, MILENA, «El ciberacoso laboral en la negociación colectiva: un nuevo enfoque para la elaboración de un marco de tutela efectivo», *Revista de Derecho Social* n.º 97, 2022.

CARRILLO LÓPEZ, AURELIA, «Acoso por razón de género», en SÁNCHEZ TRIGUEROS, C., *Un decenio de jurisprudencia laboral sobre la Ley de Igualdad entre mujeres y hombres*, BOE, Madrid, 2018.

CASTRO TRANCÓN, NEREIDA, «Intervención normativa ante los riesgos psicosociales laborales con perspectiva de género», *Lan Harremanak*, 44, 2020.

CORREA CARRASCO, MANUEL, «Los riesgos psicosociales en el trabajo doméstico y de cuidados», *Lex Social* vol. 1, núm. 1 (2021).

DE STEFANO, VALERIO, DURRI, ILDA, STYLOGIANNIS, CHARALAMPOS y WOUTERS, MATHIAS, *Actualización de las necesidades del sistema: Mejora de la protección frente al ciberacoso y a la violencia y el acoso en el mundo del trabajo posibilitado por las TIC*, OIT, 2020.

DE VICENTE PACHÉS, FERNANDO, «El ciberacoso: un fenómeno de violencia emergente en el ámbito de las relaciones de trabajo», *Revista de Información Laboral* n.º 2/2017.

DE VICENTE PACHÉS, FERNANDO, *Ciberacoso en el trabajo*, Atelier, Barcelona, 2018.

DE VICENTE PACHÉS, FERNANDO, «El convenio 190 OIT y su trascendencia en la gestión preventiva de la violencia digital y ciberacoso en el trabajo», *Revista de Trabajo y Seguridad Social. CEF*, 448, julio, 2020.

DI CARLUCCIO, CARMELA, «Quando a stressarsi è l'avatar. Tecnologie immersive e nuove sfide per la tutela della salute e della sicurezza sul lavoro», *Rivista Giuridica AmbienteDiritto.it* n. 1/2024.

ESPEJO MEGÍAS, PATRICIA, «La tutela laboral del derecho a la libertad sexual: ¿una protección integral?», *Revista de Trabajo y Seguridad Social. CEF*. 472, 2023.

FABREGAT MONFORT, GEMA, «El acoso laboral desde la perspectiva de la prevención de riesgos laborales», *Lan Harremanak*/23, 2010-II.

GARCÍA JIMÉNEZ, MANUEL, «Violencia externa en el lugar de trabajo: marco conceptual y caracterización jurídica», *Revista Internacional y Comparada de Relaciones Laborales y Derecho del Empleo* vol. 7, n. 2, 2019.

GARCÍA SALAS, ANA ISABEL, «La adaptación de los deberes de prevención de riesgos laborales a los riesgos derivados de la incorporación de nuevas tecnologías en la empresa», *Trabajo y Derecho* n.º 108, 2023.

GRAU PINEDA, CARMEN, «El acoso moral en el trabajo como riesgo profesional de nueva generación: el empresario como principal deudor de seguridad», *Actualidad Laboral* n.º 4, 2007-I.

HERRAIZ MARTÍN, MARÍA DEL SOL, «Riesgos emergentes derivados del trabajo digital y a distancia: su impacto en la mujer trabajadora», *Trabajo y Derecho* n.º 106, 2023.

IGARTUA MIRÓ, MARÍA TERESA, «Síndrome de burnout de moderador de contenidos en línea como accidente de trabajo», *Revista de Trabajo y Seguridad Social. CEF*, 480, 2024.

LÓPEZ AHUMADA, JOSÉ EDUARDO, «Implicaciones laborales del acoso sexual difundido en redes sociales: privacidad, posibles responsabilidades de las empresas a propósito del caso IVECO», *La Ley Privacidad* n.º 2, Sección El foro de la privacidad, 2019.

LOUSADA AROCHENA, JOSÉ FERNANDO, «El convenio 190 de la Organización Internacional del Trabajo sobre la violencia y el acoso en el trabajo», *Revista de Derecho Social* n.º 88, 2020.

MARTÍN HERNÁNDEZ, MARÍA LUISA, «El derecho a la seguridad y salud laboral en el trabajo», *Trabajo y Derecho* n.º 12, 2020.

MARTÍNEZ YÁÑEZ, NORA MARÍA, «Algunas consideraciones sobre igualdad por razón de género en el marco de la seguridad y salud en el trabajo», *Lan Harremanak*/25 (2012).

MIÑARRO YANINI, MARGARITA, «La incidencia de las tecnologías de la información y de la comunicación en la seguridad y salud en el trabajo. Protección de datos y prevención de riesgos. Violencia tecnológica en el trabajo. Medios de prevención», *Documentación Laboral* n.º 119, 2020.

MOLINA NAVARRETE, CRISTÓBAL, «Redes sociales digitales y gestión de riesgos profesionales: prevenir el ciberacoso sexual en el trabajo, entre la obligación y el desafío», Diario La Ley n.º 9452, Sección Dossier, 2019.

MOLINA NAVARRETE, CRISTÓBAL, «Nuevo marco normativo de la OIT sobre acoso y violencia en el trabajo a través de las NTIC: impacto en el derecho español», *El ciberacoso en el trabajo,* La Ley, Madrid, 2019 (versión digital consultada en laleydigital.es).

MOLINA NAVARRETE, CRISTÓBAL, «Del acoso moral (mobbing) al ciberacoso en el trabajo (network mobbing): viejas y nuevas formas de violencia laboral como riesgo psicosocial en la doctrina judicial», *Revista de Trabajo y Seguridad Social. CEF.* N.º 437-438, 2019.

MOLINA NAVARRETE, CRISTÓBAL (Coord.), *Políticas y prácticas de gestión de los riesgos psicosociales laborales, en especial con perspectiva de género,* IAPRL, Sevilla, 2022.

MOLINA NAVARRETE, CRISTÓBAL, «El (ciber) acoso en el empleo público: balance y perspectivas a la luz de la entrada en vigor del Convenio 190 OIT», en DURÁN LÓPEZ, FEDERICO y SÁEZ LARA, CARMEN, *Derechos laborales individuales y colectivos en el empleo público. Libro en homenaje a Pedro Gómez Caballero,* CARL, Sevilla, 2023.

MONEREO PÉREZ, JOSÉ LUIS, RODRÍGUEZ ESCANCIANO, SUSANA Y RODRÍGUEZ INIESTA, GUILLERMO, «Observaciones sobre el sistema normativo de tutela de los riesgos psicosociales en clave de género: por un enfoque transversal e integrador», *Revista Crítica de Relaciones de Trabajo.* Laborum n.º 10, 2024,

MORENO MÁRQUEZ, ANA, «El convenio 190 de la OIT sobre violencia y acoso en el trabajo y sus implicaciones en el ordenamiento laboral español», *Temas Laborales* n.º 166/2023.

MORENO SOLANA, AMANDA., «Salud laboral y mujer trabajadora: cuestiones más recientes», *Revista Internacional y Comparada de Relaciones Laborales y Derecho del Empleo,* Vol. 6, n.º 4, 2018.

MORENO SOLANA, AMANDA, «El impacto de la normativa internacional y europea en la regulación actual y futura del acoso, en especial, el ciberacoso o acoso digital», en MERCADER UGUINA, JESÚS RAFAEL y DE LA PUEBLA PINLLA, ANA, *Cambio tecnológico y transformación de las fuentes laborales. Ley y convenio colectivo ante la disrupción digital,* Tirant lo Blanch, Valencia, 2023.

OLARTE ENCABO, SOFÍA, «Trabajo, salud mental y suicidio: criterios técnicos para su consideración laboral», *Revista Internacional y Comparada de Relaciones Laborales y Derecho del Empleo,* Vol. 11, n.º 3, 2023.

PONS CARMENA, MARÍA, «Aproximación a los nuevos conceptos sobre violencia y acoso en el trabajo a partir de la aprobación del Convenio 190 OIT», *Labos*, Vol. 1, n.º 2, 2020.

RAMÓN FERNÁNDEZ, FRANCISCA., «La violencia digital y su regulación en la Ley Orgánica 8/2021, de 4 de junio, de protección integral a la infancia y la adolescencia», en *Retos de la justicia civil indisponible: infancia, adolescencia y vulnerabilidad*, BIB 2022, 1818.

RÍOS VELADA, ALFONSO, «La aplicación del punto de vista de género para la defensa de la salud laboral de las mujeres trabajadoras», *Lan Harremanak* 50, 2023.

RODRÍGUEZ ESCANCIANO, SUSANA, *La salud mental de las personas trabajadoras: tratamiento jurídico preventivo en un contexto productivo postpandemia*, Tirant lo Blanch, Valencia, 2022.

RODRÍGUEZ INIESTA, GUILLERMO, «Acoso sexual», en SÁNCHEZ TRIGUEROS, C., *Un decenio de jurisprudencia laboral sobre la Ley de Igualdad entre mujeres y hombres*, BOE, Madrid, 2018.

SÁEZ LARA, CARMEN, «Violencia sexual, mujer y trabajo», *Revista Galega de Dereito Social* n.º 16, 2022.

SERRANO ARGÜELLO, NOEMÍ, «La adhesión de España al convenio de la OIT núm. 190, sobre la eliminación de la violencia y el acoso en el mundo del trabajo», en FERNÁNDEZ COLLADOS (Dir.), *La Prevención de Riesgos Laborales a propósito de la Estrategia de Seguridad y Salud*, Aranzadi, Navarra, 2023.

SUÁREZ GONZÁLEZ, FERNANDO, «El Convenio 190 de la OIT y su repercusión en el ordenamiento español», *Revista del Ministerio de Trabajo y Economía Social* n.º 147, 2020.

VALLEJO DA COSTA, RUTH, «El acoso sexual y el acoso por razón de sexo: riesgos de especial incidencia en la mujer trabajadora», *Relaciones Laborales* n.º 5, 2007.

VELÁZQUEZ FERNÁNDEZ, MANUEL PEDRO, «El convenio 190 de la OIT sobre violencia y acoso en el trabajo: principales novedades y expectativas», *Revista de Trabajo y Seguridad Social. CEF*, 437-438, 2019.

Capítulo 12

Prevención, detección e intervención en violencia doméstica (extralaboral) en los lugares de trabajo

RUTH VALLEJO DA COSTA
TU (jubilada), Universidad de Zaragoza, ORCID 0000-0002-0139-8255

SUMARIO: 1. INTRODUCCIÓN: DESDE LA IGUALDAD A LA SEGURIDAD Y SALUD EN EL TRABAJO. 2. EN TORNO AL CONCEPTO DE VIOLENCIA CONTRA LAS MUJERES Y VIOLENCIA DOMÉSTICA: CUESTIONES TERMINOLÓGICAS. 3. SOBRE EL CONCEPTO DE VIOLENCIA DOMÉSTICA EN LOS LUGARES DE TRABAJO: LA INCORPORACIÓN ESPECÍFICA DEL CONCEPTO VIOLENCIA ECONÓMICA Y DEL CIBERACECHO. 4. ACTUACIONES DESDE LAS EMPRESAS. *4.1. Información y formación en violencia doméstica. 4.2. Información sobre los derechos laborales y de Seguridad Social de las mujeres víctimas de violencia doméstica. 4.3. Ampliación de derechos a través del convenio colectivo o planes de igualdad. 4.4. Protocolos de prevención, detección y protección de la mujer víctima de violencia doméstica.* 5. CONCLUSIONES.

1. INTRODUCCIÓN: DESDE LA IGUALDAD A LA SEGURIDAD Y SALUD EN EL TRABAJO

El RD 901/2020 de 13 de octubre por el que se regulan los planes de igualdad y su registro, en desarrollo del Real Decreto-ley 6/2019, de 1 de marzo, de medidas urgentes para garantía de la igualdad de trato y de oportunidades entre hombres y mujeres en el empleo y la ocupación, incorporó cambios muy significativos en la Ley Orgánica 3/2997, de 22 de marzo, para la igualdad efectiva de mujeres y hombres, en materia de planes de igualdad. Entre las novedades destacadas, el RDL 6/2019 establece importantes precisiones con respecto al contenido del diagnóstico ampliando las materias que obligatoriamente deben ser tratadas en los diagnósticos de los planes de igualdad, si bien no se incluyó entre sus contenidos materias relativas a la violencia de género, más allá de la referencia a la prevención del acoso sexual y por razón de sexo. No obstante, el RD 901/2020, en su artículo 8.3 establece que los planes de igualdad pueden incorporar medidas relativas a otras materias como la violencia de género, como algo opcional.

Ahora bien, la incorporación de la violencia de género, como temática específica a incorporar en los planes de igualdad, distinta del acoso sexual y por razón de sexo, como materia a diagnosticar, no se encuentra identificada en el *anexo sobre disposiciones aplicables para la elaboración del diagnóstico*, donde únicamente se vuelve a repetir la posibilidad de su incorporación dentro del punto *7. Prevención del acoso sexual y por razón de sexo*, por lo que se hace complicado determinar los objetivos y acciones que pueden plasmarse en el plan de igualdad y con qué finalidad.

Algún dato más aporta el ANEXO 2.V del RD 901/2020, relativo a la hoja estadística del plan de igualdad, cuyo apartado 5.8 se refiere a los derechos laborales de las víctimas de violencia de género, incluyendo hasta seis acciones distintas: 5.8.1 ¿se establecen medidas de sensibilización sobre violencia de género?; 5.8.2 ¿Existe formación específica para el personal de recursos humanos sobre los derechos de las víctimas de violencia de género?; 5.8.3 ¿se establecen los términos para el ejercicio de los derechos de reducción de jornada, reordenación del tiempo de trabajo, aplicación del horario flexible u otras formas de ordenación del tiempo de trabajo, reconocidos legalmente, a las víctimas de violencia de género?; 5.8.4 ¿Se prevé asesoramiento o apoyo profesional psicológico y/o médico a las víctimas de violencia de género?; 5.8.5 ¿Se amplían los derechos laborales legalmente establecidos para las víctimas de violencia de género?; 58.6 ¿Se incorporan otras medidas adicionales a las que contemplan la normativa vigente? En caso afirmativo, trascriba el literal de la misma.

Como puede observarse, las medidas que pueden adoptarse, contempladas en el Anexo 2.V, van en la línea de sensibilizar sobre la violencia de género en los entornos laborales, centrada dicha sensibilización en dar a conocer los derechos que en materia laboral contempla la normativa laboral, que podrán ampliarse y especificarse o concretarse, en su caso, a través de la negociación colectiva; también deben darse a conocer los derechos de Seguridad Social. Tan sólo consta una rápida referencia al apoyo profesional en caso de daño psíquico o físico que la violencia de género puede ocasionar en la víctima. Pero dicha recomendación se antoja insuficiente para determinar las acciones concretas que deben establecerse para abordar la prevención, detección e intervención en violencia de género desde los lugares de trabajo; acciones que pasan por la promoción de entornos de trabajos saludables y de apoyo a las víctimas para que la empleada permanezca segura en el lugar de trabajo sin temor a una mayor victimización o al miedo de la pérdida del empleo. Y es que la violencia de género afecta también de manera importante a la seguridad y salud de las personas trabajadoras e incluso, a sus compañeros y compañeras de trabajo.

En la reglamentación establecida en el RD 901/20202, se echa en falta, por tanto, un apoyo más decidido dirigido a visibilizar la violencia de género no sólo como una cuestión de desigualdad (la desigualdad más extrema entre mujeres y hombres), sino, además, como un problema importante de seguridad y salud en el lugar de trabajo.

Una perspectiva que será incorporada en el Convenio 190 de la OIT y en la Recomendación 206 que lo acompaña[1], donde se aborda específicamente la violencia y el acoso por razón de género, incluido el acoso sexual, que afectan de manera desproporcionada a las mujeres y las niñas. Incorporando un abordaje de esta problemática a partir de un enfoque inclusivo e integrado, que comprende también las causas subyacentes y los factores de riesgo, entre ellos los estereotipos de género, las formas múltiples e interseccionales de discriminación y el abuso de poder por razón de género, incorporando, asimismo, como gran novedad los efectos que la VIOLENCIA DOMÉSTICA pueden causar en el ámbito del trabajo en la medida en la que ésta puede afectar al empleo, la productividad, así como a la seguridad y salud en el trabajo.

Y es que la violencia doméstica puede tener impactos graves y duraderos en la seguridad y salud en el trabajo y en el bienestar de las trabajadoras y en su capacidad para permanecer en el trabajo y trabajar al máximo potencial, no pudiendo aprovechar las oportunidades de capacitación y progresión profesional. Unas consecuencias que pueden afectar también a los compañeros y compañeras de trabajo en la medida en la que tienen que cubrir a la superviviente que no puede dar su alto potencial, pero también en la medida en que los perpetradores pueden plantear riesgos en su seguridad y salud a los compañeros/as de trabajo cuando pretenda actuar en el lugar de trabajo (por lo que a efectos de la seguridad y salud en el trabajo,

1. Convenio núm. 190 OIT del 2019, sobre la violencia y el acoso en el lugar de trabajo, ratificado por España en el BOE núm. 143 del 16 de junio del 2022. Con entrada en vigor el 25 de mayo de 2023.

el perpetrador debe considerarse un tercero y el empleador tendrá que actuar desde su responsabilidad de proteger de manera eficaz a toda las personas trabajadoras). Así pues, el Convenio 190 de la OIT pretende luchar contra la victimización secundaria que la violencia doméstica puede causar en el ámbito del trabajo y otros efectos colaterales. Para ello, la Recomendación 206 establece una serie de medidas que deberían adoptarse; medidas en unos casos relacionadas con los derechos laborales de las mujeres víctimas de violencia doméstica y otras medidas que ponen el acento en la incorporación de la violencia doméstica en el sistema de gestión de riesgos laborales (en las evaluaciones de riesgos laborales). En definitiva, el C-190 hace un llamamiento para que los gobiernos, las organizaciones de empleadores y de trabajadores y las instituciones del mercado de trabajo, pueden contribuir, como parte de otras medidas, a reconocer, afrontar y a abordar el impacto de la violencia doméstica en el mundo del trabajo (art. 10, f) C-190).

Con posterioridad a estos marcos normativos, la Ley Orgánica 10/2022, del 6 de septiembre, de garantía integral de la libertad sexual, incorporará, junto a la prevención del acoso sexual y el acoso por razón de sexo, el concepto *violencias sexuales* que, a tenor del artículo 3, comprende «cualquier acto de naturaleza sexual no consentido o que condicione el libre desarrollo de la vida sexual en cualquier ámbito público o privado, incluyendo el ámbito digital. Se considera incluido en el ámbito de aplicación (...) el feminicidio sexual, entendido como homicidio o asesinato de mujeres y niñas vinculado a conductas definidas en el siguiente párrafo como violencias sexuales». «En todo caso se consideran violencias sexuales los delitos previstos en el Título VIII del Libro II de la Ley Orgánica 10/1995, de 23 de noviembre, del Código Penal, la mutilación genital femenina, el matrimonio forzado, el acoso con connotación sexual y la trata con fines de explotación sexual. Se prestará especial atención a las violencias sexuales cometidas en el ámbito digital, lo que comprende la difusión de actos de violencia sexual, la pornografía no consentida y la infantil en todo caso, y la extorsión sexual a través de medios tecnológicos».

Una Ley que requiere prestar especial atención a las violencias sexuales cometidas en el ámbito digital, lo que comprende la difusión de actos de violencia sexual, la pornografía no consentida y la infantil y la extorsión sexual a través de las nuevas tecnologías Y es que a partir de esta norma adquiere especial relevancia la prevención de la *ciberviolencia* y del *ciberacoso*, ya que muchas conductas constitutivas del acoso o la violencia se producen en la actualidad a través de medios telemáticos: a través de redes sociales o internet, sistemas de mensajería instantánea, etc.

Se trata de una norma que contiene también prescripciones aplicables al ámbito laboral, y, en este sentido, la Ley Orgánica 10/2022 exige adaptar los protocolos para la prevención del acoso en las empresas a las conductas producidas a través de las TIC, como pueden serlo, por ejemplo: la difusión en internet de imágenes o datos delicados de la víctima; dar de alta un espacio web para ridiculizar a la víctima; usurpar la identidad de la víctima y en su nombre realizar comentarios ofensivos; acceder a dispositivos tecnológicos y usurpar información personal de la víctima, etc. (supuestos ya conocidos en el ámbito judicial).

En concreto, el artículo 12 de la LO 10/2022, establece la exigencia de incorporar en los protocolos de prevención de acoso sexual y por razón de sexo, ya en vigor, la prevención de delitos y conductas contra la libertad sexual y la integridad moral en el trabajo, incluidos los cometidos en el ámbito digital. (No se limita el precepto, por lo tanto, a la prevención de las violencias sexuales *stricto sensu;* no en vano, el acoso por razón de sexo, no presenta connotaciones sexuales). Resaltándose también, como novedad, la incorporación de la perspectiva de la seguridad y salud en la prevención de este tipo de comportamientos. En esta línea, el apartado 2 del artículo 12 exige a las empresas, de un lado, promover la sensibilización y ofrecer formación para la protección integral contra las violencias sexuales a todo el personal a su servicio y de otro, exige incluir en la valoración de riesgos de los diferentes puestos de trabajo ocupados por trabajadoras, la violencia sexual entre los riesgos laborales concurrentes[2], debiendo formar e informar de ello a sus trabajadoras. Por su parte, el apartado 3 del artículo 12, creará un distintivo específico de «Empresas por una sociedad libre de violencia de género» para las que adecúen su estructura y normas de funcionamiento a lo establecido «en esta ley orgánica». Por último, cabe destacar el artículo 16.2 donde se establece que las empresas integrarán la perspectiva de género en la organización de los espacios de sus centros de trabajo con el fin de que resulten seguros y accesibles para todas las trabajadoras[3].

2. La prevención de la violencia sexual en el lugar de trabajo debería centrarse, hoy por hoy, en prevenir los comportamiento no consentido de connotación sexual y bien puede tratarse desde bromas de connotación sexual, de exhibición, de acoso sexual, de abuso sexual o de violación y especialmente las cometidas en el ámbito digital: la difusión en internet de imágenes o datos delicados de la víctima; dar de alta un espacio web para ridiculizar a la víctima; usurpar la identidad de la víctima y en su nombre realizar comentarios ofensivos; acceder a dispositivos tecnológicos y usurpar información personal de la víctima, etc.
3. Esta ley tiene su impacto también en las empresas, en la medida en que las mismas pueden ser responsables, dada la responsabilidad penal de las personas jurídicas. Como se sabe la responsabilidad penal de las personas jurídicas nace con la reforma

Por tanto, la LO 10/2022, incorpora como novedad al ámbito de la Seguridad y Salud en el Trabajo la prevención de las violencias sexuales, que no se limitan al acoso sexual, sino que acoge un concepto más amplio que, sin embargo, no parece incluir la violencia doméstica, que tienen su propia norma de referencia en la Ley Orgánica 1/2004. Es más, para las víctimas de violencias sexuales se reconocen una serie de derechos laborales y de Seguridad Social, que se parecen, pero que no son idénticas a las reconocidas para las víctimas de violencia de género-doméstica, aspecto este último sobre el que no se va a profundizar en este estudio[4].

---

del Código Penal a través de la Ley Orgánica 5/2010, de 22 de junio y establece que las empresas no responden por todos los delitos que comete algún integrante de su plantilla o dirección, sino sólo por aquellos que expresamente aparecen incluidos en el listado del artículo 31. bis. Sin embargo, la Ley 10/2022 ampliará el catálogo de delitos por los que podrían responder penalmente las personas jurídicas, siendo estos el de acoso sexual y el del delito contra la integridad moral en el ámbito laboral: Por un lado, esta norma modifica el delito contra la integridad moral regulado en el artículo 173.1, al introducir la posibilidad de condenar a las personas jurídicas si estas infligen a otra persona un trato degradante, menoscabando gravemente su integridad moral. Por otro lado, refuerza la redacción del delito de acoso sexual, estableciendo *ex novo* la responsabilidad penal de las personas jurídicas. Asimismo, se ve modificada la penalidad del mencionado delito, prevista en el art. 189 ter CP el cual, ahora incluye la disolución de la persona jurídica. A partir de la entrada en vigor de la Ley 10/2022, las empresas serán penalmente responsables si sus directivos o empleados cometen alguna de las dos conductas, siempre que obtengan algún tipo de beneficio directo o indirecto por las mismas. Recordemos que el artículo 31 bis contiene dos títulos de imputación en virtud de los cuales una persona jurídica puede ser condenada por los actos cometidos por personas físicas pertenecientes a la organización. Es decir, existen dos criterios de transferencia de la responsabilidad penal de determinadas personas físicas a la persona jurídica, enunciados en dos párrafos identificados con las letras a) y b) en el artículo 31 bis. El primero atribuye la responsabilidad penal a la persona jurídica cuando delinquen las personas con mayores responsabilidades en la organización y el segundo cuando lo hacen las personas indebidamente controladas por aquellas. En ambos casos, se establece un sistema de responsabilidad por transferencia o vicarial de la persona jurídica. Conforme a este modelo, hay unos sujetos, personas físicas, que actúan y otro sujeto, persona jurídica, que asume la responsabilidad de tal actuación. Pero, no olvidemos que para que se pueda exigir responsabilidad penal a la sociedad es indispensable que la persona física haya actuado «en nombre y por cuenta» de la empresa y «en beneficio directo o indirecto» de la misma. Por lo tanto, no se trata simplemente de demostrar la comisión de un delito en el seno de la persona jurídica, sino que es necesario que el delito haya sido cometido por algunas de las personas a las que se refieren las letras a y b del artículo 31 bis), en nombre y por cuenta de sociedad.

4. La Ley 10/2022 incorpora una serie de derechos laborales y de Seguridad Social de las víctimas de violencias sexuales, equiparándolas a las víctimas de violencia de género o de terrorismo, que en principio suponen la modificación del Estatuto de los Trabajadores y de la Ley General de la Seguridad Social. Derechos para la víctima: el derecho

Por último, cabe referirse a la Estrategia Española de Seguridad y Salud en el Trabajo para el período 2023-2027, que incide en la necesidad de integrar la perspectiva de género desde un enfoque trasversal e integral en el conjunto de las políticas preventivas, implicando para ello a todos los agentes involucrados en la mejora de la prevención de riesgos laborales (PRL), tanto en el ámbito institucional como en la empresa y específicamente en la gestión de la PRL; promoviendo la acción sobre riesgos específicos de género (definidos por su elevada prevalencia entre las mujeres), como la doble presencia o el conflicto trabajo-familia, la violencia, el acoso o la discriminación por razón de sexo; desarrollando programas de formación sobre violencia, acoso sexual y por razón de sexo, con atención al uso de las nuevas tecnologías y desarrollando guías o herramientas para ayudar a las empresas a integrar la perspectiva de género en la gestión de los riesgos, en especial en las evaluaciones y medidas preventivas, incluyendo la violencia sexual conforme a la Ley Orgánica 10/2022, de 6 de septiembre, de garantía integral de la libertad sexual, así como la incorporación de la prevención de riesgos laborales en los planes de igualdad. Previendo, por último, el impulso y la adopción y desarrollo de la Recomendación 206 anexa al Convenio 190 OIT, sobre violencia y acoso en el ámbito laboral, lo que debe incluir medidas y acciones dirigidas a la sensibilización en materia de violencia doméstica y a su prevención desde el sistema de gestión de riesgos laborales.

---

a una movilidad geográfica, a la reducción y ordenación del tiempo de trabajo o la posibilidad de suspender su contrato de trabajo. Se prevé también la posibilidad de proceder a la extinción del contrato, con derecho a una indemnización de 20 días de salario por año de servicio, máximo 12 mensualidades (DF 14, por la que se modifica el apartado 4 del art. 40 del ET). Cuestión ésta última bastante polémica, no reconocida a las víctimas de violencia de género en la Ley 1/2004 y que en la actualidad no aparece referenciada en el ET. Se prevén también ayudas e incentivos en la contratación de víctimas de violencia sexual para las empresas, de manera que, si formalizan contratos de sustitución para sustituir a trabajadoras víctimas de violencia sexual que hayan suspendido su contrato de trabajo o que hayan ejercido su derecho a la movilidad geográfica o al cambio de centro de trabajo, tendrán derecho a una bonificación del 100% de las cuotas empresariales a la Seguridad Social por contingencias comunes. Esta bonificación se mantendrá durante todo el periodo de suspensión de la trabajadora sustituida o durante seis meses en los casos de movilidad geográfica o cambio de centro de trabajo. Por último, también se prevé un programa específico de empleo para las víctimas de violencias sexuales inscritas como demandantes de empleo, que se incluirá en el marco de los planes anuales de empleo. Este programa incluirá medidas para favorecer el inicio de una nueva actividad. Todas estas novedades, sin embargo, no aparecen en la redacción actual del Estatuto de los Trabajadores que únicamente se refiere a la violencia de género o de terrorismo y no a las violencias sexuales.

Así pues, también desde la EESST para los años 23-27 la discriminación, el acoso y la violencia contra las mujeres es un objetivo en el que hay que trabajar desde la prevención de riesgos laborales.

Ahora bien, en cuestiones terminológicas no acabamos de aclararnos, pues el acoso, la discriminación, las violencias sexuales o la violencia doméstica contra las mujeres no dejan de ser, en todo caso, manifestaciones de la violencia contra la mujer por razón de género. Me detengo pues, a clarificar los distintos conceptos.

2. EN TORNO AL CONCEPTO DE VIOLENCIA CONTRA LAS MUJERES Y VIOLENCIA DOMÉSTICA: CUESTIONES TERMINOLÓGICAS

Hasta ahora hemos comprobado la distinta terminología que las diversas normas utilizan a la hora de referirse al fenómeno de la violencia contra las mujeres: el RD 901/2020, se refiere a la *violencia de género* además de al acoso sexual y por razón de sexo. Por su parte, el Convenio 190 OIT se refiere a la *violencia y el acoso por razón de género,* incluido el acoso sexual, que afectan de manera desproporcionada a las mujeres y las niñas, y, por otro lado, se refiere a la *violencia doméstica, que* no define. Por su parte, la LO 10/2022 introduce el concepto de *violencias sexuales,* y crea el distintivo de empresas «libres de violencia de género» y la EESST 23-27, incorpora en distintos párrafos todas las formas de acoso y violencia hacía la mujer, aunque sin citar expresamente a la violencia doméstica.

Y es que uno de los principales problemas que encontramos en el ámbito académico y legislativo estriba en la conceptualización de la violencia de género, debido a la dispar concepción entre las definiciones internacionales y la española, esta última más restringida a las relaciones de pareja o afectividad.

Indudablemente todas y cada una de estas expresiones refieren al fenómeno de la violencia contra las mujeres con carácter general, un concepto que es mucho más extenso. El concepto violencia de género fue acuñado en nuestro país por primera vez en la Ley Orgánica 1/2004, de 28 de diciembre, de Medidas de Protección Integral contra la Violencia de Género. Sin embargo, su ámbito de aplicación se limitaba a la violencia ocurrida entre parejas o exparejas. Por ello se criticó que dicha norma fuera proclamada como una ley integral contra la violencia de género, ya que dejaba fuera de su ámbito de actuación el acoso sexual y el acoso por razón de sexo ocurrido en el lugar de trabajo, ambos definidos, en la actualidad en la Ley Orgánica 3/2007, de 22 de marzo, para la igualdad efectiva de mujeres y hombres. De la misma forma, se criticará que la Ley Orgánica 1/2004, dejara fuera de su ámbito de aplicación las violencias cuyo agresor no es o no haya sido pareja afectiva de la víctima, cuestión esta que puede entenderse corregida con la promulgación de la Ley de Libertad Sexual, tal como se proclama la Exposición de Motivos de la misma[5].

No obstante, recientemente la Ley Orgánica 1/2004, se modificará para ampliar el concepto de violencia de género en el apartado 4 del artículo 1, a la violencia que con el objetivo de causar perjuicio o daño a las mujeres se ejerza sobre sus familiares o allegados menores de edad por parte de las personas indicadas en el apartado primero[6], violencia conocida en la actualidad con el término de *violencia vicaria.*

Por su parte, el Convenio 190 OIT, cuando define la «violencia y el acoso por razón de género» incorpora una definición que ha sido también criticada por la doctrina, ya que no refiere en exclusiva a la violencia hacia las mujeres, porque la misma se define como «el conjunto de actos que se dirigen contra una persona o grupo de personas por razón de su sexo o género o que afectan de manera desproporcionada a personas a personas de un sexo o género en concreto», incluyendo, a su vez, el acoso sexual. Es decir, se aborda la violencia y el acoso en el mundo laboral utilizando un concepto único e integral que pretende proteger a todos/as, con independencia del género u orientación sexual. Y la neutralidad de género se puede convertir en una oportunidad para invisibilizar el género. De ahí que se haya propuesto la expresión VIOLENCIA CONTRA LAS MUJERES POR RAZÓN DE GÉNERO[7], incorporada en la Convención sobre la eliminación de todas las formas de discriminación contra la mujer (CEDAW).

Por otro lado, a pesar de que el Convenio 190 OIT aborda la violencia doméstica como temática específica a tener en cuenta en los lugares de trabajo, no incorpora ninguna precisa definición sobre la misma; una expresión que algunas veces se considera sinónimo de «violencia infligida por la

5. La Ley Orgánica 1/2004, de 28 de diciembre, de Medidas de Protección Integral contra a la Violencia de Género, supuso un gran paso adelante para garantizar una respuesta integral y coordinada frente a la violencia contra las mujeres cometida en el ámbito de las relaciones afectivas. A pesar de los avances, el abordaje integral de las violencias sexuales, cometidas contra las mujeres, las niñas y los niños, en cualquier ámbito de relaciones o por parte de desconocidos, constituye, actualmente, un desafío al que la Ley 10/2022 pretende dar respuesta.
6. Apartado incluido a partir de la aprobación de la Ley Orgánica 8/2021, de 4 de junio, de protección integral a la infancia y la adolescencia frente a la violencia.
7. LOUSADA AROCHENA, J. F.: «El Convenio 190 de la Organización Internacional del Trabajo sobre la violencia y acoso en el trabajo», Revista de Derecho Social, núm. 88, 2019, pp. 62 y ss.

pareja» y «violencia en el hogar», pero que en principio tienen un significado ligeramente distinto porque violencia en la pareja «hace referencia al daño físico, sexual o psicológico infligido por una pareja o cónyuge actual o antiguo» y la violencia doméstica «se refiere a la violencia de pareja pero puede abarcar también el maltrato infligido a niños y ancianos, o el maltrato infligido por cualquier integrante de la familia»[8].

Sobre la terminología precisa a utilizar conviene recabar, también, las definiciones contenidas en la recién promulgada DIRECTIVA (UE) 2024/1385 DEL PARLAMENTO EUROPEO Y DEL CONSEJO del 14 de mayo del 2024 sobre la lucha contra la violencia contra las mujeres y la violencia doméstica[9], en cuyo artículo 2 se establecen las siguientes definiciones:

«violencia contra las mujeres»: todo acto de violencia de género dirigido contra una mujer o una niña por el hecho de ser mujer o niña, o que afecten de manera desproporcionada a mujeres o niñas, que causen o sea probable que causen daños o sufrimientos de naturaleza física, sexual, psicológica o económica, incluidas las amenazas de realizar tales actos, la coacción o la privación arbitraria de libertad, tanto si se producen en la vida pública como en la vida privada;

«violencia doméstica»: todo acto de violencia de naturaleza física, sexual, psicológica o económica que se produzca dentro de la *unidad familiar o doméstica,* sean cuales sean los vínculos familiares biológicos o jurídicos, o entre cónyuges o excónyuges o parejas o exparejas, independientemente de que el *autor del delito comparta o haya compartido el mismo domicilio* con la víctima.

Como puede comprobarse, la definición de violencia doméstica contenida en esta Directiva es mucho más amplia que la establecida en nuestra legislación interna. Dicha conceptualización viene a coincidir con la utilizada en la encuesta sobre Violencia de Género llevada a cabo por Euroestat para el año 2022, donde se analizan los datos correspondientes a la violencia doméstica sufrida por las mujeres, y donde se establece que la violencia doméstica se refiere a todos los actos de violencia sexual y/o física (incluyendo amenazas) que han ocurrido en la unidad doméstica o familiar o en el ámbito de la pareja. Entendiéndose por «unidad doméstica o familiar»,

8. Por otra parte, está el concepto de violencia intrafamiliar que se refiere al «maltrato infantil, a la violencia entre hermanos, a la violencia de pareja y al maltrato infligido a ancianos». Definiciones contenidas en la hoja informativa sobre La violencia doméstica y su impacto en el mundo del trabajo elaborada por el Servicio de Género, Igualdad y Diversidad y OITSIDA (OIT), ged@ilo.org.

9. DOUE del 25 de mayo de 2024.

en la EEVG, la que constituyen los familiares (independientemente de si convivían o no con la mujer), y otras personas que viven o han vivido en la misma casa que la víctima, en el momento en el que ocurrieron el o los sucesos violentos. Por su parte, el término «familiares» incluye parientes como padres, madres, hermanos, hermanas, y otros parientes consanguíneos que estén viviendo en la misma dirección o que no cohabiten, así como otros miembros del hogar o parientes por matrimonio o adopción, así como abuelos, abuelas, tíos, tías, primos, primas, sobrinos y otros parientes políticos.

Dicha Directiva aborda, asimismo, las consideraciones sociológicas que subyacen tras la violencia contra la mujer. Así, en su considerando 10 se refiere a la *violencia contra las mujeres como* una manifestación persistente de la discriminación estructural contra las mujeres, resultado de las relaciones de poder históricamente desiguales entre hombres y mujeres: es una forma de violencia de género, infligida principalmente a mujeres y niñas por hombres. Hunde sus raíces en los roles, comportamientos, actividades y atributos construidos socialmente que una sociedad determinada considera adecuados paras las mujeres y para los hombres. Por lo tanto, se debe tener en cuenta una perspectiva que tome en consideración el género al aplicar la presente Directiva. Por su parte, en el considerando 11, en relación a la *violencia doméstica*, se resalta que se trata de un problema socialmente grave que a menudo permanece oculto; que puede ocasionar traumas psicológicos y físicos importantes con graves consecuencias en la vida personal y profesional de la víctima, porque el autor suele ser una persona conocida de la víctima, en la que la misma espera poder confiar. Una violencia que puede adoptar diversas formas, en concreto de naturaleza física, sexual, psicológica o económica. La violencia doméstica incluye a menudo un control coercitivo y puede producirse con independencia de que el autor comparta o haya compartido un hogar con la víctima.

Interesa ahora hacer una rápida mención a esta Directiva que entrará en vigor el 13 de junio de 2024 y será transpuesta al ordenamiento jurídico interno «a más tardar» el 14 de junio de 2027, cuyo propósito es proporcionar un marco integral para prevenir y combatir eficazmente la violencia contra las mujeres y la violencia doméstica en toda la UE. Para ello, introduce medidas en los siguientes ámbitos: definición de los delitos y las sanciones correspondientes, la protección de las víctimas y el acceso a la justicia, el apoyo a las víctimas, la mejora en la recogida de los datos, la prevención, la coordinación y la cooperación. No es ahora el momento de proceder a un análisis pormenorizada de dicha Directiva que, sin duda, requerirá de la revisión de nuestra normativa interna en algunos aspectos. Tan solo repararemos en algunas cuestiones que se consideran de importancia para este estudio.

Así, por un lado, es importante resaltar que, de acuerdo con el considerando 9, las disposiciones de la Directiva relativas a los derechos de las víctimas deben aplicarse a todas las víctimas de conductas delictivas que constituyan violencia contra las mujeres o violencia doméstica. Y se incluyen entre ellas los delitos definidos en la Directiva, de los que se dice, es necesario establecer definiciones armonizadas, tanto de los delitos como de las sanciones (C-17), a saber: la mutilación genital femenina, el matrimonio forzado, la difusión no consentida de material íntimo o manipulado, el ciberacecho (*ciber stalking*), el ciberacoso (*cyber harrasmet*), el ciberexibicionismo (*ciber flashing*), la incitación a la violencia o al odio por medios cibernéticos, así como las conductas delictivas reguladas por otros actos de la Unión, en particular las Directivas 2011/36/UE y 2011/93/UE. Por último, se refiere a determinados delitos que, con arreglo al Derecho nacional, entran dentro de la definición de violencia contra las mujeres: delitos como el feminicidio, la violación, el acoso sexual, los abusos sexuales, el acecho, el matrimonio precoz, el aborto forzado, la esterilización forzosa y diferentes formas de ciberviolencia, como el acoso sexual en línea y el cibermatonismo (*ciber bullying*). Por su parte, con relación a la violencia doméstica, se refiere el considerando a que es una forma de violencia que podría estar tipificada penalmente de manera específica en el Derecho nacional o quedar subsumida en los delitos cometidos dentro de la unidad familiar o doméstica o entre cónyuges o excónyuges o parejas o exparejas, tanto si comparten un hogar como si no.

Por tanto, la definición de violencia doméstica depende de lo que al respecto se establezca en la legislación nacional. Y en nuestro caso, como hemos analizado, se diferencia, por un lado, la violencia de género entendida como violencia doméstica en la LO 1/2004, referida a la violencia entre parejas o exparejas con el añadido de que esta violencia puede canalizarse a través de los ascendientes (ancianos) y descendientes (hijos), siempre que tengan por finalidad causar un daño a la mujer, y, por otro lado, la violencia de género entendida como violencia sexual que pueden cometer personas externas al ámbito familiar y que está contemplada en la Ley Orgánica 10/2022 de garantía integral de la libertad sexual.

En todo caso, la Directiva especifica que cada Estado miembro puede adoptar una interpretación más amplia de lo que constituye violencia contra las mujeres con arreglo al Derecho penal nacional, ya que la Directiva no aborda todo el espectro de conductas delictivas que constituyen violencia contra las mujeres.

Otra cuestión que es importante resaltar de esta Directiva tiene que ver con las medidas previstas en la misma, que están concebidas para abordar las necesidades especiales de las mujeres y niñas, y que deben también aplicarse a otras personas «victimas» de estas formas de violencia con independencia de su género (considerando 12).

En cuanto a la aplicación de esta Directiva al ámbito laboral, la misma contiene ciertas premisas que deberán ser estudiadas por los responsables de los protocolos para la prevención y el tratamiento del acoso sexual y por razón de sexo en el trabajo y tenidas en cuenta a la hora de elaborar los diagnósticos de los planes de igualdad. Premisas con implicaciones sobre la formulación de denuncias asociadas al canal de denuncias, los protocolos frente al acoso sexual, o los plantes de igualdad. También fija una serie de premisas a cumplir en relación con el asesoramiento tanto a las víctimas como a los empleadores ante estas situaciones.

Tales premisas son las siguientes:

1. *Asesoramiento.* Cuando el acoso sexual en el trabajo esté específicamente tipificado como delito en el Derecho nacional, deben prestarse servicios de asesoramiento internos o externos tanto a las víctimas como a los empleadores. Estos servicios deben incluir información sobre la manera de abordar adecuadamente los casos de acoso sexual en el trabajo y sobre las soluciones de que se dispone para apartar al autor del lugar de trabajo.

2. *Órdenes urgentes de alejamiento, de prohibición o de protección.* Los Estados miembros velarán por que, en las situaciones de peligro inmediato para la salud o la seguridad de la víctima o de las personas a cargo, las autoridades competentes dispongan de la facultad de dictar, sin demora indebida, órdenes dirigidas al autor o sospechoso de un acto de violencia regulado en la presente Directiva para que abandone el domicilio de la víctima o de las personas a cargo durante un período de tiempo suficiente y para prohibir que el autor o sospechoso entre en el domicilio, o se acerque a una distancia de dicho domicilio inferior a la ordenada, o entre en el lugar de trabajo de la víctima o se comunique en modo alguno con ella o con las personas a cargo.

   Las órdenes mencionadas en el párrafo primero del presente apartado tendrán efecto inmediato y no dependerán de que la víctima denuncie el delito o del inicio de una evaluación individual con arreglo al artículo 16.

3. *Apoyo especializado para las víctimas de acoso sexual en el trabajo.* En los casos de acoso sexual en el trabajo que constituyan delito con arreglo al Derecho nacional, los Estados miembros garantizarán la disponibilidad de servicios de asesoramiento para las víctimas y los empleadores. Estos servicios incluirán información sobre las maneras de abordar adecuadamente estos casos de acoso sexual, en particular sobre los recursos de que se dispone para apartar al autor del lugar de trabajo.

4. *Formación e información para los profesionales.* Las personas con funciones de supervisión en el lugar de trabajo, tanto en el sector público como en el privado, recibirán formación sobre cómo reconocer, prevenir y abordar el acoso sexual en el trabajo, cuando este constituya delito con arreglo al Derecho nacional. Estas personas y los empleadores recibirán información sobre los efectos de la violencia contra las mujeres y la violencia doméstica en el trabajo y sobre el riesgo de violencia ejercida por terceros.

5. *Presentación de informes y revisión.* A más tardar el 14 de junio de 2032, la Comisión evaluará si son necesarias nuevas medidas de la Unión para luchar eficazmente contra el acoso sexual y la violencia en el lugar de trabajo, teniendo en cuenta los convenios internacionales aplicables, el marco jurídico de la Unión en el ámbito de la igualdad de trato entre hombres y mujeres en asuntos de empleo y ocupación y el marco jurídico sobre seguridad y salud en el trabajo.

Como pueden comprobarse, las indicaciones de esta Directiva en relación con la comisión de delitos de violencia contra las mujeres en el ámbito laboral, se centran fundamentalmente en el acoso sexual, siempre que esté configurado como delito en nuestro ordenamiento interno (que sí lo está). No obstante, el artículo 36 de la Directiva, con relación a la formación e información que debe dársele a las personas con funciones de supervisión en el lugar de trabajo, amplía la información al conocimiento sobre los efectos de la violencia contra las mujeres y la violencia doméstica en el trabajo con carácter general y sobre el riesgo de la violencia ejercida por terceros. También las órdenes de alejamiento, de prohibición o protección, incluyen el lugar de trabajo en casos de violencia doméstica. Por tanto, aunque de soslayo, la prevención de la violencia doméstica es una cuestión que los Estados miembros tienen también que promocionar en los lugares de trabajo.

3. SOBRE EL CONCEPTO DE VIOLENCIA DOMÉSTICA EN LOS LUGARES DE TRABAJO: LA INCORPORACIÓN ESPECÍFICA DEL CONCEPTO VIOLENCIA ECONÓMICA Y DEL CIBERACECHO

Como se ponía de manifiesto con anterioridad, la definición de violencia doméstica es la contenida en la Ley Orgánica 1/2004, referida a la violencia entre parejas o exparejas con el añadido de que esta violencia puede canalizarse a través de los ascendientes (ancianos) y descendientes (hijos), siempre que tengan por finalidad causar un daño a la mujer. La violencia de género entendida como violencia sexual que pueden cometer personas externas al ámbito familiar está contemplada en la Ley Orgánica 10/2022 de garantía integral de la libertad sexual, cuyo artículo 12 exige su incorporación en la valoración de los riesgos laborales a los que están expuestas las mujeres trabajadoras y que no se limita al acoso sexual en el trabajo. Sin embargo, la normativa relativa a los planes de igualdad no se ha modificado para incorporar esté concepto más amplio de violencias sexuales y menos las violencias cometidas a través de medios telemáticos.

Analizábamos con anterioridad como la Ley Orgánica 1/2004, habría sufrido una modificación en su definición en cuanto a la necesaria incorporación de la conocida como «violencia vicaria», es decir, la que causan las parejas o exparejas con el objetivo de causar perjuicio o daño a las mujeres y que se ejerce sobre sus familiares o allegados menores de edad. Sin embargo, en cuanto a la descripción del tipo de actos de violencia que se ejerce contra las mujeres, se mantiene incólume la redacción inicial limitada a actos de violencia que pueden ser físicos y psicológicos, incluidas las agresiones a la libertad sexual, las amenazas, las coacciones o la privación arbitraria de libertad. No contempla la actual redacción la violencia económica a la que refiere la Directiva de 14 de mayo de 2024, y también en el Convenio de Estambul del Consejo de Europa (2014), donde se define la violencia doméstica como «todos los actos de violencia física, sexual, psicológica o económica que ocurran dentro de la unidad familiar o doméstica o entre cónyuges o parejas anteriores o actuales, ya sea que el autor comparta o haya compartido la misma residencia con la víctima».

Ello no quita para que nuestros tribunales se hayan pronunciado expresamente sobre la consideración de este tipo de violencia doméstica. Véase como ejemplo la SAP de Guipúzcoa 293/2023, 27 de noviembre de 2023[10], donde se afirma que a pesar de que la violencia económica no está incluida expresamente como modalidad de violencia de género en la LO 1/2004, ni se ha producido una modificación del Código penal, sí tiene reconocimiento

10. Id. vLex: VLEX-1027027154. Link: https://app.vlex.com/vid/1027027154

internacional en el Convenio de Estambul, por lo que se considera que la violencia económica es una modalidad de violencia contra la mujer que consiste en la privación intencionada y no justificada de recursos para el bienestar físico o psicológico de una mujer y/o sus descendientes.

Hasta ahora la violencia económica no se visibilizaba en nuestro país; es más, la violencia económica se ha considerado incorporada dentro del concepto de la violencia psicológica, tal como realiza, por ejemplo, la encuesta europea sobre violencia de género llevada a cabo por Euroestat para el año 2022, donde la violencia económica se incluye dentro de la violencia psicológica, con el siguiente resultado: Del total de las mujeres de 16 a 74 años que han tenido pareja, se estima que el 7,8% (1.306.791 mujeres) ha sufrido violencia económica en la pareja en algún momento de su vida. Se estima que a un 6,5% (1.085.685) de mujeres su pareja o expareja les han controlado toda la economía familiar o controlado excesivamente los gastos que ella hace y a un 3,0% (498.185) les han prohibido trabajar.

Interesa referirse a este tipo de violencia económica porque es una forma muy común de violencia doméstica contra las mujeres, consistente en privar a la mujer del acceso al salario u otros recursos financieros o acumular deudas a su nombre. También se ha considerado la privación del acceso a la educación o al mercado laboral o el incumplimiento de responsabilidades económicas, como la pensión alimenticia de los descendientes[11]. Y si algo ayuda a las mujeres víctimas de este tipo de violencia de género es tener un ingreso independiente, ya que es uno de los indicadores más vitales y un camino para que las supervivientes abandonen las relaciones abusivas. Por eso, la incorporación de las mujeres al mercado laboral debe ser un objetivo de primer orden y el apoyo financiero puede ser una de las fuentes más importantes de apoyo que un empleador puede dar, además de asegurarle el mantenimiento en el puesto de trabajo al no considerar faltas de absentismo todas las que tengan que ver con la situación por la que la mujer está atravesando: ausencias laborales para asistir a médicos y a procedimientos administrativos y judiciales; ausencias laborales por bajas debidas a las lesiones físicas y al deterioro de la salud mental; pérdidas de producción por las ausencias laborales por las lesiones físicas y el deterioro de la salud mental; disminución de la productividad por retrasos y/o distracción laboral, etc.

Las empresas tienen, por tanto, la responsabilidad social de activar mecanismos de apoyo para las víctimas, que les permitan, no solo mantener

11. Véase, «Impacto de la violencia de género y de la violencia sexual contra las mujeres en España (II): una valoración de sus costes en 2022», Ministerio de Igualdad, dgviolenciagenero@igualdad.gob.es

su trabajo, y con ello su independencia económica, sino también que se sientan seguras y protegidas en su entorno laboral. Las cifras alertan de que el 71% de las mujeres víctimas de violencia de género destacan el desempleo y las situaciones de precariedad laboral como uno de los principales frenos a la hora de denunciar. Según el sexto informe de la Fundación Adecco: «Un empleo contra la violencia», el empleo podría ser un factor determinante en el aumento de las denuncias, por la seguridad que aporta la independencia económica.

Resulta, por tanto, fundamental promover políticas activas de igualdad en el empleo con incentivos para las empresas que contratan mujeres supervivientes, para que las supervivientes que deciden emprender y para la movilidad geográfica de las mujeres víctimas por motivos de seguridad.

Por otra parte, la definición de lo que se considera en nuestro país violencia de doméstica debería incluir el concepto de ciberacecho, para visibilizar que las conductas coactivas o amenazantes pueden realizarse utilizando medios tecnológicos, definido en la Directiva (UE) 2024/1385, como una forma moderna de violencia que a menudo se comete contra familiares o personas que viven en el mismo hogar que el autor o también lo cometen exparejas o conocidos. Normalmente el autor hace un uso indebido de la tecnología para intensificar un comportamiento coactivo y controlador, la manipulación y la vigilancia, incrementando con ello el miedo y la ansiedad y su aislamiento gradual de los amigos y familias y del trabajo.

Y es que las nuevas tecnologías facilitan que el agresor pueda actuar remotamente contra su víctima (mensajes o videollamadas amenazantes, insultos, vejaciones). Ello le puede permitir ejercer a través de distintas aplicaciones un mayor control psicológico y social sobre ella (control de sus redes sociales) y también una violencia de género económica más intensa (control de cuentas bancarias). Asimismo, el teletrabajo, en auge por las nuevas tecnologías y situaciones como el Covid-19, ha supuesto ya para el agresor un entorno laboral más propicio contra su víctima, la cual también puede teletrabajar o estar en la casa común por otras razones.

4. ACTUACIONES DESDE LAS EMPRESAS

Una vez identificado el concepto sobre lo que se considera violencia doméstica en nuestro país, es preciso avanzar en el tipo de objetivos y acciones que se pueden establecer en los planes de igualdad, así como el tipo de medidas que pueden considerarse desde la perspectiva de la seguridad y salud en el trabajo.

Ahora bien, a la hora de establecer objetivos y acciones es importante diferenciar entre la violencia doméstica que se produce en el ámbito laboral, cuando el agresor forma parte de la misma empresa y la que se produce en el entorno personal de la víctima. En el primer caso, las medidas implantadas por la empresa irán dirigidas a evitar y erradicar cualquier acto de violencia de género que se pueda producir en el contexto laboral y en el segundo supuesto, estarán encaminadas a proteger a las trabajadoras e informarles de sus derechos.

Debe recordarse que, como en todos los supuestos en los que se diseñan acciones para erradicar la violencia contra las mujeres, deberán establecerse medidas preventivas de carácter primario, secundario y terciario. Las primarias deben tener por objeto evitar que se produzca la violencia y puede incluir medidas como campañas de concienciación y programas de formación específicos para los responsables de recursos humanos (RRHH) y de prevención de riesgos laborales (PRL) y para todo el personal, en general. Por su parte, las medidas de prevención secundarias deben tener por objeto detectar la violencia en una fase temprana y prevenir su progresión o escala. Y las medidas terciarias, deben centrarse en prevenir la reincidencia y la revictimización y gestionar adecuadamente las consecuencias de la violencia y podría incluir la intervención de quienes presencien la violencia, los centros de intervención temprana y los programas de intervención por parte de los responsables de los departamentos de RRHH y de PRL.

En definitiva, la creación de una cultura basada en el apoyo a las víctimas de violencia puede propiciar que las mujeres se decidan a denunciar la violencia que padecen y a convencerse de que tienen derecho a una vida libre de violencias. Cada persona, cada trabajador, cada empresa, puede marcar la diferencia. Mediante el acceso de las mujeres a un espacio seguro y a ingresos que les permitan ser independientes económicamente, las empresas pueden desempeñar un papel crucial en la protección y empoderamiento de las víctimas para romper con las relaciones violentas.

Tomando como punto de partida el artículo 10, f) del Convenio 190 OIT, donde se llama a reconocer los efectos de la violencia doméstica y, en la medida en que sea razonable y factible, mitigar su impacto en el mundo del trabajo, y la Recomendación 206, en cuyo apartado 18 se establece las medidas que deberán llevarse a cabo, se abordará la realidad en nuestra sociedad actual. Estas medidas son:

a) licencia para las víctimas de violencia doméstica;

b) modalidades de trabajo flexibles y protección para las víctimas de violencia doméstica;

c) protección temporal de las víctimas de violencia doméstica contra el despido, según proceda, salvo que el motivo del mismo no esté relacionado con la violencia doméstica y sus consecuencias;

d) la inclusión de la violencia doméstica en la evaluación de los riesgos en el lugar de trabajo;

e) un sistema de orientación hacia mecanismos públicos de mitigación de la violencia doméstica, cuando existan, y

f) la sensibilización sobre los efectos de la violencia doméstica.

Cierto es que la mayoría de las Leyes nacionales prevén distintas medidas de apoyo y protección en el lugar de trabajo y derechos a licencias remuneradas. Pero también en la mayoría, por no decir en todas, se exige acreditar la situación de violencia doméstica ante organismos oficiales.

En nuestro país las formas de acreditar la violencia doméstica se encuentran señaladas en el artículo 23 de la LO 1/2004 (modificado por DF LO 10/2022): «Las situaciones de violencia de género que dan lugar al reconocimiento de los derechos regulados en esta ley se acreditarán mediante una *sentencia condenatoria* por cualquiera de las manifestaciones de la violencia contra las mujeres previstas en esta ley, *una orden de protección* o cualquier otra *resolución judicial* que acuerde una medida cautelar a favor de la víctima, o bien por el *informe del Ministerio Fiscal* que indique la existencia de indicios de que la demandante es víctima de violencia de género. También podrán acreditarse las situaciones de violencia contra las mujeres mediante *informe de los servicios sociales, de los servicios especializados, o de los servicios de acogida* de la Administración Pública competente destinados a las víctimas de violencia de género, o por cualquier otro título, siempre que ello esté previsto en las disposiciones normativas de carácter sectorial que regulen el acceso a cada uno de los derechos y recursos».

Sin embargo, el problema se plantea con respecto de las mujeres que están sufriendo una situación de violencia doméstica y no se atreven a presentar una denuncia; sin duda, la cultura machista actual perpetúa la vergüenza y la culpabilización de las víctimas. Aunque muchas otras veces es la violencia económica financiera la que les impide dar el paso. Por ello, a la hora de abordar las medidas que puedan aplicarse hay que pensar en estas situaciones y ayudar a la víctima a tomar una decisión al respecto y, en su caso, derivarla a los servicios de atención especializada. Por ello es importante que en las empresas se ponga en marcha, tal como establece el apartado 18 de la Recomendación 206 OIT, un sistema de orientación hacía mecanismos públicos de mitigación de la violencia doméstica (se vuelve sobre este punto más tarde).

Por tanto, otra diferencia que hay que tener en cuenta a efectos de establecer medidas de seguridad y salud en el trabajo, es que hay que discernir entre las medidas que se pueden diseñar dirigidas a las mujeres víctimas que han presentado denuncia a través de los organismos «oficiales», de las medidas dirigidas a las mujeres que todavía no se han atrevido a dar el paso; es más, es con respecto de estas últimas donde la empresa debería desarrollar estrategias para identificar supuestos de violencia de doméstica y contribuir a animar a la trabajadora a poner la denuncia en los organismos correspondientes.

4.1. INFORMACIÓN Y FORMACIÓN EN VIOLENCIA DOMÉSTICA

Las medidas primarias de prevención deben tener por objeto, en particular, rebatir los estereotipos de género perjudiciales, promover la igualdad de género, el respeto mutuo y el derecho a la integridad personal y animar a todas las personas, sobre todo a hombres, a actuar como modelos positivos a seguir, parar favorecer los cambios de comportamiento.

Los programas de información-sensibilización sobre los efectos y las consecuencias de la violencia doméstica deben implicar a todas las personas trabajadoras, incluidos los responsables de los departamentos de RRHH y de PRL. Todo el personal debería conocer, al menos, algunos consejos útiles para responder ante una situación de violencia doméstica, ya que en cualquier momento pueden encontrarse en esta situación.

Por su parte, los y las profesionales de RRHH y PRL (las personas con funciones de supervisión en el lugar de trabajo), tanto en el sector público como en el privado, deben recibir formación sobre como reconocer, prevenir y abordar la violencia doméstica. Pues deben ser estos profesionales las personas de referencia para ayudar en los casos particulares, de ahí que sea fundamental que reciban formación sobre cómo gestionar aspectos tales como la forma de romper la relación de violencia, dónde obtener ayuda fuera del centro de trabajo, que puede hacer la víctima una vez que se atreve a abandonar a su pareja abusiva, teniendo en cuenta que los riesgos más significativos ocurren después de que un superviviente ha dejado a su pareja abusiva.

Para ayudar a las empresas a desarrollar estás funciones de sensibilización y concienciación, el Ministerio de Igualdad, a través de la Delegación de Gobierno contra la Violencia de Género y del Instituto de las Mujeres, ha impulsado la iniciativa «Empresas por una sociedad libre de violencia de género», con el objetivo de promover la implicación de las empresas en la consecución de una sociedad libre de violencia contra las mujeres y, por tanto, en la promoción de la igualdad entre mujeres y hombres.

Se trata de una iniciativa de innovación pública en el ámbito de la colaboración público-privada y la responsabilidad social que contribuye a la sensibilización de las empresas ante la violencia de género y a facilitar la inserción laboral de las mujeres víctimas.

Las empresas se pueden unir a la red por dos vías: bien firmando un convenio con la Delegación del Gobierno contra la Violencia de Género (sensibilizacion-DGVG@igualdad.gob.es) para promover actividades de sensibilización contra la violencia machista, o bien firmando un protocolo con el Instituto de las Mujeres (empresalibreviolencia@inmujeres.es) para fomentar la inserción laboral de las mujeres víctimas de violencia machista.

Por parte de la Delegación de Gobierno contra la Violencia de Género la iniciativa se ha puesto en marcha mediante la forma jurídica de «convenio», de los señalados en el artículo 47 de la Ley 40/2015, de Régimen Jurídico del Sector Público, firmado entre la Delegación del Gobierno para la Violencia de Género y la empresa interesada. A través de este convenio ambas partes se comprometen a desarrollar una serie de acciones de sensibilización de forma conjunta y a crear una comisión de seguimiento del mismo. El convenio tendrá una duración de 4 años.

En cuanto a las acciones que implica, cabe señalar:

a) Colaborar en la difusión de las campañas de sensibilización y prevención que la Delegación de Gobierno contra la Violencia de Género ponga en marcha, utilizando canales de comunicación propios.

b) Realizar actuaciones de concienciación social con motivo de la conmemoración de determinados días internacionales relacionados con la erradicación de las diferentes formas de violencia contra las mujeres (como el 25 de diciembre, Día Internacional para la Eliminación de la Violencia contra las Mujeres).

Por otro parte, la Delegación de Gobierno contra la Violencia de Género pondrá a disposición de las empresas participantes las campañas y materiales de información y concienciación social contra la violencia sobre las mujeres. Difundirá y apoyará a través de las redes sociales y demás canales de comunicación propios las diferentes actuaciones que se lleven a cabo en desarrollo de la iniciativa, colaborará en la planificación, organización y ejecución de las actuaciones de información, prevención y sensibilización que se pongan en marcha en desarrollo de la misma y prestará asesoramiento y apoyo.

Todas aquellas empresas que quieran adherirse a la iniciativa «Empresas por una sociedad libre de violencia de género» a través de convenio con la Delegación de Gobierno contra la Violencia de Género o recibir información, pueden ponerse en contacto a través de sensibilización-DGVG@igualdad.gob.es.

Para animar a las empresas a colaborar en contra la violencia doméstica, es importante que éstas conozcan que la ley les otorga distintas bonificaciones para favorecer la inserción laboral de estas mujeres cuando contrate a mujeres víctimas de violencia de género/doméstica, o cuando lleven a cabo su recolocación geográfica si la solicitan, o para compensar las diferencias salariales que puede provocar las que decidan reducirse la jornada.

Por otro lado, el artículo 21. 3 LO 1/2004 establece que: «Las empresas que formalicen contratos de interinidad, para sustituir a trabajadoras víctimas de violencia de género que hayan suspendido su contrato de trabajo o ejercitado su derecho a la movilidad geográfica o al cambio de centro de trabajo, tendrán derecho a una bonificación del 100 por 100 de las cuotas empresariales a la Seguridad Social por contingencias comunes, durante todo el período de suspensión de la trabajadora sustituida o durante seis meses en los supuestos de movilidad geográfica o cambio de centro de trabajo. Cuando se produzca la reincorporación, ésta se realizará en las mismas condiciones existentes en el momento de la suspensión del contrato de trabajo, garantizándose los ajustes razonables que se puedan precisar por razón de discapacidad».

4.2. INFORMACIÓN SOBRE LOS DERECHOS LABORALES Y DE SEGURIDAD SOCIAL DE LAS MUJERES VÍCTIMAS DE VIOLENCIA DOMÉSTICA

Entre las medidas de sensibilización y formación se deben incorporar el conocimiento de los derechos que asisten a las mujeres víctimas de violencia doméstica.

En este sentido, Ley Orgánica 1/2004 de Medidas de Protección Integral contra la Violencia de Género reconoce una serie de derechos fundamentales para las mujeres víctimas de violencia de género/doméstica. También en el plano del empleo, en el artículo 22. Los derechos laborales y de Seguridad Social están contemplados en el artículo 21 de la citada ley.

En cuanto a los derechos laborales el artículo 21.1 establece una serie de derechos cuyo ejercicio se ha concretado en el Estatuto de los Trabajadores, al respecto se establece que: «La trabajadora víctima de violencia de género tendrá derecho, en los términos previstos en el Estatuto de los Trabajadores, a la reducción o a la reordenación de su tiempo de trabajo, a la movilidad geográfica, al cambio de centro de trabajo, a la adaptación de su puesto de trabajo y a los apoyos que precise por razón de su discapacidad para su reincorporación, a la suspensión de la relación laboral con reserva de puesto de trabajo y a la extinción del contrato de trabajo».

En el Estatuto de los Trabajadores tales derechos se concretan de la siguiente manera:

- Derecho a *la reducción de jornada,* con reducción proporcional del sueldo y a la reordenación de su tiempo de trabajo mediante adaptación del horario, aplicación de horario flexible o de otras formas de ordenación del tiempo de trabajo que se usen en la empresa.
- Derecho a la *movilidad geográfica y al cambio de centro de trabajo,* teniendo preferencia para la ocupación de otro puesto de trabajo semejante.
- Derecho a la *suspensión de su contrato de trabajo,* si así lo deciden, cuando se vean obligadas a abandonar su puesto de trabajo como consecuencia de ser víctimas de violencia de género/doméstica.
- Derecho a *considerar justificadas sus ausencias* totales o parciales al trabajo motivadas por su situación física o psicológica derivada de la violencia de género/doméstica. Por lo que no será motivo de sanciones o despido. En todo caso, de acuerdo con el apartado 4 del artículo 21 de la LO 1/2004, estás ausencias serán remuneradas cuando así lo determinen los servicios sociales de atención o servicios de salud, según proceda, sin perjuicio de que dichas ausencias sean comunicadas por la trabajadora a la empresa a la mayor brevedad.

En cuanto a los derechos de Seguridad Social, el apartado 2 del artículo 21, con remisión para su concreción a Ley General de la Seguridad Social, establece que «la suspensión y la extinción del contrato de trabajo previstas en el apartado anterior darán lugar a situación legal de desempleo. El tiempo de suspensión se considerará como período de cotización efectiva a efectos de prestaciones de Seguridad Social y de desempleo».

En el ámbito de la Seguridad Social se concretan estos derechos en:

- Acceso a la modalidad de *jubilación anticipada* por causa no imputable a la trabajadora víctima de violencia de género/doméstica.
- Al cobro de *pensión de jubilación* a aquellas mujeres que, no cobrando pensión compensatoria de su exmarido, puedan acreditar que eran víctimas de violencia de género/doméstica en el momento de la separación judicial o del divorcio mediante sentencia firme.
- A cobrar la *prestación por desempleo* a la trabajadora que suspenda o extinga voluntariamente su contrato de trabajo, viéndose obligada a ello por la situación de violencia de género/doméstica.
- Derecho al *período de cotización efectiva* a mujeres víctimas de violencia de género en el tiempo de suspensión del contrato de trabajo con reserva de dicho puesto.

Es preciso resaltar que la concreción del ejercicio de todos estos derechos corresponde a la víctima de violencia doméstica, que los ejercitará cuando los necesite con motivo de su situación. En todo caso, para que la mujer pueda hacer uso de estos derechos deberá acreditar su condición de víctimas de violencia de género/doméstica.

4.3. AMPLIACIÓN DE DERECHOS A TRAVÉS DEL CONVENIO COLECTIVO O PLANES DE IGUALDAD

A partir de aquí, en materia de violencia doméstica, a falta de una mayor regulación y concreción de los derechos, toman especial protagonismo tanto las actuaciones o mejoras en protección que establezcan las empresas, como a través de la negociación colectiva, que pueda establecerse bien en los planes de igualdad o bien en los convenios colectivos; mejoras que, en todo caso, tienen que ir dirigidas también a las mujeres víctimas de violencia doméstica que todavía no se han atrevido a dar el paso de denunciar a su agresor.

Entre las medidas que pueden establecerse se encontrarían[12]:

- *Con relación a la reducción de jornada y reordenación del tiempo de trabajo*: la elección siempre debería realizarla la mujer víctima y si hay reducción de jornada no debería haber disminución de salario.

12. Propuestas planteadas en la conferencia sobre «la violencia de género en los planes de igualdad», celebrada en Ourense, en junio del 2023, organizadas por el Departamento de Trabajo de la Xunta de Galicia.

- *Con relación a los permisos*: deberían facilitarse los permisos necesarios para realizar gestiones administrativas, judiciales o médicas, incluidos aquellos que pueden afectar a los hijos/as a su cargo. Dichos permisos deberán ser siempre retribuidos y no deben ser considerados ausencias a efectos del cobro de pluses cuya finalidad es incentivar la presencia en el trabajo.
- *En excedencias*: deberán reconocerse de la misma forma que a las funcionarias, sin necesidad de haber prestado un mínimo de tiempo de servicios. Con reserva de puesto de trabajo durante 6 meses, pudiendo prorrogarse a 18. Dicho período será computable a efectos de ascensos, antigüedad y derechos pasivos.
- *Con relación a la recolocación en otra empresa del grupo o en otro centro de trabajo*. Si no hubiese vacante dentro de un grupo o categoría equivalente tendrá derecho a ser trasladado a otro puesto respetando, en todo caso, su retribución de origen.
- Y si la trabajadora se encuentra en el mismo centro de trabajo que su agresor, y este no ha sido despedido por la empresa, será decisión de la víctima quién debe ser trasladado de centro de trabajo.
- *Establecer ayudas económicas:*
    - Fondos ayuda escolar, visitas o tratamientos psicológicos/médico, primeras necesidades.
    - Por traslado.
    - Por incapacidad temporal.
    - Préstamos o anticipos.
    - Ayudas por cambio de domicilio.
- *Con relación a las vacaciones*: buscar fórmulas de adaptación de los procesos habituales o convencionales de asignación de vacaciones.
- *Gestión integral de la situación laboral de la trabajadora*: asignación de un «asesor confidencial» que se ocupe con la mayor confidencialidad de prestarle apoyo y colaboración y de gestionarle las medidas de ámbito laboral y que se adapten a su situación.
- *Mejorar las condiciones de trabajo.* pasar de trabajo temporal a indefinido o aumentar la jornada. Es necesario que tengan mayor independencia económica y laboral.

4.4. PROTOCOLOS DE PREVENCIÓN, DETECCIÓN Y PROTECCIÓN DE LA MUJER VÍCTIMA DE VIOLENCIA DOMÉSTICA

Como se ponía de manifiesto con anterioridad, a la hora de establecer estrategias para ayudar a las mujeres a superar las situaciones de violencia doméstica, hay que diferenciar los supuestos en que la mujer víctima ha puesto la denuncia en los correspondientes organismos previstos en la Ley 1/2004, de aquellas otras que todavía no se han atrevido a denunciar al maltratador. Es con respecto de estas últimas donde la empresa debería desarrollar estrategias para identificar supuestos de violencia de doméstica y contribuir a animar a la trabajadora a poner la correspondiente denuncia.

Hay constancia investigadora de que muchas mujeres no se sienten cómodas o no tienen oportunidad de revelar su situación a sus jefes o compañeros de trabajo, debido al temor a posibles consecuencias negativas para su trabajo y su carrera en caso de revelar su experiencia, al margen de problemas psicológicos o económicos que puedan influir. Aun cuando esta decisión debe ser respetada, puede ser muy útil que el empleador y los compañeros de trabajo sean capaces de identificar el problema con el fin de facilitar a las mujeres orientaciones sobre los servicios de apoyo y una asistencia eficaz (económica, psicológica, etc.), me referiré en este caso a la detección de la violencia doméstica a través de signos externos.

Ante todo, es importante, desde el punto de vista de la PRL, que la empresa implante programas de ayuda a las empleadas que tengan por finalidad conseguir que el lugar de trabajo se convierta en una entorno saludable y seguro. En esta línea se mueve la NTP del INSST núm. 780 (2007): *El programa de ayuda al empleado (EAP): intervención individual en la prevención de riesgos psicosociales.* Se trata de una herramienta de protección y prevención de la salud de las personas trabajadoras de aplicación individual y complementaria de otras actuaciones colectivas destinadas a la creación de entornos seguros y saludables.

Por otro lado, con carácter general, cuando la mujer revele al empleador que está siendo víctima de violencia doméstica, el empleador debe considerar realizar una evaluación en el lugar de trabajo para garantizar que se minimice el riesgo potencial para la empleada y los colegas del trabajo y para que la empleada permanezca segura ya sea en el lugar de trabajo o en el teletrabajo.

Sin embargo, recuérdese que la Recomendación 206 de la OIT, con respecto a la violencia doméstica, solicita su inclusión en la evaluación de riesgos laborales en el lugar de trabajo (tal como ya se ha procedido con las violencias sexuales en la LO 10/2022 de libertad sexual), por tanto, se debería trabajar en alguna metodología específica que sirva para identificar dichas situaciones y, en este sentido, las actuaciones en vigilancia de la salud pueden contribuir de manera importe a reconocer estas situaciones y proponer al empleador la adopción de medidas adecuadas para proteger a la persona trabajadora.

En todo caso resulta fundamental que la persona que revele que está experimentando violencia doméstica, pueda hacerlo de la manera más confidencial posible y que las medidas de apoyo sean discutidas y acordadas con la empleada. Entre las medidas de apoyo se pueden establecer, por ejemplo:

- Acordar qué decirles a los colegas y cómo responder si el agresor contacta o visita el lugar de trabajo.
- Un cambio de lugar de trabajo, los patrones de trabajo y tareas.
- Una plaza de aparcamiento segura. Seguridad en los desplazamientos.
- Cambios en los equipos informáticos o telefónicos o direcciones de correo o redirección de llamadas y correos.
- Garantizar que la víctima no tenga que trabajar sola o en un área aislada.
- Mantener un registro de cualquier incidente abusivo, por ejemplo, llamadas persistentes.
- Apoyo psicológico y/o económico.

Por otro lado, en el caso de las mujeres teletrabajadoras, cuya violencia vieron incrementada durante la pandemia *Covid-19*, el *Informe de la ONU, Mujeres 2020,* desarrolló una serie de indicaciones para adaptar el apoyo en el lugar de trabajo, identificando las siguientes medidas:

- Adaptar las medidas existentes de apoyo y seguridad, por ejemplo, introduciendo un código de seguridad o una señal manual como forma de activar la ayuda de emergencia.
- Licencia pagada si la víctima tiene dificultades para completar las tareas laborales o necesita acceder a servicios esenciales.
- Desvío de llamadas telefónicas o correos electrónicos si hay abuso por teléfono, texto o correo de una pareja actual o anterior.

- Asegurarse que en el equipo de trabajo se proporciona asistencia financiera de emergencia si se ve obligada la víctima a abandonar el lugar de trabajo.

- Ofrecer asesoramiento sobre una orden de protección /restricción y de cómo comunicarse con la policía si, por ejemplo, una expareja ha violado orden de protección.

En el supuesto de mujeres víctimas que todavía no se han atrevido a denunciar, la detección de la violencia puede llevarse a cabo a través de la observación de *signos externos*, que indudablemente pasa por la capacitación y orientación de los responsables de RRHH y de PRL (incluida la vigilancia de la salud), y de los propios compañeros y compañeras de trabajo.

Estos signos son:

- Reducción del rendimiento laboral.

- No participar en llamadas o reuniones en línea.

- El silencio/video que se apaga durante períodos prolongados.

- Cambios inexplicables en el comportamiento.

- Ausencias inexplicables del trabajo sin que exista o conozca de enfermedad aparente.

- La presencia manifiesta de moratones o roturas, sin justificación o que son reiteradas.

- Un cambio grande se actitud cuando su pareja esté delante.

- La presencia de alguna violencia o vejaciones o insultos, etc.

Desde el punto de vista de la seguridad y salud en el trabajo hay que recordar la aplicación del artículo 25 LPRL, de la protección de las personas trabajadoras especialmente sensibles, cuando *manifiestamente* no respondan a las exigencias psicofísicas de sus respectivos puestos de trabajo, aunque sea de forma coyuntural, donde se exige al empleador llevar a cabo una evaluación específica del puesto de trabajo y una adaptación de las medidas de protección específicas.

Esta intervención está prevista, por ejemplo, en la Ley de Salud y Seguridad Ocupacional de Ontario-Canadá (2009), en cuyo artículo 30.4 se establece que «si un empleador se da cuenta, o debería razonablemente saber, que puede ocurrir violencia doméstica que probablemente expondría a un trabajador a lesiones físicas en el lugar de trabajo, el empleador tomará todas las precauciones razonables en las circunstancias para la protección del trabajador».

Por otro lado, como ya se ha adelantado, es importante que la violencia contra las mujeres y en concreto la violencia doméstica, forme parte de las acciones de promoción de la salud en los centros de trabajo. Por ello el personal de vigilancia de la salud debe participar en la detección de la violencia doméstica mediante la inclusión en los cuestionarios psicosociales de preguntas acerca de la violencia contra las mujeres, la confianza en sí mismas, etc.

Recuérdese que en los supuestos previstos en el artículo 25 LPRL, la vigilancia de la salud puede resultar obligatoria, cuando la trabajadora pueda ponerse en peligro ella misma, otros trabajadores o terceras personas (art. 22 LPRL), siempre con la debida confidencialidad. Aun así, desde la vigilancia de la salud se puede ayudar a proporcionar un espacio seguro para hablar sobre su experiencia y averiguar sobre las medidas de apoyo en el lugar de trabajo, proporcionando apoyo, asesoramiento e información confidenciales y derivar a la trabajadora, en su caso, a las organizaciones especializadas en violencia doméstica.

Y es que el principal problema que se plantea tras una intervención en vigilancia de la salud es que estos profesionales no están en condiciones de proporcionar servicios especializado de apoyo a las víctimas de violencia doméstica. Por ello resulta fundamental que sepan derivar a las mujeres a los servicios de apoyo más cercanos y a las organizaciones especializadas que ofrecen un enfoque más personalizado, que incluye asesoramiento, asistencia jurídica y otros servicios que puedan necesitar las mujeres.

5. CONCLUSIONES

En la lucha para la erradicación de la violencia contra las mujeres, y en concreto la violencia doméstica, resulta fundamental que desde los Gobiernos y las asociaciones de empleadores y de representantes de las personas trabajadoras se contribuya a visibilizar y a empoderar a las mujeres para que sean independientes económicamente y, de paso, sentimentalmente. La implicación de los empleadores y de las personas trabajadoras y sus representantes resulta de vital importancia; no sólo se ayudará a luchar contra esta lacra que tenemos en la sociedad actual, sino que incluso desde el punto de vista empresarial, su implicación le reportará beneficios al generarse un entorno de trabajo seguro y saludable que contribuye a incrementar el rendimiento laboral de la plantilla y a minorar el absentismo laboral (a parte de otras beneficios menos tangibles como la mejora de la reputación de la organización; la captación y retención de talento femenino; la obtención de sellos de calidad como el de «empresas por un sociedad libre de violencia de género», etc.).

El Convenio 190 de la OIT y la Recomendación 206 que le acompaña, ha supuesto un paso importante en la visibilización y la lucha contra la violencia doméstica desde los lugares de trabajo, incluyendo su detección en las evaluaciones de riesgos laborales para posteriormente poder realizar intervenciones que ayuden a las mujeres a dar el paso decisivo en la denuncia contra el perpetrador, derivándolas a los servicios de especialización y, en todo caso, poniendo en marcha en las empresas medidas de protección a la trabajadora (un plan de seguridad) y, en su caso, a los compañeros de trabajo, hayan puesto las víctimas, o no, la consiguiente denuncia en las instancias previstas en la LO 1/2004.

También la Directiva (EU) 2024/1385 de 14 de mayo del 2024, sobre la lucha contra la violencia contra las mujeres y la violencia doméstica, entre muchas otras medidas, contiene indicaciones aplicables al ámbito laboral y entre otras cuestiones hace un llamamiento a que las personas con funciones de supervisión en el lugar de trabajo reciban formación sobre como reconocer, prevenir y abordar el acoso sexual en el trabajo, además de la necesidad de recibir información sobre los efectos de la violencia contra las mujeres y la violencia doméstica en el trabajo y sobre el riesgo de violencia ejercida por terceros.

Sin duda, la información-sensibilización y la formación resultan medidas de prevención de primer nivel para crear un entorno de trabajo seguro y saludable, de ahí que resulte fundamental también publicitar los derechos que asisten a las mujeres víctimas de violencia de género en la legislación laboral y en la Seguridad Social. Derechos laborales que pueden y deben ser concretados e incluso ampliados a través de los convenios colectivos o los planes de igualdad.

En nuestro país la prevención de la violencia doméstica en los lugares de trabajo no aparece como materia de obligado cumplimiento a incorporar en los planes de igualdad, si bien el ANEXO2 V del RD 901/2020, relativo a la hoja estadística del plan de igualdad, refiere a los derechos laborales de las víctimas de violencia de género, incluyendo hasta seis acciones distintas entre las que aparece el asesoramiento o apoyo profesional psicológico o médico a las víctimas, aunque se antoja una medida insuficiente en sí misma.

La LO 10/2022 de garantía integral de la libertad sexual, ha supuesto un paso adelante, no sólo para visibilizar las formas de acoso sexual que en la actualidad se están produciendo a través de las TIC (el ciberacoso), sino también para visibilizar otras formas de violencia contra las mujeres, las violencias sexuales, que son todas aquellas cometidas por cualquier agresor tenga o no relación de afectividad con las víctimas ¿se está incluyendo en la valoración de los riesgos laborales la violencia sexual entre los riesgos laborales concurrentes? Me temo que queda mucho por hacer.

Resulta necesario dar visibilidad a la violencia doméstica como una forma de violencia hacia las mujeres por razón de género en las empresas. Para ello es preciso saber establecer las medidas adecuadas de prevención, detección e intervención a las que me he referido en el presente estudio. Una política de prevención de la violencia doméstica en el lugar de trabajo que debe cubrir los siguientes aspectos: en primer lugar, el compromiso de la empresa en la lucha contra la violencia doméstica y la cooperación y colaboración de los responsables de los departamentos de RRHH, de Igualdad y de PRL de las empresas. Identificando claramente las funciones y responsabilidades de los mismos, incluido un punto de contacto designado en RRHH o persona de confianza, para proporcionar información confidencial a las personas trabajadoras. En segundo lugar, establecer protocolos y medidas de seguridad, así como el apoyo de todo tipo en diferentes situaciones, incluido en el teletrabajo, lo que incluye la realización evaluaciones de riesgos con la finalidad de detectar la violencia doméstica e incorporar evaluaciones de riesgos individualizadas tras la puesta en conocimiento de la situación por parte de la víctima (haya puesto o no denuncia «oficial»), para diseñar un plan de seguridad que permita ayudar y proteger a la persona trabajadora. Y, por último, establecer la necesaria coordinación con organizaciones locales o nacionales especializadas en violencia de género para el asesoramiento, orientación y apoyo de todo tipo a la víctima de violencia doméstica.

Por último, considero de vital importancia clarificar el concepto de violencia de género e incorporar a la definición contenida en la Ley 1/2004, la violencia económica, tal como ha procedido la SAP de Guipúzcoa 293/2023; así como la incorporación de las nuevas expresiones de violencia a través de las TIC, como lo es el ciberacecho.

Además, *lege ferenda*, sería necesaria la reforma del RD 901/2020 para que en los planes de igualdad se incorporen como materias de obligado cumplimiento todas las formas de violencia contra la mujer, no sólo el acoso sexual y por razón de sexo y sus manifestaciones de ciberacoso, sino también, la prevención de las violencias sexuales tal como reclama la Ley 10/2022 (y la ESSTT), y la prevención, detección e intervención en supuestos de violencia doméstica. Y quizá no estaría demás irnos ya familiarizando con las diversas conductas delictivas cuya armonización pretende la Directiva (EU) 2024/1385, en relación a la violencia contra las mujeres como son el ciberacecho (*ciber stalking*), el ciberacoso (*cyber harrasmet*), el ciberexibicionismo (*ciber flashing*) o el cibermatonismo (*ciber bullying*), entre otras, y ello teniendo en cuenta, tal como proclama la propia Directiva, que en la misma no se aborda todo el espectro de conductas delictivas que constituyen violencia contra las mujeres.

En definitiva, la creación de una cultura de apoyo a las víctimas de violencia doméstica puede propiciar que las mujeres denuncien la violencia que padecen y a convencerse de que tienen derecho a una vida libre e independiente. Cada persona, cada trabajador/a, cada empresa, pueden marcar la diferencia. Mediante el acceso de las mujeres a un espacio seguro y a unos ingresos que les permitan ser independientes económicamente, las empresas pueden desempeñar un papel crucial en la protección y empoderamiento de las víctimas para romper con las relaciones violentas.

Parte IV
Otras cuestiones relevantes

Capítulo 13

Inteligencia artificial y salud laboral: perspectiva de género

PILAR RIVAS VALLEJO
Catedrática de Derecho del Trabajo y de la Seguridad Social
Universidad de Barcelona

En el pasado creíamos que el futuro consistiría en viajar al espacio, pero al final ha consistido en viajar a las mentes

SUMARIO: 1. CONTEXTO Y ACOTACIÓN DEL TEMA ABORDADO. *1.1. Algoritmos e inteligencia artificial en la gestión del trabajo y de la prevención de los riesgos laborales. 1.2. Regulación de la inteligencia artificial e impacto sobre la prevención de riesgos laborales.* 2. IMPACTO DE LA TECNOLOGÍA EN LA SALUD. *2.1. Como fuente de riesgo. 2.2. Como herramienta preventiva.* 3. ENFOQUE ANALÍTICO-CRÍTICO. *3.1. Panorama general. 3.2. Riesgos psicosociales en entornos específicos e intrusión de herramientas extralaborales.* 3.2.1. Trabajo en entornos con cobots y chatbots. 3.2.2. Herramientas extralaborales laboralizadas. 3.2.3. Interacción con terceros y sistemas reputacionales. 3.2.4. Gestión del trabajo y vigilancia de personas. 4. ENFOQUE PROACTIVO: LA INTELIGENCIA ARTIFICIAL Y LA ROBÓTICA COMO INSTRUMENTO DE MEJORA DE LA SALUD LABORAL. *4.1. Funcionalidades y ventajas de la inteligencia artificial en la anticipación de los riesgos laborales. 4.2. Prevención de riesgos de acuerdo con el RIA: seguridad de la IA como seguridad del producto. 4.3. Tutela frente a la discriminación derivada del uso de IA como herramienta preventiva.* 4.3.1. Perspectiva de género. 4.3.2. Diversidad funcional. *4.4. Seguridad vial y prevención de riesgos laborales.* 5. BIBLIOGRAFÍA.

1. CONTEXTO Y ACOTACIÓN DEL TEMA ABORDADO

La expansión de la robótica ha llevado a cuestionar su conveniencia desde el punto de vista de las políticas de empleo, de igual modo a como el trabajo en las plataformas digitales ha revolucionado la concepción de las relaciones laborales y se ha convertido en tema central de las disquisiciones laboralistas en la actualidad, en el nuevo paradigma del «cibertariado»[1], con un papel central de la inteligencia artificial en el ámbito de las relaciones de trabajo[2], y en el que se detecta una nueva brecha de género[3]. En estas páginas nos ocuparemos del «hard law» de la Unión Europea aplicable al uso de la IA en entornos de gestión del trabajo y los riesgos que este representa sobre la salud laboral desde la perspectiva de género.

1.1. ALGORITMOS[4] E INTELIGENCIA ARTIFICIAL EN LA GESTIÓN DEL TRABAJO Y DE LA PREVENCIÓN DE LOS RIESGOS LABORALES

Los sistemas de inteligencia artificial (IA) tienen la capacidad de interpretar correctamente datos externos, aprender de dichos datos y utilizar estas lecciones para alcanzar objetivos y tareas específicos a través de una adaptación flexible, mientras que la minería de datos «se define como el proceso de descubrir patrones en una variedad de datos y resolver problemas a partir de gran cantidad de datos». *Workplace Analytics* (basado en minería de datos) o *People analytics*[5] son algunas de las técnicas que actualmente permiten analizar y evaluar a personas para su clasificación o para la valoración de su trabajo o su productividad a partir del tratamiento de datos. Se trata de herramientas de uso común. Según datos del INE de

1. HUWS, Ursula: *Labor in the global digital economy: the cybertariat comes of age*, New York, Monthly Review Press, 2014.
2. ÁLVAREZ CUESTA, Henar: *El impacto de la inteligencia artificial en el trabajo: desafíos y propuestas*. Thomson Aranzadi, Cizur Menor, 2020.
3. COLLET, Clementine; NEFF, Gina, y GOUVEA GOMES, Livia, *Los efectos de la IA en la vida laboral de las mujeres*, UNESCO, 2022, https://unesdoc.unesco.org/ark:/48223/pf0000380871
4. Un algoritmo se define como «secuencia finita de reglas formales (operaciones e instrucciones lógicas) que hacen posible obtener un resultado a partir de la entrada de información», secuencia que puede ser parte de un proceso automatizado de ejecución y se basa en modelos diseñados a través de aprendizaje automático (*Carta ética europea sobre el uso de la Inteligencia Artificial en los sistemas judiciales y su entorno*, de 4/12/2018).
5. «People analytics» o analítica de personas es el uso de algoritmos para el análisis de personas, dirigido a captar y evaluar el talento o el desempeño laboral de los trabajadores. Según Bodie, Cherry, McCormick y Tang, es «un proceso o método de gestión

2021-2022, el 8,32% empresas utilizan tecnologías de IA, el 7,67% utiliza IA para gestión de recursos humanos o contratación (9,34% servicios), y el 38,6% automatizan la gestión de los flujos de trabajo o ayuda en la adopción de decisiones (en cuanto a su tipología, el 41,8% son empresas de cincuenta a doscientos cuarenta y nueve trabajadores, y el 54,5% cuentan con doscientos cincuenta o más trabajadores).

Tales aplicaciones sirven para gestionar la relación de trabajo desde las etapas precontractuales (*v. gr.* oferta de empleo y procesos de selección) hasta su terminación, incluyendo la gestión de la prevención de los riesgos laborales. Pero, aun cuando no se trate precisamente de herramientas de gestión preventiva, las distintas aplicaciones basadas en IA que ayudan en la gestión laboral pueden constituir, en sí, fuente de riesgos laborales, que, en atención al estado actual de la técnica, no cuentan con mecanismos accesorios de carácter preventivo que reduzcan su impacto sobre la salud laboral. Al mismo tiempo, los avances de la IA han permitido importantes desarrollos de las técnicas preventivas que los sistemas basados en el análisis de datos masivos permiten mejorar, atendiendo a su carácter esencialmente predictivo. De tal suerte que el examen del tema propuesto se ajusta a una doble perspectiva: a) un enfoque analítico-critico, basado en el examen crítico sobre el impacto sobre la salud laboral de los métodos de gestión del trabajo basados en IA, lo que incluye, asimismo, el de los propios medios preventivos regidos por IA, y b), un enfoque proactivo, igualmente necesario y complementario del anterior, en el que sean objeto de examen las virtualidades de la IA para la prevención de riesgos laborales, no sin antes introducir el contexto legislativo necesario.

1.2. REGULACIÓN DE LA INTELIGENCIA ARTIFICIAL E IMPACTO SOBRE LA PREVENCIÓN DE RIESGOS LABORALES

Los algoritmos o su uso cuentan con características que les otorgan un innegable poder en la actualidad, pues tienen apariencia de legitimidad y generan confianza en su supuesta infalibilidad, aunque las decisiones asentadas sobre sistemas basados en procesos automáticos, encriptados en

de recursos humanos basado en el uso de "macrodatos" para capturar conocimientos sobre el desempeño laboral. La idea central es que el juicio subjetivo no estructurado no es riguroso o confiable como forma de evaluar el talento o crear políticas de recursos humanos» (BODIE, Mathew T., CHERRY, Miriam A., MCCORMICK, Marcia L., y TANG, Jintong: «The Law and Policy of People Analytics», *University of Colorado Law* Review, Saint Louis U. Legal Studies Research Paper No.2016-6, *https://papers.ssrn.com/sol3/Delivery.cfm/SSRN_ID2778257_code1090388.pdf?abstractid=2769980&mirid=1*).

forma de algoritmos e insertados en sistemas de IA o aplicaciones guiadas por IA, lo hacen a menudo en datos previamente analizados algorítmicamente. La utilidad de los datos masivos aumenta también el alcance de los sistemas de IA. Por eso la regulación jurídica de la captación y tratamiento de datos masivos constituye un importante acercamiento a la regulación del uso de la IA, pero no suficiente, pues las dimensiones de la invasión de la automatización de procesos de decisión guiados por IA exceden de la mera protección de los datos personales. Y, del mismo modo, no todos los sistemas de IA se sostienen en datos.

El uso de la IA como herramienta de trabajo en distintos campos ha supuesto que las previas etapas de tecnificación de la gestión pública y privada hayan experimentado un giro copernicano a partir del nacimiento de la IA. Incluso en este primer estadio de avances técnicos de la IA, el desarrollo y extensión de un incesante crecimiento de aplicaciones cotidianas de IA o basadas en esta, y, especialmente, en el tratamiento de datos masivos o macrodatos, ha colonizado la gestión de empresas y administraciones públicas, sin contar con un marco regulatorio que pudiera dar respuesta adecuada a los riesgos que comporta este uso o «algoritmización» de nuestras vidas para los derechos fundamentales y los derechos humanos, y, singularmente, para el derecho a la igualdad y a la no discriminación, así como a la igualdad de oportunidades. En el ámbito europeo, esta implosión ha encontrado un limitado marco jurídico, definido por un doble orden de normas: las que tutelan el derecho a la igualdad (las directivas de igualdad), y su limitado ámbito de aplicación, y la norma que, de forma reciente, solucionó una primera ola de riesgos derivados del tratamiento de datos, el Reglamento (UE) 2016/679, de 27 de abril, del Parlamento Europeo y del Consejo, de Protección de Datos. Sin embargo, este marco regulador devino pronto insuficiente para dar solución a los riesgos que la extensión del uso de sistemas de IA ha supuesto por los derechos fundamentales y la igualdad y la salud laboral.

Es así como, en el ámbito de la Unión Europea, la preocupación pública por los riesgos introducidos por la IA y las diversas iniciativas de gobernanza ética empresas llevó a la activación en 2018 de un grupo de trabajo sobre el impacto de la IA (grupo de expertos de alto nivel sobre IA), que redactó unas directrices éticas para una IA fiable (apoyadas por la Comisión Europea en abril de 2019, en virtud de una lista de evaluación para una inteligencia artificial fiable) y el abordaje de su regulación a partir del Libro blanco sobre la inteligencia artificial – un enfoque europeo orientado a la excelencia y la confianza (2020) de la Comisión Europea. Como resultado de esta iniciativa, se lanzó la Propuesta de Reglamento sobre IA, el 21 de abril de 2021, que ha sido objeto de aprobación, tras la aceptación de las enmiendas introducidas por el Parlamento Europeo de las que surge el texto aprobado el 14 de junio de 2023 y la posterior fase de triálogo, en marzo de 2024 en un texto provisional[6], dando lugar finalmente al Reglamento (UE) 2024/1689 del Parlamento Europeo y del Consejo, de 13 de junio de 2024, por el que se establecen normas armonizadas en materia de inteligencia artificial y por el que se modifican los Reglamentos (CE) n.º 300/2008, (UE) n.º 167/2013, (UE) n.º 168/2013, (UE) 2018/858, (UE) 2018/1139 y (UE) 2019/2144 y las Directivas 2014/90/UE, (UE) 2016/797 y (UE) 2020/1828 (Reglamento de Inteligencia Artificial) (al que llamaremos Reglamento de Inteligencia Artificial, RIA).

Este texto, orientado a consolidar unas bases homogéneas de seguridad en el uso de mecanismos basados en IA en el marco de la Unión Europea, se construye sobre un modelo de riesgos basados en un criterio de graduación al que se liga un distinto nivel de prohibición o permisividad, no persigue proteger la salud y la seguridad de los usuarios, sino dotar al uso de las distintas herramientas basadas en IA de unos límites que aseguren la protección de los derechos fundamentales y, en particular, de los datos personales y la igualdad. Por lo que respecta a la salud laboral, la búsqueda de protección y garantías en el uso de la IA tiene una clara repercusión sobre los sistemas y modelos susceptibles de introducir riesgos sobre las personas, por lo que en el reglamento europeo se atisba un relevante contenido desde la óptica preventiva. Ahora bien, debe analizarse tal alcance en el marco de la salud laboral, y si este tiene impacto de género (trinomio salud-derechos fundamentales, incluidos datos personales[7], igualdad y no discriminación[8]).

En primer lugar, esta ley traduce una apuesta por el refuerzo del desarrollo de la IA e incluso su liderazgo en la UE, por lo que el sentido del reglamento es la amplia acogida de los sistemas de IA en su territorio, incluso para la gestión de personas (recursos humanos), a pesar de calificar este uso de alto riesgo, si bien disciplinando su admisión conforme a un modelo orientado sobre la base de un nivel de riesgos, donde cualquier sistema o modelo pueda ser clasificado dentro de uno de los tres niveles previstos, y en virtud del cual todo sistema de IA resulta susceptible de etiquetado como parte de uno de los tres siguientes grupos, conforme al

6. Puede consultarse en https://www.europarl.europa.eu/doceo/document/TA-9-2024-0138_ES.pdf
7. *Vid.* PEDROSA ALQUÉZAR, Sonia I., «Vigilancia de la salud laboral y protección de datos», *Revista del Ministerio de Trabajo, Migraciones y Seguridad Social*, núm. 138, 2018, pp. 163 y ss.
8. Se remite su análisis a RIVAS VALLEJO, Pilar (dir.): *Discriminación algorítmica en el ámbito laboral: perspectiva de género e intervención*. Thomson Aranzadi, 2022.

nivel de riesgo que puede generar: sistemas inaceptables, sistemas de alto riesgo y sistemas de bajo riesgo. Un modelo simplificado que, si bien parte de un enfoque de valores (inclusivo, afirma literalmente en su preámbulo), contiene un régimen de obligaciones de seguridad para sus creadores, distribuidores o usuarios en atención al tipo de riesgo que son susceptibles de generar, desde la auditoría externa, pasando por un sistema interno de gestión de riesgos, llegando a prevenciones mínimas, en todos los casos acompañadas de mecanismos de control y testeo previos en escenarios de prueba a su puesta en marcha por y entre humanos en escenarios reales. De hecho, la primera evaluación del impacto de la propuesta europea por parte del comité de control reglamentario de la Comisión obtuvo un resultado negativo (16/12/2020) y no pudo ser aprobada hasta obtener evaluación positiva el 21/3/2021. Sin embargo, la tramitación posterior del reglamento se encontró con la oposición del Comité Económico y Social Europeo en su dictamen (publicado en el DOUE de 22/12/2021) respecto de los sistemas admitidos para su aplicación en entornos laborales.

En cuanto respecta al binomio salud-IA, la pandemia mundial por COVID-19, como ya lo hicieran las epidemias previas de otros virus SARS, reveló la importancia predictiva de los datos masivos de salud a través de su tratamiento mediante IA, lo que ha llevado a distintas aproximaciones de regulación, como la de la Organización Mundial de la Salud en 2023[9], para extraer las virtualidades de su uso, al mismo tiempo que se limita su empleo indebido en relación con la seguridad[10] y los derechos fundamentales. La IA constituye, pues, una apuesta de futuro en la mejora de la salud, que exige un uso compatible con la minimización de los riesgos que es susceptible de introducir, así como facilitar su aplicación a todas las capas de la sociedad y no solo a las que puedan tener acceso a su coste[11], en las líneas marcadas por la OCDE en 2019[12].

9. WORLD HEALTH ORGANIZATION, Regulatory considerations on artificial intelligence for health, 2023, https://iris.who.int/bitstream/handle/10665/373421/9789240078871-eng.pdf?sequence=1

10. US White House, Executive Order on the Safe, Secure, and Trustworthy Development and Use of Artificial Intelligence, 2023, www.whitehouse.gov/briefing-room/presidentialactions/2023/10/30/executive-order-on-the-safe-secure-and-trustworthy-development-anduse-of-artificial-intelligence/

11. ANDERSON, B. y SUTHERLAND, E., *AI in health. Huge potential, huge risks*, OCDE, 2024, https://www.oecd.org/health/AI-in-health-huge-potential-huge-risks.pdf, p. 2. Se trata de un resumen de la obra de los mismos autores «Collective action for responsible AI in health», *OECD Artificial Intelligence Papers*, núm. 10, OECD Publishing, Paris, https://doi.org/10.1787/f2050177-en, 2024.

12. OECD, Recommendation of the Council on Artificial Intelligence, 2019, https://legalinstruments.oecd.org/en/instruments/oecd-legal-0449

Pero el citado reglamento (RIA) escapa del enfoque preventivo que sería de especial interés en el campo de la salud laboral a los efectos que aquí interesan, aun basculando sobre el concepto de riesgo, pues es este un riesgo más cercano al riesgo de seguridad del producto en el marco de la responsabilidad civil, de suerte que, en el ámbito laboral, donde la posible repercusión negativa del uso de sistemas de alto riesgo afecta muy singularmente a la salud laboral e integridad física en el trabajo, la solución legal prevista en tal norma es la de su prohibición en unos casos, y la sujeción a obligaciones evaluativas en otros.

Según manifiesta sus propios considerandos, se opta por la reducción del riesgo de vulneración de derechos fundamentales y la seguridad de las personas ocasionados por el uso de la tecnología, centrando su enfoque en los sistemas de riesgo elevado para las citadas vulneraciones y con un coste mínimo de implantación. Esta orientación parte de un estado de cosas estático, de modo que los sistemas que en la actualidad no implican riesgos altos para los derechos fundamentales, pero que pudieran serlo en un futuro próximo, quedarían en una situación similar a la que, antes de la aprobación del reglamento, proporcionaba la limitada eficacia de la protección de datos desde el RGPD, por lo que requerirá actualizaciones futuras, en tanto se prima la atención a la responsabilidad por el uso de la IA[13].

Al mismo tiempo, tal opción legislativa contribuye a pacificar el estado de opinión respecto a los riesgos de la IA para los derechos fundamentales, generando un marco de confianza derivado de la aplicación del sistema de gestión de riesgos que se regula. En cualquier caso, este modelo asume la necesidad de liderar el desarrollo de IA en Europa y la inconveniencia de crear obstáculos adicionales a su progreso, considerando los riesgos más elevados en los ámbitos privado y público, si bien la versión finalmente aprobada en 2024 ha matizado en cierta medida la flexibilidad de las versiones anteriores, especialmente, del texto inicial de la propuesta.

El RGIA constituye un marco general mínimo en cuanto a los derechos laborales en el territorio de la UE, superable por el derecho de los Estados

13. SUN, Raymond, página personal de LinkedIn, post de 12/6/2024, https://www.linkedin.com/feed/update/urn:li:activity:7206495359185920003?updateEntityUrn=urn%3Ali%3Afs_feedUpdate%3A%28V2%2Curn%3Ali%3Aactivity%3A7206495359185920003%29. El autor señala como característica diferencial entre ambos campos regulatorios el carácter «líquido» de los datos, que, frente a la tecnología, traspasa fronteras, y puede contar con una normativa más transversal, mientras que la tecnología requiere de soluciones locales adaptadas a cada caso. En el ámbito laboral, ello resulta evidente si consideramos la necesidad de que la solución legal general se ajuste a los límites marcados por cada legislación laboral interna, aunque la salud laboral y de igualdad y no discriminación son materias unificadas en la Unión.

miembros (art. 2.11), que se subordinan a la legislación nacional (principio de subsidiariedad), y con el artículo 2.9, que la condiciona al acervo de la Unión en materia de protección de datos, privacidad y no discriminación. Por otra parte, apuesta por la consolidación del mercado europeo de IA respecto a los obstáculos nacionales a la libre circulación en la UE de productos y servicios asociados a sistemas de IA. Por eso, el modelo europeo puede calificarse de permisivo[14], en tanto admite el uso y la expansión de sistemas de IA, a pesar de ser de alto riesgo, desarrollando un entorno controlado.

Se trata, pues, de un modelo de riesgos o basado en el riesgo (graduado en inaceptable, alto y limitado) de cada sistema de IA definido en el art. 3 y orientado a usuarios, aunque, en la versión aprobada en 2024, acoge la necesidad de atender el impacto de estos sistemas sobre otros «afectados», categoría en la que cabe identificar a los trabajadores objeto de decisiones automatizadas a través de sistemas basados en IA, incluidos los modelos fundacionales o de IA generativa, en el marco de la Carta de Derechos Fundamentales de la Unión Europea.

Por ello, este texto no tiene finalidad universalizadora en cuanto a soluciones jurídicas para el uso de la IA, limitándose a regular la de mayor riesgo, mientras que amplios campos digitales continuarán quedando huérfanos de reglas específicas más allá del tratamiento de datos, la seguridad del producto (o los servicios digitales) o simples deberes informativos.

La filosofía de la clasificación del riesgo que realiza la norma y en la que incluso se conciben ciertos riesgos como «limitados» (lo cual equivale a admitir su inocuidad) se asienta sobre el presupuesto de la tolerancia de determinados riesgos no evitables (sujetos a deberes de mitigación y control en el art. 9.3), según se desprende especialmente de los arts. 9.4 (que fija el principio de mitigación de riesgos) y 9.5 (que consiente los riesgos «razonablemente aceptables» cuando estos son «residuales», aceptando el uso «indebido razonablemente previsible» del sistema de IA de alto riesgo).

En esta categorización, los riesgos «limitados» también lo son respecto a los deberes que conllevan, reducidos al cumplimiento de obligaciones informativas (concretadas en los arts. 53 y 55), incluidos los que afectan a las ultrafalsificaciones generadas por modelos fundacionales (cuyo riesgo bascula sobre dos ejes: el de la transparencia y el de la ilegalidad por traspasar el límite de la propiedad intelectual).

---

14. DE MIGUEL ASENSIO, Pedro A.: «Propuesta de reglamento sobre inteligencia artificial», *La Ley Unión Europea,* núm. 92, mayo 2021, p. 2.

Por otra parte, el sistema de clasificación del riesgo pierde su eficacia garantista al descender desde el nivel de prohibición al denominado de «alto riesgo», definido por el art. 6.2 en concordancia con el anexo III, en tanto el riesgo se predica solo de los de carácter significativo y susceptibles de causar perjuicios para la salud, la seguridad o los derechos fundamentales de las personas físicas (a los que se denomina en el considerando 46 «sistemas de IA independientes con implicaciones relacionadas principalmente con los derechos fundamentales») y, por ello, sometidos a evaluación de impacto (art. 27) y a control interno (y no a certificación, salvo los sistemas de identificación biométrica, sin perjuicio de la aplicación del art. 54.3 del Reglamento (UE) 2019/881, del Parlamento Europeo y del Consejo, al que remite el considerando 123, pues la regulación de los procedimientos de normalización o certificación de conformidad, ex art. 40, permite ejercer una elección entre procedimientos internos y organismo notificado, en el caso de los sistemas biométricos, ex art. 43.1, mientras en el caso de los sistemas aplicables a la gestión de los trabajadores, prevista en el punto 4 del Anexo III, el sistema aplicable es único, siempre interno, *ex* art. 43.2).

Si el preceptivo sistema de gestión de riesgos previsto en el art. 9 (cuyo apartado 9 incrementa la obligación de seguridad para grupos vulnerables de personas o menores que puedan verse afectados por su uso) o los deberes de gobernanza de datos descritos en el art. 10 definen el nivel de seguridad del sistema aplicado en la gestión del trabajo, será su uso concreto el que determinará en cada caso si este ha devenido crítico, sin perjuicio de las posteriores evaluaciones durante todo su ciclo de vida, y con independencia de que, de acuerdo con el art. 50.1, los trabajadores deban ser informados de forma clara e inteligible y deba recabarse su consentimiento previo[15] conforme al RGPD y la Directiva (UE) 2016/280.

Si bien se acentúa la debida consideración a su impacto sobre la salud, la seguridad y los derechos fundamentales, resulta difícil considerar su afectación interseccional desde esta triple óptica, que requerirá de la aplicación de distintos métodos de detección y mitigación de forma independiente: la gestión de riesgos y la evaluación de impacto, principalmente, junto a otros secundarios, como es la gobernanza de datos o la evaluación de la conformidad, a la postre, según el art. 43, integrada en el sistema interno de gestión de riesgos cuando se trata de sistemas para la gestión del trabajo, entre ellos, los de potencial de riesgo para la salud laboral.

15. El art. 3.59 define el «consentimiento informado» como «la expresión libre, específica, inequívoca y voluntaria por parte de un sujeto de su voluntad de participar en una determinada prueba en condiciones reales tras haber sido informado de todos los aspectos de la prueba que sean pertinentes para su decisión de participar».

2. IMPACTO DE LA TECNOLOGÍA EN LA SALUD

2.1. COMO FUENTE DE RIESGO

Tanto bajo sistemas de trabajo tradicional como en los servicios digitales, la transformación digital globalizada ha cambiado la fisionomía de los métodos para gestionar los flujos de trabajo y la supervisión de la calidad y el rendimiento, modificando a la par el mapa de riesgos laborales y, por ende, su prevención.

Sea una u otra la naturaleza del trabajo prestado, la introducción de sistemas de selección, control, supervisión, cálculo y de ejecución del trabajo guiados por IA y basados en la automatización digital supera el impacto, especialmente psicosocial, sobre la salud laboral que supuso la automatización «mecánica» en su día. Principalmente porque su potencial se extiende más allá de los trabajos fabriles a todo tipo de producción de bienes y servicios, y porque el uso de datos masivos para alimentar tales sistemas constituye una invasión sin precedentes de la intimidad personal, que tiende a proyectarse, a su vez, sobre la intensificación de los ritmos de trabajo y la dilución de las fronteras entre el trabajo y la vida personal.

Tal impacto no es únicamente unifocal, pues la incertidumbre que el sometimiento a tal sistema de gestión regido por la opacidad produce en el bienestar mental deviene en riesgos de naturaleza psicosocial que se convierten en sí mismos en nueva fuente de riesgo laboral[16]. Si se considera el sesgo de género que estos mecanismos vienen demostrando desde hace años, puede afirmarse que el impacto sobre la salud de las mujeres es exponencialmente mayor, en cuanto amplifica su ya *per se* discriminación sistémica (no puede olvidarse su transmutación en riesgo psicosocial), además de incidir aún más en este tipo de sesgo en la salud laboral.

Estas tecnologías se utilizan tanto para la selección de personal como para otros fines, que integran el enfoque preventivo, pero suscitan importantes dudas respecto a la invasión de derechos fundamentales y al principio de igualdad, al mismo tiempo que constituyen en sí un riesgo potencial de riesgos psicosociales en los trabajadores sujetos a tales técnicas, que, a su vez, por lo tanto, deben ser objeto de la preceptiva evaluación y consideración en la planificación preventiva, especialmente desde la perspectiva de género, toda vez que las diferencias biológicas que captan y utilizan pueden ahondar en la discriminación entre hombres y mujeres. Bien es sabido que la captación y tratamiento de datos masivos de los que inferir

16. MOORE, Phoebe V., «Inteligencia artificial en el entorno laboral. Desafíos para los trabajadores», en AA.VV., *El trabajo en la era de los datos*. Turner libros, 2019, p. 97.

conclusiones a menudo replican y amplifican los sesgos que se encuentran insertos en la realidad datificada y así procesada, y que perjudican estadísticamente, como la propia realidad social, en mayor medida a las mujeres.

En efecto, tales factores derivan en una nueva brecha de género, anclada a diversas fuentes de riesgo[17] psicosocial: a) la propia amplificación de sesgos de género que generan los sistemas guiados por IA que replican patrones androcéntricos que detectan en los datos analizados; b) la difusa línea entre la vida personal y la laboral en ciertos entornos de trabajo digital y bajo el uso de ciertos elementos tecnológicos de comunicación, asimismo dotados de IA, con implicaciones tanto sobre la incidencia de la violencia de género (ya sea por el trabajo a distancia desde el propio domicilio, ya sea por la entrada de elementos externos que interactúan con las trabajadoras, *v. gr.* sistemas reputacionales basados en las opiniones de clientes), como para la conciliación de la vida familiar y laboral; c) la estandarización bajo patrones únicos, androcéntricos, de la medición de los ritmos de trabajo, ahora realizados por sistemas inteligentes estrictos que optimizan el rendimiento, y que, además, en trabajos vinculados a plataformas digitales, conectan tales resultados con la conservación del propio puesto de trabajo, provocando la aceptación de turnos, tareas y carga de trabajo más allá de las capacidades y tiempo disponible[18], lo que redunda tanto en sobrecarga mental como en estrés adicional, con impacto de género[19] y especial incidencia sobre la conciliación de la vida personal y laboral; d) la incomunicación social propia del trabajo realizado en aislamiento, cuando se trata de plataformas digitales (sin resortes de protección colectiva), que contrasta con el riesgo de padecer acoso ejercido por terceros, con escasas opciones de autoprotección y, mucho menos, de prevención.

2.2. COMO HERRAMIENTA PREVENTIVA

Algunas innovaciones tecnológicas que pueden enmarcarse en la creciente expansión del uso de tecnología, también la basada en inteligencia

17. El art. 3.2) del RGIA define como «riesgo» la combinación de la probabilidad de que se produzca un perjuicio y la gravedad de dicho perjuicio.
18. Según la encuesta AMPWork 2022 (JRC Algorithmic Management and Platform Work, disponible en https://publications.jrc.ec.europa.eu/repository/handle/JRC133016), en estas condiciones, la posibilidad de realizar una pausa o descanso cuando se desee se reduce a un 11.62%, la de interactuar o comunicarse con la jefatura cuando se necesite se limita a un 7,2%, el uso de la calificación de desempeño o puntuaciones de los clientes para asignar proyectos, tareas o turnos se aplica en un 5,78% de los casos, y la cancelación automática de turnos, pérdida de trabajo o suspensión si no se mantiene una puntuación es aplicada en un 4.44% de los casos.
19. MOORE, Phoebe V., «Inteligencia artificial en el entorno laboral..», *op. cit.*, p. 103.

artificial[20], se están empleando para la mejora del seguimiento y prevención de enfermedades en el ámbito del trabajo:

a) Wearables y biometría

La salud laboral se ha servido de la biometría en ciertos ámbitos, que incluso el propio RGIA excluye de su aplicación, como es el de la seguridad nacional, lo que incluye el trabajo en las fuerzas armadas y cuerpos y fuerzas de seguridad del Estado. La tecnología ha constatado la posibilidad de controlar seres humanos a través de señales fisiológicas mediante monitorización, correlacionando voz, temperatura corporal, ritmo cardíaco, presión sanguínea, respiración, sudoración y otros con el estado físico, mental y emocional de la persona, incluida la detección de carga mental y de la mentira, o la visión artificial. Del mismo modo, la biometría comportamental (captación de datos de comportamiento para el procesamiento posterior) permite realizar análisis de comportamiento mediante sistemas de IA para identificar a las personas en determinados contextos, fundamentalmente por razones de seguridad, autorizados en dicho ámbito por el RGIA, que, pese al art. 9 RGPD, no parece ser extensible a otros contextos en el marco del citado reglamento sobre IA.

Esta tecnología puede insertarse en los llamados «*wearables*»[21], utilizados para el seguimiento de la salud de los trabajadores[22] y la prevención de los riesgos laborales[23], que empiezan a convivir con otros sistemas de segui-

20. La inteligencia artificial es el conjunto de métodos, teorías y técnicas cuya finalidad es reproducir, mediante una máquina, las habilidades cognitivas de los seres humanos (Carta ética europea sobre el uso de la Inteligencia Artificial en los sistemas judiciales y su entorno, de 4 de diciembre de 2018). Para el Consejo Económico y Social Europeo es «la disciplina tendente a utilizar las tecnologías digitales para crear sistemas capaces de reproducir de forma autónoma las funciones cognitivas humanas, incluida la captación de datos y formas de comprensión y adaptación (solución de problemas, razonamiento y aprendizaje automáticos)» (Dictamen Inteligencia artificial: anticipar su impacto en el trabajo para garantizar una transición justa, punto 2.2).
21. Se define como «dispositivo que proporciona una fuerza de asistencia o un par de torsión para la suplementación o aumento de las capacidades personales mientras está unido al humano durante el uso [robots portátiles se denominan robots auxiliares físicos de tipo inmovilizador en ISO 13482: 2014 (ISO 2014)]» (AGENCIA EUROPEA PARA LA SEGURIDAD Y LA SALUD EN EL TRABAJO: «Occupational exoskeletons: wearable robotic devices to prevent workrelated musculoskeletal disorders in the workplace of the future», cit., p. 2).
22. AGENCIA EUROPEA PARA LA SEGURIDAD Y LA SALUD EN EL TRABAJO: «Smart personal protective equipment: intelligent protection for the future», 2/6/2020, https://osha.europa.eu/sites/default/files/publications/documents/Smart_personal_protective_equipment_intelligent_protection_of_the_future_0.pdf
23. REID, Christopher R., SCHALL, Mark C., AMICK, Ryan Z., SCHIFFMAN, Jeffrey, Lu, Ming Lu SMETS, Marty, MOSES, Haifa R., y PORTO, Ryan: «Wearable technologies:

miento con fines diversos (como los chips usados como sistemas de marcaje o de acceso a las instalaciones de la empresa de forma simplificada, a través de su implantación corporal), aunque de escasa expansión en España. Como instrumentos de seguimiento personal, han sido objeto de crítica desde el mundo sindical[24] (por el riesgo de su empleo como *instrumentos de control*[25]).

Sin embargo, sí están siendo objeto de mayor atención en su desarrollo por distintas empresas los dispositivos de monitorización «para la seguridad de los trabajadores» desarrollados por *start-ups,* basados también en la recopilación de datos personales para el funcionamiento del *software* de seguimiento de la productividad, aunque se les dote en ocasiones de apariencia preventiva, para la mejora de la salud laboral[26] (la captación de datos personales tiene lugar con un propósito aparentemente conveniente a los intereses de los trabajadores[27]).

El uso de estas aparentemente inocuas herramientas como predictoras de vicisitudes de salud de los trabajadores (capaces de predecir patologías o problemas de salud futuros[28]) las sitúa en el nivel crítico de riesgo, en tanto podrían fundar extinciones anticipadas de contratos u otro tipo de medidas

How will we overcome barriers to enhance worker performance, health, and safety?» *Proceedings of the Human Factors and Ergonomics Society Annual Meeting,* núm. 61, 2017, pp. 1026-1030. https://doi.org/10.1177/1541931213601740

24. SCHALL, Mark C., SESEK, Richard F., y CAVUOTO, Lora A.: «Barriers to the adoption of wearable sensors in the workplace: A survey of occupational safety and health professionals». *Human Factors,* núm. 60, 2018, pp. 351-362, https://doi.org/10.1177/0018720817753907
25. *Business Insider,* 12/11/2018: «Several UK businesses are discussing implanting microchips in their employees' hands», https://www.businessinsider.es/biohax-uk-businesses-microchip-implants-employees-2018-11?r=US&IR=T
26. BRUSTEIN, Joshua: «Warehouses Are Tracking Workers' Every Muscle Movement», *Bloomberg,* 5/11/2019, https://www.bloomberg.com/news/articles/2019-11-05/am-i-being-tracked-at-work-plenty-of-warehouse-workers-are?sref=ExbtjcSG
27. MATEESCU, Alexandra, y NGUYEN, Aiha: «Explainer: workplace monitoring & surveillance», *Data&Society,* https://datasociety.net/library/explainer-algorithmic-management-in-the-workplace/
28. El Real decreto 568/2024, de 18 de junio, por el que se crea la Red Estatal de Vigilancia en Salud Pública, define en su art. 3 f) las herramientas de inteligencia artificial fiable como «aquellas con características lícitas, éticas y robustas, que responden a objetivos prioritarios de salud pública; que promuevan la representatividad de la población y un enfoque inclusivo de equidad, evitando los sesgos y mitigando la discriminación asociada a la inteligencia artificial; estén basadas en algoritmos seguros, confiables y abiertos; sean transparentes, explicables e inteligibles; se puedan reproducir y validar; y fomenten la responsabilidad y la rendición de cuentas, estableciendo puntos de supervisión humana obligatorios en el diseño, desarrollo y aplicación de los algoritmos».

empresariales, amparadas en analítica predictiva para análisis «preventivo».

b) Potencial de los datos masivos en la prevención

La capacidad predictiva de la IA alimentada por datos tiene un potencial innegable en el campo de la salud laboral. En el terreno ético, todo tipo de interrogantes se ciernen sobre el empleo de técnicas basadas en IA (que, sin embargo, no supieron anticiparse a pandemias mundiales[29]) y sus límites[30]. Correlativamente, este análisis desemboca también en un punto de retorno en el derecho a la intimidad, pues, a partir de la admisión de técnicas predictivas, que incluso puedan funcionar sin el uso de datos personales de la persona analizada, podría devenir irrelevante uno de los presupuestos de la aplicación de medidas de prevención de riesgos laborales: la necesidad de comunicación de los datos de salud relevantes para prevenir la respuesta individual frente a los riesgos laborales, en cuanto el análisis predictivo puede permitir prescindir de datos personales o adaptaciones individuales, por lo que no podría mantenerse la exigibilidad de la comunicación de datos de salud a la empresa para activar la pertinente protección, al ser posible su inferencia de otras categorías de datos[31]. Pero esta posibilidad nos acerca a una suerte de perfilación en el campo de la salud, que, sin ser nueva en el ámbito de la salud pública (donde se condiciona siempre al principio del consentimiento informado), suscita ciertas dudas, así, el efectivo cumplimiento de este principio en ámbitos privados como el de la salud laboral, salvo cuando se trate de medidas concretas que puedan afectar de manera individual al derecho a la intimidad personal.

29. La inteligencia artificial contribuye a la extinción de los cisnes negros, en terminología de Nassim Nicholas TALEB (*The Black Swan: The Impact of the Highly Improbable.* New York: Random House and Penguin Books. 2007), que se refiere con tal expresión a los acontecimientos complejos impredecibles que pretenden explicarse con carácter anticipatorio *a posteriori*, pese a su «rareza».

30. *Vid*. un análisis específico desde esta óptica en LLORENS ESPADA, Julen, *Límites al uso de la inteligencia artificial en el ámbito de la salud laboral.* La Ley, Madrid, 2023; y LLORENS ESPADA, Julen, «La inteligencia artificial para la mejora de la seguridad y la salud laboral y su encaje en el marco regulatorio europeo». *Trabajo y Derecho*, núm. 19 (monográfico), 2024.

31. AGUILAR DEL CASTILLO, M. del Carmen: «El uso de la inteligencia artificial en la prevención de riesgos laborales», *Revista Internacional y Comparada de Relaciones Laborales y Derecho del Empleo*, vol. 8, núm. 1, 2020, pp. 262-293, en particular p. 277 (https://dialnet.unirioja.es/servlet/articulo?codigo=7306922&orden=0&info=link). La autora relaciona las tres categorías de datos, «datos voluntarios, datos observados y datos inferidos», con la prevención de riesgos laborales, relacionando el origen de los datos con su trascendencia a efectos preventivos desde la óptica de la eficacia de la prevención.

Aunque las medidas de adaptación y de ajuste razonable precisan de la previa comunicación por la persona afectada, lo cierto es que las decisiones colectivas pueden basarse en el manejo de datos masivos, sin invadir el campo de los datos personales. Otro punto de retorno surge del estilo de gestión digital de los riesgos laborales: según sugiere Moore, «los riesgos para la seguridad y la salud laboral relacionados con el estrés y la ansiedad surgen cuando los trabajadores tienen la sensación de que las decisiones se toman basándose en cifras y datos a los que ellos no tienen acceso ni pueden controlar»[32], especialmente, afirma la autora, cuando estos métodos se adoptan sin la previa consulta o de manera precipitada y sin formación en su implantación.

c) ¿Beneficios de la robotización y automatización para la salud de las mujeres?

Según apuntan las tendencias al respecto[33], la robotización del trabajo permite reducir el campo de las tareas con exposición a mayores riesgos, en tanto se trate de tareas susceptibles de automatización[34], que no exijan especial precisión manual ni conocimientos técnicos (cfr. Resolución de del Parlamento Europeo, de 16 de febrero de 2017, *con recomendaciones destinadas a la Comisión sobre normas de Derecho civil sobre robótica*). Esta nueva realidad permite expulsar las tareas de riesgo, con la consiguiente mejora de la salud laboral, sin perjuicio de la suerte que puedan correr los trabajadores manuales que las desempeñan y que carecen de la formación adecuada para ser recolocados en otras tareas, lo que exigiría el debido acompañamiento de planes de readaptación y formación profesional, sin los cuales no podría entenderse que esta transición sea justa y ética[35] (en el marco del binomio excelencia-confianza que propugna la Comisión Europea[36]). Efectivamente, desde la salud laboral, la automatización de las tareas más monótonas y

32. MOORE, Phoebe, *loc. cit.*
33. Sobre ellas ya se trató en CABALLERO PÉREZ, María José, JABALERA RODRÍGUEZ, Antonia, RIVAS VALLEJO, Pilar, SERRANO FALCÓN, Carolina (coord.) y VIDA FERNÁNDEZ, Raquel: *El impacto de la transformación digital en la financiación de la seguridad social*. Fundación COTEC, Madrid, 2019, https://cotec.es/proyecto/el-impacto-de-la-transformacion-digital-en-la-financiacion-de-la-seguridad-social/
34. Se mencionan como sectores destinatarios de esta sustitución salubre los de la industria aeroespacial, de defensa, de seguridad y nuclear, y de logística, mantenimiento e inspección. Según indica la AGENCIA EUROPEA DE SEGURIDAD Y SALUD EN EL TRABAJO, ya se están utilizando robots para ejecutar tareas repetitivas y monótonas, para manejar materiales radiactivos y para trabajar en atmósferas explosivas (AGENCIA EUROPEA DE SEGURIDAD Y SALUD EN EL TRABAJO: «Una revisión sobre el futuro del trabajo: la robótica», en https://osha.europa.eu/es/tools-and-publications/publications/future-work-robotics, p. 3).
35. LATORRE, José Ignacio: *Ética para máquinas*. Ariel, Barcelona, 2019.
36. COMISIÓN EUROPEA: *Libro blanco sobre la inteligencia artificial – un enfoque europeo orientado a la excelencia y la confianza*. Febrero 2020, https://ec.europa.eu/info/

pesadas tiene una clara incidencia en la calidad de la salud de los trabajadores, tanto desde la óptica positiva como desde la negativa[37].

Desde el análisis de género, el mayor impacto de la sustitución de las tareas repetitivas se produce sobre los trabajos ocupados por mujeres, salvando los relativos a las tareas relacionadas con el mantenimiento y la limpieza de edificios. Pero, igualmente, desde esta óptica resulta especialmente destacable el papel de la automatización para la transformación de la segregación ocupacional que deriva a las mujeres a los trabajos con el menor reconocimiento profesional dentro del conjunto de los llamados «manuales». Sin duda, se trata de un nuevo factor de precarización que incide en la salud laboral.

3. ENFOQUE ANALÍTICO-CRÍTICO

3.1. PANORAMA GENERAL

La IA, o las aplicaciones basadas en ella[38], es fuente de nuevos riesgos para la salud de los trabajadores, como consecuencia de las tensiones que puede generar la gestión de las relaciones de trabajo, el control de la su productividad, los sistemas de valoración basados en técnicas reputacionales en las que se valora el trabajo por parte de terceros.

Los focos de riesgo son múltiples y variados según sectores, ámbitos o actividades, pero pueden enumerarse conforme a los elementos de gestión afectados, o, de forma sistemática, sobre la base de las distintas fases y los diferentes ámbitos de gestión sometidos a sistemas de «workforce management»: selección y contratación, gestión de flujos de trabajo y ritmos y tiempo de trabajo, vigilancia y control, evaluación, y terminación de las relaciones de trabajo, amén como la salud laboral.

---

sites/info/files/commission-white-paper-artificial-intelligence-feb2020_es.pdf. En esta misma línea, COMITÉ ECONÓMICO Y SOCIAL EUROPEO: Dictamen a la *Comunicación de la Comisión al Parlamento Europeo, al Consejo, al Comité Económico y Social Europeo y al Comité de las Regiones – Generar confianza en la inteligencia artificial centrada en el ser humano* [COM(2019) 168 final], cuyo apartado 1.8 la refiere en particular a la necesidad de formación «para trabajar con la máquina y detenerla en caso de emergencia» en entornos colaborativos con cobots.

37. AGENCIA EUROPEA PARA LA SEGURIDAD Y LA SALUD EN EL TRABAJO – OSHA: «OSH and the Future of Work: benefits and risks of artificial intelligence tools in workplaces», 5/7/2019, https://osha.europa.eu/sites/default/files/publications/documents/OSH_future_of_work_artificial_intelligence_0.pdf

38. RIVEROLL, Esther: «La industria 5.0: robots al servicio del ser humano», *Forbes*, 23/6/2019, https://forbescentroamerica.com/2019/06/23/__trashed-5/

Todos ellos tienen en común su proximidad al clásico concepto del taylorismo[39], por lo que podrían calificarse como formas de taylorismo digital, adaptando viejas formas de optimización del rendimiento laboral a un contexto de globalización digital, marcada por una profunda transformación sociológica, que dota a su aplicación de una fisonomía propia (individualismo, aislamiento social, debilitamiento del asociacionismo sindical, o la nomofobia y la tecnofilia son algunas de los rasgos que la conforman). En realidad, las mediciones exhaustivas no constituyen novedad alguna, pero lo cierto es que la precisión que proporciona la IA ajusta los resultados al objetivo óptimo perseguido (mediante los actuales «sistemas de agilidad de gestión»), ínsitos en una tendencia racionalista económico-neoliberal[40]. Como recuerda Moore, en la mente de Taylor y Gilbreth ya anidaba esta aspiración, con medición incluso la frecuencia cardíaca de los trabajadores, hoy fácilmente calculable mediante brazaletes o pulseras deportivas[41].

En todo caso, la presunta objetividad de estos métodos de cuantificación los alejan de su humanización, generando un estándar al que no todos los individuos pueden ajustarse, y que puede devenir en ergodependencia, con un claro impacto sobre la salud mental. Tal estandarización se sigue ajustando, como los antiguos métodos, a patrones androcéntricos, que expulsan a las mujeres de los mejores resultados en esa búsqueda de la optimización, lo que acaba repercutiendo en mayor medida en su salud mental. Si se contrasta este aspecto con la perenne androcentralidad de las medidas de prevención de riesgos laborales, el problema se amplifica, pero lo que parece evidente es que este es un ítem que necesariamente ha de ser objeto de evaluación de impacto de género y de corrección mediante las oportunas medidas en el oportuno plan de igualdad, pese a que apenas parezca atisbarse en la vigente regulación de los planes de igualdad en España. En efecto, el art. 7 del RD 901/2020, de 13 de octubre, incluye entre los elementos

---

39. MOORE, Phoebe V., «Inteligencia artificial en el entorno laboral...», *op. cit.*, pp. 96-97. La autora reseña la definición de lo que se denominó por la conferencia de la Organización Internacional del Trabajo de la Sociedad de las Naciones celebrada en Ginebra en 1927 «gestión científica»: «[...] la ciencia que estudia las relaciones entre los diferentes factores de la producción, y en especial los que median entre los factores humanos y los mecánicos. Su objeto es obtener, mediante la aplicación racional de esos diversos factores, el resultado óptimo». Optimizar resultados ya era un objetivo, lícito, considerado por la OIT en 1927. La gestión científica del trabajo ha evolucionado hasta alcanzar en la actualidad, gracias a la IA, un desarrollo desajustado con respecto a otros parámetros humanos, en los que parecen primarse los elementos puramente técnicos en las mediciones empleadas.
40. MOORE, Phoebe V., *loc. cit.*
41. *Vid.* MOORE, Phoebe V., *The threat of physical and psychosocial violence and harassment in digitalized work*, Ginebra, OIT, 2018, así como MOORE, Phoebe V.: *OSH and the future of work: benefits & risks of artificial intelligence tools in workplaces*, 2019.

evaluables las condiciones de trabajo, pero no alude a la medición del trabajo. Tampoco el anexo 2.V, en su apartado 4.1.1, va más allá de una alusión genérica a la «salud laboral desde una perspectiva de género». Del mismo modo, puede observarse en el apartado 5.6.1 de tal anexo una indicación en formato pregunta que se refiere a la revisión hipotética de los complementos salariales, extrasalariales, incentivos, beneficios sociales, etc. «para que respondan a criterios objetivos y neutros y se garantice el principio de igualdad retributiva», un criterio sin duda insuficiente cuando se trata de criterios supuestamente objetivos y neutros asociados al uso de un sistema basado en IA. De seguir la literalidad de dicho anexo orientador, los elementos guiados por IA permanecerían ocultos al preceptivo diagnóstico de situación y a las medidas a incorporar al plan para hacer efectiva la igualdad entre mujeres y hombres en la empresa. Pero, al mismo tiempo, utilizar sistemas de medición del rendimiento y control del trabajo sin la preceptiva supervisión con respecto a su impacto de género puede constituir un mecanismo desactivador de la eficacia del plan de igualdad, tanto en lo relativo a las condiciones de trabajo como, en particular, a las retributivas, directamente ligadas a factores de productividad propias de determinados métodos de trabajo, en los que el desempeño así medido resulta determinante de la carrera profesional e incluso de la permanencia en la empresa, cuando esta se vincula a tal progresión profesional, dependiente de factores de productividad y, correlativamente, de fijación del salario. Un claro ejemplo de ello es el sistema de evaluación, retribución y carrera profesional empleados en empresas de conducción de vehículos particulares en plataformas digitales de servicios (*v. gr.* Uber). La extensión de este tipo de métodos, por lo demás, a otra tipología de empresas (la llamada «uberización de la economía») expande su potencial inequidad.

Finalmente, no cabe olvidar el riesgo derivado de la seguridad del producto en casos de empleo de sistemas de IA, uno de los focos principales del nuevo RIA. En todos los casos planea el principio de responsabilidad en el uso de la tecnología, que conforma el inescindible binomio de la prevención-seguridad/responsabilidad[42].

3.2. RIESGOS PSICOSOCIALES EN ENTORNOS ESPECÍFICOS E INTRUSIÓN DE HERRAMIENTAS EXTRALABORALES

Los riesgos asociados a nuevas formas de gestión de flujos de trabajo y vigilancia basados en IA sin duda deben ser objeto de preceptiva evaluación

42. MERCADER, Jesús R., «Robótica y riesgos laborales». *Archivos de Prevención de Riesgos Laborales*, vol. 21, núm. 3, 2018, https://e-archivo.uc3m.es/rest/api/core/bitstreams/522cc2fc-e1bc-42af-aa50-173d664180ab/content, p. 122.

e inclusión en el plan de prevención como elementos autónomos, más allá de su consideración como factores de riesgo psicosocial. La razón que justifica esta afirmación es que el uso de IA genera riesgos propios para la salud y la seguridad que escapan de los causados por otros métodos más «tradicionales» en el sentido apuntado por el RIA y que requieren de la oportuna traslación a los planes de igualdad de empresa ordenados por el art. 46 de la Ley 3/2007, de 22 de marzo, para la igualdad efectiva de mujeres y hombres, en particular, en lo que respecta a su impacto sobre la salud laboral, por ser este el objeto de este capítulo.

Si bien la intervención de la representación del personal de la empresa se encuentra prevista en el art. 64.4 d) ET (amén del art. 34 LPRL), tanto en el acceso a la información sobre los algoritmos que guían los cálculos de productividad, como en la propia introducción de sistemas de trabajo que los incorporen, su impacto de género debe ser objeto de medidas específicas contenidas en los planes de igualdad, y, por lo que al tema tratado concierne, en el capítulo de las medidas relativas a la salud laboral. En este caso, desde dos ópticas, la relativa al riesgo de violencia basado en la discriminación por razón de sexo y género —lo que incluye el ciberacoso—, y la que afecta al impacto sobre la salud de las mujeres del uso de tales sistemas.

En consecuencia, se afirma la necesidad de que tales ítems diferenciados sean objeto de inclusión en la evaluación de riesgos y en las medidas de prevención a desplegar, ex arts. 15 y 16 LPRL. A continuación, se describen con algo más de detalle, a fin de considerar la orientación más oportuna de la gestión de su prevención.

3.2.1. Trabajo en entornos con cobots y chatbots

En los centros fabriles otro riesgo ha emergido como una amenaza para la salud: el trabajo en entornos híbridos compartidos con cobots[43] guiados por IA, es decir, con capacidad para tomar decisiones, más allá de la clásica automatización[44], susceptibles de intensificar riesgos de carácter psicosocial, aunque su avance tecnológico ha mejorado el tiempo de respuesta de

43. Un *cobot* es un robot que trabaja en un entorno colaborativo con personas, realizando tareas compartidas con humanos (PELEGRÍ, Jordi: ¿Cuáles son las diferencias entre un cobot y un robot industrial? Universal robots, 26/2/2020, https://blog.universal-?robots.com/es/cobots-vs-robots-industriales), a los que acompañan en sus movimientos en el entorno de trabajo. Su tamaño es de pequeña envergadura y peso, y, por su trabajo en movimiento, cuentan con sensores que detectan y salvan los obstáculos a su paso.

44. MOORE, Phoebe, «Inteligencia artificial en el entorno laboral. Desafíos para los trabajadores», *op. cit.*, p. 98.

los trabajadores y, por consiguiente, su potencial riesgo para la salud mental.

En la industria 5.0[45], dominada por los entornos inteligentes conectados (*internet de las cosas* o IoT), ha primado los métodos de trabajo interactivos entre humanos y robots[46] *(cobots o robots colaborativos)*, en los que han germinado nuevos riesgos para la salud mental, ligados a factores psicosociales relacionados con la sensación de hipervigilancia y la falta de intimidad (vivir bajo la incertidumbre del «gran hermano algorítmico» que todo lo puede observar y utilizar en sus inferencias y conclusiones predictivas, a veces también a través de la exigida interacción con dispositivos personales), los ritmos de trabajo optimizados por sistemas de producción que no solo mejoran la cantidad, sino también la calidad del servicio, ahora personalizado, a la clientela (técnicas cognitivas y sistemas reputacionales que implican la valoración personal de quienes han intervenido en el servicio prestado); el estrés y la ansiedad por la convivencia con cobots de cuyo manejo puede derivarse responsabilidad; o el aislamiento social propio de este tipo de entornos de trabajo. En definitiva, todo ello contribuye a la creación de una atmósfera más asfixiante y menos libre, que impacta negativamente sobre en la salud mental y física, lo que plantea un nuevo campo de atención en dicha disciplina.

Si bien han germinado distintos riesgos de orden psicosocial, relacionados con el trabajo en entornos automatizados o caracterizados por la fatiga robótica o derivada del trabajo constante con sistemas automatizados o con compañeros no humanos y, por tanto, en condiciones de aislamiento,

45. El término *industria 5.0* hace referencia a la nueva revolución industrial basada en la inteligencia artificial de IoT (internet de las cosas) y computación cognitiva, que personaliza la producción hacia las necesidades de los clientes, y construye un entorno de trabajo colaborativo con robots, los llamados *cobots* (*Universal robots*: «Industria 5.0: las personas en el centro de los procesos de producción», 8/8/2018, https://blog.universal-robots.com/es/industria-5-0). Por su parte, el IoT es una *infraestructura global para la sociedad de la información, que permite servicios avanzados mediante la interconexión de elementos (físicos y virtuales) basados en tecnologías de comunicación e información interoperables existentes y en evolución* (Recomendación ITU-T Y.2060) [ITU-T Y.2060 Telecommunication Standardization Sector of ITU (06/2012) Series Y: Global Information Infrastructure, Internet Protocol Aspects And Next-Generation Networks Next Generation Networks – Frameworks and functional architecture models Overview of the Internet of things, https://www.itu.int/rec/dologin_pub.asp?lang=e&id=T-REC-Y.2060-201206-I!!PDF-E&type=items].

46. *Vid.* los riesgos típicos del sector en la *Guía técnica de seguridad en robótica* del Gobierno de Aragón y Cepyme Aragón, https://higieneyseguridadlaboralcvs.files.wordpress.com/2012/09/guc3ada-tc3a9cnica-de-seguridad-en-robc3b3tica.pdf. Y LÓPEZ PELÁEZ, Antonio: «Prospectiva, robótica avanzada y salud laboral», http://comisionnacional.insht.es/InshtWeb/Contenidos/Documentacion/TextosOnline/Rev_INSHT/2000/6/seccionTecTextCompl2.pdf

también hay que considerar que la introducción de jefes o compañeros *bot*[47] en los entornos laborales (puesto que algunas gestiones simples han sustituido a los tradicionales gestores de recursos humanos por *bots* que responden[48] a las solicitudes de los trabajadores[49]) propicia una sensación más amplificada de soledad en estos.

Los chatbots se han introducido en entornos de trabajo de manera progresiva, para cubrir en la actualidad un significativo campo de funciones anteriormente cubiertas por personal al servicio de los departamentos de recursos humanos. Si bien se trata de la atención a las consultas más básicas o tareas rutinarias, lo cierto es que la tendencia general, igualmente experimentada en el ámbito de la atención a clientes y consumidores por distintas empresas de servicios, es a estandarizar la respuesta, frustrando las consultas más especializadas o divergentes del modelo diseñado para el funcionamiento del bot, lo que puede, en el primer caso, agilizar el tiempo de resolución de los problemas planteados, pero, en el segundo caso, incrementar el estrés laboral ante la falta de tal resolución, a no ser que el chatbot se encuentre debidamente programado para derivar tales consultas a humanos. Por otra parte, tales sistemas pueden incorporar herramientas de detección de emociones, lo que, pese al nuevo RIA de la UE[50], podría deslizar nuevos sistemas de control no siempre para fines confesables, amén de ser susceptible de generar en los trabajadores estrés ligado al temor a

47. Según la *Economipedia*, «un bot es un programa informático que realiza tareas automáticas y repetitivas en internet. Es muy utilizado, y gestionando esas acciones pretende también simular el comportamiento que llevaría a cabo un humano» (https://economipedia.com/definiciones/bot.html). Para *Cloudflare*, «un bot es una aplicación de software programada para llevar a cabo determinadas tareas. Los bots están automatizados, por lo que se ejecutan en función de sus instrucciones sin que un usuario humano tenga que iniciarlos. Con frecuencia, los bots imitan o sustituyen el comportamiento de un usuario humano. Suelen llevar a cabo tareas repetitivas y son capaces de hacerlas mucho más rápido que un usuario humano» (https://www.cloudflare.com/es-es/learning/bots/what-is-a-bot/).
48. Ejemplo de ello es el robot *Amelia*, de la empresa IPSoft, https://amelia.com/amelia/
49. Lo que ha llevado a la doctrina a cuestionarse si estos «trabajadores» deberían recibir el tratamiento de los trabajadores persona física a ciertos efectos, como la cotización al sistema de la Seguridad Social, para suplir el déficit que la sustitución de tales tareas por mecanismos automatizados determina tanto en el ámbito del empleo, como singularmente, en la financiación del sistema de la Seguridad social, ante la pérdida de recursos procedentes de las cuotas por cotización. *Vid.* SERRANO FALCÓN, Carolina: «A propósito de una controversia. ¿Tienen que cotizar los robots a la Seguridad Social?», Documentos – Instituto de Estudios Fiscales, núm. 10, 2018 (VI Encuentro de Derecho Financiero y Tributario: Tendencias y retos del Derecho Financiero y Tributario, 1.ª parte).
50. Según su considerando 18, «el concepto de "sistema de reconocimiento de emociones" a que hace referencia el presente reglamento debe definirse como un sistema de IA destinado a distinguir o deducir las emociones o las intenciones de las personas físicas

«ser espiados». Estos sistemas biométricos, por otra parte, si emplean también voz, son susceptibles de introducir un mayor grado de sesgo basado en el reconocimiento de la voz femenina, por lo que, sin duda, puede afirmarse que la exclusión del uso de la voz garantiza unas más altas dosis de neutralidad. Si asimismo se toma en consideración que el trabajo con cobots puede generar dependencia tecnológica en la atención a las notificaciones recibidas desde tales mecanismos, sin límites horarios (a cualquier hora) y pese al derecho reconocido a la desconexión digital en el art. 21 bis ET, cabe apreciar un nuevo impacto de género, al colisionar con la conciliación de la vida familiar y laboral[51].

Sin duda, estos contextos exponen a los trabajadores a nuevos riesgos para su salud mental (y física), a menudo conectados con la falta de relaciones interpersonales. Todos ellos debieran ser objeto de la oportuna evaluación de riesgos, al amparo del art. 15 LPRL, para determinar la forma de prever los riesgos que de tales entornos se pudiera derivar, y, de igual modo, de readaptación y formación específica para los trabajadores[52].

3.2.2. Herramientas extralaborales laboralizadas

Si bien no se trata propiamente de sistemas de IA, lo cierto es que los dispositivos inteligentes que incorporan actualmente IA en ciertas dosis se han integrado en la vida cotidiana de los centros de trabajo, bien sea porque se emplean con fines laborales (teléfonos inteligentes y pulseras de seguimiento de empresa), bien sea porque han sido colonizados por el entorno laboral con el que conviven. En este último caso, el uso habitual de tales dispositivos ha provocado lo que podría llamarse *fenómeno de colonización inversa*, en el que no son las herramientas de trabajo tradicionalmente colonizadas, en doctrina constitucional, por los trabajadores al ampliar su uso a fines personales, sino los propios dispositivos personales, ergo extrala-

---

a partir de sus datos biométricos. Se refiere a emociones o intenciones como la felicidad, la tristeza, la indignación, la sorpresa, el asco, el apuro, el entusiasmo, la vergüenza, el desprecio, la satisfacción y la diversión. No incluye los estados físicos, como el dolor o el cansancio, por ejemplo, para sistemas utilizados para detectar el cansancio de los pilotos o conductores profesionales con el fin de evitar accidentes. Tampoco incluye la mera detección de expresiones, gestos o movimientos que resulten obvios, salvo que se utilicen para distinguir o deducir emociones. Esas expresiones pueden ser expresiones faciales básicas, como un ceño fruncido o una sonrisa; gestos como el movimiento de las manos, los brazos o la cabeza, o características de la voz de una persona, como una voz alzada o un susurro».

51. MOORE, Phoebe: «Inteligencia artificial en el entorno laboral. Desafíos para los trabajadores», *op. cit.*, p. 100.
52. ÁLVAREZ CUESTA, Henar: *El impacto de la inteligencia artificial en el trabajo: ... cit.*, p. 35.

borales, quienes se ven invadidos por la presencia de elementos laborales, ya sea la figura del empresario (en este caso, los protagonistas son las apps o aplicaciones de trabajo o de posicionamiento de geolocalización), o bien de los propios compañeros de trabajo.

El caso más habitual es el de la mensajería instantánea, objeto de intrusiones empresariales para distintos fines comunicativos, o de la creciente tendencia al establecimiento de canales de comunicación entre compañeros de trabajo a través de distintos métodos de mensajería instantánea y, singularmente, el más extendido en España, de WhatsApp. Si bien se trata de meros instrumentos TIC, la incorporación de inteligencia artificial en estos dispositivos los hace merecedores de un comentario, siquiera breve, para poner de relieve su impacto de género.

Efectivamente, no solo facilitan la captación de datos personales y su posterior posible uso para alimentar sistemas de IA, sino que constituyen, en sí, herramientas que permiten exponer a los trabajadores a nuevos riesgos psicosociales. No ya únicamente porque la sola decisión de integrar o no los llamados «grupos de WhatsApp» puede ser *per se* conflictiva y fuente de estrés, sino también por las interactuaciones y transmisión de información que tienen lugar en su seno, hasta convertirse en canal veinticuatro horas para desactivar el derecho a la desconexión digital, o en instrumento para canalizar y favorecer el acoso, inclusive la expulsión de tales grupos, que puede derivar en una forma de exteriorizar el aislamiento social que integra el acoso grupal, pasando por el estrés laboral que origina la dependencia constante del chat de tal grupo.

De tal suerte que, en el campo preventivo, la alusión a tales grupos de mensajería debería convertirse en ítem a incluir en la planificación de riesgos laborales, en el capítulo de factores psicosociales, comprendido el acoso, amén de los ya aludidos dispositivos portables, como las pulseras de seguimiento de la salud, herramientas con alto potencial de control personal, aun cuando su uso declarado sea la vigilancia de la salud, pues implican un seguimiento personal con probables efectos sobre el estrés laboral, como resultado de la sensación de hipervigilancia que puedan causar.

3.2.3. Interacción con terceros y sistemas reputacionales

Las empresas prestadoras de servicios han integrado las técnicas reputacionales basadas en la valoración del servicio en sus procesos de calidad, al menos en cuanto respecta al cuidado de la imagen de empresa, implicando con ello a los propios trabajadores que los realizan, con efectos que acaban yendo más allá de la mera calificación de la empresa, pues las puntuaciones no solo pueden determinar un concreto puesto en un ranking con efectos laborales, sino que exigen de aquellos acciones adicionales consistentes en la búsqueda de valoraciones positivas de parte de los clientes. Las interacciones, por otra parte, no siempre son pacíficas, las valoraciones se prestan a sesgo (el de la ideología o prejuicios de la clientela opinadoras), y su alcance tampoco es siempre transparente, sin que los trabajadores tengan capacidad de control sobre ellas, al no preverse mecanismos de oposición que admitan ofrecer respuestas o alegaciones a efectos de paralizar hipotéticos efectos negativos sobre sus intereses laborales. Sin duda, tal método genera especial incertidumbre, y, con ello, nuevo factor estresor. La opacidad de los mecanismos eleva el nivel de incertidumbre de los trabajadores sobre el valor de su trabajo y sobre el impacto de tal valoración y, por ende, a los efectos aquí tratados, sobre su salud, disparando su nivel de estrés laboral.

En estos casos, y especialmente en las plataformas digitales de servicios, la entrada de terceros ajenos a la relación de trabajo y que, de este modo, se convierten en cogestores de las relaciones laborales en la empresa (prosumidores) es un fenómeno en expansión que se está convirtiendo en un factor de riesgo psicosocial más en una ya amplia exposición a riesgos de tal naturaleza, a su vez normalizado por las tendencias del mercado. ¿Cómo afrontar, pues, este nuevo riesgo derivado del trabajo? Las alternativas parecen claras. Por una parte, incidir legislativamente sobre la validez de tales sistemas reputacionales, por su claro impacto sobre la salud psicosocial, amén del sesgo discriminatorio que pueden incorporar, por lo que debiera explicitarse legalmente su papel y límites en la dinámica de las relaciones laborales, con introducción de restricciones y mecanismos de garantía (tales como su transparencia), o, simplemente, su prohibición, *v. gr.*, como medida del plan de igualdad o del plan de prevención de riesgos. Por otra parte, insertando este factor como elemento autónomo expresamente en las evaluaciones de riesgos relacionados con entornos de trabajo conectados, como ya se viene apuntando desde hace un tiempo, pero ahondando en las distintas formas de acoso provenientes de terceros ajenos al entorno de trabajo, los clientes o receptores finales del trabajo realizado, a los que alude soslayadamente el Convenio de la OIT núm. 190, sobre acoso y violencia en el trabajo. Ello sin obviar la dificultad de intervención empresarial sobre planos que escapan de su control. Lo que no resulta incompatible con la evaluación del riesgo y la adecuación de los métodos de trabajo y reputacionales que incluyan interacciones con terceros al riesgo detectado, pudiendo concluirse que no sería descabellado exigir, desde tal normativa y, en particular, la LPRL, la supresión de tales métodos reputacionales cuando se constate el riesgo para la salud mental que son susceptibles de provocar.

Otro tipo de riesgos de interacción, por el contrario, requieren de distintas medidas ya ensayadas para ámbitos específicos, como el de los profesionales de la salud o los trabajos de banca, así como todos aquellos establecimientos que se encuentran expuestos a agresiones externas.

Si bien no se prevén en el derecho positivo medidas específicas adecuadas a los riesgos señalados en estos entornos de trabajo, ello no impide inferirlas de la referencia general a la necesidad de adecuar, tanto la evaluación de riesgos, como la aplicación de medidas idóneas, en relación con los riesgos psicosociales, a los que hace especial hincapié la regulación del trabajo a distancia (art. 16.1 de la Ley 10/2021, de 9 de julio)[53].

3.2.4. Gestión del trabajo y vigilancia de personas

Sin perjuicio de los riesgos propios de los trabajos realizados exclusivamente en plataformas digitales en remoto (desde el propio domicilio), los trabajos *in situ*, en empresas tradicionales o incluso digitales, no están exentos de la exposición a riesgos conectados con el uso de IA, tanto en la propia gestión del trabajo, como de las interacciones con terceros, a las que se ha aludido anteriormente:

a) Gestión de flujos de trabajo y ritmos y tiempo de trabajo

Esta funcionalidad de los sistemas de gestión u organización del trabajo es la más desarrollada en el mercado de los modelos de IA para gestión de empresas, para su aplicación en entornos de trabajo. Los proveedores o desarrolladores de los sistemas en cuestión subrayan su utilidad para capturar el tiempo de trabajo y segmentarlo según las necesidades de la empresa en función de la plantilla disponible, en un despliegue extraordinario de criterios de flexibilidad del trabajo (y del tiempo de trabajo), de forma que se impidan los vacíos de tareas sin cobertura y se elija al candidato o candidata adecuados, dentro de esta estructura o modelo de flexibilidad, para cubrir cada necesidad en cada momento (calculando, pues, su disponibilidad o instante de ocio, incluso entre tarea y tarea asignadas dentro del plan de trabajo de la empresa) y la captura, de este modo, de «vacíos

53. El precepto citado indica que «en particular, deberá tenerse en cuenta la distribución de la jornada, los tiempos de disponibilidad y la garantía de los descansos y desconexiones durante la jornada». Sin embargo, no alude a los riesgos que se derivan del control del trabajo mediante sistemas digitales o basados en inteligencia artificial, a las que se aluden en este capítulo. Su regulación en el art. 17 se basa en la tutela del derecho a la intimidad, por tanto, alejada de los fines preventivos, más allá de declarar el derecho a la desconexión digital (art. 18), vinculada a la carga mental del trabajo, y a las facultades de control empresarial, que el art. 22 relaciona con la dignidad y la diversidad funcional (de los trabajadores «con discapacidad»).

temporales». La flexibilidad empresarial es, en este caso, inversamente proporcional a la personal de los trabajadores, pues los citados sistemas calculan milimétricamente el tiempo (de trabajo) para optimizarlo y mejorar el rendimiento, en detrimento del bienestar personal (a pesar de presentarse como sistemas de racionalización del tiempo con beneficios universales), al redundar en riesgos psicosociales ligados a la más alta demanda de disponibilidad.

Los modelos de cálculo de productividad laboral están sirviendo en la actualidad para intensificar el control y ajustar hasta el límite, incluso de la extenuación, las exigencias de rendimiento debido en las grandes empresas, concitando lo que puede calificarse de explotación, incluso inhumana, de los trabajadores[54], en un proceso claro de deshumanización del trabajo[55].

El caso de Amazon es paradigma de ello, y su análisis puede extrapolarse a otros ejemplos que utilizan sistemas similares[56]. Son incontables las noticias publicadas sobre el régimen de trabajo y su control en la empresa citada. Incluso lo son los informes técnico-científicos sobre dicha gestión del trabajo[57], pese a que las grandes empresas tecnológicas o que operan en plataformas digitales de bienes y servicios hayan suscrito un pacto por el uso ético de la inteligencia artificial (*Partnership on Artificial Intelligence*, conformado en 2016 por Amazon, Apple, Google, Facebook, IBM y Microsoft[58]). En concreto, el sistema automatizado que emplea esta empresa

54. ROSENBLAT, Alex: *Uberland. Cómo los algoritmos están reescribiendo las reglas de trabajo*, 2018, University of California Press, 2018, https://www.ucpress.edu/book/9780520298576/uberland
55. GOÑI SEIN, José L., «Innovaciones tecnológicas, inteligencia artificial y derechos humanos en el trabajo». *Documentación Laboral*, núm. 117, 2019, p. 66.
56. Se remite a RIVAS VALLEJO, Pilar: *La aplicación de la inteligencia artificial al trabajo y su impacto discriminatorio*. Thomson Reuters Aranzadi, Cizur Menor, 2020, el análisis de otros ejemplos.
57. A título de ejemplo, DZIEZA, Josh: «How hard will the robots make us work?», *The Verge*, 27/2/2020, https://www.theverge.com/platform/amp/2020/2/27/21155254/automation-robots-unemployment-jobs-vs-human-google-amazon; EVANS, Will: «Ruthless Quotas at Amazon Are Maiming Employees», *The Atlantic*, 25/11/2019, https://www.theatlantic.com/technology/archive/2019/11/amazon-warehouse-reports-show-worker-injuries/602530/; FUSSELL, Sidney: «What Amazon Thinks You're Worth», *The Atlantic*, 18/7/2019, https://www.theatlantic.com/technology/archive/2019/07/amazon-pays-users-access-browser-data/594199/; SANDRI, Piergiorgio M.: «Cuando quien te despide es un algoritmo», https://www.lavanguardia.com/tecnologia/20190505/461974990434/algoritmo-despido-maquinas-inteligencia-artificial-recursos-humanos-discriminacion-amazon.html, 05/05/2019, actualizado a 06/05/2019.
58. En https://www.partnershiponai.org/

(ADAPT[59]), a través de una pulsera de actividad[60], determina que el programa detecte automáticamente los casos de baja productividad, así como el tiempo de ausencia del puesto de trabajo (tiempo no productivo, en el que la persona no está realizando su tarea de escaneo o de empaquetado), y, de la misma forma automática, genere advertencias a los trabajadores o procese su despido en caso de reiteración, sin la intervención de supervisión humana. Es decir, «el sistema de Amazon rastrea las tasas de productividad asociadas a cada individuo» y «los empleados están supervisados por robots»[61]. De esta suerte, el sistema optimiza el tiempo para evitar que haya espacios vacíos entre cada tarea y utiliza el sistema de clasificación por rendimiento de forma automatizada, a fin de priorizar a los puntajes más altos y eliminar a los trabajadores con los peores resultados[62], lo que redunda en jornadas extenuantes para ofrecer la respuesta esperada a los tiempos y productividad calculados[63]. Obviamente, el algoritmo ADAPT carece de inclusividad, en tanto no toma en consideración situaciones especiales como la enfermedad o la discapacidad, aun cuando estas resulten amparadas por las obligaciones que emanan del art. 25 LRPL, 5 de la Directiva 2000/78, o 7.2 del Texto Refundido de la Ley de los derechos de las personas con discapacidad y su integración social[64]. Se trata de sistemas que, al estandarizar los cálculos de tiempos de respuesta bajo supervisión permanente y los flujos de trabajo, sin atención a diversidades ni a factores de sexo y género, y sobre modelos androcéntricos, generan por diseño sesgos en la salud laboral, derivada de factores psicosociales inherentes a la medición del trabajo, de ansiedad y adaptación a tales exigencias, o de estrés ligado tanto a estas como a la falta de flexibilidad. Tal razón llevó a un colectivo de afectados a la interposición de una demanda colectiva (en fecha de 15 de mayo de 2022[65]), apelando a circunstancias que redundan tanto en la salud

59. EVANS, Will: «Ruthless Quotas at Amazon Are Maiming Employees», *The Atlantic*, 25/11/2019, https://www.theatlantic.com/technology/archive/2019/11/amazon-warehouse-reports-show-worker-injuries/602530/.
60. «Amazon patents wristbands that track warehouse employees» hands in real time», *The Verge*, 1/2/2018, https://www.theverge.com/2018/2/1/16958918/amazon-patents-trackable-wristband-warehouse-employees. La pulsera en cuestión opera con conectividad háptica, que rastrea la posición de los trabajadores y los dirige hacia los artículos que deben empaquetar.
61. Stacey Mitchell, del Institute for Local Self-Reliance.
62. *Cfr*. AMRUTE, Sareeta, ROSENBLAT, Alex, y CALLACI, Brian, *op. cit.*
63. Por ello, las lesiones derivadas de la ejecución del trabajo son, en los centros logísticos de la empresa en los Estados Unidos, el doble de altas que el promedio nacional, según un estudio del Reveal Center for Investigative Reporting (*vid.* en https://www.revealnews.org/tag/amazon/).
64. EVANS, Will: «Ruthless Quotas at Amazon Are Maiming Employees», *op. cit.*
65. Puede consultarse en https://towardsjustice.org/wp-content/uploads/2023/05/2023-05-22-12-32-23-2023.5.22-DSP-complaint-for-filing.pdf

mental como en la dignidad personal, amén de la discriminación por razón de sexo sufrida por las trabajadoras de reparto como consecuencia del alto nivel de demanda que genera la imposibilidad de paradas y descansos para satisfacer necesidades fisiológicas —debe añadirse también las relativas a las biológicas periódicas— en sus rutas de reparto, y que obliga a realizarlas en el propio vehículo.

Los sistemas en cuestión tienen, también, la capacidad de adaptarse, por parte de sus creadores, por sectores o tipología de empresas, ofreciendo programas específicos, por ejemplo, para la gestión de flujos de trabajo de la hostelería (*v. gr.* «Workforce», que asegura gestionar turnos de trabajo en función de la demanda) o de otros sectores donde los ritmos de trabajo son más intensos. Su potencialidad es alta, si se considera que se pueden insertar en aplicaciones simples al alcance de cualquier empresa, aunque se trate de pymes.

Por los motivos expuestos, podrían resideñarse para calcular los tiempos óptimos desde la perspectiva de la mejora de la salud y para la materialización del principio de adaptación de la persona al trabajo, en cuanto permiten ajustar con elevada precisión el rendimiento y productividad a cada situación y combinarlo con parámetros de salud laboral[66]. No en vano uno de los objetivos declarados por el RIA es la mejora de la salud de los ciudadanos de la Unión, reforzada mediante la vigilancia humana sobre los sistemas de IA de alto riesgo, con objeto de prevenir o reducir al mínimo tales riesgos sobre la salud o la seguridad (art. 14.2).

b) Vigilancia y control de personas y de trabajo

La tecnología al servicio de la industria militar ya se anticipó décadas atrás en la constatación de la controlabilidad de seres humanos mediante señales fisiológicas gracias a su monitorización, correlacionando voz, temperatura corporal, ritmo cardíaco, presión sanguínea, respiración, sudoración y otras con el estado físico, mental y emocional de la persona, incluida la detección de carga mental y de la mentira o la visión artificial. Por su parte, la biometría comportamental (captación de datos de comportamiento para su posterior procesamiento) permite realizar análisis de comportamiento mediante sistemas de IA para identificar a las personas en determinados contextos, fundamentalmente por razones de seguridad (pero tam-

66. ÁLVAREZ CUESTA (*op. cit.*, p. 35) se muestra especialmente escéptica con la implantación a corto y medio plazo de estos mecanismos de mejora, porque, según sostiene, el desconocimiento sobre los riesgos que conlleva el uso de estas herramientas propicia que sea descartable su empleo con fines preventivos, cuando aún se desconoce su lado negativo, esto es, su impacto para la salud de los trabajadores.

bién en el ámbito laboral, en virtud del art. 9 RGPD), sin que resulte remoto pensar en un plus que lo extienda al uso de la biometría comportamental (*v. gr.*, introduciendo el análisis sobre la velocidad de escritura o el clic del ratón) con los mismos u otros fines adicionales o en combinación con otras técnicas de captación de datos personales (*v. gr.* proctoring basado en IA). En el mismo sentido, el análisis de emociones, que permite captar, incluso mediante wifi, el estado de ánimo de las personas a través de sistemas de red neuronal, podría exponernos en cualquier entorno laboral a un panóptico de consecuencias incalculables para el derecho a la intimidad, a la igualdad y no discriminación (estos, además, contrarios, al art. 9.2 b RGPD), con concretas consecuencias para la salud psicosocial.

Estos sistemas pueden conectar datos personales, los relativos a la ubicación geográfica, que, en un análisis de inferencia, sirvan también para conocer otros datos, relevantes o no, para el control de la actividad laboral o el comportamiento de los trabajadores. A modo de ejemplo, en el caso de que se utilice un vehículo de empresa o se realicen trabajos en misión, en cuyo caso es posible la vigilancia del posicionamiento o actividad de la persona, aun fuera del horario de trabajo, cuando se utilizan dispositivos propiedad de la empresa o se instalan en estas aplicaciones usadas para el control de los trabajadores. A su vez, los citados sistemas podrían estar automatizados y con ello conectados con el sistema de gestión de la relación de trabajo, para derivar de ello consecuencias de tipo sancionador, u otras que dependan de una determinada puntuación positiva en el ejercicio o rendimiento y puedan verse afectadas por valoraciones negativas derivadas del seguimiento, como criterio de evaluación del comportamiento en el trabajo (aunque este no se halle reflejado en los sistemas de determinación del rendimiento debido o de clasificación o promoción profesional).

La respuesta que proporciona el RIA a su uso en entornos laborales es la de su prohibición a todos los efectos en su considerando 44: «debe prohibirse la introducción en el mercado, la puesta en servicio y el uso de sistemas de IA destinados a ser utilizados para detectar el estado emocional de las personas en situaciones relacionadas con el lugar de trabajo[67]» y en el art. 5 g), pero la prohibición cuenta con un matiz final en el que se excluyen los fines médicos o de seguridad («dicha prohibición no debe aplicarse a los sistemas de IA introducidos en el mercado estrictamente con fines médicos o de seguridad, como los sistemas destinados a un uso terapéutico», recogida en el art. 5.1 f). La intersección de ambos elementos (entorno y fines)

67. El art. 3.39 define el «sistema de reconocimiento de emociones» como aquel sistema de IA destinado a distinguir o inferir las emociones o las intenciones de las personas físicas a partir de sus datos biométricos.

puede llevar a concluir que aquellos sistemas que se empleen en entornos laborales con fines médicos, esto es, de atención a la salud laboral, no son objeto de prohibición, sin perjuicio de la normativa específica a la que alude el considerando 45 para declarar su primacía («el presente Reglamento no debe afectar a las prácticas prohibidas por el derecho de la Unión, incluido el derecho de la Unión en materia de protección de datos, de no discriminación…»), siempre que los afectados sean debidamente informados (considerando 132 y art. 50.3), autorizándose, en definitiva, en los casos no expresamente prohibidos, como sistemas de alto riesgo, en el apartado 1 c) del Anexo III, al que remite el art. 6.2. Pues, de conformidad con el considerando 46, «la clasificación de un sistema de IA como "de alto riesgo" debe limitarse a aquellos sistemas de IA que tengan un efecto perjudicial importante en la salud, la seguridad y los derechos fundamentales de las personas de la Unión, y dicha limitación reduce al mínimo cualquier posible restricción del comercio internacional». En todo caso, debe tenerse en cuenta el proveedor no es quien debe llevar a cabo la evaluación de conformidad de sistemas biométricos como excepción a la regla general (considerando 125), sino que el propio usuario o responsable de su despliegue es el obligado por la norma.

Habida cuenta de que el reglamento no clarifica si los fines médicos son aplicables en entornos laborales, cabe sostener dos hipótesis: a) la exclusión de su uso en dichos entornos no admite excepciones, y los fines médicos nunca pueden ser laborales, sino reservados al ámbito de la sanidad, pública o privada; o b) el art. 5.1 f) introduce una excepción precisamente a la prohibición de su uso en entornos de trabajo. La claridad del precepto no ofrece dudas al respecto (de la segunda interpretación), pero habrá de acotarse con pulcritud el concepto de fines (considerando 44) o motivos (art. 5.1 f) médicos, que no es definido por el reglamento.

c) Evaluación de trabajadores y terminación de las relaciones de trabajo

La automatización de las relaciones de trabajo puede integrar toda la cadena decisional en la vida de una relación laboral, y no solo afecta al sistema de seguimiento, evaluación, promoción profesional... y al sistema sancionador, sino también a las consecuencias negativas de todos los procesos anteriores, incorporados en un sistema de ranking automatizado. Es el caso del sistema implementado por la empresa de transporte privado de pasajeros Uber, que conecta la puntuación derivada de varios ítems (estos, a su vez, insertados en un sistema de clasificación basado en puntuaciones por los servicios atendidos y otros criterios, como la disponibilidad, el tiempo de respuesta, la velocidad de cumplimiento del servicio, la satisfacción de la clientela...), para derivar consecuencias de tales resultados, que pueden ser una mejora salarial al incrementar la posición dentro del ranking, pero también la terminación de la relación contractual.

El potencial de esta automatización puede desplegarse sobre relaciones colectivas, *v. gr.* confección de listas en casos de despidos colectivos a partir de criterios de priorización automatizados, como de ulteriores efectos individuales, *v. gr.* automatización de la detección del absentismo con efectos extintivos del contrato, o de la demanda o necesidades productivas de la empresa, a los mismos efectos. En ambos casos, cabe hallar un impacto de género que, a su vez, entronca con factores de inestabilidad con clara incidencia psicosocial.

Ninguna de estas funciones resulta aludida por el RIA, dado que este se centra en la seguridad y los derechos fundamentales, si bien su probable sesgo o impacto de género (o sobre ciertos colectivos vulnerables) las hace tributarias de las restricciones establecidas para sistemas prohibidos o, en su caso, de alto riesgo. No sería inoportuno introducir en la legislación interna una regulación propia al respecto, habida cuenta de su impacto, no únicamente en el plano de los derechos fundamentales, sino en el de la salud laboral.

4. ENFOQUE PROACTIVO: LA INTELIGENCIA ARTIFICIAL Y LA ROBÓTICA COMO INSTRUMENTO DE MEJORA DE LA SALUD LABORAL

Los avances de la inteligencia artificial se han convertido en un tema central del siglo XXI, desde una multitud de vertientes y perspectivas, como la ética, la gobernanza, la regulación... que ha cristalizado en la Declaración de Bletchley sobre la seguridad de la IA (2/11/2023), adoptada en la primera cumbre mundial en materia de IA, para fijar unos principios comunes que incluyen, «junto a una mayor transparencia por parte de los actores privados que desarrollan capacidades de IA de vanguardia, métricas de evaluación apropiadas, herramientas para pruebas de seguridad y el desarrollo de capacidades e investigaciones científicas relevantes del sector público», y que vienen a recoger las diferentes aproximaciones anteriores, pero que suponen un punto de partida en la necesidad de trabajar conjuntamente en la definición de reglas[68]. «La inteligencia artificial no constituye un fin en sí misma, sino una herramienta que puede traer cambios radicales positivos».

68. En esta línea se encuentra la propuesta del primer ministro británico para la creación de un grupo intergubernamental de expertos en IA y unas cumbres periódicas similares a las propias del cambio climático. También se encuentra en este camino el código ético del G-7 de aplicación en las empresas desarrolladoras de sistemas de inteligencia artificial (llamado «Proceso de IA de Hiroshima»).

Así lo afirma la Comisión Europea (Dictamen *Generar confianza en la inteligencia artificial centrada en el ser humano*, de 2019), y lo ratifica el Comité Económico y Social Europeo en su dictamen a la misma de 2019. Y entre ellas se encuentra su aplicación a la mejora de la salud laboral, principalmente desde la óptica del carácter anticipativo, propia de la prevención de riesgos laborales, y tan ajustada al funcionamiento de los mecanismos predictivos de la inteligencia artificial.

De suerte que, en un futuro próximo, esta potencialidad (especialmente basada en macrodatos[69]) permitirá rediseñar el alcance de las obligaciones preventivas empresariales, en tanto las herramientas sostenidas por inteligencia artificial permite mejorar el grado de eficacia de las políticas preventivas, al mismo tiempo que admitirán ajustar el nivel de exigibilidad de la legislación preventiva en función de la tecnología disponible en cada tipología de empresa (lo que permite atisbar una nueva brecha digital que deba repercutir sobre el grado de exigibilidad preventiva entre las empresas con recursos en IA suficientes y aquellas que, por sus limitaciones y dimensiones, no puedan contar con ellos[70]). Precisamente por ello, el art. 11.1 RIA rebaja las exigencias documentales a las pymes, que las ven simplificadas. Y, con el mismo fin, el art. 57.9 e) les facilita el acceso al mercado de la Unión de los sistemas de IA, de manera gratuita (art. 58.2 d), amén de otras facilidades previstas en los arts. 58 y 62, así como 70.8, 95.4 y 96.1, o la adaptación de las sanciones en el art. 99.6.

4.1. FUNCIONALIDADES Y VENTAJAS DE LA INTELIGENCIA ARTIFICIAL EN LA ANTICIPACIÓN DE LOS RIESGOS LABORALES

Muchos son los técnicos en prevención de riesgos laborales que ya apuntan al binomio IA-prevención de riesgos laborales como la pareja del siglo XXI. Y, asimismo, las empresas que desarrollan tecnología basada en

69. EU-OSHA: «Impact of artificial intelligence on occupational safety and health», 7/1/2021, https://osha.europa.eu/sites/default/files/publications/documents/Policy_brief_Impact_AI_OSH_0.pdf. La Agenda Europea de Salud Laboral incluye en el citado documento todas las tecnologías basadas en inteligencia artificial aplicables a los procesos de trabajo, tales como cobots, tecnologías portátiles y tabletas de asistencia en líneas de montaje de producción, chatbots en fábricas, almacenes y centros de llamadas, y equipos inteligentes de protección personal (EPI), y los procesos algorítmicos en aplicaciones de recursos humanos (RR.HH.) como el análisis de personas y la «gamificación».
70. Sobre el estado actual de la cuestión en la economía española, *vid.* CONSEJO ECONÓMICO Y SOCIAL: *La digitalización de la economía*. Actualización del informe 3/2017, Madrid, 2021, pp. 71 y ss.

IA orientada a la mejora de la salud laboral[71]. Entre ellos, pueden citarse los destinados a mejorar la seguridad en la construcción, en la conducción de vehículos, o en el uso de los equipos de protección individual:

- Suffolk[72] es una empresa constructora estadounidense ha creado un algoritmo que analiza fotografías de los lugares de trabajo y las analiza para localizar los riesgos potenciales de seguridad[73], de modo que sus datos históricos ayudan a mejorar las condiciones de trabajo de sus empleados a través de grandes redes neuronales.
- La evitación de accidentes de tráfico, considerados igualmente accidentes de trabajo por tener lugar en misión o *in itinere*, puede ser mejorada mediante dispositivos inteligentes, en algunos casos conectados a sistemas de posicionamiento global (GPS), especialmente en el sector de reparto motorizado, donde la medición de la productividad por mecanismos automatizados (algoritmos) impulsa a los conductores a incurrir en conducción temeraria, sufriendo una tasa de accidentalidad especialmente elevada[74]. De ahí que se ensayen fórmulas de corrección de la circulación guiada por GPS para salvar los defectos de los navegadores empleados por tales empresas, que incrementan el riesgo *per se* ya elevado que asumen los repartidores[75].

---

71. AGUILAR DEL CASTILLO, M. del Carmen: «El uso de la inteligencia artificial en la prevención de riesgos laborales», *Revista Internacional y Comparada de Relaciones Laborales y Derecho del Empleo,* vol. 8, núm. 1, 2020, pp. 262-293.
72. *Vid.* Nick Fortuna: «Reinventing Jobsite Safety», https://www.constructor-digital.com/ngcs/0520_september_october_2020/MobilePagedArticle.action?articleId=1621038#articleId1621038
73. GESEME: «El uso de la inteligencia artificial en la prevención de accidentes laborales», https://geseme.com/el-uso-de-la-inteligencia-artificial-en-la-prevencion-de-accidentes-laborales/. Sobre el artículo original publicado por *La Red21*, el 14/6/2018, «La Inteligencia Artificial podría evitar accidentes laborales en construcción e incrementar la productividad», en https://www.lr21.com.uy/tecnologia/1371181-inteligencia-artificial-construccion-industria-evitar-accidentes
74. CALLAHAN, Patricia: «The deadly race. How Amazon Hooked America on Fast De While Avoiding Responsibility for Crashes», *Propublica,* 5/9/2019, en https://features.propublica.org/amazon-delivery-crashes/how-amazon-hooked-america-on-fast-delivery-while-avoiding-responsibility-for-crashes/
75. Es el caso de empresas de mensajería donde se emplea un software que corrige los itinerarios para elegir aquellos que resulten más seguros. AMRUTE, Sareeta, ROSENBLAT, Alex, y CALLACI, Brian, utilizan como ejemplo de lo contrario a UPS, que el algoritmo que impulsa la guía de conducción paso a paso de los conductores de tal empresa programa la mayoría de los giros a la izquierda, lo que incrementa el riesgo de la conducción, teniendo en cuenta que estos giros implican mayores riesgos por haber de atravesar tráfico de frente, y, de la misma forma, describen, «el pilar del

- El uso de sistemas inteligentes de videovigilancia puede emplearse para el control de las conductas de los trabajadores, entre las que también cabe incluir las relativas al cumplimiento de las medidas de seguridad, y, en particular el uso de los equipos de protección individual, de suerte que el mecanismo alerte de un incumplimiento observado, tales como no usar el casco y otros elementos de protección en las zonas susceptibles de control por cámaras de videovigilancia[76].

- Por otra parte, la capacidad de realizar inferencias a partir de la observación de datos conduce a la doctrina científica a considerar la IA como método de prevención de riesgos psicosociales, en particular del acoso[77], pues la hipervigilancia y control a los que son sometidos los trabajadores de determinadas actividades bien puede tener una vertiente positiva en cuando a la protección de su salud laboral. Es decir, el exhaustivo control de los trabajadores puede orientarse a la detección también de comportamientos patológicos propios del acoso. La monitorización y geolocalización debieran, pues, replantearse para obtener las ventajas preventivas que mejoraran la salud de los trabajadores y fueran precursores de riesgos para la integridad física o la salud de estos, *v. gr.* en entornos con riesgo de agresión física, como viene siendo tradicional respecto de los sistemas de videovigilancia en entornos de riesgo como entidades bancarias. A este aspecto se aludió ya en el apartado 2.2.3.

Desde la perspectiva preventiva, cabe cuestionar si, en atención a las obligaciones que se desprenden del omnicomprensivo art. 14 LPRL, la incorporación de entornos de trabajo conectados y basados en inteligencia artificial determina el automático deber de poner estas funcionalidades al

---

vehículo entre el parabrisas y la ventana lateral puede obstruir la vista del conductor de los peatones en los cruces peatonales de la izquierda». Asimismo, los conductores de Amazon emplean dispositivos de localización de las direcciones de entrega que en la mitad de los casos se guían por el sistema anteriormente descrito, y además están expuestos a las indicaciones que este le transmita, pues sus zonas de entrega no son fijas (AMRUTE, Sareeta, ROSENBLAT, Alex, y CALLACI, Brian: «The Robots are Just Automated Management Tools», Post-Pandemic Automation Part II, *Points*, 16/6/2020, https://points.datasociety.net/the-robots-are-just-automated-management-tools-b9bf28c4434).

76. *Cfr. Segurmaniazurekin:* «El papel de la inteligencia artificial en la PRL», 4/11/2020, en https://www.segurmaniazurekin.eus/lecciones-seguridad/el-papel-de-la-inteligencia-artificial-en-la-prl/

77. ÁLVAREZ CUESTA, Henar: *El impacto de la inteligencia artificial en el trabajo… cit*, p. 34.

servicio de la prevención de riesgos laborales, en cuanto resulta exigible el despliegue de todos los medios al alcance de la empresa para el cumplimiento de sus obligaciones preventivas[78]. Es decir, una vez incorporados al entorno de trabajo, o de gestión de la empresa, habrían de ponerse al servicio de la mejora de la salud laboral, destinando los datos predictivos obtenidos a fines preventivos, al margen de los fines para los que fue diseñado el sistema. Y en este marco entra en juego una de las funcionalidades del tratamiento de datos, a la que alude el art. 22 RGPD, la elaboración de perfiles.

Considerando la exclusión general de este derecho en manos de los empleadores, así como las exigencias derivadas de dicho precepto en cuanto a la necesidad de transparencia e intervención humana en los procesos de automatización de decisiones, cuando su aplicación se refiere a la salud laboral, cabe considerar su puesta a disposición para la detección de conductas de riesgo en los trabajadores, a fin de evitarlas[79], mejorando el inexistente don de la ubicuidad empresarial (STS núm. 149/2019, de 28 de febrero), al mismo tiempo que permite una aproximación holística a todo el entorno de trabajo con fines preventivos. En suma, contar con estos medios técnicos significa ampliar en buena medida y redefinir el alcance de las obligaciones preventivas de las empresas, al poner a su disposición un nuevo haz de medios para dar debido cumplimiento de tales deberes. Por consiguiente, su implantación generalizada o normalización determinará en un futuro próximo una redefinición de los contornos del deber preventivo empresarial, compatible con el «certificado europeo de empresa de confianza del sector de la IA» (Comité Económico y Social Europeo[80]) o declaraciones de conformidad (art. 40 RIA).

4.2. PREVENCIÓN DE RIESGOS DE ACUERDO CON EL RIA: SEGURIDAD DE LA IA COMO SEGURIDAD DEL PRODUCTO

El RIA establece un nivel mínimo de protección de los trabajadores que, en el contexto laboral, interactúan con sistemas basados en IA, sin perjuicio de la normativa específica en materia de salud laboral y otros derechos de

78. AGUILAR DEL CASTILLO, M. del Carmen, *op. cit.*, p. 282.
79. AGUILAR DEL CASTILLO, M. del Carmen, *op. cit.*, p. 283. La autora los vincula a la anticipación de situaciones de imprudencia temeraria de los trabajadores.
80. COMITÉ ECONÓMICO Y SOCIAL EUROPEO: Dictamen a la *Comunicación de la Comisión al Parlamento Europeo, al Consejo, al Comité Económico y Social Europeo y al Comité de las Regiones – Generar confianza en la inteligencia artificial centrada en el ser humano* [COM(2019) 168 final], cit.

índole laboral[81], pero, como se ha indicado anteriormente, se orienta a la protección de la seguridad derivada del uso de tales productos en semejantes contextos, en los que pueden confluir dos vulnerabilidades: la citada, seguridad y salud, y la de los derechos fundamentales. Precisamente, como se ha indicado, dos distintas perspectivas de un mismo objeto de estudio: los riesgos para la salud laboral ocasionados por la exposición a la interactuación con sistemas basados en IA, con perspectiva de género.

¿Existe alguna referencia normativa a la que vincular una cierta incipiente regulación de la prevención de riesgos laborales con perspectiva de género en este reglamento europeo? La respuesta se hará de esperar, salvo las interpretaciones que quepa efectuar de la aplicación conjunta de esta norma, la de igualdad y la de salud laboral. Pero sí cabe afirmar que esta norma puede situarse en el conjunto normativo preventivo del que extraer el régimen de responsabilidades empresariales correspondiente, y que su traducción en la legislación interna española puede traer una adaptación aún más acorde con la legislación preventiva.

4.3. TUTELA FRENTE A LA DISCRIMINACIÓN DERIVADA DEL USO DE IA COMO HERRAMIENTA PREVENTIVA

4.3.1. Perspectiva de género

Como ya se ha tratado en páginas anteriores, los factores de discriminación (algorítmica o derivada del uso de IA) que introducen en los entornos de trabajo los sesgos tecnológicos no solo generan brechas digitales, sino diferencias de trato discriminatorias que precarizan el trabajo de las mujeres y de colectivos sociales vulnerables, y, a su vez, la salud de quienes a tales riesgos se encuentran expuestos. Esta correlación de factores concausales puede ser también una oportunidad para la prevención de dichos riesgos (además de para su detección)[82]. La respuesta la proporciona la propia IA y la aplicación, en positivo, de la ventaja que proporciona la posi-

81. A tenor del mismo, «en el contexto del empleo y la protección de los trabajadores, el presente Reglamento no debe afectar, por tanto, al derecho de la Unión en materia de política social ni a la legislación laboral nacional —conforme al derecho de la Unión— relativa a las condiciones de empleo y de trabajo, incluidas la salud y seguridad en el trabajo y la relación entre empleadores y trabajadores. El presente reglamento tampoco debe afectar en modo alguno al ejercicio de los derechos fundamentales reconocidos en los Estados miembros y a escala de la Unión, incluidos el derecho o la libertad de huelga o de emprender otras acciones contempladas en los sistemas de relaciones laborales específicos de los Estados miembros y el derecho a negociar, concluir y hacer cumplir convenios colectivos o a llevar a cabo acciones colectivas conforme a la legislación nacional».

82. VAN BEKKUM, Marvin, y BORGESIUS, Frederik Z., «Using sensitive data to prevent discrimination by artificial intelligence: Does the GDPR need a new exception?»,

bilidad de incidir sobre el comportamiento de los algoritmos. No en vano se trata de entidades sin verdadera autonomía (lejos queda el sueño del cerebro artificial), que dependen de elementos como su diseño, su entrenamiento o su alimentación, y que resultan susceptibles de la reprogramación adecuada para la inversión del sesgo.

El primer punto de partida de esta hipótesis viene de la mano de las propias dificultades técnicas detectables: los expertos en mitigación de sesgos admiten los riesgos de generar nuevos sesgos en su intento de mitigar los existentes (procedentes del aprendizaje automático y la detección de patrones sociales de conducta que el modelo de IA tenderá a replicar), al sesgar con propósito mitigador principalmente la alimentación y entrenamiento del sistema a través de la selección de conjuntos de datos pertinentes, lo que, a su vez, inserta una realidad alternativa que puede no corresponderse con la realidad material. Ello deriva de la infrarrepresentación de los datos relativos a elementos, sujetos o colectivos tributarios de ventajas sociales históricas (*v. gr.*, hombres blancos occidentales heterosexuales), mientras los que se pretenden beneficiar para mitigar su desventaja social y corregir su equilibrio en el tratamiento de los datos y resultados a obtener (mujeres o colectivos en situación de desventaja social) son sobrerrepresentados en la alimentación del modelo de IA, al seleccionarse conjuntos de datos donde su presencia y representatividad sea mayor a sus expectativas reales. Técnicamente cabe incidir en una actuación que permita obtener una compensación en el resultado próxima a lo que jurídicamente se denomina discriminación positiva. Hablaríamos entonces de un modelo algorítmico de discriminación positiva. En abstracto, se trataría de una herramienta adecuada para favorecer equilibrios, *v. gr.*, en plantillas de trabajadores o en condiciones de trabajo. No obstante, hay que considerar que los modelos de aprendizaje automático extraen conclusiones del análisis de datos masivos, por lo que debe aceptarse que sus resultados amplifiquen, como sucede en el análisis de conjuntos de datos en general, la discriminación positiva, introduciendo un nuevo desequilibrio con respecto a los individuos infrarrepresentados en los datos. Aceptando este riesgo como mal menor, habría de contrastarse con los principios éticos, ahora recogidos en el RIA (y en proceso actual de desarrollo[83]), respecto de la suficiencia y representatividad de los conjuntos de datos, para considerarla una medida de discriminación positiva aceptable, *v. gr.*, en el marco de los planes de igualdad que las empresas de ciertas dimensiones están obligadas a negociar e implantar.

Computer Law & Security Review, vol. 48, 2023, https://doi.org/10.1016/j.clsr.2022.105770, p. 3.

83. *Vid.* el primer borrador en https://digital-strategy.ec.europa.eu/en/library/first-draft-general-purpose-ai-code-practice-published-written-independent-experts

En cualquier caso, incidiendo sobre tal riesgo, como factor psicosocial, se está actuando sobre el campo de la prevención de riesgos laborales, por lo que la medida deviene en herramienta preventiva en el marco de la salud laboral.

El segundo escollo podría encontrarse en el régimen jurídico de las categorías especiales de datos personales[84] previsto en el RGPD, cuyo art. 9.1 prohíbe el tratamiento de tales categorías, identificadas con aquellos datos relacionados, en lo que aquí interesa, con datos genéticos, datos biométricos dirigidos a identificar de manera unívoca a una persona física, y datos relativos a la salud o datos relativos a la vida sexual o las orientación sexuales de una persona física (no se incluye el sexo de la persona, sin embargo, por lo que este dato no cuenta con protección especial ni está sujeto, por consiguiente, a limitaciones salvo que incurra en intersección con otro rasgo sí protegido). Sin embargo, el segundo apartado del precepto citado salva en su letra b) los casos en los que el tratamiento sea necesario «para el cumplimiento de obligaciones y el ejercicio de derechos específicos del responsable del tratamiento o del interesado en el ámbito del derecho laboral y de la seguridad y protección social, en la medida en que así lo autorice el derecho de la Unión de los Estados miembros o un convenio colectivo con arreglo al derecho de los Estados miembros que establezca garantías adecuadas del respeto de los derechos fundamentales y de los intereses del interesado», lo que permite considerar que dicho tratamiento es factible si se persigue cumplir las obligaciones relativas a la igualdad y los planes de igualdad, o a la prevención de riesgos laborales. Con carácter más específico, el propio RGIA, en su art. 10.5, admite el tratamiento de categorías especiales de datos personales con «en la medida en que sea estrictamente necesario para garantizar la detección y corrección de los sesgos asociados a los sistemas de IA de alto riesgo» (de conformidad con lo dispuesto en el art. 10. 2, f) y g), es decir, sesgos para la salud y la seguridad de las personas, para los derechos fundamentales o que generen discriminación contraria al derecho de la Unión, así como las medidas adecuadas para detectar, prevenir y reducir tales posibles sesgos una vez detectados). Tanto en uno como en otro supuesto, cabe incorporar un sistema de mitigación de sesgos que implique una medida de discriminación positiva, en tanto esta también se encuentra admitida por el derecho de la Unión en el art. 141.4, del Tratado UE, así como en sus directivas de igualdad, como es el caso del art. 3 de la Directiva 2006/54. En todo caso, bajo las condiciones de tratamiento pre-

84. Definidas en el art. 3.37), por remisión al art. 9.1 RGPD, como «las categorías de datos personales a que se refieren el artículo 9, apartado 1, del Reglamento (UE) 2016/679, el artículo 10 de la Directiva (UE) 2016/680 y el artículo 10, apartado 1, del Reglamento (UE) 2018/1725».

vistas en el art. 10.5 a) a f), que, se insiste, no afectarían a un dato como el sexo en el derecho de la Unión, pese a que la perspectiva de género sea central en él (tampoco en el art. 9.1 de la ley española, Ley Orgánica 3/2018, de 5 de diciembre, de Protección de Datos Personales y garantía de los derechos digitales, LOPD).

En todo caso, se trata de herramientas que permiten detectar sesgos con impacto en la salud laboral y, con ello, mitigarlos a través de la introducción de medidas tanto en el plan de igualdad como en la planificación de la prevención de riesgos laborales.

4.3.2. Diversidad funcional

Una de las principales aportaciones de la robótica y la inteligencia artificial a la salud laboral es la mejora de la capacidad funcional a través de distintos medios, entre los que se encuentran los exoesqueletos[85], así como los robots asistenciales (*robots inclusivos*[86]). Interesa incidir en particular en el primero de ellos, las prótesis externas de tipo exoesqueleto, en tanto permiten alterar funcionalidades y con ello la capacidad para el trabajo, lo que sin duda podría redundar en el futuro también en una redefinición de la incapacidad para el trabajo a los efectos de protección social[87].

En el ámbito preventivo, algunas dudas despiertan mayor interés: es el caso de la consideración de estos mecanismos, especialmente los exoesqueletos, como núcleo de la obligación de realizar ajustes razonables en el puesto de trabajo, tanto desde la óptica preventiva (art. 25 LPRL) como desde la política de igualdad de oportunidades y protección frente a las

85. Un exoesqueleto es un «dispositivo que proporciona una fuerza de asistencia o un par de torsión para la suplementación o aumento de las capacidades personales mientras está unido al humano durante el uso [robots portátiles se denominan robots auxiliares físicos de tipo inmovilizador en ISO 13482: 2014 (ISO 2014)]» (AGENCIA EUROPEA PARA LA SEGURIDAD Y LA SALUD EN EL TRABAJO: «Occupational exoskeletons: wearable robotic devices to prevent workrelated musculoskeletal disorders in the workplace of the future», Discussion Paper, 9/9/2020, p. 2, https://osha.europa.eu/sites/default/files/publications/documents/MSDs_Occupational_exoskeletons_wearable_devices.pdf).
86. SÁNCHEZ-URÁN AZAÑA, Yolanda, y GRAU RUIZ, M.ª Amparo: «El impacto de la robótica, en especial la robótica inclusiva, en el trabajo: aspectos jurídicos-laborales y fiscales», en *Revista Aranzadi de Derecho y Nuevas Tecnologías*, 2019, núm. 50, en https://eprints.ucm.es/id/eprint/47523/, p. 11.
87. SÁNCHEZ-URÁN AZAÑA y GRAU RUIZ (*op. cit.*, p. 17) plantean un futuro distópico, que permita cuestionar el concepto de igualdad de oportunidades de las personas con discapacidad (art. 7.2 del Texto refundido de la Ley de los derechos de las personas con discapacidad y su inclusión social, aprobado por RD legs. 1/2013), por gozar, a través de estos mecanismos que aumentan las capacidades y habilidades, no ya de una desventaja social, sino de una ventaja real.

discriminaciones en el empleo (art. 5 de la Directiva 2000/78 y art. 2 m) de la Ley de los derechos de las personas con discapacidad y su inclusión social, aprobado por RD legs. 1/2013). Por consiguiente, si exigir la introducción de estas ayudas cuando no forman parte del propio entorno de trabajo, pues constituyen adaptaciones de la propia persona para hacer frente a las exigencias de puesto de trabajo, en lugar de modificar este, guarda correspondencia con la filosofía del deber de ajuste razonable. De igual modo, si la carga que imponen a la empresa las convierte en inexigibles por su carácter «excesivo» (carga excesiva a la que se refieren los preceptos citados como límite a su exigibilidad). Desde la óptica contraria, y siendo factible la adaptación, su incumplimiento convertiría en discriminatoria su decisión en el marco legal indicado, con los efectos que de ello puedan derivarse para la esfera de derechos de los trabajadores afectados.

En tanto no se democratice o generalice el uso de este tipo de dispositivos para abaratar su precio, no parece que puedan encajar en el concepto de ajuste razonable exigible a las empresas para la mejora de las capacidades de los trabajadores o para evitar las extinciones automáticas de contratos por declaración de incapacidad permanente. Pero sí conviene anticipar dicho panorama, bajo el principio de la *adaptación del trabajo a la persona* que inspira el art. 15 LPRL y los preceptos concordantes anteriormente citados, o lo que el Comité Económico y Social Europeo denomina «inteligencia artificial centrada en el ser humano»[88].

Finalmente, en el marco de la regulación del trabajo en plataformas digitales no se explicitan las adaptaciones que procederían en la línea indicada, y que se derivan igualmente de los deberes preventivos marcados en el art. 25 LPRL. Sin embargo, el art. 22 de la Ley de trabajo a distancia deja un margen legal a la exigencia de tales adaptaciones en el marco de trabajo a distancia y el teletrabajo, lo que nos deja a las puertas de la disyuntiva sobre el anclaje normativo del deber de adaptación en la empresa tradicional y en las plataformas digitales que no empleen a trabajadores con diversidad funcional en régimen de trabajo a distancia o teletrabajo, como es el caso de los trabajadores de las plantas logísticas y de reparto, y los que presten servicios en tal régimen. No cabe duda de que las adaptaciones

88. COMITÉ ECONÓMICO Y SOCIAL EUROPEO: *Comunicación de la Comisión al Parlamento Europeo, al Consejo, al Comité Económico y Social Europeo y al Comité de las Regiones – Generar confianza en la inteligencia artificial centrada en el ser humano* [COM(2019) 168 final], cit. En ella se afirma literalmente: «El CESE acoge con satisfacción la voluntad de la UE de elaborar un enfoque para una IA centrada en el ser humano y conforme con sus valores fundamentales: el respeto de la dignidad humana, la libertad, la democracia, la igualdad y la no discriminación, el Estado de Derecho y el respeto de los derechos humanos».

proceden en ambos casos, con amparo en distintos cuerpos normativos, pero sería de gran ayuda que se explicitara la conexión entre sistemas de control digitales y diversidad funcional, puesto que tales técnicas funcionan con métodos de parametrización estándar que no dejan margen a las especialidades que requieren estas mediciones cuando de casos separados del estándar se trata. Amén de la perspectiva de género, interseccione o no con la diversidad funcional, para tomar en consideración otros estados biológicos (art. 25 LPRL) o personales (v.g. violencia de género) en las necesarias adaptaciones de tales sistemas de control.

4.4. SEGURIDAD VIAL Y PREVENCIÓN DE RIESGOS LABORALES

La seguridad vial forma parte de la prevención de riesgos laborales respecto de todas las actividades desplegadas en dicho ámbito, sea de trabajo efectivo o de desplazamientos al lugar de trabajo, como ya se citó en el precedente apartado 4.1. Sin embargo, cuando se trata de conducción, los diseños de vehículos siguen perpetuando, hoy día, su tradicional visión androcéntrica, que prescinde de cualquier ajuste a la biología y biometría femenina: en el plano ergonómico, sillones, pedales y pantallas que no se ajustan al menor promedio de estatura de las mujeres, cinturones de seguridad que comprimen la garganta… factores que a su vez inciden negativamente sobre la fatiga en la conducción, aunque el factor térmico (como sabemos, con impacto de género, sí haya sido objeto de soluciones óptimas. La IA integra ya el funcionamiento de todo tipo de vehículos, para la mejora de la seguridad vial, incorporando sensores de distinta tipología y finalidad (sistemas avanzados de asistencia a la conducción, conducción autónoma, detección de obstáculos, dashcams o cámaras de salpicadero, funcionalidades predictivas, planificación y optimización de rutas, reconocimiento de voz… en algunas de las cuales se han detectado ya diferencias comportamentales de género[89]), algunas de las cuales redundan en una mejora de la prevención de riesgos, si bien las cuestiones ergonómicas señaladas aún precisan de revisión y mejora (aunque se apuntan algunas innovaciones en el ajuste de la posición del asiento, que habrían de profundizarse desde la perspectiva de género, *v. gr.* en la adaptación de las señales de fatiga de las dashcams) ni en otras que afectan a diversidades funcionales más allá del clásico cambio automático de marchas. En estas medidas adaptadas debe-

89. REZAEI, Mahdi; YAZDANI, Mirbahador; JAFARI, Mahsa, y SAADATI, Mohammad, «Gender differences in the use of ADAS technologies: A systematic review», *Transportation Research Part F: Traffic Psychology and Behaviour*, vol. 78, 2021, pp. 1-15, https://doi.org/10.1016/j.trf.2021.01.011; y LI, Shuo, BLYTHE, Phil, ZHANG, Yanghanzi, *et al.*, «Analysing the effect of gender on the human-machine interaction in level 3 automated vehicles». *Scientific Reports*, núm. 12, 11645, 2022. https://doi.org/10.1038/s41598-022-16045-1.

rían integrarse los riesgos psicosociales de la conducción en tanto afectan de manera singular a las mujeres (agresividad mayor contra las conductoras, *v. gr.*, en forma de gestos ofensivos y obscenos, ráfagas de luz, acercamiento excesivo o insultos y agresiones verbales) e interactúan con otros riesgos, por lo que requieren de medidas específicas de prevención.

Por otra parte, los sistemas de geoposicionamiento conectados con mecanismos de gestión del trabajo están siendo empleados, *de facto*, como herramientas de control personal (*location analytics* y *location intelligence*). Pero lo cierto es que su virtualidad preventiva no es tampoco desdeñable, en tanto su mejor ajuste permite reducir algunos riesgos de la conducción, no solo por su capacidad predictiva de riesgos en las rutas y de reducción del estrés en el hallazgo de rutas, desvíos, estado de las vías, evitación de atascos y destino, sino porque un adecuado ajuste selecciona en su diseño los procedimientos más seguros, inclusive desvíos y giros (*v. gr.* giros a la derecha en lugar de a la izquierda con tráfico de frente en el carril inverso), o su guía controlada permite eliminar riesgos, puntos negros… y en general mejorar la seguridad de la conducción a través de decisiones automatizadas. Dichos sistemas se interconectan con funcionalidades adicionales que soportan medidas de seguimiento y vigilancia, inclusive mediante videocámara, que bien pudieran emplearse en beneficio de la prevención del acoso al que se exponen las conductoras que realizan buena parte de su jornada al mando de un vehículo. El equilibrio entre la hipervigilancia y la prevención es siempre el gran reto.

5. BIBLIOGRAFÍA

ÁLVAREZ CUESTA, Henar: *El impacto de la inteligencia artificial en el trabajo: desafíos y propuestas.* Thomson Aranzadi, Cizur Menor, 2020.

ANDERSON, B. y SUTHERLAND, E., *AI in health. Huge potential, huge risks*, OCDE, 2024, https://www.oecd.org/health/AI-in-health-huge-potential-huge-risks.pdf. Resumen de la obra de los mismos autores *Collective action for responsible AI in health*, OECD Artificial Intelligence Papers, No. 10, OECD Publishing, Paris, https://doi.org/10.1787/f2050177-en

CESE: Dictamen sobre la propuesta de reglamento [COM(2021) 206 final - 2021/106 (COD)] (2021/C 517/09), Diario Oficial de la Unión Europea de 22/12/2021 C 517/61, consultable en https://eur-*lex*.europa.eu/legal-content/ES/TXT/PDF/?uri=CELEX:52021AE2482&from=ES

COLLET, Clementine; NEFF, Gina, y GOUVEA GOMES, Livia, *Los efectos de la IA en la vida laboral de las mujeres*, UNESCO, 2022, https://unesdoc.unesco.org/ark:/48223/pf0000380871

COMISIÓN EUROPEA, *Hiroshima Process International Code of Conduct for Advanced AI Systems,* 2023, https://digital-strategy.ec.europa.eu/en/library/hiroshima-processinternational-code-conduct-advanced-ai-systems

CORNELL UNIVERSITY/INSEAD/WIPO, *The Global Innovation Index 2019: Creating Healthy Lives-The Future of Medical Innovation,* 2019.

EUROPEAN ALLIANCE FOR ACCESS TO SAFE MEDICINES, «Medication Errors - the Most Common Adverse Event in Hospitals Threatens Patient Safety and Causes 16/1/2 Deaths per Year», European Alliance for Access to Safe Medicines, 2022, https://eaasm.eu/engb/2022/09/13/press-release-medication-errors-the-most-common-adverse-event-inhospitals-threatens-patient-safety-and-causes-160000-deaths-per-year/

FERNÁNDEZ MACÍAS, E., Urzi Brancati, MC, Wright, S. y Pesole, A., *La plataformatización del trabajo,* Oficina de Publicaciones de la Unión Europea, Luxemburgo, 2023, doi:10.2760/801282, JRC133016.

GARCÍA GONZÁLEZ, Guillermo, «Trabajo líquido y prevención de riesgos laborales: la necesaria reformulación de la seguridad y salud laboral en la sociedad de la información». *Archivos de Prevención de Riesgos Laborales,* vol. 21, núm. 1, 2018, pp. 5-6.

GOÑI SEIN, José L., «Innovaciones tecnológicas, inteligencia artificial y derechos humanos en el trabajo». *Documentación Laboral,* núm. 117, 2019, pp. 57-72.

KULLMANN, Miriam, «Platform Work, Algorithmic Decision-Making and EU Gender Equality Law», *Journal of Comparative Labour Law and Industrial Relations,* vol. 34, 2018, núm.1, pp. 1-21, en SSRN: https://ssrn.com/abstract=3195728

LLORENS ESPADA, Julen, *Límites al uso de la inteligencia artificial en el ámbito de la salud laboral.* La Ley, Madrid, 2023.

LLORENS ESPADA, Julen, «La inteligencia artificial para la mejora de la seguridad y la salud laboral y su encaje en el marco regulatorio europeo». *Trabajo y Derecho,* núm. 19 (monográfico), 2024.

MERCADER UGUINA, Jesús R., «Robótica y riesgos laborales». *Archivos de Prevención de Riesgos Laborales,* vol. 21, núm. 3, 2018, pp. 121-122, https://e-archivo.uc3m.es/rest/api/core/bitstreams/522cc2fc-e1bc-42af-aa50-173d664180ab/content

MERCADER UGUINA, Jesús R., «La robotización y el futuro del derecho del trabajo». *Trabajo y Derecho*. 2017, núm. 27, pp. 13-24.

MOORE, Phoebe V., «Inteligencia artificial en el entorno laboral. Desafíos para los trabajadores», en AA.VV., *El trabajo en la era de los datos*. Turner libros, 2019, pp. 93 y ss.

MOZO SEOANE, Antonio, *Los límites de la tecnología. Marco ético y regulación jurídica*. Reus, Madrid, 2021.

CHAMORRO-PREMUZIC, Tomas, ¿Puede la IA de vigilancia hacer que el lugar de trabajo sea seguro?, Administración de Sloan del MIT. Rev. (4 de agosto de 2020), https://sloanreview.mit.edu/article/can-surveillance-ai-make-the-workplace-safe/#article-authors

PARLAMENTO EUROPEO, *Artificial Intelligence Act: deal on comprehensive rules for trustworthy AI*, European Parliament, 2023.

RIVAS VALLEJO, Pilar, «Salud, inteligencia artificial y derechos fundamentales». En Monereo Pérez, J. L., Rivas Vallejo, P., Moreno Vida, M. N., Vila Tierno, F. y Álvarez Cortés, J. C. (dirs.): *Salud y asistencia sanitaria en España en tiempos de pandemia covid-19.*, Vol. 2, 2021 (Tomo II), pp. 877-915.

VAN BEKKUM, Marvin, y BORGESIUS, Frederik Z., «Using sensitive data to prevent discrimination by artificial intelligence: Does the GDPR need a new exception?», *Computer Law & Security Review*, vol. 48, 2023, https://doi.org/10.1016/j.clsr.2022.105770

VEALE, M. y BORGESIUS, Frederik Z, «Adtech and real-time bidding under European data protection law», *German Law Journal*, 2022.

VEALE, M. y BORGESIUS, Frederik Z, «Demystifying the Draft EU Artificial Intelligence Act-Analysing the good, the bad, and the unclear elements of the proposed approach», *Computer Law Review International*, 2021.

WARBURTON, Nick, EU-OSHA publica tres resúmenes de políticas sobre sistemas digitales inteligentes para la SST, Revista IOSH (5 de junio de 2023), https://www.ioshmagazine.com/2023/06/05/eu-osha-publica-tres-resúmenes-de-políticas-smart-digital-systems-osh

Capítulo 14

La necesaria actualización del marco normativo preventivo del embarazo y la lactancia natural de la trabajadora desde la perspectiva de género

Elisa Sierra Hernaiz
Profesora Titular (acreditada a Catedrática) de Derecho del Trabajo y de la Seguridad Social
Universidad Pública de Navarra

SUMARIO: 1. INTRODUCCIÓN. 2. PERSPECTIVA DE GÉNERO Y PREVENCIÓN DE RIESGOS LABORALES: UNA APROXIMACIÓN A SU SIGNIFICADO. 3. LAS ESTRATEGIAS Y DIRECTRICES EUROPEAS Y ESPAÑOLAS PARA INTEGRAR LA PERSPECTIVA DE GÉNERO EN EL ÁMBITO DE LA SALUD Y LA PREVENCIÓN DE RIESGOS LABORALES. *3.1. La regulación en el ámbito comunitario. 3.2. La regulación en el ámbito español.* 4. LA PROTECCIÓN DE LA MATERNIDAD Y LACTANCIA EN LA NORMATIVA COMUNITARIA Y ESPAÑOLA. LA REGULACIÓN DE LOS PLANES DE IGUALDAD. *4.1. La normativa comunitaria y española. 4.2. La regulación de los planes de igualdad.* 5. PROPUESTAS DE ACTUACIÓN PARA LA PROTECCIÓN DE RIESGOS LABORALES DE LA MATERNIDAD Y LACTANCIA NATURAL DESDE LA PERSPECTIVA DE GÉNERO. *5.1. Propuestas desde el ámbito del derecho español.* 5.1.1. Maternidad. 5.1.2. Lactancia natural. *5.2. Propuestas desde el ámbito del Derecho comunitario. La Directiva 2024/869, de 13 de marzo de 2024.* 6. BREVE REFLEXIÓN FINAL. 7. BIBLIOGRAFÍA.

1. INTRODUCCIÓN

En la actualidad, uno de los retos más importantes en la prevención de riesgos laborales es incorporar la perspectiva de género en todo el proceso de evaluación de los riesgos, identificando los riesgos específicos que afectan a las trabajadoras, tanto físicos, biológicos como psicosociales, así como en las medidas preventivas. Para conseguirlo es necesario revisar y actualizar el marco normativo estableciendo si es necesario prioridades de actuación, especialmente en aquellas actividades altamente feminizadas. Hasta el presente, las líneas de actuación preferentes han sido la protección de la maternidad y de la lactancia natural por los riesgos específicos que se plantean. Sin embargo, el contar con una legislación específica no puede significar quedarse al margen de este proceso de revisión ya que, a modo de ejemplo, en la lactancia natural existen riesgos psicosociales específicos, que tradicionalmente presentan importantes carencias de evaluación en las políticas preventivas al ser un riesgo tradicionalmente femenino por la doble jornada de trabajo. Otro ejemplo es la reciente revisión de los valores límite de exposición al plomo que necesariamente conlleva la actualización de la evaluación y adopción de medidas preventivas para las trabajadoras embarazadas o en situación de lactancia natural.

Por lo tanto, la revisión de la protección de la maternidad y lactancia natural desde la perspectiva de género conlleva una doble vertiente. Por un lado, comprobar que los criterios y sistemas de evaluación de riesgos laborales no tengan sesgos de género, ya que en caso contrario se corre el riesgo de que la protección no sea la correcta, adecuada o insuficiente. Y, por otro, actualizar y adaptar la normativa y normas técnicas los nuevos riesgos existentes o la revisión de los mismos, como consecuencia de la evolución en la evaluación de los mismos.

Todas estas cuestiones son analizadas en esta Capítulo, partiendo para ello del significado del concepto perspectiva de género, pasando a examinar las principales estrategias y directrices, tanto europeas como españolas, en prevención de riesgos laborales. A continuación se realiza una breve referencia a la protección de la maternidad y lactancia natural en la Ley de Prevención de Riesgos Laborales y la Directiva Comunitaria, incluida la regulación de los planes de igualdad por su importancia en esta materia. Finalmente, se formulan unas líneas de actuación tomando como punto de partida los cambios introducidos en la protección de la maternidad, que no de la lactancia natural, como consecuencia de los nuevos criterios SEGO y de la aprobación de la Directiva 2024/869, de 13 de marzo de 2024 que modifica la exposición a los valores límites para el plomo y sus compuestos inorgánicos.

2. PERSPECTIVA DE GÉNERO Y PREVENCIÓN DE RIESGOS LABORALES: UNA APROXIMACIÓN A SU SIGNIFICADO

El Tribunal Constitucional, en su sentencia 44/2023, de 9 de mayo[1], delimita la perspectiva de género como una categoría de análisis de la realidad desigualitaria entre hombres y mujeres dirigida a alcanzar la igualdad material y efectiva, debiendo de ser aplicada de manera transversal en todas las políticas públicas que se adopten para conseguir la igualdad real y efectiva, cumpliendo con el mandato del artículo 9.2 de la Constitución Española. Para ello, tienen en consideración su propia doctrina contenida en la STC 12/2008, de 29 de enero, cuando señala, en el fundamenta jurídico 4.º, que «el art. 9.2 CE expresa la voluntad del constituyente de alcanzar no solo la igualdad formal sino también la igualdad sustantiva, al ser consciente de que únicamente desde esa igualdad sustantiva es posible la realización efectiva del libre desarrollo de la personalidad», afirmando también que la incorporación de esa perspectiva «es propia de la caracterización del Estado como social y democrático de Derecho» y que dicha caracterización, con los valores superiores que la configuran, «representa el fundamento axiológico para la comprensión del entero orden constitucional». Por lo tanto, el significado de la perspectiva de género no es otro que: «tener en cuenta las diferentes necesidades de hombre y mujer en dichas áreas de la realidad, con el objetivo último de garantizar una igualdad efectiva y real entre hombres y mujeres». La aplicación de esta doctrina en el ámbito de la salud supone que velar porque se incorpore «una perspectiva equitativa en cuestiones de género»; que se recopilen «datos desglosados por sexo»; que se tengan en cuenta las disparidades entre los géneros al elaborar políticas y programas y que se «avance hacia la igualdad entre hombres y mujeres en el ámbito de la salud»[2]. Finalmente, el TC recuerda que también el TS ha afirmado de manera reiterada la necesidad de integrar la perspectiva de género, como enfoque metodológico y criterio hermenéutico transversal,

1. Págs. 837656 y ss.
2. Véase también el artículo 27 de la LOI: «Las Administraciones públicas promoverán la efectividad del principio de igualdad entre mujeres y hombres, considerando las variables relacionadas con el sexo tanto en los sistemas de recogida y tratamiento de datos como en el estudio e investigación generales en materia de prevención de riesgos laborales, con el objetivo de detectar y prevenir posibles situaciones en las que los daños derivados del trabajo puedan aparecer vinculados con el sexo de los trabajadores» y el artículo 5.4 de la LPRL: «Las Administraciones públicas promoverán la efectividad del principio de igualdad entre mujeres y hombres, considerando las variables relacionadas con el sexo tanto en los sistemas de recogida y tratamiento de datos como en el estudio e investigación generales en materia de prevención de riesgos laborales, con el objetivo de detectar y prevenir posibles situaciones en las que los daños derivados del trabajo puedan aparecer vinculados con el sexo de los trabajadores».

para lograr que la igualdad de trato y oportunidades entre mujeres y hombres sea real y efectiva.

En el concreto ámbito de la prevención de riesgos laborales, se han señalado tres áreas de actuación específicas: las lesiones o daños físicos, la sobrecarga de trabajo y los riesgos psicológicos, con situaciones de abusos o acoso[3], estando las tres interrelacionadas, aunque en el caso de las mujeres, como consecuencia de la división sexual del trabajo y la conciliación de la vida laboral y familiar[4], la sobrecarga y los riesgos psicológicos son predominantes. Sin embargo, tradicionalmente la prevención de riesgos laborales ha priorizado la primera, puesto que el prototipo ha sido el trabajador masculino obviando tanto las condiciones biológicas de las mujeres (salvo la maternidad y lactancia natural) como los estereotipos de género, lo que puede suponer una *infra* protección en materia de seguridad y salud laboral en sus aspectos biológicos como no biológicos, vinculados éstos a la segregación laboral de la mujer, tanto horizontal como vertical[5]. Otros factores que también tienen que ser tenidos en consideración son la alta presencia de mujeres en el sector remunerado y no remunerado y los patrones sociales sobre la masculinidad y feminidad. Todo ello implica que incluir la perspectiva de género en la prevención de riesgos laborales supone cambios en la evaluación de los riesgos y en la política preventiva en general como parte del proceso de cambio social y laboral que conlleva la participación de las mujeres y su visibilización en la esfera pública[6].

3. VOGEL, Laurent. «The gender dimension in health and safety. Initial findings of a European survey», *TUTB Newsletter 18*, Trade Union Technical Bureau, Bruselas, 2002, p. 5. http://hesa.etui-rehs.org/uk/newsletter/ files/2002-18p13-17.pdf. «direct physical injury generally due to physical agents (machinery, substances) or factors; overloading due to inappropriate or excessive wear on men and women. Here, it is the pace or repetitiveness of the work activity itself that is at issue and violation of dignity, in which respect there has been a notable increase in the types of psychological abuse (humiliation, victimization, bullying)». Véase al respecto: BLÁZQUEZ AGUDO, Eva. «La prevención de riesgos laborales desde una perspectiva de género», *Revista del Ministerio de Trabajo y Economía Social*, núm. 155, 2023, pp. 99 y ss. y GARCÍA TORRES, Ana. *La perspectiva de género como factor de evolución de las fronteras y estructuras del Derecho del Trabajo*. Bomarzo: Albacete, 2024, pp. 97 y ss.

4. VALLEJO DA COSTA, Ruth. «El conflicto trabajo-familia como riesgo psicosocial: su particular incidencia en la mujer trabajadora (aspectos jurídicos)» en *CEF. Estudios financieros. Revista de trabajo y seguridad social*, núm. 375 (2014), pp. 13 y ss.

5. VALLEJO DA COSTA, Ruth. *Salud laboral, igualdad y mujer. Aspectos jurídicos*. Bomarzo: Albacete, 2019, p. 16 y ss. y RAMOS QUINTANA, Margarita I. «La salud de las mujeres en las relaciones de trabajo», *Revista de Derecho Social*, núm. 100, 2022, pp. 124-125.

6. VOGEL, Laurent. «The gender dimension in health and safety. Initial findings of a European survey», cit., p. 6. Véase también FUMERO DIOS, Inmaculada S. «La perspectiva de género: auténtica clave de bóveda para garantizar la seguridad y salud de

3. LAS ESTRATEGIAS Y DIRECTRICES EUROPEAS Y ESPAÑOLAS PARA INTEGRAR LA PERSPECTIVA DE GÉNERO EN EL ÁMBITO DE LA SALUD Y LA PREVENCIÓN DE RIESGOS LABORALES

3.1. LA REGULACIÓN EN EL ÁMBITO COMUNITARIO

La Unión Europea, en la Estrategia para la Igualdad de Género 2020-2025[7], propone adoptar medidas específicas para conseguir la igualdad de género, integrando la perspectiva de género en todas las políticas comunitarias, tanto internas como externas. Para lograrlo, formula la aplicación del principio de «interseccionalidad, que supone la combinación del género con otras identidades o características personales y la forma en que estas intersecciones originan situaciones de discriminación singulares, como principio transversal»[8]. En el ámbito concreto de la salud, se recuerda la existencia de riesgos específicos para cada sexo, señalándose la necesidad de aplicar la dimensión de género en el plan europeo de lucha contra el cáncer y el intercambio periódico de buenas prácticas entre los Estados miembros y las partes interesadas sobre los aspectos de la salud relacionados con el género, entre otras la salud y los derechos sexuales y reproductivos[9].

En segundo lugar, en el Marco estratégico de la UE en materia de salud y seguridad en el trabajo 2021-2027[10], se parte de la necesidad de tener un lugar de trabajo seguro para todas las personas, reconociendo, entre otras, las diferencias y desigualdades de género y la lucha contra la discriminación, incluida la evaluación de riesgos laborales. En este sentido, se indica la necesidad de adoptar medidas para evitar el sesgo de género en la evaluación de riesgos laborales, priorizando: «i) la representación de hombres

---

las trabajadoras» en ROJAS RIVERO, Gloria. *Las «mareas» de la igualdad en el derecho del trabajo y de la Seguridad Social*. Bomarzo: Albacete, 2024, pp. 53 y ss.

7. COMISIÓN EUROPEA. *Una Unión de la igualdad: Estrategia para la Igualdad de Género 2020-2025*, COM (2020) 152 final, de 5 de marzo de 2020.
8. Tal y como se señala COMISIÓN EUROPEA. *Una Unión de la igualdad: Estrategia para la Igualdad de Género 2020-2025*, p. 2: «El EIGE define «interseccionalidad» como una «herramienta analítica para estudiar, entender y responder a las maneras en que el sexo y el género se cruzan con otras características/identidades y cómo estas intersecciones contribuyen a experiencias complejas y únicas de discriminación» (véase: https://eige.europa.eu/thesaurus/terms/1263?lang=es). Según el artículo 10 del TFUE, «en la definición y ejecución de sus políticas y acciones, la Unión tratará de luchar contra toda discriminación por razón de sexo, raza u origen étnico, religión o convicciones, discapacidad, edad u orientación sexual».
9. COMISIÓN EUROPEA. *Una Unión de la igualdad: Estrategia para la Igualdad de Género 2020-2025*, cit., p. 16.
10. COMISIÓN EUROPEA. *Marco estratégico de la UE en materia de salud y seguridad en el trabajo 2021-2027. La seguridad y salud en el trabajo en un mundo laboral en constante transformación*. COM (2021) 323 final, de 28 de junio de 2021.

y mujeres en las consultas de los trabajadores; ii) la adaptación de la formación a la situación personal de cada empleado; y iii) el reconocimiento de los riesgos en profesiones que tradicionalmente se han pasado por alto o se han considerado "trabajos ligeros" (por ejemplo, cuidadores o limpiadores)» [11]. También se incide en la sensibilización sobre los trastornos musculoesqueléticos, el cáncer y la salud mental, así como sobre el acoso y el sesgo de género en el lugar de trabajo y la necesidad de integrar el sesgo de género en el diseño, la aplicación y la elaboración de los informes preceptivos. Finalmente se recalca la importancia de que se elaboren encuestas y se recopilen datos teniendo en cuenta la variable género [12].

En tercer lugar, el nuevo marco estratégico de la Unión Euroepa en materia de salud y seguridad en el trabajo [13], redunda en la importancia de aplicar la perspectiva de género en la seguridad y salud en el trabajo, ya que las personas trabajadoras pueden estar más expuestos y ser más vulnerables a distintos tipos de sustancias o riesgos dependiendo de su sexo (Considerando W). A su vez, recuerda que: «las mujeres trabajadoras se enfrentan a mayores retos para la salud y el bienestar en el trabajo, especialmente en los sectores sanitario y de asistencia y pide a la Comisión y a los Estados miembros que integren la perspectiva de género y tengan en cuenta las diferencias de género en todas las medidas en materia de salud y seguridad en el trabajo».

Y, en cuarto lugar, la Agencia Europea de Seguridad y Salud en el Trabajo (AESST) parte de la existe de diferencias de sexo ya que los hombres y las mujeres no son iguales desde un punto de vista biológico y también que las actividades profesionales que realizan, las condiciones de trabajo y la forma en que son tratados por la sociedad son distintas —diferencias de género—, que pueden afectar a los riesgos a los que se enfrentan los hombres y mujeres en el trabajo por lo que puede ser necesario un tratamiento

---

11. COMISIÓN EUROPEA. *Marco estratégico de la UE en materia de salud y seguridad en el trabajo 2021-2027. La seguridad y salud en el trabajo en un mundo laboral en constante transformación*, cit. p. 15: «Por ejemplo, la pandemia puso de relieve los riesgos de tener herramientas y equipos mal adaptados (por ejemplo, las mujeres del sector sanitario tenían que llevar equipos de protección individual diseñados para los hombres)».
12. COMISIÓN EUROPEA. *Marco estratégico de la UE en materia de salud y seguridad en el trabajo 2021-2027. La seguridad y salud en el trabajo en un mundo laboral en constante transformación*, cit., pp. 17 y 21.
13. PARLAMENTO EUROPEO. *Nuevo marco estratégico de la UE en materia de salud y seguridad en el trabajo posterior a 2020*. Resolución del Parlamento Europeo, de 10 de marzo de 2022, sobre un nuevo marco estratégico de la UE en materia de salud y seguridad en el trabajo posterior a 2020 (incluida una mejor protección de los trabajadores frente a la exposición a sustancias nocivas, el estrés laboral y las lesiones por movimientos repetitivos) (2021/2165(INI)) (2022/C 347/10), 9 de septiembre de 2022.

específico en su evaluación y control[14]. Así, las diferencias que señala son que las mujeres: «Trabajan en sectores específicos y en tipos de trabajo específicos; equilibran dobles responsabilidades en el trabajo y en el hogar; cuentan con poca representación a escala de supervisión y dirección; son físicamente distintas a los hombres, aunque existen más variaciones entre mujeres que entre hombres y mujeres, por ejemplo, respecto de la fuerza física, y realizan trabajos que se presumen erróneamente como seguros y fáciles».

Pues bien, en materia de prevención de riesgos laborales es común que dichas diferencias o no estén evaluadas o estén subestimadas, como pueda suceder con la carga de trabajo, por lo que es necesario identificarlas para mejorar la protección de la salud de la mujer trabajadora. Para ello es fundamental que las empresas incluyan cuestiones de género en la evaluación de los riesgos laborales, fijarse en el trabajo real llevado a cabo y evitar hacer suposiciones sobre quién corre riesgos y por qué e implicar a las mujeres en la toma de decisiones relacionadas con la prevención de riesgos laborales.

3.2. LA REGULACIÓN EN EL ÁMBITO ESPAÑOL

En la actualidad, en nuestro ordenamiento jurídico el texto de referencia es la Estrategia española de seguridad y salud en el trabajo 2023-2027[15], en concreto, el Objetivo 5.º que pone como ejemplo la necesidad de incorporar la perspectiva de género el análisis global de los accidentes de trabajo[16]. Así, los hombres duplican el índice de incidencia de accidentes si se compara con las mujeres (2,2 superior en 2020) pero existen evidencias de que dicho

14. https://osha.europa.eu/es/themes/women-and-health-work. Igualmente, los Informes elaborados por la Agencia. FACTS. *Las cuestiones de género en relación con la seguridad y la salud en el trabajo*, n.º 42, 2003.

15. INSST. *Seguridad y salud en el trabajo. Estrategia española 2023-2027*. Madrid: INSST, 2023, pp. 62 y ss. Sobre su importancia desde la perspectiva de género véase: PÉREZ CAMPOS, Ana I. «La perspectiva de género en la estrategia de seguridad y salud en el trabajo. Un avance necesario» en FERNÁNDEZ COLLADOS, M.ª Belén (Directora); GONZÁLEZ MARTÍNEZ, José A. y FERNÁNDEZ COLLADOS, M.ª Belén (Coordinadores). *La prevención de riesgos laborales a propósito de la Estrategia de Seguridad y Salud Laboral 2023-2027*. Aranzadi: Cizur Menor, 2023, pp. 137 y ss. y ROMERAL HERNÁNDEZ, Josefa. «Estrategia Española de Seguridad y Salud en el Trabajo 2023-2027 desde la perspectiva de género», *Revista de Trabajo y Seguridad Social*. CEF, núm. 480 (2024), pp. 61 y ss.

16. Un ejemplo de ello se encuentra en el I Plan de igualdad Farmavenix, de 5 de febrero de 2024, en concreto en el Objetivo Introducir la dimensión de género en la política de salud laboral y herramientas de prevención de riesgos laborales. Tal y como se señala: «Según los datos obtenidos en el periodo de observación correspondiente al 2021, se puede concluir que la gran mayoría de sucesos tienen origen no laboral (enfermedad común). En cuanto al reparto de los accidentes de trabajo por género,

índice es superior en las mujeres en determinadas ocupaciones o actividades, con mayor riesgo de sufrir daños, como son los servicios financieros, seguros, industria del tabaco, asistencia en establecimientos residenciales, educación y actividades de servicios sociales sin alojamiento. Igualmente en las enfermedades profesionales las tasas de incidencia brutas son superiores en los varones pero si se ajustan a la actividad de la empresa, la ocupación y la edad de la persona trabajadora, los riesgos relativos pasan a ser un 50% superior en las mujeres que en los hombres.

En este sentido, se señala que, si bien se han desagregado los datos por género, no se ha avanzado lo suficiente en el estudio de las causas que los motivan, como puedan ser la diferencia de roles en cuanto a la asignación de puestos de trabajo, mayor o menor concienciación sobre los riesgos, factores biológicos, desequilibrios en el trabajo doméstico, etc. A su vez, los cambios en los modelos de organización del trabajo pueden dar lugar a nuevos sesgos de género respecto de las actividades realizadas preferentemente por hombres y mujeres, así como en los riesgos a los que están expuestos, pudiendo verse incrementados por la influencia de factores conectados a la esfera privada o familiar de las personas trabajadoras. Pues bien, como propuestas de actuación generales en la Estrategia Española teniendo en cuenta la perspectiva de género se indican, entre otras, la revisión y actualización del cuadro de enfermedades profesionales con perspectiva de género; mejorar la protección de las mujeres trabajadoras especialmente en los sectores feminizados o la investigación de los accidentes de trabajo y las enfermedades profesionales.

En el concreto ámbito de la prevención de riesgos laborales la aplicación de la perspectiva de género parte de dos principios[17]. Por un lado, hay que avanzar en el conocimiento de los riesgos y daños en la salud con enfoque de género, visibilizando aquellos riesgos que no hayan sido valorados suficientemente o no tenidos en cuenta, lo que permitirá conocer «en qué medida pueden afectar, de manera diferente, a mujeres y hombres, facilitará la adopción de medidas preventivas más eficaces, acordes con las personas trabajadoras expuestas» Y, por otro lado, la Estrategia española se propone

hay un reparto parecido (+1 hombre), en cuanto a su duración, en el caso de las mujeres, al margen de un caso de larga duración (>365dias) hay un reparto distribuido en procesos de entre 0 y 30 días, mientras que en caso de los hombres, existen más procesos con duración de 30 días 90. Asimismo, según los datos obtenidos en el periodo de observación correspondiente al 2022, se puede concluir que la gran mayoría de sucesos tienen origen no laboral (enfermedad común). En cuanto al reparto de los accidentes de trabajo por género, en el caso de la mujer los accidentes tienen una duración inferior a la de los hombres, siendo como más significativo, de 0 a 90 días, en el caso del hombre el tramo es de 0 a 15 días, los procesos son más largos».

17. INSST. *Seguridad y salud en el trabajo. Estrategia española 2023-2027*, cit., p. 63.

integrar la perspectiva de género de una manera transversal e integral «en el conjunto de políticas preventivas, implicando para ello a todos los agentes involucrados en la mejora de la prevención de riesgos laborales, tanto en el ámbito institucional como en la empresa, poniendo el foco especialmente en la protección de los colectivos más vulnerables».

Pues bien, partiendo de estos principios, las actuaciones a seguir son las siguientes.

En primer lugar, actualizar el marco normativo para incorporar la perspectiva de género en las actuaciones preventivas, promoviendo la eliminación de desigualdades entre hombres y mujeres en el conjunto de políticas públicas. Entre otras medidas, se contempla la revisión de la Ley de Prevención de Riesgos Laborales, su normativa de desarrollo y los contenidos formativos del Reglamento de los Servicios de Prevención. Con ello se trata de integrar dicha perspectiva: «en el conjunto de principios de la acción preventiva, explicitando además la obligación de su integración en el plan de prevención, identificación y evaluación de riesgos, planificación de la actividad preventiva, formación, vigilancia de la salud y en cuantas actuaciones preventivas y disposiciones se consideren necesarias».

En segundo lugar, impulsar la incorporación de la perspectiva de género en los procesos de toma y análisis de información, así como en los estudios de las condiciones de seguridad y salud en el trabajo para mejorar el conocimiento de la exposición a riesgos laborales y daños a la salud de las mujeres. El objetivo es que las fuentes de información, indicadores y encuestas, sean una fuente de conocimiento veraz de la de la exposición a riesgos de las mujeres y del impacto en sus condiciones de trabajo y salud. También se incluyen las políticas de investigación y los estudios y documentos en materia de prevención de riesgos laborales.

En tercer lugar, incorporar de manera transversal la perspectiva de género en la gestión de la prevención de riesgos laborales, en todas las disciplinas preventivas, al evaluar los riesgos y establecer prioridades de actuación, prestando especial atención a los riesgos específicos de género, en particular en las actividades feminizadas, como son la doble presencia o conflicto trabajo-familia, violencia, acoso o discriminación por razón de sexo, etc. También se incide sobre la necesidad de mejorar la formación de todas las personas implicadas en la prevención de riesgos laborales para lograr la plena integración de la perspectiva de género en la actividad preventiva, especialmente en la formación sobre violencia, acoso sexual y por razón de sexo, con atención al uso de las nuevas tecnologías. Para conseguirlo, se tendrán que desarrollar criterios, guías o herramientas para ayudar a las empresas a integrar la perspectiva de género en la gestión de los riesgos, en especial en las evaluaciones y medidas preventivas, incluyendo la violencia sexual así como la incorporación de la prevención de riesgos laborales en los planes de igualdad.

En cuarto lugar, sensibilizar sobre la necesidad de integrar la perspectiva de género de forma real y eficaz en la cultura y gestión preventiva, teniendo en cuenta de manera específica las actividades feminizadas que la pandemia ha destacado como esenciales, y que en ocasiones cuentan con mayor precarización de las condiciones de empleo y trabajo.

Y, en quinto lugar, integrar la perspectiva de género en las actuaciones de la Inspección de Trabajo y Seguridad Social en materia de seguridad y salud, planificando para ello campañas de inspección en sectores y actividades especialmente feminizadas, prestando especial atención a aquellas en las que se presentan con mayor intensidad riesgos psicosociales y riesgos musculoesqueléticos, así como exposición a reprotóxicos, cancerígenos y mutágenos. También se llevarán a cabo actuaciones de asistencia técnica, vigilancia y control en sectores con reducida presencia femenina; se elaborarán instrucciones de actuación, así como campañas de formación y sensibilización para la integración de la perspectiva de género en las actividades preventivas y se potenciarán las actuaciones dirigidas a la vigilancia y control de la obligación de que todas las empresas dispongan de protocolos de prevención y abordaje del acoso sexual y por razón de sexo.

4. LA PROTECCIÓN DE LA MATERNIDAD Y LACTANCIA EN LA NORMATIVA COMUNITARIA Y ESPAÑOLA. LA REGULACIÓN DE LOS PLANES DE IGUALDAD

4.1. LA NORMATIVA COMUNITARIA Y ESPAÑOLA

Por lo que respecta al derecho comunitario, la Directiva comunitaria 92/85/CEE, del Consejo del 19 de octubre de 1992, relativa a la aplicación de medidas para promover la mejora de la seguridad y de la salud en el trabajo de la trabajadora embarazada, que haya dado a luz o en período de lactancia es la norma de referencia en el derecho comunitario. En esta Directiva se establecen una serie de obligaciones para el empresario (artículos 1, 3, 4 y 5.3) en materia preventiva que fundamentan el artículo 26 de la LPRL. Así, la persona empresaria, tiene la obligación de evaluar tanto los riesgos genéricos como los específicos, de carácter físico, químico y biológico, incluidas las cargas físicas y mentales, para el embarazo o la situación de lactancia natural de la trabajadora. Una vez identificados y evaluados los riesgos, se establece, en primer lugar, las obligaciones de adaptación provisional; en segundo lugar, el cambio de puesto de trabajo y, finalmente, el derecho a una dispensa de trabajo ante la imposibilidad de aplicar dichas medidas[18]. En cuanto a la interpretación del Tribunal de Justicia de la Unión Europea no existen pronunciamientos recientes, siendo uno de los más relevantes la Sentencia Otero Ramos[19], en el que se consideró discriminación directa por razón de sexo la falta de evaluación específica de los riesgos de un puesto de trabajo.

En el ámbito jurídico español, el artículo 26 de la LPRL fija la obligación empresarial de evaluar la naturaleza, el grado y la duración de la exposición de las trabajadoras embarazadas a agentes, procedimientos o condiciones de trabajo que pudieran afectar negativamente a su salud en cualquier actividad que puedan presentar un riesgo específico y también identificar los puestos de los puestos de trabajo exentos de riesgos para proceder al cambio de la trabajadora. Solo en el caso de que no sea posible el cumplimiento de estas obligaciones se procederá a la suspensión del contrato de trabajo[20]. Para la situación de lactancia natural la regulación es idéntica, salvo que se exige el certificado médico para la aplicación de las fases del artículo 26. Sin embargo, hay que tener en cuenta que los riesgos específicos vinculados a la maternidad o lactancia pueden ser distintos, principalmente de tipo químico frente a los físicos o ergonómicos de la maternidad o la relevancia de la jornada de trabajo como un riesgo psicosocial específico, riesgos que han de ser evaluados siempre. Para el caso de que finalmente se tenga que suspender el contrato de trabajo existen las prestaciones de la seguridad social por riesgo por embarazo y lactancia natural (artículos 186 y 187 de la Ley General de Seguridad Social, desarrollados a su vez por el Capítulo IV del Real Decreto 295/2009, de 6 de marzo, por el que se regulan las prestaciones económicas del sistema de la Seguridad Social por maternidad, paternidad, riesgo durante el embarazo y riesgo durante la lactancia natural)[21].

18. La regulación de esta Directiva se completa con la Comunicación de la Comisión COM (2000) 466 final, rectificada por COM (2000) 466 final/2, sobre las Directrices para la evaluación de los agentes químicos, físicos y biológicos, así como los procedimientos industriales considerados peligrosos para la salud y la seguridad de la trabajadora embarazada, que haya dado a luz o en período de lactancia (Directiva 92/85/CEE del Consejo, LCEur 2000, 3080).
19. Sentencia de 19 octubre 2017. TJCE 2017, 194, ECLI:EU:C:2017:789.
20. Véase LOPÉZ ROLDÁN, Pablo. «Evaluación de riesgos laborales y protección de la maternidad: un análisis preventivo», *Revista Española de Derecho del Trabajo*, núm. 229 (2020), pp. 219 y ss.
21. En cuento a la reciente interpretación de nuestro Tribunal Supremo véase, entre otras, la Sentencia núm. 102/2021 de 27 enero (RJ 2021, 580), ECLI:ES:TS:2021:324; Sentencia núm. 896/2020 de 13 octubre (RJ 2020, 4534), ECLI:ES:TS:2020:3598; Sentencia núm. 828/2019 de 4 diciembre (RJ 2019, 552), ECLI:ES:TS:2019:4306 y Sentencia núm. 353/2018 de 3 abril (RJ 2018, 1970), ECLI:ES:TS:2018:1715.

A su vez, el Real Decreto 298/2009, de 6 de marzo, BOE, de 7 de marzo, traspone los Anexos I y II de la Directiva 92/85/CEE al derecho español. La relevancia de esta norma viene dada porque incorpora el Anexo VII al Real Decreto 39/1997, de 17 de enero, por el que se aprueba el Reglamento de los Servicios de Prevención y que recoge la lista no exhaustiva de agentes, procedimientos y condiciones de trabajo que pueden influir negativamente en la salud de las trabajadoras embarazadas o en período de lactancia natural, del feto o del niño durante el período de lactancia natural y el Anexo VIII con una Lista no exhaustiva de agentes y condiciones de trabajo a los cuales no podrá haber riesgo de exposición por parte de trabajadoras embarazadas o en período de lactancia natural.

4.2. LA REGULACIÓN DE LOS PLANES DE IGUALDAD

En el Objetivo 6.º de la Estrategia Española de Seguridad y Salud se señalan dos objetivos que refuerzan el papel de la negociación colectiva en esta materia y que son potenciar el diálogo y la negociación, impulsando acuerdos que mejoren las condiciones de seguridad y salud en el trabajo, y promoviendo en la negociación colectiva acuerdos que desarrollen específicamente la normativa preventiva adaptada a cada sector o empresa, en función de los riesgos identificados[22].

Pues bien, los planes de igualdad son el cauce natural para introducir la perspectiva de género en prevención de riesgos laborales, incluida la maternidad y lactancia natural, a pesar de no estar en el listado del artículo 46 de la LOI, listado que, por otra parte, tiene un carácter ejemplificativo. De hecho, prácticamente todos los planes de igualdad incluyen en su texto la evaluación de la salud laboral y la adopción de medidas para garantizar la igualdad real[23].

Muchos planes regulan esta materia[24], incorporando la perspectiva de género en las evaluaciones de riesgo, especialmente en aquellos sectores

22. En general, sobre el papel de la negociación colectiva en esta materia véase: HERRAIZ MARTIN, M.ª del Sol. «La salud laboral con dimensión de género en la negociación colectiva: una tarea pendiente» en GARCÍA GONZÁLEZ, Guillermo; MORENO SOLANA, Amanda (Dirs.). *La negociación colectiva ante los nuevos retos jurídico-laborales. Contratación, igualdad y digitalización*. Madrid: Dykinson, 2023, pp. 181 y ss.

23. Sobre el rol de los planes de igualdad véase: SIERRA HERNAIZ, Elisa. «Hacia una salud laboral con dimensión de género: una necesaria incorporación al contenido de los planes de igualdad» en SIERRA HERNAIZ, Elisa; VALLEJO DA COSTA, Ruth (Dir.). *Diseño e implementación de planes de igualdad en las empresas: cuestiones claves*. Cizur Menor: Aranzadi, 2020, pp. 483 y ss.

24. Plan de igualdad de Autocares Iberobus, 2024: «Introducir la dimensión de género en la política y herramientas de prevención de riesgos laborales con el fin de adaptarse

donde exista representación femenina y teniendo en cuenta la afectación de diferentes factores por razón de sexo, más allá del embarazo y lactancia natural[25]; en aquellas enfermedades que se ha detectado estadísticamente o científicamente que tienen mayor incidencia en las mujeres[26] o teniendo en cuenta la morfología en los límites establecidos en los riesgos[27].

Más ejemplos en esta línea son los siguientes.

> «Incluir la variable "sexo" en la información proporcionada relativa a accidentes de trabajo y enfermedades profesionales, con el objeto de detectar y prevenir situaciones en las que los daños a la salud puedan aparecer vinculados al sexo»[28].
>
> «Adoptar la perspectiva de género en la elaboración de informes y análisis de accidentalidad y absentismo laboral. Distinguir los riesgos laborales asociados al sexo de la persona trabajadora y en los informes de accidentalidad y absentismo laboral que se emiten distinguir la situación de mujeres y hombres, analizar en caso de detectarse diferencias el origen de las mismas»[29].
>
> «Con el fin de garantizar la homogeneidad en los grupos a evaluar, durante el proceso de toma de datos se ha prestado especial atención a contar con la participación de los trabajadores y trabajadoras en la descripción y recogida de información sobre sus tareas, con el fin de disponer de toda la información que permita comprobarse si hombres y mujeres que trabajan en un mismo puesto desarrollan las mismas tareas y de la misma manera. En aquellos casos en los que la distribución de las tareas lo requiera, se han evaluado los puestos de forma independiente para hombres y mujeres, detallando en la descripción de los mismos las diferencias encontradas en la ejecución de las tareas en función del género.
>
> Durante el proceso de evaluación se han tenido en cuenta las posibles exposiciones diferenciadas por razones de género, de forma que en aquellos casos en los que resulte necesario, se ha realizado una diferenciación en la estima-

---

a las necesidades y características físicas, psíquicas, biológicas y sociales de los trabajadores y trabajadoras (...). La Compañía promueve campañas de concienciación e información sobre salud y bienestar integral (Wellness), así como sobre la importancia de realización de pruebas médicas de salud preventivas».

25. Plan de igualdad efectiva entre hombres y mujeres en Finanzauto, SAU (2024-2027). En parecido sentido, el Plan de igualdad de Crespo Integra CEE, 2023.
26. Plan de igualdad de Crespo Integra CEE.
27. Plan de igualdad LM Wind Power Spain, 2024-2028.
28. Plan de igualdad efectiva entre hombres y mujeres en Finanzauto. En parecido sentido, Plan de igualdad de Crespo Integra CEE.
29. Plan de igualdad Intergraph España S.A, 2024-2028; Plan de igualdad LM Wind Power Spain y Plan de igualdad Zelenza Telecom Solutions, 2024-2028.

ción de los riesgos afectados (prestando especial atención a estas necesidades en los riesgos ergonómicos, psicosociales y químicos)[30]».

En lo referido a la evaluación del riesgo por embarazo y lactancia natural se dispone la perspectiva de género, ya que no se había hecho, con especial atención a los riesgos por embarazo y lactancia natural, y también análisis estadístico e índice de siniestralidad[31]. Un ejemplo de regulación más completa es el siguiente[32]:

«Introducir la dimensión de género en salud laboral:

- En los puestos de trabajo en los que actualmente no existen mujeres, introducir el sexo como variable a tener en cuenta en los riesgos específicos del puesto de trabajo, así como el embarazo y la lactancia.
- Informar de las actuaciones y medidas preventivas desarrolladas en aplicación de los procedimientos de actuación en caso de embarazo, período de lactancia o parto reciente.
- Memoria anual que recoja los datos relativos a embarazos, lactancias o partos y las medidas preventivas desarrolladas.
- Información de la aplicación de medidas preventivas de salud laboral a los casos de embarazo (baja por riesgo, cambio de puesto) y lactancia (cambio de puesto).
- Difundir el procedimiento de actuación en caso de riesgo por embarazo natural y cuidado del lactante.
- Informar de las actuaciones y medidas preventivas desarrolladas en aplicación de los procedimientos de actuación en caso de embarazo, período de lactancia o parto reciente.
- Información de la aplicación de medidas preventivas de salud laboral a los casos de embarazo (baja por riesgo, cambio de puesto) y lactancia (cambio de puesto)».

30. III Plan de igualdad de oportunidades entre mujeres y hombres Dislabor, 2024-2028.
31. Plan de igualdad Avícola moraleja, Avimosa, 2023. «Incorporar la perspectiva de género en la política de prevención, en la vigilancia de la salud laboral, así como en cualquier otra obligación relacionada con la prevención de riesgos laborales, atendiendo especialmente a los riesgos asociados al embarazo y a la lactancia, y a aquellas enfermedades que se ha detectado estadísticamente/científicamente que tienen mayor incidencia en las mujeres. Análisis del índice de siniestralidad por puesto y centro de trabajo con indicación de bajas por accidentes, enfermedades, I.T., riesgo de embarazo o lactancia».
32. Plan de igualdad efectiva entre hombres y mujeres en Finanzauto.

También existen regulaciones muy genéricas que no son especialmente relevantes o innovadoras como, por ejemplo:

- «Se realizará un seguimiento del cumplimiento de las normas de protección del embarazo y lactancia natural y se informará a la Comisión de seguimiento, se facilitarán posibles cambios de puestos, bajas por riesgo de embarazo, y se valorará facilitar el trabajo desde casa a partir de la semana 32 o en el caso de embarazos de riesgo para evitar desplazamientos»[33].
- «Se facilitará a las personas trabajadoras en situación de embarazo que realicen su trabajo en turno de noche, el paso a alguno de los turnos diurnos existentes en la Empresa, para velar por la salud de este personal especialmente sensible y sus necesidades derivadas de su situación de gestación, manteniendo el plus de nocturnidad, previo al cambio de turno u horario»[34].
- «Se dispone del listado de puestos exentos de riesgo para la maternidad, que determina los puestos en los que no va a ser necesario realizar la evaluación adicional»[35].
- «En las sedes principales, se ha estrenado un servicio de fisioterapeuta para quién lo requiera.– En el caso de embarazadas, hay un protocolo que se difunde entre la plantilla a través del *portal del empleado/a* para la adopción de las medidas preventivas existentes, tales como la adaptación del puesto físico (por ejemplo, silla ergonómica) y la necesaria la implantación de nuevas medidas, garantizando así que las condiciones de trabajo sean adecuadas para la protección de la maternidad»[36].
- «En cuanto a las propuestas de actuación o mejora se señala visibilizar y difundir el protocolo para las situaciones de riesgo por embarazo y lactancia natural y revisar y comunicar el procedimiento de la empresa para estas situaciones»[37].

33. Plan de igualdad LM Wind Power Spain.
34. I Plan de igualdad Farmavenix.
35. III Plan de igualdad de oportunidades entre mujeres y hombres Dislabor.
36. Plan de igualdad de Autocares Iberobus.
37. III Plan de igualdad de oportunidades entre mujeres y hombres Dislabor; Plan de igualdad efectiva entre hombres y mujeres en Finanzauto; Plan de igualdad de Crespo Integra CEE y Plan de igualdad LM Wind Power Spain.

Finalmente, muchas empresas disponen de un Protocolo de protección de la maternidad y lactancia natural que se encarga de regular todas las cuestiones concernientes a estas situaciones[38].

> «La empresa aplica el Plan de Prevención de Riesgos Laborales que existe al respecto. Zelenza Telecom Solutions, S.L. dispone de un Protocolo de protección de la maternidad. Para garantizar la protección de la maternidad y la lactancia, la empresa realiza una adecuada evaluación de riesgos y la adecuación o cambio de puesto de trabajo. La evaluación de riesgos contempla un análisis de agentes, procedimientos o condiciones de trabajo que puedan influir negativamente en la salud del feto, trabajadoras gestantes o en período de lactancia y determina la naturaleza, grado y duración de la exposición de las trabajadoras a los riesgos.
>
> Si el proceso de eliminación del riesgo para el embarazo o la lactancia, adaptando o cambiando el puesto, no resultara técnica u objetivamente posible, podrá iniciarse la suspensión del contrato por riesgo durante el embarazo o lactancia natural.
>
> Las adaptaciones ergonómicas de los puestos de trabajo se realizan por igual para las mujeres y para los hombres, en función de las condiciones de salud de las personas trabajadoras.
>
> A su vez, la empresa determina, previa consulta con la RLPT, la relación de los puestos de trabajo exentos de riesgos para el embarazo y/o lactancia».

5. PROPUESTAS DE ACTUACIÓN PARA LA PROTECCIÓN DE RIESGOS LABORALES DE LA MATERNIDAD Y LACTANCIA NATURAL DESDE LA PERSPECTIVA DE GÉNERO

5.1. PROPUESTAS DESDE EL ÁMBITO DEL DERECHO ESPAÑOL

El punto de partida es la Estrategia Española de Seguridad y Salud que en el Objetivo 5.º identifica dos actuaciones en esta materia. En primer lugar, se deberán actualizar los anexos VII y VIII del Reglamento de los Servicios de Prevención (RSP) referentes a los listados no exhaustivos de riesgos durante el embarazo y la lactancia natural conforme con las directrices publicadas por el INSST sobre la prevención durante el embarazo y la lactancia, en consonancia con los avances que se produzcan en la legislación en la Unión Europea y, en segundo lugar, se tienen que revisar los procedimientos para mejorar la protección de las mujeres embarazadas o durante la lactancia, con el objetivo de homogeneizar los criterios preventivos (directrices del INSST) y los criterios para la gestión de la prestación (guía INSS).

38. Plan de igualdad Zelenza Telecom Solutions.

En cuanto al contenido de los Anexos, en el apartado VII del RSP se recoge la lista no exhaustiva de agentes, procedimientos y condiciones de trabajo que pueden influir negativamente en la salud de las trabajadoras embarazadas o en período de lactancia natural, del feto o del niño durante el período de lactancia natural, identificando los Agentes físicos, biológicos y químicos, así como los Procedimientos industriales que figuran en el anexo I del Real Decreto 665/1997, de 12 de mayo, sobre la protección de los trabajadores contra los riesgos relacionados con la exposición a agentes cancerígenos durante el trabajo, mientras que en el apartado VIII se indica la Lista no exhaustiva de agentes y condiciones de trabajo a los cuales no podrá haber riesgo de exposición por parte de trabajadoras embarazadas o en período de lactancia natural, señalando también los Agentes físicos, biológicos y químicos a los cuales no se pueden exponer. Respecto de las condiciones de trabajo se identifican los trabajos de minería subterráneos.

Por lo tanto, la Estrategia Española de Seguridad y Salud se centra en la consecución de dos objetivos. Por un lado, actualizar los Anexos del RSP y, por otro, revisar los procedimientos para mejorar la protección de las mujeres embarazadas o en situación de lactancia natural. Para ello, hay que partir de las Directrices del INSST y actualizarlas al derecho comunitario y homogeneizar los criterios preventivos con los criterios para la gestación de las prestaciones de la Seguridad Social.

En este contexto, el primer paso es identificar cuáles son las Directrices del INSST ya que son el punto de partida para ambos objetivos. En este sentido, el documento de referencia son las Directrices para la evaluación de riesgos y protección de la maternidad del INSST aprobadas en el año 2011[39] y también las siguientes Notas Técnicas del INSST:

1.– Nota Técnica 992 del INSST, del año 2013. Embarazo y lactancia natural: procedimiento para la prevención de riesgos en las empresas[40].

2.– Nota Técnica 915, del INSST, del año 2011. Embarazo, lactancia y trabajo: vigilancia de la salud[41].

39. INSHT. *Directrices para la evaluación de riesgos y protección de la maternidad en el trabajo*. Madrid, 2011.

40. https://www.insst.es/documents/94886/327567/ntp-992+w.pdf/168f0a00-8f0c-45b6-9b8e-7dd63fedff05

41. https://www.insst.es/documents/94886/328579/915w.pdf/189a8979-e083-453d-83d4-091439c7588b

3.– Nota Técnica 413, del INSST, del año 1998. Carga de trabajo y embarazo[42].

Sin embargo, la Estrategia no da más indicaciones sobre el posible contenido actualizado de los Anexos ni tampoco existen directrices actualizadas en relación con la maternidad y lactancia por el INSST más allá de las señaladas en los párrafos anteriores. Sí que existen unas Directrices básicas para la evaluación de riesgos laborales aprobadas por el INSST en el año 2022, que, sin embargo no aporta novedades respecto de los directrices señaladas en los apartados anteriores[43]. En relación con la carga física en Ergonomía en dicho documento se señala como referencia el Método ERGOMATER, del Instituto de Biomécanica de Valencia del año 2004, como el documento referente para evaluar los riesgos ergonómicos para las trabajadoras embarazadas puesto que permite «mediante un cuestionario o lista de verificación, evaluar la tarea teniendo en cuenta una serie de factores de riesgo. El método utiliza las variables: posturas y movimientos, manipulación manual de cargas, entorno y organización»[44], método que se completa con la Nota Técnica 785, del INSST, del año 2007. Ergomater: método para la evaluación de riesgos ergonómicos en trabajadoras embarazadas[45].

5.1.1. Maternidad

Pues bien, partiendo de esta realidad y a modo de propuesta para actualizar los Anexos VII y VIII del RSP en relación con la protección de la maternidad de la mujer trabajadora, el documento de referencia puede ser la ter-

42. https://www.insst.es/documents/94886/189828/NTP+413++Carga+de+trabajo+y+embarazo.pdf/57b0218f-6857-445a-9c46-5a1fb15eafc5?version=1.0
43. INSST. *Directrices básicas para la evaluación de riesgos laborales*. Madrid: INSST, 2022, p. 22. «Asimismo, en esta etapa es fundamental obtener información sobre todas aquellas características de la persona trabajadora que le puedan hacer especialmente sensible a los riesgos evaluados, ya sea sobre sus características personales, estado biológico conocido o discapacidad física, psíquica o sensorial. Esta información se obtendrá principalmente a través de la vigilancia de la salud, la observación directa del puesto y las aportaciones relevantes de la propia persona trabajadora. En concreto, en caso de que alguna trabajadora se encuentre embarazada o en periodo de lactancia, se deberá recabar información sobre la naturaleza, el grado y la duración de la exposición a agentes, procedimientos o condiciones de trabajo que pueden influir negativamente en la salud de las mismas, del feto o del niño durante el período de lactancia natural. En particular, y como mínimo, habrán de considerarse los agentes, procedimientos y condiciones de trabajo incluidos en los listados no exhaustivos de los Anexos VII y VIII del RSP. El INSST dispone de unas Directrices para la evaluación de riesgos y protección de la maternidad en el trabajo que puede resultar de ayuda en la realización de la evaluación de riesgos».
44. https://www.ibv.org/wp-content/uploads/2020/01/ErgoMater.pdf
45. https://www.insst.es/documents/94886/327740/785.pdf/29fa9dd8-2e7c-4cfb-999f-772dfd5a9720

cera edición de SEGO. *Guía de ayuda para la valoración del riesgo laboral durante el embarazo*, del año 2020, que es a su vez la guía del INSS para concretar los criterios para la gestión de la prestación por riesgo por embarazo, sin incluir la lactancia[46]. Las principales novedades que aporta esta Guía son las siguientes[47].

En primer lugar, respecto de los riesgos ergonómicos[48], en la manipulación manual de cargas se introduce un nuevo factor de valoración para determinar la semana de existencia de riesgo físico, eliminando la referencia a jornadas de más o menos 20 horas semanales y estableciendo un nuevo rango que determine las horas diarias de exposición al riesgo tolerable, diferenciando entre embarazo único y embarazo múltiple, e identificando los factores a medir: intensidad —cuántos kilos—; frecuencia —cuántas veces por hora— y tiempo de exposición diaria —cuántas horas al día—. Sobre estos datos se concreta la información que deben proporcionar las empresas: «Declarar las horas diarias de exposición para poder valorar en qué momento existirá un riesgo para la gestación por manipulación de cargas. Este dato se podrá obtener bien de la Evaluación de Riesgos General o de la Específica realizada en cumplimiento de las obligaciones preventivas una vez comunicado el estado de embarazo». Finalmente se señalan las tres ideas fundamentales: saber cuántas horas diarias de carga se realizan; la carga inferior a 2 horas diarias no comporta riesgo y desaparece la diferencia más o menos 20 horas semanales[49].

En segundo lugar, en cuanto a los riesgos químicos, físicos y biológicos, la Tercera edición de SEGO introduce también cambios en la valoración del

46. INSS. *Guía de ayuda para la valoración del riesgo laboral durante el embarazo*. Secretaria de Estado de la Seguridad Social y Pensiones, 3.ª edición, 2019.
Para una valoración completa y crítica del impacto de los nuevos criterios SEGO, comparándolo con los actuales criterios del INSST, véase: CC.OO. *Valoración de los nuevos criterios SEGO y su impacto en las condiciones de seguridad y salud de las mujeres*. CCOO de Cataluña, 2022.
47. ASEPEYO. S.E.G.O. Tercera edición. *Principales cambios en la valoración del riesgo laboral durante el embarazo*, abril de 2021. https://www.asepeyo.es/wp-content/uploads/Resumen-tabla-sego-Asepeyo.pdf
48. *Ibidem*., p. 1.
49. Otros riesgos analizados son los siguientes (*Ibidem*, pp. 2-5).
* Inclinaciones. De nuevo, se tiene que conocer las horas de exposición diaria del riesgo, cambiando el valor de 20 horas por el tiempo diario de exposición al riesgo, sin que la carga inferior a 2 horas comporte riesgo.
* Trepar. Subir/bajar escaleras. Horas de exposición diaria; se excluye el uso de escaleras estructurales. El cambio principal es la sustitución del concepto número de peldaños por el de más o menos 1 metro.
* Bipedestación. Se mantiene la diferencia entre bipedestación dinámica y estática y se elimina el % de horas de exposición. Se simplifica la valoración del riesgo por

riesgo laboral por exposición a productos químicos, matizando los Anexos VII y VIII del RSP de la siguiente manera[50]. En el Anexo VII, se refuerza la necesidad de disponer de mediciones, obligatorias si declaran tal riesgo y la interpretación de los resultados con la UNE 689; se puede seguir utilizando el criterio del 50% del VLA y abre la puerta a utilizar los valores límite específicos de diversas fuentes; amplía la protección en la exposición a anestésicos: tabla 27, halotano y desflurano, sin tener en cuenta el criterio del 50% del VLA y en exposición a carburantes se concreta la necesidad de aportar Mediciones de exposición por lo que se dejan de conceder de forma automática.

Por lo que se refiere a los riesgos físicos se reduce el valor de exposición de vibraciones de cuerpo completo de 0,5 a 0,25 m/s en A(8); respecto a radiaciones no ionizantes aparece ahora explícitamente que la empresa debe aportar medición de las emisiones radioeléctricas.

Para concluir, y en lo que respecta a los riesgos biológicos, los cambios son dos:

– Citomegalovirus: es posible la reinfección por cepas heterotípicas, lo cual significa que la inmunidad tras una primera infección no es ni determinante ni definitiva. Así pues, la serología no será necesaria y se valorará riesgo de exposición en las ocupaciones descritas en la guía (contacto con niños menores de 3 años).

– Brucella: también hay diferentes biotipos de Brucella que no poseen inmunidad cruzada. La infección de un biotipo no protege de otro biotipo. Tampoco será necesaria la serología. En las ocupaciones de riesgo reflejadas en la guía (veterinarias, explotaciones agrícolas y ganaderas, mataderos e industria láctea) se apartará a la trabajadora de su puesto salvo si la Comunidad Autónoma está declarada libre de Brucella o el rebaño considerado oficialmente indemne.

---

bipedestación ininterrumpida estática y se refuerza el carácter ininterrumpido de la bipedestación estática para comportar riesgo, no valorándose la acumulación de períodos. En la bipedestación dinámica se elimina cualquier rastro del inicial «prolongada» pasando a ser un cómputo acumulado a lo largo del día y determina la inexistencia de riesgo por bipedestación dinámica inferior a 3 horas diarias con independencia del % de jornada que comporte.

* Sedestación. Solo comporta la sedestación sin posibilidad de cambio de postura y se deben conocer las horas diarias de exposición.

50. *Ibidem*, p. 5-6.

Y, en tercer lugar, en cuestión de riesgos psicosociales[51], no considera el estrés en sí mismo como riesgo para el embarazo, ya que no es un factor de riesgo sino un efecto de la exposición a determinadas condiciones de trabajo. En segundo lugar, una inadecuada ordenación del tiempo de trabajo puede producir fatiga que se suele manifestar en el trabajo nocturno o a turnos, prolongación de la jornada de trabajo reiterada o falta del debido descanso entre jornadas y va ligada a riesgos físicos y ergonómicos concurrentes. En cuanto al trabajo nocturno o a turnos, es necesario llevar a cabo una adecuada valoración del riesgo en los puestos de trabajo, tanto desde la perspectiva general del puesto, como el examen especifico que se refiera a la trabajadora embarazada en concreto, no pudiendo establecerse una prohibición de carácter genérico. En tercer lugar, se valorará como riesgo para el embarazo el trabajo en aislamiento ante la dificultad en la demanda y recepción de auxilio. Y, en cuarto lugar, respecto de las agresiones abdominales, dependiendo de la actividad que desarrolle la trabajadora, se considerarán dos niveles de riesgo: NIVEL I: profesiones en cuya actividad principal se contempla la contención como: Fuerzas del Orden; cuerpos militares; vigilantes de Seguridad; trabajadoras en instituciones penitenciarias; personal en unidades psiquiátricas de agudos y personal al cuidado de menores en centros tutelados y NIVEL II: actividades que no requieren la contención como actividad principal, pero que la posibilidad de agresión es significativa. En cuanto a la valoración del riesgo y procedimiento a seguir, para las agresiones se considera demostrada la posibilidad del suceso en las profesiones de Nivel I, retirándose de sus funciones a la trabajadora gestante desde la semana 12 de gestación, en que el útero deja de tener protección ósea (pelvis) ante una posible contusión. En cambio, para el Nivel II se tiene que solicitar a la empresa un Registro de Incidencias para poder valor su frecuencia y la probabilidad real de que la trabajadora sufra un accidente laboral por agresión. También se podrá realizar una valoración de las causas de siniestralidad por accidente de trabajo en la Empresa. Si se estima que existe riesgo de agresión abdominal, pasará a considerarse de nivel I.

5.1.2. Lactancia natural

En lo que concierne a la situación de lactancia natural no ha sido actualizada conforme a los criterios SEGO a diferencia de la maternidad. Por ello,

51. INSS. *Guía de ayuda para la valoración del riesgo laboral durante el embarazo*, cit., pp. 115 y ss. Para una crítica sobre la actual regulación de estos riesgos y propuestas de actuación, en especial del trabajo nocturno, comparándolo con los actuales criterios del INSST, véase: CC.OO. *Valoración de los nuevos criterios SEGO y su impacto en las condiciones de seguridad y salud de las mujeres*, cit., p. 54.

las normas de referencia siguen siendo la Guía del INSST del año 2011 y la Guía del Instituto de Seguridad Social del año 2009[52].

A este respecto, en cuanto a la carga física, posturas o movilidad externa no se señalan riesgos específicos para la lactancia, excepto para trabajos repetidos que impliquen tareas muy cerca del cuerpo y que, en presencia de un aumento fisiológico del tamaño y sensibilidad de las mamas, pudieran dar lugar a ciertas dificultades[53]. En cambio, la mujer en período de lactancia por precaución no debe trabajar en las zonas de control de radiación ionizante, mientras que las radiaciones no ionizantes no muestran un efecto negativo sobre la lactancia. Tampoco las vibraciones, ruido o calor[54].

Respecto de los riesgos químicos o tóxicos, lo más significativo es saber si es capaz de atravesar la barrera plasmática y a través de ella llegar a la leche, analizando para ello el plomo; mercurio; cadmio; manganeso y cobalto[55]. En cuanto a los riesgos biológicos[56], si bien puede existir contagio, ya sea por la presencia del agente infectante en la leche o porque el contacto estrecho con la madre lo facilite solo un número muy reducido puede llegar a producir enfermedad. Tampoco en los riesgos ambientales existen datos que muestren un mayor riesgo para la lactancia, salvo en los trabajos de minería subterránea.

Por lo que se refiere a los riesgos psicosociales, los factores psicosociales pueden afectar a la lactancia con horarios de trabajo inadecuados, trabajos aislados o vulnerabilidad ante situaciones de estrés. En relación con estos riesgos, es especialmente relevante el trabajo a turnos y el trabajo nocturno, que si bien no implican un claro riesgo para lactancia la pueden hacer más

52. INSHT. *Directrices para la evaluación de riesgos y protección de la maternidad en el trabajo*, cit. e INSS. *Orientaciones para la valoración del riesgo laboral durante la lactancia natural*. Secretaria de Estado de la Seguridad Social, 2009. De nuevo se recomienda el estudio pormenorizado de CC.OO. *Valoración de los nuevos criterios SEGO y su impacto en las condiciones de seguridad y salud de las mujeres*, cit., pp. 50 y ss., que identifica riesgos psicosociales como el abandono de la lactancia natural al volver al trabajo; el mantenimiento de la lactancia y riesgo mastitis si no se asegura la correcta extracción durante la jornada de trabajo o el análisis específico del ruido o vibraciones.
53. INSS. *Orientaciones para la valoración del riesgo laboral durante la lactancia natural*, cit., p. 17.
54. *Ibidem*, pp. 22-23. Aunque si el calor fuese excesivo podría alterar la producción de leche, por lo que es aconsejable disponer de bebidas en el lugar de trabajo para la correcta y satisfactoria hidratación de la madre que da el pecho, ya que para una suficiente y abundante secreción láctea, es necesario un estado idóneo de hidratación de la madre.
55. *Ibidem*, pp. 26 y ss.
56. *Ibidem*, pp. 53 y ss.

incómoda por el horario, por lo que puede excluirse a la trabajadora de dicho horario sin que ello implique suspender la relación laboral[57].

Finalmente, la Guía identifica criterios de riesgos específicos para la lactancia en determinadas actividades, como son las profesiones sanitarias y el trabajo de oficina o administrativos[58].

5.2. PROPUESTAS DESDE EL ÁMBITO DEL DERECHO COMUNITARIO. LA DIRECTIVA 2024/869, DE 13 DE MARZO DE 2024

En relación con la maternidad y lactancia el Marco Estratégico de la UE en materia de salud y seguridad en el trabajo 2021-2027 recuerda el compromiso asumido por la Comisión en la Directiva 2004/37/CE para revisar los valores de exposición al plomo de las mujeres trabajadoras embarazadas o lactantes: «Revisar los valores límite de exposición al plomo, así como a sus compuestos y diisocianatos; señala que, aunque el Comité de Evaluación del Riesgo (CER) de la Agencia Europea de Sustancias y Mezclas Químicas (ECHA) recomienda un valor límite atmosférico de 4 μg/m3 y un valor límite biológico de 150 μg de plomo por litro de sangre, lo que constituye un paso en la buena dirección, el valor límite biológico propuesto no protege adecuadamente a las mujeres y, especialmente, a las mujeres embarazadas»[59]; pide a la Comisión que garantice que cualquier propuesta revisada de valores límite de exposición al plomo y sus compuestos debe establecer la misma protección para todos los trabajadores con independencia de su sexo y que preste especial atención a los grupos que están especialmente expuestos a productos químicos peligrosos, como los trabajadores de los sectores químico y agrícola, o los trabajadores especialmente vulnerables, como las mujeres embarazadas o lactantes.

Pues bien, la Directiva 2024/869, de 13 de marzo de 2024, por la que se modifican la Directiva 2004/37/CE del Parlamento Europeo y del Consejo, y la Directiva 98/24/CE del Consejo, en lo que respecta a los valores límite para el plomo y sus compuestos inorgánicos y para los diisocianatos es la que asume dicho mandato, señalando que: «El CCSST sugirió en su dictamen de 24 de noviembre de 2021 sobre el plomo y sus compuestos inorgánicos que el nivel de plomo en sangre de las mujeres en edad fértil no debe

57. *Ibidem*, pp. 56 y ss.
58. *Ibidem*, pp. 60 y ss.
59. INSTITUTO SINDICAL EUROPEO, «Occupational Exposure Limits (OELs) for lead and lead compounds & equality of treatment of women and men at work» (Límites de exposición profesional al plomo y sus compuestos e igualdad de trato para mujeres y hombres en el trabajo), 14 de diciembre de 2020.

superar los valores de referencia de la población general no expuesta profesionalmente al plomo y sus compuestos inorgánicos en el Estado miembro de que se trate. El CER aconsejó el uso de un valor biológico orientativo, ya que no se contaba con pruebas científicas suficientes para fijar un valor límite biológico para las mujeres en edad fértil. En su dictamen de 11 de junio de 2020, el CER formula una recomendación no vinculante en el sentido de que cuando no se disponga de niveles de referencia nacionales, el nivel de plomo en sangre de las mujeres en edad fértil no debe superar los 4,5 μg Pb/100 ml de sangre, porque el valor límite biológico para el plomo y sus compuestos inorgánicos no protege al feto ni a la descendencia de las mujeres en edad fértil».

Sobre la base a dichos Informes, y para evitar que la protección de la salud y la seguridad del feto o de la descendencia de las trabajadoras no dé lugar a un trato desfavorable de las mujeres en el mercado de trabajo ni vaya en detrimento del Derecho de la Unión en materia de igualdad de trato entre hombres y mujeres, «además de fijar valores límite biológicos para todos los trabajadores, la presente Directiva debe exigir que se efectúe una vigilancia médica de las trabajadoras en edad fértil cuyos niveles de plomo en sangre superen los 4,5 μg Pb/100 ml de sangre o el valor de referencia nacional para la población general no expuesta profesionalmente al plomo y sus compuestos inorgánicos, en caso de existir dicho valor, a fin de tener en cuenta su situación específica. El valor de 4,5 μg Pb/100 ml de sangre es un indicador de la exposición, pero no de efectos adversos detectables para la salud. Por lo tanto, dicho valor actúa como marcador centinela para alertar a los empresarios de la necesidad de prestar especial atención a ese riesgo potencial específico e introducir medidas para garantizar que la exposición al plomo y sus compuestos inorgánicos no tenga efectos adversos para la salud en el desarrollo del feto o en la descendencia de las trabajadoras. Esa disposición complementa las obligaciones existentes en materia de evaluación de riesgos, información y formación, que son herramientas importantes para minimizar los riesgos».

Por ello, a partir del 1 de enero de 2029, el valor límite biológico vinculante será de1 5 μg Pb/100 ml de sangre. Los trabajadores cuyo nivel de plomo en sangre sea superior al valor límite biológico de 15 μg Pb/100 ml de sangre debido a una exposición producida antes del 9 de abril de 2026, pero inferior a 30 μg Pb/100 ml de sangre, serán objeto de vigilancia médica periódica. Si se constata una tendencia decreciente hacia el valor límite de 15 μg Pb/100 ml de sangre en dichos trabajadores, se les podrá permitir que sigan realizando trabajos que impliquen exposición al plomo. En cuanto a las mujeres se recomienda que el nivel de plomo en sangre de las mujeres en edad fértil no supere los valores de referencia de la población general no expuesta profesionalmente al plomo en el Estado miembro de que se trate. Cuando no se disponga de niveles de referencia nacionales, se recomienda que los niveles de plomo en sangre de las mujeres en edad fértil no superen el valor biológico orientativo de 4,5 μg/100 ml.

6. BREVE REFLEXIÓN FINAL

La inclusión de la perspectiva de género en prevención de riesgos laborales conlleva el complejo reto de revisar un modelo de identificación y evaluación basado en un patrón mayoritariamente masculino. Sin embargo, esta complejidad no puede ser una excusa para no llevar a cabo a este proceso de revisión, incluida la maternidad y lactancia natural. Para ello, sería necesario adoptar, entre otras, las siguientes medidas[60].

En primer lugar, hay que reforzar todas las cuestiones relacionadas con los riesgos psicosociales por afectar especialmente a las trabajadoras por los sesgos de género existentes en tareas de cuidados y conciliación, que adquieren una especial importancia en la protección preventiva de la lactancia natural[61].

En segundo lugar, hay que contar con datos actualizados de cómo se gestionan las situaciones de riesgo específicas, así como de los principales riesgos que afectan a las trabajadoras, desde la perspectiva de género para poder adoptar las medidas necesarias para acabar con los sesgos de género, incluida la protección de la maternidad y lactancia natural[62].

Y, en tercer lugar, hay que actualizar las notas técnicas como directrices del INSST del año 2011, tanto para la maternidad como para la lactancia natural, adaptándola a los cambios que se han producido y actualizándola

60. Ejemplos de medidas a adoptar se puede encontrar en el INSTITUTO VALENCIANO DE SEGURIDAD Y SALUD EN EL TRABAJO. *Perspectiva de género y prevención de riesgos laborales*. Valencia, 2023, pp. 24 y ss.
61. Así se contempla en la medida 160 del III Plan estratégico para la igualdad efectiva de hombres y mujeres 2022-2025.
62. Por ejemplo, y tal y como se indica en CC.OO. *Valoración de los nuevos criterios SEGO y su impacto en las condiciones de seguridad y salud de las mujeres*, cit., p. 18., «Ante la falta de información específica, tanto de cómo se gestionan estas situaciones de riesgo como de los principales riesgos, y teniendo en cuenta que la afectación a la reproducción de diversas tipología de riesgos está constatada, podríamos determinar que la posibilidad de exposición de la población trabajadora en edad fértil a los riesgos para la reproducción, embarazo y lactancia natural, existe, aunque desconocemos la dimensión del problema». En relación con esta cuestión cabe mencionar que el Informe del INSST sobre el estado de la seguridad y salud laboral en España 2021-2022 no incluye ambas situaciones en su análisis. Un ejemplo de análisis estadístico se encuentra en UGT. *Análisis de la perspectiva de género en la salud laboral*. UGT, 2023.

con los nuevos criterios SEGO y las Guías del INSS para la gestión de las prestaciones por riesgo por embarazo y lactancia natural. Y, por otro, hay que actualizar la normativa de protección frente a la exposición al plomo para adaptarla a la nueva Directiva comunitaria.

7. BIBLIOGRAFÍA

ASEPEYO. S.E.G.O. Tercera edición. *Principales cambios en la valoración del riesgo laboral durante el embarazo*, abril de 2021.

BLÁZQUEZ AGUDO, Eva. «La prevención de riesgos laborales desde una perspectiva de género», *Revista del Ministerio de Trabajo y Economía Social*, núm. 155, 2023.

CCOO. *Valoración de los nuevos criterios SEGO y su impacto en las condiciones de seguridad y salud de las mujeres*. CCOO Cataluña, 2022.

COMISIÓN EUROPEA. *Una Unión de la igualdad: Estrategia para la Igualdad de Género 2020-2025*, COM (2020) 152 final, de 5 de marzo de 2020.

COMISIÓN EUROPEA. *Marco estratégico de la UE en materia de salud y seguridad en el trabajo 2021-2027. La seguridad y salud en el trabajo en un mundo laboral en constante transformación*. COM (2021) 323 final, de 28 de junio de 2021.

FACTS. *Las cuestiones de género en relación con la seguridad y la salud en el trabajo*, n.º 42, 2003.

FUMERO DIOS, Inmaculada S. «La perspectiva de género: auténtica clave de bóveda para garantizar la seguridad y salud de las trabajadoras» en ROJAS RIVERO, Gloria. *Las «mareas» de la igualdad en el derecho del trabajo y de la Seguridad Social*. Bomarzo: Albacete, 2024.

GARCÍA TORRES, Ana. *La perspectiva de género como factor de evolución de las fronteras y estructuras del Derecho del Trabajo*. Bomarzo: Albacete, 2024.

HERRAIZ MARTÍN, M.ª del Sol. «La salud laboral con dimensión de género en la negociación colectiva: una tarea pendiente» en GARCÍA GONZÁLEZ, Guillermo; MORENO SOLANA, Amanda (Dirs.). *La negociación colectiva ante los nuevos retos jurídico-laborales. Contratación, igualdad y digitalización*. Madrid: Dykinson, 2023.

INSTITUTO SINDICAL EUROPEO, «Occupational Exposure Limits (OELs) for lead and lead compounds & equality of treatment of women and men at work» (Límites de exposición profesional al plomo y sus compuestos e igualdad de trato para mujeres y hombres en el trabajo), 14 de diciembre de 2020.

INSTITUTO VALENCIANO DE SEGURIDAD Y SALUD EN EL TRABAJO. *Perspectiva de género y prevención de riesgos laborales*. Valencia, 2023.

INSHT. *Directrices para la evaluación de riesgos y protección de la maternidad en el trabajo*. Madrid, 2011.

INSST. *Directrices básicas para la evaluación de riesgos laborales*. Madrid: INSST, 2022.

INSST. *Seguridad y salud en el trabajo. Estrategia española 2023-2027*. Madrid: INSST, 2023.

INSS. *Orientaciones para la valoración del riesgo laboral durante la lactancia natural*. Secretaria de Estado de la Seguridad Social, 2009.

INSS. *Guía de ayuda para la valoración del riesgo laboral durante el embarazo*. Secretaria de Estado de la Seguridad Social y Pensiones, 3.º edición, 2019.

LOPÉZ ROLDÁN, Pablo. «Evaluación de riesgos laborales y protección de la maternidad: un análisis preventivo», *Revista Española de Derecho del Trabajo*, núm. 229 (2020).

PARLAMENTO EUROPEO. *Nuevo marco estratégico de la UE en materia de salud y seguridad en el trabajo posterior a 2020*. Resolución del Parlamento Europeo, de 10 de marzo de 2022, sobre un nuevo marco estratégico de la UE en materia de salud y seguridad en el trabajo posterior a 2020 (incluida una mejor protección de los trabajadores frente a la exposición a sustancias nocivas, el estrés laboral y las lesiones por movimientos repetitivos) (2021/2165(INI)) (2022/C 347/10), 9 de septiembre de 2022.

PÉREZ CAMPOS, Ana I. «La perspectiva de género en la estrategia de seguridad y salud en el trabajo. Un avance necesario» en FERNÁNDEZ COLLADOS, M.ª Belén (Directora); GONZÁLEZ MARTÍNEZ, José A. y FERNÁNDEZ COLLADOS, M.ª Belén (Coordinadores). *La prevención de riesgos laborales a propósito de la Estrategia de Seguridad y Salud Laboral 2023-2027*. Aranzadi: Cizur Menor, 2023.

RAMOS QUINTANA, Margarita I. «La salud de las mujeres en las relaciones de trabajo», *Revista de Derecho Social*, núm. 100, 2022.

ROMERAL HERNÁNDEZ, Josefa. «Estrategia Española de Seguridad y Salud en el Trabajo 2023-2027 desde la perspectiva de género», *Revista de Trabajo y Seguridad Social*. CEF, núm. 480 (2024).

SIERRA HERNAIZ, Elisa. «Hacia una salud laboral con dimensión de género: una necesaria incorporación al contenido de los planes de igualdad» en SIERRA HERNAIZ, Elisa; VALLEJO DA COSTA, Ruth (Dir.). *Diseño e implementación de planes de igualdad en las empresas: cuestiones claves*. Cizur Menor: Aranzadi, 2020.

UGT. *Análisis de la perspectiva de género en la salud laboral*. UGT, 2023.

VALLEJO DA COSTA, Ruth. «El conflicto trabajo-familia como riesgo psicosocial: su particular incidencia en la mujer trabajadora (aspectos jurídicos)», *CEF. Estudios financieros. Revista de trabajo y seguridad social*, núm. 375 (2014).

VALLEJO DA COSTA, Ruth. *Salud laboral, igualdad y mujer. Aspectos jurídicos*. Bomarzo: Albacete, 2019.

VOGEL, Laurent, «The gender dimension in health and safety. Initial findings of a European survey», *TUTB Newsletter 18*, Trade Union Technical Bureau, Brussels, 2002.

Capítulo 15

Menopausia y entorno laboral: síntomas y prevención

RAFAEL GARCÍA-FONCILLAS LÓPEZ
Doctor por la Universidad de Zaragoza
Profesor asociado de la Universidad de Zaragoza
Médico del Servicio de Urgencias y Emergencias 061 Aragón - SALUD

SUMARIO: 1. INTRODUCCIÓN. 2. FISIOLOGÍA DE LA MENOPAUSIA. 3. SÍNTOMAS DE LA MENOPAUSIA Y SU IMPACTO EN EL TRABAJO. *3.1. Síntomas y signos de la menopausia. 3.2. Causas.* 4. MENOPAUSIA Y ENTORNO LABORAL. *4.1. La empresa y la menopausia. 4.2. Adaptando el trabajo a la menopausia.* 5. RESUMIENDO, CÓMO AFRONTAR LA MENOPAUSIA EN EL TRABAJO. 6. REFERENCIAS BIBLIOGRÁFICAS CONSULTADAS.

1. INTRODUCCIÓN

En todo el mundo hay 657 millones de mujeres con una edad comprendida entre los 45 y los 59 años, y aproximadamente la mitad de ellas constituyen parte de la población laboral mundial activa mientras llegan a la menopausia. La experiencia de la menopausia en el lugar de trabajo es muy diversa y no sólo está determinada por los síntomas y el contexto de la menopausia en sí, sino también por el entorno laboral insensible, muchas veces, al proceso mismo. Afecta a la calidad de vida personal y social, al compromiso, al rendimiento, a la motivación y a las relaciones con la empresa, la institución u organismo donde desarrolla su profesión.

La menopausia o la amenorrea es una fase fisiológica en la vida de una mujer caracterizada por una disminución de la fertilidad y el cese permanente de la menstruación debido a la pérdida o deterioro natural de la función de las hormonas reproductivas, consecuencia de la degradación ovárica.

La edad promedio de la menopausia fisiológica en España está entorno a los 50 años (entre los 45 a 55 años); sin embargo, otros factores o circunstancias pueden favorecer que la menopausia ocurra a una edad más temprana.

Sus manifestaciones clínicas pueden incluir sofocos, sudoración nocturna, cambios en el estado de ánimo, alteraciones o trastornos del sueño, dolores en las articulaciones, cefalea, dificultades cognitivas y síndrome genitourinario. El diagnóstico es clínico y retroactivo, basado en la ausencia de ciclos menstruales durante los últimos doce meses y con períodos menstruales que pueden ser más o menos largos en el tiempo, o más o menos intensos y / o frecuentes. Una alteración constante y repetida en el tiempo de la duración de ciclos menstruales consecutivos de más de siete días indica una incipiente menopausia temprana. Una ausencia de dos o más ciclos alerta sobre el inicio de la perimenopausia o la menopausia tardía. Las manifestaciones clínicas y los síntomas pueden variar entre mujeres; existiendo, como denominador común, las irregularidades antes de su desaparición total. Los síntomas de la menopausia también pueden causar más problemas a las mujeres con una discapacidad o lesión previa o una enfermedad crónica, así como las que han sufrido o sufren otras formas de discriminación en el lugar de trabajo. El tratamiento de estos trastornos se orienta hacia la mejora de la calidad de vida con una disminución en la frecuencia e intensidad de la sintomatología. La pauta de tratamiento implica: modificación del estilo de vida, medicina complementaria y / o alternativa, terapia no hormonal, y / o terapia hormonal; entre otras.

El envejecimiento del aparato reproductor femenino se describe en etapas que comentaremos desde la menarquia hasta la menopausia.

- Etapa reproductiva: incluye el tiempo existente desde la primera menstruación hasta la transición menopáusica.
- Perimenopausia: Se describe desde los momentos previos a la aparición de los desarreglos y hasta el primer año después de la última menstruación, con una duración variable; puede perdurar varios años, aunque varía mucho. Es la fase más sintomática, dada la gran alteración de los niveles de hormonales implicados.
- Transición menopáusica. Comienza durante la etapa de la perimenopausia y puede alargarse durante varios años hasta el final del

período menstrual; se ha caracterizado por cambios en el patrón menstrual.

- Posmenopausia, implica la etapa posterior al último período menstrual.

Las mujeres menopaúsicas jóvenes, aquellas que presentan síntomas abruptos y son menores de 40 años, que viven con un cáncer o en tratamiento oncológico individualizado, en función de su enfermedad, deberán afrontar el estigma de su infertilidad o de su proceso tumoral; y esto repercutirá también en su relación personal, social y laboral.

Así pues, en todo el mundo, la menopausia se considera cada vez más una cuestión fundamental de igualdad de género y de edad, y sus síntomas suelen o deberían tenerse en cuenta en la legislación sobre igualdad. Los aspectos del entorno laboral tanto físicos como psicosociales, muchos de los cuales son modificables, influyen en la experiencia menopáusica y afectan al trabajo. Por lo tanto, las organizaciones deben asegurarse de que cuentan con medidas de apoyo y con políticas eficaces que fomenten a directivos, supervisores, profesionales de la salud laboral y al personal en general sobre aspectos relativos a la menopausia.

2. FISIOLOGÍA DE LA MENOPAUSIA

La menopausia es un proceso biológico natural. Sin embargo, los síntomas físicos y emocionales pueden alterar la salud física y / o psíquica.

Los síntomas relacionados como sofocos, sudoración nocturna, cambios en el estado de ánimo, alteraciones del sueño, dolores en las articulaciones y dificultades cognitivas, cefaleas y migrañas perjudican la calidad de vida femenina. Y, por supuesto, afectan negativamente en el entorno del marco laboral.

A medida que los ovarios envejecen, su respuesta a las hormonas disminuye, causando:

- Ciclos menstruales más cortos e irregulares
- Restricción de las ovulaciones
- Disfunción hormonal ovárica

Durante la transición menopáusica los niveles hormonales fluctúan hasta una disminución significativa. El epitelio vaginal se degrada, desprotegiéndose y estimulando la proliferación de bacterias patógenas y el riesgo de infección e inflamación vaginal; favoreciendo el síndrome genitourinario.

3. SÍNTOMAS DE LA MENOPAUSIA Y SU IMPACTO EN EL TRABAJO

3.1. SÍNTOMAS Y SIGNOS DE LA MENOPAUSIA

Los cambios en el ciclo menstrual normalmente comienzan hacia mediados o finales de la cuarta década o durante la quinta década de vida de una mujer, con variaciones en la duración del ciclo.

Los síntomas pueden durar meses e incluso alargarse durante varios años, y van desde ausencia de síntomas o signos hasta intensos signos o síntomas que limitan la calidad de vida social y laboral. Centrándonos en los más importantes, describiremos sus características.

- Sofocos, bochornos y sudores

  Las mujeres sienten calor y llegan a transpirar, sudando profusamente; la temperatura se incrementa; hay enrojecimiento facial, cefálico y del cuello; y palpitaciones. Son episodios, que pueden durar desde segundos a minutos, y estar seguidos de procesos distérmicos, como escalofríos. Muchas veces se manifiestan durante la noche como sudores nocturnos, pueden ser muy incómodos e interrumpir el descanso y afectar a la concentración durante el trabajo.

  Son debidos a la inestabilidad vasomotora y, en general, comienzan en la perimenopausia y duran años y pudiendo persistir más tiempo en algunas mujeres.

- Vaginal

  Con la disfunción hormonal aparecen síntomas ginecológicos tales como sequedad, dispareunia (dolor durante o después de las relaciones sexuales), cambios en el flujo menstrual, pérdida de volumen e hipersensibilidad en las mamas e incluso irritación y picazón. El síndrome genitourinario de la menopausia, como máximo exponente, incluye atrofia vulvovaginal, polaquiuria (necesidad de orinar muchas veces y de escasa cantidad con irritación del tracto urinario), disuria (dolor al orinar), infecciones urinarias y/o vaginitis frecuentes; debido a la deficiencia hormonal y a la degradación tisular asociada.

- Psicológicos

  Cambios emocionales y del estado ánimo, insomnio, cansancio, irritabilidad, disminución de la concentración, pérdida de la memoria, síntomas depresivos, ansiedad y otros muchos pueden acompañar transitoriamente a la mujer durante la perimenopausia y se asocian directamente con la menopausia. Todos estos efectos plantearán problemas afectando a la capacidad de trabajo, tanto individualmente como en equipo, y a la interacción con los compañeros y / o clientes por los posibles episodios de irascibilidad. La salud mental puede verse afectada, lo que podría provocar una pérdida de confianza en una misma y en sus aptitudes en el trabajo.

  Los sofocos nocturnos contribuyen al insomnio, la fatiga, la irritabilidad y la falta de concentración por interrumpir el sueño; incluso entre las mujeres que no tienen sofocos y que las hace estar cansadas durante todo el día afectando a su rendimiento laboral.

- Enfermedad cardíaca y cardiovascular

  En los países desarrollados son la principal causa de muerte tanto en mujeres como en hombres. Pero después de la menopausia, el metabolismo lipídico y los niveles de colesterol varían explicando por qué la aterosclerosis y la enfermedad coronaria se vuelven comunes en las mujeres menopaúsicas.

- Osteoporosis

  Durante los primeros años tras la menopausia se da una pérdida de densidad ósea a un ritmo rápido, lo que aumenta el riesgo de osteoporosis favoreciendo un empobrecimiento de la calidad y fortaleza del hueso, generando mayor riesgo de fracturas. Las mujeres posmenopáusicas con osteoporosis son especialmente susceptibles a fracturas de columna vertebral, cadera y muñecas.

- Incontinencia urinaria

  A medida que los tejidos genitourinarios pierden elasticidad, es posible que se experimente una imperiosa necesidad de orinar seguida de una incontinencia urinaria por urgencia o por esfuerzo al toser, reír o levantarse; lo que favorecerá un aumento en la frecuencia de infecciones de las vías urinarias.

- Función sexual

  La sequedad vaginal debida a la disminución de la humedad y la pérdida de elasticidad tisular vaginal pueden causar malestar y sangrado leve durante las relaciones sexuales; además de la disminución de la sensibilidad y del deseo sexual.

- Aumento de peso

  Muchas mujeres aumentan de peso durante la transición menopáusica y después de la menopausia debido a que el metabolismo se torna más lento. Si se realiza un trabajo físico, puede comportar dificultades en su desempeño laboral habitual.

- Otros síntomas

  También aparecen síntomas como dolor articular (artralgia), dolor óseo y muscular, cefaleas o migrañas, impidiendo un rendimiento óptimo en el trabajo y afectando a la calidad de vida. Sin embargo, algunas mujeres con antecedentes de endometriosis, dismenorrea, menorragia, síndrome premenstrual o migraña menstrual... su calidad de vida mejora, en ocasiones, después de la menopausia.

3.2. CAUSAS

Hay circunstancias en las que la menopausia puede tener otros orígenes distintos de la fisiología normal humana:

- Cirugía para extirpar los ovarios (ooforectomía). Esta práctica quirúrgica provoca una menopausia inmediata, con ausencia total los períodos menstruales y con signos y síntomas de la menopausia que pueden ser graves, ya que estos cambios suceden de forma abrupta.

  En la histerectomía, donde se extirpa el útero, pero no los ovarios, no se provoca la menopausia de inmediato; no tiene períodos menstruales, pero los ovarios funcionan normalmente liberando óvulos y produciendo hormonas.

- Quimioterapia y radioterapia oncológica (contra el cáncer). Estas terapias pueden inducir a la menopausia, provocando síntomas durante el curso del tratamiento o poco después de este. La interrupción de la menstruación (y de la fertilidad) no siempre es permanente después de la quimioterapia. La radioterapia sólo afecta a la función ovárica si la radiación se concentra en los ovarios, si va dirigida a otras partes del cuerpo no afectará la función ovárica.

- Insuficiencia ovárica primaria o prematura. Algunas mujeres experimentan el cese de las menstruaciones por un fallo ovárico no iatrogénico antes de los 40 años; es decir, una menopausia prematura resultado de una insuficiencia o disfunción en los niveles normales de hormonas debido a factores genéticos o por enfermedades autoinmunes. No obstante, en general, no se puede encontrar una causa de la menopausia prematura.

4. MENOPAUSIA Y ENTORNO LABORAL

Es sabido que existe una relación entre los síntomas de la menopausia y una pérdida de productividad laboral que se traduce en resultados personales y laborales incongruentes, con lo que la gravedad de los síntomas de la menopausia incrementa las probabilidades de un resultado laboral inadecuado. Por ello, urge la necesidad fundamental de mejorar el tratamiento médico ofrecido a las mujeres, y la obligación de lograr un entorno laboral favorable para aquellas mujeres que presenten síntomas, bien sean leves o graves, y evitar el absentismo laboral asociado.

Además de la complejidad intrínseca de la menopausia, es un tema tabú; en particular en el lugar de trabajo, lo que aumenta la carga psicológica sobre el proceso en sí. Por lo general, las mujeres tienen miedo a los prejuicios, la discriminación y la estigmatización y, por lo tanto, son reacias, muchas veces, a revelar problemas de esta índole en el lugar de trabajo. En muchos países la sociedad asocia la menopausia con vejez, y en el trabajo más aún, debido a que los vínculos con el resto del personal laboral suelen ser más frágiles y se tiende a proteger su privacidad.

La desigualdad en los síntomas e intensidad dificulta la implementación por las empresas e instituciones públicas y privadas de alguna solución eficaz. Además, los efectos psicológicos causados por este cambio (ansiedad, tristeza o depresión) más el estrés laboral inducirá a la falta de paciencia con clientes o compañeros.

Es imperativo trabajar en reconocer estas inquietudes y crear un entorno laboral seguro para valorar qué necesidades de atención médica y psicológica pueden ayudar a mejorar o mantener la salud física y mental y la calidad de vida personal y laboral.

Los servicios sanitarios se deben preguntar sobre los síntomas y signos para ofrecer orientación y tratamiento. También las empresas deben crear y aplicar estrategias y políticas en el entorno laboral que faciliten esta transición de una forma global.

4.1. LA EMPRESA Y LA MENOPAUSIA

Las empresas son conscientes de que necesitan atraer y retener a una mano de obra experta, capacitada y con talento; y que hay razones empresariales para no perder personal a causa de la menopausia.

Las estrategias deben implicar a todas las personas en el lugar de trabajo e incluir a los profesionales de la salud laboral.

Las mujeres desean un lugar de trabajo donde exista un mayor conocimiento y concienciación sobre la menopausia para que deje de ser un tema tabú. Por lo tanto, es importante que las empresas fomenten una cultura en la que sea factible hablar de los síntomas de la menopausia, y que las personas responsables reciban información y formación sobre la menopausia. Esto se debería poder aplicar a todos los lugares y modelos de trabajo.

No es de extrañar el esfuerzo que en los últimos años las organizaciones profesionales, empresariales, sindicales y de trabajadores han realizado para elaborar recomendaciones y directrices que faciliten la continuidad de las mujeres, durante el proceso menopaúsico, en el entorno laboral.

4.2. ADAPTANDO EL TRABAJO A LA MENOPAUSIA

En 2021, la Sociedad Europea de Menopausia y Andropausia (EMAS) publicó una lista de recomendaciones relativas a las condiciones laborales de las mujeres durante la menopausia.

Las principales recomendaciones para empresarios y organizaciones son:

- Hacer de la salud y el bienestar durante la menopausia una prioridad para la organización, garantizando un enfoque coherente y positivo.
- Establecer y promover un argumento empresarial claro para garantizar que las mujeres con síntomas menopáusicos que les repercuta en el trabajo no sean estigmatizadas ni discriminadas y así que se retenga al personal.
- Tener una política de tolerancia cero frente a la intimidación, el acoso, la victimización o el menosprecio de las mujeres con síntomas de menopausia.
- Llevar a cabo una evaluación de cómo los patrones de trabajo (por ejemplo, el trabajo nocturno, los turnos) pueden afectar a los sín-

tomas y permitir acuerdos de trabajo flexibles, incluido el trabajo desde casa, siempre que sea posible.

- Garantizar la formación de directivos y supervisores sobre cómo mantener conversaciones delicadas en el trabajo.
- Desarrollar un marco laboral que reconozca el potencial impacto de la menopausia y proporcione fuentes confidenciales de asesoramiento y de servicios de orientación.
- Garantizar que las políticas de salud y bienestar que apoyan la menopausia se incorporan a los programas de iniciación, formación y desarrollo para todo el personal nuevo y existente.
- Incluir una cobertura explícita de la menopausia en las políticas de gestión de la asistencia y la enfermedad, y garantizar que las mujeres puedan acceder a la asistencia sanitaria en el lugar de trabajo, siempre que sea posible.

Las principales recomendaciones para los directores/supervisores en el entorno de trabajo:

- Crear una cultura abierta, inclusiva y de apoyo en relación con la menopausia.
- Para los problemas difíciles, el departamento de recursos humanos debe trabajar con los profesionales de la salud laboral, si están disponibles.
- Permitir la revelación de los síntomas de la menopausia, pero no dar por sentado que todas las mujeres quieren hablar de ellos.
- Permitir la flexibilidad de los códigos de vestimenta y uniformidad, con tejidos térmicamente confortables.
- Revisar y controlar la temperatura y la ventilación de los espacios de trabajo (por ejemplo, instalación de ventiladores de mesa) y proporcionar acceso a agua potable fría para beber o para refrescarse.
- Garantizar el acceso a vestuarios y aseos limpios y privados.
- En el caso de trabajos orientados a la atención al público, permitir pausas para tratar síntomas como sofocos intensos.

- Autorizar un horario de trabajo flexible. Esto permitiría a las mujeres organizar mejor su día y adaptar su ritmo de trabajo cuando el insomnio y el cansancio son más intensos.
- Garantizar un acceso fácil a los baños. Durante la perimenopausia, el período es irregular y puede haber un sangrado abundante. Por ello, tener cerca el baño ayuda a reducir el tiempo que se emplea en los desplazamientos.
- Para facilitar la adopción de estas buenas prácticas, debemos tomar conciencia de manera colectiva sobre los efectos de la menopausia en la vida profesional de las mujeres.
- Es necesario que las mujeres no duden en hablar con sus superiores cuando la menopausia les dificulte trabajar, pero también que estos las escuchen con atención.

Las principales recomendaciones para los profesionales sanitarios son:

- Reconocer que los síntomas de la menopausia pueden afectar negativamente al bienestar, a la calidad de vida laboral y personal, a la capacidad de trabajar y al deseo de seguir trabajando, lo que puede llevar a una reducción de la jornada laboral, al subempleo o al desempleo y repercutir en la seguridad económica en etapas posteriores de la vida.
- Proporcionar asesoramiento basado en la evidencia sobre el tratamiento médico y el estilo de vida de los síntomas de la menopausia utilizando directrices nacionales e internacionales.
- Proporcionar asesoramiento sobre cómo gestionar la menopausia y el trabajo, y deben animar a las mujeres con síntomas molestos a consultar a su proveedor de salud habitual para explorar opciones de tratamiento individuales.
- Animar a las mujeres con menopausia prematura a que acudan a servicios especializados para que se puedan abordar sus necesidades específicas, como las relacionadas con la fertilidad y la osteoporosis, y las opciones de tratamiento.
- Animar de forma proactiva a las mujeres que viven con cáncer y después de él y que experimentan síntomas menopáusicos a buscar asesoramiento especializado, si está disponible, ya que sus opciones de tratamiento dependerán del tipo de tumor.

Las principales recomendaciones para las mujeres trabajadoras que experimentan síntomas menopáusicos son:

- Hablar con sus superiores jerárquicos, supervisores o personas designadas si experimentan problemas relacionados con la menopausia que repercuten en su capacidad para trabajar.
- Buscar ayuda y asesoramiento de organismos de apoyo o defensa de los trabajadores (como sindicatos o asociaciones profesionales) si consideran que no se reconocen o apoyan sus necesidades en el lugar de trabajo.
- Recurrir a los servicios de salud laboral o a otros servicios sanitarios o de asesoramiento, en función de la disponibilidad.
- Conocer la legislación y la normativa nacional o estatal sobre igualdad y salud y seguridad en el trabajo que protege a las mujeres menopáusicas en el trabajo.
- Consultar a su profesional sanitario habitual sobre los síntomas para discutir las opciones de tratamiento y las estrategias de autoayuda.
- Acceder a directrices basadas en la evidencia para obtener información sobre los cuidados de la menopausia.
- Participar en el desarrollo de políticas de salud y bienestar para garantizar la cobertura de la menopausia en el lugar de trabajo.
- Participar en programas de iniciación, formación y desarrollo que incluyan la menopausia.
- Participar en grupos de apoyo formativos e informativos para mujeres con síntomas menopáusicos.

5. RESUMIENDO, CÓMO AFRONTAR LA MENOPAUSIA EN EL TRABAJO

Es importante destacar que debe asumirse con naturalidad tanto por parte de la mujer como por su empresa y que habrá de mostrar empatía para facilitar la gestión que ella hace de su situación y para deshacerse del estigma habitualmente asociado a la menopausia.

Para las mujeres:

Algunas de las recomendaciones habituales para mujeres con menopausia son:

- Consultar con el personal sanitario para obtener un diagnóstico preciso y evaluar las opciones de tratamiento disponibles.
- Realizar cambios en el estilo de vida con una dieta saludable, hacer ejercicio regularmente y dormir lo suficiente para aliviar los síntomas asociados.
- Solicitar apoyo en el trabajo, hablando con el departamento de Recursos Humanos para solicitar apoyo y comprensión por la dirección.

Para las empresas:

También es fundamental en el trato con sus trabajadoras con menopausia.

- Crear un entorno de trabajo flexible que permita a las mujeres tomar descansos cuando lo necesiten o adaptar su horario laboral para sobrellevar los síntomas asociados.
- Brindar información sobre la menopausia y sus efectos en el trabajo para comprender lo que está sucediendo y encontrar maneras de afrontarlo.
- Crear un ambiente de trabajo inclusivo y diverso donde se sientan valoradas y respetadas, promoviendo su apoyo durante esta etapa.
- Mediante tratamientos existentes para paliar los síntomas y mantener una óptima calidad de vida.

6. REFERENCIAS BIBLIOGRÁFICAS CONSULTADAS

American College of Obstetricians and Gynecologists. Practice Bulletin No. 141: Management of menopausal symptoms. Obstetrics & Gynecology. 2014; doi:10.1097/01.AOG.0000441353.20693.78

Anderson, D. J., Chung, H. F., Seib, C. A., Dobson, A. J., Kuh, D., Brunner, E. J., Crawford, S. L., Avis, N. E., Gold, E. B., Greendale, G. A., Mitchell, E. S., Woods, N. F., Yoshizawa, T., Mishra, G. D. Obesity, smoking, and risk of vasomotor menopausal symptoms: a pooled analysis of eight cohort studies. Am. J. Obstet. Gynecol. 222 (5) (2020), https://doi.org/10.1016/j.ajog.2019.10.103, 478.e1-478.e17

Armeni, E., Lambrinoudaki, I., Ceausu, I., Depypere, H., Mueck, A., Pérez-López, F. R., Schouw, Y. T., Senturk, L. M., Simoncini, T., Stevenson, J. C., Stute, P., Rees, M. Maintaining postreproductive health: a care pathway from the European Menopause and Andropause Society (EMAS). Maturitas 89 (2016) 63-72, https://doi.org/10.1016/j.maturitas.2016.04.013

AskMayoExpert. Menopausal hormone therapy (adult). Mayo Clinic; 2019.

Avis, N. E., Crawford, S. L., Greendale, G., Bromberger, J. T., Everson-Rose, S. A., Gold, E. B., Hess, R., Joffe, H., Kravitz, H. M., Tepper, P. G., Thurston, R. C. Study of Women's Health Across the Nation, Duration of menopausal vasomotor symptoms over the menopause transition. JAMA Intern Med 175 (4) (2015) 531-539, https://doi.org/10.1001/jamainternmed.2014.8063

Ayers, B., Smith, M., Hellier, J., Mann, E., Hunter,. M. S.: Effectiveness of group and self-help cognitive behavior therapy in reducing problematic menopausal hot flushes and night sweats (MENOS 2): a randomized controlled trial. Menopause 19(7):749-759, 2012. doi:10.1097/gme.0b013e31823fe835

Bachmann, G, *et al.* Treatment of genitourinary syndrome of menopause (vulvovaginal atrophy). https://www.uptodate.com/contents/search. Accessed Sept. 8, 2020.

Bachmann, G. A. Applause for telemedicine as an optimal platform for specific menopausal health-care visits beyond COVID-19. Case Rep. Women's Health 27 (2020) e00241, https://doi.org/10.1016/j.crwh.2020.e00241

Bariola, E., Jack, G., Pitts, M., Riach, K., Sarrel, P. Employment conditions and workrelated stressors are associated with menopausal symptom reporting among perimenopausal and postmenopausal women. Menopause 24 (3) (2017) 247-251, https://doi.org/10.1097/GME.0000000000000751

Beck, V., Brewis, J. A., Davies, A. The remains of the taboo: experiences, attitudes, and knowledge about menopause in the workplace. Clim. J. Int. Menopause Soc. 23 (2) (2020) 158-164, https://doi.org/10.1080/13697137.2019.1656184

Black cohosh. Natural Medicines. https://naturalmedicines.therapeuticresearch.com. Accessed Sept. 9, 2020.

Blümel, J. E., Arteaga, E., Parra, J., Monsalve, C., Reyes, V., Vallejo, M. S., Chea R. Decision-making for the treatment of climacteric symptoms using the Menopause Rating Scale. Maturitas 111 (2018) 15-19, https://doi.org/10.1016/j.maturitas.2018.02.010

Brewis, J. The health and socioeconomic impact on menopausal women of working from home. Case reports in women's health 27 (2020) e00229, https://doi.org/10.1016/j.crwh.2020.e00229

Burnett, T. L. (expert opinion). Mayo Clinic. Sept. 18, 2020.

Casper, R. F. Clinical manifestations and diagnosis of menopause. https://www.uptodate.com/contents/search. Accessed Sept. 8, 2020.

Chartered Institute of personnel and development. https://www.cipd.co.uk/Images/menopause-guide_tcm18-55426.pdf [Accessed 20 April 2021].

Chung, H. F., Pandeya, N., Dobson, A. J., Kuh, D., Brunner, E. J., Crawford, S. L., Avis, N. E., Gold, E. B., Mitchell, E. S., Woods, N. F., Bromberger, J. C., Thurston, R. C., Joffe, H., Yoshizawa, T., Anderson, D., Mishra, G. D. The role of sleep difficulties in the vasomotor menopausal symptoms and depressed mood relationships: an international pooled analysis of eight studies in the InterLACE consortium. Psychol Med 48 (15) (2018) 2550-2561, https://doi.org/10.1017/S0033291718000168

Coulby, G., Clear, A., Jones, O., Godfrey, A. A scoping review of technological approaches to environmental monitoring. Int. J. Environ. Res. Public Health 17 (11) (2020) 3995, https://doi.org/10.3390/ijerph17113995

Cronin, C., Hungerford, C. & Wilson, R. L. (2020). Using Digital Health Technologies to Manage the Psychosocial Symptoms of Menopause in the Workplace: a Narrative Literature Review. Issues in mental health nursing, 1-8. Advance online publication. https://doi.org/10.1080/01612840.2020.1827101

De Moor, J. S., Kent, E. E., McNeel, T. S., Virgo, K. S., Swanberg, J., Tracy, J. K., Banegas, M. P., Han, X., Qin, J., Yabroff, K. R. Employment outcomes among cancer survivors in the United States: implications for Cancer Care Delivery. J. Natl. Cancer Inst. (2020), https://doi.org/10.1093/jnci/djaa084 djaa084. Advance online publication

De Villiers, T. J., Hall, J. E., Pinkerton, J. V., Pérez, S. C., Rees, M., Yang, C., Pierroz, D. D. Revised global consensus statement on menopausal hormone therapy. Maturitas 91 (2016) 153-155, https://doi.org/10.1016/j.maturitas.2016.06.001

DHEA. Natural Medicines. https://naturalmedicines.therapeuticresearch.com. Accessed Sept. 9, 2020.

Dong quai. Natural Medicines. https://naturalmedicines.therapeuticresearch.com. Accessed Sept. 9, 2020.

Duijts, S. F., van Egmond, M. P., Spelten, E., van Muijen, P., Anema, J. R.., van der Beek, A. J. Physical and psychosocial problems in cancer survivors beyond return to work: a systematic review. Psychooncology 23 (5) (2014) 481-492, https://doi.org/10.1002/pon.3467

El Khoudary, S. R., Greendale, G., Crawford, S. L., *et al.* The menopause transition and women's health at midlife: a progress report from the Study of Women's Health Across the Nation (SWAN). Menopause 26(10): 1213-1227, 2019. doi: 10.1097/GME.0000000000001424

Evandrou, M., Falkingham, J., Qin, M., Vlachantoni, A. Menopausal transition and change in employment: evidence from the National Child Development Study. Maturitas 143 (2021) 96-104, https://doi.org/10.1016/j.maturitas.2020.09.010

E-WORKLIFE Remote workers and digital self-regulation for effective productivity http://www.eworklife.co.uk

Faculty of Occupational Medicine of the Royal College of Physicians. Guidance on menopause and the workplace. http://www.fom.ac.uk/wp-content/uploads/Guidance-on-menopause-and-the-workplace-v6.pdf Accessed 20 April 2021].

Freeman, E. W.., Sammel, M D., Sanders, R. J. Risk of long-term hot flashes after natural menopause: evidence from the Penn Ovarian Aging Study cohort. Menopause 21 (9) (2014) 924-932, https://doi.org/10.1097/GME.0000000000000196

Frequently asked questions: Women's Health FAQ047. The menopause years. American College of Obstetricians and Gynecologists. https://www.acog.org/patient-resources/faqs/womens-health/the-menopause-years. Accessed Sept. 9, 2020.

Gartoulla, P., Bell, R. J., Worsley, R., Davies, S R. Menopausal vasomotor symptoms are associated with poor self-assessed work ability. Maturitas 87 (2016) 33-39, https://doi.org/10.1016/j.maturitas.2016.02.003

Geukes, M.., Anema, J. R., van Aalst, M. P., de Menezes, R. X., Oosterhof, H. Improvement of menopausal symptoms and the impact on work ability: a retrospective cohort pilot study. Maturitas 120 (2019) 23-28, https://doi.org/10.1016/j.maturitas.2018.10.015

Geukes, M., Oosterhof, H., van Aalst, M. P., Janema, J. R. Attitude, confidence and social norm of Dutch occupational physicians regarding menopause in a work context. Maturitas 139 (2020) 27-32, https://doi.org/10.1016/j.maturitas.2020.05.015

Geukes, M., van Aalst, M. P., Robroek, SJW, Laven, JSE, Oosterhof, H. The impact of menopause on work ability in women with severe menopausal symptoms. Maturitas 90 (2016) 3-8, https://doi.org/10.1016/j.maturitas.2016.05.001

Global consensus recommendations on menopause in the workplace: A European Menopause and Andropause Society (EMAS) position statement https://doi.org/10.1016/j.maturitas.2021.06.006

Godfrey, A., Hetherington, V., Shum, H., Bonato, P., Lovell, N. H., Stuart, S. From A to Z: wearable technology explained. Maturitas 113 (2018) 40-47, https://doi.org/10.1016/j.maturitas.2018.04.012

Gold, E. B., Sternfeld, B., Kelsey J. L., *et al*: Relation of demographic and lifestyle factors to symptoms in a multi-racial/ethnic population of women 40-55 years of age. Am J Epidemiol 152(5):463-473, 2000. doi:10.1093/aje/152.5.463

Griffiths, A., Ceausu, I., Depypere, H., Lambrinoudaki, I., Mueck, A., Perez-Lopez, F. R., van der Schouw, Y. T., Senturk, L. M., Simoncini, L. T., Stevenson, J. C., Stute, P., Rees, M. EMAS recommendations for conditions in the workplace for menopausal women. Maturitas 85 (2016) 79-81, https://doi.org/10.1016/j.maturitas.2015.12.005

Griffiths, A., MacLennan, A. J., Hassard, J. Menopause and work: an electronic survey of employees attitudes in the UK. Maturitas 76 (2) (2013) 155-159, https://doi.org/10.1016/j.maturitas.2013.07.005

Hammam, R. A., Abbas, R. A., Hunter, M. S. Menopause and work: the experience of middle-aged female teaching staff in an Egyptian governmental faculty of medicine, Maturitas 71 (3) (2012) 294-300, https://doi.org/10.1016/j.maturitas.2011.12.012

Hardy, C., Ethorne, E., Griffiths, A., Hunter, M. S. Work outcomes in midlife women: the impact of menopause, work stress and working environment. Women's Midlife Health 4 (2018) 3, https://doi.org/10.1186/s40695-018-0036-z

Hardy, C., Griffiths, A., Hunter, M. S. Development and evaluation of online menopause awareness training for line managers in UK organizations. Maturitas 120 (2019) 83-89, https://doi.org/10.1016/j.maturitas.2018.12.001

Hardy, C., Griffiths, A., Hunter, M. S. What do working menopausal women want? a qualitative investigation into women's perspectives on employer and line manager support. Maturitas 101 (2017) 37-41, https://doi.org/10.1016/j.maturitas.2017.04

Hardy, C., Hunter, M. S., Griffiths, A. Menopause and work: an overview of UK guidance. Occup. Med. (Lond.) 68 (9) (2018) 580-586, https://doi.org/10.1093/occmed/kqy134

Hashimoto, K., Yoshida, M., Nakamura, Y., Takeishi, Y., Yoshizawa, T. Relationship between number of menopausal symptoms and work performance in Japanese working women. Menopause (2020), https://doi.org/10.1097/ GME.0000000000001698. Advance online publication. https://doi.org/10.1097/GME.0000000000001698

Heart disease facts. Centers for Disease Control and Prevention. https://www.cdc.gov/heartdisease/facts.htm. Accessed Sept. 8, 2020.

Hickey, M., Riach, K., Kachouie, R., Jack, G. No sweat: managing menopausal symptoms at work. J. Psychosom. Obstet. Gynaecol. 38 (3) (2017) 202-209, https://doi.org/10.1080/0167482X.2017.1327520

Huang, A. J., Subak, L. L., Wing, R. *et al.* An intensive behavioral weight loss intervention and hot flushes in women [published correction appears in Arch Intern Med 170 (17): 1601, 2010]. Arch Intern Med 170 (13): 1161-1167, 2010. doi:10.1001/archinternmed.2010.162

Humeniuk, E., Bojar, I., Gujski, M., Raczkiewicz, D. Effect of symptoms of climacteric syndrome, depression and insomnia on self-rated work ability in peri- and postmenopausal women in non-manual employment. Annals of Agricultural and Environmental Medicine: AAEM 26 (4) (2019) 600-605, https://doi.org/10.26444/aaem/112838

International Labour Organization. ILOSTAT. Labour statistics on women. https://ilostat.ilo.org/topics/women / [Accessed 20 April 2021].

International Standard Classification of Occupations (ISCO) International labour Organization. 2010 https://www.ilo.org/public/english/bureau/stat/isco/index.htm [Accessed 20 April 2021].

Jack, G., Kriach, K., Bariola, E. Temporality and gendered agency: menopausal subjectivities in Women's, Work. Hum. Relat. 72 (1) (2019) 122-143, https://doi.org/10.1177/0018726718767739

Jack, G., Riach, K., Bariola, E., Pitts, M., Schapper, J., Sarrel, P. Menopause in the workplace: what employers should be doing. Maturitas 85 (2016) 88-95, https:// doi.org/10.1016/j.maturitas.2015.12.006

Jameson, J. L., *et al.*, eds. Menopause and postmenopausal hormone therapy. In: Harrison's Principles of Internal Medicine. 20th ed. McGraw Hill; 2018. https://accessmedicine.mhmedical.com. Accessed Sept. 9, 2020.

Johnson, A., Roberts, L., Elkins, G. Complementary and alternative medicine for menopause. J Evid Based Integr Med 24:2515690X19829380, 2019. https://doiorg/10.1177/2515690X19829380

Kava. Natural Medicines. https://naturalmedicines.therapeuticresearch.com. Accessed Sept. 9, 2020.

Liu, J. H.: Selective estrogen receptor modulators (SERMS): keys to understanding their function. Menopause 27(10):1171-1176, 2020. doi: 10.1097/GME.0000000000001585

Maki, P. M., Wu, M., Rubin, L. H., Fornelli, D., Drogos, L. L., Geller, S., Shulman, L. P., Banuvar, S., Little, D. M., Conant, R. J. Hot flashes are associated with altered brain function during a memory task. Menopause 27 (3) (2020) 269-277, https://doi.org/10.1097/GME.0000000000001467

Mann, E., Smith, M. J., Hellier, J. *et al*. Cognitive behavioural treatment for women who have menopausal symptoms after breast cancer treatment (MENOS 1): a randomised controlled trial. Lancet Oncol 13(3):309-318, 2012. https://doi.org/10.1016/S1470-2045(11)70364-3

MenoNote: Vaginal dryness. The North American Menopause Society. http://www.menopause.org/publications/consumer-publications/-i-menonotes-i-. Accessed Sept. 9, 2020.

Menopausal symptoms: In depth. National Center for Complementary and Integrative Health. https://www.nccih.nih.gov/health/menopausal-symptoms-in-depth. Accessed Sept. 8, 2020.

Menopause and your health. Office on Women's Health. https://www.womenshealth.gov/menopause/menopause-and-your-health. Accessed Sept. 15, 2020.

Menopause basics. Office on Women's Health. https://www.womens-health.gov/menopause/menopause-basics. Accessed Sept. 8, 2020.

Menopause Information *Pack* for Organizations (MIPO). https://www.menopauseatwork.org/free-resources [Accessed 20 April 2021].

Menopause symptoms and relief. Office on Women's Health. https://www.womenshealth.gov/menopause/menopause-symptoms-and-relief. Accessed Sept. 15, 2020.

Menopause. U.S. Food and Drug Administration. https://www.fda.gov/medical-devices/home-use-tests/menopause. Accessed Sept. 16, 2020.

Menopausia [Internet]. Mayoclinic.org. 2023 [citado el 14 de junio de 2024]. Disponible en: https://www.mayoclinic.org/es/diseases-conditions/menopause/symptoms-causes/syc-20353397

Mishra, G. D., Chung, H. F., Goodman, A., Hayashi, K., Lee, J. S., Mizunuma, H., Anderson, D. The InterLACE study: design, data harmonization and characteristics across 20 studies on women's health. Maturitas 92 (2016) 176-185, https://doi.org/10.1016/j.maturitas.2016.07.021

Mishra, G. D., Chung, H. F., Cano, A., Chedraui, P., Goulis, D. G., Lopes, P., Mueck, A., Rees, M., Senturk, L. M., Simoncini, T., Stevenson, J. C., Stute, P., Tuomikoski, P., Lambrinoudaki, P., EMAS position statement: predictors of premature and early natural menopause. Maturitas 123 (2019) 82-88, https://doi.org/10.1016/j. maturitas.2019.03.008

Monteleone, P., Mascagni, G., Giannini, A., Genazzani, A. R., Simoncini, T. Symptoms of menopause – global prevalence, physiology and implications. Nat Rev Endocrinol 14 (4) (2018) 199-215, https://doi.org/10.1038/nrendo.2017.180

NHS Confederation. Menopause at work. March 2020 https://www.nhsemployers.org/-/media/Employers/Publications/Health-and-wellbeing/HSWPG-menopause-at-work-March-2020-FINAL.pdf [Accessed 20 April 2021].

North American Menopause Society. Nonhormonal management of menopause-associated vasomotor symptoms: 2015 position statement of The North American Menopause Society. Menopause. 2015; doi:10.1097/GME.0000000000000546

Olajubu, A. O., Olowokere, A. E.., Amujo, D O., Olajubu, T. O. Influence of menopausal symptoms on perceived work ability among women in a Nigerian University. Clim.: J. Int. Menopause Soc. 20 (6) (2017) 558-563, https://doi.org/10.1080/13697137.2017.1373336

Organisation for Economic Co-operation and Development OECD. Stat Labour force participation rate, by sex and age group. https://stats.oecd.org [Accessed 20 April 2021].

Paramsothy, P., Harlow, S. D., Nan, B., *et al.* Duration of the menopausal transition is longer in women with young age at onset: The multi-ethnic Study of Women's Health Across the Nation. Menopause 24 (2): 142-149, 2017. https://doi.org/10.1097/GME.0000000000000736

Red clover. Natural Medicines. https://naturalmedicines.therapeuticresearch.com. Accessed Sept. 9, 2020.

Rodström, K., Bengtsson, C., Lissner, L., Milsom, I., Sundh, V., Bjorkelund, C. A longitudinal study of the treatment of hot flushes: the population study of women in Gothenburg during a quarter of a century. Menopause 9 (3) (2002) 156-161, https://doi.org/10.1097/00042192-200205000-00003

Santen, R. J., *et al.* Menopausal hot flashes. https://www.uptodate.com/contents/search. Accessed Sept. 8, 2020.

The National Institute for Health and Care Excellence. Menopause: diagnosis and management NICE guideline [NG23] Published date: November 2015 Last updated: December 2019 https://www.nice.org.uk/guidance/ng23. (Accessed 20 April 2021).

The North American Menopause Society (NAMS), The 2020 genitourinary syndrome of menopause position statement of The North American Menopause Society. Menopause 27 (9) (2020) 976-992, https://doi.org/10.1097/GME.0000000000001609

Thurston, R. C., Ewing, L. J., Low, C. A., *et al.* Behavioral weight loss for the management of menopausal hot flashes: A pilot study. Menopause 22 (1):59-65, 2015. doi: 10.1097/GME.0000000000000274

United Nations World Population Prospects 2019 https://population.un.org/wpp /[Accessed 20 April 2021].

United Nations. The World's Women 2020: Trends and Statistics. Women and men in the labour force. https://www.un.org/en/desa/world %E2%80%99s-women2020 [Accessed 20 April 2021].

Veozah (prescribing information). https://www.accessdata.fda.gov/ drugsatfda_docs/label/2023/216578s000lbl.pdf. Accessed May 16, 2023.

Weiss, R. Menopause Cafes: it's good to talk, Maturitas 132 (2020) 79-80, https://doi.org/10.1016/j.maturitas.2019.09.002

Welt, C. K., *et al.* Ovarian development and failure (menopause) in normal women. https://www.uptodate.com/contents/search. Accessed Sept. 8, 2020.

Welt, C. K. Clinical manifestations and diagnosis of spontaneous primary ovarian insufficiency (premature ovarian failure). https://www.uptodate.com/contents/search. Accessed Sept. 8, 2020.

Welt, CK. Pathogenesis and causes of spontaneous primary ovarian insufficiency (premature ovarian failure). https://www.uptodate.com/ contents/search. Accessed Sept. 8, 2020.

Wild yam. Natural Medicines. https://naturalmedicines.therapeuticresearch.com. Accessed Sept. 9, 2020.

Wilson, L. F., Pandeya, N., Byles, J., Mishra, G. D. Hot flushes and night sweats symptom profiles over a 17-year period in mid-aged women: the role of hysterectomy with ovarian conservation, Maturitas 91 (2016) 1-7, https://doi.org/10.1016/j.maturitas.2016.05.011

Workplace health: management practices. NICE guideline [NG13] Published date: 24 June 2015 Last updated: 24 March 2016 https:// www.nice.org.uk/guidance/ng13 Accessed 20 April 2021].

Yoga, Kegel exercises, pelvic floor physical therapy. North American Menopause Society. https://www.menopause.org/for-women/sexual-health-menopause-online/effective-treatments-for-sexual-problems/ yoga-kegel-exercises-pelvic-floor-physical-therapy. Accessed Sept. 9, 2020.

Capítulo 16

Prevención de riesgos y género. Los casos de las Kellys y de las trabajadoras del hogar familar

J. David Moral-Martín
Profesor Permanente Laboral. Departamento de Sociología
Universidad de Zaragoza

SUMARIO: 1. INTRODUCCIÓN. 2. ECONOMÍA *VERSUS* SALUD LABORAL. 3. PREVENCIÓN DE RIESGOS LABORALES Y GÉNERO. *3.1. La estrategia Española de Seguridad y Salud en el Trabajo (2023-2027).* 4. CASOS DE ESTUDIO. *4.1. Las camareras de piso. 4.2. Las Trabajadoras del Hogar Familiar.* 5. CONCLUSIONES. 6. BIBLIOGRAFÍA.

1. INTRODUCCIÓN

Tras las dos grandes crisis de comienzos del siglo XXI, la económica (Gran Recesión) y la sanitaria, el modelo del neoliberalismo hegemónico que se inició entre las décadas de 1970 y 1980, y que en la actualidad se mantiene con mucha fuerza, se ha encontrado ante una fuerte contestación por parte de varios sectores de la sociedad que siempre se han mantenido alejados de los centros de poder, como son las organizaciones vinculadas a aspectos relacionados con el género, por ejemplo, o las denominadas organizaciones salariales, como las camareras de piso (*Las Kellys*) y los/as trabajadores/as al servicio del hogar familiar, a las que aludimos en este texto.

En este sentido, hay que señalar que otro de sus aspectos más relevantes es el papel de las empresas en la economía y, dentro de ellas, la prevalencia de la producción (o de la prestación de servicios) por encima de ciertas externalidades, como el medio ambiente o la propia sociedad. Asimismo, y en paralelo, también hay que recordar la desigual lucha de la salud laboral frente a las necesidades empresariales orientadas a la maximización de la rentabilidad para propietarios, inversores y otros *stakeholders*.

Estos conflictos se vienen reflejando en la actualidad en los estudios de los movimientos sociales, entre los podemos observar las planteadas con relación a sus propias condiciones de trabajo. En este sentido, este texto analiza dos de estos movimientos, definidos como movimientos salariales por Moral-Martín (2020a), como son las citadas *Las Kellys* y los/as trabajadores/as al servicio del hogar familiar cuyas luchas representan diferentes estrategias laborales de cara a conseguir la ampliación de la definición de enfermedad profesional o directamente su incorporación al ámbito de protección de la Ley de Prevención de Riesgos Laborales (LPRL), respectivamente.

Ambas cuestiones, ampliación o inclusión, se sitúan en el centro del actual debate político y académico sobre los citados movimientos y sus reivindicaciones[1], a los que algunos la han denominado procesos de «resistencia creativa» (Moral-Martín, Pac y Minguijón, 2023). Una tensión que no desaparece y que no parece poner de acuerdo los estudiosos de estos temas. Sin embargo, una mirada a cuestiones concretas como la que nos propicia la Prevención de Riesgos Laborales parece señalar la existencia de una entente entre todas las reivindicaciones referidas a las condiciones de trabajo.

Y todo ello como consecuencia de la lucha que han mantenido estos dos colectivos bajo una mirada de género que ha encajado acertadamente en las nuevas líneas estratégicas que la Seguridad y Salud en el Trabajo (SST) se plantea para las próximas décadas y que señala la importancia de ubicar la especificidad del género en el centro del debate de todos estos movimientos salariales claramente feminizados, si bien en este punto nos encontramos con el hecho de que la citada incorporación es a día de hoy más de tipo biológico (sexo) que cultural (género).

Para ello, realizamos una aproximación cualitativa a través de estudios y publicaciones que recogen la lucha de estos colectivos, así como la importancia del género a la hora de adecuar las condiciones laborales a las diferentes inquietudes manifestadas por los citados colectivos que son objeto de su ámbito de aplicación. Como conclusiones adelantadas, hay que señalar que las reclamaciones que se vienen realizando por parte de ambos colectivos, parecen unirse bajo la égida de la Prevención de Riesgos Labo-

1. Recuérdese, en un sentido similar, la lucha de los *Riders* (repartidores de comida a domicilio) por que les sea de aplicación la LPRL.

rales y de su orientación hacia la inclusión definitiva de la cuestión del género.

2. ECONOMÍA *VERSUS* SALUD LABORAL

Las relaciones entre salud laboral y mercado siempre han estado íntimamente vinculadas. Esto ha sido así hasta el punto de que todo lo relacionado con las cuestiones de salud en el trabajo han ido oscilando en función de los diferentes regímenes económicos que han sido hegemónicos en cualquier momento y lugar, sobre todo a partir de la denominada Revolución Industrial (Rule, 1990), pues hasta entonces las reglamentaciones de las profesiones recaían, en aquellos oficios reglamentados, en asociaciones de corte gremial (Peiró Arroyo, 2002). Así, colegimos con Francisco López (2007: 18) que:

> La cuestión está en que siempre fueron las condiciones socioeconómicas las que marcarían la oportunidad para la creación o formulación de disposiciones tocantes a la protección o prevención de riesgos y enfermedades para los trabajadores.

Esta afirmación nos abre la puerta a comprender cómo la extensión del capitalismo vino acompañada de cierta mirada preventiva, paternalista en sus orígenes y en la actualidad, hacia los trabajadores necesarios para su extensión planetaria.

En este sentido, Samuelson (1948), uno de los economistas más nombrados durante la segunda mitad del siglo XX, atribuyó a la famosa fórmula de «cañones y mantequilla» a la citada expansión de los mercados, si bien esta vino acompañada de ciertos cuidados hacia los mineros, pues eran quienes extraían el mineral necesario para la construcción de bombas y el acorazamiento de los barcos necesarios para la guerra, y de los ganaderos y agricultores, encargados de generar el excedente alimenticio con el que comerciar, a veces sustituyendo el conflicto bélico. Lo mismo hacia las tripulaciones de los barcos, ahora de guerra, ahora mercantes.

Así pues, podemos señalar, históricamente hablando, que si cambian las condiciones socioeconómicas también lo hacen las preventivas. Esto parece haber ocurrido con la última, por el momento, gran transformación del mundo del mercado libre.

El 13 de septiembre de 1970, Milton Friedman colocó la primera piedra desde la que desestabilizar el sistema keynesiano preponderante hasta ese momento, y que sin embargo continuó algún tiempo después, al publicar un artículo en *The New York Times Magazine*, titulado *The Social Responsibility of Business is to Increase its Profits*[2] (cita extraída de Bur, 2012). La reacción gubernamental del *New Deal* fue casi inmediata, pues apenas unos meses después, el 29 de diciembre, Richard Nixon aprobó la creación de la Agencia *Occupational Safety and Health Administration* (OSHA) que pertenecía al Departamento de Trabajo de los Estados Unidos.

¿Cómo fue posible que en fechas tan cercanas se plantearon opciones tan alejadas? Todo parece apuntar a que nos encontramos ante un momento en el que la pugna de las ideas, a nivel mundial pero centrada en los EE. UU., entre el mercado libre y la planificación se endureció tras una década anterior en la que el *New Deal* comenzó a mostrar signos de debilidad.

Así, bajo la idea manifestada por Friedman, se ocultaba una razón meramente crematística que pretendía desmontar el sistema «socialista» que en opinión de este autor suponía que entre las responsabilidades de las empresas se encontrasen la de «dar empleo, eliminar la discriminación, evitar la contaminación y todo lo que esté contemplado en los reclamos de la cosecha contemporánea de los reformistas» (Bur, 2012, p. 3), pues para este autor solamente existía una única responsabilidad social por parte de empresas y empresarios y es la que expresó en su libro *Capitalism and Freedom*:

> emplear sus recursos y emprender actividades con el fin de aumentar sus beneficios, siempre que se desempeñen dentro de las reglas del juego, es decir, emprendan sus actividades en competencia abierta y libre sin engaños ni fraudes. (Bur, 2012, pp. 9-10).

Esta postura también incluía una dura crítica al Gobierno norteamericano «el puño de hierro de los burócratas» y a los sindicatos nacionales, tildados de «fenómeno irónico» (Bur, 2012). Como se puede adivinar, resulta coherente entender que se trató de una enmienda a la totalidad del proyecto político gobernante en ese momento que, recordemos, se conoció como *New Deal*, pero ¿por qué?

Si nos centramos en el nivel del trabajo, que es el que nos interesa, comenzamos por señalar que el presidente Roosevelt nombró a Frances Perkins en 1933 secretaria de Trabajo de su gobierno, siendo la primera mujer en conseguir entrar en un gabinete norteamericano. Esta tuvo un especial empeño en las cuestiones de salud laboral hasta el punto de que creó en 1934 el *Bureau of Labor Standards* (Oficina de Normativa Laboral).

Apenas un año después, en 1935, se instauró un sistema de relaciones laborales que se basó en la negociación colectiva entre empresarios y sin-

2. La responsabilidad social de la empresa es incrementar su beneficio (traducción propia).

dicatos y que, amparada bajo el paraguas de la Ley Wagner (Khöler y Martín Artiles, 2021), favoreció todo lo relacionado con la salud laboral, pues esta era vista como un derecho más de los trabajadores y su mejora cómo un elemento más de negociación tanto a nivel del país como a nivel de las empresas.

En este sentido, la madurez de la salud laboral en los EE. UU. Llegó el 29 de diciembre de 1970, con la aprobación de la ya citada Administración de Seguridad y Salud Ocupacional, cuya misión inicial fue:

> asegurar condiciones de trabajo seguras y saludables para los hombres y mujeres trabajadores mediante el establecimiento y aplicación de normas, y mediante la capacitación, divulgación, educación y asistencia[3].

Sin embargo, y como hemos adelantado, a partir de la década de 1960 esta situación comenzó a cambiar y su derrota final se produjo en 1991, cuando la caída de la Unión Soviética dejó el mundo bajo casi una única visión, el neoliberalismo, y una amplia opción por el libre mercado. A partir de esta fecha la hegemonía del Neoliberalismo fue incontestable, hasta hace pocas fechas. En concreto, la del 17 de septiembre de 2011, cuando se inició la campaña *Ocuppy Wall Street*.

No obstante, y a pesar de esta incipiente animadversión, todas las décadas en las que el neoliberalismo ha mantenido su hegemonía ha supuesto un retroceso de las identidades colectivas vinculadas al trabajo, a las condiciones laborales, lo que ha supuesto un intento por fragmentar la identidad de la clase trabajadora (Bernabé, 2021) y su capacidad de defensa colectiva ante cuestiones tradicionales como salarios y jornadas y salud laboral. Si bien, en este contexto hay que incorporar la mirada europea a través de la Directiva Marco 89/391 sobre todo lo referido a la prevención de riesgos laborales, traspuesta a nuestro ordenamiento jurídico a partir de 1990.

En este sentido, hay que adelantar que para definir el neoliberalismo nos basamos en la descripción dada por Gerstle (2023: 17), para quien se trata de:

> un credo que premia el libre comercio y la libre circulación de capital, bienes y personas. Celebra la desregulación cómo un ben económico que deriva de evitar que los gobiernos interfieran en el funcionamiento de los mercados.

En su opinión, se trata de «infundir los principios del liberalismo clásico a la economía política» (2023, p. 17) y cuyo origen hay que situarlo a mediados de la década de 1970 junto al agotamiento del *New Deal* de Roosevelt y

3. Información en español disponible en: https://www.osha.gov/about.html

su incapacidad para afrontar la crisis del petróleo de 1973 y 1979, como consecuencia de tensiones militares en la zona de Oriente Medio.

Esto supuso que las organizaciones colectivas defensa de los trabajadores vinculadas a las empresas, los sindicatos, fuesen quedando atrapados en una idea muy peligrosa, la de convertirlos en rémoras de los nuevos tiempos. Esta identificación ha sido contextualizada por Sen y Lee (2015, p. 47), quienes han señalado la estrategia del capital de reducir la capacidad de organización salarial, a través de: «la desreglamentación de los mercados de productos y de trabajo en el decenio de 1990 fue resultado de una opción política deliberada dictada por el Consenso de Washington».

Esta cuestión, muy visible en nuestro entorno europeo como señalamos a continuación, ha dado lugar a una incesante pugna entre el mercado libre y las regulaciones públicas en el contexto laboral y, por supuesto, en la prevención de riesgos laborales.

3. PREVENCIÓN DE RIESGOS LABORALES Y GÉNERO

El origen contemporáneo de la SST en el territorio europeo comprendido bajo la, por entonces, Comunidad Económica Europea (CEE), se encuentra vinculado al proceso de apertura hacia los países del Sur de la Europa continental, los famosos *latecomer* (Cameron, 1989). Así, la entrada en la CEE el 1 de enero de 1986 de España y Portugal, países con historias económicas parecidas (Neal y Cameron, 2016), dibujó una comunidad política supranacional desequilibrada en términos económicos e industriales, lo que hizo vislumbrarse en la lejanía la posibilidad de cierto *dumping* social en el que las empresas de los restantes países se viesen llamadas a deslocalizar sus centros de trabajo en busca de mano de obra con cierta cualificación, pero caracterizada por sueldos y condiciones de trabajo menos onerosos que sus, ahora ya sí, compañeros trabajadores del resto de la citada CEE.

Esto supuso, a nivel de la seguridad laboral, cierta preocupación que se trató de corregir en junio de 1989 con la aprobación de una legislación marco, denominada Directiva del Consejo, de 12 de junio de 1989, relativa a la aplicación de medidas para promover la mejora de la seguridad y de la salud de los trabajadores en el trabajo y que fue publicada en el Diario Oficial de la Unión Europea, «DOCE» núm. 183, de 29 de junio de 1989. En esta se dejan entrever algunos aspectos que preocupaban entonces y lo siguen haciendo ahora con las próximas, y anunciadas, integraciones de países europeos o de otros con una larga historia común, caso de Turquía.

En este sentido, y dentro de los considerandos, algunos reflejan esta inquietud. En este sentido, queremos detenernos en los siguientes tres[4]:

> La presente Directiva no puede justificar un posible descenso del nivel de protección ya alcanzado en cada Estado miembro, ya que los Estados miembros se comprometen incluso, en virtud del Tratado, a promover la mejora de las condiciones existentes en este ámbito y se fijan como objetivo su armonización en el progreso;
>
> Considerando que el artículo 118 A del Tratado establece que las directivas deben evitar trabas de carácter administrativo, financiero y jurídico que obstaculicen la creación y el desarrollo de las pequeñas y medianas empresas;
>
> Considerando que la mejora de la seguridad, de la higiene y de la salud de los trabajadores en el trabajo representa un objetivo que no podrá subordinarse a consideraciones de carácter puramente económico.

Como vemos, la prevención y la defensa de los niveles de protección previamente alcanzados por la CEE, junto con una temprana previsión de las Pequeñas y Medianas Empresas (Pymes) y la igualdad entre prevención y producción, cuantificada esta en términos crematísticos, fueron algunos de los ejes sobre los que se cimentó nuestro actual sistema de SST. No obstante, y entre los factores que se echaron en falta, las cuestiones del género y de la edad no formaron parte, en un principio, en estas recomendaciones europeas preventivas.

En este sentido, podemos señalar que según la terminología de la época, el masculino era utilizado como el sustantivo neutro, por lo que al hablar de trabajadores se refería a todos los empleados por cuenta ajena con independencia de su género, lo que justificaría su no puntualización. No obstante, un aspecto hace reconsiderar el valor real de esta afirmación. Así, el artículo 3.º, Definiciones, recoge lo siguiente:

A los efectos de la presente Directiva, se entenderá por:

> a) trabajador: cualquier persona empleada por un empresario, incluidos los trabajadores en prácticas y los aprendices, con exclusión de los trabajadores al servicio del hogar familiar.

La excepcionalidad de las trabajadoras al servicio del hogar familiar pudiera entenderse como un alejamiento hacia un colectivo mayoritariamente feminizado y con unas condiciones de trabajo muy particulares, tal como veremos en cuanto lo recuperemos en este mismo texto. Así pues, la

4. Información disponible en: https://www.boe.es/buscar/doc.php?id=DOUE-L-1989-80648.

duda generada requiere de cierta arqueología jurídico-preventiva para señalar cuándo la cuestión del género irrumpe en la protección de las condiciones de trabajo de todos los trabajadores, al menos entre los de cuenta ajena.

Para ello utilizamos el texto del Marco estratégico de la UE en materia de SST 2014-2020. Este marco detectó una serie de desafíos que ya por entonces venían condicionando las políticas de salud laboral. En concreto, señalaron la escasez de recursos en los Estados miembros, junto a la necesidad de prestar más atención a las enfermedades profesionales a los riesgos psicosociales y los TEM (trastornos musculoesqueléticos) en un entorno de cambio demográfico, en el que se incorpora presumiblemente la cuestión del género. Y, para finalizar, se enfatizó sobre la importancia de la ayuda tanto a las instituciones nacionales de inspecciones de trabajo o semejantes, como a las empresas con la intención de que mejorasen sus normas de salud y seguridad en el trabajo[5].

Como vemos, la presencia del género parece entreverse entre cuestiones que están directamente vinculadas, como la demográfica, pues no se explicitó su presencia. Una vez concluido este período de seis años, se ha aprobado otro nuevo Marco estratégico de la UE en materia de salud y seguridad en el trabajo 2021-2027. La seguridad y la salud en el trabajo en un mundo laboral en constante transformación[6].

En este documento se recoge el derecho a un lugar de trabajo saludable y seguro, recogido en el principio 10.º del pilar europeo de derechos sociales. Un hito inevitable para conseguir alcanzar el cumplimiento de los Objetivos de Desarrollo Sostenible de las Naciones Unidas, posiblemente incorporado, no sin críticas, al objetivo 8.º, *Promote sustained, inclusive and sustainable economic growth, full and productive employment and decent work for all*, entre cuyos temas relacionados aparece *employment, decent work for all and social protection*[7].

Este desiderátum, es incorporado al Marco europeo en materia de Salud y Seguridad en el Trabajo, 2021-2027, en el que se establecen determinadas prioridades y acciones claves al objeto de mejorar la salud laboral de los trabajadores en estos seis, ahora ya menos, próximos años. En este sentido,

5. Comunicación de la Comisión al Parlamento Europeo, al Consejo, al Comité Económico y Social Europeo y al Comité de las Regiones relativa a un marco estratégico de la UE en materia de salud y seguridad en el trabajo 2014-2020 [COM(2014) 332 final].
6. Información disponible en: https://eur-lex.europa.eu/legal-content/ES/TXT/PDF/?uri=CELEX:52021DC0323.
7. Nótese el lugar que ocupa la coma en el tema relacionado, que separa empleo (*employment*) de trabajo digno (*decent work*).

se recuerdan la importancia de protegernos ante un mercado marcado por numerosos desafíos sociales, como son las transiciones ecológica y digital, económicas y demográficas y, también, por la evolución del propio concepto de trabajo.

En nuestra comprensión, si bien la cuestión del género hasta ahora parecía adivinarse en las cuestiones demográficas, pues se creían presentes junto a otros aspectos como los del edadismo y el desequilibrio vegetativo mundial, en esta ocasión hay una clara mención a la cuestión del género en dos aspectos importantes. En lo que refiere a la protección de la capacidad de reproducción biológica de las mujeres y en la cuestión cultural de la presencia de ciertas desigualdades, vamos a analizarlo.

En relación con la primera cuestión, la biológica, el sexo aparece claramente identificado como uno de los aspectos a considerar y proteger, mientras que, en la segunda, la cultural, es el género el valor del que partir. Todos estos aspectos se encuentran recogidos en el apartado 2.2. Mejorar la prevención de enfermedades y accidentes relacionados con el trabajo. Dentro de este se recogen varios subapartados que se refieren a estas cuestiones. Así, en el de Sustancias peligrosas se recoge textualmente lo siguiente:

Se dará prioridad a la actualización y la ampliación de la protección de los trabajadores expuestos a sustancias tóxicas para la reproducción, en consonancia con las solicitudes formuladas por el Parlamento Europeo. Las sustancias tóxicas para la reproducción pueden tener dos tipos de efectos: i) efectos sobre la función sexual y la fertilidad; y ii) efectos sobre el desarrollo del feto o la descendencia.

Si bien la primera de las cuestiones puede afectar indistintamente a hombres y mujeres, el segundo aspecto vinculado a la descendencia es estrictamente femenino, desde el punto de vista del sexo biológico. Por su parte, en el subapartado Lugares de trabajo para todos, recoge la cuestión cultural del género, tal como se desprende explícitamente de su redactado:

> El reconocimiento de la diversidad, incluidas las diferencias y las desigualdades de género, y la lucha contra la discriminación en la mano de obra son fundamentales para garantizar la seguridad y la salud de los trabajadores y las trabajadoras, también cuando se evalúen los riesgos en el trabajo.

Este aspecto trata de ser potenciado y, para ello, se aportan una serie de ejemplos y algunas actuaciones para tener en cuenta. Entre los primeros, se señala al sector sanitario y cómo la pandemia reveló que las mujeres del sector sanitario llevaron equipos de protección individual (EPI) diseñados para el cuerpo masculino. Una cuestión que nos lleva a recuperar a Rivera

Garretas (2013, p. 403), quien señaló cómo «durante mucho tiempo, las condiciones de trabajo de una mujer y de un hombre han estado condicionadas por el patriarcado, que es una expresión histórica de la política sexual», sobre todo por su implicación laboral, pues «el trabajo estaba hecho a la medida del cuerpo masculino, no a la medida del cuerpo de mujer» (2013, p. 403-404).

No obstante, la integración de la idea del género cultural en el ámbito de la prevención de riesgos laborales ha supuesto una cierta cuña en ese entramado patriarcal, de tipo ideal weberiano, que parecía someterlo todo a sus estrechas medidas, pues otro de los aspectos que recoge este subapartado tiene que ver con la participación de todo tipo de trabajadores en las consultas, poniendo una especial atención sobre el hecho de evitar el sesgo de género a la hora de evaluar los riesgos y establecer prioridades de actuación.

Para ello, continúa este redactado, se garantizará:

> i) la representación de hombres y mujeres en las consultas de los trabajadores; ii) la adaptación de la formación a la situación personal de cada empleado; y iii) el reconocimiento de los riesgos en profesiones que tradicionalmente se han pasado por alto o se han considerado «trabajos ligeros» (por ejemplo, cuidadores o limpiadores).

No obstante, la cuestión cultural no parece encajar en la lingüística de la seguridad y salud laboral, pues seguimos hablando de ellos y ellas. Es decir, limitando la cuestión del género al sexo. Sin embargo, la realidad parece imponerse cuando se habla de violencia, física o simbólica, en todo lo relacionado a los acosos y discriminaciones en el lugar de trabajo, pues aparece el sexo (razón de sexo), junto al género (orientación sexual).

3.1. LA ESTRATEGIA ESPAÑOLA DE SEGURIDAD Y SALUD EN EL TRABAJO (2023-2027)

La salud laboral en España es conocida desde los tiempos más remotos, como lo señalan, entre otros, los estudios de García Romero (2002) sobre la minería en la Córdoba romana. No obstante, nosotros nos centramos en la época industrial y, dentro de esta, bajo el Bienio liberal (1854-1856) pues fue el momento en el que se acuñó el término «Cuestión social» para agrupar la conflictividad laboral que, favorecida por el entorno del liberalismo democrático, se produjo en España.

Esta fuerza obrerista ayudó al posterior derrocamiento de la corona, en la figura de la Reina Isabel II, tras la famosa Revolución Gloriosa de 1868 que vino acompañada de un nuevo actor social, las organizaciones de trabajadores que encarnaban una clase social propia (Pérez Garzón, 2022). Esta turbulenta época continuó con un clima de grandes enfrentamientos entre trabajadores y patronos que trató de ser distraído por la intervención pública en materia fabril. Una actuación que no deja de ser una evidencia del poder *bottom top* o de un ejemplo más de movimiento de abajo a arriba, en términos de Hobsbawm (1987).

En definitiva, la presión obrera supuso la aprobación de una serie de normativas directamente vinculadas a la cuestión de la salud laboral. Así, las primeras leyes de lo que hoy conocemos como prevención de riesgos laborales fueron las siguientes. El Decreto de 29 de diciembre de 1868, de policía minera, y la Ley de 24 de julio de 1873, que regulaba el trabajo infantil y que fue la primera ley del derecho del trabajo en España (Pérez Garzón, 2022)[8]. Como contexto, hay que señalar que ambas se produjeron en el conocido como Sexenio democrático (1868-1874), que concluyó con la proclamación de la I Republica española en diciembre de 1874.

La primera de las citadas normas pretendió establecer un cierto control sobre uno de los sectores más importantes en España, el de la minería, mientras que con la segunda se quiso equiparar a los países más avanzados en cuanto a la defensa de la infancia en el ámbito industrial, si bien se dejaron sin reglamentar el trabajo agrícola, el del comercio y el de los talleres no mecanizados o «de sangre» (Francisco López, 2007). Es decir, no se reguló para las industrias en las que mayoritariamente se concentraba la mano de obra infantil.

No obstante, en las que intervino lo hizo con varias actuaciones, como las cuestiones sanitarias, al exigir un botiquín y un cirujano en función del tamaño de la empresa. También lo hizo en educación, al obligar a la creación de un centro de instrucción primaria para los niños menores de 9 años. Y en la negociación, al implantar un jurado mixto compuesto por «obreros, fabricantes, maestros de escuela, médicos, bajo la presidencia del juez municipal» (Pérez Garzón, 2022, p. 129).

Además, el fracaso de esta normativa hay que vincularla a la escasa fuerza del Estado en España que no pudo garantizar su cumplimiento. En esta misma línea, de lucha obrera y recompensa pública, hay que situar la

8. El término policía se ha de interpretar en el sentido que lo hace el término británico *policy*, al que lo traducimos por política, pues se trató de un intento por gestionar lo relacionado en el ámbito de la prevención en el sector de la minería.

creación de la Comisión de Reformas Sociales (CRS) en 1883[9], que ha sido considerada como el origen de toda la reforma social española y que aceptó la imagen dicotómica del conflicto en la sociedad española al dedicarse al:

> Estudio de las cuestiones que interesan a la mejora o bienestar de las clases obreras tanto agrícolas como industriales y que afectan a las relaciones entre el capital y el trabajo. (Sánchez Marín, 2014, pp. 7-8).

Esta atmósfera de cierta libertad trajo el epígono de la intervención preventiva, entendida como la institucionalización de todo un sistema asistencial-reparador, nos referimos a la Ley de Accidentes de Trabajo de 1900, la conocida como Ley Dato por ser este político conservador catalán quien la promovió. Además, esta legislación ayudó a la creación del (futuro) Instituto de Reformas Sociales (IRS), origen de nuestra actual Inspección de Trabajo, por Real Decreto de 23 de abril de 1903, nuevamente bajo un gobierno conservador, el Francisco Silvela.

Esta legislación estuvo acompañada, en el tiempo, de la aprobación de la Ley de 27 de febrero de 1912: Obligación de tener dispuesto un asiento para las mujeres empleadas, más conocida como «Ley de silla» y en cuyo artículo primero se mandataba a lo siguiente:

> 1. En los almacenes, tiendas, oficinas, escritorios, y, en general, en todo establecimiento no fabril, de cualquier clase que sea, donde se vendan o expendan artículos ú objetos al público, o se preste algún servicio relacionado con él por mujeres empleadas, y en los locales anejos, será obligatorio, para el dueño o su representante particular o Compañía, tener dispuesto un asiento para cada una de aquéllas. Cada asiento, destinado exclusivamente á una empleada, estará en el local donde desempeñe su ocupación, en forma que pueda servirse de él, y con exclusión de los que pueda haber á disposición del público[10].

Como vemos, esta ley obligaba al empresario a facilitar en todos los establecimientos no fabriles un asiento individual a las trabajadoras. Una obligación justificada en cuestiones de sexo vinculadas a la descendencia relacionadas con el embarazo, el parto y la lactancia. En este sentido, podemos señalar que es la primera ley en la que se protege a la mujer por sus características biológicas propias, por lo que aún estamos muy alejados de la cuestión, actual y cultural, del género.

---

9. A esta Comisión le siguieron la creación del Instituto de Reformas Sociales (1903) y del Instituto Nacional de Previsión (1908).
10. Información disponible en: http://www.ub.edu/ciudadania/hipertexto/evolucion/textos/trabajo/1912.htm#:~:text=Toda%20empleada%20podr%C3%A1%20utilizar%20su,cuando%20su%20naturaleza%20lo%20permita.

A continuación, y una vez analizados los orígenes de la prevención de riesgos laborales en España, pasamos a la actualidad y a un contexto de (re)descubrimiento de la cuestión del género. Para ello, comenzamos por analizar su presencia en nuestra normativa nacional. En estes sentido, hay que recordar que la transposición de la Directiva Marco 89/391 a nuestro ordenamiento jurídico se hizo mediante la Ley 31/1995, de 8 de noviembre, de Prevención de Riesgos Laborales, que cómo nos recuerda su preámbulo[11]:

> De la presencia de España en la Unión Europea se deriva, por consiguiente, la necesidad de armonizar nuestra política con la naciente política comunitaria en esta materia, preocupada, cada vez en mayor medida, por el estudio y tratamiento de la prevención de los riesgos derivados del trabajo[12].

Una incorporación que se esperaba, pues la propia Constitución española, en su artículo 40.2, mandata a los poderes públicos a que velen por la seguridad e higiene en el trabajo. Además, y poco después, el 11 de septiembre de 1985, se ratificó el Convenio número 155 de la Organización Internacional del Trabajo sobre Seguridad y Salud de los Trabajadores y Medio Ambiente de Trabajo, de 22 de junio de 1981. En este, y como un anticipo de la cuestión del género se definió trabajadores, como todas las personas empleadas, incluidos los funcionarios.

En este contexto, el Consejo de ministros aprobó la Estrategia Española de Seguridad y Salud en el Trabajo (EESST) 2023-2027, el pasado 14 de marzo de 2023. Un documento que se ha de entender dentro de su vinculación con el Marco Estratégico Europeo de Seguridad y Salud en el Trabajo 2021-2027, al objeto de gestionar los riesgos derivados de las transiciones digital, ecológica y demográfica.

Además, busca ayudar a la creación de entornos de trabajo seguros y saludables, que logren superar la reducida visión neoliberal de la búsqueda de la rentabilidad para propietario e inversores (Moral-Martín y Brunet, 2018) y cambiarla por su más reciente critica. También, busca contribuir positivamente tanto a la mejora de salud de los trabajadores, como al progreso de las empresas y de la sociedad[13].

11. Información disponible en: https://www.boe.es/buscar/act.php?id=BOE-A-1995-24292.
12. Debido al transcurso del tiempo transcurrido entre la aprobación de la Directa Marco, junio de 1989, y su transposición en España, noviembre de 1995, la CEE pasó a denominarse con su actual nombre Unión Europea (UE).
13. En esta Estrategia se utiliza el término «las personas trabajadoras» para referirse al conjunto de trabajadores y trabajadoras. Esto pretende señalar la importancia del género en estas nuevas relaciones laborales.

En cuanto a su relación con la cuestión dl género, esta resulta innegable, tal como lo recoge el Objetivo 5. Introducir la perspectiva de género en el ámbito de la seguridad y salud en el trabajo. Esta apuesta se recoge desde la propia presentación del EESST, en el que se recoge:

> Sus líneas de actuación también se han alineado con otras estrategias y planes nacionales en materias fundamentales como la salud mental, la igualdad de hombres y mujeres, el cáncer laboral, la seguridad vial y el cambio climático, entre otras.

Como se aprecia, la igualdad de género es uno de los pivotes de este plan estratégico. Sin embargo, ¿qué significa tener un enfoque de género en la Prevención de Riesgos Laborales? Esta cuestión es respondida en el Objetivo 5, cuando señala las necesidades de «visibilizar riesgos que pudieran no valorarse lo suficiente e incluso no ser tenidos en cuenta, tanto en actividades feminizadas como masculinizadas» (EESST, 2023, p. 62).

Y todo ello ante la evidencia, según la EESST (2023) de la existencia de una mayor incidencia en Accidentes de Trabajo (AT) entre las mujeres en una serie de ocupaciones que son listadas en el citado documento: «financieros, seguros, industria del tabaco, asistencia en establecimientos residenciales, educación y actividades de servicios sociales sin alojamiento» (EESST, 2023, p. 62). Algo similar ocurre con las Enfermedades Profesionales (EP).

No obstante, el citado documento confiesa que la etiología de esta desigualdad no está muy clara, más allá de una remisión genérica a los sesgos que pudieran estar ocasionando tanto «los cambios en los modelos de organización del trabajo» (2023, p. 63), como la evolución demográfica.

Sin embargo, la concreción se hace presente en cuanto se plantean cinco grandes líneas de actuación en las que se recogen toda una serie de actividades, propuestas y estrategias al objeto de la integración de la mirada de género en la PRL. Estas líneas son las siguientes: Revisión del marco normativo para integrar la perspectiva de género, diferenciación de género en los procesos de toma de datos y análisis de la información de las condiciones de trabajo y salud y en los estudios en esta materia, incorporación de manera transversal de la perspectiva de género en la gestión de la prevención de riesgos laborales, actuaciones de sensibilización sobre la necesidad de integrar la perspectiva de género de manera transversal en las políticas preventivas y actuaciones de vigilancia y control.

A continuación, pasamos a describir estas propuestas ordenándolas por su ámbito de actuación. En este sentido, el primero es el legal. En este recogemos todas aquellas actuaciones que pretenden incidir sobre la normativa actual, bien adecuándola, bien ampliándola al objeto de adecuar la mirada de género a la normativa básica en PRL.

Para ello se remite al marco del Convenio 190 de la OIT para impulsar tanto la adopción como el desarrollo de la Recomendación 206 de la OIT sobre violencia y acoso en el ámbito laboral. A nivel nacional, se revisa aquella normativa que debería ser revisada, cómo es la Ley de PRL y su normativa de desarrollo.

En concreto, se obliga a integrar la PRL en su articulado. Así, este mandato supone tener que modificar el articulado referido al Plan de Prevención, a la evaluación de riegos y a la planificación (art. 16), junto a la formación (art. 19) y la vigilancia de la salud (art. 22), para remitir a un genérico «y en cuantas actuaciones preventivas y disposiciones se consideren necesarias» (EESST, 2023, p. 64). También se recuerda la necesidad de modificar los contenidos formativos del Reglamento de los Servicios de Prevención (Anexos IV, V y VI), a la hora de añadir temas, cuestiones y aspectos específicos sobre PRL, pero desde la perspectiva de género.

En un sentido similar, se han de actualizar los listados no exhaustivos de riesgos durante el embarazo y la lactancia natural y, para ello, se han de adecuar los anexos VII y VIII del Reglamento de los Servicios de Prevención, en el sentido de las directrices sobre el embarazo y lactancia que ha publicado el INSST en la línea de lo propuesto por la UE. Vinculada a la cuestión de los daños derivados del trabajo, se propone la actualización del cuadro de enfermedades profesionales al objeto de incorporar toda la cuestión de la perspectiva de género.

A continuación, recogemos una serie de propuestas a nivel analítico y de investigación. En esta línea, las actuaciones son las siguientes. En un primer lugar se habla de añadir e incorporar indicadores específicos a la hora de desarrollar, plantear y diseñar estudios —mediante la técnica de la encuesta—, al objeto de poder incorporar esta mirada en las fuentes de información, tanto públicas como privadas.

En paralelo, se pretende garantizar que las políticas de investigación tengan en cuenta la consideración del género, tanto en su diseño, como en la posterior elaboración de estudios y documentos, en los que se impulsará el desarrollo de indicadores y acciones bajo la citada perspectiva. A este fin se les encomienda directamente a que sean la Administraciones Públicas las que tengan en cuenta la gestión del género y los apliquen al presentar, en el diseño de sus intervenciones, datos desagregados por sexo.

Otro ámbito de actuación es el de la gestión. Este se centra en la mejora de la protección de las mujeres trabajadores en aquellos sectores feminizados, especialmente en aquellas actividades mayormente desarrolladas por mujeres y que la pandemia ha destacado como esenciales, y que suelen ser puestos de trabajo sometidos a una mayor precarización de sus condiciones de trabajo. Todo ello junto a la revisión y mejora de los procedimientos acerca de la protección de las mujeres embarazadas o durante la lactancia. En este último sentido, se pretende alinear estas peticiones tanto a los criterios preventivos ya existentes del INSST (directrices), como los de la gestión de la prestación (guía INSS).

A toda esta cuestión, hay que añadirle dos propuestas más. La promoción de la acción sobre riesgos específicos de género más prevalentes entre las mujeres, como recoge textualmente «doble presencia o conflicto trabajo-familia, violencia, acoso o discriminación por raíz de sexo, etc.» (EESST, 2023, p. 66). También resulta muy meritorio señalar la importancia de promover las obligatorias investigaciones de accidentes de trabajo y de enfermedades profesionales teniendo en cuenta la perspectiva de género.

Vinculada a estas actividades, pasamos a relatar otras que pretenden satisfacer la necesidad de la participación de la empresa. Así, se persigue instar a la realización de actuaciones de sensibilización acerca de la importancia «de la integración de la perspectiva de género o en la cultura de la prevención de la empresa y en la gestión preventiva» (EESST, 2023, p. 66). En este sentido, esta iniciativa viene acompañada de la necesidad de desarrollar líneas estratégicas, tanto en forma de criterios, como de guías y/o herramientas, al objeto de colaborar, guiar y ayudar a las empresas a integrar la perspectiva de género en la gestión de sus riesgos.

Para ello resulta fundamental la cuestión de la formación y de la sensibilización. Así, la EESST se propone como un reto el mejorar ambas actuaciones para todos lo involucrados en la prevención, concretamente señala a: «los profesionales en prevención de riesgos laborales, de las personas trabajadoras y de todos los agentes implicados en la mejora de las condiciones de trabajo» (2023, p. 66) al objeto de lograr la total integración de la mirada de género en la actividad preventiva de las empresas.

Finalmente, pero no menos importante, tenemos la actuación de la institución de protección preventiva por antonomasia, la Inspección de Trabajo (IT). Para ella se reservan algunas actuaciones, como las siguientes. En primer lugar, la plena integración en la propia IT de la perspectiva de género, «con carácter transversal» (2023, p. 67), tal como nos lo recuerda la EESST. En segundo, la planificación de campañas de inspecciones en todos aquellos sectores y actividades especialmente feminizadas. Sin embargo, estas campañas pretenden centrarse en algunos riesgos que hasta el momento no han sido tan tenidos en cuenta, como los riesgos psicosociales y musculoesqueléticos. Todo ello junto a la vigilancia de la exposición a los tradicionalmente agresivos contra su capacidad de reproducción: reprotóxicos, cancerígenos y mutágenos.

Otra de las actuaciones, la tercera, es la de asistir técnicamente y vigilar y controlar todos aquellos sectores con una menor concentración mayor de mujeres «en sectores con reducida presencia femenina» (EESST, 2023, p. 67), pues su presencia, si bien minoritaria, supone estar también expuestas a determinados riesgos. Finalmente, se mandata para la elaboración de instrucciones al objeto de lograr la integración de la citada perspectiva, que vendrán acompañadas de actuaciones de formación y sensibilización. Para ello se potenciará el control sobre las empresas para que estas «dispongan de protocolos de prevención y abordaje del acoso sexual y por raíz de sexo» (EESST, 2023, p. 66).

4. CASOS DE ESTUDIO

Como vemos, a nivel de seguridad laboral aún no es fácil desde la PRL aportar algo concreto a uno de los grandes debates de la cuestión del género en la actualidad, la diferencia entre género y sexo, pues muchas de las actuaciones que se enmarcan en la perspectiva del género, pudieran serlo del sexo, como parece señalar todo lo relacionado con la reproducción y la lactancia.

Sin embargo, y aún con estas cuestiones por dilucidar, la PRL ha ido integrando bajo su manto protector cada vez a un mayor número de mujeres en sectores indiferentes, pero de una forma desigual. Así, y a continuación, vamos a ver cómo la citada ley ha respondido de desigual manera ante dos colectivos mayoritariamente femeninos, pero con diferentes condiciones de partida, nos referimos a las camareras de piso (Las Kellys) a las que se les ha reconocido el túnel carpiano como una Enfermedad Profesional por sentencia del Tribunal Supremo 725/2020, mientras que a las trabajadoras del Hogar Familiar se las ha logrado incorporar al ámbito de protección de la LPRL, gracias a la aprobación del Real Decreto-ley 16/2022.

4.1. LAS CAMARERAS DE PISO

A mediados de la primera década del Siglo XXI un conjunto de camareras de piso en Lloret del Mar (Barcelona) pasaron a organizarse y constituirse como una organización bajo el nombre de las que limpian, cuyo acrónimo pasó a hacerse muy popular *Las Kellys*[14].

El primer investigador que se interesó por este colectivo en España fue Cañada (2015) quien publicó una serie de entrevistas realizadas a este colectivo en las que se podía leer las múltiples afectaciones que padecían con una clara etiología profesional a consecuencia de largas jornadas, transportar pesos, levantar camas e inhalar productos químicos entre otras cuestiones, tal como lo señala Moral-Martín (2020b, p. 108): «todas tenemos las mismas dolencias lumbares, las mismas artrosis, los mismos problemas cervicales...»[15].

En este mismo sentido, Moral-Martín (2020b, p. 108) señaló una de las imágenes más icónicas de esta organización la «de una de Las Kellys enseñándole su faja (como identidad profesional) al entonces presidente del Gobierno español» lo que le llevó a interpretar que su capacidad de negociación se basó en su reconocimiento institucional por el daño.

Además, hay que tener en cuenta que este colectivo, al igual que el otro que analizamos con posterioridad, lo podemos integrar en aquellos colectivos que describen cierta feminización por el daño, tal como los ha analizado Ferri *et al.* (2020, p. 2014), para quienes:

> en la dimensión personal, las lesiones físicas y psíquicas de las personas entrevistadas ofrecen información sobre la existencia de enfermedades feminizadas que se tratan y evalúan desde patrones androcéntricos.

Sin embargo, estas trabajadoras señalan que durante años sus preocupaciones y problemas han sido objeto de un extraño acercamiento entre empresarios y ciertos sindicatos: «al empresario no le interesa [nuestra participación] y el comité y los sindicatos, pues como que lo han ido dejando porque piensan que ellos representan a todos» (Moral-Martín, 2020b, p. 106).

Además, tienen una idea muy clara sobre el porqué del arrinconamiento de sus condiciones laborales, la de ser mujeres: «si hubiera habido más hombres trabajando como camareros de piso, no hubiéramos llegado a estos problemas. Porque nosotras, como mujeres, hemos aguantado mucho…» (Moral-Martín, 2020b, p. 105).

---

14. Información disponible en: https://laskellys.wordpress.com/quienes-somos/#comonacimos
15. Hemos de recordar el acoso sexual que sufrió en 2011 en un hotel de Nueva York una camarera de piso por parte del, por entonces, director del Fondo Monetario Internacional.

Todas estas cuestiones han influido para que a *Las Kellys* hayan buscado otros caminos para lograr el reconocimiento de sus dolencias y afectaciones. Y este vino gracias a la Sentencia 725/2020 del Tribunal Supremo, en la que por primera vez se pronuncia a favor de reconocer que el síndrome del túnel carpiano es una Enfermedad Profesional que afecta al colectivo de camareras de piso[16].

En el tercero de sus fundamentos de derecho se recoge lo siguiente:

> 3. Por todo lo que se deja razonado, y de acuerdo con el preceptivo dictamen del Ministerio Fiscal, el recurso debe ser estimado, y la sentencia recurrida casada y anulada, para resolver el debate planteado en suplicación en el sentido de estimar asimismo el recurso interpuesto por la trabajadora demandante, con revocación de la Sentencia del Juzgado para, en su lugar, estimar la demanda, declarando que el período de Incapacidad Temporal iniciado el 25 de marzo de 2013 y que se prolongó hasta el 16 de septiembre de 2013 (incombatido HP 2.º) derivó de Enfermedad Profesional[17].

No obstante, y a pesar de este triunfo legal, el recorrido jurídico de esta Sentencia, el reconocimiento generalizado la citada EP a todo el colectivo de *Las Kellys*, aún no se ha producido, pero han conseguido que el listado de enfermedades profesional recogido en el Real Decreto 1299/2006 haya adoptado el carácter de lista abierta.

4.2. LAS TRABAJADORAS DEL HOGAR FAMILIAR

El siguiente colectivo es uno sobre los que se ha venido cometiendo un enorme agravio en cuanto a la defensa de sus condiciones de trabajo, ya que la propia LPRL 31/95 nos la contemplaba dentro de su ámbito de actuación, pues recordemos que en su artículo 4.º se recogió originalmente su exclusión del ámbito de protección:

> 4. La presente Ley tampoco será de aplicación a la relación laboral de carácter especial del servicio del hogar familiar. No obstante lo anterior, el titular del hogar familiar está obligado a cuidar de que el trabajo de sus empleados se realice en las debidas condiciones de seguridad e higiene.

Este colectivo se organizó en primer lugar bajo la figura de un sindicato en 2011 que se denominó Sindillar/Sindihogar y que se constituyó como reacción a cierto tipo de sindicalismo al que lo acusaban de colaborador necesario y, por lo tanto, culpable de su situación:

16. Tribunal Supremo en Sentencia 725/2020, de fecha 11/02/2020 (rec. 3395/2017).
17. Información extraída de: https://adriantodoli.com/wp-content/uploads/2020/05/STS_725_2020.pdf

> Nacemos independientes porque los sindicatos tradicionales y mayoritarios entre los trabajadores han consentido hasta la fecha en mantenernos discriminadas, sin convenio, sin derecho al paro, etc., y porque queremos decidir por nosotras mismas, sin dictados de cúpulas políticas o sindicales. Queremos acertar y equivocarnos por nosotras mismas[18].

Sin embargo, y pese a poseer algunas características y elementos comunes, este colectivo también mantiene diferencias con el anterior. Quizá, entre las más remarcables, junto al hecho de no estar bajo el alcance protector de la LPRL, también se encuentra el de la afiliación al Régimen de Seguridad Social, pues mientras que *Las Kellys* se encuentran vinculadas al Régimen General, por cuenta ajena, estas mujeres constituyen una relación laboral de carácter especial, el del servicio del hogar familiar, que se encuentra regulada por el Real Decreto 1620/2011, de 14 de noviembre como régimen Especial de la Seguridad Social de Empleados de Hogar en el Régimen General de la Seguridad Social.

Ambas situaciones, la legal y la administrativa, han alejado a este colectivo de la PRL, pues quedaba en manos del titular del hogar familiar el cuidar de las condiciones de seguridad e higiene de su trabajo, lo que en principio no parece ser lo más adecuado para la gestión de un colectivo que ronda el medio millón según la EPA. Así, la petición de decisión prejudicial planteada, con arreglo al artículo 267 TFUE, por el Juzgado de lo Contencioso-Administrativo n.º 2 de Vigo (Pontevedra), como consecuencia de la denuncia interpuesta por CJ (nombre de la denunciante) por el acceso al cobro por desempleo cambió esta situación.

Así, la Sentencia del Tribunal de Justicia de la Unión Europea, de 24 de febrero de 2022, asunto C 389/20, estableció la incompatibilidad entre el ordenamiento jurídico europeo y las normas de Seguridad Social que en España provocan una situación de desventaja entre el colectivo de las trabajadoras con respecto a los trabajadores sin justificación alguna. Así, parece resumirse en su argumento 70:

> Dado que esta exclusión aparentemente entraña una mayor desprotección social de los empleados de hogar, que se traduce en una situación de desamparo social, no parece —sin perjuicio de la comprobación por el órgano jurisdiccional remitente de las consecuencias que, según se alega, tiene dicha exclusión sobre la concesión de otras prestaciones sociales— que la disposi-

18. Información disponible en: https://www.facebook.com/sindihogar.sindillar/about_details?locale=es_ES

ción nacional controvertida en el litigio principal sea necesaria para alcanzar los objetivos mencionados[19].

Esta situación obligó a adecuar la normativa interna española a la realidad de este colectivo y lo hizo mediante la aprobación del Real Decreto-ley 16/2022, de 6 de septiembre, para la mejora de las condiciones de trabajo y de Seguridad Social de las personas trabajadoras al servicio del hogar. Además, también se pretendió por parte del actual gobierno corregir la desvaloración histórica que ha venido soportando el trabajo doméstico, cuya principal característica, y no es menor, es que tradicional y mayoritariamente ha estado desempeñado por mujeres, lo que ha supuesto cierta infravaloración de su oficio lo que ha contribuido, sin duda, a la perpetuación de estereotipos.

Además, la aprobación del citado RD-ley ha supuesto varias mejoras entre este colectivo. Algunas de ellas difícilmente explicables, como el de disponer de un contrato escrito o el recibir un salario que respete el SMI, junto al hecho de poder elegir el momento del despido. Junto a estos se añaden los que han sido objeto directo del litigio, como el acceso al cobro de prestaciones por desempleo.

Sin embargo, y fuera de toda duda, para el interés de este trabajo el hecho más destacable es el de su incorporación al ámbito de aplicación de la LPRL, lo que ha obligado a cambiar incluso su redactado al eliminar el punto 4 del artículo 3. Ámbito de aplicación de la propia LPRL, tal como lo recoge el Artículo primero. Modificación de la Ley 31/1995, de 8 de noviembre, de prevención de Riesgos Laborales.

La Ley 31/1995, de 8 de noviembre, de prevención de Riesgos Laborales, queda modificada como sigue:

> Uno. Se suprime el apartado 4 del artículo 3.
>
> Dos. Se añade una disposición adicional decimoctava, que tendrá la siguiente redacción:
>
> Disposición adicional decimoctava. Protección de la seguridad y la salud en el trabajo de las personas trabajadoras en el ámbito de la relación laboral de carácter especial del servicio del hogar familiar.

En el ámbito de la relación laboral de carácter especial del servicio del hogar familiar, las personas trabajadoras tienen derecho a una protección eficaz en materia de seguridad y salud en el trabajo, especialmente en el

19. Información disponible en: https://eur-lex.europa.eu/legal-content/ES/TXT/PDF/?uri=CELEX:62020CJ0389

ámbito de la prevención de la violencia contra las mujeres, teniendo en cuenta las características específicas del trabajo doméstico, en los términos y con las garantías que se prevean reglamentariamente a fin de asegurar su salud y seguridad.

5. CONCLUSIONES

Como hemos pretendido señalar, la discusión por la hegemonía entre el género, entendido como una construcción cultural, y el sexo, interpretado desde su base meramente biológica, no ha enraizado aún en la salud laboral debido, entre otras múltiples cuestiones, a que posiblemente el ámbito de la PRL no reciba la suficiente atención desde las corrientes teóricas que investigan sobre estas cuestiones.

Además, tampoco históricamente la legislación española en materia de seguridad y salud laboral ha destacado por su mirada inclusiva en lo que a la cuestión del género se refiere. En este sentido, los años de retraso de la industrialización junto a los más modernos de la falta de democracia quizá han tenido que ver en todo ello.

También hay que tener en cuenta que la relación entre las condiciones de trabajo y las circunstancias económicas no siempre han jugado a favor del desarrollo de las políticas de PRL en la empresa. Así, el inicio del Neoliberalismo, anunciado en 1970, estuvo acompañado de su fórmula de éxito que se basa en alcanzar el mayor beneficio para los inversores. Esto supuso cierto retraimiento de las políticas de seguridad laboral y de su integración en las empresas a través de legislaciones y de negociaciones colectivas, tal como había sucedido en la etapa anterior del *New Deal*. Como podemos entender esta novedosa situación no favoreció el encaje de la mirada femenina, ni de ninguna otra, en estas cuestiones.

No obstante, en la actualidad una nueva mirada se ha impuesto en las relaciones entre las condiciones de trabajo y el colectivo femenino. Así, la cuestión del género/sexo ha pasado a ser uno de los puntos fundamentales, en condiciones muy semejantes a la de los otros grandes retos a los que se enfrenta la humanidad, como son la transición digital y ecológica y demográfica.

En este sentido, la EESST 2023-27 presenta el Objetivo 05. Introducir la perspectiva de género en el ámbito de la seguridad y salud en el trabajo en el que se recogen toda una serie de actividades orientadas a la incardinación de la cuestión de género, más biológico que cultural, en la PRL. Así, son múltiples las actuaciones plasmadas que, tanto a nivel público como privado, están orientadas a volver a revisitar algunas cuestiones que nos parecían que ya habían sido solucionadas, como la reforma del 2005 de la LPRL y la incorporación del Plan de Prevención, pero que lo habían sido sin tener en cuenta la cuestión del género.

De esta forma, aspectos como la lactancia, la protección del *nasciturus* y de las propias mujeres en aquellos sectores con un mayor, pero también menor, índice de feminización resultan ubicarse en el centro de esta nueva mirada de la PRL. Esto viene acompañado de revisiones legales, de ajustes administrativos, de programas de sensibilización y de la desagregación por sexo en todos los estudios relacionados con la seguridad laboral pretenden visibilizar un colectivo laboral que siempre ha estado presente, pero que desde el punto de vista de la PRL no ha recibido aún el trato específico y particular que determinadas situaciones, como las de violencia y/o los riesgos psicosociales han necesitado.

Esta nueva mirada se ha traducido en la adquisición de derechos laborales por parte de dos colectivos profesionales de mujeres largamente ignorados y excluidos desigualmente de la PRL, nos referimos a *Las Kellys,* en el primer caso, y a las Empleadas de Hogar en el segundo. Sus luchas, de abajo a arriba, han conseguido ciertos triunfos como los hemos descrito y que ahora los recordamos. A las camareras de piso se les ha ampliado la protección que, al menos en teoría disponían, gracias al reconocimiento judicial de la vinculación entre sus tareas y el síndrome del túnel carpiano, si bien aún falta su encaje administrativo para que incluya al resto del colectivo.

Por su parte, y también motivado en su origen por una sentencia judicial, el otro colectivo de trabajadoras ha conseguido su incorporación al ámbito de protección de la LPRL, gracias a la aprobación de una legislación que las redime de gran parte de sus agravios y sinsentidos, como ha sido históricamente el haber tenido que solicitar su contrato por escrito o no disponer del poder despedirse cuando quieran. Además, su efecto ha ido más allá, hasta llegar a la PRL, ya que han conseguido eliminar el apartado que les excluía de su ámbito de aplicación.

En definitiva, se tratan de pequeñas victorias, pero muy grandes para ellas, que, no obstante, parecen indicar que algo se está moviendo en la relación entre salud laboral y género y que lo está haciendo en una buena dirección. Sirva este modesto trabajo, entre la reflexión y la descripción, para contribuir a esa necesaria sensibilización y normalizar lo que debiera serlo desde hace tiempo.

6. BIBLIOGRAFÍA

BERNABÉ, DANIEL, *La trama de la diversidad. Cómo el neoliberalismo fragmentó la identidad de la clase trabajadora,* Akal, Madrid, 2021.

BOUR, ENRIQUE, «Responsabilidad social de la empresa análisis del concepto», Estudios Económicos, núm. 59 (2012), pp. 1-30.

CAMERON, RONDO, *Historia económica mundial. Desde el paleolítico hasta el presente*, Alianza Editorial, Madrid, 1990.

CAÑADA, ERNEST, *Las que limpian los hoteles. Historias ocultas de precariedad laboral*, Barcelona: Icaria Editorial, 2015.

FERRI, ELENA, RODRÍGUEZ, ZOYLA y RIVAS, MARÍA, «Feminización del daño social. Análisis de la cotidianidad en camareras de piso y policía local tras un accidente laboral», Prisma Social: revista de investigación social, núm. 29 (2020), pp. 195-221.

FRANCISCO LÓPEZ, RAFAEL de, «Los orígenes de la Prevención de Riesgos Laborales en España y el comienzo del intervencionismo del Estado hasta 1939» en CASTELLANOS MANTECÓN, F. y SARACÍBAR SAUTÚA, A. (dir.) «Historia de la Prevención de Riesgos Laborales en España». INSHT, Madrid, 2007.

GERSTLE, GARY, *Auge y caída del orden neoliberal. La historia del mundo en la era del libre mercado*, Península, Barcelona, 2023.

HOBSBAWM, ERIC, *El mundo del trabajo*, Editorial Crítica, Barcelona, 1987.

KHÖLER, HÖLM y MARTÍN ARTILES, ANTONIO, *Manual de la sociología del trabajo y de las relaciones laborales*, Delta Publicaciones Universitarias, 2021 (4.ª ed.).

NEAL, LARRY y CAMERON, RONDO, *Historia económica mundial. Desde el paleolítico hasta el presente*, Alianza Editorial, Madrid, 2016.

MORAL-MARTÍN, DAVID, PAC SALAS, DAVID y MINGUIJÓN, JAIME (2023). «Resistencia versus destrucción creativa, ¿es posible una alternativa a la actual economía de plataformas? Un estudio de caso de dos cooperativas», *Revista Española de Sociología*, 32(3) (2023), pp. 1-21. https://doi.org/10.22325/fes/res.2023.176

MORAL-MARTÍN, DAVID, «Origen del Sindicalismo como Asociacionismo Profesional en el siglo XVI», *Anduli: revista andaluza de ciencias sociales*, núm. 19 (2020a), pp. 133-152.

MORAL-MARTÍN, DAVID, «¿Por qué se han organizado las camareras de piso? Algunas claves e interpretaciones desde la revitalización sindical», Revista Española de Sociología, 29 (2020b), pp. 97-115.

MORAL-MARTÍN, DAVID y BRUNET i ICART, IGNASI, «La imagen del sindicato en el siglo XXI a la luz de su contestación por los Nuevos Movimientos Sindicales», Sociología del Trabajo, núm. 93 (2018), pp. 307-326.

PÉREZ GARZÓN, JUAN SISINIO, *Historia de las izquierdas en España (1789-2022)*, Los libros de la Catarata, Madrid, 2022.

RIVERA GARRETAS, MARÍA-MILAGROS, «El sentido del trabajo, más que las condiciones» en PALOMARES PERRAUT, R.; PEZZI CRISTÓBAL, P. (coord.) «Historia(s) de mujeres en homenaje a M.ª Teresa López Beltrán». Perséfone. Ediciones electrónicas de la AEHM/UMA, 2013, Vol. 2, pp. 402-408.

RULE, JOHN, *Clase obrera e industrialización. Historia social de la revolución industrial británica, 1750-1850*. Editorial Crítica, Barcelona, 1990.

SAMUELSON. PAUL, *Curso de economía moderna*, Aguilar; Madrid, 1960.

SÁNCHEZ MARÍN. ÁNGEL LUIS, El instituto de Reformas Sociales: origen, evolución y funcionamiento, *Revista Crítica de la Historia de las Relaciones Laborales y de la Política Social*, núm. 8, pp. 7-28, 2014.

SEN, RATNA y LEE, CHANG-HEE, «Trabajadores y movimientos sociales del mundo en desarrollo. ¿Cuál es el futuro de las relaciones laborales?», *Revista Internacional del Trabajo*, núm. 34 (2015), pp. 43-52.

VV. AA., *Reflections on OSHA's History U.S.* Department of Labor Occupational Safety and Health Administration, January 2009: https://web.archive.org/web/20180622060157/https://www.osha.gov/history/OSHA_HISTORY_3360s.pdf

Capítulo 17

La integración de la edad y la perspectiva de género en seguridad y salud en un contexto de prolongación de la vida activa laboral

Manuel González Labrada
Profesor Titular de Derecho del Trabajo y de la Seguridad Social
Universidad de Zaragoza

SUMARIO: 1. INTRODUCCIÓN. 2. LA INSUFICIENCIA DE LA LEY DE PREVENCIÓN DE RIESGOS LABORALES. 3. LAS BUENAS PRÁCTICAS PREVENTIVAS PARA LA PROTECCIÓN DE LAS PERSONAS DE EDAD CONTENIDAS EN LAS NOTAS TÉCNICAS PREVENTIVAS. 4. LOS EFECTOS COMBINADOS DE LA EDAD Y EL GÉNERO Y SU INTEGRACIÓN EN LA POLÍTICA PREVENTIVA. 5. BIBLIOGRAFÍA CITADA.

1. INTRODUCCIÓN

El envejecimiento de la población española —cambio demográfico al que no es ajeno la Unión Europea— mantiene el debate abierto sobre una panoplia de cuestiones en diversos ámbitos y no es ajeno a ese debate la proyección sobre las relaciones laborales y, sobre todo, de seguridad social al hilo del gasto creciente en prestaciones, particularmente de jubilación. Las reformas llevadas a cabo han supuesto un endurecimiento de las carreras profesionales y un aumento de la edad de jubilación que tienen su reflejo en el desarrollo de la actividad laboral. Pero no puede orillarse en este debate las previsiones que estiman la esperanza de vida en 85,8 años en el año 2040 y el problema de la falta de mano de obra que apuntan a futuras reformas orientadas a alargar la presencia en el mercado de trabajo.

Las reformas propiciadas en materia de jubilación provocan un alargamiento de la vida activa con el aumento de la edad de jubilación y un endurecimiento en las condiciones para lucrar la pensión de jubilación, en particular, cuando los periodos de cotización son insuficientes para acceder a la pensión de jubilación, cuyo efecto es que la persona trabajadora se mantenga en activo y vivo su contrato de trabajo. Pero también las políticas vinculadas a la contención del gasto en pensiones o el problema que se está produciendo por el envejecimiento de la población activa, como consecuencia de los cambios demográficos y la falta de relevo generacional en determinadas profesiones, están propiciando el alargamiento de la actividad en el mercado laboral de las personas trabajadoras y el fomento en el retraso para acceder a la pensión de jubilación. Es decir, todo ello bajo el paraguas del denominado envejecimiento activo.

Concepto que no deja de ser un envoltorio que viene a enmascarar las exigencias de un sistema productivo que exige cada vez más una mayor productividad de los recursos existentes y basta hacer una lectura del documento de la Comisión Europea *«Cambio demográfico en Europa: conjunto de instrumentos de actuación»*[1], en el que se pone de relieve el impacto directo que el cambio demográfico tiene en el capital humano de la unión Europea y en su competitividad. Así, entre las políticas públicas se proponen «capacitar a las generaciones de más edad y mantener su bienestar, mediante reformas combinadas con políticas adecuadas sobre el mercado laboral y el lugar de trabajo». En suma, dentro del enfoque global de la Comisión se pretende que con el envejecimiento activo y saludable las personas mayores contribuyan a la economía y la sociedad[2] y para ello, como refería el *«Marco estratégico de la UE en materia de salud y seguridad en el trabajo 2014-2020»*[3], es necesario que las personas trabajadoras tengan salud y seguridad creando un entorno seguro y saludable a lo largo de toda la vida activa de una mano de obra cada vez más diversificada. En cualquier caso, la edad es un factor a tener en cuenta desde el prisma de la prevención de riesgos laborales y

1. COM (2023) 577 final, de 11 de octubre de 2023. Ya en las Conclusiones del Consejo de la UE sobre los retos para la sostenibilidad fiscal derivados del envejecimiento de la población de 31 de mayo de 2021 ((8743/21), se anticipa las líneas de actuación «Los Estados miembros aún deben tomar medidas adicionales en diversos grados para elevar la edad efectiva de jubilación, entre otras cosas evitando la salida anticipada del mercado laboral, promoviendo el envejecimiento activo; reforzando los incentivos para permanecer en el mercado laboral; y reforzando los elementos de sostenibilidad en el sistema de pensiones como, por ejemplo, vinculando la edad de jubilación o las prestaciones de jubilación a la esperanza de vida».
2. Libro verde sobre el envejecimiento. Fomentar la solidaridad y la responsabilidad entre generaciones. COM (2021) 50 final. Bruselas, 27 de enero de 2021.
3. COM (2014) 332 final, de 6 de junio de 2014.

así se puso de relieve en el *Acuerdo marco autónomo de los agentes sociales europeos sobre envejecimiento activo y un enfoque intergeneracional de 2017*.

Unas buenas condiciones de seguridad y salud de las personas trabajadoras mayores son fundamentales para que se mantengan en su empleo, pero como se ha puesto de relieve «se produce una discriminación por indiferenciación» porque ni la legislación ni la negociación colectiva se han ocupado de los problemas de seguridad y salud de estas personas[4]. En suma, en la actualidad no existe una norma específica en materia preventiva que contemple la situación de las personas trabajadoras de edad[5]. Ahora bien, la edad es un factor a considerar que no puede desligarse de la variable de género, ya que el análisis de los de riesgos derivados del trabajo exigen un análisis multifactorial y aunque la edad puede requerir una acción preventiva por efecto del deterioro físico y psíquico, además de las condiciones sociolaborales y la mayor incidencia de los riesgos del puesto de trabajo, en muchos casos no afectan de igual modo a la mujer que al hombre. Y es que las diferencias entre sexos pueden ser sustanciales y se acentúan cuando no se toman factores asociados al sexo y prevalecen los análisis sobre el cuerpo masculino como representante de la persona trabajadora[6].

A la hora de delimitar cuando se está en presencia de personas trabajadoras de mayor edad, el criterio adoptado por la Decisión del Consejo, de 12 de julio de 2005, relativa a las Directrices para las políticas de empleo de los Estados miembros, considera que son los trabajadores de 55 a 64 años, cuya directriz 18 establece como prioridad «el apoyo al envejecimiento activo, por ejemplo mediante condiciones de trabajo adecuadas, la mejora del estado de salud (en el trabajo) y unas medidas apropiadas que incentiven el trabajo y disuadan de la jubilación anticipada». Criterio de edad que se refrenda en nuestro país con la Estrategia Global para el Empleo de los Trabajadores y las Trabajadoras de Más Edad 2012-2014 (Estrategia 55 y más), aprobada por

4. CABEZA PEREIRO, J.: «Trabajo de mayores y discriminación por edad», *Revista Internacional y Comparada de relaciones laborales y derecho del empleo*, núm. 3 (2022), pp. 241 y 242.

5. Al hilo de esta consideración se ha puesto de relieve que ha existido en otro momento una regulación «específica sobre los trabajadores maduros. El Decreto 2431/1966, de 13 de agosto, modificado por D. de 30 de abril de 1970, previó una regulación específica para los trabajadores maduros que incluía la supresión de los límites de edad para el acceso al empleo, reserva de puestos de trabajo a cubrir por los mayores de 40 años (en empresas de 25 años), movilidad interior para adecuar a los trabajadores de más de 40 años e, incluso, sorprendentemente, una preferencia de permanencia en el empleo para estos trabajadores en caso de despidos por crisis laboral», *vid.* URRUTIKOETXEA BARRUTIA, M.: «Envejecimiento y prevención de riesgos laborales», *Lan Harremanak*, núm. 24 (2011), p. 43 y ss.

6. OLMOS LLORENTE, M.: *Perspectiva de género en la exposición laboral a contaminantes químicos*. Ed. Bomarzo, Albacete 2024, pp. 23 y ss.

Acuerdo del Consejo de Ministros de 28 de octubre de 2011 y que entre sus objetivos generales contempla «Mejorar las condiciones de trabajo de los trabajadores y las trabajadoras mayores de 55 años, con particular atención a la mejora de su seguridad y salud en el trabajo», que se concreta en su eje 2 «Líneas de actuación relacionadas con las condiciones de trabajo de los trabajadores y las trabajadoras mayores de 55 años, con particular atención a la seguridad y la salud en el trabajo»[7]. Sin embargo, a pesar de tratarse de una propuesta ambiciosa y novedosa no se ha llegado a implementar.

Una imagen de cómo evoluciona la edad de las personas trabajadoras de más edad en el mercado de trabajo nos la puede proporcionar las estadísticas de población activa y ocupada, pero también se puede hacer una aproximación de esta evolución a través de las estadísticas de afiliación y alta en el régimen general de la Seguridad Social de las bases de datos de la Tesorería de la Seguridad Social, criterio que se sigue por ser un reflejo del volumen de actividad de las personas trabajadoras por cuenta ajena afectadas mayoritariamente por la normativa preventiva. En este sentido, a pesar de la incidencia de la estacionalidad del empleo y su reflejo en el registro de la afiliación, para ver la evolución se ha tomado como referencia el último mes del año en el período comprendido de 2014, vigente ya la reforma de la jubilación, y 2023. Se comprueba, por consiguiente, un alargamiento de la vida laboral tanto de mujeres como de hombres en el número de efectivos afiliados en los tres tramos de edad analizados (55-59, 60-64 y más de 64 años) (Gráficos 1 y 2).

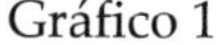
Gráfico 1

7. Un análisis del contenido de la Estrategia 55 y más, *vid.* MARTINEZ BARROSO, M. R. y PRIETO PADIN, P.: «Líneas de actuación relacionadas con las condiciones de trabajo de los mayores de 55 años, con particular atención a la seguridad y la salud en el trabajo» en *Envejecimiento activo y vida laboral* (Dirs. J.L. Monereo y J.A. Maldonado). Ed. Comares, Granada 2019, pp. 439 y ss.

Gráfico 2

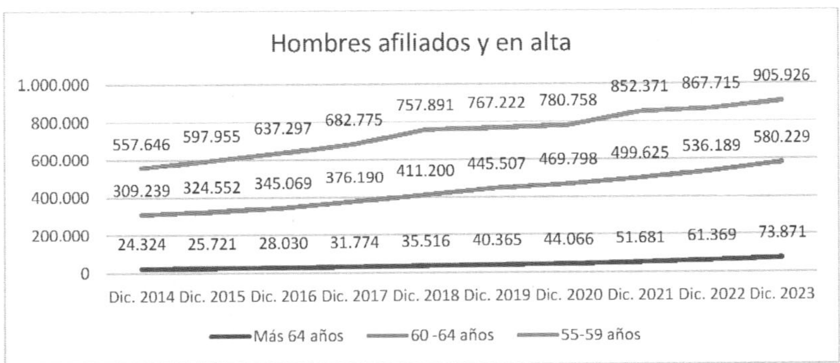

El porcentaje de afiliados y en alta de personas trabajadoras de ambos sexos mayores de 55 años en diciembre de 2023 representaban el 18,52 por cien del total de los afiliados y en alta en el Régimen general (16.368.039), y de dicho porcentaje casi la mitad corresponde a mujeres (9,19%). Se trata de una población representativa que demanda un tratamiento singular de los riesgos que requieren una especial atención y medidas específicas en atención a dichas circunstancias biológicas.

Por otro lado, las consecuencias del envejecimiento y su incidencia en las capacidades para el trabajo están también vinculadas a la salud de la propia persona trabajadora, que es multifactorial y depende de la edad, el estilo de vida, el entorno cultural o las circunstancias personales, por eso, la edad avanzada puede producir diferentes efectos que no son uniformes y tomarlos en consideración desde la perspectiva preventiva, pero no puede identificarse con discapacidad, aunque hay una «relación entre vejez y discapacidad, podríamos formularla como dos círculos que eventualmente se pueden segmentar cuando aquella produce una limitación que, al interactuar con diversas barreras provoca la imposibilidad o la dificultad de ejercer una actividad profesional en igualdad de condiciones con los demás trabajadores y esa limitación es o se prevé de larga duración»[8].

Los efectos combinados de género y edad han sido poco estudiados y existe poca información desde la perspectiva técnica que arroje unos resul-

8. PASTOR MARTÍNEZ, A.: «La protección de la seguridad y salud de los trabajadores de edad avanzada. el derecho a la adaptación de las condiciones de trabajo como límite al despido por ineptitud sobrevenida la insuficiente protección de la LPRL», *Documentación Laboral* núm. 112 (2017), pp. 67 y ss.

tados satisfactorios[9], pero una política preventiva desde la perspectiva de género no puede omitir las interrelaciones entre género y edad. En este contexto cabe cuestionarse si la Ley 31/1995, de 8 de noviembre, de Prevención de Riesgos Laborales (LPRL) da respuesta a esta realidad y específicamente a las mujeres trabajadoras mayores de 55 años.

2. LA INSUFICIENCIA DE LA LEY DE PREVENCIÓN DE RIESGOS LABORALES

De la lectura de la LPRL se colige que la edad y el género están contemplados, pero con un limitado alcance, ya que las personas de edad avanzada no constituyen un colectivo singularmente protegido[10]. En efecto, sólo se regula la protección de los y las menores de dieciocho años en los términos y con las especialidades previstos en el artículo 27 de la LPRL y esta protección ni siquiera se ha completado después de casi tres décadas, puesto que la propia ley deja subsistente para los y las menores el viejo *Decreto de 26 de julio de 1957 sobre Industrias y Trabajos prohibidos a mujeres y menores por peligrosos o insalubres*. Pero, además, ni siquiera se ha hecho efectivo el compromiso del Gobierno, reflejado en la Disposición final quinta del *Real Decreto-ley 32/2021, de 28 de diciembre, de medidas urgentes para la reforma laboral, la garantía de la estabilidad en el empleo y la transformación del mercado de trabajo*, de desarrollar reglamentariamente dicho precepto. La edad como un factor o una variable y su mayor vulnerabilidad por los efectos a determinados riesgos ha sido objeto de diagnóstico también para las personas trabajadoras mayores como consecuencia de los cambios fisiológicos de la edad y el efecto de las enfermedades crónicas y con propuestas para su gestión[11].

Por otro lado, la protección de las trabajadoras se limita a la prevención de los factores de riesgo derivados del trabajo en la salud reproductiva de la mujer, es decir, la protección de la maternidad y la lactancia y solo la incorporación del apartado 4 al artículo 5 de la LPRL por la Ley Orgánica 3/2007, ha supuesto un avance relativo al introducir la perspectiva de género. En este sentido, desde la acción institucional se adoptó en 2015 pro-

9. EU-OSHA: *Women and the ageing workforce Implications for Occupational Safety and Health. A research review*. Luxemburgo, 2016, p. 55.
10. AA.VV.: *Empleo y protección social de los trabajadores de edad avanzada. Análisis comparado de la situación actual y propuestas de futuro* (Dir. A.V. Sempere y R.Y. Quintanilla), Consejo Económico y Social, Madrid, 2009, pp. 116 y ss.
11. Aunque tiene un tratamiento intergeneracional, *vid*. el estudio que sobre las personas trabajadoras de más edad se incluye en el diagnóstico sobre la gestión de la edad en la organización que se hace en AA.VV.: *Gestión de la edad y prevención de riesgos laborales*, 2.ª edición. OSALAN, Getxo 2022. Disponible en https://www.katalogoak.euskadi.eus/cgi-bin_q81a/abnetclop/O9666/ID11ed76dd/NT3.

mover un enfoque de género en las actividades preventivas para detectar las particularidades de los riesgos en las mujeres trabajadoras y garantizar su protección[12], pero no se concretó en ningún objetivo y no pasó de ser una mera declaración. Han tenido que pasar dieciséis años, a pesar de que se venía reclamando tempranamente por la doctrina[13] y aplicando también por la jurisprudencia[14], para que se haya abordado con rigor en la Estrategia Española de Seguridad y Salud en el Trabajo, 2023-2027 la introducción de la perspectiva de género en el ámbito de la seguridad y salud en el trabajo configurada como un objetivo específico que procura la integración de la perspectiva de género desde un enfoque trasversal e integral en el conjunto de las políticas preventivas[15]. Pero no puede orillarse, que la incorporación de la perspectiva de género es también una exigencia del *«Marco estratégico de la UE en materia de salud y seguridad en el trabajo 2021-2027»*[16] que contempla fomentar «la adopción de medidas encaminadas a evitar el sesgo de género a la hora de evaluar los riesgos y establecer prioridades de actuación».

Técnicamente, la salud de las mujeres trabajadoras —excepción de la protección de la maternidad— y de las personas trabajadoras de edad no cuentan con una tutela específica y tiene que acudirse a la regulación general para abordar la protección de estas personas, que constituyen colectivos específicos, pues la edad no constituye una circunstancia personal que genere derechos y deberes específicos en materia preventiva[17]. Por ello, se ven en la necesidad de refugiarse en la genérica protección de las personas trabajadoras especialmente sensibles a determinados riesgos al amparo del artículo 25 LPRL. Y es que «las propias características personales o estado biológico conocido» de estos colectivos específicos viene marcado por efecto del sexo y/o por el transcurso de tiempo, que imprimen una huella en su persona que no pueden borrar en el puesto de trabajo y producen una

12. INSHT: *Estrategia Española de Seguridad y Salud en el Trabajo 2015-2020*, p. 15.
13. RIVAS VALLEJO, P.: «Salud y género: perspectiva de género en la salud laboral», *Revista del Ministerio de trabajo y asuntos* sociales, núm. 74 (2008), pp. 227 y ss.
14. ARASTEY SAHUN, M. L.: «La perspectiva de género en la doctrina jurisprudencial del Tribunal Supremo», *Revista de jurisprudencia Lefevbre*, núm. 14 (2021).
15. *Vid.* VALLEJO DA COSTA, R.: «La perspectiva de género en la estrategia española de seguridad y salud en el trabajo 2023: Especial referencia a la intervención en la detección de la violencia doméstica en los lugares de trabajo», *Iuslabor*, núm. 2 (2023) pp. 1 y ss. y ROMERAL HERNÁNDEZ, J.: «Estrategia Española de Seguridad y Salud en el Trabajo 2023-2027 desde la perspectiva de género», *Revista de Trabajo y Seguridad Social*. CEF, núm. 480 (2024), pp. 61 y ss.
16. COM (2021) 323 final, de 28 de junio de 2021.
17. PASTOR MARTÍNEZ, A.: «La protección de la seguridad y salud de los trabajadores de edad avanzada. el derecho a la adaptación de las condiciones de trabajo como límite al despido por ineptitud sobrevenida la insuficiente protección de la LPRL», cit. p. 71.

interacción con los riegos derivados del mismo, al punto de calificar la ley esa situación personal de personas trabajadoras «especialmente sensibles». Ese acompañamiento biológico (edad y/o sexo) es determinante y, obviamente, se proyecta sobre la consecuencia establecida en la norma, que no es otra que el tamiz a través de los instrumentos preventivos como son la evaluación de riesgos laborales y la planificación de la actividad preventiva, pues la adopción de «las medidas preventivas y de protección necesarias» no dejan de ser una manifestación de esta planificación. Pero obsérvese, que no existe ninguna previsión que obligue al empleador a tener en cuenta las circunstancias particulares de estos colectivos. A lo sumo, hay una referencia genérica en las normas preventivas específicas al «riesgo adicional» de las personas trabajadoras especialmente sensibles, p. e., patologías previas, medicación, trastornos inmunitarios [art. 4.3.f) Real Decreto 664/1997, de 12 de mayo], o el refuerzo de la evaluación cuando son expuestas a riesgos cancerígenos [art. 3.2.b) Real Decreto 665/1997, de 12 de mayo]. A diferencia de lo que ocurre con los menores para los que la LPRL exige considerar en la evaluación la falta de experiencia, su inmadurez o su desarrollo todavía incompleto (art. 27), o en la protección de la maternidad que ha de evaluarse la naturaleza, el grado y la duración de la exposición de las trabajadoras en situación de embarazo o parto reciente (art. 26), evaluación que viene reforzada en el artículo 4.1.b) del Reglamento de los Servicios de Prevención (RSP) y la remisión a la lista no exhaustiva de agentes, procedimientos y condiciones de trabajo.

Una consideración específica de los riesgos específicos que afecten a las mujeres de más edad la encontramos en la *Estrategia 55 y más* vinculada a las evaluaciones de riesgo y la planificación y programación de la actividad preventiva. Sin embargo, al descansar la protección de la trabajadora y de las personas trabajadoras de edad en la evaluación de riesgos es importante contar con instrumentos y criterios técnicos que garanticen la fiabilidad de los resultados de la evaluación, pero la remisión que hace el artículo 5 del RSP a estos criterios o métodos son insuficientes. En la práctica, los aspectos técnicos de la protección de estos colectivos específicos hay que buscarlos en los instrumentos elaborados por el Instituto Nacional de Seguridad y Salud en el Trabajo (INSST), que a través de sus Notas técnicas de prevención (NTP) aborda diferentes aspectos. Entre las NTP[18] que abordan la protección de la mujer, un número significativo están orientadas a la maternidad y lactancia y otras hacen referencia a diferentes riesgos físicos, químicos o psicosociales, respecto estos últimos las más recientes NTP 1185 y 1186

18. Véase un listado de las NTP que se encuadran bajo la búsqueda del tópico género se puede ver en la página web del INSST: https://www.insst.es/ntp-notas-tecnicas-de-prevencion?category=6107396

ponen de relieve el problema de las dobles jornadas de la mujer trabajadora y se aborda la denominada doble presencia desde la perspectiva de los riesgos psicosociales y su consideración como un estresor. Ahora bien, a pesar de las recientes reformas legislativas para favorecer la conciliación, están son insuficientes a falta de una política promocional de la corresponsabilidad en los cuidados de menores y familiares, por lo que los factores de riesgo se manifestarán y se agudizarán en el trabajo si no se abordan con un enfoque preventivo.

Respecto de las personas trabajadoras de mayor edad la Estrategia Española de Seguridad y Salud en el Trabajo, 2023-2027 (EESST), sigue las orientaciones de la Unión Europea y supone un punto de inflexión en la protección de este colectivo, ya que su Objetivo 2 toma en consideración los cambios demográficos y plantea «la integración de la edad y la diversidad generacional en la gestión preventiva, y reforzar la protección de las personas trabajadoras frente a los riesgos psicosociales» en una reforma de la LPRL y del RSP (Línea 1). La opción de la EESST plantea, por un lado, un tratamiento de la edad más amplio que las personas trabajadoras de mayor edad y el reto demográfico, ya que la diversidad generacional atiende a una forma de catalogar los recursos humanos que integran la empresa u organización en función de agrupaciones por año de nacimiento o tramos de edad, pero la propia EESST discrimina la «Mejora de la protección de las personas trabajadoras jóvenes y menores de edad» con una línea específica (Objetivo 4, Línea1). Pero la diversidad generacional no puede obviar a las personas de mayor edad, pues como señala dicho documento en su Objetivo 2: «Es una realidad, ampliamente admitida, que a medio plazo nuestra fuerza laboral será mayoritariamente añosa por lo que será imperativo, como consecuencia de esos cambios fisiológicos propios del envejecimiento, el diseño de medidas concretas para garantizar la salud y la prolongación de la vida laboral», que tiene su referencia dentro de las Actuaciones de vigilancia y control del cumplimiento de la normativa (Línea 3) en el desarrollo de «actuaciones de asistencia técnica y control en empresas que precisen una gestión de la edad en el trabajo debido a la prolongación de la vida laboral de las plantillas, que requiere atender su adaptación a la evolución de aptitudes psicofisiológicas». No obstante, la gestión preventiva de estas personas de mayor edad y la exigencia de adaptación no pueden disociarse de la Línea 1 del Objetivo 2. En suma, volvemos al objetivo de las instituciones comunitarias puesto de relieve al inicio sobre el envejecimiento activo: que las personas mayores contribuyan a la economía y la sociedad a través de la prolongación de su vida activa y la exigencia de la protección de su seguridad y salud en el trabajo para posibilitar dicho objetivo.

3. LAS BUENAS PRÁCTICAS PREVENTIVAS PARA LA PROTECCIÓN DE LAS PERSONAS DE EDAD CONTENIDAS EN LAS NOTAS TÉCNICAS PREVENTIVAS

La gestión preventiva de la edad ha tenido acogida en las NTP y su evolución en los años 90 del siglo pasado pone de relieve un planteamiento muy singular, orientada a la prevención de las capacidades funcionales como la visión (NTP 348) o la audición y motricidad (NTP 366); la gestión de la edad mediante la adaptación de los puestos de trabajo, la promoción y prevención de la salud, la formación o las mejoras en las condiciones laborales y los cambios organizativos (NTP 367); o la incidencia de los cambios tecnológicos y su resistencia en las personas de edad (NTP 416). Un cambio de tendencia en las buenas prácticas preventivas orientada a la prevención de riesgos laborales de la edad, la ofrece la NTP 1176 «Edad y diversidad generacional en la gestión de la seguridad y salud: Acciones clave». Efectivamente, se abandona un planteamiento singularizado de la protección de las personas trabajadoras de mayor edad para abordar otro de carácter holístico[19] o integral bajo la rúbrica de diversidad generacional, como un tipo de diversidad dentro de un contexto más amplio como es la gestión de la diversidad e inclusión en las organizaciones[20] y, como se ha dicho, toma en consideración la edad para clasificar a las personas trabajadoras por grupos de edad.

En este sentido se pone de relieve en la NTP 1176 los criterios para determinar los tramos de edad y se acogen tres estrategias basadas, respectivamente, en la investigación y evidencia empírica, centrada en las condiciones de exposición a los riesgos en función de la edad; en el análisis empresarial específico para determinar los segmentos de edad en los que la exposición, los efectos o los daños a la salud presentan resultados diferenciados y, por último, el establecimiento de tramos de edad a partir de datos sociodemográficos, aunque se proponen, al menos tres tramos de edad: de 16 a 34 años, de 35 a 54 años y el grupo de mayor edad de 55 años

19. Sobre el enfoque holístico de la evaluación de riesgos laborales *vid.* COMISIÓN EUROPEA. COMITÉ DE ALTOS RESPONSABLES DE LA INSPECCIÓN DE TRABAJO: *Principios para los Inspectores de Trabajo en relación con las evaluaciones de riesgos teniendo en cuenta la diversidad, especialmente en lo relativo a la edad, el sexo y otras características demográficas*. 2018, p. 4.

20. Entre otras definiciones, se ha precisado la diversidad generacional como «el desarrollo activo y consciente de un proceso de aceptación y utilización de ciertas diferencias y similitudes como potencial en una organización, un proceso que crea valor añadido a la empresa, un proceso de gestión comunicativo, estratégicamente basado en valores y orientado hacia el futuro» *vid.* KEIL, M. *et altri*: *Manual de Formación en Gestión de la Diversidad*. Unión Europea, 2007. Disponible en https://www.inclusion.gob.es/oberaxe/es/publicaciones/documentos/documento_0036.htm

en adelante. Para ello, es clave conocer la distribución de los efectivos de la empresa, de ahí que se planteen las primeras acciones de buenas prácticas preventivas orientadas a recoger y analizar los diferentes datos con relevancia preventiva desagregados por edad (Acción 1) y a conocer la distribución de la edad por puestos de trabajo y/o por ocupaciones (Acción 2). En este sentido, se postula la elaboración de mapas de edad por ocupaciones y puestos que permite delimitar la planificación preventiva en función del tipo de puesto de trabajo o función según su ocupación, ya sea homogénea respecto de la edad o bien heterogénea, que, en el primer caso, requieren necesidades formativas y de capacitación para una generación en un puesto de trabajo u ocupación y su relevo generacional. En el segundo hay un reparto de responsabilidades y tareas en el mismo puesto que requieren tomarse en consideración en la evaluación de riesgos que puede dar lugar al desarrollo de tareas diferenciadas según la edad.

La integración de la edad en la prevención de riesgos laborales pasa necesariamente por la evaluación de riesgos laborales y su planificación, y así se recoge en las Acciones 3 y 4 de la NTP 1176. La evaluación de riesgos laborales como «el proceso dirigido a estimar la magnitud de aquellos riesgos que no hayan podido evitarse, obteniendo la información necesaria para que el empresario esté en condiciones de tomar una decisión apropiada sobre la necesidad de adoptar medidas preventivas y, en tal caso, sobre el tipo de medidas que deben adoptarse» (art. 3 RSP), es el instrumento preventivo que permite sacar esa fotografía de los riesgos. Sería conveniente ampliar el contenido de la evaluación para incorporar o integrar en el art. 4 RSP expresamente la perspectiva de edad y no quede englobada genéricamente en «las características de la persona trabajadora» para la determinación del riesgo evaluado como establece las Directrices de evaluación[21]. Se pone de relieve en la referida NTP como la exposición a factores de riesgo pueden no ser homogénea para todos los segmentos de edad, diferenciación que exige una evaluación singularizada y establecer el impacto sobre la seguridad y salud de las personas de más edad y prever medidas preventivas y/o de protección adicionales o flexibles y las necesidades formativas. En cuanto a la planificación preventiva también se postula la integración de la perspectiva de edad para adaptar las medidas preventivas a los distintos grupos de edad y se amplía al seguimiento y control de la ejecución de las actividades preventivas implantadas mediante indicadores de proceso y de resultado. Por otro lado, se incorpora en la Acción 5 el diseño universal en la gestión de compras, se trata de una estrategia de diseño accesible para productos, bienes y servicios cuyo objetivo es proporcionar un acceso o utilización fácil que permita llegar a un mayor número de personas sin

21. INSST: *Directrices básicas para la evaluación de riesgos laborales*. Madrid, 2022, p. 22.

necesidad de adaptación ni diseño especializado, sin duda es una acción que se encuadra en el contenido del artículo 14.2 LPRL y dentro de los principios de la acción preventiva (art.15 LPRL), en particular en la utilización de equipos de trabajo (art. 17 LPRL).

Otras acciones previstas en la NTP 1176 se abordan con un carácter intergeneracional que afectan a la gestión y ordenación del tiempo de trabajo (Acción 6), las políticas de conciliación (Acción 7), planes de formación y capacitación (Acción 9), programas de retorno al trabajo (Acción 10), planes de acogida y de transición a la jubilación (Acción 11) y vigilancia y promoción de la salud (Acción 12). La gestión de la prevención de las personas trabajadoras mayores aborda los programas de retorno al trabajo con perspectiva de edad, y es que la duración de las bajas por incapacidad temporal aumenta con la edad de las personas, de ahí que se facilite la reincorporación al trabajo evitando que se favorezca una recaída. O los planes flexibles de transición a la jubilación que fomentan la autonomía y la autoeficacia de las personas y mejora la salud y el rendimiento en los últimos años de vida laboral. De otra parte, la Acción 8, que trae causa del Acuerdo marco autónomo de los agentes sociales europeos sobre envejecimiento activo y un enfoque intergeneracional de 2017, está dedicada a la planificación de programas de mentoring generacional, en principio extramuros de la prevención de riesgos laborales, se trata de una medida de cooperación y solidaridad intergeneracional, no obstante, puede ser un instrumento, como señala la NTP, para combatir la conflictividad intergeneracional, ya que el ambiente de trabajo sí puede ser fuente de posibles riesgos psicosociales.

No obstante, respecto de la gestión del tiempo se pone de relieve como el aumento de la edad puede ser un factor que afecte a la recuperación de la persona trabajadora, ya sea por la insuficiencia del descanso interjornadas, por largas jornadas de trabajo, o el descanso semanal, así como la prolongación de la jornada y el aumento de la disponibilidad, que pueden provocar estrés, sobrecarga física y/o mental y aumenta la probabilidad de cometer errores que puedan provocar accidentes e incidentes, riesgos que en las personas mayores se incrementan por el uso de las tecnologías de la información y comunicación y la brecha digital y su mayor sensibilidad al tecnoestrés, la tecnofatiga o la tecnofobia. También la exposición a los trabajos a turnos y nocturno en función del tipo de actividad puede afectar a las condiciones psicofísicas y de percepción. En suma, la NTP 1176 recoge algunas medidas formuladas en los apartados 13 y 14 de la Recomendación número 168 sobre los trabajadores de edad (OIT 1980) y se alinea con el análisis realizado en la Estrategia 55 y más, si bien esta es más ambiciosa porque planteaba el estudio de medidas legislativas orientadas a la reducción de la jornada laboral y medidas organizativas dirigidas a la adaptación del tiempo de trabajo o la movilidad funcional de las personas trabajadora de mayor edad, que en ausencia de las mismas se pueden canalizar a través de la negociación colectiva.

Ahora bien, dado el carácter intergeneracional con el que se aborda la edad en la NTP se echa en falta un tratamiento específico de las personas trabajadoras de mayor edad, por un lado, y la perspectiva de género, por otro, que aborden los aspectos psicofisiológicos de las mujeres trabajadoras de más edad y la incidencia combinada de ambos factores sobre las condiciones laborales en su seguridad y salud.

4. LOS EFECTOS COMBINADOS DE LA EDAD Y EL GÉNERO Y SU INTEGRACIÓN EN LA POLÍTICA PREVENTIVA

El envejecimiento es un proceso biológico de un lento declive natural que se produce en un organismo por el paso del tiempo y afecta a las capacidades psicofísicas que se manifiesta de forma desigual en las diferentes personas, incluso a partes y órganos de un mismo cuerpo. El organismo sufre múltiples mutaciones y pérdidas funcionales que lo van debilitando, de modo que el envejecimiento es un proceso flexible y difuso pues depende de factores individuales como el estilo de vida, el peso, la condición física y la genética. Aunque se ha postulado que es la ocupación y no la edad el factor preponderante que contribuye a que se produzca el riesgo de lesiones[22], no se puede obviar la asociación entre trabajo y el envejecimiento de la persona ya que esta puede verse afectada por los riesgos derivados del puesto de trabajo y los requerimientos psicofísicos exigidos, pero también aspectos organizativos o de la propia tipología de la actividad laboral pueden favorecer un envejecimiento prematuro o acelerarlo[23].

La protección de la seguridad y la salud de las trabajadoras de edad requiere que la normativa de prevención de riesgos supere la visión de los riesgos específicos derivados del puesto de trabajo o función, así como los riesgos genéricos que afectan a su prestación laboral, debe atender a la interacción que produce también el factor edad, además de los distintos efectos que se producen entre mujeres y hombres y la feminización en la ocupación de determinados empleos. Para ello, es necesario integrar también el concepto promoción de la salud de la persona trabajadora en la política pre-

22. EU-OSHA: *Safer and healthier work at any age. Final overall analysis report*. Luxemburgo, 2016, p. 31 y ss.
23. FERRERAS REMESAL, A. «Ergonomía: evaluación y adaptación del trabajo a las personas mayores» en *El envejecimiento de la población trabajadora. Balance crítico de la situación y propuestas de mejora* (Observatorio Vasco sobre Acoso y Discriminación) Lettera Publicaciones, Getxo 2018, p. 338.

ventiva de la empresa que atienda a su sexo y edad con el consiguiente refuerzo de la salud física, psíquica y social.

Se ha puesto de relieve que las disciplinas preventivas en la gestión de la edad en las empresas son la vigilancia de la salud, la ergonomía y la psicosociología[24]. La primera centrada en los análisis e investigaciones epidemiológicas y en el análisis de la capacidad funcional para el desempeño de puestos, tareas o funciones. La ergonomía cobra un mayor sentido en aquellos trabajos o tareas que exigen requerimientos de esfuerzos por el manejo de cargas, determinadas posturas inestables o fatigantes o movimientos repetitivos por la disminución de la fuerza muscula y la reducción de la capacidad funcional física. Por último, la psicosociología ha de tener en cuenta la disminución por la edad de las capacidades cognitivas para tomar decisiones.

Además, se está poniendo el énfasis en los riesgos psicosociales como canalizadores de una heterogeneidad de situaciones, en particular vinculadas al estrés, pero sus causas son de origen variado, no solo las derivadas del propio trabajo, también influyen factores externos que encuentran su causa en la familia, el entorno social o en la propia persona por su biología. En este sentido, la aceleración que ha producido la globalización en las formas de organización de la empresa, la digitalización con la industria 5.0[25], o, más recientemente, la incidencia que está teniendo la inteligencia artificial, están afectando a la concepción tradicional del puesto de trabajo y por extensión a los riesgos emergentes con impactos importantes en la salud mental de la población trabajadora.

La adaptación del trabajo a la persona como principio preventivo tiene un carácter proteico [art. 15.1.d) LPRL] y la evaluación de riesgos se proyecta sobre las condiciones de trabajo y ha de tener en cuenta el estado biológico de la persona trabajadora (art.4.1 RPS). Las alteraciones auditivas y visuales; la pérdida de fuerza muscular; los problemas articulares; los problemas cognitivos que afectan a la percepción, la atención, memoria y capacidad para tomar decisiones o una disminución de la coordinación; pero también las patologías previas plantean problemas de tratamiento y recuperación de enfermedades y lesiones. Pero el tratamiento de la protec-

24. OTERO APARICIO, M. J.: «Gestión del envejecimiento de la población trabajadora: el impacto de las condiciones psicosociales y organizativas» en *El envejecimiento de la población trabajadora. Balance crítico de la situación y propuestas de mejora* (Observatorio Vasco sobre Acoso y Discriminación) Lettera Publicaciones, Getxo, 2018, p. 351 y ss.

25. MAIJA BREQUE, M.; DE NUL, L. y PETRIDIS, A.: *Industrie 5.0. Vers une industrie européenne durable, centrée sur l'humain et résiliente*. Office des publications de l'Union européenne, Luxembourg. 2023.

ción de la seguridad y salud de las personas de mayor edad requiere también la introducción de la perspectiva de género.

En efecto, aunque muchos de estos problemas afectan a ambos sexos, las diferencia biológicas y psicológicas hacen que los riesgos de exposición al trabajo de las trabajadoras tengan efectos adversos mayores que en los hombres, como ocurre en los riesgos ergonómicos o musculoesqueléticos[26], que se acrecienta con la edad en las mujeres. También hay que añadir las particularidades que con la edad les afectan a ellas, ya sea de forma singular porque solo atañen a las mujeres o porque los efectos se presentan de forma más acusada en las trabajadoras por razones biológicas. La menopausia es un cambio fisiológico que afecta solo a las mujeres a partir de una determinada edad y provoca diferentes síntomas que inciden sobre la mujer trabajadora y las condiciones de trabajo pueden repercutir negativamente, pero es un tema tabú y estigmatizador y muchas mujeres la ocultan, pero se ha puesto de manifiesto en estudios en relación con el trabajo que se produce una falta de concentración, cansancio, disminución de la confianza, sensación de depresión, mala memoria que repercuten en su capacidad de trabajo, y sofocos que en un contexto laboral con altas temperatura constituye un mayor riesgo para la trabajadora[27].

Otros efectos de la edad presentan una mayor incidencia en mujeres que en hombres. La osteoporosis afecta más a mujeres y puede ser causa de fracturas, lo mismo que la osteoartritis que en la mujer aparece a partir de los 50 años y con efectos limitantes en determinadas actividades. También las mujeres mayores son más propensas a las lesiones musculoesqueléticas que lo hombres, de modo que la evaluación de riesgos debe identificar y valorar aquellas tareas o funciones que producen estas lesiones y las medidas preventivas deben orientarse a evitarlas o reducirlas a través de la organización de trabajo y las mejoras ergonómicas.

Algunos estudios ponen de relieve la correlación entre trabajo nocturno y cáncer de mama por la exposición continuada mediante la prolongación de la vida laboral y podría considerarse un factor de riesgo para las trabajadoras de más edad[28].

También se han observado una prevalencia de enfermedades crónicas, como la enfermedad pulmonar obstructiva crónica (EPOC) que se explica

26. RIOS VELADA, A.: «La aplicación del punto de vista de género para la defensa de la salud laboral de las mujeres trabajadoras», *Lan Harremanak*, núm. 50 (2023), pp. 153 y ss.
27. EU-OSHA: *Women and the ageing workforce Implications for Occupational Safety and Health. A research review*, cit., pp. 36 y ss.
28. *Ibidem*, p. 35.

por la exposición a los peligros en el lugar de trabajo, pero también por los cambios en los roles laborales que las mujeres están asumiendo y otros factores de riesgo, como fumar tabaco, desarrollando síntomas con una duración de exposición más corta. También las mujeres asmáticas son más susceptibles a la EPOC que los hombres asmáticos por las diferencias biológicas, genéticas, pulmonares e influencias inmunológicas[29].

La conciliación de la vida familiar y laboral también cobra una particular dimensión en las mujeres de mayor edad. El envejecimiento de la trabajadora va en paralelo con el de sus progenitores y parientes, el aumento de la esperanzada de vida lleva, en la práctica a pesar de la tan ansiada corresponsabilidad, a que sea la mujer la que tiene que atender a sus mayores, lo que provoca situaciones de estrés que inciden negativamente en su salud y en el trabajo y problemas de absentismo.

En suma, los efectos combinados de la edad y el género deben integrarse en la política preventiva de la empresa si quiere contribuir al envejecimiento activo y que las trabajadoras de más edad continúen con su empleo, debiendo afrontar un modelo que dé respuesta a las aspiraciones de las personas mayores y garantice su seguridad, porque hay que plantearse qué puede retener en su puesto de trabajo a una trabajadora de edad cuando puede acceder a lucrar su pensión de jubilación en unas determinadas condiciones económicas que no hacen atractiva la continuidad en su empleo si no dispone de medidas que faciliten su continuidad y le permita sobrellevar las cargas de trabajo, con las adaptaciones del puesto de trabajo y de sus condiciones laborales, una flexibilidad horaria y del tiempo de trabajo y hacerle accesible la conciliación de la vida personal, familiar y laboral. Son aspectos que deben integrar una política preventiva de un entorno laboral moderno con programas de bienestar que fomenten un equilibrio saludable entre vida laboral y vida personal y que requieren algunos retoques legales y reglamentarios en la normativa sobre seguridad y salud de las personas trabajadoras.

5. BIBLIOGRAFÍA CITADA

AA.VV.: *Empleo y protección social de los trabajadores de edad avanzada. Análisis comparado de la situación actual y propuestas de futuro* (Dir. A.V. Sempere y R.Y. Quintanilla), Consejo Económico y social, Madrid, 2009.

AA.VV.: *Gestión de la edad y prevención de riesgos laborales,* 2.ª edición. OSALAN, Getxo 2022.

29. *Ibidem,* p. 17.

ARASTEY SAHUN, M. L.: «La perspectiva de género en la doctrina jurisprudencial del Tribunal Supremo». *Revista de jurisprudencia Lefevbre,* núm. 14 (2021).

CABEZA PEREIRO, J.: «Trabajo de mayores y discriminación por edad». *Revista Internacional y Comparada de relaciones laborales y derecho del empleo,* núm. 3 (2022).

COMISIÓN EUROPEA. COMITÉ DE ALTOS RESPONSABLES DE LA INSPECCIÓN DE TRABAJO: *Principios para los Inspectores de Trabajo en relación con las evaluaciones de riesgos teniendo en cuenta la diversidad, especialmente en lo relativo a la edad, el sexo y otras características demográficas.* 2018.

EU-OSHA: *Safer and healthier work at any age. Final overall analysis report.* Luxemburgo, 2016.

EU-OSHA: *Women and the ageing workforce Implications for Occupational Safety and Health. A research review.* Luxemburgo, 2016.

FERRERAS REMESAL, A. «Ergonomía: evaluación y adaptación del trabajo a las personas mayores» en *El envejecimiento de la población trabajadora. Balance crítico de la situación y propuestas de mejora* (Observatorio Vasco sobre Acoso y Discriminación) Lettera Publicaciones, Getxo 2018.

KEIL, M. *et altri*: *Manual de Formación en Gestión de la Diversidad.* Unión Europea, 2007.

MAIJA BREQUE, M.; DE NUL, L. y PETRIDIS, A.: *Industrie 5.0. Vers une industrie européenne durable, centrée sur l'humain et résiliente.* Office des publications de l'Union européenne, Luxembourg. 2023.

MARTÍNEZ BARROSO, M. R. y PRIETO PADÍN, P.: «Líneas de actuación relacionadas con las condiciones de trabajo de los mayores de 55 años, con particular atención a la seguridad y la salud en el trabajo» en *Envejecimiento activo y vida laboral* (Dirs. J. L. Monereo y J. A. Maldonado). Ed. Comares, Granada 2019.

OLMOS LLORENTE, M.: *Perspectiva de género en la exposición laboral a contaminantes químicos.* Ed. Bomarzo, Albacete 2024.

OTERO APARICIO, M. J.: «Gestión del envejecimiento de la población trabajadora: el impacto de las condiciones psicosociales y organizativas» en *El envejecimiento de la población trabajadora. Balance crítico de la situación y propuestas de mejora* (Observatorio Vasco sobre Acoso y Discriminación) Lettera Publicaciones, Getxo 2018.

PASTOR MARTÍNEZ, A.: «La protección de la seguridad y salud de los trabajadores de edad avanzada. el derecho a la adaptación de las condiciones de trabajo como límite al despido por ineptitud sobrevenida la insuficiente protección de la LPRL», *Documentación Laboral*, núm. 112 (2017).

RIOS VELADA, A.: «La aplicación del punto de vista de género para la defensa de la salud laboral de las mujeres trabajadoras», *Lan Harremanak*, núm. 50 (2023).

RIVAS VALLEJO, P.: «Salud y género: perspectiva de género en la salud laboral», *Revista del Ministerio de trabajo y asuntos sociales*, núm. 74 (2008).

ROMERAL HERNÁNDEZ, J.: «Estrategia Española de Seguridad y Salud en el Trabajo 2023-2027 desde la perspectiva de género», *Revista de Trabajo y Seguridad Social*. CEF, núm. 480 (2024).

URRUTIKOETXEA BARRUTIA, M.: «Envejecimiento y prevención de riesgos laborales», *Lan Harremanak*, núm. 24 (2011).

VALLEJO DA COSTA, R.: «La perspectiva de género en la estrategia española de seguridad y salud en el trabajo 2023: Especial referencia a la intervención en la detección de la violencia doméstica en los lugares de trabajo», *Iuslabor*, núm. 2 (2023).